D1708007

ASSOCIAZIONE
LE GIORNATE DEL CINEMA MUTO

Direttore
Davide Turconi

Comitato direttivo
Paolo Cherchi Usai, Lorenzo Codelli,
Piero Colussi, Andrea Crozzoli, Livio Jacob,
Carlo Montanaro, Piera Patat

In collaborazione
Cineteca del Friuli
Cinemazero

Enti promotori
Regione Autonoma Friuli-Venezia Giulia
Comune di Pordenone
Provincia di Pordenone

Con l'alto patrocinio
Ministero del Turismo e dello Spettacolo

Con il concorso
Camera di Commercio di Pordenone
Banca Popolare di Pordenone
Industrie Savio Spa

Sponsor della manifestazione
Ipercoop - Coop Consumatori

Silent Witnesses

Russian Films 1908-1919

Research
and co-ordination by
Yuri Tsivian

Edited by
Paolo Cherchi Usai, Lorenzo Codelli
Carlo Montanaro, David Robinson

Testimoni silenziosi

Film russi 1908-1919

Ricerche
e coordinamento di
Yuri Tsivian

A cura di
Paolo Cherchi Usai, Lorenzo Codelli
Carlo Montanaro, David Robinson

Edizioni Biblioteca dell'Immagine

Questo catalogo,
che accompagna la retrospettiva
presentata durante l'VIII edizione
delle *Giornate del Cinema Muto*
di Pordenone (14-21 ottobre 1989),
è stato realizzato con il contributo
del Servizio di Cineteca Regionale
del Friuli-Venezia Giulia

SILENT WITNESSES. RUSSIAN FILMS 1908-1919
TESTIMONI SILENZIOSI. FILM RUSSI 1908-1919

Contributors/Collaboratori
Viktoriya Myl'nikova
Svetlana Skovorodnikova
Rashit Yangirov

Revisions/Revisioni
Vera Ivanova

Acknowledgments/Ringraziamenti
Gosfilmofond SSSR
Soyuz Kinematografistof SSSR
Tsentral'nyi Muzei Kino
Tsentral'nyi Gosudarstvennyi Arkhiv Literatury i Iskusstva
Gosudarstvennaja Biblioteka SSSR imeni V.I. Lenina

Robin Blair Bolger, Lenny Borger,
Ian Christie, Vladimir Dmitriev,
Kostantin Ede Giorgi, Marilyne Fellous,
Jan-Christopher Horak, Julia Ivanova,
Nikolaya Izbolova, Aïcha Kherroubi,
Naum Kleiman, John Kobal, Rolf Lindfors,
Natal'ya Nusinova, Dmitrii Popov, Markku Salmi,
Mark Strotchkov, Kristin Thompson,
Viktor Voevodin, Mikhail Yampolski

English edition prepared by/Edizione inglese curata da
Geoffrey Nowell-Smith, Anna Maria Muzzarelli

Editorial Consultant/Consulente all'edizione
Richard Taylor

Translations by/Traduzioni di
Andrew Braddel, Brian Pearce, David Reardon, Richard Taylor

Italian edition prepared by/Edizione italiana curata da
Patrizia Picamus

Translations by/Traduzioni di
Giacomo Barsanti, Lidia Caselli, Lorenzo Codelli,
Aurora De Leonibus, Antonia Dominco, Elena Hakimi,
Martina Kafol, Alba Chiara Leo, Sabrina Morena,
Maya Rüegg, Marina Sbrizzai

SILENT WITNESSES
Russian Films 1908-1919

TESTIMONI SILENZIOSI
Film russi 1908-1919

Paolo Cherchi Usai
Lorenzo Codelli, Carlo Montanaro,
David Robinson

INTRODUCTION

Silent Witnesses (Nemye svideteli), the title of a beautiful film that Evgenii Bauer made in 1914, sounds today emblematic of the conditions in which filmmakers of pre-Revolutionary Russia worked just before 1917 and in the four years after the fall of the Romanovs. Today still it could connote their silent presence in the film histories.

Among all the large areas left unexplored in the literature on the moving images since Georges Sadoul, the one concerning Russian production is in fact, most probably, the largest and deepest one. Sadoul himself, after the issue of the third volume of his monumental *Histoire générale du cinéma*, had had to resort to the assistance of a Soviet historian, S.S. Ginzburg, in order to finish the outlines of a picture which was indeed very fragmentary, incomplete, full of discrepancies and gaps. The progressive views of the author proved in fact to be driven by loads of ideological prejudices in a turmoil of value judgements and irrevocable dismissive criticism. Suffice it to remember that Sadoul despised the middle-class society of the tsarist period as well as its cinema, because they avoided "the acute problems of that time", plunged into "purely individua listic and often pathological events", in which he thought that "death, passions, crimes, perversions, madness, mysticism, cosmopolitanism [sic!], pornography reigned"[1].

Some years later Jean Mitry, always remaining within the frame of pseudo-sociological explanations though with a more subtle knowledge of the matter, attempted to interpret "as a reflection of the social pessimism due to the failure of the Revolution in 1905" all the very popular literary adaptations that crea-ted "an atmosphere of a pathological mixture of moral torture and morbid voluptuousness, where repression and self-punishment ended up in sadomasochism and in the delight of unhappiness, in a torbid and hallucinated atmosphere"[2]. And almost forty years after Sadoul, and twenty-five after Mitry, Richard Taylor and Ian Christie are forced to acknowledge, in the introduction of their anthology

Paolo Cherchi Usai
Lorenzo Codelli, Carlo Montanaro,
David Robinson

INTRODUZIONE

Testimoni silenziosi (Nemye svideteli), il titolo di un bel film che Evgenij Bauer realizzò nel 1914, suona oggi emblematico delle condizioni in cui i cineasti della Russia prerivoluzionaria agirono negli anni immediatamente precedenti il 1917 e nel quadriennio successivo alla caduta dei Romanov, e tuttora potrebbe connotare la natura della loro muta presenza nelle storie del cinema.

Fra tutte le grandi zone d'ombra rimaste inesplorate nella letteratura sull'immagine in movimento dopo Georges Sadoul, quella che riguarda la produzione russa è infatti, con ogni probabilità, una delle più vaste e profonde. Lo stesso Sadoul, in seguito all'uscita del terzo volume della sua monumentale *Histoire générale du cinéma*, aveva dovuto ricorrere alla collaborazione di uno storico sovietico, S.S. Ginzburg, per completare le linee generali di un quadro quanto mai frammentario, parziale, irto di contraddizioni e costellato di lacune. Le opinioni progressiste dell'autore si rivelarono infatti trascinate da un'impressionante quantità di pregiudizi ideologici, in un vortice di giudizi di valore e di stroncature senza prova d'appello. Basti ricordare che Sadoul vituperava la società borghese dell'epoca zarista assieme al suo cinema, per l'evasione dai "brucianti problemi del tempo", l'immersione in "vicende puramente individualistiche e sovente patologiche", nelle quali a suo avviso regnavano "la morte, le passioni, i delitti, le perversioni, la pazzia, il misticismo, il cosmopolitismo [sic!], la pornografia"[1].

Sempre rimanendo entro gli schemi della spiegazione pseudo-sociologica, ma con più sottile cognizione di causa, Jean Mitry pochi anni dopo tentava di spiegare come un "riflesso del pessimismo sociale successivo allo scacco della rivoluzione del 1905" tutti quegli adattamenti letterari così popolari, che suscitavano "un clima di patologica commistione fra la tortura morale e una morbosa voluttà, dove la rimozione e l'autopunizione sfociavano nel sadomasochismo e nel piacere dell'infelicità, in un'atmosfera torbida e allucinata"[2]. E a quasi quarant'anni da Sadoul, e a un quarto di secolo da Mitry, Richard Taylor e Ian Christie debbono riconoscere ora, nel-

of documents *The Film Factory*, that "the existence of a distinctive Russian pre-Revolutionary cinema has been recognised at least since Leyda's preliminary account in *Kino*, but has still to be evaluated critically"[3]. The unexplored area therefore is still nearly untouched and the few attempts made to this end, as from the period after the Second World War, stand out because they are isolated and courageous exceptions. The most known, and undoubtedly the most important and lasting exception is Jay Leyda's book *Kino. A History of Russian and Soviet Film*[4] which enabled the cinema historiography to mark an important step forward, towards the attainment of a scientific status. Leyda's research, although it was mainly based on Soviet production, and entailed some judgements of value not bearing on the criteria of informative rigour, introduced in the studies on Soviet production a very important working hypothesis concerning the period preceding 1921. According to this hypothesis, 1917 should not be regarded as the breaking point between two opposite conceptions of the moving images nor as the "release" of a still enslaved aesthetic from a certain type of production and from literary and stage decadentism. Rather, it should be seen as the starting point of a transitional process that was to last no less than five years and was marked by production structures and styles typical of pre-Revolutionary films. In other words, politics and society had not necessarily followed the same path; the marks of the past were to condition the future, according to a cultural tradition that dates back beyond the coming to power of the Romanovs and loses itself in the darkness of the Russian Middle Ages.

Kino too, in a sense, was the fruit of exceptional circumstances. For the first time a Westerner was admitted into reading-rooms that had been closed for years, and for the first time sources, considered inaccessible up to then, were reached and consulted by a person who was fully aware of the limits and the aims of the research but felt all the same the thrill of discovery. During his stay in Moscow, as a student of VGIK, Leyda had the opportunity to see all the films distributed (and some *not* distributed) by Soviet studios, thus laying the foundations for an analysis relatively free from interpretative simplifications. Besides, as Taylor and Christie point out, "apart from its wealth of informed candour and discreet avoidance of the routine banalities of pro- and anti-Soviet generalizations, the main historiographical novelty of *Kino* is the attention paid to pre-Revolutionary Russian cinema which, as Leyda noted, had been ignored for nearly thirty years in Soviet histories. But Leyda also warned 'the historian who will some day prepare a less personal history [that] certain large research possibilities have not been explored': relying mainly on western sources, he admitted to 'only indirect aid from the basic archives at Moscow' "[5]. With his usual intellectual honesty, Leyda was to be the first to point out the limits and discrepancies of his own analysis of Russian cinema before 1917. About

l'introduzione alla loro antologia di documenti *The Film Factory*, che "l'esistenza di una specifica produzione russa pre-rivoluzionaria è stata riconosciuta almeno a partire dal primo resoconto di Jay Leyda in *Kino*, ma attende tuttora di essere esaminata da un punto di vista critico"[3]. La zona d'ombra, quindi, è rimasta pressoché intatta, e i pochi tentativi compiuti dall'immediato secondo dopoguerra a oggi in questa direzione si distinguono soprattutto per il fatto d'essere isolate o coraggiose eccezioni. La più nota – e senza dubbio la più importante e duratura – fra queste eccezioni è costituita da *Kino. A History of Russian and Soviet Film,* il libro di Jay Leyda[4] con il quale la storiografia del cinema ha compiuto un decisivo passo avanti nella conquista del proprio *status* scientifico. Per quanto centrata soprattutto sulla produzione sovietica, e non priva di opzioni di valore estranee ai criteri del rigore informativo, la ricerca di Leyda introduceva nel campo degli studi sulla produzione russa una fondamentale ipotesi di lavoro riguardante il periodo anteriore al 1921. Secondo tale ipotesi, il 1917 non dovrebbe essere considerato quale momento di frattura fra due opposte concezioni dell'immagine in movimento, né come "liberazione" di un'estetica rimasta schiava, oltre che di un modo di produzione, del decadentismo letterario e teatrale, bensì il punto d'avvio di un processo di transizione durato non meno di cinque anni e caratterizzato dal permanere di strutture produttive e di stili appartenenti al cinema pre-rivoluzionario. In altri termini, politica e società non avevano seguito un cammino necessariamente comune; le tracce del passato erano anzi destinate a condizionare il futuro, secondo una tradizione culturale che risale all'avvento al potere della dinastia dei Romanov e che si perde nella notte del Medioevo russo.

Anche *Kino* era, in un certo senso, il frutto di circostanze eccezionali. Per la prima volta un occidentale era stato ammesso in sale di consultazione rimaste chiuse per decenni, e per la prima volta fonti documentarie ritenute inaccessibili erano state raggiunte, e consultate, da una mente che aveva ben chiari i limiti e gli obiettivi della ricerca, ma che non poteva essere del tutto esente dall'ebbrezza della scoperta. Durante il proprio soggiorno a Mosca fra il 1933 e il 1936, come studente del VGIK, Leyda potè vedere tutti i film distribuiti (e alcuni *non* distribuiti) dagli studi sovietici, ponendo in tal modo le premesse di un'analisi relativamente libera da semplificazioni interpretative. Inoltre, come sottolineano Taylor e Christie, "a parte certo candore nell'esposizione, e a parte l'atteggiamento di discreta indifferenza di fronte alle banalità delle generalizzazioni pro- e anti- sovietiche, la maggiore novità storiografica di *Kino* consiste nell'attenzione rivolta al cinema russo pre-rivoluzionario, ignorato – come nota lo stesso Leyda – in trent'anni di studi sovietici. Ma Leyda metteva pure in guardia lo storico che un giorno lavorerà a una storia meno 'personale' [sul fatto che] molte possibilità di ricerca non sono state ancora convenientemente esplorate: essendosi basato soprattutto su fonti documentarie occidentali, egli ammetteva di

120 pages, out of the 400 pages of the 1983 edition of *Kino*, dealt with that period. Although those pages are a courageous starting point, they left unsolved some problems that, in the author's opinion, could have been better outlined. "I feel the greatest private dissatisfaction with this part of my work. I was conscious of an important transitional period after 1917 – when the new Bolshevik films contained some repudiated ideologies, and the continuing productions from private firms were often the work of artists committed to the future (Mayakovskii is only the most notable instance of this) – for which I did not know the necessary films and evidence". Leyda published this self-criticism in Summer 1970 in *Film Quarterly*, in a note called "Between Explosions". The article was published again, but in another form, in the 1983 edition of *Kino*[6]: the tone of the acknowledgement was the same as for its essence and the energy that Leyda put into it: "I should have pursued this problem beyond the official veils – but I did not. Since 1961 I've had no excuse for not facing the issue, for it was then that basic materials became available"[7].

The tone of Leyda's declaration could have aroused the interest of a whole new generation of researchers, but, strangely enough, it had exactly the opposite effect: in front of the uncontrolled proliferation of studies on Eisenstein and on the cinema of the October Revolution, what happened in Russia before 1921 unjustifiably stirred no interest at all. Few paid attention to the short paragraphs of Mitry in his *Histoire du cinéma* (these pages are as isolated as prophetic, at least for the exactness of some judgements concerning Bauer), no one complained of the fact that all Vsevolod Meierkhol'd's films turned out to be lost.

Thus, there occurs a clear division between the informative elements and the urgent need of a model of critical evaluation of pre-Revolutionary films. On one side, the ideological orthodoxy and the difficulties in reaching films and sources, strengthen the opinion that a drastic time division is absolutely necessary, a line of clearcut separation between what happened before and after the coming to power of the Bolsheviks. On the other side, the total lack of safe reference points concerning what tsarist Russia made for the cinema, leads to produce a basic filmographic knowledge. It is worth mentioning that such knowledge was produced exactly where the interpretation of pre-Revolutionary culture from a marxist point of view was free from chiaroscuro: Nikolai Lebedev[8] presented in 1947 an analysis of Russian film production that at times is punctilious in the exposition of data but useless as far as interpretation is concerned. But behind him there was already the monumental filmography of Veniamin Evgen'evich Vishnevskii on the production before the Soviet period[9], an irreplaceable reference-point for anyone wishing to deal with the topic.

The retrospective organized in 1978 in Rapallo, by Giovanni Buttafava, under the patronage of the Italian As-

aver ottenuto solo un appoggio molto indiretto da parte dei grandi archivi di Mosca"[5]. Con la sua consueta onestà intellettuale, Leyda avrebbe per primo rilevato i limiti e le contraddizioni della propria analisi del cinema russo anteriore al 1917. Circa 120 pagine, sulle 400 dell'edizione 1983 di *Kino*, sono dedicate a quel periodo. Anche se considerate alla stregua di un coraggioso punto di partenza, tuttavia, quelle pagine lasciavano irrisolti problemi che, a giudizio dell'autore, già allora avrebbero potuto essere meglio delineati. "Da un punto di vista personale, provo la più profonda insoddisfazione per questa parte del mio lavoro. Ero perfettamente consapevole dell'esistenza di un periodo di transizione immediatamente successivo al 1917 – durante il quale molte personalità di rilievo per le successive vicende del cinema sovietico continuarono a lavorare per compagnie private (il nome di Majakovskij è il più celebre, ma non certo l'unico) – del quale non conoscevo a sufficienza i film né le fonti primarie". Leyda pubblicò questa autocritica nell'estate del 1970 sulle pagine della rivista "Film Quarterly", in una nota dal titolo "Between Explosions". L'articolo riapparve, in forma modificata, nell'edizione 1983 di *Kino*[6]: il tono dell'ammissione non era mutato, né nella sostanza né nell'energia con la quale essa era pronunciata: "Avrei dovuto approfondire il problema al di là delle posizioni ufficiali correnti, ma non l'ho fatto. A partire dal 1961 non avevo più alcuna scusa per non aver affrontato la questione, poiché è da allora che altri materiali di studio erano disponibili per la ricerca"[7].

Il tono della denuncia di Leyda avrebbe potuto scatenare l'interesse di tutta una nuova generazione di ricercatori; curiosamente, l'effetto che essa sortì fu diametralmente opposto: di fronte all'incontrollato proliferare degli studi su Ejzenštejn e sul cinema della Rivoluzione d'Ottobre, quel che accadde in Russia prima del 1921 tornò ad essere circondato da un ingiustificato disinteresse. Pochi prestarono attenzione ai brevi paragrafi di Mitry nella sua *Histoire du cinéma* (pagine isolate quanto profetiche, se non altro per la precisione di alcuni giudizi su Bauer), nessuno si lamentò più del fatto che tutti i film di Vsevolod Mejerhol'd risultavano perduti.

Si assistette così a una netta scissione fra la componente informativa e l'urgenza di un modello di valutazione critica del cinema russo pre-rivoluzionario. Da una parte, l'ortodossia ideologica e le difficoltà d'accesso ai film e alle fonti primarie accreditano l'insostituibilità di una periodizzazione drastica, di una linea di netta separazione fra ciò che accadde prima e dopo la presa del potere da parte dei bolscevichi. Dall'altra, la totale assenza di punti di riferimento sicuri su ciò che la Russia zarista realizzò per il cinema spinge a produrre una conoscenza filmografica di base. È degno di nota il fatto che tale conoscenza sia prodotta proprio là dove l'interpretazione della cultura pre-rivoluzionaria in chiave marxista è istituzionale, priva di chiaroscuri: Nikolaj Lébedev[8] presenta, nel 1947, un'analisi della produzione cinematografica russa talora puntigliosa nel-

sociation for the Study of Cinema History, is the most evident and, in some respects, most enlightening result of this long interregnum. The exhibition acquaints the public with a world that up to then had been known only through Lebedev and, above all, Leyda (whose work, Buttafava writes, is anyway "more a library work than a film-archive work"[10]). On show there were films that up to then were known only by a limited circle of European archives' researchers: *Pikovaya dama* and *Otets Sergii* by Protazanov (1915 and 1918), *Oborona Sevastopolya* by Khanzonkov and Goncharov (1911) a film of Bauer (*Zhizn' za zhizn', 1916*)[11]. But very soon that small group of films stored by the Cineteca Nazionale of Rome builds in its turn a rather fixed vision of the period.

The filmography of Vishnevskii named 1716 films made from 1907 to 1917. Considering the average number of films of the silent period left over today in the other European countries, it was reasonable to think that a little more than 150 prints still existed. Anyway, it was difficult to assess the real representativeness of the examples chosen in Rapallo. But times change, and the archives of Moscow are now accessible as never before. Cooperation among Gosfilmofond, the Union of Soviet Film-makers and the Central Cinema Museum makes it possible to organize wide retrospectives, and this was unthinkable only two or three years ago. At last we know what is really left over of the Russian cinema: 286 films – much more than expected – being reprinted by Gosfimofond on 35 mm safety base. The quality of many films is excellent, and can be compared to the quality of Georg af Klercker's films restored by Svenska Filminstitutet and presented in Pordenone in 1986. In many cases the new acetate positives were obtained from very well preserved originals or from materials of that period, as it happened with the films of the Khanzhonkov film company whose original negatives still exist.

286 films, about a sixth of the total production: a remarkable figure which makes the selection for the retrospective both an easier and a more complex undertaking. When our team went to Moscow last January, this undertaking proved to be exciting for the quantity of finds but difficult as far as representativeness is concerned. Yuri Tsivian and his colleagues had already taken on the burden of excluding a considerable number of films that could not be presented due to their bad condition. But to choose the films that would form the retrospective (and, in a way, the critical reputation of pre-Revolutionary Russian cinema in the near future) meant obviously *giving up* a series of films. In any case, the choices were to be the result of the applications of standards traditionally followed by the *Giornate del Cinema Muto*, that is: a) to show films rarely seen before, and to prefer the prints in better condition; b) to lay emphasis on technical innovations presented by the selected works; c) to express a subjective aesthetic opinion concerning the style of the films; d) to assess the prospective interest for a non-specialised audience. However, our

l'esposizione dei dati quanto inutilizzabile dal punto di vista dell'interpretazione. Ma alle sue spalle c'era già la monumentale filmografia di Veniamin Evgenevič Višnevskij sulla produzione precedente il periodo sovietico[9], insostituibile punto di riferimento per chiunque voglia affrontare il tema.

La retrospettiva organizzata a Rapallo, nel 1978, da Giovanni Buttafava, sotto gli auspici dell'Associazione Italiana per le Ricerche di Storia del Cinema, è il risultato più vistoso, e per certi versi illuminante, di questa lunga fase d'interregno. La rassegna apre uno squarcio di conoscenza su un panorama conosciuto fino ad allora per il tramite di Lébedev e soprattutto di Leyda (il cui lavoro, scrive Buttafava, è comunque "più di biblioteca che di cineteca"[10]). Si presentano film fino ad allora noti solo a una ristrettissima cerchia di frequentatori delle cineteche europee: *Pikovaja dama* e *Otec Sergij* di Protazanov (1915 e 1918), *Oborona Sevastopolja* di Hanžonkov e Gončarov (1911), un film di Bauer (*Žizn' za žizn'*, 1916)[11]. Ma ben presto quel piccolo gruppo di pellicole depositato presso la Cineteca Nazionale di Roma, costruisce a propria volta una visione alquanto cristallizzata del periodo.

La filmografia di Višnevskij faceva menzione di 1716 titoli realizzati nel periodo che va dal 1907 al 1917; considerata la media delle copie sopravvissute dal periodo del muto negli altri paesi europei e negli Stati Uniti, era ragionevole pensare che poco più di 150 copie risultassero ancora esistenti. Era ad ogni modo difficile valutare con precisione l'effettiva rappresentatività degli esempi prescelti a Rapallo. Ma i tempi cambiano, e gli archivi di Mosca sono ora accessibili come mai lo sono stati in passato. La collaborazione tra il Gosfilmofond, l'Unione dei Cineasti Sovietici e il Museo Centrale del Cinema rende possibile l'organizzazione di retrospettive di ampiezza inusitata, inimmaginabile soltanto due, tre anni fa. Finalmente sappiamo che cosa in effetti è rimasto del cinema russo: 286 titoli – molti più del previsto – in corso di ristampa da parte del Gosfilmofond su supporto *safety* a 35 millimetri. La qualità di molte copie è eccellente (paragonabile a quella dei film di Georg af Klercker restaurati dallo Svenska Filminstitutet e presentati a Pordenone nel 1986). In molti casi i nuovi positivi in acetato sono stati ricavati da originali in ottime condizioni o da materiali di stampa dell'epoca – ad esempio i film della società di produzione Hanžonkov, di cui sono stati ritrovati i negativi originali.

286 film, circa un sesto del totale: una cifra ragguardevole, che rende la selezione dei titoli per una retrospettiva un'impresa al tempo stesso più agevole e più complessa. Quando la nostra équipe si è recata a Mosca, nel gennaio di quest'anno, tale impresa si è rivelata essere, oltre che esaltante per la quantità dei reperti sopravvissuti e impervia sul piano della rappresentatività, inaspettatamente ingrata. Yuri Tsivian e i suoi colleghi si erano già assunti l'onere di escludere un'apprezzabile percentuale di titoli, in condizioni troppo precarie per essere presentati al pubblico. Ma stabilire con quali film si sarebbe costruita la retrospettiva (e, in certo modo, la reputazione cri-

choice does not mean that all the other films are not worth being consulted, on the contrary: it was necessary to perform draconian cuts in the list of films of the producers Khanzhonkov and Ermol'ev, that made up most of the Gosfilmofond's list. On the other hand, the group of films produced in 1908 and 1909 was so scant that a further selection would have made the formative period of Russian production – the period most influenced by European film companies – difficult to understand. Almost all Bauer's and Starewicz's films could have been worth being shown in Pordenone.

Notwithstanding the limited dimensions of the panorama drawn by this retrospective, some possible lines of research come out quite clearly. The myth of a production of lower quality, underdeveloped as far as technology is concerned as against the rest of Europe or even unbearable for the taste of the audience of today, exploded once and for all. Fascinating historiographical hypotheses gain ground: the relationship between the "Russian style" of the years from 1912 to 1914 and the contemporary Scandinavian production; the technical innovations in the movements of the camera (the whirling tracking shots in Bauer's films), and the depth of field; the spread of Ermol'ev's and Khanzhonkov's films in France, Germany, Japan and their possible influence on American cinema in the years from 1910 to 1920; the role of cinema in the spread of figurative and literary decadentism among lower social classes; the exalting of a particular aesthetic of film melodrama. The time has come to turn over a new leaf and, as Giovanni Buttafava wrote, to think about "the more aware and generalized critical attitude (the same that is consciously theorized by Lebedev) who looks instead at pre-Revolutionary cinema as an important period in the formation of the artists that were to enrich the new Soviet art, as a necessary technical pre-history, of a remarkable level of maturity in writing, and which forms the basis from where the Soviet 'great silent cinema' started"[12].

This catalogue therefore, besides being a guide to the retrospective programme, is also an invitation to go *beyond* this programme. The volume contains film entries, plots and critical anthologies of all the films preserved at the Gosfilmofond[13] with the addition of our brief comments on the films chosen for Pordenone. The illustrations, the portraits of that period, the frame enlargements help to give an idea of the variety of the subject and of the value of what could not be included in the panorama of this year, but also to prove the hard work that is awaiting the researchers who wish to get into this world of historic evocations, of dramas based on memory, of unusual comedies, of top-level directors and actors. The small dictionary at the end can provide a basic guide to the careers of some of the most important film – makers. Due to lack of space, we excluded from this volume other essays on the works of Russian exiles and the stylistic and topical coherence of their work. We refer therefore the reader to

tica del cinema russo pre-rivoluzionario nell'immediato futuro) significava evidentemente compiere una serie di *rinunce*. La scelta sarebbe stata in ogni caso il risultato dell'applicazione dei criteri tradizionalmente seguiti dalle *Giornate del Cinema Muto:* a) mostrare film raramente visibili in precedenza e preferire le copie in migliori condizioni; b) mettere in risalto le innovazioni tecniche rivelate dalle opere prescelte; c) formulare un giudizio estetico soggettivo in rapporto allo stile dei film; d) ipotizzare il loro interesse per un pubblico non specializzato. La nostra scelta non esclude certo l'utilità di consultare tutti gli altri titoli, anzi ne conferma l'urgenza: era necessario operare tagli draconiani sull'elenco di film delle società di produzione Hanžonkov e Ermol'ev, dei quali l'elenco del Gosfilmofond è prodigo; all'estremo opposto, il drappello di titoli realizzati nel biennio 1908-1909 era così sparuto che un'ulteriore cernita avrebbe reso incomprensibile il periodo formativo della produzione russa, quello più decisamente influenzato dalle compagnie di produzione europee. Quasi tutti i film di Bauer e di Starewicz, infine, sarebbero stati degni d'essere presentati a Pordenone.

Alcune possibili direzioni di ricerca appaiono comunque con una certa chiarezza, nonostante le limitate dimensioni del panorama disegnato da questa retrospettiva. Dissolto una volta per tutte il mito di una produzione qualitativamente inferiore, tecnologicamente sottosviluppata rispetto a quella del resto d'Europa, o addirittura insostenibile per il gusto dello spettatore di oggi, si fanno strada appassionanti ipotesi storiografiche: il rapporto fra lo "stile russo" degli anni 1912-1914 e la produzione scandinava contemporanea; le innovazioni tecniche nel campo dei movimenti di macchina (i vertiginosi *tracking shots* nei film di Bauer) e della profondità di campo; la diffusione dei film Ermol'ev e Hanžonkov in Francia, in Germania, in Giappone e la loro eventuale influenza sul cinema americano degli anni Dieci; il ruolo del cinema nella diffusione del decadentismo figurativo e letterario fra le classi popolari; la sublimazione di una particolare estetica del melodramma filmico. È insomma giunto il momento di voltare pagina, e di rimeditare, come ha scritto giustamente Giovanni Buttafava "l'atteggiamento critico più consapevole e ormai generalizzato (e che viene coscientemente teorizzato dal Lébedev) [che] guarda invece al cinema pre-rivoluzionario come ad un momento importante per la formazione dei quadri che poi ebbero ad arricchire l'arte nuova sovietica, come a una necessaria preistoria tecnica, giunta fino a un notevole livello di maturità di scrittura, e che costituisce la base da cui è poi partito il 'grande muto' sovietico"[12].

Questo catalogo è perciò, oltre che una guida al programma delle proiezioni, un invito a non fermarsi a *questo* programma. Il volume contiene schede filmografiche, trame e antologie critiche di tutti i film conservati al Gosfilmofond[13], con l'aggiunta di nostri brevi commenti ai film selezionati per Pordenone. Le illustrazioni, i ritratti d'epoca, gli ingrandimenti di fotogrammi, servono a dare un'idea dell'ampiezza tematica e

the special issue of *Griffithiana* (No. 35-36, 1989) published for this exhibition. Besides, we hope to publish, as soon as possible, the international contributions to the symposium on Russian cinema organized at the end of the *Giornate*. And, as was the case for the past monographic exhibitions in Pordenone, we will be very glad to welcome in future any further contributions that add or improve our knowledge of the early Russian cinema.

1. Georges Sadoul, *Histoire générale du cinéma. III. Le cinéma devient un art (1909-1920).* (Paris: Denoël, 1951 and 1952). The quotation is taken from the Italian translation, *Storia generale del cinema. Vol. 2: Il cinema diventa un'arte (1909-1920),* Einaudi, Torino, 1967, 444-445.

2. Jean Mitry, *Histoire du cinéma. Art et industrie. Vol. I, 1895-1914.* (Paris: Editions Universitaires, 1967), 326.

3. Richard Taylor and Ian Christie, *The Film Factory. Russian and Soviet Cinema in Documents 1896-1939,* (London: Routledge & Kegan Paul, 1988), 16.

4. London: George Allen and Unwin, 1960. The quotations that follow are taken from the third edition (Princeton University Press, Princeton 1983). Italian translation: *Storia del cinema russo e sovietico* (Milan: Il Saggiatore, 1964).

5. *The Film Factory*, 10-11. Leyda's statements are on page 10 of *Kino*, 3rd edition.

6. *Kino*, 11-16.

7. *Ibid.*, 12.

8. Nikolai Lebedev, *Ocherki istorii kino SSSR, I. Nemoe kino,* (Moscow: Goskinoizdat, 1947).

9. Veniamin Evgen'evich Vishnevskii, *Khudozhestrennye fil'my dorevolyutsionn oi Rossii* (Moscow: Goskinoizdat, 1945).

10. Giovanni Buttafava, report presented in 1978 in Rapallo during the retrospective on Russian cinema organized by the Italian Association for the Study of Film History. A copy of the manuscript is kept in Davide Turconi Archives.

11. Concerning the titles presented on that occasion, see *Dal cinema degli zar al cinema di Lenin*, edited by Orio Caldiron (Rome: Quaderni della Cineteca Nazionale, Centro Sperimentale di Cinematografia, 1978). This issue contains summaries, comments and technical entries on the films on show.

12. Giovanni Buttafava, *Dal salotto al soviet: il cinema russo prerivoluzionario, Bianco e Nero*, No. 3, 1983, 125.

13. The reasons why we chose to limit the informative repertory to the Gosfilmofond's collections should be clear for those who know how difficult it is to file systematically the corpus of pre-Revolutionary Russian cinema existing all over the world. Several prints sometimes not included in the Moscow list, are preserved in several archives; among these: the Cinémathèque of Toulouse, the Nederlands Filmmuseum, the Museum of Modern Art, New York, the Österreichisches Filmarchiv of Wien, the Yugoslavenska Kinoteka of Beograd, the Magyar Filmintézet/Filmarchivium of Budapest, the Service des Archives du Film of Bois d'Arcy, the Cinémathèque Française. A thorough and reliable census would have required much more resources than we have at our dis-

del valore di ciò che non è stato possibile includere nel panorama di quest'anno, ma anche a dimostrare quanto lavoro aspetti i ricercatori che vorranno addentrarsi in questo mondo di rievocazioni storiche, di drammi della memoria, di commedie anomale, di personalità registiche e di interpreti di statura mondiale. Il dizionarietto finale potrà fornire una guida essenziale alle carriere di alcuni tra i cineasti più importanti. Per limiti oggettivi di spazio abbiamo escluso da questo volume altri saggi dedicati in particolare all'opera degli esuli russi, e alla continuità stilistica e tematica del loro lavoro; rinviamo perciò il lettore al numero speciale di "Griffithiana" (n. 35-36, 1989) edito in occasione della rassegna. Speriamo inoltre di poter dare alle stampe al più presto i contributi internazionali al simposio sul cinema russo, organizzato a conclusione delle *Giornate*. E com'era avvenuto per le passate rassegne monografiche pordenonesi, saremo ben lieti di ospitare in futuro continuazioni e aggiornamenti sul primo cinema russo.

1. Georges Sadoul, *Histoire générale du cinéma. III. Le cinéma devient un art (1909-1920)*. Denoël, Parigi, 1951 e 1952. La citazione è tratta dalla versione italiana dell'opera, *Storia generale del cinema*. Vol. 2: *Il cinema diventa un'arte (1909-1920)*, Einaudi, Torino 1967, 444-445.

2. Jean Mitry, *Histoire du cinéma. Art et industrie. Vol. I, 1895-1914*, Editions Universitaires, Parigi 1967, 326.

3. Richard Taylor & Ian Christie, *The Film Factory. Russian and Soviet Cinema in Documents 1896-1939*, Routledge & Kegan Paul, Londra 1988, 16.

4. George Allen and Unwin, Londra 1960. Le citazioni che seguono sono tratte dalla terza edizione, Princeton University Press, Princeton 1983. Tr. it.: *Storia del cinema russo e sovietico*, Il Saggiatore, Milano 1964.

5. *The Film Factory*, cit., 10-11. Le dichiarazioni di Leyda si trovano a pagina 10 di *Kino*, 3a ed.

6. *Kino*, cit. 11-16.

7. Rigeni: Ibid., 12.

8. Nikolaj Lébedev, *Ocerki istòrii kinò SSSR, I. Nemoe kinò*, Goskinoizdat, Mosca 1947. Tr. it.: *Il cinema muto sovietico*, Einaudi, Torino 1962.

9. Veniamin Evgenevič Višnevskij, *Hudožestvennye fil'my dorevoljucionnoj Rossii*, Goskinoizdat, *Mosca 1945*.

10. Giovanni Buttafava, relazione presentata nel 1978 a Rapallo, nell'ambito della retrospettiva sul cinema russo organizzata dall'Associazione Italiana per le Ricerche di Storia del Cinema. Una copia del manoscritto è conservata presso l'Archivio Davide Turconi.

11. Sui titoli presentati in quell'occasione, si veda *Dal cinema degli zar al cinema di Lenin*, a cura di Orio Caldiron, Quaderni della Cineteca Nazionale, Centro Sperimentale di Cinematografia, Roma 1978. Il quaderno contiene riassunti, commenti e schede tecniche sui film della rassegna.

12. Giovanni Buttafava, *Dal salotto al soviet: il cinema russo prerivoluzionario*, in "Bianco e Nero", n. 3, 1983, 125.

posal today. A brief research in the archives of the Fédération Internationale des Archives du Film showed that there are some films which are *not* included in the Gosfilmofond's list: *Dnevnik gornichnoi* (M. [?] Martov, 1916) at the Ceskoslovenský Filmový Ústav of Prague; *Pan tvardovskii* (Wladyslaw Starewicz, 1916) at the George Eastman House, Rochester, New York. A print of the film by Aleksandr Volkov *Prodannaya dusha* (1919) is preserved at the Danske Fimmuseum in Kopenhagen.

13. La scelta di limitare il repertorio informativo alla collezione del Gosfilmofond dovrebbe essere chiara a chi possiede un'idea della difficoltà di progettare una sistematica schedatura di tutto il *corpus* del cinema russo pre-rivoluzionario esistente nel mondo. Numerose copie, riguardanti titoli a volte non compresi nell'elenco dei 286 film conservati a Mosca, risultano conservate in diversi archivi; fra questi, la Cinémathèque de Toulouse, il Nederlands Filmmuseum, il Museum of Modern Art di New York, l'Österreichisches Filmarchiv di Vienna, la Yugoslovenska Kinoteka di Belgrado, il Magyar Filmintézet/Filmarchivum di Budapest, il Service des Archives du Film di Bois d'Arcy, la Cinémathèque Française. Un censimento completo e attendibile avrebbe comunque richiesto una quantità di risorse largamente superiore alle nostre attuali possibilità. Una sommaria ricognizione presso gli archivi della Fédération Internationale des Archives du Film ha comunque rivelato l'esistenza di alcuni film *non* compresi nell'elenco del Gosfilmofond: *Dnevnik gorničnoj* (M. [?] Martov, 1916) al Ceskoslovenský Filmový Ústav di Praga; *Pan tvardovskij* (Wladyslaw Starewicz, 1916) alla George Eastman House, Rochester, New York. Una copia del film di Aleksandr Volkov *Prodannaja duša* (1919) risulta conservata al Danske Filmmuseum di Copenhagen.

Yuri Tsivian

SOME PREPARATORY REMARKS ON RUSSIAN CINEMA

A first encounter with Russian cinema usually raises several puzzling questions. More often than not these questions are of the same kind: they concern the characteristics of the Russian film style that distinguish it from the generally accepted practice of the 1910s. There is some sense in dwelling on these characteristics, both to sow doubt in the audience's mind and to understand what the notion of "Russian style" meant to the film-makers themselves.

Russian Endings

In 1918 two cinema publications, one Russian and one American, made an identical observation independently of one another. *Moving Picture World*, after viewing a batch of Russian pictures that had just arrived in the USA, confirmed the view of its own correspondent: "As was pointed out in the first commendatory review of these films in *The Moving Picture World*, the tragic note is frequently sounded; this is in marked contrast with prevailing American methods. The Russian films, in other words, incline to what has been termed 'the inevitable ending' rather than an idealized or happy ending. That was the thing that gave the reviewers some slight shivers of apprehension as to the reception that might be accorded these films by our public."[1] At the same time the Moscow *Kinogazeta* was informing its readers: " 'All's well that ends well!' This is the guiding principle of foreign cinema. But Russian cinema stubbornly refuses to accept this and goes its own way. Here it's 'All's well that ends badly' – we need tragic endings"[2]. The Russian audience's need for tragic endings was so insistent that in 1914 when Yakov Protazanov made *Drama po telefonu* (Drama on the Telephone), the Russian re-make of Griffith's *The Lonely Villa*, he had to change the ending: the husband was not in time to rescue his wife and came home to find the dead body of his wife, who had been killed by burglars[3]. In 1918 Protazanov

Yuri Tsivian

ALCUNE OSSERVAZIONI PRELIMINARI SUL CINEMA RUSSO

Chi si accosta per la prima volta al cinema russo, viene, di regola, colto da alcune perplessità. Esse di solito riguardano le particolarità dello stile cinematografico russo, grazie alle quali questo si differenzia dalla prassi adottata in genere negli anni Dieci. Riteniamo utile soffermarci su tali particolarità per chiarire i dubbi dello spettatore e per capire il senso che gli stessi cineasti davano al concetto di "stile russo".

I finali russi

Nel 1918 due pubblicazioni di cinema, una americana e una russa, fecero, indipendentemente l'una dall'altra, la stessa osservazione. Dopo aver visto una serie di film russi presentati negli Stati Uniti, la rivista "The Moving Picture World" confermò l'opinione espressa dal suo corrispondente: "Come abbiamo già affermato nella nostra prima recensione, elogiativa, di queste pellicole, in esse risuona spesso una nota tragica che contrasta in modo notevole con quanto ci ha abituato a vedere il cinema americano. In altre parole i film russi tendono a quello che il nostro critico ha chiamato 'finale ineluttabile', piuttosto che ad un epilogo idealizzato o felice. È questa la ragione che lo ha indotto a dubitare dell'accoglienza che può riservare loro il nostro pubblico"[1]. Proprio allora la "Kinogazeta" di Mosca comunicava ai lettori: "Il principio 'Tutto è bene quel che finisce bene!' domina nel cinema estero. Ma il cinema russo non intende adeguarsi e cammina per la sua strada. Per noi 'Tutto è bene quel che finisce male', a noi sono necessari i finali tragici"[2]. Il bisogno di finali tragici era così sentito dal pubblico russo che quando nel 1914 Jakov Protazanov realizzò *Drama po telefonu* (Dramma al telefono), remake russo di *The Lonely Villa* di Griffith, egli dovette cambiare l'epilogo: il marito non faceva in tempo ad arrivare in soccorso della moglie e quando giungeva a casa trovava il suo cadavere: la donna era stata uccisa dai rapinatori[3]. Nel 1918 Protazanov aveva, sì,

nevertheless tried to make a sentimental melodrama which ended with a wedding – *Gornichnaya Dzhenni* (Jenny the Maid) – but it is significant that he turned it into a film that was set abroad. In a Russian setting such a turn of events would have seemed forced.

There is nothing strange in the fact that Russian film factories, which were working to two markets – the domestic and the international – produced two different versions of the same subject. The idea undoubtedly originated with Pathé, whose Moscow office had had the international market in mind from the very beginning. When Sof'ya Goslavskaya, who played the leading role in André Maître's film, *Nevesta ognya* (The Bride of Fire, 1911?), wanted to watch her own film, it transpired that the film in distribution in Russia had employed other actors: "Whereas in our first version the story was treated like a *lubok* with a happy ending – scenes of a peasant wedding with traditional ceremonies – which was made specially 'for export', in the second version, made by Kai Hansen, it was a drama which, if I'm not mistaken, ended with the deaths of the main characters"[4]. Another actress, Sof'ya Giatsintova, has recalled how the firm of Thiemann and Reinhardt solved the export problem. The film *Rukoyu materi* (By Her Mother's Hand, 1913) had two endings, both made by Yakov Protazanov and both using the same actors and sets: "One ending, the happy ending, was 'for export': Lidochka recovers. The other, more dramatic, was 'for Russia': Lidochka in her coffin"[5].

On the day after the February Revolution twenty boxes of films were hurriedly exported and so a batch of films with Russian rather than export "tails" arrived in America. It is scarcely surprising that American reviewers were inclined to attribute their special quality to "terrific Slavic emotions"[6]. However one has to forewarn audiences of our time: like any generalization about national psychology the notion of the gloomy Russian soul would be naive. "Russian endings" came into cinema from 19th century Russian theatrical melodrama, which always ended badly. Unlike the Western theatrical melodrama, the Russian variant derives from classical tragedy adapted to the level of mass consciousness. Hence the only conclusion that we can draw about "Russian endings" in cinema is one that relates to Russian mass culture as a whole: the peculiarity of Russian cinema and of Russian mass culture is its constant attempt to emulate the forms of high art. As we shall see, this attempt is conditioned by several other features of the "Russian style" in cinema.

The Speed of the Action

The most paradoxical of the many strange features of Russian cinema in the 1910s is the immobility of its figures. The static Russian *mise-en-scènes*, which to the uninitiated might appear to be a sign of hopeless direction, in actual fact bore all the characteristics of a conscious aesthetic programme. At the centre of

girato il melodramma sentimentale *Gorničnaja Dženni* (Jenny la cameriera) che si concludeva con un matrimonio, ma è significativo che l'avesse ambientato all'estero, perché per la vita russa un simile capovolgimento di fortuna sarebbe sembrato forzato.

Niente di strano quindi che le case cinematografiche russe, che lavoravano per due mercati, quello interno e quello estero, producessero due versioni dello stesso soggetto. L'idea era senz'altro della Pathé, la cui filiale moscovita aveva fin dall'inizio tenuto presente la congiuntura internazionale. Quando Sof'ja Goslavskaja, protagonista di *Nevesta ognja* (La fidanzata del fuoco, 1911?) di André Maître, volle vedere il proprio film, scoprì che in Russia esso circolava con attori diversi: "Inoltre se nella nostra prima versione il soggetto era stato trattato come un *lubok*, con un lieto fine, con la scena di un matrimonio contadino, con le immagini dei riti tradizionali, cioè appositamente 'per l'estero', nella seconda versione invece, realizzata da Kai Hansen, era un dramma che si concludeva, se non erro, con la morte dei protagonisti"[4]. Un'altra attrice, Sof'ja Gjacyntova, raccontò come la casa cinematografica Thiemann e Reinhardt avesse risolto il problema dell'esportazione. Per il film *Rukoju materi* (Per mano della madre, 1913), con gli stessi attori e la stessa scenografia, Jakov Protazanov girò due finali: "Uno con l'happy end 'per l'estero': la piccola Lidia guarisce; l'altro, più drammatico, 'per la Russia': Lidia nella bara"[5].

Non sorprende quindi, che i recensori americani (quando era arrivata in America una serie di pellicole con "code" russe non per esportazione: venti casse di film furono infatti frettolosamente esportate il giorno dopo lo scoppio della rivoluzione di febbraio) fossero inclini ad attribuire questa caratteristica alle *terrific slavic emotions*[6]. Vorremmo avvertire lo spettatore contemporaneo che, come ogni estrapolazione etno-psicologica, l'idea di uno spirito russo per sua natura cupo è ingenua. I "finali russi" arrivarono al cinema dal melodramma teatrale del XIX secolo che finiva sempre male. Diversamente da quello occidentale, il melodramma russo si rifà alla tragedia classica nella sua divulgazione popolare. Cosicché l'unica deduzione possibile riguardo ai "finali russi", fatta in relazione alla cultura di massa russa in generale, è che si tratta di un carattere tipico del cinema russo e della cultura popolare russa, nella loro incessante aspirazione a emulare le forme della grande arte. Come vedremo, a questa aspirazione sono dovute anche altre particolarità dello "stile russo" nel cinema.

Il ritmo dell'azione

Tra le stranezze del cinema russo degli anni Dieci la più paradossale è data dall'immobilità delle sue immagini. La staticità della sceneggiatura russa, che al non iniziato può apparire segno di una regia incapace, derivava in realtà da un consapevole programma estetico, al centro del quale c'era la formula

this programme lay the polemical formula "film story, not film drama" which was the motto of Russian film style during the First World War. There is preserved in Fedor Ozep's archive the plan of a book that he was planning to write in 1913-14. He intended to have a chapter in the book on "The Three Schools of Cinematography: 1. Movements: the American School; 2. Forms: the European School; 3. The Psychological: the Russian School"[7]. The psychologism of the Russian style was defined as a denial of the external sign of "cinema specifity": the dynamics of action and the dramatic quality of events. Later, in 1916, the champions of Russian style began to call American and French cinema "film drama", a genre that in their view was superficial. "Film drama" was contrasted with "film story", the preferred genre of Russian cinema: "The film story breaks decisively with all the established views on the essence of the cinematographic picture: it repudiates *movement*"[8]. But it was not only the Russian films that were made as "film stories" which were judged from the standpoint of this paradoxical aesthetic doctrine. In 1916 we find a typical critical formulation in a review of the film *Ego glasa* (His Eyes), which was consistent with the Russian style: "The scenes that are devoid of traditional cinematic movement produce a great impression"[9]. Sometimes even foreign films which, it seemed, had fallen behind Russian cinema were treated in the same way. Hence the condenscending lecture in *Proektor* devoted to the American film which was released in Russian as *Raba nazhivy* (Slave of Profit). "As far as the whole pace of the action is concerned, neither the director nor the cast have managed to capture that slow tempo that is so common in the Russian feature film play. The actors are still too fidgety, as the Americans are wont to be; their acting still derives largely from the superficial, from objects and facts rather than from experiences and emotions"[10].

What in practice were the ideas behind the "Russian style"? Genetically speaking, the aesthetics of immobility can be traced back to two sources: the psychological pauses of the Moscow Art Theatre and the acting style of Danish and Italian cinema. When they met in Russian cinema these sources transformed one another: the operatic posturing of the Italian *diva* acquired psychological motivation, while the intonational-acoustic pauses of the Moscow Art Theatre – the so-called "Chekhov" style, which was far from presupposing a slow tempo on stage – found its plastic equivalent on the screen. That gave rise to the minimalist technique of the Russian film actor, which was dictated *inter alia* by the style of film direction. As one of the manifestoes of the "Russian style" stated: "In the world of the screen, where everything is counted in metres, the actor's struggle for the freedom to act has led to a battle for long (in terms of metres) scenes of, more accurately, for 'full' scenes, to use Olga Gzovskaya's marvellous expression. A 'full' scene is one in which the actor is given the opportunity to depict in stage terms a specific spiritual experience, no matter how many metres it takes. The 'full' scene involves a complete rejection of

polemica "non cinedramma, ma cineromanzo". Questo era il motto dello stile cinematografico russo al tempo della prima guerra mondiale. Nell'archivio di Fedor Ozep è conservato il progetto di un libro che egli si preparava a scrivere negli anni 1913-14. In esso si prevedeva un capitolo intitolato: "Tre scuole di cinematografia: 1. Di movimento, americana; 2. Di forma, europea; 3. Psicologica, russa"[7]. Il carattere psicologico dello stile russo veniva individuato nel rifiuto di segni esteriori di "specificità cinematografica", della dinamica dell'azione e della drammaticità degli avvenimenti. In seguito, nel 1916, i partigiani dello stile russo cominciarono a chiamare il cinema americano e quello francese "cinedramma", un genere, secondo loro, superficiale. Al "cinedramma" veniva contrapposto il "cineromanzo", genere prediletto del cinema russo: "Il cineromanzo si stacca decisamente da tutte le teorie consolidate sull'essenza dell'opera cinematografica; esso rinnega il *movimento*"[8]. Sulla base di questa paradossale dottrina estetica venivano valutate non soltanto le pellicole russe, realizzate in chiave di "cineromanzi". Tipica nel 1916 è la formulazione estetica che troviamo nella recensione del film *Ego glaza* (I suoi occhi), realizzato nello spirito dello stile russo: "Le scene prive del tradizionale movimento cinematografico producono un'enorme impressione"[9]. Talvolta ciò valeva anche per le pellicole di produzione straniera, che pareva fossero rimaste indietro rispetto al cinema russo. Ecco il compiaciuto ammonimento che toccò nelle pagine di "Proektor" al film americano dal titolo russo *Raba naživy* (Schiava del lucro): "Per quanto attiene all'andamento complessivo dell'azione, qui né al regista, né agli artisti è riuscito ancora d'afferrare quel ritmo lento, così abituale al lungometraggio russo. Gli attori, secondo lo stile americano, sono troppo affaccendati; la loro recitazione trae ancora molta ispirazione dall'esterno, da oggetti e fatti, anziché da emozioni e sensazioni"[10].

Quali erano i procedimenti pratici dello "stile russo"? Geneticamente l'estetica dell'immobilità derivava da due fonti: le pause psicologiche del Teatro dell'Arte di Mosca e la maniera di recitare degli attori del cinema danese e italiano. Incontrandosi nel cinema russo, queste fonti agirono reciprocamente le une sulle altre: le pose operistiche delle dive italiane ricevettero una motivazione psicologica e le pause acustiche d'intonazione del Teatro dell'Arte di Mosca (la cosiddetta maniera cecoviana, che assolutamente non presupponeva alcun indugio scenico) trovarono sullo schermo un equivalente plastico. Così nacque la tecnica minimalista dell'attore cinematografico russo, che era dettata, tra le altre cose, anche dallo stile della regia. Come si legge in uno dei manifesti dello "stile russo": "Nel mondo dello schermo dove si calcola tutto in metri, la lotta dell'attore per la libertà di recitazione è divenuta lotta per scene lunghe, per il metraggio. Anzi, per scene 'piene', secondo la bellissima definizione di Olga Gzovskaja. La scena 'piena' è quella in cui all'attore è data la possibilità di rappresentare scenicamente un determinato stato d'animo, indipen-

the usual hurried tempo of the film play. Instead of a rapidly changing kaleidoscope of images, it aspires to *rivet* the attention of the audience on to a single image... This may sound like a paradox for the art of cinema (which derives its name from the Greek word for 'movement') but the involvement of our best actors in cinema will lead to the slowest possible tempo... Each and every one of our best film actors has his or her own *style* of mime: Mosjoukine has his steel-like hypnotised look; Gzovskaya has a gentle, endlessly varying lyrical 'face'; Maksimov has his nervous tension and Polonskii his refined grace. But with all of them, given their unusual economy of gesture, their entire acting process is subjugated to a rhythm that rises and falls particularly *slowly*... It is true that this kind of portrayal is conventional, but convention is the sign of any true art"[11].

The best directors were, to a greater or lesser extent, followers of the Russian style: Chardynin, Bauer, Viskovksii, Protazanov. One of the ideologist of the style, Vladimir Gardin, called the school the "braking school" and he made a decisive claim to be its leader. Subsequently Gardin recalled: "Protazanov developed and defined this school more precisely more by intuition than calculation. My peremptory shouts while we were filming *Klyuchi schast'ya* (Keys to Happiness, 1913) – 'Pause!' 'The eyes!' – did not go unnoticed. He took up this method and developed it in his own direction. On more than one occasion while he was shooting Yakov Aleksandrovich [Protazanov] would lift his conductor's baton and utter the magic word 'Pause!', sometimes holding his hand up for a long time and not letting it drop[12]. Vladimir Gaidarov has given more details of Protazanov's method in his reminiscences about *Gornichnaya Dzhenni*. "Lenny Borger, who was studying the problem of shooting speed in silent cinema, said to me, after watching the films of Bauer and Protazanov from 1916, that in his view Russian cameramen shot at a higher speed than was generally accepted, creating on screen a permanent slow-motion effect"[13]. It is possible that this was a means of insuring the film against movement alteration by projectionists, especially those in the provinces who were in the habit of "driving the picture" faster than it had been shot. In 1915 Ivan Mosjoukine, worried about the fate of the slow "Russian style" in the hands of these projectionists, published an open letter in *Teatral'naya gazeta* calling on audiences who noticed a discrepancy between the speeds to make their protest known by banging their sticks and stamping their feet, etc.: "The poor, completely innocent actors jump and jerk about like cardboard clowns and the audience, which is unfamiliar with the secrets of the projection booth, stigmatises them for their lack of talent and experience. I cannot convey the feeling you experience when you watch your own scene transformed at the whim of a slip of a boy from normal movements into a wild dance. You feel as if you were being slandered in front of everyone and you have no way of proving your innocence"[14]. The "Russian style" did not, of course, meet with universal approbation. Its champions were grouped

dentemente dai metri di pellicola richiesti da tale operazione. La scena 'piena' appare quindi la piena negazione del ritmo abitualmente incalzante dell'opera cinematografica. Invece di un caleidoscopio d'immagini che si succedono rapidamente, essa cerca d'*inchiodare* l'attenzione dello spettatore ad una sola immagine... Per quanto paradossale questo possa sembrare per l'arte del cinema (che deriva il suo nome dalla parola greca 'movimento'), la recitazione dei migliori attori tende al maggior indugio possibile nei movimenti... In ciascuno dei nostri migliori attori voi troverete il suo proprio *stile* mimico: lo sguardo ipnotico, d'acciaio, di Mozžuhin; la tenera, infinita gamma lirica del 'volto' della Gzovskaja; la tensione nervosa di Maksimov e l'elegante grazia di Polonskij. Ma in tutti, la recitazione, caratterizzata da una straordinaria sobrietà di gesti, si sottomette ad un ritmo particolare che lentamente si solleva e discende... È vero, una tale rappresentazione è convenzionale, ma la convenzionalità è il segno di ogni arte autentica''[11].

Adepti dello stile russo, furono, in maggiore o minor misura, i migliori registi: Čardynin, Bauer, Viskovskij, Protazanov. Uno dei suoi ideologi, Vladimir Gardin, aveva chiamato il nuovo stile "scuola di freno", e rivendicava la priorità dell'invenzione. In seguito egli scrisse nei suoi ricordi: "Ja. A. Protazanov sviluppò e definì questa scuola più per intuizione che intenzionalmente. Le mie grida durante la lavorazione di *Ključi sčast'ja* (Le chiavi della felicità, 1913) 'Pausa!' 'Occhi!', non passarono inosservate. Egli fece proprio questo metodo e lo rinforzò nella sua regia. Più volte, nel corso di una scena si sollevava la bacchetta da direttore d'orchestra di Jakov Aleksandrovic [Protazanov] ed egli pronunciava la magica parola 'Pausa!', talvolta tenendo a lungo alzata la mano senza abbassarla.''[12]. Il metodo di Protazanov fu raccontato ancora più dettagliatamente da Vladimir Gajdarov come si vede dai suoi ricordi su *Gorničnaja Dženni*: "Lenny Borger, che studiava la velocità di ripresa nel cinema muto, dopo aver visto i film di Bauer e Protazanov del 1916, mi disse che, secondo lui, gli operatori russi riprendevano con una velocità superiore a quella corrente, creando sullo schermo un effetto di *slow motion* continua''[13]. Forse questo era un sistema per proteggere la pellicola dalle alterazioni dei movimenti effettuate dai proiezionisti, specialmente quelli di provincia, che avevano l'abitudine di "far correre" il film più velocemente di com'era stato girato. Nel 1915, preoccupato della sorte che il lento "stile russo" subiva nelle mani di costoro, Ivan Mozžuhin pubblicò sulla "Teatral'naja gazeta" una lettera aperta in cui invitava gli spettatori che si fossero accorti di una eccessiva velocità di proiezione, a manifestare la loro protesta battendo i bastoni e i piedi: "I poveri, inconsapevoli attori saltano, sobbalzano come pupazzi di cartone, e il pubblico, ignaro dei misteri della cabina di proiezione, li marchia come mediocri e incapaci. Mi è impossibile dare un'idea del sentimento che si prova a guardare una propria scena in cui movimenti normali sono stati trasformati in una danza selvaggia. È la sensazione di chi si sente calunniato

round the journal *Proektor*, while its opponents featured in the pages of that more "cultured" journal "Teatral'naya gazeta". Bauer's *Nemye svideteli* (Silent Witnesses), the paper remarked ironically, had been acted at no more than five miles an hour[15], while his *Boris i Gleb* (Boris and Gleb, 1915) was spoilt by the rhythm it had almost found: "The whole film is imbued with an irritating and unnecessary slowness. Unnecessary because the psychological relief emerges on screen in opposition to the drama, not through delays and pauses but, on the contrary, through accelerations... The long drawn-out 'psychological' scenes allow the audience to start guessing and they have no difficulty in working out the subsequent course of events and the final dénouement"[16].

Despite the paradoxical postulates of the "Russian style", all this contributed to the fact that in the five years from 1914 to 1919, culminating in 1916, the films that were released in Russia were substantially different from the mainstream production of the period. It was the ballet critic, André Levinson who rather tellingly characterised this aesthetic system, writing in the Paris Russian paper *Poslednie novosti* in 1925 (by which time this system had already ceased to exist). Levinson recalled that pre-Revolutionary cinema: "created a style that was completely divorced from European and American experiments but enthusiastically supported by our own audiences. The scripts were full of static poetic moods, of melancholy and of the exultation or eroticism of a gypsy romance. There was no external action whatsoever. There was just enough movement to link the long drawn-out pauses, which were weighed down with langorous day-dreaming. The dramaturgy of Chekhov, which had had its day on stage, triumphed on the screen. The action of these intimate emotions was not played out against the expanse of the steppes or the steep slopes of the Caucasus, even though the steppes were as worthy as the pampas and the Caucasus as majestic as the Rocky Mountains! Russian characters dreamed 'by the hearth'. However at that time the sentimental heroes of the American Vitagraph film were doing the same, abandoned by their brides, making out figures from the past through a light haze of smoke. Vera Kholodnaya and Polonskii came back from the ball in a car, facing the audience in close-up, each immersed in their own private pain; they did not look at one another and they never moved. It was in this immobility that their fate was decided. This was the drama. Nobody chased after their car. It did not gather speed. Nothing beyond its windows existed. It did not roll down a slope because the dénouement did not need chance as its accomplice. But in those years Tom Mix was already jumping from a bridge on to the roof of an express train. The 'adventure' script had triumphed. But the Russian product was preoccupied with feeling, with the vibration of the atmosphere surrouding motionless figures. The relationship between patches of black and white, the concepts of chiaroscuro served expressiveness better than an occasional gesture by the characters... Sometimes the banality of the atti-

davanti a tutti e non può dimostrare le proprie ragioni"[14]. Intendiamoci, lo "stile russo" non raccoglieva approvazione unanime. I suoi sostenitori facevano capo al giornale "Proektor", mentre gli avversari scrivevano sulle pagine di un giornale più "culturale", la "Teatral'naja gazeta". I *Nemye svideteli* (Testimoni silenziosi) di Bauer, ironizzava il giornale, si muovono alla velocità di quattro *verste* all'ora[15], mentre il suo *Boris i Gleb* (Boris e Gleb, 1915) ha perso il ritmo che stava per trovare: "In tutto il film si ha la sensazione di un indugio fastidioso ed inutile. Inutile perché il rilievo psicologico si evidenzia sullo schermo, a differenza del dramma, non con rallentamenti e pause, ma, al contrario, con accelerazioni... Le scene 'psicologiche' prolungate permettono allo spettatore di fare supposizioni e di prevedere con facilità l'ulteriore corso degli avvenimenti, e la soluzione finale"[16].

Sta di fatto che, grazie ai paradossali postulati dello "stile russo", per tutto il quinquennio 1914-1919, con il momento culminante del 1916, in Russia si fecero film molto poco simili alla produzione corrente dell'epoca. Un quadro molto preciso di questo sistema estetico fu dipinto nel 1925 (quando ormai esso aveva cessato di esistere) dal critico di balletti André Levinson sul giornale russo-parigino "Poslednie novosti". Il cinema pre-rivoluzionario, ricordava Levinson, "aveva creato uno stile del tutto avulso dalle ricerche europee e americane, ma aveva ricevuto un'accoglienza entusiastica da parte del nostro pubblico. La staticità degli stati d'animo poetici, la malinconia, l'esaltazione o l'erotismo della romanza tzigana riempivano le sceneggiature. Nessuna azione in esterni. Movimento, tanto quanto bastava a legare le pause sature di tormento o di sogno. La drammaturgia cecoviana, che aveva ormai fatto il suo tempo sul palcoscenico, trionfava sullo schermo. Né per le vaste steppe, né per i pendii del Caucaso si spandeva l'effetto di queste emozioni intime; eppure le steppe valgono le pampas, e il Caucaso è maestoso come le Montagne Rocciose! I personaggi russi sognavano 'presso il caminetto'. Del resto, facevano lo stesso allora anche gli eroi sentimentali della Vitagraph, abbandonati dalle fidanzate e rievocanti, attraverso una leggera nebbia, le figure del passato. Vera Holodnaja e Polonskij tornavano dal ballo in automobile, la faccia rivolta allo spettatore, in primo piano, ciascuno dei due immerso nel proprio dolore; essi non si rivolgevano lo sguardo e non si muovevano. E in questa immobilità si decideva la loro sorte. E questo era il dramma. Nessuno correva dietro all'automobile. Essa non aumentava di velocità. Quello che c'era fuori dai finestrini non esisteva. La macchina non finiva nella scarpata perché l'epilogo non aveva bisogno della complicità del caso. E in quegli anni Tom Mix già si gettava dal ponte sul tetto del rapido. Trionfava la sceneggiatura del film 'd'avventure'. Il film russo affondava invece nelle emozioni, nelle vibrazioni d'atmosfera attorno a figure immobili. Le relazioni fra macchie di bianco e nero, i giochi di luce e ombra erano più espressivi dei rari gesti dei personaggi... La banalità delle pose e dei procedimenti era

tudes and ideas was striking, but only to the Russian eye. To a Western audience this banality was something inscrutably and irrationally exotic. It is for this reason, rather than technical backwardness, that the style remained a localised phenomenon, and soon afterwards war broke out"[17].

The Intertitle

From the antithesis film drama/film story the ideologues of the "Russian style" derived yet another postulate: the regimen for the perception of film was newly re-thought: "The time has gone when we just looked at the screen: the time has come to *read* it..."[18] Films like *Kursistka Tanya Skvortsova* (Tanya Skvortsova the Student) and *Ego glaza* (His Eyes) openly imitated a book. In *Tanya Skvortsova* the reels were called chapters rather than acts. *Ego glaza* began and ended with a shot of a girl leafing through the novel by Fedorov on which the film is based; the pages of the novel also appeared during the course of the action and in the opening scene, the players' introduction, the characters were made to look like illustrations brought to life. When Fedor Sologub suggested a screen version of *Baryshnya Liza* (Lady Liza) to Aleksandr Sanin in 1918 he absolutely insisted that the source for the screen version should be the story rather than the play: "I do not so much want pictures from real life but rather as if you were turning the pages of an old, slightly naive, forgotten and touching book. What we want somehow is to look as though we are showing the pages of a book: the engravings, the vignettes, the head-pieces – all, of course, with great tact"[19]. Matters were not confined to the ornamental side. A serious reform of narrative syntax was annouced. Equality between image and intertitle was postulated: "The film story consists of two equally important elements: mimic scenes performed by artistes and literary excerpts; in other words, of picture proper and intertitles... In a screen reading the 'pages' of words alternate with the 'pages' of images: both have an equal right to life"[20].

At first sight paradoxical, this position did in fact correspond to the literary essence of Russian cultural consciousness. The Russian audience in the 1910s was glad to read the titles and even became anxious when a title did not appear for a long time. There is a curious case relating to the film based on a script by Hugo von Hofmannsthal, *Das fremde Mädchen* (1913) which was shown in Russia under the title *Nevedomaya zhenshchina* (A Mysterious Woman). The film was made as a mime and it was at first distributed in the original version without words. But this is what one reviewer wrote about it: "This film, half fantasy half real, did not have a single title throughout its entire length (about 1,000 metres), while the action developed so intelligibly, so freely that fear arose almost instinctively, that suddenly there would appear a title and the effect would be ruined... But later it has featured in one of the smaller cinemas already with a large number of commonplace titles: obviously

talvolta sbalorditiva, ma soltanto per l'occhio russo. Per lo spettatore occidentale questa banalità era di un esotismo incomprensibile e irrazionale. È per questa ragione, e non per l'arretratezza della tecnica, che questo stile rimase un fenomeno localizzato; inoltre, ben presto, sopraggiunse la guerra''[17].

Le didascalie

Dalla contrapposizione fra cinedramma e cineromanzo gli ideologi dello "stile russo" derivarono anche un altro postulato: inventarono nuove idee per la percezione del film. "È finito il tempo in cui ci si limitava a guardare lo schermo: è arrivato il momento di *leggerlo...*"[18]. Pellicole come *Kursistka Tanja Skvorcova* e *Ego glaza* imitavano apertamente la struttura del libro: in *Tanja Skvorcova* le parti venivano chiamate, non atti, ma capitoli, e *Ego glaza* cominciava e finiva con l'immagine di una ragazza che sfogliava il romanzo di Fjodorov da cui era tratto il film; le pagine del romanzo riaffioravano come un *refrain* nel corso del film, e nella scena iniziale, dove venivano presentati gli attori, ai personaggi era stato dato l'aspetto di illustrazioni animate. Quando, nel 1918, Fjodor Sologub propose ad Aleksandr Sanin di portare sullo schermo *Baryšnja Liza* (La signorina Lisa), egli insistette con fermezza che il film doveva ispirarsi non alla *pièce* teatrale ma al romanzo omonimo: "non voglio immagini di vita reale, ma che si sfoglino piuttosto le pagine di un vecchio libro ingenuo, tenero, dimenticato. Per questo sarebbe bene mostrarne di tanto in tanto le pagine, le incisioni, le vignette, i disegni; tutto, s'intende, con molto tatto"[19]. La cosa non si limitava alla parte decorativa. Fu annunciata una seria riforma della sintassi narrativa. Furono postulati uguali diritti per l'immagine e le didascalie: "Il cineromanzo consta di due elementi ugualmente essenziali: gli episodi mimici rappresentati dagli attori e i brani letterari; in altre parole, di immagini vere e proprie e di didascalie... Nella lettura cinematografica si alternano 'pagine' di parole e 'pagine' di immagini: sia queste che quelle hanno uguale diritto d'esistenza"[20].

Per quanto a prima vista possa sembrare incongrua, questa posizione era in realtà del tutto in armonia con il carattere letterario della coscienza culturale russa. Lo spettatore russo degli anni Dieci leggeva volentieri le didascalie e s'inquietava addirittura quando queste tardavano ad apparire. Un caso curioso accadde al film *Das fremde Mädchen*, con sceneggiatura di Hugo von Hofmannsthal, che circolava in Russia con il titolo *Nevedomaja ženščina* (La donna misteriosa). Esso era stato realizzato in forma di pantomima, e inizialmente veniva proiettato nei cinematografi russi in versione originale, senza didascalie. Ecco quel che ne scrisse un recensore: "Il film, per metà fantastico, per metà realistico non aveva, per tutta la sua lunghezza – circa mille metri – una sola didascalia e ciò nonostante l'azione si sviluppasse in modo così comprensibile e così na-

this was essential to the success of the film with the filmgoing public"[21].

In 1914 Aleksandr Voznesenskii (who, like Hugo von Hofmannsthal, was a follower of the aesthetics of "silence" enunciated in the famous article by Maurice Maeterlinck) decided to have another go and wrote *Slezy* (Tears), the first Russian script without words. The film was made but at the preliminary screening it was rejected by the author himself. Later Voznesenskii explained: "The shots with all their plot diversions were tiring to the eyes. Some kind of intervals were necessary. Then it became clear that in silent cinema the title does not play a purely explanatory role: rather it plays the role of a visual *entr'acte.* I suggested making a few literary inserts which would have no direct relation to the action but would provide a lyrical accompaniment to it and supplement it psychologically. It turned out to be what was needed: there were no explanations, but the visual *entr'actes* were preserved"[22]. A similar view prevailed among many who wrote about cinema in the 1910s: on the one hand the titles were not really necessary but, on the other hand, if you did not have titles in a film, the loss would be that much more tangible. In 1918, lecturing on cinema, Vsevolod Meyerkhol'd linked this effect with a longing for the word, with the logocentrism of our perception: "Titles should be inserted not merely for clarification... but so that the word, which in art is so enchanting, should begin to resound. The title, which allows one to rest from the picture, should lend enchantment to the sense of the phrase"[23].

Unfortunately, the "enchantment of the phrase" in Russian cinema remains inaccessible to the contemporary audience. The greater part of the films that survive in Gosfilmofond have come down to us without titles. In the best instances there is a mark where the title should have been – a diagonal cross. If Russian cinema of the 1910s remains hitherto an almost unexplored terrain, that is mainly because more than three-quarters of the films preserved in Russian archives are difficult to comprehend. A screening leaves you with the impression of an unconnected flow of images. Work on the history of Russian cinema must of necessity begin with the reconstruction of the raw material, with the total restoration of the titles. The Central Cinema Museum in Moscow has undertaken this task. More than two years ago a group was formed to restore the Russian collection: it is headed by the present author and the core of the group is formed by Viktoriya Myl'nikova, Rashit Yangirov and Natal'ya Nusinova. At various stages the group has also involved other staff of the museum and also film history students from VGIK. The work began with a statistical analysis. We examined the intertitles in the films in which they had been preserved. For each period we established the quantitative relationship between titles that were narrative titles and those that were dialogue titles, we determined the grammatical form, the position of the title in relation to the action and to the act of utterance, the type of speech, the generally accepted montage position and the charac-

turale che si era presi da un istintivo timore di veder apparire qualche didascalia a rompere l'incanto... E non erano passati sei mesi che in un piccolo cinema esso appariva già carico di un gran numero delle solite didascalie. Evidentemente questo doveva sembrare necessario per il suo successo presso il pubblico cinematografico''[21].

Nel 1914 Aleksandr Voznesenskij, che come Hugo von Hofmannsthal era un adepto dell'estetica del ''silenzio'', proclamata nel famoso articolo di Maurice Maeterlinck, decise di fare un altro tentativo e scrisse *Slezy* (Lacrime), la prima sceneggiatura russa senza parole. Il film fu realizzato, ma nel corso della proiezione in anteprima venne rifiutato dallo stesso autore. In seguito Voznesenskij spiegò: ''Le sequenze, pur esercitando una forte attrazione, stancavano lo sguardo. Si imponevano degli intervalli. Allora fu chiaro che la didascalia nel cinema muto non ha solo una funzione esplicativa, ma svolge anche il ruolo di *entr'acte* visivo. Io proposi di mettere alcuni inserti letterari, senza diretta attinenza all'azione, ma che fungessero da accompagnamento lirico e da complemento psicologico. E ottenemmo quel che serviva: non ci furono spiegazioni, ma si mantennero gli *entr'actes* visivi''[22]. Osservazioni simili affiorano in molti scritti sul cinema degli anni Dieci: da un lato le didascalie non appaiono strettamente necessarie; dall'altro, se mancano, il film ne risente in modo sensibile. Nel 1918, in una conferenza sul cinema, Vsevolod Mejerhol'd collegò questo effetto con il desiderio della parola, con il logocentrismo della nostra percezione: ''Le didascalie devono essere messe non tanto per ragioni di chiarezza... quanto per far risuonare la parola, che tanto incanto ha nell'arte. La didascalia, mentre permette di far riposare dall'immagine, deve trasmettere l'incanto del senso della frase''[23].

Sfortunatamente ''l'incanto della frase'' nel cinema russo rimane inaccessibile allo spettatore contemporaneo. La maggior parte dei film conservati dal Gosfilmofond ci è arrivata senza didascalie. Nel migliore dei casi nel posto in cui ci doveva essere una didascalia, è rimasto un segno, una croce in diagonale. Se il cinema russo degli anni Dieci rimane ancora un terreno quasi inesplorato, questo avviene soprattutto perché più di tre quarti delle pellicole che si conservano negli archivi russi risultano incomprensibili. Proiettandole sullo schermo si ha l'impressione di un flusso slegato d'immagini. Il lavoro sulla storia del cinema russo deve obbligatoriamente iniziare dalla ricostruzione del materiale, cioè dal totale restauro delle didascalie. È il compito che si è assunto il Museo Centrale del Cinema di Mosca. Più di due anni fa fu costituito un gruppo per il restauro del fondo russo, gruppo il cui nucleo era composto da Viktorija Myl'nikova, Rašit Jangirov, Natal'ja Nusinova e dal sottoscritto, in qualità di direttore del programma. In tempi diversi vi hanno partecipato altri collaboratori del museo e anche un gruppo di studenti di storia del cinema del VGIK. Il lavoro è partito da un'analisi statistica. Abbiamo preso in esame le didascalie laddove erano state conservate. Per ogni

ter of the graphics. At the same time we were researching in the archives. In the VGIK archive we managed to find typewritten lists of titles, some of which (not all that many, unfortunately) turned out to be the titles for the films that had been preserved. One particular case is worthy of mention. At our request Rolf Lindfors, the curator of the Swedish Film Archive, found the titles for the film *Satana likuyushchii* (Satan Triumphant) by looking in the archive of the Swedish film censors. Now, in its restored form, *Satan Triumphant* will be provided with titles which have been translated back from the Swedish. It is not difficult to imagine the almost Aristotelian joy of recognition when, with an unconnected set of phrases on yellowing paper assembled on the cutting table together with an equally disjointed collection of shots, we discovered for ourselves a coherent film, sometimes even one that had been brilliantly made. However, in the majority of cases we were unable to find the original titles and we had to re-create them from synopses, from lip movements, from the original literary source, sometimes simply by intuition: when you had just run an unintelligible scene on the editing table, you would sometimes suddenly understand what was going on.

From the outset we did not set ourselves the task of physically restoring all the titles in all the films. Our task was to create the opportunity of studying the collection, while physical restoration (the printing of new titles, filming and editing them in), which requires enormous sums of money, was intended only for a limited number of masterpieces. The *Giornate del Cinema Muto* brought its own amendments to our plan of action. At the present time (I am writing this on 23 May 1989) we have reconstructed the titles for 21 films, nine of which are on the list selected for Pordenone. These nine are now being physically restored – i.e. filmed and printed – in Tsentrnauchfilm. But that leaves another 20 films, selected by the representatives of the *Giornate*, for which we have to reconstruct the titles before Pordenone. Time will tell whether we can do it.

Now for a few words about the catalogue. The titles included in it reflect the collection of pre-Revolutionary Russian acted and animated films from 1908 to 1917 and of post-Revolutionary privately produced films from 1917 to 1919 which is preserved in Gosfilmofond SSSR. If we leave aside the unattributed file reference numbers, which are on a separate list, the filmography is based on materials brought to light and published by Veniamin Evgen'evich Vishnevskii (1898-1952) in his book *Khudozhestvennye fil'my dorevolyutsionnoi Rossii. Fil'mograficheskoe opisanie.* [The Feature Films of Pre-Revolutionary Russia. A Filmographic Description] (Moscow: 1945) and the *Katalog fil'mov chastnogo proizvodstva* [Catalogue of Privately Produced Films], which he compiled and which is published in the third volume of the reference work *Sovetskie khudozhestvennye fil'my* [Soviet Feature Films] (Moscow: 1964, 248-306). These data were later checked, corrected and expanded by one of the researchers at Gosfilmofond, Vera Dmitrievna

periodo abbiamo definito il rapporto quantitativo tra le didascalie narrative e le didascalie-battuta, la loro forma grammaticale, la loro posizione rispetto all'azione e all'atto dell'enunciazione, il registro linguistico, il principio generale del montaggio e il carattere della grafica. Contemporaneamente abbiamo effettuato ricerche negli archivi. Nell'archivio del VGIK abbiamo trovato elenchi di didascalie scritte a macchina, alcune delle quali, purtroppo non molte, corrispondevano a pellicole conservate. Un caso è degno di particolare menzione: il conservatore dello Svenska Filminstitutet, Rolf Lindfors, al quale ci eravamo rivolti, ha rinvenuto nell'archivio della censura svedese le didascalie del film *Satana llikujuščji* (Satana trionfante). Ora, dopo il restauro, il film sarà corredato dalle didascalie tradotte dallo svedese in russo. Non è difficile immaginare il quasi aristotelico entusiasmo della scoperta quando, mettendo insieme alla moviola una serie slegata di frasi scritte su carta ingiallita e una serie di fotogrammi altrettanto slegata, scoprivamo un film coerente e talvolta anche brillante nell'esecuzione. Comunque, nella maggior parte dei casi, non è stato possibile trovare le didascalie originali e ci è toccato ricostruirle in base alle sinossi, al movimento delle labbra, alla fonte letteraria, qualche volta basandoci solo sull'intuizione: facendo scorrere alla moviola una scena incomprensibile capivamo improvvisamente di che si trattava.

All'inizio non avevamo pensato di restaurare materialmente tutte le didascalie. Il nostro compito era di rendere possibile lo studio dei film del fondo, mentre il loro restauro materiale (la ristampa di nuove didascalie, le riprese, il montaggio) che comporta costi notevoli, era previsto solo per un numero limitato di capolavori. *Le Giornate del Cinema Muto* hanno modificato il nostro programma. Al momento in cui scrivo – 23 maggio 1989 – abbiamo ricostruito le didascalie di 21 pellicole, nove delle quali figurano nella selezione per Pordenone. Per questi nove è in corso presso il Centro Scientifico del Film un restauro materiale, ripresa e stampa. Tuttavia ci rimangono da ricostruire le didascalie di altre 20 pellicole scelte dagli organizzatori delle *Giornate*. Il tempo dirà se ce l'avremo fatta.

Ora alcune parole sul catalogo. I titoli che vi sono inclusi provengono dalla collezione di film a soggetto e di animazione del cinema russo prerivoluzionario (1908-1917), e della produzione privata realizzata negli anni della rivoluzione (1917-1919), conservata al Gosfilmofond. Ad esclusione di alcune pellicole non attribuite, che vengono riportate in un elenco a parte, la filmografia si basa sui materiali scoperti e pubblicati da Veniamin Evgenevič Višnevskij (1898-1952) nel suo libro *Hudožestvennye fil'my dorevoljucionnoi Rossii. Fil'mografičeskoe opisanie* [Lungometraggi della Russia prerivoluzionaria. Descrizione filmografica, Mosca 1945] e sul *Katalog fil'mov častnogo proizvodstva* [Catalogo dei film di produzione privata], da lui redatto nel terzo volume del repertorio *Sovetskie hudožestvennye fil'my* [Lungometraggi sovietici, Mosca 1964, 248-306]. In seguito questi dati sono stati controllati, corretti, e

Khanzhonkova (1892-1974), who had once worked as an editor in the Khanzhonkov studio. New and more precise data were included from various sources in the course of preparing the present edition.

Shooting diaries, advertising materials, title lists, synopses, reviews and censor's judgements have been elicited and collected from the vast, and little researched, film and theatre press of the 1900s and 1910s. Archival and newspaper sources have also been employed. Our devotion to materials from the period is no accident. Those who have compiled the catalogue believe that the history of cinema is not merely the history of films but the history of cinema culture. The restoration of films must be accompanied by the equally important, and equally laborious, task of reconstructing their reception. We often talk about the evolution of style and forget that it is not only objects that change, but the measure of objects. It is scarcely worth discussing "camera movement", for instance, if we do not allow for the fact that the camera movement in *Pikovaya dama* (The Queen of Spades) appeared to a Russian critic in 1916 like the movement of the room in relation to the screen, or discussing the close-up unless we remember that in 1918 the deliberate "intention" implicit in this concept allowed the close-up to be regarded as a sign of "theatrical" style, as, for example, in Valentin Turkin's review of *Molchi, grust'... molchi...* (Still, Sadness... Still...).

The memoir section of this edition has been collected from books and selections of film-makers' reminiscences published at various times. In addition the corpus of unpublished materials preserved in the Central Cinema Museum served as an important source. These materials come from the pens of those who actually participated in the history of Russian cinema, the directors, actors, cameramen, designers and editors. This is the view from the inside. It is our convinction that the stereoscopic quality of the historical picture derives from the intersection of views: the view of the audience and the view of the creator of the film. It is the aim of our catalogue to provide a longitudinal cross-section of the history of Russian cinema, a history written not by us but by those who played a part in it and those for whom it was intended.

1. *The Moving Picture World*, 1918, vol. 35, no. 5, 640.

2. *Kinogazeta*, 1918, no. 15, 5.

3. S. Ginzburg, *Kinematografiya dorevolyutsionnoi Rossii* [The Cinema of Pre-Revolutionary Russia], (Moscow: 1963), 276.

4. S. Goslavskaya, *Zapiski kinoaktrisy* [Notes of a Cinema Actress] (Moscow: 1974), 116.

5. Note of a conversation with Giatsintova. Archive of T. Ponomareva.

6. G. A. Pratt, *Spellbound in Darkness*, (Greenwich, New York Graphic Society, 1973), 126.

completati dalla collaboratrice scientifica del Gosfilmofond, Vera Dmitrievna Hanžonkova (1892-1974), che aveva lavorato al montaggio presso la casa cinematografica Hanžonkov. Una nuova revisione, che si basa su varie fonti, è stata fatta in occasione della preparazione di questa pubblicazione.

Diari di lavorazione, materiali pubblicitari, elenchi delle didascalie, sinossi, recensioni, visti di censura sono stati ricavati e raccolti dalla vasta e poco studiata stampa periodica di cinema e teatro dagli inizi del secolo agli anni Dieci. Sono stati utilizzati anche materiali d'archivio e stampa quotidiana. La nostra devozione verso i materiali dell'epoca non è casuale. I redattori del presente catalogo ritengono infatti che la storia del cinema non sia soltanto storia dei film, ma anche storia della cultura cinematografica. Il restauro dei film deve essere accompagnato da un lavoro non meno importante, né meno faticoso: la ricostruzione del modo in cui essi furono accolti. Parliamo spesso dell'evoluzione dello stile, dimenticando che cambiano non solo le cose, ma anche la misura delle cose. Che senso ha discutere dei "movimenti di macchina" non tenendo conto, per esempio, che per un critico russo del 1916 i movimenti di macchina in *Pikovaja dama* (La donna di picche) si presentavano come il movimento della stanza rispetto allo schermo; oppure discutere di primo piano, non considerando che nel 1918 la "premeditazione" di questo procedimento faceva sì che esso fosse considerato un segno di stile "teatrale" – vedi la recensione di Valentin Turkin a *Molči, grust'... molči...* (Taci, tristezza... taci...).

La parte memorialistica di questa pubblicazione è stata selezionata dalle autobiografie pubblicate in tempi diversi dai cineasti. Ci siamo inoltre serviti del *corpus* di materiali inediti conservati nel Museo Centrale del Cinema. Questi materiali provengono dalla penna degli stessi protagonisti della storia del cinema russo: registi, attori, operatori, scenografi, montatori. Essi forniscono uno sguardo dall'interno. Siamo convinti che il rilievo stereoscopico di un quadro storico risulti dall'intersecarsi degli sguardi: lo sguardo dello spettatore e quello del creatore del film. Scopo del nostro catalogo è fornire uno spaccato della storia del cinema russo, una storia scritta non da noi ma da coloro che vi hanno preso parte, e da coloro ai quali esso era destinato.

1. *The Moving Picture World*, 1918, vol. 35, n. 5, 640.

2. "Kinogazeta", 1918, n. 15, 5.

3. S. Ginzburg, *Kinematografija dorevolucionnoj Rossii* [Il cinema della Russia prerivoluzionaria], Mosca 1963, 276.

4. S. Goslavaskaja, *Zapiski kinoaktrisy* [Appunti di un'attrice cinematografica], Mosca 1974, 116.

5. Registrazione di una conversazione telefonica con la Giacyntova. Archivio di T. Ponomareva.

7. F. Otsep, [Ozep] *Kinematograf.* Plan for a book. TsGALI [Central State Archive of Literature and Art], 2734/1/72.

8. *Proektor*, 1916, no. 20, 3. Emphasis in the original.

9. *Proektor*, 1916, no. 19, 11.

10. *Proektor*, 1916, no. 9, 15.

11. *Proektor*, 1916, no. 20, 3, Emphasis in the original.

12. V. Gardin, *Vospominaniya* [Memoirs], (Moscow: 1949), vol. 1, 151.

13. V. Gaidarov (1966), 101-2.

14. *Teatral'naya gazeta*, 1915, no. 30, 13.

15. *Teatral'naya gazeta*, 1914, no. 19, 11.

16. *Teatral'naya gazeta*, 1915, no. 43, 16.

17. A. Levinson, *O nekotorykh chertakh russkoi kinematografii* [Some Characteristics of Russian Cinema] in *Poslednie novosti* (Paris), no. 1512, 29 March 1925.

18. *Proektor*, 1916, no. 20, 3.

19. Moscow Art Theatre Museum, 5323/1250.

20. *Proektor*, 1916, no. 20, 3.

21. *Proektor*, 1916, no. 17, 3.

22. A. Voznesenskii, *Kinodetstvo* [Cinema Childhood], in *Iskusstvo kino*, 1985, no. 11 (November), 93.

23. V. Meyerkhol'd, *Portret Doriana Greya* [The Picture of Dorian Gray], in *Iz istorii kino*, 6 (Moscow: 1965), 24.

6. G.A. Pratt, *Spellbound in Darkness*, New York Graphic Society, Greenwich 1973, 126.

7. F. Ocep [Ozep], *Kinematograf.* Progetto di libro. CGALI [Archivio statale centrale di letteratura e arte], 2734/1/72.

8. "Proektor", 1916, n. 20, 3. Corsivo nel testo.

9. "Proektor", 1916, n. 19, 11.

10. "Proektor", 1916, n. 9, 15.

11. "Proektor", 1916, n. 20, 3. Corsivo nel testo.

12. V. Gardin, *Vospominanija* [Memorie], Mosca 1949, vol. 1, 151.

13. V. Gaidarov (1966), 101-102.

14. "Teatral'naja gazeta", 1915, n. 30, 13.

15. "Teatral'naja gazeta", 1914, n. 19, 11.

16. "Teatral'naja gazeta", 1915, n. 43, 16.

17. A. Levinson, *O nekotoryh čertah russkoj kinematografii* [Alcune caratteristiche del cinema russo], in "Poslednie novosti" (Parigi), n. 1512, 29 marzo 1925.

18. "Proektor", 1916, n. 20, 3.

19. Museo del MXAT di Mosca, 5323/1250.

20. "Proektor", 1916, n. 20, 3.

21. "Proektor", 1916, n. 17, 3.

22. A. Voznesenskij, *Kinodetstvo* [L'infanzia del cinema], in "Iskusstvo kino", 1985, n. 11 (novembre), 93.

23. V. Mejerhol'd, *Portret Dorjana Greja* [Il ritratto di Dorian Gray], in "Iz istorii kino", 6, Mosca 1965, 24.

FILMOGRAPHY / FILMOGRAFIA

DRAMA V TABORE PODMOSKOVNYKH TSYGAN
DRAMA IN A GYPSY CAMP NEAR MOSCOW

Драма в таборе подмосковных цыган

Alternative title
DRAMA POD MOSKOVOYU / DRAMA NEAR MOSCOW

Drama. 140 m; production: A. Khanzhonkov & E. Osh; release: 20.12.08; director/script/cameraman: Vladimir Siversen. Cast: gypsies. Alexander Khanzhonkov's first film: shot entirely outdoors. Preserved without titles.

A gypsy camp has been set up near Kuntsevo Park not far from Moscow. Aza, the camp beauty, has two admirers. One of them, Aleko, manages to meet her alone, and he learns that she requites his feelings. On the way home from that rendezvous Aza meets the other admirer, who demands a definite answer to his proposal. Pushing him away, Aza informs him that she is already betrothed to the other. The happy Aleko sends match makers to Aza's parents. He obtains their consent and the wedding celebrations begin in the camp. At the height of the merry-making the rejected rival, knowing Aleko to be a passionate card-player, sends his comrade to him to propose a game of cards. He himself then joins the players. Aleko has astonishingly bad luck: on losing all his money he bets his last possession – a horse. The cards are played... and the horse goes to his opponent. Aleko sadly bids farewell to his faithful comrade. Having lost everything, he has only one joy left – his young wife. But at this point his cunning opponent suggests that he makes one final bet – on his young wife. His passion for the game and his desire to win back what he had lost lead Aleko to stake his wife. In vain she pleads with him to refrain from this senseless act, but it is too late: the card is played and he loses once again. Aleko throws himself to the ground with a cry of despair. The camp is in commotion; on learning what has happened they banish the luckless gambler in indignation. There has never before been such a disgraceful incident in their camp. Night descends, and the camp falls sound asleep after a noisy day. Aleko

The first Khanzhonkov production was an unhappy adventure, because of the difficulties experienced through the use of non-professional actors. However, the result marks a clear difference from the Drankov style, clearly oriented towards a cinema of interiors and its theatrical roots. Despite its flaws, this gypsy drama insists on an atmosphere drawn from real life: the final shot of the suicide of Aleko, victim of his own demonic fever, turns the *dénouement* into a symbol of figurative harshness.
P.Ch.Us.

Драма в таборе подмосковных цыган

DRAMA V TABORE PODMOSKOVNYH CYGAN
DRAMMA NELL'ACCAMPAMENTO DI ZINGARI NEI DINTORNI DI MOSCA

Titolo alternativo
DRAMA POD MOSKOVOJU / DRAMMA NEI PRESSI DI MOSCA

Dramma. 140 m; produzione: A. Hanžonkov e E. Oš.; data di release: 20.12.1908; sceneggiatura/regia/operatore: Vladimir Siversen. Interpreti: zingari. Primo film di Aleksandr Hanžonkov, interamente girato in esterni. Conservato senza didascalie.

La prima avventura produttiva di Hanžonkov, resa difficile dalla scelta di impiegare interpreti non professionisti, segna immediatamente una programmatica differenza rispetto a Drankov, decisamente orientato verso un cinema d'interni di chiara derivazione teatrale. Benché irrisolto, questo dramma tzigano insiste invece su atmosfere desunte dalla vita vissuta: l'immagine finale di Aleko, vittima suicida della febbre del gioco, trasforma la cronaca in un simbolo di crudezza icastica. P.Ch.Us.

Nei pressi di Mosca, vicino al parco Kuncev, si snoda l'accampamento degli zingari. La bella dell'accampamento, la zingara Aza, ha due pretendenti. Uno di essi, Aleko, riesce a vedersi da solo con lei. Ora sa che lei ricambia il suo amore. Tornando dall'appuntamento, Aza incontra l'altro corteggiatore, che le chiede di decidersi in merito alla sua proposta. Dopo averlo respinto, Aza gli annuncia che ha già dato la sua parola ad un altro. Il fortunato manda i pronubi dai genitori di Aza, che danno il loro consenso, e all'accampamento si celebrano le nozze. Nel pieno dell'allegria, il corteggiatore respinto, sapendo che Aleko è un appassionato giocatore di carte, convince un suo amico a proporgli di fare una partita. Poi si unisce ai giocatori. Aleko – caso strano – non ha fortuna e, ormai senza denaro, punta il suo ultimo avere, il cavallo. Vengono date le carte e l'avversario vince anche il cavallo. Disperato Aleko si separa dal suo fedele amico. Ha perso tutto: gli rimane un'unica gioia, la giovane moglie. La passione per il gioco e il desiderio di tornare vittorioso, lo inducono a giocarsi anche la moglie. Inutilmente la donna lo scongiura di desistere dal suo folle proposito. Ma... troppo tardi, le carte hanno deciso e per lui è finita. Con un grido disperato Aleko si getta a terra. La gente nell'accampamento si allarma e, saputo di cosa si tratta, caccia con sdegno il meschino giocatore. Nell'accampamento non si è mai verificato un evento così vergognoso. Cala la notte. Dopo una giornata tumultuosa l'accampamento è immerso in un sonno profondo.

creeps cautiously towards the camp in search of Aza. He awakes her and begs her to go with him and listen to what he has to say. After long hesitation she agrees. As they leave the camp Aleko pleads with his wife to run away with him. He swears that he will do honest work and that the camp will accept him again. But Aza cannot forgive the offence – being lost in a game of cards – and does not wish to abandon her new husband and her native camp. Aleko cannot accept the idea of his wife belonging to another. His southern blood boils and, whipping a dagger out of his belt, he thrusts it into Aza's heart. She merely screams and drops lifeless. Aleko makes off. On reaching the steep bank of the Moscow River he throws himself from a cliff, and the first rays of the rising sun reveal the corpse of the unfortunate Aleko – a victim of the demon gambling. (SF, 1908, No. 3, II)

A. Khanzhonkov. We decided to shoot a thematic feature film. Our attention was drawn to a sprawling gypsy camp near Moscow. It had everything we needed: a young gypsy girl who danced with great suppleness, a handsome gypsy with a demonic face, a crowd of old gypsies and young gypsy-children who were unusually noisy and dirty. The scenario was knocked up hastily, but produced a good impression: it had selfless love, an irrepressible passion for gambling (the gypsy loses his young wife at cards), bloody vengeance, and dancing without end. The filming sessions told us it wouldn't work: the gypsies were terrorized by the camera. Siversen only had to turn the handle for the gypsies' faces to "freeze" with terror. The dancing beauty and her partner squinted in horror at the camera. What kind of dancing could we expect in such circumstances! In one way or another filming was completed. The

Aleko si avvicina con circospezione all'accampamento in cerca di Aza. La sveglia e la scongiura di seguirlo e di prestargli ascolto. Dopo lunghe esitazioni lei acconsente. Aleko prega la moglie di fuggire con lui, le giura che lavorerà onestamente e che verrà riammesso all'accampamento, ma Aza non può perdonargli l'oltraggio subito e non vuole abbandonare il nuovo marito e l'accampamento in cui è nata. Aleko non può accettare che la moglie appartenga ad un altro. Il suo giovane sangue ribolle e, sfilatosi dalla cintola il pugnale, lo conficca nel cuore di Aza. Un grido soltanto e cade a terra esangue. Aleko corre via. Raggiunto il costone della Moscova, si getta dalla rupe, mentre i primi raggi del sole illuminano il cadavere dello sventurato Aleko, vittima del demone del gioco. (SF, 1908, n. 3, II)

A. Hanžonkov. Avevamo deciso di realizzare un film a soggetto e l'accampamento degli zingari che si trovava nei pressi di Mosca attirò la nostra attenzione. Là c'era tutto ciò di cui avevamo bisogno: la giovane zigana, così armoniosa nelle danze, lo zingaro dal volto attraente e demoniaco, una massa di zingari di tutte le età, particolarmente rumorosi e sporchi. Il copione, elaborato in fretta, fece una buona impressione: c'erano l'amore senza riserve, l'irrefrenabile passione per il gioco d'azzardo (lo zingaro perde a carte la giovane moglie) la vendetta del sangue e le danze, le interminabili danze. Le riprese non promettevano nulla di buono. Gli zingari erano terrorizzati dalle macchine da presa. Bastava che Siversen girasse la manovella, perchè il volto dello zingaro si "raggelasse" dal terrore. La graziosa ballerina e il suo partner guardavano impietriti la macchina da presa. Che danze orribili! Ma in un modo o nell'altro le riprese furono portate a termine. L'accampamento si mosse verso mete lontane e noi, nutrendo segrete speranze, ci accingemmo al montaggio. Il miracolo non si compì. Il film fu un fiasco. Sia i negativi che i positivi furono messi da parte. Così svanì il sogno: in quella stagione non si riuscì a realizzare il primo film russo di costume. (1937-I, 21-22)

Русская свадьба
XVI столетия

RUSSKAJA SVAD'BA XVI STOLETIJA
NOZZE RUSSE DEL XVI SECOLO

Film storico in 5 quadri. 245 m; produzione: A. Hanžonkov; data di release: 25.4.1909; scenografia/regia: Vasilij Gončarov; operatore: Vladimir Siversen; consulente artistico: V. Fester (dal ritratto storico di Konstantin Makovskij). Interpreti: Aleksandra Gončarova (sposa), E. Fadeeva (madre di lei), Vasilij Stepanov (padre di lei), Andrej Gromov (marito), Lidija Tridenskaja (madre di lui), Petr Čardynin (padre di lui), Petr Birjukov, I. Kamskij, I. Potemkin e altri (pronubi e invitati). Riduzione cinematografica dell'opera di P. Suhotin *Russkaja svad'ba ishode XVI veka.*

Un giovane boiardo e i suoi compagni, avendo perso il controllo dei propri cavalli, finiscono contro un carro che giunge dalla parte opposta... I cavalli si scontrano e il carro si rovescia... Il boiardo balza giù dalla slitta e si precipita verso il carro. Rimane sbigottito... Sulla neve, priva di sensi, giace una bella fanciulla... Con estre-

camp set off on its long journey, and we, with a feeling of excitement and secret hope, got down to the laboratory work. But there's no such thing as a miracle. The film was unsuccessful. Both the negative and the positive were placed in "leaders". And thus the dream of releasing Russia's first picture on an everyday theme this season failed to materialize. (1937-I, 21-22)

RUSSKAYA SVAD'BA XVI STOLETIYA
A SIXTEENTH-CENTURY RUSSIAN WEDDING

Русская свадьба XVI столетия

Historical picture in 5 scenes. 245 m; production: A. Khanzhonkov; release: 25.4.09; director/script: Vasilii Goncharov; cameraman: Vladimir Siversen; art director: V. Fester, after historical paintings by Konstantin Makovskii. Cast: Aleksandra Goncharova (bride), F. Fadeeva (her mother), Vasilii Stepanov (her father), Andrei Gromov (husband), Lidiya Tridenskaya (his mother), Petr Chardynin (his father), Petr Biryukov, I. Kamskii, I. Potemkin et al. (matchmakers and guests). Adaptation of the play *A Russian Wedding at the End of the Sixteenth Century* by P. Sukhotin.

A young boyar and his companions were unable to rein in their horses and collided with an approaching carriage. The horses became entangled and the carriage overturned... The boyar jumped out of his sledge, rushed to the carriage and froze in horror... A beautiful noblewoman was lying unconscious on the snow... He carefully placed her in the carriage, helped to disentangle the horses, comforted the noblewoman's nurse, and the carriage set off... The kind young man stood enraptured for a long time, however, watching the troika move off. And only when it was out of view did he realize that he hadn't even asked the name of the lady who had ensnared him... But thoughts of her became lodged in his heart... He arrived home feeling sad, and then misfortune struck once more. His father had found him a bride, and although his pals ensured him that she was a rare beauty, he wanted to refuse her; yet he didn't dare to ignore his parents' wishes, although the image of the lovely stranger gave him no peace. His bride was grieving. She had seen her betrothed once, unbeknownst to him, and he had pleased her, yet she was afraid that she might not please him. But parents' wishes are the law. The proposal was made and they were married. The guests are enjoying the wedding feast, foaming wine is flowing abundantly, but the sadness remains on the young man's brow. The chance stranger has captured his heart, and he does not know his young bride – according to the custom he has not yet seen her without a veil... Sadly he enters the bedroom, coldly welcomes his bride, reluctantly orders her to remove her bridal veil, takes a look... and stands stock still with joy: his beautiful stranger stands before him! How ardently he embraces her! How they kiss and caress! (SF, 1909, No. 14, 10)

The wedding theme is popular in early Russian cinema, both for the lively choreography of the whole ceremony and for the event in itself, which is traditionally arranged without the future married couple knowing, and is thus linked to the theme of destiny which is an equally recurrent theme. Vassilii Goncharov filmed five strictly fixed shots within a normal theatre, purposely using artificial light (which soon became normal practice). It is the only film from the early years that has been preserved in a toned copy. C.M.

A. Khanzhonkov. Goncharov begged us not to visit the People's House before the dress rehearsal, until he had completely finished all the preparatory work. It seems he wanted to astonish us with

ma cautela egli la depone sul carro, aiuta a districare i cavalli, tranquillizza la balia della fanciulla, e il carro riparte... Ma il buon giovane rimane a lungo intento a seguire con lo sguardo la troika che si allontana, e solo quando questa scompare all'orizzonte, egli si accorge di non sapere neanche il nome della donna che lo ha incantato... Ma il pensiero di lei gli rimane scolpito nel cuore... Triste e malinconico torna a casa, dove lo aspetta una brutta notizia: il padre ha combinato il suo matrimonio, e sebbene gli amici gli assicurino che la promessa sposa è bella come un angelo, sarebbe felice di rifiutare, ma non osa disubbidire alla volontà paterna, malgrado che l'immagine della bella sconosciuta lo tormenti. Intanto la promessa sposa si dispera. Sebbene abbia visto di nascosto il fidanzato e lo ami, ha paura. Lui le vorrà altrettanto bene? Ma la volontà paterna è legge. I promessi si uniscono in matrimonio. Al banchetto nuziale gli invitati fanno festa, il vino scorre a fiumi, ma la tristezza non abbandona il volto del giovane, il suo cuore è stato stregato dalla bella sconosciuta, ed egli non sa chi sia la giovane moglie, perchè finora non l'ha mai veduta senza il velo... Tristemente si avvicina all'alcova e si rivolge alla donna senza dolcezza alcuna, malvolentieri le ordina di levarsi il velo, ma rimane incantato: davanti a lui c'è la bella sconosciuta! L'abbraccia con passione. Che carezze, che baci... (SF, 1909, n. 14, 10)

Il tema del matrimonio è popolare nel primo cinema russo. Sia per l'allegra coreograficità del suo complesso cerimoniale, che per l'evento in se stesso, tradizionalmente combinato all'insaputa dei futuri sposi, e quindi legato al capriccio del destino, tema altrettanto ricorrente. Vasilij Gončarov filma dentro un normale teatro cinque inquadrature rigorosamente fisse, usando non senza incoscienza (ma sarà subito consuetudine) la luce artificiale. È l'unico film dei primi anni che si conservi in copia virata. C.M.

A. Hanžonkov. Gončarov ci chiese ripetutamente di non andare alla Casa del Popolo prima delle prove generali, finché non avesse concluso i lavori di preparazione. Evidentemente voleva stupirci per la novità e l'originalità dello spettacolo che ci presentava. ... Una bella mattina, insieme all'operatore Siversen e ad altri personaggi, partecipi dell'evento, ci sedemmo in platea in prima fila.

the novelty and originality of the spectacle we were to see. One morning, together with cameraman Siversen and a few others involved in the project, I took a seat in the front row of the stalls. The curtain rose. On the stage there were all the actors that were to take part in the filming. Our Goncharov approached the footlights and, like a compere, loudly announced: "Scene this from play that... actors so on and so forth... " With a slight bow he moved to the back of the stage and from there, with a clap of his hands, exclaimed: "Attention! Let us begin!". And before our astonished eyes there passed a number of scenes representing a kind of circus pantomime at an insanely accelerated pace. On resounding exclamations from Goncharov, quickly and without the slightest hesitation, the actors came and went, kissed, cried and even died. The filming had to be postponed for some time until the actors could be weaned away from the abnormal movements they had learned. Finally, all the difficulties had been overcome and we got down to filming. The stage was illuminated by all the footlights plus four rather poor arclights, and cameraman V. Siversen set up the camera in the central aisle in front of the stage. And it was from there, without changing place for the three productions, that he filmed all the pictures. Goncharov made a few "rationalization" suggestions: to prevent the possibility of the actors going beyond the lens's field of vision he had light wooden bars nailed to the stage floor. These indicated precisely the field of action, while being invisible to the camera. It was he who recommended that the actors move diagonally in relation to the camera. Avoiding moving across it; he prohibited the actors from glancing at the people giving the cues, prevented them from looking into the camera under any circumstances etc. Due to haste, a lack of ability and frivolity, all the scenes were filmed on the first day in the stage-sets for all three pictures to be produced. (1936, 4-7)

P. Chardynin. We decided on three scenarios: *Merchant Kalashnikov / Lermontov, Russian Wedding / Sukhonin*, and *Choice of Brides*. I persuaded our entire company to take part and obtained permission to film in a theatre since, of course, there were no film studios. I had doubts about whether it would work in a completely dark theatre. But Khanzhonkov had a few arclights and we got down to work. None of us had the slightest notion about how to make a film. We were determined to make a go of it, so to speak, and all of us were burning with a sincere desire to do all we could. All the indoor scenes from two of the dramatizations – *Merchant Kalashnikov* and *Russian Wedding* – were shot in a single day, and the next day we filmed the outdoor scenes. There was such a great interest in Russian films that when the release was announced the orders came pouring in – out of a horn of plenty, so to speak. (1926, 3)

Si alzò il sipario. Sulla scena c'erano tutti gli attori, impegnati nelle riprese imminenti. Gončarov si avvicinò alla ribalta e, come un presentatore, annunciò ad alta voce: "La tal scena è tratta dalla tal opera, gli artisti sono i seguenti...". Con un breve inchino si allontanò verso il fondo del palcoscenico e di là, dopo aver applaudito, esclamò: "Attenzione! Si comincia!". E davanti ai nostri occhi stupefatti cominciarono a susseguirsi, a ritmo vertiginoso, alcune scene di una pantomima da circo. Sollecitati dalle esclamazioni di Gončarov, gli artisti, velocemente e senza alcun indugio, andavano e venivano, si baciavano, piangevano e morivano... Fu necessario interrompere le riprese per un po' e far disabituare gli attori a quei movimenti anormali a loro ormai consueti... Infine, superate tutte le difficoltà, ci accingemmo a riprendere. La scena era illuminata da tutte le luci della ribalta e da quattro miseri proiettori. L'operatore V. Siversen piazzò la macchina da presa nel corridoio centrale davanti al palcoscenico e, senza cambiar posto, per tutti e tre gli allestimenti scenici riprese di lì tutto il film... Gončarov fece alcune proposte di "razionalizzazione": per evitare che gli artisti potessero sfuggire al campo visivo dell'obiettivo, propose di fissare al pavimento della scena dei travicelli di legno chiaro, che indicassero il campo d'azione senza comparire nelle riprese. Raccomandò anche agli attori di muoversi in diagonale rispetto alla macchina da presa, evitando passi trasversali; proibì agli artisti di guardare sia chi dava la battuta, sia verso l'obiettivo della macchina da presa ecc.... Sarà stata fretta, inabilità o leggerezza, ma in quel primo giorno di riprese furono portate a termine tutte le scene per le tre scenografie, previste per l'allestimento del film. (1936, 4-7)

P. Čardynin. La nostra attenzione si concentrò su tre copioni: *Il mercante Kalašnikov/Lermontov, Matrimonio russo/Suhonin* e *La scelta della promessa sposa.* Invitai tutta la nostra compagnia a collaborare ed ottenni il permesso di girare le riprese in teatro, poichè, naturalmente, non c'erano studi... Non ero sicuro che avremmo potuto girare il film in quel teatro così buio. Ma Hanžonkov aveva qualche riflettore e ci mettemmo al lavoro. Nessuno di noi aveva la minima idea di come fare le riprese, andavamo, per così dire, alla cieca, ma tutti ardevano dal desiderio di fare del loro meglio. Tutte le scene degli interni dei due allestimenti – *Il mercante Kalašnikov* e *Matrimonio russo* –furono riprese in un giorno, e il giorno seguente furono girati gli esterni... L'interesse per i film russi era tale, che quando fu annunciata la produzione, gli ordini piovvero come dal corno dell'abbondanza. (1926, 3)

SVAD'BA KRECHINSKOGO
KRECHINSKY'S WEDDING

Свадьба Кречинского

Scenes from a comedy. 125 m; production: A. Drankov Studio; release: 16:11:08; director/cameraman: Aleksandr Drankov; ass. cameraman: Lev Drankov, Nikolai Kozlovskii. Cast: Vladimir Davydov (Rasplyuyev), A. Novinskii (Krechinskii), V. Garlin (Fedor). Second act of the play by Aleksandr Sukhovo-Kobylin in the Aleksandrinskii Theatre production. Partly preserved.

Ya. Zhdanov. We have added to our repertoire a picture based on the second act of *Krechinsky's Wedding*, featuring V.N. Davydov, Garlin and Novinsky. We were shown it in the Gigant cinema in Yaroslavl. We rehearsed it, devised a sound accompaniment and then performed it as a cine-talking picture. In our pictures we strove for perfect and impeccable synchronization not only of movements, turns of the head, the whole torso, the arms etc. – the most important thing was precise synchronization of speech. For an extra payment and on the suggestion of the cinema owners we agreed to accompany, that is, to illustrate our films with sound effects: a house on fire, a passing train, a dog barking, a cock crowing, a motor car etc. – everything required in the course of the picture. We had special devices for this. Thus, we already had five talking pictures in our repertoire and were able to spend up to three or four weeks in each town. I personally, however, was against working for a month in the same town, since after the first week the audiences began to lose interest. It was more interesting for us to work in new places where our talking pictures were received with tremendous interest. In many smaller towns it was like a kind of miracle. And this was reinforced by the cinema owners themselves: very many of them laid down the condition that we should move in behind the screen to make a declamation and then depart afterwards in such a way that the public could not see us.

This is one of the earliest surviving Russian fiction films, an important document of Drankov's début as producer-director. This second episode of the film (the existence of the first is not documented) is different from other productions of the period. There is here a certain tendency to compress the action within the confines of a rather constipated set, almost a miniature theatre expressly conceived for the camera's eye. P.Ch.Us.

Свадьба Кречинского

SVAD'BA KREČINSKIJ
LE NOZZE DI KREČINSKIJ

Scene da una commedia. 125 m; produzione: A. Drankov; data di release: 16.11.1908; regia/operatore: Aleksandr Drankov; aiuti-operatore: Lev Drankov e Nikolaj Kozlovskij. Interpreti: Vladimir Davydov (Raspljuev), A. Novinskij (Krečinskij), V. Garlin (Fedor). Secondo atto dell'opera di Aleksandr Suhovo-Kobylin per l'Aleksandrinskij Teatr. Il film è conservato incompleto.

È uno fra i più antichi reperti del cinema russo a soggetto, un documento degli esordi di Drankov in quanto produttore e regista. Questo secondo episodio (del primo non è documentata l'esistenza) si distingue dalla produzione contemporanea per una certa tendenza a comprimere l'azione in uno spazio scenico costipato d'oggetti, quasi un teatro in miniatura appositamente concepito per l'occhio meccanico della macchina da presa. P.Ch.Us.

Ja. Ždanov. Includemmo nel nostro repertorio il film tratto dal secondo atto di *Le nozze di Krečinskij* con la partecipazione di V. N. Davydov, Garlin, Novinskij. C'era stato mostrato a Jaroslavl nel cinema Gigant. Facemmo le prove, realizzammo il sonoro e lo proiettammo dunque come film parlato. Nei nostri film riuscimmo ad ottenere non solo una perfetta corrispondenza dei movimenti del corpo, del capo, delle mani ecc. ma, ciò che è più importante, riuscimmo a sincronizzare la voce con i movimenti delle labbra... Su richiesta dei proprietari dei cinematografi, previo compenso supplementare, acconsentimmo a corredare i film muti di effetti sonori: l'incendio di una casa, il passaggio di un treno, l'abbaiare di un cane, il canto del gallo, il rumore di un'automobile ecc., quanto necessario, insomma, per lo svolgimento di un film. Disponevamo di speciali dispositivi adatti allo scopo. Così il nostro repertorio constava già di cinque film parlati e potevamo quindi rimanere in ogni città tre o quattro settimane..., ma personalmente ero contrario a rimanere un mese in una città perchè, dopo la prima settimana, l'interesse degli spettatori diminuiva... Era meglio lavorare in posti nuovi, dove i nostri film sonori venivano accolti con grande entusiasmo. In molti villaggi e cittadine si gridava al miracolo e un simile atteggiamento era sollecitato dagli stessi proprietari dei cinematografi. Molti di loro ponevano come condizione necessaria, che per la "sonorizzazione" ci sistemassimo dietro lo schermo e non ci spostassimo fino alla fine del film, in modo che il pubblico non ci vedesse. Finito lo spettacolo, molti spettatori correvano dietro lo schermo, dove avevamo appena declamato il film, ma non c'era già più niente e nessuno. (1946-II, 20-21)

Стенька Разин

STEN'KA RAZIN

Titolo alternativo
PONIZOVAJA VOL'NICA
BRIGANTI DELLE TERRE A VALLE DEL FIUME

Dramma storico. 224 m; produzione: A. Drankov; data di release: 15.10.1908; regia: V. Romaškov; sceneggiatura: Vasilij Gončarov; operatori: Aleksandr Drankov, Nikolaj Kozlovskij; musica: Mihail Ippolitov-Ivanov. Interpreti: Evgenij Petrob-Kraevskij (Razin). Riduzione cinematografica dell'opera *Iz-sa ostrova na streżen* (Dall'isola alle correnti).

In Russia, nel 1665, sotto lo zar Aleksej Mihajlovič, sul fiume Volga fa la sua comparsa il noto bandito Sten'ka Razin. A lui si uniscono decine di migliaia di briganti. Tutta la banda, capeggiata dal-

When the pictures came to an end, many of the viewers would run behind the screen or the thick sheets where we had just been declaiming the picture, to find that there was no longer anyone or anything there. (1946-II, 20-21)

STEN'KA RAZIN

Стенька Разин

Alternative title
PONIZOVAYA VOL'NITSA
BRIGANDS FROM THE LOWER REACHES

Historical drama. 224 m; production: A. Drankov Studio; release: 15.10.08; director: V. Romashkov; script: Vasilii Goncharov; cameramen: Aleksandr Drankov, Nikolai Kozlovskii; music: Mikhail Ippolitov-Ivanov. Cast: Evgenii Petrov-Kraevskii (Razin). Adaptation of the song *From the Island to the Deep Stream*.

In the year 1665 in Russia under Tsar Aleksey Mikhaylovich the famous outlaw Stenka Razin appeared on the River Volga. He assembled up to ten thousand brigands under his command. The entire throng, with ataman Stenka Razin at its head, sailed down the Volga and headed across the Caspian Sea for Persia, putting prosperous Dagestan to the sword along the way. Stenka Razin won a complete victory over the Persians, captured the Khan's elder son and took his sister, a Persian beauty, for his mistress. On returning from Persia, he fell deeply in love with the princess. Sailing along the Volga, the gang of freebooters sacked the towns of Tsaritsyn and Astrakhan, putting almost all the inhabitants to death. Pursued by the Tsar's troops, Stenka Razin headed for the Don, where he hoped to live in safety. But the beautiful princess was a great hindrance to him in this: firstly, he loved the princess deeply and did not wish to part with her; secondly, he already had a wife and three children. The ataman should have sailed straight up the Volga to the Don, but he deliberately made frequent stops, spending several days at a time carousing with the princess on the banks of the Volga. His captains told him more than once that such stops were very dangerous, that the Sovereign's troops would catch them and that they should hurry. Stenka Razin, however, would hear nothing of it: he did not wish to leave the beautiful princess and wanted to prolong as far as possible his liaison – his happiness with the charming Persian. When the ataman refused to travel faster, his assistants, the brigand captains, were indignant and plotted against the princess, believing her to be the culprit: she had conquered the ataman's heart and had great influence, thereby frustrating their escape plans. The brigands plotted to kill the princess at any cost, and this they did. Knowing Stenka Razin to be very jealous and, when drunk, like a wild beast, they deliberately got him drunk and told him that the princess had a lover back in Persia. In a fit of anger and jealousy Stenka Razin throws the princess into the Volga. Subsequently, Stenka Razin, that famous historical outlaw, was captured and publicly executed in Moscow. (SF, 1908, No. 2, 12)

The film is shot completely on location between woods and rivers, with a free camera, but also with shots and durations that are too long, with actors who feel ill at ease and with crowds who are unaware of being filmed. This is the first fictional work produced by Russian cinema. The film is almost prophetic as far as the final sacrifice of the first innocent heroine is concerned. The original music and the major advertising of the film contributed to its huge success. C.M.

È girato tutto in esterni tra boschi e fiumi, con ariosi camera-boat, ma anche con i campi e tempi troppo lunghi, con l'impaccio di attori e masse ancora inconsapevoli, la prima opera di fiction del cinema russo. Ed è un film quasi profetico nel sacrificio finale della prima innocente eroina. La musica originale e l'importante pubblicità aiutarono il suo grande successo. C.M.

l'atamano Sten'ka Razin, scende lungo il Volga, oltrepassa il Mar Caspio e si dirige in Persia, dove i banditi mettono a ferro e fuoco il fiorente Dagestan. Sten'ka Razin sconfigge i persiani, cattura il figlio maggiore del Khan, e la sorella che diventa la sua amante. Tornato dalla Persia, Sten'ka Razin ama con passione la bella principessa. Navigando lungo il Volga i banditi saccheggiano le città di Caricin e Astrahan' e trucidano quasi tutta la popolazione. Inseguito dagli eserciti dello zar, Sten'ka Razin si dirige verso il Don, dove spera di mettersi al sicuro, ma la bella principessa costituisce un grave ostacolo. Sten'ka Razin l'ama molto e non vuole separarsi da lei, inoltre egli ha già una moglie e tre figli. L'atamano deve fare presto se vuole raggiungere il Don, invece si ferma spesso a banchettare con la principessa sulle rive del Volga. Un giorno i capitani dei cosacchi gli dicono che fermarsi è pericoloso, che gli eserciti dello zar li raggiungeranno, ma Sten'ka Razin non presta loro ascolto: non vuole abbandonare la bella principessa e cerca di prolungare il più possibile la felicità con l'incantevole persiana. I banditi allora insorgono e tramano contro la principessa, ritenendola colpevole di aver soggiogato il cuore dell'atamano e di esercitare su di lui una malefica influenza, mandando in fumo i loro piani di salvezza. Decidono che bisogna uccidere la principessa a tutti i costi, e che sta a loro renderlo possibile. Sapendo che Sten'ka Razin è molto geloso e quando si ubriaca diventa brutale, i banditi lo fanno ubriacare e gli dicono che la principessa ha un amante in Persia. In un eccesso di collera e di gelosia, Sten'ka Razin getta la principessa nel Volga. In seguito Sten'ka Razin, questo bandito passato alla storia, verrà catturato e giustiziato pubblicamente a Mosca. (SF, 1908, n. 2, 12)

Amongst last week's new releases we would single out the film *Sten'ka Razin*. From the technical point of view it is excellently done. Mr Drankov has clearly achieved a perfect understanding of photography; it is just a pity that the film is so short, since the plot would be good for several hundred metres. The view of the Volga and the flotilla of pirate-ships is beautifully filmed; the scene in the forest is very interesting, as is the final moment, when Stenka throws the princess into the Volga. (Vkov in SPB, 1908, No. 1, 6)

What is being shown in St Petersburg's cinemas? – a murdered woman in a blood-stained dress, a jealous husband throwing his wife's lover out of a boat, a ruffian who strangles a young girl, Stenka Razin throwing a Persian princess into the Volga, an old man poisoned by his young wife... (A. Faresov, *Fearful for Mankind*, "Peterburgskaya Gazeta", 1908, No. 314, 14.11, 6)

The Union of Dramatic and Musical Writers has received a statement from Mr Goncharov, a member of the Moscow Society of Writers and Scholars, about what he has written and reproduced on cinematographic tapes. He asked us to protect his authorial rights in all cinematographic theatres. However, the Union has turned down Goncharov's request on the grounds that his pieces are mechanical and do not fit the definition of a work of literature, and that the development of cinematographic theatres in general is detrimental to the development of "genuine theatrical enterprises". (SF, 1907-1908, No. 19, 8)

A.I. Goncharov's historical play *The Volga Freemen* (Stenka Razin) is running simultaneously in the Summer Theatre and the Aquarium Theatre, where cinema is being used during the performance. This is the third time that cinema has been used in Moscow's theatres: firstly by Korsh, then by Saburov and now, finally, in the Aquarium. (SF, 1908, No. 3, 1.11, 5 – Chronicle)

USERDNYI DENSHCHIK
THE DILIGENT BATMAN

Усердный денщик

Comedy. 80 m; production: A. Drankov Studio; release: 1.12.08; director/script: N. Filippov; cameraman: Aleksandr Drankov. Cast: N. Filippov (batman), V. Garlin (general). The first Russian film comedy. Preserved without titles.

This play is presented and performed by actors from the St Petersburg Theatre. An excellently executed little piece, it is made up of numerous comic effects and evokes happy laughter from the spectator. This is the plot. An old general who is courting his cook, has brought some fly-paper into the kitchen, so as to have an additional excuse to make up to her. Carrying out her master's orders, the housemaid has put the fly-paper up every where, both where it is needed and where it is not. After the general has left the kitchen, his batman comes in, and, in the course of an ardent declaration of love, sits on a chair where a piece of fly-paper has

Tra le novità della settimana scorsa ricordiamo il film *Sten'ka Razin*. Dal punto di vista tecnico è ben realizzato. È evidente che Drankov ha risolto alla perfezione il problema della fotografia; peccato che il film sia breve. Il soggetto avrebbe richiesto qualche centinaia di metri di pellicola in più. Belle le riprese sul Volga e quelle della flottiglia di barche con i banditi; molto interessante la scena nel bosco e anche quella in cui Sten'ka getta la principessa nel Volga. (Vkov in SPB, 1908, n. 1, 6)

I cinematografi di San Pietroburgo mostrano ora la donna uccisa con l'abito lordo di sangue; ora l'uomo geloso che getta in acqua l'amata; ora il teppista che strozza una fanciulla; ora Sten'ka Razin che getta la principessa persiana nel Volga; ora il vecchio avvelenato dalla giovane moglie... (A. Faresov, *È terribile per l'uomo*, in "Peterburgskaja gazeta", 1908, n. 314, 14.11, 6)

Presso l'unione dei musicisti e drammaturghi è giunta la dichiarazione del membro dell'Associazione moscovita dei letterati e degli scienziati, Gončarov, su quanto egli ha scritto e riprodotto su pellicole cinematografiche... Gončarov chiede che vengano tutelati i suoi diritti d'autore in tutti i cinematografi. Ma l'unione ha respinto la richiesta di Gončarov, e ha motivato il rifiuto dicendo che le sue opere sono "meccaniche", inadatte a definire la comprensione della produzione letteraria, e inoltre lo sviluppo dei cinematografi va a scapito dello sviluppo delle "autentiche imprese teatrali". (SF, 1907-1908, n. 19, 8)

Ponizovaja vol'nica (Sten'ka Razin), l'opera storica di A. I. Gončarov, viene rappresentata allo stesso tempo al teatro Estivo e al teatro Acquarium, dove, durante l'allestimento, viene usato il cinematografo. Questa è già la terza volta che si usa il cinematografo nei teatri di Mosca: prima al Korš, poi al Saburov e infine all'Acquarium. (SF, 1908, n. 3, 1.11, 5, Hronica)

Усердный денщик

USERDNYJ DENŠČIK
L'ATTENDENTE ZELANTE

Commedia. 80 m; produzione: A. Drankov; data di release: 1.12.1908; sceneggiatura/regia: N. Filippov; operatore: Aleksandr Drankov. Interpreti: N. Filippov (attendente), V. Garlin (generale). Prima commedia russa. Il film è conservato senza didascalie.

Si tratta di una pièce messa in scena e realizzata con la collaborazione degli artisti del teatro di San Pietroburgo. Questo piccolo gioiello viene sostenuto da innumerevoli effetti comici e riesce a far affiorare il sorriso sulle labbra dello spettatore. Eccone i contenuti. Un vecchio generale, che corteggia la propria cuoca per avere un pretesto di amoreggiare con lei, porta in cucina dei fogli di carta moschicida. Obbedendo all'ordine del padrone, la diligente cameriera ripartisce equamente i fogli, sia dove sono necessari sia dove non lo sono. Preso il posto del generale, l'attendente, nel bel mezzo di una spiegazione d'amore, siede su una seggiola sulla quale

been placed. Oh dear! In trying to get rid of the wretched paper he covers first one hand, then the other, with glue, until eventually he thinks of wearing his white gloves to take the paper off. When he has completed this difficult operation, seeing that the cook has gone from the kitchen, the greedy batman hastily grabs a hot plate, drops it and then, having picked up a saucepan with hot pies in it, and rapidly gobbled them one after the other, sets himself to cleaning a large dish. The entry of the cook obliges him to leave the pies and to explain that the plate broke itself. Misfortune continues to pursue him and in his haste he sits on some embroidery which has been thrown over a chair, and in which a needle is stuck. Jumping up from the prick this gives him, he plucks out the needle and gallantly offers it to his beloved. Having, by his courtesy, deserved forgiveness, he tries to help her, wiping plates and putting them away, and, wishing to remove all the plates from the table while unable to take his eyes off the cook, he stumbles and, as he lies on the floor, still firmly grasping the plates. His misfortunes do not end there, for, as he tries to get up, he drops all the plates, smashing them to bits. Angry, the cook repulses her suitor and drives him out with a floor-mop. The poor batman buys plates with all he money he has, and wants to make amends for his offence, but his unlucky stars pursue him still. Hardly has he entered the kitchen, carrying a whole pile of new plates, than he sees his general making up to the cook. Inflamed with jealousy, in his confusion he bumps against the crockery cupboard, knocks it over, and the new plates and the cupboard come crashing down on the old general. And the greedy batman, seeking to profit even by this confusion to taste the cream, is seized by the ear on the scene of his crime and led, his face all besmeared, down to the footlights. So many mishaps are suffered by the diligent batman on that unhappy day! (A Film by A.O. Drankov *Vestnik Kinematografov v Sankt-Peterburge*, 1908, No. 2, 7-8)

One of the earliest surviving Russian short comedies, the film was made with an extremely low budget (Drankov as producer-director; the leading character also wrote the script). The film is a revealing example of the transition from a period dominated by the French comedy style to the rise of a national production: Filippov's grotesque facial expressions draw from André Deed's work for Pathé, as well as from the Russian circus tradition. P.Ch.Us.

Una delle prime comiche della Russia prerivoluzionaria fra le poche oggi sopravvissute. Realizzata con parsimonia di mezzi (Drankov alla macchina da presa; il protagonista è anche regista e sceneggiatore), l'opera è oggi indicativa della fase di transizione dal predominio francese alla nascita di una produzione nazionale: le grottesche espressioni facciali di Filippov presuppongono l'André Deed del periodo Pathé e la tradizione circense locale.
P.Ch.Us.

è posato un foglio di quella carta collosa. E... orrore! Nel vano tentativo di staccarsi quella malefica carta, egli s'incolla prima una mano e poi l'altra, finché alla fine decide di levarsi i guanti bianchi insieme con la carta. Una volta terminata questa difficoltosa operazione, accortosi che la cuoca si è allontanata dalla cucina, l'attendente goloso s'impadronisce prima di un piatto bollente lasciandolo cadere, poi di una pentola colma di *pirožki* caldi e, trangugiandoli l'uno dopo l'altro, riesce a farne fuori un grande recipiente. Il ritorno della cuoca lo costringe a lasciare da parte i *pirožki* e a spiegare che il piatto s'è rotto da sé. I guai comunque continuano a perseguitarlo. Siede in fretta e furia su una sedia dove era stato lasciato un lavoro di cucito dal quale spunta un ago. Balzato in piedi per la "puntura" ricevuta, si toglie l'ago e galantemente lo restituisce alla sua bella. Esaudendo la preghiera di lei, l'attendente cerca di aiutarla a lavare e a rimettere in ordine le stoviglie e toglie dal tavolo un'intera pila di piatti, ma i suoi occhi restano fissi sulla bella cuoca, quindi inciampa e cade a terra tenendosi avvinte al petto le stoviglie. Le sue sventure non finiscono qui ed egli, nel tentativo di rialzarsi, lascia cadere tutti quanti i piatti, che si rompono in minuscoli pezzi. La cuoca adirata respinge il suo corteggiatore e lo caccia con una scopa. Il povero attendente spende i suoi ultimi soldi per comprare delle stoviglie nuove per riparare alla sua malefatta, ma anche in questo caso la scalogna lo perseguita: appena giunto in cucina con un'intera bracciata di piatti, intravvede il generale che corteggia la cuoca e, in un impeto di gelosia, sbatte contro la credenza, che cade abbattendosi sul vecchio generale, insieme con tutti i piatti nuovi. E l'attendente goloso, pensando di poter sfruttare anche quell'occasione per poter assaggiare la crema, viene preso per un orecchio in flagrante delitto e condotto alla ribalta con il viso ancora imbrattato. Quante disgrazie in un sol giorno per quello zelante attendente! ("Vestnik Kinematografov v Sankt-Peterburge", 1908, n. 2, 7-8)

1909

BOYARIN ORSHA
THE BOYAR ORSHA

Боярин Орша

Drama. 280 m; production: A. Khanzhonkov; release: 2.1.10; director/script: Petr Chardynin; cameraman: Vladimir Siversen; art director: V. Fester. Cast: Andrei Gromov (Arsenii), Petr Chardynin (the boyar Orsha), Aleksandra Goncharova (his daughter). Adaptation of scenes from the poem of the same title by Mikhail Lermontov. Preserved without titles.

Boyar Orsha, a direct and honest man, and Ivan the Terrible's favourite servant, cannot settle down in the Czar's court. Leaving in search of peace he settles on his estate on the bank of the Dnepr. There his only joy, which he cherishes above all else, is his beautiful daughter. But he fails to keep his treasure safe. One ill-fated night he catches her at a rendezvous with his adopted son Arsenii. In a fit of rage he locks her in her room and, firm to the point of cruelty, carries out the sentence he has pronounced against himself – he throws the key to the room into the Dnepr. But this sentence is more of a punishment for Orsha himself. By condemning his daughter to death he thereby condemns himself to eternal torture for failing to preserve that which was most precious in his life. In the meantime, Arsenii, having been thrown into prison, manages to escape with the help of devoted friends. A year later, Arsenii appears again, with a detachment of Lithuanians whose side he has joined. On recognizing old Orsha, killed in battle, he sets off in search of his beloved and finds her decayed corpse. The epic is redolent of the cruelty of ancient times, but in this cruelty there is a singular beauty. (SF, 1909, No. 4, 9)

A. Khanzhonkov. Once we had shot the outdoor scenes we went into our small workshop on Tverskaya Street to film the stage scenes. The sets had already been prepared for us by our young artist, V.V. Fester. It was not easy, since everything the producer needed for the various scenes had to be painted on sheets stretched between bars. In the set for Orsha's daughter's bedroom,for instance, two timbered walls had been painted – one with a small

Боярин Орша

BOJARIN ORŠA
IL BOIARDO ORŠA

Dramma. 280 m; produzione: A. Hanžonkov; data di release: 2.1.1910; regia/sceneggiatura: Petr Čardynin; operatore: Vladimir Siversen; sceneggiatura: V. Fester. Interpreti: Andrej Gromov (Arsenij), Petr Čardynin (il boiardo Orša), Aleksandra Gončarov (sua figlia). Riduzione dell'omonimo poema di Mihail Lermontov. Il film è conservato senza didascalie.

Il boiardo Orša, uomo onesto e rispettabile, servitore prediletto di Ivan il Terribile, mal sopportando la vita di corte, si mette a

window and the other with an oak door with iron rings. Apart from that there was a shelf on the wall displaying various old carved artefacts, and in the corner there was an entire iconostasis with a lamp burning in front of it. All the recesses and projections were also portrayed graphically, with due regard for the previously determined camera angle. The doors by which the actors were to enter and leave were also made of a sheet stretched across bars, and when these structures vibrated the film viewers reacted as simply as theatre audiences do to the prompt-box. (1937-I, 35-36)

VAN'KA KLYUCHNIK
VANKA THE STEWARD

Ванька - ключник

Drama in 9 scenes and 4 tableaux. 230 m; production: A. Khanzhonkov; release: 1.9.09; director/script: Vasilii Goncharov, from a theme by Antropov; cameraman: Vladimir Siversen; art director: V. Fester. Cast: Vasilii Stepanov (prince), Lyubov' Varyagina (princess), Andrei Gromov (butler), Aleksandra Goncharova (girl). Adaptation of the Russian folk song of the same name. Preserved without titles.

Who does not know, who has not heard our Russian song, so full of mournful poetry, about Vanka the Steward, the wicked troublemaker?... Poets and artists have often been inspired by this song, finding in it rich material for their work... On choosing this same subject for our first film this season we intended to portray on the screen a poetic illustration of this most popular folk song, to transport the viewer back into our own past...

riposo e fissa la sua dimora sulla riva dello Dnepr. Qui la sua unica gioia, la luce dei suoi occhi, è la sua bella figliola. Ma Orša non veglia sui suoi tesori e una notte infausta sorprende la figlia con il figlio adottivo Arsenij. In un accesso d'ira, richiude la figlia in una stanza, gettandone la chiave nelle acque dello Dnepr. Esegue così la sentenza che lui stesso aveva deciso. Ma in realtà, così facendo, punisce se stesso. Condannando la figlia a morte, condanna se stesso al supplizio eterno, per non essere riuscito a preservare quanto di più prezioso aveva nella vita. Intanto Arsenij, che è finito in carcere, riesce a evadere con l'aiuto di alcuni amici fidati. Dopo un anno, Arsenij riappare con un distaccamento di lituani ai quali si è unito. Saputo che il vecchio Orša è morto in battaglia, si lancia alla ricerca dell'amata e ne trova il cadavere. Il poema esprime la crudeltà del passato, una crudeltà che ha pur sempre un suo fascino. (SF, 1909, n. 4, 9)

A. Hanžonkov. Finite le riprese delle scene esterne, per gli arredi scenici passammo nel nostro piccolo studio sulla Tverskaja. Questi erano già stati preparati dal nostro giovane artista V. V. Fester. La cosa si rivelò piuttosto complessa, in quanto sui pannelli tesi sulle travi, bisognava ritrarre tutto ciò che il regista aveva previsto per questa o quella scena. Così per esempio, per la stanza della figlia di Orša erano state dipinte due pareti di legno, su una di esse c'era una piccola finestra, e sull'altra una porta di quercia con spranghe di ferro. Oltre a questo sulla parete faceva bella mostra di sé dell'antico vasellame intagliato, e nell'angolo un'iconostasi illuminata da una lampada. Tutte le cavità e le sporgenze erano anche rappresentate graficamente, considerando la prospettiva dal punto in cui sarebbe stata installata la macchina da presa. Anche le porte, attraverso le quali entravano e uscivano gli attori, erano appese a dei pannelli, tesi tra le travi, e il tremolio di simili strutture faceva rivolgere gli spettatori alla buca del suggeritore, in modo tanto semplice quanto teatrale. (1937-I, 35-36)

Ванька - ключник

VAN'KA KLJUČNIK
VAN'KA IL DISPENSIERE

Dramma in 9 scene e 4 quadri. 230 m; produzione: A. Hanžonkov; data di release: 1.9.1909; regia/scenografia (da un'idea di Antropov): Vasilij Gončarov; operatore: Vladimir Siversen; sceneggiatura: V. Fester. Interpreti: Vasilij Stepanov (principe), Ljubo'v Varjagina (principessa), Andrej Gromov (dispensiere), Aleksandra Gončarova (ragazza). Adattamento dell'omonima canzone popolare russa. Il film è conservato senza didascalie.

Chi non conosce o non ha mai sentito la nostra canzone russa, densa di mesta poesia, che parla di Van'ka il dispensiere... Poeti e artisti si sono spesso ispirati a questa canzone, traendone spunti per le loro opere... Usando questo soggetto per il nostro primo film della stagione, intendevamo rappresentare sullo schermo la descrizione poetica di questa famosissima canzone popolare, trasportando lo spettatore nel passato della nostra patria... *Primo*

First Scene. An old prince has a drink with his nobleman friend and decides to go off to the ferry stage and watch the lovely Nastya dancing to the music of her playful brother Shchegol... The prince orders the steward to summon his young wife to say farewell, and also, incidentally, to show off her meek ways and obedience to his guest... He asks her to kiss the guest. Although she would prefer not to, she knows her husband's sudden temper and timidly carries out her lord's command: grudgingly, she kisses the tipsy nobleman... As bad luck would have it, the steward is standing nearby... The prince departs along with the nobleman. The steward remains an instant to say a tender word to the dear princess, his heart aflame. But did the old nurse not hear his careless words? No, she has no idea what the lovely princess is doing... *Second Scene*. Serf-girls and maids are dancing... Stumbling, the nobleman comes down and flirts with the lasses, but the prince frowns: "It's no good inside; in the open air it's quite a different thing"... And leads the nobleman away. It was not the princess alone who had a liking for the young steward... The maid Dashutka dotes upon him... Like a shadow she slips away from the dance to swap at least a word with Ivan, but he no longer has any affection for her... The princess bars her way; she has seen with her own eyes... The princess snuggle up to Vanya, / As closely as a shirt, / She kissed and caressed him, / And called him her dear one. / Anger and resentment speak out in Dashutka's heart, and she decides on a desparate move: to tell all to the prince... *Third Scene*. The prince is carousing merrily at the ferry stage without sensing that misfortune is nigh... Dashutka appears, tired, exhausted, hardly able to draw breath, and tells the prince the terrible truth... The prince roars like an injured man and rushes off home with his servants. But smart little Nastya quickly realizes that certain disaster faces the steward, and she sends her brother by boat along the shortest route to inform him of the impending misfortune... *Fourth Scene*. The fast boat skims along, Shchegol leaps out and, driven by the desire to save a friend from disaster, runs headlong for the prince's castle... Before he has the chance to warn his friend of the danger the prince and his menials appear at the gate... The steward is surrounded from all sides, they seize his gentle little arms: And they take Vanyusha to the yard, / The wind beating his curls, / The wind driving against his / Silk shirt and gentle body... / In alarm the princess runs out of the house and, on seeing her friend tied to a tree lets out a groan... This was all the prince needed: Answer, my young foe, / Tell me, my barbarian, / How you walked in the prince's wood / With our prince's wife... / And he thrusts a knife deep into Ivan... The princess falls to the ground... Dashutka rushes up and, with a groan, embraces the body of Vanka the steward, the wicked trouble-maker, whom she has ruined... (SF, 1909, No. 22, 14)

Vanka Klyuchnik is the drama of boyar life, taken from the popular song. With this film, the first artistic work to be produced in Russia, we can salute in these columns a new development. Up to now, when we have seen films of Russian origin,

quadro. Il vecchio principe ha bevuto qualche bicchiere di troppo con l'amico boiardo e ha deciso di andare a godersi le danze della bella Nastja, sorella dello spavaldo Ščegol... Il principe ordina al dispensiere di invitare la sua giovane moglie ad accomiatarsi da lui e quindi si vanta davanti agli ospiti del suo carattere mite e della sua arrendevolezza... La costringe a baciare gli ospiti, ed ella vorrebbe rifiutarsi, ma conoscendo l'indole violenta del marito, esegue timorosa l'ordine del suo signore e, a malincuore, bacia l'alticcio boiardo... E come per disgrazia c'è anche il dispensiere... Il principe se ne va insieme al boiardo e il dispensiere indugia un attimo a consolare la povera principessa, col cuore in fiamme, come se la vecchia balia non sentisse quelle parole avventate che sono rivolte alla principessa... *Secondo quadro.* I domestici fanno il girotondo... Arriva barcollando il boiardo e civetta con le serve, ma il principe storce il naso: "Non sta bene far queste cose in casa, magari altrove!"... E conduce via il boiardo. Ma la principessa non è la sola ad essere stata affascinata dal giovane dispensiere. La serva Dašutka lo ama con tutta se stessa... Si allontana furtiva dal girotondo, per raggiungerlo, ma per lei non ci sono più parole dolci... La principessa è un ostacolo, ella l'ha vista con i suoi occhi... "Stringersi a Ivan / come la camicia sulla spalla / baciarlo, accarezzarlo / chiamarlo 'mio adorato'...". La stizza per il torto patito ha il sopravvento e Dašutka decide di giocare la sua ultima carta, riferendo l'accaduto al principe. *Terzo quadro.* Il principe banchetta allegramente sul traghetto e non sospetta che la sciagura è imminente... Estenuata, afflitta, reggendosi a stento, appare Dašutka, che annuncia al principe la terribile verità... Egli urla come una belva ferita e corre a casa con i servi. Ma la lesta Nastja ha capito che il dispensiere è in pericolo e dice al fratello di andare in barca, per la via più breve, ad avvertirlo della minaccia incombente... *Quarto quadro.* La barca scorre veloce; Ščegol ne esce baldanzoso e corre verso la casa del principe per avvertire l'amico del pericolo... Ma tutto è inutile perchè il principe è già sulla porta con la servitù... Ivan viene circondato e legato per le mani: "Lo conducono in cortile / Il vento gli scompiglia i capelli / E la camicia di seta frusciando nel vento / stretta gli aderisce alla pelle...". La principessa, inquieta, corre fuori dal palazzo e, alla vista dell'amico legato ad un albero, non può trattenere un gemito... Quanto basta al principe: "Rispondi traditore / racconta, o tipo losco / le tue passeggiate d'amore / che con la principessa facevi nel bosco...". E il pugnale colpisce Ivan al petto... La principessa si accascia al suolo come morta... Sopraggiunge Dašutka e con un gemito scuote il cadavere dell'uomo che ella stessa ha rovinato. (SF, 1909, n. 22, 14)

Van'ka Ključnik è il dramma della vita dei boiardi, realizzato secondo la canzone popolare. Con questo film, prima opera artistica di produzione russa, noi arricchiamo di novità la nostra solita rassegna. Fino ad oggi avevamo visto film di produzione russa, che non esercitavano su di noi nessuna attrattiva, in quanto, nella maggioranza dei casi, erano pellicole mediocri, realizzate per commercianti alla ricerca di sensazioni, che non potevano assolutamente essere definite artistiche. L'unica eccezione era

they have had very little charm for us, since the great majority of them were mediocre productions, made for tradespeople in search of sensation, which could in no way be called artistic. The only exception, was *Kalashnikov the Merchant,* which we greeted at the time as the bravest attempt to date at making a good Russian film. Now we have before us the result of something that is no longer just a timid attempt but a rigorous and well-considered achievement, which has set for itself a purely artistic objective. On the pages of our newspaper, we have expressed the hope that, when Russian-made films appeared on our market, they would be true *films d'art.* Indeed there is no alternative, when we have before us the great example of foreign producers on the one hand, and the great Russian tradition of literary and artistic values on the other. And, given the experience of other films we have seen, they might as well not have been produced! This is why we are watching this new film in the light of the objective stated above. We shall not describe the film's content at length. Suffice it to say that it transports us into the history of our nation. It is an episode of the history of our ancestors, who were well acquainted with the passions of our day but for whom these passions assumed different, and to us unfamiliar forms. We meet the same feelings of love and jealousy, the same bravado, but expressed in a more naive and primitive way. We must also give credit to the artists and especially to the director and record that the expressive tone is exceptionally well maintained. Needless to say, the costumes of the period are shown in precise detail. The locations are well chosen, and reveal how poorly natural environments have been represented in the past. The scene of the drunken orgy, unfortunately, is rather weak. More verve and energy would have been needed. But that apart, the rest is great stuff. Once again we should stress the excellent work of the director, who has studied carefully all the details of each scene. It would be invidious to comment on the performance of the actors individually, since the work is of a kind where it is their collective performance that matters. Let us just say that, as the phrase goes, they know to act for the camera. It is a pity that the princess's dress makes her look fatter than the song requires. A pudgy princess is not right for the flirtatious character! But these are trivia! Overall the film must be adjudged a success both artistically and technically. We are pleased for the sake of the producer, who has not wasted his energies in pursuit of success, and for that of cinematic art in Russia, which has a future in front of it. (SF, 1909, No. 22, 8-9)

Il mercante Kalašnikov che avevamo notato subito come il primo felice tentativo di fare un buon film russo. Adesso abbiamo davanti a noi il risultato di qualcosa che non è più un timido tentativo, ma un lavoro rigoroso e ben ponderato, che si è prefissato gli obiettivi tipici dell'arte pura. Sulle pagine del nostro giornale, ci siamo dunque augurati che, quando i film russi compariranno sul nostro mercato, siano dei veri Films d'Art, giacchè non può essere altrimenti; davanti a noi c'è la grande esperienza dei produttori stranieri, da una parte, e i grandi valori russi, sia letterari che artistici, dall'altra! E infine, data la concorrenza degli altri film, non aveva senso produrre! Ecco perchè guardiamo al film che è stato realizzato avendo in mente l'obiettivo summenzionato. Il film, di cui non staremo a descrivere il contenuto, ci trasporta nel passato della nostra patria. È un episodio della vita dei nostri antenati, ai quali non erano affatto estranee le passioni dei nostri giorni, ma per i quali queste assumevano forme a noi sconosciute. Vediamo gli stessi sentimenti d'amore e di gelosia, le stesse bravate, espressi però in modo più ingenuo e primitivo. Ed è necessario rendere giustizia agli artisti, e soprattutto al regista, ed affermare che i toni espressivi sono mantenuti in modo egregio. Va da sé che i costumi dell'epoca sono mostrati nei dettagli. Ricordiamo anche la felice scelta dei luoghi dell'azione. In essi si scorge la scarsa maestria dei tempi andati, nella rappresentazione degli ambienti naturali. In verità è piuttosto debole la scena della sbornia. Qui sarebbe stato necessario più movimento e più slancio. Ma a parte ciò, il resto va benone. Lo ripetiamo ancora una volta, è evidente in tutto il film l'ottimo lavoro fatto dal regista, che ha studiato attentamente tutti i dettagli dell'allestimento. Non esprimeremo giudizi individuali sull'interpretazione degli artisti, giacchè il carattere dell'opera esalta piuttosto la loro prestazione collettiva. Diremo solo che degli artisti si dice che sanno recitare davanti ad un obiettivo. Peccato che il costume della principessa la faccia un po' troppo pingue, per come la vorrebbe la canzone. Una principessa grassoccia non si addice ai giochi d'amore! Ma queste sono bazzecole. Nel complesso il film può dirsi un successo sia dal punto di vista artistico che da quello tecnico! E questo ci rende felici: per il produttore, che non ha speso invano le sue energie alla ricerca del successo, e per l'arte cinematografica russa, che ha un futuro davanti a sé! (SF, 1909, n. 22, 8-9)

IGRA SLOV
WORDPLAY

Игра слов

Comedy. 1 reel; production: A. Khanzhonkov; date: 1909; not released; credits & cast unknown.

Khanzhonkov. In search of straightforward but entertaining plots we shot a few takes on the theme of *Wordplay*. The essence of the picture lay in the comical interpretation of a caption. For example, the caption "He fought against himself with all his strenght" was followed by a scene showing a man physically fighting himself in accordance with all the rules of Greco-Roman wrestling, up to and including the "tour-de-tête". (1937, 32)

A film without any moving pictures, it is made entirely with titles and drawings, linked to each other by puns. Considering the year of production, it is unlikely that the film was the result of conscious experimentation. However, this short *divertissement* remains without parallel among contemporary American and European productions. Its underlying idea can be considered an introduction to the most daring experiments of the next decade. P.Ch.Us.

MAZEPA
MAZEPPA

Мазепа

Drama in 10 scenes. 350 m; production: A. Khanzhonkov; release: 27.10.09; director/script: Vasilii Goncharov; cameraman: Vladimir Siversen. Cast: Vasilii Stepanov (Kochubei), Andrei Gromov (Mazeppa), Raisa Reizen (Mariya), A. Pozharskaya (her mother). A screen version of the poem *Poltava* by Aleksandr Pushkin, or, more precisely, the libretto for the opera *Mazeppa*. Preserved without titles.

The firm of A. Khanzhonkov is bringing out a second picture on Russian history – this time taken from the history of Little Russia and based on Pushkin's *Mazeppa*. In total, there are about 20 individual scenes. It should be noted that "Kochubey in Prison" is very well done. The denunciation scene "Kochubey Denounces the Villanous Hetman to Czar Peter" in "Mazeppa's Garden" is effective. One watches the picture with great interest and it will enjoy well deserved success on the market. (K-O, 1909, No. 15, 8)

Игра слов

IGRA SLOV
GIOCO DI PAROLE

Comica. 1 bobina; produzione: A. Hanžonkov; (1909); mai distribuito. Autori e interpreti sconosciuti.

Un film del tutto privo di immagini in movimento, esclusivamente composto da didascalie *calembour* a contenuto umoristico accompagnate da disegni esplicativi. Considerato l'anno di produzione, è improbabile che la pellicola sia il risultato di una consapevole volontà sperimentatrice. Essa appare piuttosto un innocuo *divertissement*; la sua realizzazione non ha però alcun parallelo nella produzione europea e americana del periodo, e il risultato prefigura in certo qual modo le più audaci esperienze del decennio successivo.
P.Ch.Us.

A. Hanžonkov. Ricercando soggetti complessi ma divertenti, abbiamo fatto alcune riprese sul tema Gioco di parole. L'essenza del film stava nella lettura in chiave comica delle didascalie. Per esempio, alla didascalia "lottava contro se stesso con tutte le sue forze" seguiva una scena che raffigurava la lotta fisica dell'uomo contro se stesso, secondo le regole della lotta francese fino al *tour de tête.* (1937, 32)

Мазепа

MAZEPA
MAZEPPA

Dramma in 10 scene. 350 m; produzione: A. Hanžonkov; data di release: 27.10.1909; regia/sceneggiatura: Vasilij Gončarov; operatore: Vladimir Siversen. Interpreti: Vasilij Stepanov (Kočubej), Andrej Gromov (Mazeppa), Raisa Rejzen (Marija), A. Požarskaja (sua madre). Riduzione dal poema di Aleksandr Puškin *Poltava*, o meglio, dal libretto dell'opera *Mazepa.* Il film è conservato senza didascalie.

La casa di produzione A. Hanžonkov produce un secondo film sulla storia della Russia – ma questa volta il soggetto è tratto dalla storia dell'Ucraina – *Mazepa,* dall'opera di Puškin, per il quale sono state realizzate 20 scene diverse. Particolarmente ben riuscita la scena di "Kočubej in prigione". Molto efficace il quadro "Nel giardino di Mazeppa", al momento della delazione: "Kočubej denuncia il malfattore al governatore dello zar Pietro!". Il film è molto interessante e riscuoterà il dovuto successo sul mercato. (K-O, 1909, n. 15, 8)

MERTVYE DUSHI
DEAD SOULS

Comedy in 5 scenes. 160 m; production: A. Khanzhonkov; release: unknown; director/script: Petr Chardynin; cameraman: Vladimir Siversen. Cast: I. Kamskii (Chichikov), Vasilii Stepanov (Sobakevich), Georgievskii (Plyushkin), A. Pozharskaya (his cook), Petr Chardynin (Nozdryev), Aleksandra Goncharova (a quite simply pleasant lady), L. Khrapovitskaya (a lady who is pleasant in all respects), I. Potemkin (Petrushka). Screen version of Nikolai Gogol's poetic novel of the same title.

P. Chardynin. During the winter I filmed extracts from *Dead Souls* and *The Wedding* for the approaching Gogol festival. We had already drawn up a whole programme of work for the spring and decided to build a film studio. It was the first in Moscow – at 29 Tverskaya Street. That was our first and only year with no competition. From the following year, numerous firms started up and all the foreigners began filming Russian themes since they weren't too keen on the competition from us. (1926, 3)

A. Khanzhonkov. We filmed *Dead Souls* and *The Wedding* based on stories by Gogol in the railway club, where the stage was bigger and better equipped. Furthermore, there were large windows there providing a lot of daylight, which is what we wanted. The filming preparations and rehearsals were entrusted to Chardynin, an actor from the Vvedenskaya Company. He very quickly began to realize the difference between theatre and cinema. Moreover, he became so engrossed in the work that I immediately took a liking to him. It seemed, at the time, that things were in reliable

MERTVYE DUŠI
LE ANIME MORTE

Commedia in 5 scene. 160 m; produzione: A. Hanžonkov; data di release: ignota; regia/sceneggiatura: Petr Čardynin; operatore: Vladimir Siversen. Interpreti: I. Kamskij (Čičikov), Vasilij Stepanov (Sobakevič), Georgievskij (Pljuškin), A. Požarskaja (la sua cuoca), Petr Čardynin (Nozdrev), Aleksandra Gončarova (donna abbastanza piacevole), L. Hrapovickaja (donna piacevole in ogni senso), I. Potemkin (Petruška). Adattamento di alcuni passi dell'omonimo poema di Nikolaj Gogol'.

P. Čardynin. D'inverno, all'avvicinarsi delle celebrazioni gogoliane, presi un frammento da *Mertvye duši* e *Ženit'ba* [Nozze], e in primavera avevamo già preparato un piano di lavoro. Decidemmo di costruire un teatro di posa, il primo in tutta Mosca, sulla Tverskaja al numero 29. Fu il primo e ultimo anno senza concorrenza. Dall'anno successivo si formarono nuove case di produzione e tutte quelle straniere si misero a riprendere soggetti russi, giacché la nostra concorrenza non gli andava a genio. (1926, 3)

A. Hanžonkov. Le riprese dei seguenti film – *Mertvye duši* e *Ženit'ba,* tratti dalle opere di Gogol' – sono state fatte al circolo dei ferrovieri, che disponeva degli arredi necessari alle scene. Inoltre, c'erano molte finestre, il che ci permetteva di lavorare alla luce naturale. E su questo facevamo assegnamento. La preparazione delle riprese e le prove erano affidate ad uno degli attori della compagnia Vvedenskaja, Čardynin. Egli capì subito la differenza tra teatro e cinema. Inoltre, lavorava con tale entusiasmo che attirò subito la mia simpatia. Adesso – mi dicevo – i film sono in buone mani.

hands. But I was mistaken. The Gogol pictures did not work out. Trusting in the deceptive daylight, we made little use of electric lighting and all the negatives turned out to be underexposed. (1937-I, 23-24)

Ya. Zhdanov. Our attention was drawn by the film *Dead Souls* which was shown along with other silent pictures. What struck us was that the actors looked as if they really were speaking the text of *Dead Souls* – something which was considered quite unnecessary at that time. But since the picture was not very clearly filmed (not quite in focus) the actors' articulation was not too noticeable and we realized that it would be easy for us to add a sound accompaniment to it. And indeed, after watching it a few times and learning the text, we found we were doing it quite well. I then went to Moscow and obtained two copies of the picture, which we added to our repertoire. (1946, 7-8)

PETR VELIKII
PETER THE GREAT

Петр Великий

Alternative title
ZHIZN' I SMERT' PETRA VELIKOGO
THE LIFE AND DEATH OF PETER THE GREAT

Historical drama. 3 reels, 590 m; production: Pathé (Moscow); release: 6.1.10; directors: Kai Hansen & Vasilii Goncharov; script: Vasilii Goncharov; cameramen: George Meyer (Joseph Louis Mundviller) & Tapis; art director: M. Kozhin; costumes: under the supervision of Academician Nikolai Samokish; Cast: P. Voinov (Peter I), E. Trubetskaya (Ekaterina), Vander-Veide (the Tsarevna Sofya), E. Talanova (the Tsarina-Mother), A. Slavin (the boyar Poltev), Vladimir Karin (Lakot), A. Gorbachevskii (the boyar Latyshkin). Screen version of the life of Peter the Great according to the historian Chistyakov. Partially preserved without titles.

Ma mi sbagliavo. Il lavoro dette cattivi risultati. Ingannati dalla luce naturale, avevamo usato poco quella elettrica e tutti i negativi risultarono sottoesposti... (1937-I, 23-24)

Ja. Zdanov. Rivolgemmo la nostra attenzione al film *Mertvye duši* che veniva proiettato insieme ad altri film muti. Notammo che gli attori sembravano davvero recitare il testo di *Mertvye duši,* cosa che a quei tempi non era affatto obbligatoria. E poichè la pellicola non era molto chiara, a causa di una carente messa a fuoco, e l'articolazione degli attori non era troppo evidente, capimmo che non ci sarebbe stato difficile sonorizzarla. Ed effettivamente, dopo aver guardato il film alcune volte e aver imparato il testo, ci rendemmo conto che i risultati sarebbero stati soddisfacenti. Allora andai a Mosca e acquistai due copie del film, che includemmo nel nostro repertorio. (1946, 7-8).

Петр Великий

PETR VELIKIJ
PIETRO IL GRANDE

Titolo alternativo
ZIZN' I SMERT' PETRA VELICOGO
VITA E MORTE DI PIETRO IL GRANDE

Dramma storico. 3 bobine; 590 m; produzione: Pathé Frères (Mosca); data di release: 6.1.1910; regia: Kai Hansen e Vasilij Gončarov; sceneggiatura: Vasilij Gončarov; operatore: George Meyer (Joseph Louis Mundviller) e Tapis; scenografia: M. Kožin; supervisione ai costumi: accademico Nikolaj Samokiš. Interpreti: P. Voinov (Pietro I), E. Trubeckaja (Caterina), Vander-Vejde (reginetta Sofia), E. Talanova (zarina madre), A. Slavin (il boiardo Poltev), Vladimir Jarin (Lakot), A. Gorbačecskij (il boiardo Latyškin). Riduzione cinematografica della biografia di Pietro il Grande, "secondo lo storico Čistjakov". Conservato in parte senza didascalie.

Petr Velikij è suddiviso in tre parti, che corrispondono ai tre periodi della vita del grande riformatore. L'impressione generale ricavata dalla visione di questa pellicola è di grande solennità. Essa fornisce un quadro a tutto tondo della vita dello zar e lo spettatore ne segue le vicende, passo dopo passo, con attenzione sempre viva. È opportuno spendere qualche parola anche sui costumi, le scene e la realizzazione, pienamente aderenti ai dati storici. Si tratta evidentemente di una pellicola ad alto costo, ma, a giudicare dai risultati, non si tratta affatto di denaro buttato, bensì di un ottimo investimento in termini di profitti. Non bisogna neppure passare sotto silenzio il libretto di accompagnamento, edito dalla casa di produzione. La ricchezza, il buon gusto e la raffinatezza, di cui si fa sfoggio in questa edizione, ne fanno un vero capolavoro di arte tipografica. Stampato in bicromia, il libretto fornisce una breve ma esauriente biografia di Pietro il Grande. (SF, 1909, 7)

Petr Velikij della Società Pathé Frères ha ottenuto una diffusione senza pari in Russia. Si tratta infatti della prima pellicola a soggetto russo che batte i record *Kačestvo i količestvo* [Qualità e Diffusione] sul mercato interno e viene riproposta nei migliori teatri

Peter the Great is divided into three parts, corresponding to the three periods in the life of the great reformer. The general impression given by the film is majestic. It offers a complete presentation of the Tsar's life and the spectator follows it, step by step, with unflagging attention. Needless to say, the costumes, scenery and decor are true to history. The picture evidently cost a lot to make and, judging by the results, this money was not spent in vain, but will return a hundredfold. We must not fail to mention the libretto, published by the firm to accompany the film. The richness, taste and beauty embodied in this publication make it a masterpiece of the printer's art. Produced in two colours, the booklet gives a brief but exhaustive biography of Peter the Great. (SF, 1909, 7)

Petr Velikii from the firm of Pathé has had an unparalleled distribution in Russia. It is in fact the first film on a Russian theme to beat the "Kachestvo i Kolichestvo" (Quality and Distribution) record on the home market and has come back for a second run in the best provincial theatres in response to public demand. The making of the film, scene after scene, took a whole summer: the script is by the dramatist Goncharov, historical research is by Chistakov and the sets and costumes have been created under the supervision of Academician Samokish. The entire press has attentively followed the making of this excellent film, giving a lot of coverage to it. And for us it is a great pleasure to underline the great success of the film, which can also count as a success for the Russian cinema. (KZh, 1910, No. 1, 4 "Sredi novinok" [Novelties])

SMERT' IOANNA GROZNOGO
THE DEATH OF IVAN THE TERRIBLE

Смерть Иоанна Грозного

Historical tragedy in 9 scenes. 300 m; production: Gloria (P. Thiemann & F. Reinhardt); release: 6.10.09; director/script: Vasilii Goncharov; cameraman: Antonio Serrano; art director: Ignat'ev & Benesh. Cast: A. Slavin (Ivan the Terrible), Donetskaya (Elena Uvarova) (the Tsarina), S. Tarasov (Boris Godunov), Nikolai Vekov (the boyar Nagoi), Yakov Protazanov (Garaburda, the Polish envoy). Screen version of extracts from the tragedy of the same title by Aleksei Konstantinovich Tolstoi.

Issue No. 4 of the journal "Cine-Phono" contains an interesting article under the title *Resurrection* and *The Death of Ivan the Terrible*. That article is evidently a response to our article *Art Without Art* in issue No. 17 of the journal "Kinemo", in which we analysed in detail Pathé Frères' *Resurrection* and gave our response to it – for which, incidentally, the editors have received a number of letters of thanks. And now, out of spite for *Resurrection*, "Cine-Phono's" critic is trying to lash out at *The Death of Ivan the Terrible*. We expected a detailed and conscientious analysis of that film, pointing out its poor and good points, which is the only form of criticism worthy of a journal laying claim to a place amongst the serious press. Instead, we get two or three sentences about how easy it is to become a Russian producer: one only has to buy a camera, gather together some actors, turn the handle – and the

della provincia su richiesta del pubblico. Per scrupolo di verità bisogna dire che il film merita pienamente il successo ottenuto. La sua realizzazione, scena dopo scena, è durata un'intera estate: la sceneggiatura è del drammaturgo Gončarov, le ricerche storiche a cura di Čistjakov e le scene e i costumi sono stati realizzati sotto la supervisione dell'accademico Samokiš. Tutta la stampa ha seguito con attenzione il processo di realizzazione di questa eccellente pellicola, dedicandovi ampio spazio. È per noi un vero piacere sottolineare il grande successo di questo film, che è anche un successo della nostra cinematografia. (K Ž, 1910, n. 1, 4. "Sredi novinok" [Tra le novità])

Смерть Иоанна Грозного

SMERT' IOANNA GROZNOGO
LA MORTE DI IVAN IL TERRIBILE

Tragedia storica in 9 quadri. 300 m; produzione: Glorija (P. Thiemann & F. Reinhardt); data di release: 6.10.1909; regia/sceneggiatura: Vasilij Gončarov; operatore: Antonio Serrano; scenografia: Ignat'ev e Beneš. Interpreti: A. Slavin (Ivan il Terribile); Doneckaja (Elena Uvarova, zarina), S. Tarasov (Boris Godunov), Nikolaj Vekov (il boiardo Nagoj), Jakov Protazanov (Garaburda, l'inviato polacco). Adattamento di alcuni brani dell'omonima tragedia di Aleksej Konstantinovič Tolstoj.

Nella rivista "Sine-Fono" n. 4 c'è un curioso articolo sotto il titolo di *Voskresen'e* e *Smert' Ioanna Groznogo.* È evidente che l'articolo è stato ispirato dal nostro *Arte senza arte,* pubblicato nel n. 17 della rivista "Kinemo". Lì noi analizzavamo nei dettagli l'opera dei fratelli Pathé *Voskresen'e,* esprimevamo il nostro giudizio in merito, per il quale, tra l'altro, la redazione ha ricevuto una serie di ringraziamenti... Ed ecco che, per ripicca nei confronti di *Voskresen'e,* il critico di "Sine-Fono" cerca di prendersela con *Smert' Ioanna Groznogo.* Ci aspettavamo un'analisi dettagliata e scrupo-

picture is complete. "Cine-Phono's" critic assures us that the only reason why Russians alone can understand Ivan's complex nature is because the Russians are descended from the tributaries of the Tatar khans. And the critic – Mr Rozin – evidently also includes himself amongst those glorious descendents, sensing within himself not only the ability to understand Ivan the Terrible, but even daring to take up his pen as a press critic. It transpires that nobody understood Ivan the Terrible. Neither the producer who brought out the picture, the director who staged the dramatization, the actors who performed it, the theatre owner or, finally, the public. Nobody. Whereas Mr Rozin, a descendant of the tributaries of the Tatar khans, understood everything. And he decided that if Ivan the Terrible was to be filmed then it must only be done with the actors of the Moscow Arts Theatre, otherwise he, Mr Rozin, would not be satisfied. We have said a few words in reply to our fellow writer. The film *Ivan the Terrible* is the first attempt by a young Russian company to create a serious historical genre. And if there are shortcomings in this film then it is only natural, for all beginnings are hard... One might think that a Russian, as opposed to a French organ of the cinematographic press, ought to display a more thoughtful attitude towards the first experiment of this new company, rather than behaving like a dog which, when given the command "bite" from a passer-by, rushes off with a bark "wherever it is told". "Cine-Phono's" criticism was perfectly transparent in the first place. Truth will out, especially if that truth is written with a capital "P". Indeed, I wonder why "Cine-Phono" isn't just called "Pathé-Phono"? It would be much simpler. (K-O, 1909, No. 18, 5-6)

In the same year that Paul Thiemann, former agent for Gaumont, began importing into Italy, through his Gloria company, a number of Italian films produced by Cines and Ambrosio (see Aldo Bernardini, *Il cinema muto italiano*, III, 141), he entrusted to an Italian cameraman the photography af this conventional historical recreation. The film was shot in sets already used for other films and shows a comical reverence for its illustrious protagonist. L.C.

Nello stesso anno in cui Paul Thiemann, ex-agente della Gaumont, comincia ad importare in Russia, tramite la propria ditta Glorija, alcuni film italiani prodotti dalla Cines e dalla Ambrosio (come spiega Aldo Bernardini, in *Cinema muto italiano,* III, 141), egli affida ad un cameramen italiano la fotografia di questa convenzionale rievocazione storica. Girata peraltro in impianti scenografici riutilizzati da altri film e con una comica reverenzialità verso l'illustre protagonista. L.C.

losa di questo film, dei suoi pregi e difetti, unico metodo critico di una rivista degna di questo nome, che aspiri a far parte di una stampa seria. Invece c'erano due o tre frasi sulla facilità con cui si diventa produttori in Russia: basta comprare una macchina da presa, riunire gli artisti, girare la manovella e il film è fatto. Il critico di "Sine-Fono" ci fa credere che solo un russo può comprendere la complessa natura di Ivan il Terribile e che i russi sono i discendenti dei vassalli dei khan tartari. Evidentemente, il signor Rozin si pone nel novero di quei gloriosi discendenti, e non solo si ritiene capace di capire Ivan il Terribile, ma osa perfino prendere in mano la penna e assumere il ruolo di critico dell'opera... Sembra che nessuno abbia compreso Ivan il Terribile, né il produttore del film, né il regista, che lo ha messo in scena, né gli attori che lo hanno interpretato, né i proprietari dei teatri, né, infine, il pubblico. Nessuno. Ed ecco il discendente dei vassalli dei khan tartari, il signor Rozin, che ha capito ogni cosa. E ha deciso: se si deve mettere in scena Ivan il Terribile, allora che lo si faccia con gli artisti del Teatro d'arte di Mosca, altrimenti, lui, il signor Rozin, non sarà d'accordo. Abbiamo risposto per iscritto con poche parole all'egregio collega. Il film *Ioann Groznyi* rappresenta il primo tentativo della giovane produzione russa di creare un serio genere storico. E il fatto che in questo film ci siano delle carenze è naturale. Cominciare è sempre difficile... E sembrerebbe che siano gli organi di stampa cinematografica russa (e non francese) a dover assumere un atteggiamento più ponderato nei confronti della prima esperienza della nuova produzione, senza mettersi nei panni di quel cane che all'ordine "mordi, mordi!", si slancia abbaiando dove gli viene ordinato... La critica del giornale "Sine-Fono", senza che ciò sia troppo evidente, "è cucita col filo bianco". La verità viene sempre a galla, soprattutto se questa verità si scrive con la maiuscola. Non si capisce perché "Sine-Fono" non si chiami "Pathé-Fono". Sarebbe molto più semplice. (K-O, 1909, n. 18, 5-6)

Ya. Protazanov. A great sensation was caused by the picture *The Death of Ivan the Terrible*, which was unanimously slammed by the cinema critics. Serrano performed his duties with great pomp, but hardly knew a thing. Using an English Preswitch camera he set the focus by a scale marked in feet, but measured the distances in metres. As a result, everything was out of focus. And since the only means of illumination was the sun, all the filming was done during the summer, with the film being developed and printed in the autumn. Consequently, by the time the mistake was discovered it was too late to do anything about it. The second cameraman – Serrano's assistant – turned the handle too slowly, which meant that the streltsy guards, the patriarchs and the entire church procession looked as though they were dancing a mazurka. The firm went bust and Serrano took his pomposity back to France (1945, 2-3).

TARAS BUL'BA

Тарас Бульба

Drama. 240 m; production: A. Drankov Studio; release: unknown; director/cameraman: Aleksandr Drankov. Screen version of the work of the same title by Nikolai Gogol.

Ch. Sabinsky. Those first adaptations (cinema shorts) were primitive illustrations based on the most effective and engaging episodes from various works, without any thematic or sense links between them. At best, a certain resemblance to the plot was retained, squashed into two or three parts. And this is how the screen versions of *Taras Bulba, Mazeppa* and so on were made. This rapacious exploitation of the classics brought protests from the more cultured members of the cinema audiences. (1936, 5)

UKHAR'-KUPETS
THE DASHING MERCHANT

Ухарь-купец

Drama (in colour). 260 m; production: Pathé (Moscow); release: 29.9.09; director/script: Vasilii Goncharov; cameramen: George Meyer & Tapis; art director: M. Kozhin; costumes: G. Benesh; wigs: P. Afanas'ev. Cast: A. Slavin (an old peasant), E. Goreva (his wife), Mariya Koroleva (Masha, their daughter), G. Ardatov (the dashing merchant). Screen version of the Russian folk-song of the same title. The first Russian colour (hand-tinted) feature film.

The Dashing Merchant is the first of a whole series of films on Russian life produced by the firm Pathé Frères. It was made in Russia using Russian actors under a Russian director and with a scenario by a Russian dramatist. We stress the definition "Russian", because the special features of our life are conveyed only by Russian actors. However talented a foreign actor may be, however long he may have been playing roles from the world repertoire, he is incapable of acting a Russian play. There is too much that is di-

Ja. Protazanov. L'allestimento del film *Smert' Ioanna Groznogo* suscitò un grande scalpore e fu stroncato da tutti i critici ... Serrano pontificò grandemente, ma senza fondamento alcuno. Lavorando con la macchina da presa inglese Presvic, la messa a fuoco era predisposta in piedi, mentre la distanza veniva misurata in metri. Di conseguenza la pellicola rimase sfuocata. E poiché le riprese venivano realizzate solo con la luce naturale, quella del sole, e quindi d'estate, la pellicola fu sviluppata e stampata in autunno. L'errore fu così scoperto quando ormai non era più possibile porvi rimedio. Il secondo operatore, l'aiutante di Serrano, aveva girato la manovella della macchina da presa troppo lentamente, e quindi... nel film *Ivan il Terribile,* gli strelizzi, i patriarchi e tutta la processione procedevano a passo di mazurka. La casa di produzione fallì e Serrano tornò in Francia con tutta la sua boria. (1945, 2-3)

Тарас Бульба

TARAS BUL'BA

Dramma. 240 m; produzione: Laboratorio A. Drankov; data di release: ignota; regia/operatore: Aleksandr Drankov. Riduzione cinematografica dell'opera omonima di Nikolaj Gogol'.

C. Sabinskij. Questi primi adattamenti (cortometraggi) erano le prime, rozze rappresentazioni cinematografiche degli episodi più efficaci e allettanti di questa o quell'opera, privi di qualsiasi collegamento, dal punto di vista della trama o del significato, l'uno rispetto all'altro. Nel migliore dei casi si manteneva una qualche parvenza di trama, concentrata in due o tre parti... In questo modo furono realizzati gli adattamenti di *Taras Bul'ba, Mazepa* ecc. Questo sfruttamento inconsulto delle opere classiche fu accolto con proteste provenienti soprattutto dall'ala più colta degli spettatori. (1936, 5)

Ухарь-купец

UHAR'-KUPEC
IL MERCANTE SPAVALDO

Dramma (a colori). 260 m; produzione: Pathé Frères (Mosca); data di release: 29.9.1909; regia/sceneggiatura: Vasilij Gončarov; operatori: George Meyer e Tapis; scenografia M. Kožin; costumi G. Beneš; acconciature P. Afanas'eva. Interpreti: A. Slavin (un vecchio contadino), E. Goreva (sua moglie), Marija Koroleva (Maša, la loro figlia), G. Ardatov (il mercante spavaldo). Adattamento dell'omonima canzone popolare russa. Primo lungometraggio russo a colori (colorato a mano).

Uhar'-kupec è il primo di una serie di film sulla vita in Russia, prodotti dalla società dei fratelli Pathé. Questo film è stato realizzato in Russia, con attori russi, sotto la direzione di un regista russo e secondo il copione di un drammaturgo russo. Insistiamo sull'attributo "russo", giacchè le peculiarità della nostra vita possono essere comunicate solo da attori russi. Per quanto talento abbia, per quanto mirabilmente reciti i più svariati ruoli del repertorio

stinctive in Russian life – it can only be conveyed by a person who has been accustomed to it since childhood. There is no doubt that the French hold first place as regards the technical aspects of cinema, with the Pathé brothers at their head. Thus, in that firm's interpretation of Russian pictures there is a happy combination of experienced cameramen and actors familiar with Russian life. And the combination of these two elements ought to have produced a work worthy of each individually. We shall not discuss the technical side of the film here, since, we repeat, the cameramen's names speak for the fact that they could only produce a picture that is irreproachable in this respect. But let us look at the dramatic side. *The Dashing Merchant* is a well-known folk song which, in short but expressive words, tells of a half-drunk young man in a bout of revelry, during which he buys, for money, the beautiful daughter of a peasant-drunkard. Despite the brevity of the song it provides rich material for the director's imagination. And that material is used fully here. In a few scenes the film gives a complete picture of country debauchery beginning with the usually peaceful round dance and ending with "dead bodies" scattered around every nook and cranny of the village. These scenes are too familiar to all who know the Russian village! And it is with a quiet melancholy that one watches this apparently debauched carousing, beneath which there lie bitter feelings over the pall of ignorance surrounding the village. In conveying this mood, the picture has given us the most we could have asked of it! And this is its tremendous merit! It only remains for us to add that the entire film set is a fragment of reality, while the actors portray fully rounded Russian peasant types. (SF, 1909, No. 24, 8 – What's New?)

mondiale, un attore straniero non può interpretare opere russe. Tale è l'originalità della vita russa; essa può essere comunicata soltanto da una persona che l'abbia vissuta fin dall'infanzia. Nel mondo della cinematografia, dal punto di vista tecnico, i francesi occupano indubbiamente il primo posto. Con i fratelli Pathé in testa. Così nell'interpretazione di film russi, questa casa di produzione unisce felicemente operatori esperti e attori che conoscono bene la vita russa, cosicchè dall'unione di due elementi simili, non poteva che scaturire un'opera degna di entrambi. Non ci soffermeremo qui sull'aspetto tecnico del film, giacchè, lo ripetiamo, il nome degli operatori basta ad assicurare che da questo punto di vista il film da loro realizzato è impeccabile, e passeremo ad esaminarlo più specificamente. *Uhar'-kupec*, la famosa canzone popolare, in poche parole racconta la storia della bisboccia di un giovanotto un po' alticcio, durante la quale, per denaro, la figlia di un contadino ubriacone si fa corrompere da lui. Nonostante la brevità della canzone, questa fornisce abbondante materiale alla fantasia del regista. E il materiale qui è sfruttato appieno. Il film, in alcune scene, offre uno scorcio esaustivo di una baldoria di villaggio, che comincia sempre con un pacifico girotondo e finisce con "corpi inerti" sparsi in tutti gli angoli del villaggio. Queste scene sono fin troppo note a chiunque conosca la campagna russa! E con che sommessa malinconia si guarda a questa apparente allegria, dietro la quale si nasconde l'amarezza per un mondo rurale immerso nell'ignoranza. E nel trasmetterci questa sensazione, il film ci ha dato quanto di meglio si poteva desiderare! E in ciò sta il suo più grande merito. Non ci resta che aggiungere che le scenografie sono un frammento di realtà, e che gli attori hanno fornito un'immagine perfetta dei contadini russi. (SF, 1909, n. 24, 8, "Sredi novinok" [Tra le novità])

Чародейка

ČARODEJKA
L'INCANTATRICE

Titolo alternativo
NIŽEGORODSKOE PREDANIE
LA LEGGENDA DI NIŽNY NOVGOROD

Dramma in 7 scene. 365 m; produzione : A. Hanžonkov; data di release: 28.10.1909; regia: Vasilij Goncărov e Petr Čardynin; sceneggiatura: Vasilij Gončarov; operatore: Vladimir Siversen. Interpreti: Ljubov' Varjagina (Nastas'ja), Aleksandra Gončarova (cameriera di Nastas'ja), Petr Čardynin (principe Kurljatev), E. Fadeeva (sua moglie), Andrej Gromov (il loro figlio). Adattamento cinematografico di singole scene dell'omonima tragedia di Ippolit Špažinskij. Il film è conservato senza didascalie.

Questa tragedia ci è nota già da molto tempo grazie alla musica del nostro immortale Čajkovskij. La tragedia *Čarodeika* è sempre stata considerata, dalle nostre migliori artiste, come un ruolo importante per fare carriera: per le tournée e i debutti questa tragedia era e rimane insostituibile. Ma la casa di produzione di Hanžonkov ha affidato i ruoli ai nostri migliori artisti, che hanno già raggiunto il successo nel mondo del cinema. In questa tragedia

CHARODEIKA
THE ENCHANTRESS

Чародейка

Alternative title
NIZHEGORODSKOE PREDANIE
A NIZHNY NOVGOROD LEGEND

Drama in 7 scenes. 365 m; production: A. Khanzhonkov; release: 28.10.09; directors: Vasilii Goncharov & Petr Chardynin; script: Vasilii Goncharov; cameraman: Vladimir Siversen. Cast: Lyubov' Varyagina (Nastasya), Aleksandra Goncharova (Nastasya's maid), Petr Chardynin (Prince Kurlyatev), E. Fadeeva (his wife), Andrei Gromov (their son). Screen version of particular scenes from the tragedy of the same title by Ippolit Shpazhinski. Preserved without titles.

We have long been familiar with this tragedy as an interesting opera with music by our immortal Tchaikovsy. *The Enchantress* as a tragedy has always been a career role for our best actresses. For theatre tours and debuts it was and remains an irreplaceable tragedy. In this case, however, the firm Khanzhonkov has placed the roles in the noble hands of our best actors, who have already gained fame through cinema. The tragedy portrays the life of our boyars – a father and son love one and the same woman. Using her charms the enchantress holds both of them in obedience, the mother kills her, and neither father nor son can forgive the avengeress. Her act is a strong blow to their nerves. In short, there is room for talent to show itself here. The actress in the title role is unequalled. The entire picture is most interesting to watch, and we think it should be noted that from the technical point of view, it stands head and shoulders above the firm's previous productions. (K-O, 1909, No. 17, 9)

EPIZOD IZ ZHIZNI (EPOKHI) DMITRIYA DONSKOGO
AN EPISODE FROM THE LIFE (TIMES) OF DMITRII DONSKOI

Эпизоды из жизни Дмитрия Донского

Historical drama in 9 scenes. 230 m; production: Pathé (Moscow); release: 15.12.09; director: Kai Hansen; cameramen: George Meyer & Tapis; art director: M. Kozhin. Cast: I. Langfel'd (peasant), Kuz'ma (?) Matveev (Dmitrii), Vladimir Karin (son), Vladimir Savel'ev (his uncle), Nina Rutkovskaya (daughter), P. Voinov (a Mongol). Preserved without titles.

The Battle of Kulikovo Field, which gave Dmitrii his sobriquet Donskoy, surrounded his name like a halo and made him the hero of many tales. The picture is based on one of these tales, which goes as follows. Mamay's hordes were roaming the towns and villages of Russia. Meeting no resistance from the troops of the Great Prince, who were engaged in internal strife and were unable to unite and form a single powerful army, the Tatars ruled Russia almost with impunity. During one of their raids the Tatars attacked a small village; they killed an old peasant's son who refused to betray the faith of his father, and took his daughter prisoner.

si rappresenta la vita dei boiardi; padre e figlio amano la stessa donna. La maga, con i suoi incantesimi, li tiene in pugno entrambi; la madre la uccide, e prima il padre, e poi il figlio non possono perdonare questa vendicatrice, la sua condotta li irrita. In una parola, il talento è là dove è provato. L'interprete del ruolo principale è incomparabile, tutto il film si guarda con molto interesse, e riteniamo necessario notare che dal punto di vista tecnico questo film è di gran lunga superiore a quelli prodotti finora dalla casa Hanžonkov. (K-O, 1909, n. 17, 9)

Эпизоды из жизни Дмитрия Донского

EPIZOD IZ ZIZNI (EPOHI) DMITRIJA DONSKOGO UN EPISODIO DELLA VITA (EPOCA) DI DMITRIJ DONSKOJ

Dramma storico in 9 scene. 230 m; produzione: Pathé Frères (Mosca); data di release: 15.12.1909; regia: Kai Hansen; operatori: George Meyer e Tapis; scenografia: M. Kozin. Interpreti: I. Langfel'd (contadino), Kuz'ma (?) Matveev (Dmitrij), Vladimir Karin (figlio), Vladimir Savel'ev (suo zio), Nina Rutkovskaja (figlia), P. Voinov (un mongolo). Il film è conservato senza didascalie.

La battaglia di Kulikovskij, che ha valso a Dmitrij il nomignolo Donskoj, ha circondato il suo nome di un'aura da eroe leggendario. Da una di queste leggende è stato tratto il soggetto del film, che è il seguente. Le orde Mamaja saccheggiano le città e i villaggi della Russia. Non incontrando resistenza alcuna da parte degli eser-

The old man, without losing his presence of mind, tracked down the Tatars' camp and rushed off to Dmitrii Donskoy to seek his protection. The good prince immediately organizes a pursuit and, leading the detachment himself, attacks the enemy camp. He smashes it and rescues the old man's daughter. That is a brief resume of the film. This excellently acted picture gives a complete understanding of the period, capturing in a short space of time the life of the village, the army and the Great Prince. (SF, 1909, No. 5, 8)

The *Period of Dmitrii Donskoi* has had an unpleasant episode with the firm Pathé Frères. They have "filmed" the period, and they tried so hard that nothing is left of Dmitrii Donskoi. This "episode" can now be seen on the screens of several theatres. (K-O, 1909, No. 21, 11 – Humour Section)

citi dei grandi principi che, impegnati in guerre intestine, non riescono ad unirsi in un unico, potente esercito, i tartari spadroneggiano, pressoché impuniti, in Russia. In una delle loro scorrerie, i tartari finiscono in un villaggio dove uccidono il figlio di un vecchio contadino, che si rifiuta di rinnegare la fede dei padri, e ne fanno prigioniera la figlia. Il vecchio padre non si perde d'animo, rintraccia l'accampamento dei tartari e corre quindi da Dmitrij Donskoj a implorare protezione. Il buon principe raduna i suoi uomini e, guidando personalmente il drappello, attacca il campo nemico e, uscito vittorioso dallo scontro, libera la figlia del vecchio contadino. Questa è, a grandi tratti, la trama del film. Il film è realizzato in modo eccellente e ritrae esaurientemente e con precisione il periodo storico, descrivendo al tempo stesso la vita dei villaggi, degli eserciti e dei grandi principi. (SF, 1909, n. 5, 8)

Nell'*Epoca di Dmitrij Donskoj* si è verificato un "episodio" spiacevole per la casa di produzione dei fratelli Pathé. L'epoca è stata "ripresa" con tale zelo, che di Dmitrij Donskoj non è rimasto niente. Adesso questo "episodio" si può vedere sullo schermo di qualche teatro. (K-O, 1909, n. 21, 11, "Jumorističeskij otdel" [Sezione umoristica])

VADIM

Вадим

Alternative titles
POVEST' IZ VREMEN PUGACHEVA
A TALE FROM THE TIMES OF PUGACHEV
BOYARIN PALITSYN / THE BOYAR PALITSYN

Drama. 400 m; production: A. Khanzhonkov; release: 2.11.10; director/script: Petr Chardynin; cameraman: Vladimir Siversen. Cast: Petr Chardynin (the boyar Palitsyn), Andrei Gromov (his son, Yurii), Aleksandra Goncharova (Ol'ga, Palitsyn's ward), Speranskii (her brother, Vadim), Petr Biryukov (Fedoseich). Screen version of the story by Mikhail Lermontov. Preserved without titles.

Vadim is one of the works of Lermontov's youth. He did not finish this story. The poet took as his subject Pugachev's rebellion, which at that time fascinated everyone. But this story is not an

A pastoral romance of an almost Griffithian stamp. The painted sets fit harmoniously with the overall stylisation which helps to cancel out the theatrical origins of the film. L.C.

Вадим

VADIM

Titoli alternativi
POVEST' IZ VREMEN PUGACEVA
UN RACCONTO DELL'EPOCA DI PUGACEV
BOJARIN PALICYN / IL BOIARDO PALICYN

Dramma. 400 m; produzione: A. Hanžonkov; data di release: 2.11.1910; regia/sceneggiatura: Petr Čardynin; operatore: Vladimir Siversen. Interpreti: Petr Čardynin (il boiardo Palicyn), Andrej Gromov (suo figlio Jurij), Aleksandra Gončarova (Ol'ga, Pupilla di Palicyn), Speranskij (suo fratello, Vadim), Petr Birjukov (Fedoseič). Riduzione cinematografica dell'omonimo racconto di Mihail Lermontov. Il film è conservato senza didascalie.

Un romanzo pastorale d'impronta quasi griffithiana. I fondali dipinti si amalgamano armoniosamente nella stilizzazione d'assieme che cancella le radici teatrali. L.C.

Il racconto *Vadim,* lasciato incompiuto dal poeta, appartiene alla produzione giovanile di Lermontov. Il soggetto fu da lui dedicato ai seguaci di Pugačëv, come, per fare un esempio ad hoc, *Kapitanskaja doč* (La figlia del capitano) di Puškin, di prossima realizzazione per la stessa società (A. Hanžonkov). In *Vadim*, la rivolta di Pugačëv viene presentata solo perché utile a descrivere i fantasmi e i pensieri che agitano l'eroe. Il centro di gravità del racconto ruota completamente sulla descrizione di Vadim, che il poeta intendeva rappresentare come un uomo che vendicava l'onore infranto e la vita spezzata del padre. Descrivendo il suo Vadim come un povero mostro, egli sottolinea anche maggiormente la grandezza e la nobiltà del suo spirito. Perciò Vadim esteriormente somiglia al Franz Moore de *I banditi* di Schiller, ma un Franz Moore di cattiveria superiore e di maggior demonismo. Per meglio comprenderne la figura, sarà opportuno tenere a mente i problemi che incontrerà in seguito, nel suo ruolo di vendicatore dell'oltraggio inflitto a suo padre da Palicyn. Nel film *Vadim,* sia lo sceneggiatore che il regista hanno evidentemente dedicato tutta la loro attenzione alla creazione di tale figura, che, come già nelle intenzioni di Lermontov, permane il centro di gravità della narrazione. L'artista che sostiene la parte del protagonista se la cava in maniera superlativa. La figura di Palicyn fornisce un buon esempio del ti-

attempt at an historical monograph about Pugachev, like Pushkin's *The Captain's Daughter* which, by the way, is mentioned in the presentation by the firm (A. Khanzhonkov). In *Vadim* the Pugachev affair is used only in so far as it is needed in order to figure in the fulfilment of the hero's plans. The centre of gravity of the story lies entirely in the depiction of Vadim, whom the poet wants to show as the avenger of his father's dishonouring and death. By portraying his Vadim as a poor freak, he, so to speak, brings out more prominently the greatness and beauty of his soul. Thus, in externals Vadim resembles Franz Moore in Schiller's *The Robbers,* but his demonism is of a higher order and his anger is majestic. For a better idea of Vadim we need to remember the circumstance which eventually set him on the road of vengeance: the outrageous treatment of his father by Palitsyn. In the film *Vadim* the librettist and the director have evidently devoted their attention mainly to depicting Vadim's character, in accordance with Lermontov's idea. The actor who plays Vadim fills the role splendidly. An excellent type of old Russian estate-owner, who likes to live well, is presented in the personage of Palitsyn. Olga, too, is very good. In general, the film makes a big impression and is interesting to watch. In performance and *mise en scène* it is far ahead of all previous productions, especially in certain places which are extremely effective as regards perspective. (SF, 1910, No. 24, 9)

ZHIZN' I SMERT' PUSHKINA
THE LIFE AND DEATH OF PUSHKIN

Жизнь и смерть А.С. Пушкина

Drama. 300 (250) m; production: Gaumont (Moscow); release: 21.8.10; director: Vasilii Goncharov; script: Vasilii Goncharov & Makarova; cameraman: Alphonse Winkler. Cast: Vladimir Krivtsov (Pushkin).

A camera was set up in a large glade. Everyone gathered round. There was the usual fuss and confusion. The director bawled once more: "Cameraman, come here... Pushkin, leave! Seconds..." Three dishevelled figures came out of the crowd and peered round like wolves trapped by a pack of hounds. Someone observed ironically: "They might at least have washed their snouts... they're supposed to be seconds...". The sledge carrying Pushkin moved into the distance and then turned back. Dantes struck a pose; Pushkin likewise. They raised their pistols. Pushkin looked indecisively at the snow-covered ground. "Well go on then, fall!", urged the director. "I'll fall when we're actually filming. There's no point in wallowing around for nothing..." "No, fall now... stop messing me about... What are you, a ballerina or something? Seconds, throw away those cigars. Right, now from the beginning..." The sledge departed once more and then turned back. "Take it easy, lads, take it easy... For heaven's sake... Where are you going!...", shouted the director to a second who didn't know what to do. This flustered him completely. "Pushkin" had turned blue standing in his open coat. "Hurry up, he croaked, hurry up..." "Seconds, don't stand in a group... Dantes, raise your arm! Pushkin! Right... Fire!... Fall!... Go on then, fall!..." Pushkin first turned and then

A visual monument to one of the icons of Russian culture, the film was specifically conceived as a celebration of the man and the artist. The direction is noticeably oversimplified, even for 1910 standards. The only Russian production of Gaumont surviving in the vaults of Gosfilmofond. P.Ch.Us.

po del possidente russo, amante del profitto. Ottimo anche il personaggio di Ol'ga. Nel complesso il film non lascia affatto indifferenti e si segue con interesse. Per quanto concerne la realizzazione e la mise-en-scène la pellicola ha di gran lunga superato tutte quelle che l'hanno preceduta, illuminando di luce viva, diretta ed efficace alcuni punti, di grande interesse per il futuro. (SF, 1910, n. 24, 9)

Жизнь и смерть А.С. Пушкина

ŽIZN' I SMERT' A. S. PUŠKINA
VITA E MORTE DI A. S. PUŠKIN

Dramma. 300 (250) m; produzione: Gaumont (Mosca); data di release: 21.8.1910; regia: Vasilij Gončarov; sceneggiatura: Vasilij Gončarov e Makarova; operatore: Alphonse Winkler. Interpreti: Vladimir Krivcov (Puškin).

Monumento per immagini a uno dei maggiori numi tutelari della cultura russa, celebrativo nell'intento e dalla messinscena più che essenziale per gli standard del cinema europeo del 1910. È l'unico esempio di produzione russa della Gaumont sopravvissuto negli archivi del Gosfilmofond.
P.Ch.Us.

In un'ampia radura fu collocata la macchina da presa. Il luogo si affollava, tra lo scompiglio e l'affaccendarsi generale... Il regista si mise ad urlare: "Operatore... qui! Puškin, allontanati! I padrini... Dove sono i padrini?...". Dalla folla si staccarono le figure arruffate. Si guardavano intorno come lupi, sorpresi da un branco di segugi. Qualcuno osservò con fare ironico : "Per quanto si lavino, il ceffo è sempre quello di un padrino!...". La slitta con Puškin si allontanò e tornò indietro. Dantes si mise in posa. Puškin anche. Alzarono le pistole. Puškin volse lo sguardo indeciso verso il terreno coperto di neve. "Su, cadi!" lo incoraggiava il regista. "Cadrò poi. A che pro rotolare invano..." "No, cadi adesso... Perchè rompi le scatole?... Cosa sei, una ballerina? Padrini, via quei sigari! Ecco, adesso va bene...". La slitta si allontanò di nuovo e tornò indietro ancora una volta. "Senza fretta, ragazzi, senza fretta... Per carità... dove sei,...!" gridava il regista al padrino, che non sapeva che fare, confuso com'era da quelle grida.

flopped absurdly onto the ground. The seconds rushed up. One of them grumbled to another: "Get off my feet, you fool! Shoot! Shoot!". Pushkin pressed the trigger too soon and fired up towards the sky. Then he sat down, fixed his eyes on Dantes and began to take aim. "Pick him up... Quickly!... Onto the sledge... What are you looking at?" barked the director. The seconds flung their arms around Pushkin and drove off with him. The camera stopped rattling. (SF, 1911, No. 8, 9)

The Russian-produced picture *The Life And Death Of Pushkin* is now being shown in all the cinemas. What strikes one in those poorly-made scenes is the wretched make-up of the performers, who proved incapable of looking like historical figures known to all of us since childhood. The worst-depicted member of the crowd is Gogol, and the worst of the characters is Pushkin himself, who with his stuck-on nose and his fussy fidgety bouncy walk is like a fairground clown. The entire outline of Pushkin's character is disgusting, if one may use the word character to describe moving figures on a cinematographic film. For some strange reason the director tries to give the poet a bad name: his view of poets is clearly based on impressions gained from frequent visits to taverns. A grovelling fidgeting lackey in a frock coat who pops up first in one place then in another... Servility and tasteless licenciousness – these, in the director's eyes, form the basis of Pushkin's character. No, let's just forget these Russian-made films. Unskilled hands reduce them to nothing but a distorted and false understanding of historical characters. Best to continue watching those hackneyed foreign films: there at least one doesn't come across offensive and ignorant attitudes towards that which is most dear – our inner culture. (V. Akhramovich, S-Pb Teatralnyye Vedomosti, 1910, No. 2, 3/VIII, 3)

IDIOT
THE IDIOT

Идиот

Drama. 430 m; production: A. Khanzhonkov; release: 4.1.10; director: Petr Chardynin; cameraman: Louis Forestier. Cast: Lyubov' Varyagina (Nastas'ya Filippovna), T. Shornikova (Aglaya), Andrei Gromov (Prince Myshkin), Petr Biryukov (Rogozhin), Arsenii Bibikov (General Epanchin), A. Pozharskaya (Ivolgina), B. Volgin (Ganya). From the novel by Fedor Dostoevskii. Preserved without titles.

The picture *The Idiot*, which is the latest release from the firm's own film studio, should be regarded as an illustration of Dostoyevsky's work of the same name. As experience of naturalistic theatre has shown, Dostoevskii, whose every line amounts to a profound psychological observation, is unsuited for the stage, and any dramatic adaptation of his novels should be seen as no more than an illustration of his work. This is what the Moscow Arts Theatre had in mind when staging *The Brothers Karamazov*, and this is what the firm has in mind in releasing *The Idiot*. All that could possibly have been done to give a true representation of the characters has

Puškin, senza cappotto, era livido dal freddo. "Più presto, – diceva con voce rauca, – più presto...! I padrini non si ammucchino... Dantes, alza la mano! Puškin! Adesso... Fuoco!... Cadi!... Su, cadi!...". Puškin dapprima si voltò, poi cadde goffamente a terra. I padrini accorsero. Uno dei due borbottò: "Perchè cadi sulle gambe, diavolo! Spara, spara!" Puškin premette il grilletto troppo presto e sparò al cielo. Poi si sedette, fissò Dantes e prese la mira. "Solleva la mano... Presto... Sulla slitta... Ma dove giri la testa!" urlava il regista. I padrini afferrarono Puškin e lo condussero via. La macchina da presa smise di crepitare. (SF, 1911, n. 8-9)

Adesso in tutti i cinematografi viene proiettato il film *Žizn' i smert' A. S. Puškina,* di produzione nazionale. Delle scene di cattiva fattura, colpisce il pessimo trucco degli attori, che non riescono ad imitare i personaggi storici, a tutti noti fin dall'infanzia. Tra le tante comparse del film, il peggio rappresentato è Gogol'; tra i personaggi, lo stesso Puškin, con quel naso posticcio e l'andatura irrequieta e saltellante di un pagliaccio da baraccone. Semplicemente abominevole il modo in cui viene delineato il carattere di Puškin, sempre che si possa parlare di carattere per quel che riguarda gli attori del film. Il regista dà un'interpretazione molto particolare del poeta; evidentemente, la sua idea sui poeti è indissolubilmente legata alle impressioni suscitate dalle frequenti visite in osteria. Compaiono qua e là, tra umili inchini, indaffarati lacché in frac... Il servilismo, la disinvoltura volgare , ecco, secondo il regista, i tratti fondamentali del carattere di Puškin. Per la produzione nazionale, questo è davvero troppo, vivaddio! Con la sua mano inesperta, arriva a travisare i ruoli storici. È meglio allora continuare, come in passato, a guardare i banali film stranieri cosicchè, per lo meno, non si rischia di incorrere in un approccio ignorante e offensivo nei confronti di quanto di più caro abbiamo nella nostra cultura. (V. Ahramovič, "S-Pb teatral'nye vedomosti" [Novità del Teatro di San Pietroburgo], 1910, n. 2, 3/VIII, 3)

Идиот

IDIOT
L'IDIOTA

Dramma. 430 m; produzione: A. Hanžonkov; data di release: 4.1.1910; regia: Petr Čardynin; operatore: Louis Forestier. Interpreti: Ljubov' Varjagina (Nastas'ja Filippovna), T. Sornikova (Aglaja), Andrej Gromov (principe Myškin), Petr Birjukov (Rogožin), Arsenij Bibikov (generale Epančin), A. Požarskaja (Ivolgina), B. Volgin (Ganja). Dall'omonimo romanzo di Fedor Dostoevskij. Il film è conservato senza didascalie.

Il film *Idiot* deve essere considerato come l'illustrazione dell'omonima opera di Dostoevskij. Dostoevskij, che impregna ogni suo scritto di una profonda indagine psicologica, come dimostrato dall'attività del teatro naturalista, non è adatto alla scena, ed ogni tentativo di allestire i rifacimenti dei suoi romanzi deve essere visto soltanto come l'illustrazione delle sue opere. Questa è stata l'intenzione del Teatro d'arte di Mosca, quando ha messo in scena *I fratelli Karamazov,* e quella della casa di produzione, quando ha

been done. From the technical point of view the picture is irreproachable. (SF, 1910, No. 6, 11-12)

A. Khanzhonkov. The following pictures were filmed in Krylatskoye this summer: *The Pedlars*, based on the folk-song by Nekrasov, *Second Youth*, based on the theatre production, *Vadim* and *Masquerade* adapted for screen from Lermontov, *The Queen of Spades* from the work by Pushkin, and *The Idiot* from the Dostoevskii novel. These works have not ben dramatized in full. The most effective scenes from them were selected, without too much thought being given to the sense link between them, probably in the hope that the viewers are bound to be familiar with such popular works of Russian literature. The pictures were filmed entirely in Krylatskoye without any final shots in the Moscow workshop with its sun-baked windows, since we had everything there that was needed: a forest, a river, a meadow and fields, as well as buildings of all kinds and styles, from the poorest peasant hovel up to and including grand summer houses. The only shortcoming of filming in such conditions was that we were constantly surrounded by curious onlookers: the cameraman and actors only had to appear somewhere for all sorts of folk to start gathering round. Cinema discipline, however, was maintained. The gathering of the curious took place behind the camera. During the actual filming they would quietly share their impressions; it was only during the most intensely emotional moments that the audience could not restrain itself and gave voice to both their delight and their outrage. The actors likewise gave voice to their feelings, and the stronger these feelings were the louder they burst forth from the breast of the performer. (1937-I, 35-36)

realizzato *Idiot*. Tutto ciò che era possibile fare per dare una rappresentazione realistica dei personaggi, è stato fatto. Dal punto di vista tecnico il film è perfetto. (SF, 1910, n. 6, 11-12)

A. Hanžonkov. A Krylatskij quell'estate furono girate le riprese dei seguenti film: *Korobejniki* (I venditori ambulanti), tratto dalla canzone popolare di Nekrasov, *Vtoraja molodost* (Seconda gioventù) dall'allestimento teatrale, *Vadim* e *Maskarad* (Ballo in maschera), secondo Lermontov, *Pikovaja dama* (La donna di picche) tratto dall'opera di Puškin e *Idiot* (L'Idiota), dal romanzo di Dostoevskij. La riduzione scenica di queste opere non è del tutto fedele. Furono scelte le parti più avvincenti, senza preoccuparsi del rapporto semantico esistente tra queste scene, in verità augurandosi che lo spettatore non fosse un profondo conoscitore di opere cosí note della letteratura russa. I film furono girati per intero a Krylatskij, senza nessun tipo di pre-riprese nello studio di Mosca, dove il sole batte sui vetri rendendoli incandescenti. Lì avevamo infatti a nostra disposizione tutto ciò di cui avevamo bisogno: il bosco, il fiume, il prato, i campi, e anche strutture di tipo e stile diversi, dalle povere casupole dei contadini alle dacie dei nobili. L'unico intoppo alle riprese era la costante presenza dei curiosi: bastava che l'operatore o gli artisti fossero presenti, perchè da ogni parte cominciassero ad arrivare persone di ogni tipo... Comunque si riuscì a far osservare una certa disciplina. I curiosi si ammassavano dietro le macchine da presa. Durante le riprese, essi si scambiavano sottovoce le loro impressioni; soltanto nei momenti più emozionanti, il pubblico non riusciva a trattenersi ed esprimeva ad alta voce il suo entusiasmo o la sua insoddisfazione... Gli attori stessi esprimevano a gran voce le loro intime emozioni, e quanto più forti erano tali emozioni, tanto più alto era il tono di voce degli attori. (1937-I, 35-36)

KNYAZHNA TARAKANOVA
PRINCESS TARAKANOVA

Княжна
Тараканова

Historical drama. 420 m; production: Pathé (Moscow) - Film d'Art SAPF; release: 9.11.10; directors: Kai Hansen & André Maître; script: Czeslaw Sabinski; cameramen: George Meyer & Tapis; art directors: Czeslaw Sabinski & Mikhailov. Cast: V. Mikulina (Princess Tarakanova), N. Aleksandrova (Catherine II), Nikolai Vekov (Orlov), Nikolai Vasil'ev (Prince Potemkin), S. Lazarev (Prince Golitsyn), F. Semkovskii (Admrial Greig), M. Rzhanov (Count Aleksei Tolstoi), O. Nel'skaya (Francesca de Menade, Princess Tarakanova's companion). Screen version of the play by Ippolit Shpazhinskii.

Where's the historicism? As you watch the play *Princess Tarakanova* you see a shot of Empress Catherine the Second's office used several times for continuity, but it is so deliberately falsified in order to look old that it stares one in the face. The messengers in *Princess Tarakanova* make such comically low bows to the empress that one simply feels like laughing. (Savvin, 1914, 192-193)

One cannot fail to mention the music in *Princess Tarakanova*. I would go as far as to say that it was the music that created the main atmosphere in this case: the performance spoke for itself. Excerpts and entire arias from the works of our Russian composers passed unnoticed into folk songs, and so smoothly, scene after scene, that the result was enchanting. (KZh, 1911, No. 2, 89)

A typical example of a Pathé *film d'art* in its Russian manifestation, still rather stylized with its painted sets, and reminiscent of French productions from the period 1906 to 1908, but more developed in the organization of space within the frame. The intertitles are often proleptic to the action, in a documentary-like style, with places and dates used as a confirmation of an authentic rendition. In one scene a mouse runs quickly across the set: is this an experiment in *cinéma-vérité*, or an unexpected cameo from an inhabitant of the Pathé studio?
P.Ch.Us

Княжна Тараканова

KNJAŽNA TARAKANOVA
LA PRINCIPESSA TARAKANOVA

Dramma storico. 420 m; produzione: Pathé Frères (Mosca) - Film d'Art SAPF; data di release: 9.11.1910; regia: Kai Hansen e André Maître; sceneggiatura: Czeslaw Sabinski; operatore: George Meyer e Tapis; scenografia: Czeslaw Sabinski e Mihajlov. Interpreti: V. Mikulina (principessa Tarakanova), N. Aleksandrova (Caterina II), Nikolaj Vekov (Orlov), Nikolaj Vasil'ev (principe Potemkin), S. Lazarev (principe Golicyn), F. Semkovskij (ammiraglio Grejg), M. Ržanov (conte Aleksej Tolstoj), O. Nel'skaja (Francesca de Menade, damigella della Tarakanova). Riduzione cinematografica dell'omonima opera di Ippolit Špažinskij.

Tipico esempio di *film d'art* Pathé in versione russa: più povero nelle scenografie, memori ancora della produzione francese del periodo 1906-1908, ma meno sommario nell'organizzazione prospettica dei fondali. Didascalie prolettiche, di stile documentario, con luoghi e date a continua verifica dell'autenticità della messinscena, dove pure un topolino – dettaglio di *cinéma-vérité* o incidente di produzione? – attraversa pacificamente il set davanti alla macchina da presa. P.Ch.Us.

Dov'è finito lo storicismo? Guardate l'opera *Knjažna Tarakanova,* dove più di una volta viene mostrato lo studio dell'imperatrice Caterina II e, in verità salta subito agli occhi l'intenzionale contraffazione degli arredi all'antica... In *Knjažna Tarakanova* i messi fanno inchini così ridicoli all'imperatrice, che è impossibile trattenere le risa. (Savvin, 1914, 192-193)

Non è possibile non ricordare la musica di *Knjažna Tarakanova.* Non insisterò sul fatto che è la musica a conferire al film il suo umore: l'esecuzione parla da sola... I brani e le arie tratte dalle opere dei nostri compositori russi sono diventati, impercettibilmente, delle canzoni popolari così che, dolcemente, scena dopo scena, ne è risultato qualcosa di affascinante... (KŽ, 1911, n. 2, 89)

LEITENANT ERGUNOV
LIEUTENANT ERGUNOV

Лейтенант Ергунов

Drama. 420 m; production: Pathé Frères (Moscow); release: 23.11.10; directors: André Maître & Kai Hansen; script: Czeslaw Sabinski; cameramen: George Meyer & Tapis; art director: Czeslaw Sabinski. Cast: Nikolai Vekov (Lieutenant Ergunov), Vladimir Kvanin, Nikolai Vasil'ev, Lidiya Sycheva. Screen version of Ivan Turgenev's story *The Tale of Lieutenant Ergunov*. Preserved without titles.

The theme of the film is taken from Turgenev's tale *The Tale of Lieutenant Ergunov*. While illustrating Turgenev's tale, the film supplements it in the place where Turgenev leaves the reader to imagine how the attempt to murder and rob Ergunov took place and how he found himself in hospital. And we must acknowledge that the writer has made this scene in the film so realistic and so well in accord with the general idea of Turgenev's tale that it seems a continuation of that tale. In a few places the film departs slightly from the original, but this is due to the conditions imposed by cinematic dramatisation and it in no way detracts from the overall impression, which fully corresponds to the poetic simplicity of Turgenev's tale. G. Vekov, who plays the lieutenant, presents him just as he is described by Turgenev. (SF, 1910, No. 3, II)

Лейтенант Ергунов

LEJTENANT ERGUNOV
IL SOTTOTENENTE ERGUNOV

Dramma. 420 m ; produzione: Pathé Frères (Mosca); data di release: 23.11.1910; regia: André Maître e Kai Hansen; sceneggiatura: Czeslaw Sabinski; operatori: George Meyer e Tapis; scenografia: Czeslaw Sabinski. Interpreti: Nikolaj Vekov (sottotenente Ergunov), Vladimir Kvanin, Nikolaj Vasil'ev, Lidija Syčeva. Riduzione cinematografica del racconto di Ivan Turgenev *Istorija lejtenanta Ergunova* (Storia del sottotenente di vascello Ergunov). Il film è conservato senza didascalie.

Il soggetto è tratto dal racconto di Turgenev *Istorija lejtenanta Ergunova*. Pur ricalcando la narrazione di Turgenev, la pellicola costituisce un'integrazione dei punti in cui l'autore lascia alla fantasia del lettore la rappresentazione della meccanica dell'attentato alla vita di Ergunov e del suo fortuito ricovero all'ospedale militare. E bisogna rendere giustizia allo sceneggiatore del film, perchè questa scena è stata girata con realismo tale da rispettare pienamente lo spirito del racconto di Turgenev, tanto da costituirne un'appendice ideale. In diversi punti si riscontra una certa discrepanza tra l'originale e la pellicola, e ciò si spiega con le condizioni stesse della messa in scena cinematografica; ma ciò nulla toglie all'impressione globale, che rispecchia fedelmente la poetica semplicità del racconto dell'autore. N. Vekov, nel ruolo del sottotenente, ne fornisce un'immagine in sintonia con le intenzioni di Turgenev. (SF, 1910, n. 3, II)

Коробейники

KOROBEJNIKI
I VENDITORI AMBULANTI

Dramma in 14 scene. 350 m; produzione A. Hanžonkov; data di release: 31.8.1910; regia/sceneggiatura: Vasilij Gončarov; operatore: Vladimir Siversen. Interpreti: Vasilij Stepanov (ambulante), Andrej Gromov (Vanjuša), Aleksandra Gončarova (Caterina). Versione cinematografica dell'omonima poesia di Nikolaj Nekrasov.

La vita dei venditori ambulanti di campagna è descritta con estrema precisione da un conoscitore della vita contadina, qual è N. A. Nekrasov, nella nota canzone popolare *Korobejniki*. Questo è il soggetto ripreso per rappresentare il profondo dramma, vissuto dai venditori ambulanti, caduti per mano di un brigante, e il dolore della giovane Caterina, che piange il suo promesso, il giovane venditore. Non appena il sole dorato comincia a mostrarsi, per intraprendere il suo cammino quotidiano, i venditori ambulanti, radunate le loro mercanzie e fattosi il segno della croce, si mettono in cammino in cerca di fortuna per i loro commerci. Ma non è così facile abbandonare il villaggio natio per il giovane Vanjuša, innamorato delle bella Caterina dagli occhi neri. Prima di partire si incontra con lei nel campo di segale. Baci, carezze e promesse d'amore eterno. Unici testimoni il cielo azzuro e le alte spighe di segale: "Raddrizzati, o spiga superba / e serba come sacro il nostro segreto". All'arrivo dei venditori ambulanti i villaggi si animano.

KOROBEINIKI
THE PEDLARS

Коробейники

Drama in 14 scenes. 350 m; production: A. Khanzhonkov; release: 31.8.10; director/script: Vasilii Goncharov; cameraman: Vladimir Siversen. Cast: Vasilii Stepanov (pedlar), Andrei Gromov (Vanyusha), Aleksandra Goncharova (Katerina). Screen version of the poem by Nikolay Nekrasov.

The life of wandering rural traders is vividly outlined by the expert on peasant life, N.A. Nekrasov, in his well-known folksong *The Pedlars*. The subiect has been filmed in order to illustrate the profound drama of the peddling tradesmen who die at the hands of a robber, and the grief of the young girl, Katerina, who mourns the young pedlar to whom she is betrothed. No sooner has the golden sun begun to appear on its daily path than the pedlars gather up their wares and vigorously crossing themselves, set off in search of trading fortune. But it isn't quite so easy for Vanyusha the pedlar to leave his native village: the dark-eyed beauty, Katerina, has stolen his heart. Before his departure they meet amongst the ripe rye. They kiss, caress and swear their love for one another. This is witnessed by the blue sky and the tall rye. "Grow straight, you tall rye / And keep your secret sacred." When the pedlars arrive the whole village is set astir. The old women, young men, children and pretty lasses come out, run out to greet the pedlars. The pedlars do brisk business. The five-kopek pieces flow into their purses. "Oh! Empty are our boxes / Full of money are our purses." The pedlars stay at the inn. Their goods have been sold and the profits shared out. With a prayer to God the old men lay down to sleep. Vanka alone presses to his heart a scarlet ribbon – a gift from Katerina. At first gleam of daylight the pedlars make for home. From a deep thicket a forester comes out to meet them. On seeing the forester's wicked intentions the pedlars ask him to walk on. But neither their entreaties nor requests move the villain – he mercilessly kills the defenceless pedlars. "Almost at once thundered / Two rifle barrels" A shepherd who hears the shooting and shouting in the forest becomes an involuntary witness. The murderer is drinking in a tavern and boasting of the money he has stolen, without sensing that his death is drawing nigh. The shepherd witness informs the village elder, who sends for the police. "Drink drink, my trusties, / I, my friends, am rich! / Two glorious birds / Have fallen to my shot" The police suddenly appear and arrest the killer. Seizing his arms they take him outside. Katerina is amongst the crowd; she learns from the shepherd about the murder of the pedlars, runs to the forest and, on seeing her dear Vanyusha dead, dissolves into bitter tears. This powerful drama of daily life is acted well and forcefully, captivating the attention. (SF, 1910, No. 21, 19)

Vecchi e giovani, nubili e non, corrono incontro ai venditori ambulanti, che vendono lesti le loro merci. Le monete scorrono veloci nelle sacche degli ambulanti: "Ohi, la borsa è vuota / Il denaro segue ammaliato le sacche / degli ambulanti". Gli ambulanti si fermano alla locanda. Vendute le merci, si spartiscono i guadagni. Dette le preghiere, il vecchio va a dormire. Solo Van'ka si stringe al cuore un nastro scarlatto – dono di Caterina. All'alba, gli ambulanti si incamminano verso casa. Dalla fitta boscaglia esce il guardaboschi. Prevedendo le sue truci intenzioni, gli ambulanti lo pregano di andare avanti. Sono vane le suppliche e le preghiere: egli uccide spietatamente gli indifesi ambulanti: "E due colpi di fucile / riecheggiano quasi all'unisono". Involontario testimone, un pastore ha udito le fucilate e le grida nel bosco. Intanto l'assassino beve in una bettola e si compiace dei proventi della sua rapina, senza rendersi conto che su di lui incombe la rovina. Il pastore avverte l'oste e manda a chiamare la polizia: "Bevete, bevete o fedeli / Io, ragazzi, di soldi ne ho molti! / Due beccacce giù dai cieli / sono cadute sotto i miei colpi". Sopraggiunge la polizia che arresta l'assassino e, legatolo, lo conduce in strada. Tra gli astanti c'è Caterina; venuta a sapere dell'assassinio degli ambulanti, corre nel bosco e, alla vista del cadavere dell'amato Vanjuša, piange a calde lacrime. Si assiste con viva emozione a questo profondo dramma di vita, interpretato con vigore e armonia dagli attori. (SF, 1910, n. 21, 19)

L'HAIM
LEKHAIM

Л' Хаим

Alternative title
ZA ZHIZN / TO LIFE

Scenes from Jewish life. 375 m; production: Pathé Frères (Moscow); release: 4.1.11; directors: André Maître & Kai Hansen; script: Aleksandr Arkatov; cameraman: George Meyer; art director: Czeslaw Sabinski. Cast: Mariya Reizen (Rakhel), Nikolai Vasil'ev (Moishe, her father), Lidiya Sycheva (her mother), Mikhail Doronin (Shleim Mates). Based on a Jewish folk song from an idea by George Melter. Preserved without titles.

Lekhaim is the name of the film, which is composed of a series of scenes from Jewish life. In Hebrew it means: "To your health". This is how they usually express good wishes, especially when drinking at weddings and parties. The picture is a dramatic sketch from the life of an out-the-way *shtetl,* based on the very popular theme of a Jewish song. The picture is of exceptional interest on account of the novelty of the types shown on the screen. The life of provincial Jews is depicted for us in a masterly way by Sholom Ash-Yushkevich, and these immortal types, transferred to the screen, are especially interesting. The talented production and performance of the film rank it with the films *Princess Tarakanova* and *Marfa-Posadnitsa.* And we are sure that its circulation will reach the famous figure 98, the same as for *Princess Tarakanova.* (KZh, 1910, No. 23, 9)

A great success at the time of its release, the film also marks the triumph of Pathé's strategy of integrating its own method into the Russian market. The film's main subject, taken from a typical theme of Jewish European culture, is noteworthy because of the placid visual treatment of the exteriors, halfway between Arcadian and picturesque settings. P.Ch.Us.

Since 4th January the Charm cinema has been showing *Lekhaim,* a picture of unprecedented content, which, due to the novelty of the characters on the screen and its particularly impressive natu-

Л' Хаим

L'HAIM
LEKHAIM

Titolo alternativo
ZA ŽIŽN' / ALLA VITA

Scene di vita ebraica. 375 m; produzione Pathé Frères (Mosca); data di release: 4.1.1911; regia André Maître e Kai Hansen; sceneggiatura: Aleksandr Arkatov; operatore: George Meyer; scenografia: Czeslaw Sabinski. Interpreti: Marija Rejzen (Rohele), Nikolaj Vasil'ev (Mojše, suo padre), Lidija Syčeva (madre), Mihail Doronin (Šlema Mates). Soggetto tratto da una canzone popolare ebraica, su idea di George Melter. Il film è conservato senza didascalie.

Grande successo all'epoca della distribuzione, a coronamento della strategia di integrazione del metodo Pathé nel mercato russo. Degno di rilievo per il soggetto, tratto da un tema tipico della cultura ebraica, il film è tuttora apprezzabile per il pacato equilibrio figurativo, a metà strada fra pittoresco ed Arcadia, delle sequenze in esterni. P.Ch. Us.

L'Haim, questo il titolo della pellicola, è costituito da una serie di scene di vita ebraica; in ebraico significa "alla vostra salute", come si usa dire nei brindisi di nozze e in occasione dei banchetti. La pellicola, quadro drammatico della vita di una sperduta cittadina ebraica, si basa sul popolarissimo tema di una canzoncina ebraica. La pellicola presenta un indubbio interesse per l'introduzione di nuovi tipi sullo schermo. La vita di questi ebrei di provincia ci viene magistralmente illustrata da Šolom Aš-Juškevič, che traspone sullo schermo questi tipi immortali, particolarmente interessanti. La superba realizzazione ed interpretazione fanno della pellicola un'opera dello stesso livello di *Knjažna Tarakanova* e di *Marfa Posadnica.* E confidiamo che la sua diffusione raggiunga la notevole cifra di 98, già ottenuta da *Knjažna Tarakanova.* (KŽ, 1910, n. 23, 9)

Il 4 gennaio al cinema Čary è uscito il film *L'Haim,* il cui soggetto non ha precedenti e che, grazie ai nuovi tipi di tele usate per lo

re, has drawn special attention from the people of Mogilev. It seems as if the whole of Mogilev has become interested in this cinematographic pearl and considers it necessary to see it. Everyone, old and young, flocked towards the beckoning lights of the Charm electric theatre... How much emotion, how much touching delight and how strong an impression the picture conveyed to its audience. All were captivated by this original picture. It was screened for seven days with exceptionally colossal success and generated great takings. (SF, 1911, 9, 20)

MARA

Мара

Dramatic scenes from ancient Russian life. 275 m; production: Pathé (Moscow) Film d'Art russe SAPF; release: 12.10.10; director: André Maître; cameramen: George Meyer & Tapis; art director: Czeslaw Sabinski; costumes: Mikhailov. Cast: V. Veronina-Melenchuk (Mara), A. Lesnogorskii (Rodivoi), Nikolai Vasil'ev (father), N. Barakov, A. Ivanova, Nikolai Vekov, Lidiya Sycheva.

Each of that firm's (Pathé Frères) films on Russian themes is distinguished by its artistry and skillful production. In the past we have noted Kuprin's *Duel*. Of major interest now is the picture *Mara* – a beautiful film in every respect. It's interesting to note that the firm is producing Russian films in order of increasing merit. Each successive film becomes more and more interesting. (KZh, 1910, No. 17, 10)

Cz. Sabinski. What struck me in particular were the overdone stage-sets and peasant style used in those same films "from Russian life" with which I was connected as a stage designer. The first time I came across this was at a filming session by the director Maître, during a rehearsal of a love scene outside a peasant house. With characteristic extroversion, pathos and gesticulation he was

The joyful decorative fantasy and costume design of this pagan fable evoke certain Nordic legends filmed by the masters of the early Scandinavian cinema. An idyll of late summer, compact, mysterious and fresh, it whets the appetite to know more about its French *auteur.* L.C.

schermo e soprattutto per il suo carattere imponente, ha attirato l'attenzione degli abitanti di Mogilev. Tutta la città, pare, è interessata a questa perla cinematografica e ha ritenuto necessario andare a vederla. Tutti, giovani e vecchi, hanno fatto lunghe file verso le allettanti luci del teatro elettrico Čary... Quale emozione, quanto entusiasmo e che forti sensazioni per gli spettatori. Tutti sono rimasti incantati da questo originale film, che è stato proiettato per sette giorni riscuotendo un colossale successo e incassi enormi. (SF, 1911, 9, 20)

Mapa

MARA

Scene drammatiche dell'antica Russia. 275 m; produzione: Pathé Frères (Mosca) [Film d'Art russe SAPF]; data di release: 12.10.1910; regia: André Maître; operatori: George Meyer e Tapis; scenografia: Czeslaw Sabinski; costumi: Mihajlov. Interpreti: V. Veronika-Melenčuk (Mara), A. Lesnogorskij (Rodivoj), Nikolaj Vasilëv (padre), N. Barakov, A. Ivanova, Nikolaj Vekov, Lidija Syčeva.

La gioiosa fantasia decorativa e costumistica di questa favola pagana evoca certe leggende nordiche raccontate dai maestri del primo cinema scandinavo. Un idillio di fine estate, sintetico, misterioso e candido che accresce la nostra curiosità verso la personalità del suo *autore* francese. L.C.

Tra i film dei fratelli Pathé che hanno come soggetto la vita in Russia, ogni opera si distingue per il suo particolare valore artistico e l'ottima esecuzione. A suo tempo avevamo notato il film *Poedinok* (Il duello) di Kuprin, e adesso giudichiamo estremamente interessante il film *Mara*, un bel film sotto tutti i punti di vista. Bisogna osservare che la casa di produzione Pathé lancia film russi in base a un ordine preciso, cioè secondo il loro pregio artistico. Cosicché le ultime produzioni sono veramente le più interessanti. (KŽ, 1910, n. 17, 10)

Cz. Sabinski. Saltava agli occhi soprattutto la "panzana solenne" e lo stile rozzo e inadeguato dell'allestimento dei film che avevano come soggetto "la vita russa", e con i quali ho avuto a che fare come scenografo. Per la prima volta con questi film mi imbattei nelle riprese del regista Maître durante le prove di una scena d'amore, girata fuori da un'isba contadina. Con l'espansività, l'entusiasmo e il gran gesticolare che gli sono propri, Maître mostrava alla coppia come si comporta un innamorato: piano, quasi danzando, si avvicina alla ragazza, senza mai distogliere lo sguardo appassionato e, fermatosi vicino a lei, si inginocchia. Dopo di che, stringe al cuore la mano della ragazza, e con gli occhi socchiusi, protende se stesso verso la ragazza, e con enfasi proferisce parole d'amore in francese. Tutto questo si svolgeva con una serietà estrema, e perciò gli abitanti del villaggio lì presenti, non comprendendo il senso di quella scena, si scambiavano sguardi di meraviglia. Ma io, seduto per terra vicino alla macchina da presa, non riuscii a trattenere una fragorosa risata. Infuriato per la mia condotta poco ortodossa, Maître esigette le mie scuse. Mi scusai, ma gli dissi anche che, se la scena fosse stata girata come l'aveva mostrata lui, avrebbe senz'altro suscitato l'ilarità degli spettatori. Offeso, il regista mi chiese di mostrargli la dichiarazione d'amore di un giovane di campagna. La mia dimostrazione fu ostentatamente brusca, ma evidentemente realistica, poichè riscosse l'approvazione degli astanti. "Questo sì che va bene! Così si fa da noi". Da quel giorno, Maître

showing the young man how a lover behaves: quietly, with a dancing motion, he approached the girl, his passionately loving gaze never leaving her for a second. Stopping alongside her he slowly went down on one knee. Then, pressing his left hand to his heart and half-closing his eyes, he stretched towards the girl, pronouncing words of love in French with great feeling. It was done with extraordinary seriousness, so that the chance village spectators, who did not understand the point of this scene, glanced at one another in astonishment. I, however, sitting on the ground next to the camera, could not refrain from guffawing loudly. Enraged by my tactless behaviour, Maître demanded an explanation. I apologized, but stated that if the scene were to be played as he had demonstrated, it would only make the viewer laugh. The outraged director demanded that I show him precisely how a village lad declares his love. I demonstrated this with exaggerated coarseness, though evidently correctly, since I gained the approval of the gawping locals: "That's good! That's how we do it!" From that day on Maître invited me to his filming sessions, which I attended not only in the capacity of artist and consultant on Russian life, but also as a director. I began to be entrusted with the staging and production of folk scenes. Thus began my career as director. (1936, 2-3)

MARFA-POSADNITSA
MARFA THE CITY GOVERNOR

Марфа-посадница

Alternative title
PADENIE NOVGORODA VELIKOGO
THE FALL OF NOVGOROD THE GREAT

Historical drama of Novgorod life. 545 m; production: Pathé Frères (Moscow) - Film d'Art russe; release: 26.10.10; director: André Maître; cameramen: George Meyer & Tapis; art director: Czeslaw Sabinski. Cast: Arkad'eva-Rustanova (Marfa), Z. Mamonova (her daughter, Kseniya), Nikolai Vasil'ev (Tsar Ivan III), S. Lazarev (Feodosii, a hermit), A. Lesnogorskii (stranger), Nikolai Vekov (Miroslav, an orphan). First reel preserved without titles.

Alas, it is the acting that deprives plays of their historicism to an even greater extent. Watching actors – or the vast majority of them – one is forced to ask oneself where the director was while the roles where being learned. First of all, their gestures are primitive, sharp and monotonous: a strong upward movement of the arm, then down again, resulting in something as unaesthetic as can be, an offence to the eye. One only has to take a look at the actor portraying Ivan III in the mediocre play *Marfa-Posadnitsa* to realize just how much cinema actors in historical plays abuse their gestures. None of the royal individuals who, by the will of fate, have endep up on the screen behave like ordinary people; their gestures are unlike those of an ordinary man. (Savvin, 1914, 195)

The latest *film d'art* is *Marfa-Posadnitsa* (Marfa the City Governor), which opens before us a page from Russian history in the

mi invitò sempre alle riprese, alle quali partecipai non più soltanto come scenografo e consulente,ma anche come regista. Cominciarono ad affidarmi l'allestimento e il montaggio delle scene popolari. Così ebbe inizio la mia carriera di regista. (1936, 2-3)

Марфа-посадница

MARFA-POSADNICA
LA GOVERNATRICE MARFA

Titolo alternativo
PADENIE NOVGORODA VELIKOGO
LA CADUTA DI NOVGOROD LA GRANDE

Dramma storico (cronaca di Novgorod). 545 m; produzione: Pathé Frères (Mosca) - Film d'Art russe SAPF; data di release: 26.10.1910; regia: André Maître; operatori: George Meyer e Tapis; scenografia: Czeslaw Sabinski. Interpreti: Arkad'eva-Rustanova (Marfa), Z. Mamonova (sua figlia Ksenija), Nikolaj Vasil'ev (zar Ivan III), S. Lazarev (Feodoskij, l'eremita), A. Lesnogorskij (straniero), Nikolaj Vekob (Miroslav, l'orfano). Il film è conservato incompleto (bobina 1), senza didascalie.

Ohimè! è proprio l'interpretazione a privare l'opera di verosimiglianza storica. Guardando gli attori – o la maggioranza – sorge spontanea la domanda: dov'era il regista quando studiavano le parti? Prima di tutto, i gesti degli attori sono rozzi, bruschi, troppo uniformi: le mani sono portate in alto e in basso con movimenti troppo repentini, e il risultato è antiestetico e sgraziato. Basta guardare l'attore che interpreta il ruolo di Ivan III nella mediocre

second half of the 15th century, the story of the fall of Lord Novgorod the Great. The story of Novgorod the Great has a special place in Russian history. This was, in the fullest sense of the word, a free city which recognised no other authority than of its own people. This authority, the authority of Lord Novgorod the Great, was expressed in the city assembly, the *veche.* External relations lay in the hands of the Prince. But all his actions were restricted by the power of the *veche.* Such was the way in which this distinctive republic was organised. Its whole life was passed in conflict with its neighbours, for its possessions and its independence. This conflict assumed a form that was particularly acute, and fatal for Novgorod, in the 15th century. There became plain at that time an endeavour by the Grand Princes of Muscovy to lay their hands on Novgorod's freedom. In Novgorod itself a party was formed which leant towards Lithuania. At the head of this pro-Lithuanian party stood Marfa Boretskaya, or, as she was called, Marfa-Posadnitsa. Marfa's plan to rule over Novgorod in alliance with the Prince of Lithuania was ruined by Ivan III. Ivan moved his troops against Novgorod and beat its citizens in a battle near the river Shelon in 1471. Marfa was taken prisoner and, according to one version of the story, was held captive in the very square where formerly the *veche* had made its mighty voice heard. The picture's centre of gravity lies entirely in the depiction of the character of Marfa, that remarkable woman who stood several heads higher than the time she lived in. The film gives a full, exhaustive picture of that time. Everything in it accords with historical fact. The scenery is very good, being so realistic that the spectator imagines that the action is going on within the walls of Novgorod itself. About the actors we say nothing: they are up to their task. The figure of Marfa is presented brilliantly and richly. This film will have immense success. (SF, 1910-1911, No. 1, 9)

PIKOVAYA DAMA
THE QUEEN OF SPADES

Пиковая дама

Drama. 380 m; production: A. Khanzhonkov; release: 30.11.10; director/script: Petr Chardynin; cameraman: Louis Forestier; art director: V. Fester. Cast: Petr Biryukov (Gherman), Aleksandra Goncharova (Liza), A. Pozharskaya (Countess), Andrei Gromov (Eletsky). Screen version of the opera by Petr Chaikovskii (Tchaikovsky), based on the story by Aleksandr Pushkin. Preserved without titles.

A. Khanzhonkov. *The Queen of Spades* was filmed in Krylatskoye. Not amongst natural surroundings, however, but on a specially-built set. I remember well the scene in which Liza drowns herself after her meeting with Gherman. The insufficient height of the stage prevented the poor girl from concealing herself "underwater", so a pit had to be dug urgently and the scene was shot again. That was an event in itself in those days. (1937-II, 40)

L. Forestier. I had a great problem when the filming began: I understood absolutely no Russian, whereas the film's director, Char-

pièce *Marfa-Posadnica*, per convincersi che l'interprete del ruolo cinematografico nell'opera storica abusa dei suoi gesti. Tutti i personaggi che per volontà del destino finiscono sullo schermo, non si comportano come persone normali; i loro gesti non somigliano a quelli della gente comune. (Savvin, 1914, 195)

La prossima pellicola in uscita presso la Film d'Art russe sarà *Marfa-Posadnica*, che schiuderà davanti ai nostri occhi una pagina di storia russa della seconda metà del XV secolo, la storia della caduta del signore di Novgorod la Grande. La Grande Novgorod, occupa un posto particolare nella storia del nostro paese, perchè era una città libera nel pieno senso del termine, che non riconosceva altro potere all'infuori di quello popolare... Il potere interno veniva sì gestito dal principe, ma tutte le sue azioni erano subordinate alle decisioni della vece. Questa era dunque l'organizzazione interna di questa singolare repubblica, la cui vita trascorreva per intero in lotte con i vicini per il dominio e l'autonomia, lotte che assunsero un carattere particolarmente aspro nel XV secolo, allorché i principi moscoviti manifestarono chiaramente il loro desiderio di porre fine alla libertà della città. Anche in seno alla stessa Novgorod si formò un partito favorevole alla Lituania, capeggiato da Marfa Boreckaja, altrimenti nota con il nome di Marfa Posadnica. Il piano di Marfa, volto a dominare Novgorod congiuntamente al principe lituano, venne sventato da Ivan III, che mosse le sue truppe sulla città e sconfisse l'esercito locale nella battaglia presso Šelon' nel 1471. Marfa stessa venne presa prigioniera e, secondo una delle versioni che sussistono, venne giustiziata su quella stessa piazza in cui un tempo la vece le aveva concesso il potere. Il centro di gravità della pellicola ruota intorno all'illustrazione della figura di Marfa, una donna notevole ed estremamente emancipata per i suoi tempi. Il film fornisce un quadro pieno ed esauriente dell'epoca e si basa interamente su dati storici. Ottime le scene, tanto reali da dare allo spettatore l'impressione che l'azione si svolga effettivamente entro le mura stesse di Novgorod. Non ci soffermeremo neppure a parlare dell'interpretazione degli attori, che sono all'altezza del compito loro affidato. La figura di Marfa è descritta con suprema vivacità e ricchezza e il film sarà indubbiamente destinato ad avere un immenso successo. (SF, 1910-1911, n. 1, 9)

Пиковая дама

PIKOVAJA DAMA
LA DONNA DI PICCHE

Dramma. 380 m; produzione: A. Hanžonkov; data di release: 30.11.1910; regia/sceneggiatura: Petr Čardynin; operatore: Louis Forestier; scenografia: V. Fester. Interpreti: Petr Birjukov (German), Aleksandra Gončarova (Liza), A. Požarskaja (contessa), Andrej Gromov (Eleckij). Riduzione cinematografica dell'opera di Petr Čajkovskij, dell'omonimo racconto di Aleksandr Puškin. Il film è conservato senza didascalie.

A. Hanžonkov. Le riprese di *Pikovaja dama* sono state girate a Krylatskij, non all'aperto, ma su una speciale piattaforma attrezzata. Sono rimaste memorabili le scene in cui Liza, dopo aver in-

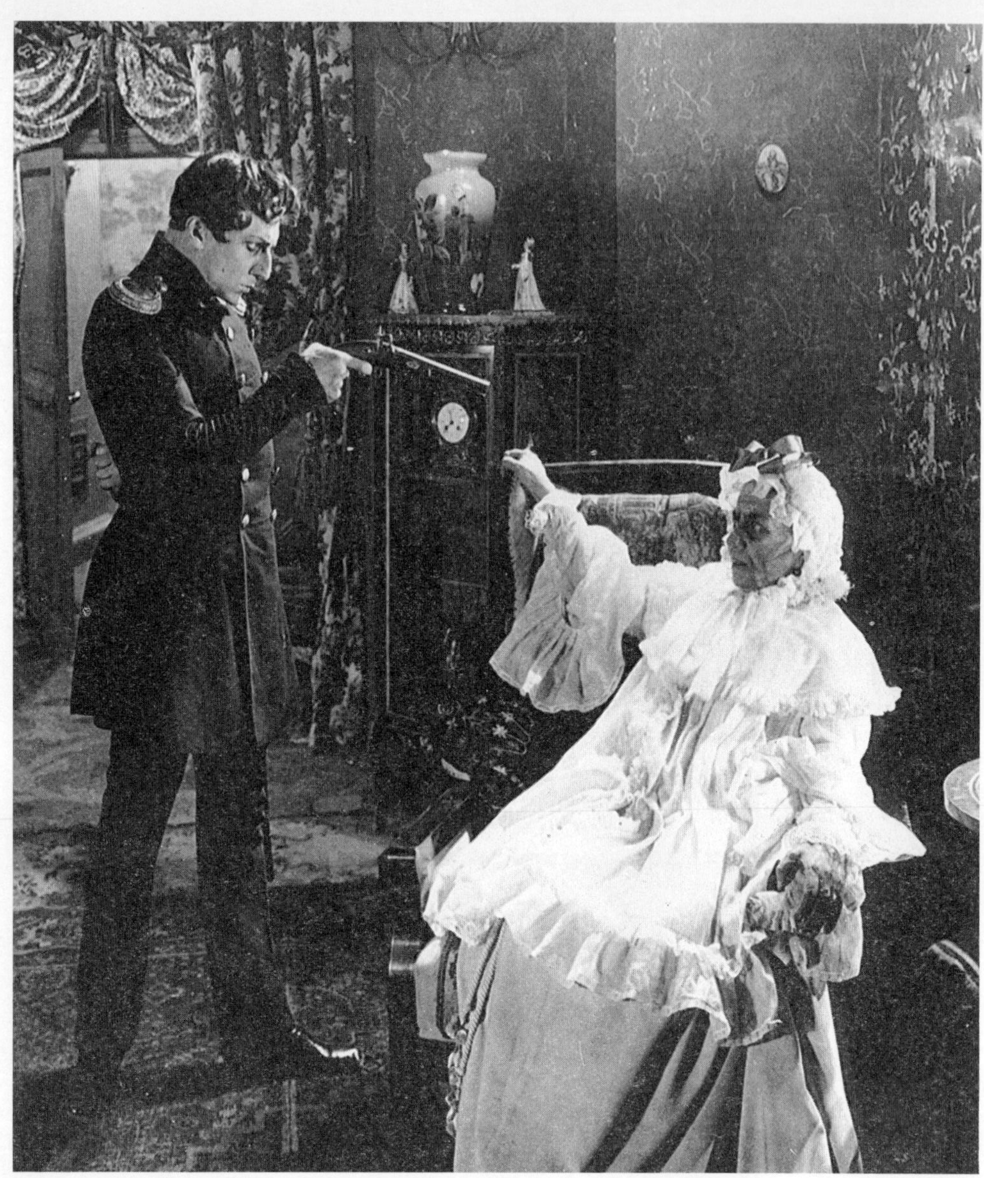

dynin, knew precisely five words of French, one of which was *couper* (to cut), meaning thet the shoot was finished and I could stop the camera. Before filming began Chardynin would indicate to me with his hands that I should start turning the handle. This was the extent of our "creative dialogue". (1945, 55)

One senses something new in the photography of this film, something which distinguishes it from that of films previously released. This novelty is evident in the production itself, in which, for the first time, if I am not mistaken, the firm employs the trick of making a character appear or disappear. The picture is acted excellently; the ballet is very good. One's attention is also drawn to the setting, consisting of period furniture. To the accompaniement of Tchaikovsky's music this production will produce a tremendous impression. In short, success awaits this film. (SF, 1910, No. 2, 10)

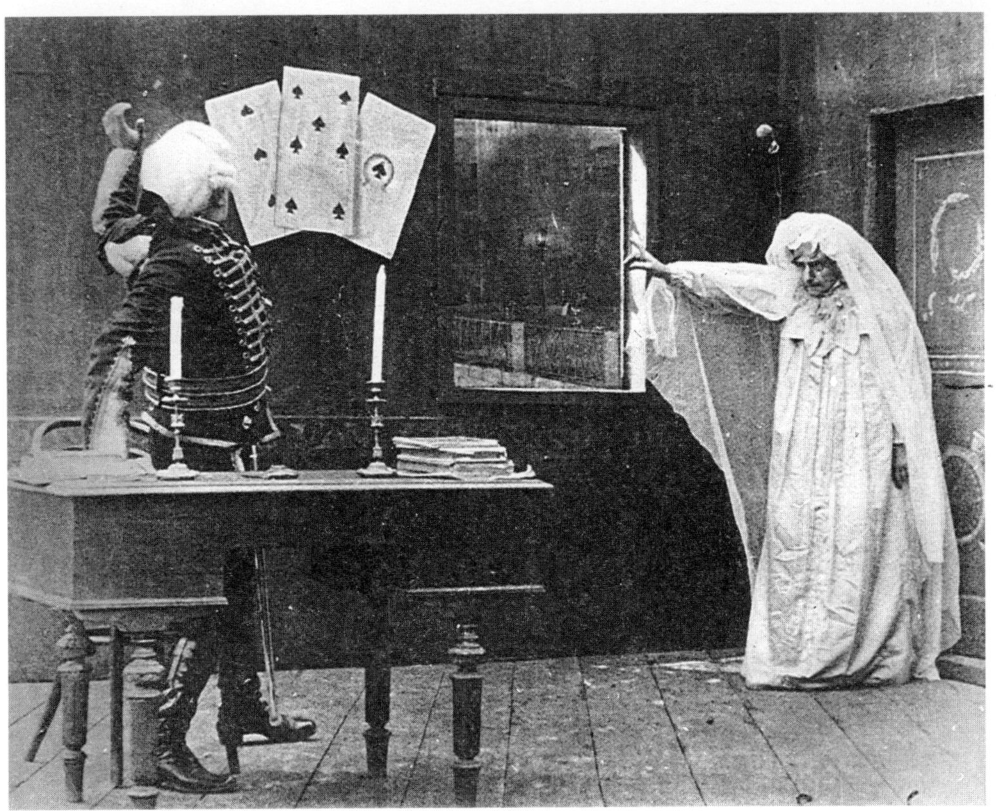

contrato German, si getta in acqua. L'insufficiente altezza della pedana non permetteva alla povera ragazza di nascondersi "sott'acqua". È stato dunque necessario scavare una fossa e ripetere le riprese, cosa che, a quel tempo, costituiva un vero evento. (1937-II, 40)

L. Forestier. All'inizio delle riprese mi si presentò un grosso problema: non capivo il russo, e il regista Čardynin, che metteva in scena il film, conosceva in tutto cinque parole di francese, una delle quali era *couper*, cioè tagliare, che significava che la ripresa era finita e che potevo fermare la macchina da presa. Prima di iniziare a riprendere, Čardynin mi faceva segno con le mani, in modo che io cominciassi a girare la manovella della macchina da presa. A ciò si riduceva tutta la nostra "conversazione creativa". (1945, 55)

Nella fotografia di questo film si avverte qualcosa di nuovo, che si discosta dalla fotografia dei film precedenti. Qualcosa di nuovo che traspare anche dall'allestimento, per il quale la casa di produzione, per la prima volta se non sbaglio, adotta il trucco di far apparire e scomparire i personaggi. L'interpretazione del film è decisamente buona; ottimo il balletto. Colpiscono gli arredi, per i quali sono stati utilizzati mobili in stile. Ha suscitato una profonda impressione l'accompagnamento musicale di questo film, realizzato con musica di Čajkovskij. In breve, il film merita di avere successo. (SF, 1910, n. 2, 10)

POEDINOK
THE DUEL

Поединок

Drama. 250 m; production: Pathé Frères (Moscow); release: 28.9.10; director: André Maître; script: V. Konenko; cameramen: George Meyer & Tapis; art director: Czeslaw Sabinski. Cast: A. Lesnogorskii (Romashov), Z. Mamonova (Shurochka), Nikolai Vasil'ev (Nikolaev), Lidiya Sycheva, Nikolai Vekov. Screen version of the story by Aleksandr Kuprin. Preseved without titles.

Kuprin's *The Duel* has been adapted for cinema by G.V. Konenko. The whole of Russia's reading public is perfectly familiar with Kuprin's *The Duel* and it is easy to imagine the tremendous interest this picture must hold for the cinema. We have managed to see the film, and it is delightfully produced in every respect. Under the guidance of an experienced director, the actors make the film doubly interesting. The technical side is of rare quality, not only for Russian productions. With the appearance of Pathe's Russian-produced films we can now say with confidence that the success of *Peter the Great* and *The Dashing Merchant* was not a matter of chance, but was based on great knowledge of the cinema business. (KZh, 1910, No. 16, 8)

RUSALKA
THE MERMAID

Русалка

Popular drama in 6 scenes with apotheosis. 280 m; production: A. Khanzhonkov; release: 30.3.10; director/script: Vasilii Goncharov; cameraman: Vladimir Siversen; art director: V. Fester. Cast: Vasilii Stepanov (miller), Aleksandra Goncharova (his daughter), Andrei Gromov (prince). Screen version of the play by Aleksandr Pushkin.

Поединок

POEDINOK
IL DUELLO

Dramma. 250 m; produzione: Pathé Frères (Mosca); data di release: 28.9.1910; regia: André Maître; sceneggiatura:V. Konenko; operatori: George Meyer e Tapis; scenografia: Czeslaw Sabinski. Interpreti: A. Lesnogorskij (Romasov), Z. Mamonova (Suročka), Nikolaj Vasil'ev (Nikolaev), Lidija Syčeva, Nikolaj Vekov. Adattamento dell'omonima novella di Aleksandr Kuprin. Il film è conservato senza didascalie.

Poedinok di Kuprin è stato adattato per il cinema da G.V. Konenko. Tutta la Russia che legge conosce bene *Poedinok* di Kuprin ed è facile capire l'importanza che riveste questo film per il cinema. Abbiamo avuto occasione di vedere questo film, che è stato realizzato in modo ammirevole sotto tutti i punti di vista. E gli attori, diretti da un regista esperto, hanno reso questo film ancora più interessante. La tecnica è di efficacia inconsueta anche per gli standard russi. Con la comparsa dei film prodotti dalla Pathé in Russia, possiamo dire con certezza che il successo di un *Petr Velikij* (Pietro il Grande) e di un *Uhar' kupec* (Il mercante spavaldo) non è un evento casuale ma fondato su un'effettiva conoscenza delle cose. (KŽ, 1910, n. 16, 8)

Русалка

RUSALKA
ONDINA

Dramma popolare in 6 scene con apoteosi. 280 m; produzione: A. Hanžonkov; data di release: 30.3.1910; regia/sceneggiatura: Vasilij Gončarov; operatore: Vladimir Siversen; scenografia: V. Fester; Interpreti: Vasilij Stepanov (mugnaio), Aleksandra Gončarova (sua figlia), Andrej Gromov (principe). Adattamento dell'omonima opera di Aleksandr Puškin.

A. Khanzhonkov. The naive and primitive nature of those productions was sometimes glaringly obvious: for instance, in *The Mermaid* the mill, which is the central prop of the whole thing, was represented by a simple cottage bath house with a small carpentry extension; in order to somehow or other convey the movement of the missing mill-wheel, Vasilii Mikhaylovich Goncharov placed an office boy named Kuzma behind the bath house with instructions to disturb the mirror-like surface of the pond with rhythmic motions... It's not difficult to imagine how pitiful this "effect" – of which our inventive director had been so proud – looked on the screen. (1937-I, 35)

A. Khanzhonkov. The actors were dressed up in operatic costumes hired from a well-known costume-maker's. A new artist – V. Fester – was brought in for this production; he painted a seabed with plants, shells and so on for the apotheosis scene "The Underwater Kingdom". The props were nailed directly onto the wall of the Bishop's House (on Tverskaya Street), in which we had just set up our first tiny studio. The picture was a success. Strangely enough, the public was particularly impressed with that apotheosis scene: against the backdrop of the "underwater kingdom" the miller's daughter turned mermaid queen sits on the throne with the prince reclining at her feet. (1937-II, 40)

The film is one of the few works that seems to take its nspiration – but with more modest outcomes – especially from aspects of contemporary French cinema in its systematic use of trick effects and the way it creates its magical happy end set underwater a bit in the manner of Méliès. Again note the almost routine use of artificial light (e.g. the wedding). C.M.

SKUPOI RYTSAR'
THE MISERLY KNIGHT

Скупой рыцарь

Film declamation. Length unknown. Production: A. Khanzhonkov Studio; release: unknown. Cast: V. Niglov. Screen version of a tragedy by Aleksandr Pushkin (a scene in a cellar).

606

"606"

Alternative titles
KVINT-ESSENTSYA ZLOBY DNYA
THE QUINTESSENCE OF THE EVIL OF THE DAY
PRIKLYUCHENIE V PARKE / ADVENTURE IN THE PARK

Comic parody. 150 m; production: A. Drankov; release: unknown; director/cameraman: Aleksandr Drankov; script: Mark-Man. Preserved without titles.

A.O. Drankov has released a very interesting picture entitled *606* – a parody of Professor Ehrlich's preparation 606. [Medicine for syphilis]. (KZh, 1910, No. 15, 8)

The telegraph is constantly busy, receiving orders for this film. Each minute that passes is dear! Hurry if you wish to avoid the competition. In the fairytale age of radio, electricity and aeroplanes our firm has succeeded in demonstrating that in the portrayal

È una delle poche opere che si rifà nella forma (anche se con risultati più modesti) a certo cinema soprattutto francese contemporaneo, per l'uso sistematico del trucco per sostituzione, e per l'happy-end favolistico ambientato meliesianamente sott'acqua. Anche in questo caso si deve continuare a notare l'utilizzazione ormai quasi di routine della luce artificiale (la scena del matrimonio). C.M.

A. Hanžonkov. L'ingenuità e l'eccessiva faciloneria di questi allestimenti talvolta grida vendetta: per esempio, nel film *Rusalka*, il mulino, che era la più importante delle scenografie, è stato rappresentato... usando uno stabilimento balneare e realizzando una piccola opera di falegnameria; per supplire alla mancanza della ruota del mulino, Vasilij Mihajlovič Gončarov ha fatto sedere nello stabilimento un garzone, con l'ordine di muovere ritmicamente lo specchio che costituiva la superficie dello stagno... Non è difficile immaginare il misero spettacolo offerto sullo schermo da questo "effetto", della cui invenzione era così orgoglioso il nostro ingegnoso regista! (1937-I, 35)

A. Hanžonkov. Gli artisti indossavano abiti di scena, presi a nolo in un laboratorio di costumi. Per questo allestimento fu ingaggiato un nuovo scenografo, V. Fester, che per le riprese della scena dell'apoteosi "Il regno subacqueo" disegnò il fondo del mare, raffigurandovi la vegetazione, le conchiglie ecc. Le decorazioni sceniche furono attaccate direttamente sulla parete della casa vescovile (sulla Tverskaja), dove avevamo appena attrezzato il primo, minuscolo studio. Il film ottenne un notevole successo e, per quanto strano, il pubblico reagì con particolare entusiasmo proprio alla scena dell'apoteosi: sul fondo del "regno subacqueo" troneggiava la figlia del mugnaio, diventata regina delle sirene, e ai suoi piedi giaceva il principe. (1937-II, 40)

Скупой рыцарь

SKUPOJ RYCAR'
IL CAVALIERE AVARO

Cinedeclamazione. Metraggio ignoto; produzione: Laboratorio A. Hanžonkov; data di release: ignota. Interpreti: V. Niglov. Adattamento da una tragedia di Aleksandr Puškin (scena in uno scantinato).

"606"

606

Titoli alternativi
KVINT-ESSENCIJA ZLOBY DNJA
LA QUINTESSENZA DEL MALE D'ATTUALITÀ
PRIKLJUČENIE V PARKE / AVVENTURA NEL PARCO

Parodia. 150 m; produzione: A. Drankov; data di release: ignota; regia/operatore: Aleksandr Drankov; sceneggiatura: Mark-Man. Il film è conservato senza didascalie.

A.O. Drankov ha prodotto un film molto interessante dal titolo *606*, una parodia del preparato 606 (un farmaco contro la sifilide) del professore Ehrlich. (KŽ, 1910, n. 15, 8)

Il telegrafo lavora incessantemente e riceve gli ordini per questo film. Il tempo è denaro! Affrettatevi, se volete sfuggire alla concorrenza. Nell'era prodigiosa della radio, dell'elettricità e degli ae-

of current events it reproduces everything at electric speed on a living cinematographic film, sparing no expense. Our motto is "Catch the Moment". We have been and shall be true to this motto in the name of progress. "You will gain profits untold, / From our film *606*. / All eyes are turned its way, / *606* will bring in the money, / And the honour of cinemas, / Will grow thanks to *606*... / Hurry as fast as you can, / To get hold of *606*. / We send you the happy news: / That No. *606* is here". (KZh, 1910, No. 15, 18)

roplani la nostra casa di produzione è riuscita a dimostrare di poter rappresentare gli eventi attuali sulla viva pellicola cinematografica con la velocità dell'elettricità, senza badare a spese. Il nostro motto è "Cogli l'attimo presente" e a questo motto siamo stati e rimarremo fedeli in nome del progresso. Non si contano i profitti / Che vi porta il *606* / Ad esso gli sguardi son fissi, / A voi gli incassi del *606*, / E l'onore dei cinematografi / È esaltato dal mirabile *606*... / Affrettatevi poiché ci sono le forze / Affinché egli sia con voi – il *606*. / Vi portiamo la notizia con gioia: / È apparso il *606*. (KŽ, 1910, n. 15, 18)

BORIS GODUNOV

Борис Годунов

Talking picture. 180 m; production: A. Khanzhonkov; release: 24.4.12 (Moscow), 20.5.12 (Tambov). Credits unknown. Screen version of the cell scene from Pushkin's play with a group of actors under the direction of N.F. Pleskov.

Ya. Zhdanov. In our pictures we tried to achieve perfect and faultless synchronization not only of movements, turns of the head, of the whole torso, the arms etc., but most importantly – precise synchronization of our speech. The only thing that mattered here was for the text to fit into the framework of the character's movements: a turn of the head, a wave of the arms, a sharp turn of the body, two characters fighting, a blow from one's opponent, and so on and so forth. In many small towns this was regarded as a kind of "miracle". And this was reinforced by the cinema owners themselves: very many of them made it an absolute condition that we go behind the screen to make a declamation and come out afterwards in such a way that the public could not see us. When the picture came to an end many of the viewers would quickly go behind the screen or the thick sheets on which we had only just declaimed the picture, but there was no longer anyone or anything there. (1946-II, 20-21)

A kind of link between the old oral tradition of popular literature and the experiments in didactic representation, not without analogies with the function of the *benshi* in Japanese silent cinema. The fascination of the word still prevails over that of the image. L.C.

L. Forestier. The filming of this excerpt from *Boris Godunov* was complicated by one factor: the entire scene had to be filmed in a single 320-metres take, but the camera could hold only 120 metres of film negative. What we had to do was shout "Stop" to the actors when the film was coming to an end. As agreed, they were supposed to freeze on the spot while I reloaded the camera. On the command "Let's go" they continued to act until the end of the new film. They would then stop and stand motionless once more, and so on until the end of the shoot. After developing and printing the parts were stuck together in order. This, of course, resulted in quite big jumps at the joins, but nobody bothered about that in those days. During "cinema declamations" the performers

Борис Годунов

BORIS GODUNOV

Film parlato. 180 m; produzione: Hanžonkov; data di release: 24.4.1912 (Mosca); 20.5.1912 (Tambov); autori: ignoti. Adattamento cinematografico della scena della cella, tratta dall'omonima tragedia di Aleksandr Puškin, con la partecipazione di un gruppo di attori diretti da N.F. Pleskov.

Una sorta di trait d'union tra l'antica tradizione orale della letteratura popolare e gli esperimenti di rappresentazione didattica, non senza analogie con la funzione del *benshi* nel cinema muto giapponese. Il fascino della parola prevale ancora su quello dell'immagine. L.C.

Ja. Ždanov. Nei nostri film riuscimmo ad ottenere non solo una perfetta cadenza dei movimenti del corpo, del capo, delle mani ecc. ma, ciò che è più importante, l'esatta corrispondenza della voce ai movimenti delle labbra... Un'altra circostanza da notare, era che il testo sembrava coincidere con l'azione dei personaggi, il movimento delle teste, delle braccia, la lotta tra i personaggi stessi, il colpo dell'avversario ecc. In molti villaggi e cittadine si gridava al miracolo e tale atteggiamento era indotto dagli stessi proprietari dei cinematografi. Infatti molti di loro ponevano come condizione

would stand beside or behind the screen, watch the image and read out the text, attempting to speak "in synchronization". The result was something resembling modern sound films, the only difference being that the actors spoke not into a microphone, but straight into the viewing hall. Since the cinema declaimers toured towns with one and the same picture, they fairly quickly achieved relative synchronization between image and declamation. As a result, these "sound" pictures at one time enjoyed some success, particularly in the provinces. (1945, 55)

BOYARSKAYA DOCH'
THE BOYAR'S DAUGHTER

Боярская дочь

Alternative title
VOL'NAYA VOLYUSHKA / A FREE LITTLE WILL

Drama. 225 m; production: A. Khanzhonkov; release: 10.4.11; director/script: Petr Chardynin; cameraman: Louis Forestier; art director: V. Fester. Cast: Aleksandra Goncharova (Antonina), Vasilii Stepanov (the boyar Shalygin), Petr Biryukov (robber chief). Screen version of the play by Ippolit Shpazhinskii. Preserved without titles.

The boyar Shalygin was severe and ill-tempered like all boyars of his time. He was a widower, living in his family fief, and he loved his daughter Antonina more than anything else in the world. Even the servants loved her, for her good nature and her deference towards her father. Only the old nanny didn't love her and, knowing that the girl was in love with a brave ataman, she informed the boyar. On a warm summer evening the two youngsters were sitting in the garden, unaware that the treacherous nanny was bringing the master and his men to find them. The ataman asked the father for his blessing on the wedding, but the father didn't even

necessaria che noi ci sistemassimo dietro lo schermo per la "sonorizzazione" del film e ne uscissimo subito dopo la declamazione, cosicché il pubblico non ci vedesse. Alla fine del film, molti spettatori correvano dietro lo schermo, dove avevamo appena declamato il film, ma non c'era già più niente e nessuno. (1946-II, 20-21)

L. Forestier. La scena d'apertura del *Boris Godunov* presentava una difficoltà: tutta la scena doveva essere ripresa con un'inquadratura di 320 metri, ma la cassetta conteneva solo 120 metri di pellicola. Quando questa finiva, bisognava gridare agli attori: "Stop!". Com'era convenuto essi dovevano restare immobili, finché ricaricavo la macchina da presa. Al comando "inizio", essi riprendevano a recitare fino alla fine della nuova cassetta, per poi fermarsi e così via fino alla fine della ripresa. Dopo lo sviluppo e la stampa, si incollavano i pezzi in ordine, e in effetti i punti di congiunzione presentavano dei salti tremendi, ma al momento non ci facemmo attenzione. Durante la dimostrazione della "declamazione cinematografica" gli interpreti, sistemati a fianco o dietro lo schermo, guardavano l'immagine e declamavano il testo, cercando di farlo "in sincrono". Ne risultava una sorta di moderno copione imparato a memoria, con l'unica differenza che gli attori non parlavano nel microfono ma direttamente nella sala di proiezione. Così i cinedeclamatori portavano nelle città quello stesso film, e riuscirono ben presto a ottenere una certa sincronia tra la proiezione e la declamazione. Con questi film "parlati" riscuotemmo un certo successo, soprattutto nella provincia. (1945, 55)

Боярская дочь

BOJARSKAJA DOČ
LA FIGLIA DEL BOIARDO

Titolo alternativo
VOL'NAJA VOLJUŠKA / UNA PICCOLA E LIBERA VOLONTÀ

Dramma. 225 m; produzione: Hanžonkov; data di release: 10.4.1911; regia/sceneggiatura: Petr Čardynin; operatore: Louis Forestier; scenografia: V. Fester. Interpreti: Aleksandra Gončarova (Antonina), Vasilij Stepanov (il boiardo Šaligin), Petr Birjukov (il capo dei banditi). Adattamento del dramma di Ippolit Špažinskij *Vol'naja voljuška*. Il film è conservato senza didascalie.

Il boiardo Salygin era severo e bisbetico come molti altri boiardi del suo tempo. Vedovo, viveva nel feudo di famiglia ed amava più di ogni altra cosa al mondo la bella figlia Antonina. Anche le serve la amavano per il suo carattere premuroso e la sua deferenza nei confronti del padre. L'unica a non voler bene alla bella Antonina era la vecchia njanja che, sapendo che la fanciulla era innamorata di un baldo atamano, andò a raccontarlo al boiardo. In una calda notte estiva i due giovani sedevano in giardino, ignari del fatto che la njanja delatrice stesse per condurvi il padrone di casa con i suoi famigli. L'atamano chiese al boiardo la sua benedizione per le nozze con la fanciulla amata, ma questi non accennò nemmeno a prestargli orecchio, rise malvagiamente di loro e costrinse i suoi a prendere l'atamano dei banditi. Ma questi estratto il coltello da-

listen to him. He just laughed at the couple and ordered his men to capture the bandit ataman. But the latter, brandishing a knife before the astonished retainers, fled away and went back to his camp, where he gave vent to his pain and feelings. His accomplices, disappointed, incited him to pay the boyar off in "his own way". When the girl was promised to an old man, the ataman rushed into the house and, after having destroyed everything, he kidnapped the woman and took the old boyar prisoner. Once back to the camp the ataman repeated his request for the consent to the wedding, but the infuriated father only cursed his daughter... Furious, the boyar escapes from the bandits' camp and wanders around his ruined home. And there, among the ruins, he eventually thinks over the past... He thinks of the ataman kissing and embracing his daughter... and cruel thoughts cross his mind. Drawing his dagger he runs to the strelicy in search of help. In the silence of the night they pounce on the camp, seeking revenge. The old boyar hurls himself against the ataman, who had offended him, with the dagger in his fist. Antonina arrives unexpectedly and places herself between her father and the ataman. Eager to shield her love, she becomes the innocent victim of her own maddened father. Particularly sound drama, which grips the audience till the end. (VK, 1911, No. 9, 28)

VASILISA MELENT'EVNA I TSAR' IVAN VASIL'EVICH GROZNYI VASILISA MELENT'EVNA AND TSAR IVAN VASIL'EVICH THE TERRIBLE

Василиса Мелентьевна и царь Иван Васильевич Грознрьй

Historical drama. 445 m; production: A. Khanzhonkov; release: 2.5.11; director/script: Petr Chardynin; cameraman: Vladimir Siversen. Cast: L. Varyagina (Vasilisa Melent'evna, a widow from the Tsarina's chamber), Georgievskii (Ivan Vasil'evich the Terrible), Aleksandra Goncharova (the Tsarina Anna), Petr Chardynin (Prince Mikhail Ivanovich Vorotinskii), Vasilii Stepanov (Grigorii Luk'yanovich Malyuta Skuratov), Andrei Gromov (Andrei Kolychev, a courtier), Kolosov (the fool). Screen version of the drama by Dmitrii Averkiev. Preserved without titles.

The name of Vasilisa Melent'evna that beautiful and shrewd woman, had already been given to a play by Averkiev. However, the film released by the Khanzhonkov firm is a completely independent production, owing nothing to the play just mentioned. There are not many images of women in Russian history that are more suitable for reproduction in films than that of Vasilisa. An ordinary dark-haired girl almost became, through devilish cunning, Tsaritsa of Russia. Even against the mournful background of the age of Ivan the Terrible the personality of Vasilisa stands out as a particularly well-defined black spot. Her sombre exploits inspired Averkiev, the poet Mey and the painter Sedov. Now they have given inspiration to the cinema. *Vasilisa Melent'evna* is the most expensive film produced by the firm of A. Khanzhonkov during the entire season. It is performed before marvellous scenery and the costumes of the characters impress by their perfection and richness. Cer-

vanti ai giovani stupefatti, fuggì e tornò al campo dove diede libero sfogo alle sue tribolazioni e ai suoi sentimenti. I suoi complici, delusi, lo incitarono a regolare "a modo suo" i conti con il boiardo. E al colmo della gioia, quando la bella venne promessa in sposa a un vecchio boiardo, il baldo atamano si precipitò nella villa e, dopo avervi apportato una totale devastazione, rapì la bella e condusse via, legato, il vecchio boiardo. Una volta al campo venne ripetuta la preghiera per ottenere il consenso alle nozze, ma il padre, furioso, non trovò di meglio che maledire la figlia... Come un folle scappò dal covo dei banditi e si aggirò a lungo intorno al suo nido distrutto. E, là sulle rovine, trovò il modo di riflettere lungamente sul passato... Pensò all'atamano che bacia e abbraccia sua figlia... ed ecco balenargli pensieri truci... Come un pazzo, tolse il pugnale dal gambale e corse dagli strelizzi in cerca di aiuto. Nel silenzio della notte essi piombarono sul campo, assetati di vendetta. Il vecchio si lanciò sull'atamano che l'aveva offeso con il coltello in pugno... Improvvisamente giunse la bella Antonina, che si frappose tra il padre e l'atamano. Desiderosa di far scudo all'amato, divenne la vittima innocente del proprio padre impazzito. Dramma particolarmente valido, che avvince lo spettatore fino alla fine. (VK, 1911, n. 9, 28)

Василиса Мелентьевна и царь Иван Васильевич Грознрьй

VASILISA MELENT'EVNA I CAR' IVAN VASIL'EVIČ GROZNYI
VASILISA MELENT'EVNA E LO ZAR IVAN IL TERRIBILE

Dramma storico. 445 m; produzione: Hanžokov; data di release: 2.5.1911; regia/sceneggiatura: Petr Čardynin; operatore: Vladimir Siversen. Interpreti: Ljubov' Varjagina (Vasilisa Melent'evna, vedova degli appartamenti della zarina), Georgevskij (Ivan il Terribile), Aleksandra Gončarova (la zarina Anna), Petr Čardynin (il principe Mihail Ivahovič Vorotynskij), Vasilij Stepanov (Grigorij Luk'janovič Maljuta Skuratov), Andrej Gromov (il cortigiano Andrej Kolyčev), Kolosov (il giullare). Adattamento dell'omonimo dramma di Dmitrij Averkiev. Il film è conservato senza didascalie.

La figura di Vasilisa Melent'evna, donna bella ed astuta, ha già ispirato un dramma di Averkiev, ma il film, prodotto dalla società Hanžonkov, resta comunque una produzione estremamente particolare, che prescinde dal dramma già menzionato. In tutto il corso della storia russa sono poche le figure femminili che più di Vasilisa si prestano alla trasposizione cinematografica. La semplice ragazzotta bruna divenne quasi zarina grazie ad una diabolica astuzia. Anche sul cupo sfondo dell'epoca del Terribile zar, la sua figura brilla di una luce particolarmente negativa. Le sue oscure trame ispirarono Averkiev, il poeta Mej, il pittore Sedov. Ed ora hanno fornito l'ispirazione anche al cinematografo. *Vasilisa Melent'evna* è la produzione a più alto costo presentata in tutta la stagione dalla società A. Hanžonkov. Essa si snoda sullo sfondo di scenografie superlative; i costumi dei personaggi colpiscono sia per la loro ricchezza che per il rigore storico con il quale sono stati creati.

tain scenes, such as, for example, the one derived from Sedov's painting, that shows Ivan the Terrible falling in love with the sleeping Vasilisa, are extraordinarily beautiful. (VK, 1911, No. 6, 13).

A. Khanzhonkov. One aspect of cinema affairs worth mentioning is the censorship clampdown at the end of 1910. A ban was placed on showings of stories from the Old and New Testaments, portrayals of Christ, the Virgin Mary and the holy saints, the revolutionary events in Portugal, the strikes in France and Germany, portraits of members of the disbanded Duma (Muromtsev) and finally, at the same time – pornography). Some time later there followed a ban on using prominent figures of foreign states and officers of the Russian army as characters in films. The censor were

Alcune scene, come ad esempio quella ispirata al quadro di Sedov, raffigurante Ivan il Terribile che amoreggia con Vasilisa dormiente, sono straordinariamente belle. (VK, 1911, n. 6, 13)

A. Hanžonkov. Tra gli eventi rilevanti nella storia della cinematografia, bisogna ricordare la pressione della censura alla fine del 1910. Era proibito mostrare le storie del Vecchio e del Nuovo Testamento, rappresentare Cristo, la Vergine Maria e tutti i santi, la rivoluzione portoghese, gli scioperi in Francia e Germania, i membri della disciolta Duma e, infine la pornografia... Un po' di tempo dopo fu introdotto il divieto di rappresentare nei film le più alte personalità delle potenze straniere, e ugualmente gli ufficiali dell'esercito russo. In generale la censura di quel periodo era molto

generally nervous during that season. For instance, a ban was placed on *Vasilisa Melent'evna and Czar Ivan Vasil'evich the Terrible*, a historical picture of the most harmless content. After I had protested it was permitted. (1937-I, 46)

VOT TAK POTSELUI! WHAT A KISS!

Вот так поцелуй!

Alternative title
DOROGOI POTSELUI / DEAR KISS

Film declamation. Length unknown; production: D. Haritonov; release: 9.12.11 (Minsk). Cast: Nadezhda & Aleksandr Arbo.

V DNI GETMANOV IN THE DAYS OF THE HETMANS

В дни гетманов

Alternative title
GETMAN GUNYA / GUNYA THE HETMAN

Drama. 345 m; production: Pathé Frères (Moscow); release: 1.2.11; director: André Maître; cameraman: George Meyer; art director: Czeslaw Sabinski. Cast: Yu. Dol'tsev (Gunya, the hetman), Nikolai Vasil'ev (Yarosh), M. Sorokhtina (Mar'yana, his wife), V. Gorskaya (Oksana, their daughter).

Under this resounding title the firm Pathé Frères has released a film portraying the free and easy life of the Ukrainian hetmans. The love-story plot of this picture is somewhat reminiscent of Pushkin's epic poem *Poltava*. In the concluding acts, however, the film differs sharply from Pushkin's portrayal of the characters. In these scenes from Ukraine life, with its individual tone of temperament, it is as if the events are transported to somewhere in Spain or Venetian Italy. There are cowls, there are beakers of sparkling poison, there are monks in search of hospitality. Overall, however, the picture produces the desired impression by virtue of its romantic moments. The viewer is captivated by that illustrious life and the characters' complex feelings. And this, in turn, is facilitated by the wonderful setting – the rich backdrop of the Ukrainian hetmans' lavish lives. There is no doubt that this film will be in demand on the cinema market. (VK, 1911, No. 8, 12)

DACHNY MUZH A COUNTRY HUSBAND

Дачный муж

Humoresque. 210 m; film declamation; production: D. Kharitonov (Kharkov) [A. Khanzhonkov studio]; release: 13.12.11; director/script: Aleksandr Arbo. Cast: Nadezhda & Aleksandr Arbo. Screen version of a story by Anton Chekhov.

oppressiva; fu ad esempio proibita la proiezione di un film storico, assolutamente innocuo come contenuto, realizzato dalla mia casa di produzione, come *Vasilisa Melent'evna i car' Ivan Vasil'evič Groznyi*. Dopo le mie proteste la proiezione fu consentita. (1937-I, 46)

Вот так поцелуй!

VOT TAK POCELUJ!
CHE BACIO!

Titolo alternativo
DOROGOJ POCELUI / UN CARO BACIO

Film declamazione. Metraggio ignoto; produzione: D. Haritonov; data di release: 9.12.1911, (Minsk). Interpreti: Nadežda e Aleksandr Arbo.

В дни гетманов

V DNI GETMANOV
NEI GIORNI DEGLI ETMANI

Titolo alternativo
GETMAN GUNJA / L'ETMANO GUNJA

Dramma. 345 m; produzione: Pathé Frères (Mosca); data di release: 1.2.1911; regia: André Maître; operatore: George Meyer; scenografia: Czeslaw Sabinski. Interpreti: Ju. Dolčev (l'etmano Gunja), Nikolaj Vasil'ev (Jaroš), M. Sorohtina (Mar'jana, sua moglie), V. Gorskaja (Oksana, la loro figlia).

Con questo titolo altisonante la Pathé Frères ha prodotto un film che descrive la vita libera degli etmani dell'Ucraina. La storia d'amore di questo film ricorda un po' il poema di Puškin *Poltava*. Comunque nelle azioni conclusive il contenuto del film differisce notevolmente dai modelli degli eroi di Puškin. In queste scene ucraine, con alcune sfumature di carattere, gli eventi rappresentati potrebbero aver luogo in Spagna come nell'Italia di Venezia. Così è per i cappucci, così per i calici nei quali si scopre il veleno, così per i monaci che chiedono ospitalità. Ma nel complesso il film lascia una piacevole impressione per i suoi momenti romantici. Lo spettatore è attratto dalla vita suggestiva e dagli umori complessi degli eroi del film. A ciò contribuisce anche la magnifica ambientazione – il ricco sfondo della vita degli etmani ucraini. Indubbiamente, questo film sarà molto richiesto sul mercato cinematografico. (VK, 1911, n. 8, 12)

Дачный муж

DAČNYJ MUŽ
UN MARITO CAMPAGNUOLO

Umoristico. Film declamazione. 210 m; produzione: Haritonov (Har'kov) [laboratorio A. Hanžonkov]; data di release: 13.12.1911; regia/sceneggiatura: Aleksandr Arbo. Interpreti: Nadežda e Aleksandr Arbo. Adattamento dal racconto omonimo di Anton Čehov.

EVGENII ONEGIN
EUGENE ONEGIN

Евгений Онегин

Drama. 270 m; production: A. Khanzhonkov; release: 1.3.11; director/script: Vasilii Goncharov; cameraman: Louis Forestier. Cast: Lyubov' Varyagina (Tat'yana), Aleksandra Goncharova (Ol'ga), Petr Chardynin (Onegin), Andrei Gromov (Lenskii), Arsenii Bibikov (Gremin). Screen version of scenes from the opera by Petr Chaikovskii [Peter Tchaikovsky], based on the play by Aleksandr Pushkin. Preserved without titles.

The production is middling. The influence of the Tchaikovsky opera is more evident than that of Pushkin's text. The jam-making scene at the beginning really is good. But there is one small oversight by the director that must be pointed out: Olga, whom we are all accustomed to imagine as a blonde, appears with dark hair like Tatyana's. The rendezvous between Tatyana and Onegin is interestingly done. The action develops too rapidly. There are some firms that go for quantity; this company has gone to the other extreme: the scenes fly past one after the other like an express train, yet if they were afraid of making the scenes too long there was nothing to stop them even splitting Onegin into two parts. The duel scene passes with no pauses whatsoever, and virtually begins with them shooting at one another... On the whole, the Russian spirit is captured by the entire production, but in the latter scene Tatyana writes to Onegin on a decadent and over-modern desk. (VK, 1911, No. 4, 12)

ZHENIKH
THE BETROTHED

Жених

Drama. 350 m; production: Pathé Frères (Moscow); release: 10.1.12; director: Kai Hansen; cameraman: George Meyer; art director: Czeslaw Sabinski. Cast: unknown. Screen version of the story by Aleksandr Pushkin. Preserved without titles.

Евгений Онегин

EVGENIJ ONEGIN
EUGENIO ONEGIN

Dramma. 270 m; produzione: A. Hanžonkov; data di release: 1.3.1911; regia/sceneggiatura: Vasilij Gončarov; operatore: Louis Forestier. Interpreti: Ljubov' Varjagina (Tat'jana), Aleksandra Gončarova (Ol'ga), Petr Čardynin (Onegin), Andrej Gromov (Lenskij), Arsenij Bibikov (Gremin). Adattamento dell'opera di Čajkovskij, tratta a sua volta dall'omonimo romanzo di Aleksandr Puškin. Il film è conservato senza didascalie.

L'allestimento è risultato mediocre. L'influenza dell'opera di Čajkovskij è maggiore di quella del testo di Puškin. È effettivamente buona la scena iniziale. Non si può fare a meno di notare la svista del giovane regista: Ol'ga, che noi siamo abituati a immaginarci come una biondina, viene rappresentata da una donna dai capelli bruni, uguali a quelli di Tat'jana. È realizzato in modo interessante l'appuntamento di Tat'jana con Onegin. Troppo impetuoso lo sviluppo dell'azione. Ci sono case di produzione che fanno il possibile per allungare il film; questa fa esattamente il contrario. I quadri si susseguono uno dopo l'altro di gran carriera; non sarebbe stato male se, senza timore di prolungare troppo le riprese, avessero diviso l'Onegin in due parti. La scena del duello procede senza una pausa e comincia subito con i colpi dei duellanti... Lo spirito russo è mantenuto in tutto l'allestimento... ma nella scena della lettera scritta da Tat'jana a Onegin, il tavolo decadente usato è troppo moderno. (VK, 1911, n. 4, 12)

Жених

ŽENIH
IL FIDANZATO

Dramma. 350 m; produzione: Pathé Frères (Mosca); data di release: 10.1.1912; regia: Kai Hansen; operatore: George Meyer; scenografia: Czeslaw Sabinski. Interpreti: ignoti. Adattamento dell'omonima favola di Aleksandr Puškin. Il film è conservato senza didascalie.

ZHIVOI TRUP
THE LIVING CORPSE

Живой труп

Drama in 30 scenes. 300 m; production: R. Perskii; release: 27.12.11; director: V. Kuznetsov & Boris Chaikovsky; script: Robert Perskii; cameraman: Noske. Cast. Nikolai Vasil'ev (Fedya Protasov), E. Pavlova (Masha), Mariya Blyumental'-Tamarina (Liza), Ol'ga(?) Baranova (her mother), V. Kuznetsov (the investigator), Kramer (Viktor), Margarita Chernova (Karenina), Aleksandr(?) Repnin (Prince Abrezkov), Yuliya Vishnyakova (Sasha), Viktor(?) Viktorov (Aleksandrov), Eduard Kul'ganek (Afrenov), Chertov. Screen version of the play by Lev Tolstoi.

The cinematographic sensation *The Living Corpse* that has been discarded onto the market, though produced along the lines of the original work, made a pitiful impression on us. The only decent actor in it is Fedya Protasov (Vasilev); the rest is performed in a kind of pseudo-historic style, hastily, with hardly any set and with no understanding of the play's purpose. From the technical point of view the picture is symptomatic, lending itself to no description at all – an utter disgrace. Shame upon you sirs, worshippers of fame and lucre. (VK, 1911, No. 20, 12)

At the beginning of October the Furor and Effekt cinemas of Ufa both showed *The Living Corpse* at the same time, attracting massive audiences. The picture produces the most pitiful impression. It is very badly photographed: everything's misty and poorly-lit, there's a continuous "rain" effect, and there are breaks and gaps in it. Clearly the manufacturer was pursuing purely mercantile aims and was in a hurry to release the film as soon as possible. One might think that in filming a work by a world-renowned genius such as L. N. Tolstoi, a more serious approach should have be taken. (SF, 1911, No. 3, 27)

Живой труп

ŽIVOJ TRUP
IL CADAVERE VIVENTE

Dramma in 30 scene. 300 m; produzione: R. Perskij; data di release: 27.12.1911; regia: V. Kuznecov, Boris Čajkovskij; sceneggiatura: Robert Perskij; operatore: Noske. Interpreti: Nikolaj Vasil'ev (Fedja Protasov), E. Pavlova (Maša), Marija Bljumental'-Tamarina (Liza), Ol'ga (?) Baranova (sua madre), V. Kuznecov (l'investigatore), Kramer (Viktor), Margarita Černova (Karenina), Aleksandr (?) Repnin (Il principe Abrezkov), Julija Viščnjakova (Saša), Viktor (?) Viktorov (Aleksandrov), Eduard Kul'ganek (Afrenov), Čertov. Adattamento dell'omonimo dramma di Lev Tolstoj.

È stato lanciato sul mercato il film d'effetto *Živoj trup* che, per quanto l'allestimento sia fedele all'originale, ha prodotto su di noi una ben misera impressione. Tra gli interpreti l'unico discreto è Fedja Protasov (Vasil'ev), tutti gli altri recitano secondo un gusto pseudoantico, in modo molto approssimativo, nella quasi assenza di scenografie e senza capire veramente i propri ruoli. Dal punto di vista tecnico il film ha un che di sintomatico, di indescrivibile, nel complesso una vera vergogna. Sì, proverete vergogna, signori ammiratori del grande nome e del vitello d'oro. (VK, 1911, n. 20, 12)

All'inizio di ottobre è stato presentato contemporaneamente presso i teatri Furor e Effekt il film *Živoj trup*, che ha riscosso grande successo di pubblico. L'impressione suscitata dalla pellicola è però, a dir poco, pietosa. Pessima la fotografia, avvolta in una nebbia perenne, affatto nitida e attraversata da un'ininterrotta "pioggerellina", senza contare i parziali strappi e i fotogrammi bianchi. Evidentemente il curatore del film non ha fatto che perseguire meri fini commerciali puntando semplicemente ad affrettarne il lancio sul mercato. Sembrerebbe però che la trasposizione cinematografica del soggetto di un genio del calibro di Lev Nikolaevič Tolstoj dovesse meritare maggiore serietà e considerazione. (SF, 1911, n. 3, 27)

Князь Серебряный

KNJAZ' SEREBRJANYJ
IL PRINCIPE SEREBRJANYJ

Dramma storico. 3 bobine; 1156 m; produzione: A. Hanžonkov i Co. Spa; data di release: 25.10.1914 (Mosca), 2.5.1914 (Pietroburgo); operatori: Louis Forestier e Aleksandr Ryllo. Interpreti: Andrej Gromov (Nikita Romanovič, il principe d'argento), Georgevskij (lo zar Ivan il Terribile), Vasilij Stepanov (la guardia Andrej Morozov), Aleksandra Gončarova (Elena Dmitrievna, sua moglie), Petr Birjukov (Afanasij Ivanovič Vjazemskij), N. Semenov (Maksim Skuratov, figlio di Maljuta), Kolosov (il giullare). Adattamento dell'omonimo romanzo di Aleksej Konstantinovič Tolstoj. Il film è conservato senza didascalie.

Tornato in patria dopo 5 anni di assenza, il principe Nikita Romanovič Serebrjanyj rimane colpito dai nuovi ordini, introdotti nella vita del popolo russo dagli *opričiniki* – i favoriti dello zar Ivan il Terribile. Ma rimane ancora più stupefatto alla notizia del matri-

KNYAZ' SEREBRYANYI
THE SILVER PRINCE

Князь Серебряный

Historical drama. 3 reels; 1156 m; production: A. Khanzhonkov & Co. Ltd.; release: 25.10.14 (Moscow), 2.5.14 (St Petersburg); cameramen: Louis Forestier & Aleksandr Ryllo. Cast: Andrei Gromov (Nikita Romanovich, the Silver Prince), Georgievskii (Tsar Ivan Vasil'evich the Terrible), Vasilii Stepanov (Andreevich Morozov, a guard), Aleksandra Goncharova (Elena Dmitrievna, his wife), Petr Biryukov (Afanasii Iavanovich Vyazemskii), N. Semenov (Maksim Skuratov, son of Malyuta), Kolozov (the fool). Screen version of the novel by Aleksei Konstantinovich Tolstoi. Preserved without titles.

Returning to his own country after five years, Prince Nikita Romanovich Serebryanyi is horrified by the new rules brought in by the oprichiniki, supported by the Tsar Ivan the Terrible, affecting the life of Russian people. But he is even more appalled at the news of the wedding of Elena, his fiancée, who has married, without loving him, the old boyar Morozov, his father's friend: she could no longer bear to be molested and courted by the odious oprichinik Vyazemskii. Elena tells her beloved everything, waiting resignedly for his judgement and curse on her. But Serebryanyii understands what a sad and bitter fate is awaiting for her and he feels in his heart even stronger hatred towards Afanasii Vyazemskii. Having had the Tsar's permission to act at his own discretion, Vyazemskii, together with the oprichiniki, moves towards Morozov's estate in order to kidnap Elena. The gang bursts into the villa, destroying everything. Vyazemskii grabs Elena and, tasting victory, rides away on his horse. But Prince Serebryanyi is

monio di Elena, la sua fidanzata, che ha sposato, senza amarlo, il vecchio boiardo Morozov, amico di suo padre: non poteva più sopportare le insolenti molestie e il corteggiamento dell'odioso *opričinik*, il principe Vjazemskij. Elena racconta tutto al suo amato, nell'attesa rassegnata del suo giudizio e della sua maledizione. Ma Serebrjanyj capisce perfettamente quale triste e amaro destino la attenda e, con forza ancora maggiore, si accende nel suo animo l'odio nei confronti di Afanasij Vjazemskij. Avuto il permesso dallo zar di agire a propria discrezione, Vjazemskij insieme agli *opričiniki* si dirige verso la tenuta del boiardo Morozov con l'unico scopo di rapire Elena. Tra urla e grida la turba scalmanata fa irruzione distruggendo e rovinando ogni cosa. Vjazemskij afferra Elena e, assaporando la vittoria, corre via a briglia sciolta sul buon cavallo. Ma il principe Serebrjanyj è all'erta. Con un colpo preciso ferisce Vjazemskij che cade incosciente da cavallo. Elena riesce a correre via e a nascondersi, ma Nikita Romanovič viene raggiunto. Il servo del principe, Miheič, decide di salvare il suo padrone. Giunto al covo dei briganti, li convince a salvare l'amato principe e, nonostante la resistenza di Serebrjanyj, che ha promesso allo zar di sottostare alla sua volontà, lo liberano a viva forza. Intanto Morozov chiede giustizia allo zar per l'offesa arrecategli da Vjazemskij. Lo zar propone di redimere la questione con un duello. Vjazemskij è scaltro e, con il pretesto della mano ferita, chiede di essere sostituito nel duello dall'*opričinik* Homjak – uomo dalla forza prodigiosa. L'orgoglio di boiardo non consente a Morozov di battersi con l'*opričinik* e in sua vece, contro Homjak, si batte Mit'ka il brigante, che con un colpo uccide l'*opričinik*. Ma le umiliazioni non sono ancora finite per Morozov. Invitatolo ad un banchetto, lo zar, violando la legge delle precedenze di corte, fa sedere il boiar-

on guard. He wounds Vyazemskii who, unconsciuos, falls off his horse. Elena manages to run away and hide herself, but Nikita Romanovich is caught. His servant, Miheich, decides to save his master. Once at the bandit's haunt he persuades them to save the beloved prince and, despite Serebryanyi's resistance, who had promised the Tsar he would obey him, they free him by force. Meanwhile Morozov demands justice to the Tsar for the offence he received from Vyazemskii. The latter is cunning and, putting forward his wounded hand, he asks to be repleaced in the duel by oprichinik Homyak - a man of extraordinary strength. The boyar's pride doesn't allow Morozov to fight against the oprichinik; Mikhail the bandit fights in his place and kills the oprichinik. But humiliations aren't over for Morozov. The Tsar invites him to a banquet and, breaking the law of "mestnichenstvo", makes him sit at a lower table than Vyazemskii's. The old boyar doesn't stand for the offence and pays with his life for his courage and disobedience. Serebryanyi seeks his Elena for a long time and, when he finds her, he discovers that she has taken her vows. For the last time they look in one another's eyes, their gazes full of torment and love; for the last time they ask each other forgiveness. (VGIK, KSK, papka 9, inv. No. 16583)

MEIER YUZEFOVICH
MEIR EZOFOWICZ

Мейер Юзефович

Drama. 650 m; production: Globus & Sphinx; release: 26.10.11; director: A. Gerts. Cast: Józef Zieliński. Screen version of the novel by Eliza Orzeszkowa. One reel preserved without titles.

do ad un tavolo più basso di quello occupato da Vjazemskij. Non tollerando l'offesa, il vecchio boiardo si ribella e paga con la morte il suo coraggio e la sua disubbidienza. Serebrjanyj cerca a lungo la sua Elena e, quando la trova, scopre che ha preso i voti. Nel grande giardino del monastero due meste figure, per l'ultima volta si guardano negli occhi, e dal loro sguardo si effondono amore e tormento; per l'ultima volta si dicono "perdono". (VGIK, KSK, papka 9, inv. n. 16583)

Мейер Юзефович

MEJER JUZEFOVIČ
MEIR EZOFOWICZ

Dramma. 650 m; produzione: Globus e Sfinx; data di release: 26.10.1911; regia: A. Gerc. Interpreti: Jozef Zielinski. Riduzione dell'omonimo romanzo di Eliza Orzeszkowa. Conservato incompleto (1 bobina), senza didascalie.

На бойком месте

NA BOJKOM MESTE
IN UN LUOGO ANIMATO

Dramma. 420 m; produzione: ignota; regia/sceneggiatura: Petr Čardynin; operatore: Louis Forestier. Interpreti: Arsenij Bibikov (Vukul Bessednyj), Ljubov' Varjagina (Evgenija, sua moglie), Vera Orlova (Annuška, sua sorella), Petr Birjukov (Petr Neputevyi), Ivan Mozžuhin (il suo fattore), P. Knorr (Žukk, bracciante di Bessudnyj). Adattamento dell'omonimo dramma di Aleksandr Ostrovskij. Il film è conservato senza didascalie.

Оборона Севастополя

OBORONA SEVASTOPOLJA
LA DIFESA DI SEBASTOPOLI

Titolo alternativo
VOSKRESNYJ SEVASTOPOL' / SEBASTOPOLI RISORTA

Dramma storico. 2000 m; produzione: Hanžonkov; data di release: 9.12.1911. Prima proiezione al Conservatorio di Mosca il 15.10.1911 e a Yalta il 14.11.1911; regia/sceneggiatura: Vasilij Gončarov e Aleksandr Hanžonkov; operatori: Louis Forestier e Aleksandr Ryllo; scenografia: V. Fester; musica: Georgij Kazačenko. Interpreti: Andrej Gromov (Nahimov), N. Semenov (il marinaio Koška), O. Petrova-Zvanceva (vivandiera), Ivan Mozžuhin (Kornilov, ed aiutante dell'ambasciatore al seguito di Men'šikov), A. Gorin-Gorjanov, Boris Borisov, Petr Birjukov, Arencvari (l'imperatrice Evgenija).

A. Hanžonkov. L'accordo verbale con Gončarov fu breve: io gli avrei dato la somma necessaria per far fronte alle spese imminenti (ivi compresi l'abito da cerimonia e il cilindro), nonché la procura a presentare la petizione in mio nome, ed egli si impegnava a tornare entro un mese con l'autorizzazione imperiale per l'allestimento del film *Oborona Sevastopolja* oppure a non tornare mai più nel

NA BOIKOM MESTE
IN A BUSY PLACE

На бойком месте

Drama. 420 m; production/release: unknown; director/script: Petr Chardynin; cameraman: Louis Forestier. Cast: Arsenii Bibikov (Vukul Bessudnyi), Lyubov' Varyagina (Evgeniya, his wife), Vera Orlova (Annushka, his sister), Petr Biryukov (Petr Neputevyi), Ivan Mosjoukine (Mozzhukhin) (his steward), Pavel Knorr (Zhukk, Bessudnyi's workman). Screen version of the play by Aleksandr Ostrovskii. Preserved without titles.

OBORONA SEVASTOPOLYA
THE DEFENCE OF SEBASTOPOL

Оборона Севастополя

Alternative title
VOSKRESNII SEVASTOPOL' / SEBASTOPOL RESURRECTED

Historical drama. 2000 m; production: Khanzhonkov; release: 9.12.11. Prior screening in the Moscow Conservatoire on 15.10.11 and in Yalta on 14.11.11; director/script: Vasilii Goncharov & Aleksandr Khanzhonkov; cameramen: Louis Forestier & Aleksandr Ryllo; art director: V. Fester, music: Georgii Kazachenko. Cast: Andrei Gromov (Nakhimov), N. Semenov (Koshka, a sailor), O. Petrova-Zvantseva (sutler), Ivan Mosjoukine (Kornilov, and an associate of the envoy of the Melnikov retinue), A. Gorin-Goryainov, Boris Borisov, Petr Biryukov, Arentsvari (Empress Evgeniya).

A. Khanzhonkov. My verbal agreement with Goncharov was a short one: I would pay the expenses to be incurred and give him a warrant of intercession on by behalf, while he pledged either to return within a month with the "highest" permission to film *The Defence of Sebastopol* or else never to return to our office again. Before a month had passed Goncharov sent an enormous and sensational telegram from St Petersburg to say that his application had been a complete success: not only had troops and naval units been placed at the disposal of our firm, but throughout the empire we could count on total cooperation and assistance from the authorities in making this under the "highest" patronage. In this undertaking Goncharov demostrated his first class skills as an organizer: his energy, good management and economy were beyond any criticism. But as a man of letters and the author of the historical scenario he totally failed to justify the hopes placed in him. It was a collection of separate military and domestic episodes with no internal connection between them. Goncharov argued ferociously that each of the episodes was essential. He demanded that the removal of a barbaric scene in which the shell-smashed leg of a brigadier general was sawn off in the sick-bay be compensated for by the inclusion of an oriental ballet in the scene "Reception by the Turkish Envoy". The ballet was clearly irrelevant, but we had to agree to it. Finally, after cutting several scenes, we started filming. But at that point our director, afraid of bearing responsability for historical inaccuracy, shuddered and once and for all refused to stage the war scenes. He asked me, as a former soldier, to undertake the job, promising me his help and cooperation. And

nostro studio... Dopo meno di un mese, da Pietroburgo giunse un incredibile telegramma di Gončarov, in cui ci annunciava il pieno successo della sua missione: non solo le truppe e le unità necessarie della flotta erano a disposizione della nostra casa di produzione, ma in tutto l'impero potevamo contare sulla piena collaborazione e l'aiuto delle autorità per l'allestimento del film patrocinato dall'imperatore... Come organizzatore Gončarov, in questa impresa, mostrò la sua grande classe: la sua energia, la sua capacità organizzativa e la sua parsimonia erano al di sopra di ogni critica. Ma nonostante ciò, come letterato e sceneggiatore storico, deluse purtroppo le speranze riposte in lui... basti pensare alla composizione dei singoli episodi di vita e di battaglie, di per sé sconnessi... Gončarov difendeva la scelta di ogni episodio a spada tratta. Quando decisero di eliminare la barbara scena (di taglio naturalista), in cui la gamba del generale di brigata, fratturata da un proiettile, viene segata nel lazzaretto, dove il cloroformio è sostituito da un coro, l'autore richiese, come compensazione, l'introduzione di un balletto orientale nella scena "Il ricevimento dall'ambasciatore turco". Il balletto, naturalmente, era inutile, ma dovemmo acconsentire... Alla fine, dopo aver ridotto qualche scena, ci accingemmo a riprendere... Ed ecco che... il nostro regista, intimidito dalla responsabilità per le imprecisioni storiche, esitò e infine si rifiutò di realizzare le scene di guerra. Mi chiese, come ex-soldato, di assumere quell'incarico, assicurandomi la sua collaborazione e il suo aiuto... Ma, quando avevamo già cominciato a riprendere la fine dell'assalto, cioè quando i soldati all'attacco, dopo aver subito gravi perdite, avrebbero dovuto essere in preda al panico e quindi ritirarsi davanti alla tenacia dei difensori russi, seminando cadaveri nel terrapieno, successe qualcosa di imprevisto... All'improvviso, un nuovo distaccamento di zuavi francesi sfondò attraverso il fossato in direzione del terrapieno e, muovendosi davanti ai soldati che si ritiravano, intraprese un nuovo attacco... Il loro superiore, un generale francese con il fez alla turca, superate le prime file, urlava, agitando la sciabola: "Fratelli, non copria-

then, when we had begun filming the end of the assault, that is, when the attackers, "suffering terrible losses", were supposed to retreat in panic fear before the steadfastness of the Russian defenders, bestrewing the rampart with their corpses, something unexpected occurred. Suddenly, some new detachment of French Zouaves breaks through the moat to the rampart and, passing the retreating soldiers, begins a new attack. Their leader – a French general in a Turkish fez – overtakes the front ranks and, brandishing his sword, shouts: "Brothers, let us not disgrace our weapons! Follow me!" And he leads them right up to the gun-ports. We could not believe our eyes when we recognized that general as Goncharov. On completing *The Defence of Sebastopol*, Goncharov, with unfading energy, began work on the music for his creation. With tears of emotion he would make sure that the music was "in synchronization" with the image on the screen. That synchronization played him a nasty joke at the very worst moment and in the most unsuitable place when, during the showing of *The Defence of Sebastopol* for the court and the Czar's family in Livadia, to our horror, the dances on the bastion were partly accompanied by church singing, and the carrying of the icon by the rollicking motif *The Landowners' Wives*. (1936, 12-14, 22-23)

V. Stepanov. *The Defence of Sebastopol* is indelibly imprinted on my memory. I shall not describe what occurs on the screen, but I shall describe what occurred both behind and beside the screen. The stage pianist was striking the base keys ferociously, behind the screen they were beating iron sheets, a drum and something else, and now and then revolver shots rang out. And when on the screen the cannon joined the action, behind the screen they fired guns with a reduced charge. There was gunpowder gas in the hall, the spectators were jumping up and down from the shots, the beam of light from the projection box could scarcely penetrate the smoke and the hall was quite light from the reflection. The public started to protest: the film was halted so that the room could be ventilated. The showing was then completed with reduced sound effects. On leaving, I picked up from the floor a small spent cartridge and kept it for a long time as a souvenir. (1977, 4)

POSLEDNII NYNESHNII DENECHEK
THIS LAST LITTLE DAY

Последний нынешний денечек

Drama in 8 scenes. 310 m; production: Khanzhonkov; release: 27.9.11; director/script: Petr Chardynin; cameraman: Louis Forestier. Cast: Petr Biryukov (Ivan), Aleksandra Goncharova (Tanya), Praskov'ya Maksimova & Pavel Knorr (Tanya's parents). Screen version of a Russian folk song.

"This last little day / I spend with you, friends... / Tomorrow at first light, / All my family will weep... / My brothers, my sisters... / Father and mother will weep, / And my beloved too... ". This sad song is a great favourite amongst the people. Cinema has succeeded in capturing the image of the song. Young Ivan, leaving for the army, says farewell to his comrades, carouses with them

mo d'infamia la nostra arma!" E li condusse in alto verso le cannoniere. Non credevamo ai nostri occhi, quando riconoscemmo nel generale il nostro Gončarov!... Terminato l'allestimento di *Oborona Sevastopolja*, Gončarov si dedicò, con rinnovata energia, al commento musicale della sua creazione... Commosso fino alle lacrime seguiva la "sincronizzazione" della musica con la proiezione sullo schermo. Questa sincronizzazione gli giocò un brutto scherzo proprio nel momento e nel luogo meno opportuni, quando *Oborona Sevastopolja* fu proiettato a Livadija per la corte e la famiglia dello zar: nello sbigottimento di noi tutti, le danze sul bastione erano in parte accompagnate da canti liturgici, e il trasporto dell'icona aveva luogo al suono dell'allegro motivo *Barinia*. (1936, 12-14, 22-23)

V. Stepanov. *Oborona Sevastopolja* ha lasciato un'impronta indelebile nella mia memoria. Non descriverò ciò che veniva proiettato sullo schermo, ma piuttosto quello che succedeva dietro e vicino allo schermo. Il pianista batteva furiosamente sui tasti dei bassi del pianoforte, dietro lo schermo battevano su piastre di ferro, sul tamburo e ancora su qualcosa, qua e là risuonavano dei veri colpi di revolver, e quando sullo schermo si sparava, dietro lo schermo i fucili sparavano cariche meno forti. Nella sala si alzava il fumo della polvere da sparo e gli spettatori sobbalzavano agli spari. Il fascio di luce dalla cabina di proiezione penetrava appena attraverso il fumo e la sala era illuminata a giorno per il riverbero. Il pubblico cominciò a protestare e la proiezione fu interrotta per arieggiare il locale. Poi, con dei modesti effetti sonori, la proiezione fu portata a termine. Uscendo, raccolsi da terra un piccolo bossolo che ho tenuto a lungo come souvenir. (1977, 4)

Последний нынешний денечек

POSLEDNIJ NYNEŠNIJ DENEČEK
QUEST'ULTIMA BREVE GIORNATA

Dramma in 8 scene.310 m; produzione: Hanžonkov; data di release: 27.9.1911; regia/sceneggiatura: Petr Čardynin; operatore: Louis Forestier. Interpreti: Petr Birjukov (Ivan), Aleksandra Gončarova (Tanja), Praskov'ja Maksimova e Pavel Knorr (genitori di Tanja). Adattamento di una canzone popolare russa.

Oggi è l'ultimo giorno / Che passeggio con voi, amici... / E domattina alle prime luci / Tutta la mia famiglia piangerà... / Piangeranno i miei fratelli, le mie sorelle... / Piangeranno mia madre e mio padre / Piangerà la mia amata... / Questa triste canzone è molto nota al popolo. Il cinema è riuscito a farne rivivere sullo schermo i personaggi. Il giovane Ivan sta per andare soldato, e si accomiata dagli amici, passeggia con loro per l'ultima volta, dopo aver detto addio all'amata Tanja. Il mattino seguente tutta la famiglia lo accompagna con le lacrime agli occhi. Tanja, per abbracciare il suo amato, aspetta che sia lontano dal villaggio, e Ivan si libera con fatica dagli abbracci della fanciulla. Passa del tempo... Finisce la leva per il giovane Ivan. Da casa riceve buone nuove: Tanja lo aspetta, lo ama come sempre. Le nozze saranno celebrate in occasione

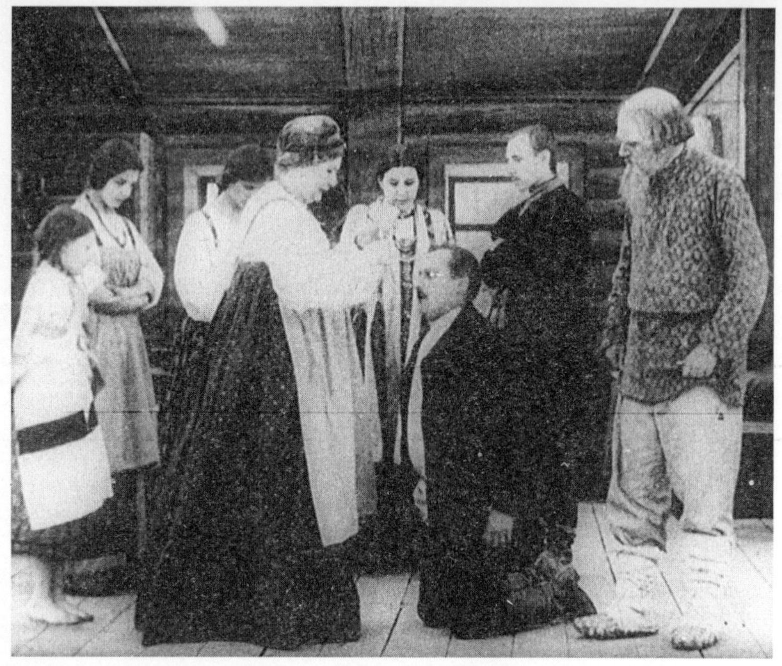

for the last time, having already said farewell to Tanya, his betrothed. The next morning the whole family sees him off in tears. Tanya awaits her dear one far from the village to embrace him, and with difficulty Ivan tears himself away from her embraces. Time passes... Ivan completes his service. He receives joyful letters from home: Tanya awaits him and loves him as before. The wedding is set for the Pokrov celebrations and there remain only a few days before his joyful reunion with his family. But then a watch detachment is formed and Ivan has to spend his last night on duty in the mountains. A stray Circassian bullet passes straight through his chest and the poor man dies... (KK, 1911, No. 15, 1/X, 1)

ROMAN S KONTRABASOM
ROMANCE WITH DOUBLE-BASS

Роман с контрабасом

Miniature. 240 m; production: Pathé Frères (Moscow); release: 24.9.11; director: Kai Hansen; script/art director: Czeslaw Sabinski; cameraman: George Meyer. Cast: V. Gorskaya (Princess Bibulova). Screen version of the story by Anton Chekhov. Preserved without titles.

If we are not mistaken, this is the first cinema interpretation of Chekhov's works. And one must give them their due – they have treated it with all the respect owed to the name of Anton Pavlovich. This excellently-acted film is further distinguished by the striking purity and richness of the photography and the beauty of the locations in which the action takes place. (SF, 1911, No. 2, 12)

A completely *sui generis* comic film, with a sustained rhythm and lots of unexpected twists. It is not Cretinetti or Sennett style gags that interest the director so much as the subtle erotic possibilities derived from the parallel between the double-bass and the female body. L.C.

del Pokrov [festa religiosa, Ndt.], e solo pochi giorni lo separano dal gioioso incontro con i congiunti. Ma arriva l'ordine di formare un reparto di picchetto, e Ivan deve montare di guardia sulle montagne l'ultima notte. La palla vagante di un circasso lo colpisce al petto passandolo da parte a parte, e il povero Ivan muore... (KK, 1911, n. 15, 1/X, 1)

Роман с контрабасом

ROMAN S KONTRABASOM
RACCONTO CON UN CONTRABBASSO

Una comica sui generis dal ritmo sostenuto e dalle molte svolte imprevedibili. Non sono le gag alla Cretinetti, o alla Sennett, ad interessare al regista, quanto le sfumature erotiche del parallelo tra contrabbasso e corpo femminile. L.C.

Miniatura. 240 m; produzione: Pathé Frères (Mosca); data di release: 24.9.1911; regia: Kai Hansen; sceneggiatura/scenografia: Czeslaw Sabinski; operatore: George Meyer. Interpreti: V. Gorskaja (la principessa Bibulova). Adattamento dal racconto omonimo di Anton Čehov. Il film è conservato senza didascalie.

Questa, se non andiamo errati, è la prima rappresentazione di un'opera di Čechov sullo schermo del cinema. E bisogna riconoscere, che l'opera è stata trattata con il rispetto che il nome di Anton Pavlovič merita. Ottima l'interpretazione del film, che si distingue per la fotografia, incredibilmente espressiva e accurata, e la bellezza degli scenari in cui si svolge l'azione. (SF, 1911, n. 2, 12)

S PLAKHI POD VENETS
FROM THE EXECUTIONER'S BLOCK TO THE CROWN

С плахи под венец

Scenes from ancient Russian life. 290 m; production: Pathé Frères (Moscow); release: 24.9.11; director: Kai Hansen; cameraman: George Meyer; art director: Czeslaw Sabinski. Cast: Nikolai Vasil'ev (the old prince), S. Volkova (Tat'yana, his daughter), M. Zvezdich (the princeling), N. Nirov (Zoba, a drunkard). Preserved without titles.

SVETIT, DA NE GREET
IT SHINES BUT DOES NOT WARM

Светит, да не греет

Drama. 355 m; production: Khanzhonkov; release: 22.10.11; director/script: Petr Chardynin; cameraman: Louis Forestier. Cast: L. Varyagina (Reneva), Petr Biryukov (Robachev), Aleksandra Goncharova (Olya), Arsenii Bibikov (Vasil'kov). Screen version of the play by Aleksandr Ostrovskii & Nikolai Solov'ev. Preserved without titles.

L. Forestier. In the spring of 1911 I shot two films outdoors almost simultaneously. One of them was *This Last Little Day* – an adaptation of the well-known folk song – and the other was *It Shines But Does not Warm* from Ostrovskii. Both pictures were directed by Chardynin. We filmed the latter in record time – three days. All the episodes were filmed on the terrace or in the garden of the summer house in Krylatskoye and on the banks of the Moscow River. (1945, 43)

С плахи под венец

S PLAHI POD VENEC
DAL PATIBOLO ALL'ALTARE

Scene di antica vita russa. 290 m; produzione: Pathé Frères (Mosca); data di release: 24.9.1911; regia: Kai Hansen; operatore: George Meyer; scenografia: Czeslaw Sabinski. Interpreti: Nikolai Vasil'ev (il vecchio principe), S. Volkova (Tat'jana, sua figlia), M. Zvezdič (il figlio del principe), Nikolaj Nirov (Zoba l'ubriacone). Il film è conservato senza didascalie.

Светит, да не греет

SVETIT, DA NE GREET
SPLENDE MA NON RISCALDA

Dramma. 355 m; produzione: Hanžonkov; data di release: 22.10.1911; regia/sceneggiatura: Petr Čardynin; operatore: Louis Forestier. Interpreti: Ljubov' Varjagina (Reneva), Petr Birjukov (Robačev), Aleksandra Gončarova (Olja), Arsenij Bibikov (Vasil'kov). Adattamento dell'omonimo dramma di Aleksandr Ostrovskij e di Nikolaj Solov'ev. Il film è conservato senza didascalie.

L. Forestier. Nella primavera del 1911, girai gli esterni di due film quasi contemporaneamente. Uno dei due era *Poslednij nynešnij deneček*, adattamento cinematografico della nota canzone popolare, l'altro *Svetit, da ne greet*, tratto dall'opera di Ostrovskij. Entrambi i film furono messi in scena dal regista Čardynin. Le riprese di *Svetit, da ne greet* furono girate a tempo di record: tre giorni. Tutte le scene furono riprese sulla terrazza e nel giardino della dacia a Krylatskij, e sulla riva della Moscova. (1945, 43)

SKAZKA O RYBAKE I RYBKE
THE TALE OF THE FISHERMAN AND THE LITTLE FISH

Сказка о рыбаке и рыбке

Fairy-tale. 390 m; production: Pathé Frères (Moscow); release: 26.12.11; director: Kai Hansen; script/art director: Czeslaw Sabinski; cameraman: George Meyer. Cast: Nikolai Vasil'ev (old man), Lidiya Sycheva (old woman). Screen version of the story by Aleksandr Pushkin. Preserved without titles.

The latest picture in the Russian series is *The Tale of the Fisherman and the Little Fish,* an interpretation of Pushkin's well-known poem. We shall not set forth the plot, which everyone knows. We shall merely say that so much energy and so much love for the task has been invested in its execution that it cannot fail to take an outstanding place among Russian productions. It is enough to mention that, for the maritime scenes, a special trip was undertaken to a certain sea-coast where the scenery fitted the description given by the poet. Incidentally, the writer of these lines took part in this trip, as a spectator, and was able to appreciate with his own eyes the difficulties which have to be overcome by those who make films. And it must be said that their work has not been done in vain. They have achieved just what they set out for, and this is their best reward. The film will undoubtedly have great success. Along with everything else this will be assured by the splendid acting of Madame Sycheva and Mr Vasil'ev in the roles of the old woman and the old man. (SF, 1911, No. 4, 14)

A very popular fairy tale treated as a series of vignettes in the naive style in which the surreal element of the big papier-mâché fish contrasts with the dazzling natural settings. The condensation of narrative time exemplifies a type of editing which is already far from primitive. L.C.

KHOKHOL NAPUTAL ILI DENSHCHIK PODVEL
THE TOPKNOT'S MISTAKE, OR THE BATMAN'S FAILURE

Хохол напутал или деньщик подвел

Film declamation. Length unknown; production: D. Kharitonov's Apollo cinema (Pathé Frères); release: 6.12.11, Minsk. Cast: Nadezhda & Aleksandr Arbo.

Сказка о рыбаке и рыбке

SKAZKA O RYBAKE I RYBKE
LA FIABA DEL PESCATORE E DEL PESCIOLINO

Favola. 390 m; produzione: Pathé Frères (Mosca); data di release: 26.12.1911; regia: Kai Hansen; operatore: George Meyer; sceneggiatura/scenografia: Czeslaw Sabinski. Interpreti: Nikolaj Vasil'ev (il vecchio), Lidija Syčeva (la vecchia). Adattamento dell'omonima favola di Aleksandr Puškin. Il film è conservato senza didascalie.

Una fiaba popolarissima trattata come una serie di quadretti naif, nei quali l'elemento surreale del gran pesce di cartapesta si scontra con le abbaglianti scenografie naturali. La condensazione del tempo narrativo evidenzia un tipo di montaggio ormai tutt'altro che primitivo. L.C.

La prossima pellicola della serie russa sarà *Skazka o rybake i rybke*, liberamente tratta dal noto poema di Puškin. In questa sede non ci sembra opportuno soffermarci sui contenuti narrativi dell'opera universalmente nota, quindi ci limiteremo a sottolineare che la trasposizione cinematografica è frutto di tali sforzi e di tale dedizione da occupare di diritto un posto di rilievo tra le produzioni russe. A tale proposito basterà rilevare che, per la realizzazione delle scene marine, è stata organizzata un'apposita spedizione su un litorale, simile per configurazione a quello descritto dal poeta. Si trattò di un viaggio al quale prese parte, in qualità di spettatore, anche chi scrive, avendo così modo di rendersi personalmente conto delle difficoltà affrontate dalla troupe. Occorre comunque aggiungere che non si trattò di sacrifici inutili e tutti coloro che hanno preso parte alla realizzazione della pellicola hanno ottenuto ciò cui maggiormente aspiravano, e questa resta per loro la miglior ricompensa. La pellicola è indubbiamente destinata ad avere grande successo. A ciò contribuiscono prima di tutto la fantastica interpretazione della Syčeva e di Vasil'ev, nei rispettivi ruoli della vecchia e del vecchio. (SF, 1911, n. 4, 14)

Хохол напутал или деньщик подвел

HOHOL NAPUTAL ILI DENŠČIK PODVEL
L'ERRORE DELL'UCRAINO O LA BRUTTA FIGURA DELL'ATTENDENTE

Film declamazione. Metraggio ignoto; produzione: Cinema Apollo di D. Haritonov (Pathé Frères); data di release: 6.12.1911 (Minsk). Interpreti: Nadežda e Aleksandr Arbo.

BARYSHNYA-KREST'YANKA
THE LADY PEASANT

Барышня-
крестьянка

Comedy. 343 m; production: Varyag; release: 8.3.12; director: Petr Chardynin. Cast: Arsenii Bibikov (Muromskii), Aleksandra Goncharova (Liza, his daughter), Pavel Knorr (Berestov), Andrei Gromov (Aleksei, his son). Screen version of the story by Aleksandr Pushkin. Preserved without titles.

BRAT'YA-RAZBOINIKI
THE BRIGAND BROTHERS

Братья-
разбойники

Drama. 583 m; production: Khanzhonkov; date: 1912; director/script: Vasilii Goncharov; cameraman: Aleksandr Ryllo. Cast: Arsenii Bibikov, Ivan Mosjoukine (the brigand brothers), Vasilii Stepanov (landlord), Dolinina (his daughter), Aleksandra Goncharova (his niece). Screen version of the poem by Aleksandr Pushkin. The film was begun in 1911 but never released. Preserved without titles.

A. Khanzhonkov. In 1910 shooting was moved to Krylatskoye. As I recall, one of the pictures made there was an adaptation of the epic poem *The Brigand Brothers*. Before filming began I had to persuade Goncharov the director to tone down, if only a little, the make-up on the "types" – the Don Cossack, the Jew, the Kalmyk, the bashkir and the other characters in the "By The Camp-Fire" scene, who looked like exhibits from a bad provincial panopticum. Goncharov very grudgingly consented to this "distortion of Pushkin's colour". The scene where the brothers flee was performed on a real sand bank that happened to appear at that time on the Moscow River. There, reflected in the water, the brothers smashed their fetters and beat off their pursuers with stones. The younger brother's death scene was very well acted. (1937-II, 40)

One of the Russian adventures in untamed territory with a strong resemblance to the epic western, both for the powerful sense of landscape expressed in the spacious camerawork and for the exaggerated relationships of death and passion between the characters. Among the primordial forces of nature in the film should be included Mosjoukine, who appears here for once free of facial masks. L.C.

Барышня-крестьянка

BARYŠNJA-KREST'JANKA
LA SIGNORINA CONTADINA

Commedia. 343 m; produzione: Varjag; data di release: 8.3.1912; regia: Petr Čardynin. Interpreti: Arsenij Bibikov (Muromskij), Aleksandra Gončarova (Liza, sua figlia), Pavel Knorr (Berestov), Andrej Gromov (Aleksej, suo figlio). Adattamento del racconto omonimo di Aleksandr Puškin. Il film è conservato senza didascalie.

VESELYE STSENKI IZ ZHIZNI ZHIVOTNYKH
HAPPY SCENES FROM ANIMAL LIFE

Веселые сцены из жизни животных

Animated puppet film. 134 m; production: A. Khanzhonkov; release 1.5.12; director/script/cameraman/art director: Wladyslaw Starewicz. Titles in Czech.

Our camera operator has managed to capture on film a series of amusing little scenes of animal life. You will be able to watch comical arguments between baby birds in the nest, an owl fighting a raven for a piece of meat, a raven diving and lots more. (KZh, 1912, No. 8, 19-20)

It was for a long time believed (and we are still led to believe) that Starewicz filmed live insects placed in miniaturized sets. In this film, however, with shots of various types of birds missing there is a wonderful "concertino" of fancifully adorned insects: proof of great ability that enhances a reality transformed into a fairy tale. C.M.

Братья-разбойники

BRAT'JA-RAZBOJNIKI
I FRATELLI MASNADIERI

Una delle avventure russe in terre selvagge che più assomiglia all'epopea western, sia grazie al robusto senso del paesaggio, espresso nei toni fotografici ariosi, che agli esacerbati vincoli di passione e di morte tra i personaggi. Fra gli elementi naturali primordiali appare lo stesso Mozžuhin, per una volta privo di maschere facciali. L.C.

Dramma. 583 m; produzione: A. Hanžonkov 1912; regia/sceneggiatura: Vasilij Gončarov; operatore: Aleksandr Ryllo. Interpreti: Arsenij Bibikov, Ivan Mozžuhin (i fratelli masnadieri), Vasilij Stepanov (il padrone), Dolinina (sua figlia), Aleksandra Gončarova (sua nipote). Riduzione dell'omonimo poema di Aleksandr Puškin. Il film fu iniziato nel 1911 ma non fu distribuito. Il film è conservato senza didascalie.

A. Hanžonkov. A partire dal 1910 le riprese vennero effettuate a Krylatoskoe. È noto che in tale località venne girata, tra le altre, anche la pellicola "tratta dal poema *Brat'ja-razbojniki*". Prima d'iniziare la lavorazione, dovetti chiedere al regista Gončarov di alleggerire un poco il trucco dei "personaggi di carattere": l'ebreo, l'abitante della riviera del Don, il calmucco, il baschiro e gli altri che prendevano parte alla scena "intorno al falò", che somigliavano a manichini presi da un brutto museo delle cere di provincia. E Gončarov, sebbene a malincuore, acconsentì ad operare tale "distorsione dell'atmosfera voluta da Puškin". La scena della fuga dei fratelli venne girata su un'isola sabbiosa venutasi casualmente a formare sulla Moscova in quel periodo. E là i fratelli, la cui immagine veniva riflessa nell'acqua, spezzavano le proprie catene, lanciando pietre contro i loro inseguitori. Ottimamente realizzata la scena della morte del fratello minore. (1937-II, 40)

Веселые сцены из жизни животных

VESELYE SCENKI IZ ŽIZNI ŽIVOTNYH
ALLEGRE SCENE TRATTE DALLA VITA ANIMALE

Si era a lungo creduto (e si era voluto continuare a far credere) che Starewicz filmasse azioni realmente interpretate da veri insetti inseriti e pilotati in scenografie miniaturizzate. Qui invece – perdute le inquadrature con vari tipi di uccelli – resta un mirabile "concertino" degli insetti fantasiosamente abbigliati: una prova di grande abilità che non può che esaltare una realtà trasmutata in favola. C.M.

Cartone animato. 134 m; produzione: Hanžonkov; data di release: 1.5.1912; regia/sceneggiatura/operatore/scenografia: Wladyslaw Starewicz. Le didascalie sono in lingua ceca.

Il nostro operatore è riuscito a carpire e a fissare sulla pellicola una serie di divertenti scenette di vita degli animali: potrete osservare le comiche dispute tra gli uccelletti nel nido, la civetta contendere alla cornacchia un pezzetto di carne, il tuffo della cornacchia e... molte altre. (KŽ, 1912, n. 8, 19-20)

DEN' VENCHANIYA
THE WEDDING DAY

День венчания

Alternative title
YOM HAKHUPA

Drama. 4 reels; 1200 m; production: S. Mintus (Riga); date 1912; release: unknown; director/cameraman: Evgenii Slavinskii. Cast: artists from a troupe of Jewish travelling players. Screen version of the play by Yakov Gordin. Preserved without titles.

E. Slavinski. In 1911 I tried to make some art films, for which purpose I was brought in by Mr Mintus, owner of a film distribution company in Warsaw. To tell the truth, it was not really a matter of making real *films d'art* but rather shooting material of a documentary type... In a small town in Silesia I met a travelling company of Jews whose performances were immensely successful in many Polish cities and we made some films together. We had no proper director, and our productions were the result of collective effort. Despite our inexperience and amateurishness, the film *The Wedding Day*, from the play by Iakov. Gordin, and *Tocha evreja*, from Tomashevsky's operetta, were good and enjoyed great success. (1940, 16)

KAS'YAN-IMENINNIK
KAS'YAN'S NAME-DAY

Касьян-именинник

Comedy. 210 m; production: R. Perskii; release: 9.9.12; credits: unknown. Preserved without titles.

День венчания

DEN' VENČANIJA
IL GIORNO DEL MATRIMONIO

Titolo alternativo
YOM HAKHUPA

Dramma. 4 bobine; 1200 m; produzione: S. Mintus (Riga) 1912; data di release: ignota; regia/operatore: Evgenij Slavinskij. Gli interpreti appartengono alla compagnia girovaga ebraica. Adattamento dell'omonimo dramma di Jakov Gordin. Il film è conservato senza didascalie.

E. Slavinskij. Nel 1911 feci il tentativo di realizzare alcuni film d'arte, per cui venni convocato dal signor Mintus, proprietario di un ufficio di noleggio cinematografico di Varsavia. A dir la verità non si trattava della realizzazione di veri e propri film d'arte, ma piuttosto di riprese a volte vicine al cinema documentario... In una cittadina della Slesia incontrai una compagnia itinerante di ebrei i cui spettacoli ottenevano un immenso successo in molte città polacche, ed insieme realizzammo alcuni "spettacoli cinematografici". In mancanza di un regista esperto, le nostre produzioni furono il frutto di uno sforzo collettivo. Nonostante la nostra inesperienza e il nostro dilettantismo, le pellicole *Den' venčanija*, tratta dalla pièce di Jakov Gordin, e *Točka evreja*, dall'operetta di Tomaševskij, sono di buona qualità e hanno riscosso un enorme successo. (1940, 16)

Касьян-именинник

KAS'JAN-IMENINNIK
L'ONOMASTICO DI KAS'JAN

Commedia. 210 m; produzione: R. Perskij; data di release: 9.9.1912; autori: ignoti. Il film è conservato senza didascalie.

KREST'YANSKAYA DOLYA
THE PEASANT'S LOT

Крестьянская доля

Drama. 3 reels; 875 m; production: A. Khanzhonkov & Co. Ltd.; release: 13.11.12; director: Vasilii Goncharov; script: Arsenii Bibikov; cameraman: Louis Forestier. Cast: Aleksandra Goncharova (Masha), Ivan Mosjoukine (Petr), Petr Chardynin (Petr's father), Arsenii Bibikov (Maksim), Lidiya Tridenskaya. Preserved without titles.

The latest release from the A. Khanzonkov company, *The Peasant's Lot,* shown at the Mignon Theatre, deserves the customers' applause. In truth, from the photographic standpoint, and from that of the choice of subject, one close to the heart of every Russian, as for its splendid production and, what is most important, for the well-considered and excellent performances in the chief parts by Madame Goncharova and Mr Mosjoukine, *The Peasant's Lot* leaves nothing to be desired. The scene at the races is wonderfully presented, the fire in the village vividly depicted, the pictures of rural life alternate successfully, hopeless poverty contrasting with the existence of a rich family in the capital - in short, we can only hail the appearance of so fine a picture, Russian-made, in our market. (VK, 1912, No. 49, 7)

MEST' KINEMATOGRAFICHESKOGO OPERATORA
THE CAMERAMAN'S REVENGE

Месть кинематографического оператора

Animated comedy. 285 m; production: A. Khanzhonkov & Co. Ltd.; release: 27.10.12; director/script/cameraman/art director: Wladyslaw Starewicz. Animated puppet film.

Everyone remembers the success enjoyed last season by the charming film from this cycle entitled *Lovely Lucanide* - a costume drama performed by beetles. Many opinions were expressed and conjectures put forward in relation to this picture, in which we saw splendid acting by the beetles, whose gestures and movements were completely like those of human beings. Before us now is another film of the same kind, though more up-to-date in its theme. *The Cameraman's Revenge.* Here we have not the Middle Ages, there are no battles, but instead there are burning declarations of love, dances by "a famous barefoot dancer", a drive in a motor-car and a motor-cycle ride. What we have here is a film cameraman with his apparatus, an artist in his studio, and, at the end, we are present at the showing of a film in an electric theatre, where we see the mechanic in his projection-room, we see the film burst into flames and a fire flare up. And all this is performed by beetles and by beetles alone. If last season's film evoked amazement, this one, even more skilfully made, without the few purely technical defects which were noticed in *Lovely Lucanide* - evokes even greater amazement. (VK, 1912, No. 47, 5)

Delightful licentious comedy: an adultery between insects brought into focus by cinematic technique. Starewicz humanizes his semi-artificial creatures and plays with light (on his mini-set) to create narrative. But he used to play with his own means of expression... C.M.

Крестьянская доля

KREST'JANSKAJA DOLJA
IL DESTINO DEI CONTADINI

Dramma. 3 bobine; 875 m; produzione: A. Hanžonkov i Co. Spa; data di release: 13.11.1912; regia: Vasilij Gončarov; sceneggiatura: Arsenij Bibikov; operatore: Louis Forestier. Interpreti: Aleksandra Gončarova (Maša), Ivan Mozžuhin (Petr), Petr Čardynin (Padre di Petr), Arsenij Bibikov (Maksim), Lidija Tridenskaja. Il film è conservato senza didascalie.

L'ultima pellicola della Hanžonkov Spa, intitolata *Krest'janskaja dolja*, in programmazione presso il teatro Min'on ha ricevuto gli applausi degli intervenuti. Ed effettivamente, sia dal punto di vista della fotografia, che da quello della scelta del soggetto, caro al cuore di tutti i russi, sia per la sua eccellente realizzazione e, soprattutto, per la ponderata e sublime prova d'interpretazione dei due principali interpreti, la Gončarova e Mozžuhin, questo film non lascia proprio nulla a desiderare. La superlativa rappresentazione della scena alle corse, la pittoresca ripresa dell'incendio che avvampa la campagna si alternano con scene di vita rurale e di ineluttabile miseria e con squarci della capitale. Per dirla in poche parole, non possiamo far altro che salutare con gioia l'arrivo di questa pellicola di produzione nazionale sul mercato russo. (VK, 1912, n. 49, 7)

Месть кинематографического оператора

MEST' KINOMATOGRAFIČESKOGO OPERATORA
LA VENDETTA DEL CAMERAMAN

Commedia d'animazione. 285 m; produzione: A. Hanžonkov i Co. Spa; data di release: 27.10.1912; regia/sceneggiatura/operatore/scenografia: Wladislaw Starewicz. Film a pupazzi animati.

Deliziosa e licenziosa commedia: un adulterio tra insetti reso lampante dall'utilizzazione del cinematografo. Starewicz umanizza le sue creature semi-artificiali e gioca narrativamente – nel suo miniset – con la luce. Ma non è nuovo a scherzi con il suo mezzo espressivo... C.M.

Tutti ricordano il successo ottenuto nella passata stagione del film dello stesso ciclo di *Prekrasnaja Ljukanida* (La splendida Ljukanida), il dramma in costume interamente interpretato da scarabei. La pellicola è stata oggetto di molte riflessioni e congetture in merito alla splendida interpretazione degli insetti, i cui gesti e movimenti risultavano quasi umani. Ora ci viene presentato un film simile *Mest' kinematografičeskogo operatora*. Stavolta non è di scena il Medioevo, non ci sono battaglie, ma le infiammate confessioni d'amore, le danze "della fanciulla famosa", la passeggiata in automobile e la gita in motocicletta. Qui è di scena l'operatore cinematografico, con la sua macchina da presa, come un artista nel suo atelier, ed infine assistiamo al programma cinematografico nell'elettroteatro, dove osserviamo l'operatore nella sua cabina, dietro il proiettore e vediamo la pellicola prendere fuoco e il divampare delle fiamme. E il tutto interpretato una volta ancora da scarabei e null'altro che scarabei. Se la pellicola della scorsa stagione fece tanto scalpore, quella attuale, realizzata con ancora maggiore maestria e del tutto priva dei lievi difetti tecnici rilevati in *Prekrasnaja Ljukanida* è destinata a suscitare anche maggiore sensazione. (VK, 1912, n. 47, 5)

PUTESHESTVIE NA LUNU
A JOURNEY TO THE MOON

Путешествие на Луну

1 reel; film never finished; production: A. Khanzhonkov & Co. Ltd.; date: 1912; director/script/cameraman/art director: Wladyslaw Starewicz. Cast: Andrei Gromov & Niigof. Exposed material without titles.

RAZBORCHIVAYA NEVESTA
THE FASTIDIOUS BRIDE

Разборчивая невеста

Comedy. 278 m; production: Varyag; release: 11.9.12; director/script: M. Novikov; cameraman: Antonio Serrano. Cast: Yu. Novikova (the fastidious bride), Vladimir Karin, M. Novikov, Savel'ev (bridegrooms), Lidiya Tridenskaya. Screen version of the fable by Ivan Krylov. Preserved without titles.

The number of Russian films on the market has been increased still further by releases from the Varyag company. Hitherto this company has released its films through representatives who have not done much to disseminate them. Now the firm has decided to begin independent work. The firm began with the film *The Brigand Brothers,* derived from Pushkin's poem. Before us now are two films - a drama, *Hurricane,* and a comedy, *The Fastidious Bride.* We mention with pleasure the excellent photography of *The Fastidious Bride* which is a dramatising of the well-known fable by grandfather Krylov. One must acknowledge that it was a happy idea to make this dramatisation. (SF, 1912, No. 22, 17)

SNOKHACH
THE DAUGHTER-IN-LAW'S LOVER

Снохач

Drama. 2 reels; 256 m; production: A. Khanzhonkov & Co. Ltd.; release: 29.9.12; director/script: Aleksandr Ivanov-Gai(?), Petr Chardynin(?); cameraman: Aleksandr Ryllo. Cast: T. Shornikova (Lusha), Ivan Mosjoukine (Ivan, her husband), Arsenii Bibikov (her father). Preserved without titles.

The career of Aleksandr Ivanov-Gai is marked by a series of carefully made, but academically "average" productions. This film is a striking exception: a dark, oppressive rural drama, it culminates in a shocking sequence where the daughter-in-law is found dead in a barn. Among the film's other climactic scenes are the on-screen sacrifice of a rooster (shot

What we see is a brief page in the life of a young woman who enjoys neither the caresses nor the protection of her husband, a weak and viciuos drunkard... Poor Lusha suffers, weeps copiously. And to whom does she confide the secrets of her grief and her tears? To her father-in-law, an old greybeard, but with the ardent spirit of a young man. The old man desires at all costs to possess his beautiful daughter-in-law and her tears and supplications are to no avail. He makes her his, but she dares not confess to her husband and, unable to bear it any longer, decides to put an end to her existence. The old man goes to visit, but instead of meeting a beautiful Lusha radiant with youth he finds an already frigid corpse... We joyously welcome the release of this drama which is co-

Путешествие на Луну

PUTEŠESTVIE NA LUNU
UN VIAGGIO SULLA LUNA

1 bobina; film incompiuto; produzione: A. Hanžonkov i Co. Spa, 1912; regia/sceneggiatura/operatore/scenografia: Wladislaw Starewicz. Interpreti: Andrej Gromov e Nijgof. Materiale girato senza didascalie.

Разборчивая невеста

RAZBORČIVAJA NEVESTA
LA FIDANZATA SCHIZZINOSA

Commedia. 278 m; produzione: Varjag; data di release: 11.9.1912; regia/sceneggiatura:. M. Novikov; operatore: Antonio Serrano. Interpreti: Ju. Novikova (la fidanzata schizzinosa), Vladimir Karin, M. Novikov, Vladimir Savel'ev (fidanzati), Lidija Tridenskaja. Adattamento dell'omonima favola di Ivan Krylov. Il film è conservato senza didascalie.

La quantità delle pellicole russe sul mercato è aumentata ancora, grazie all'uscita delle pellicole della Casa Varjag, che finora affidava la distribuzione delle sue opere a rappresentanti, i quali provvedevano ad assicurar loro la massima diffusione. Ora la Varjag si è messa in proprio. Il suo debutto è avvenuto con la pellicola *Brat'ja-rasbojniki*, tratta da un poema di Puškin, e ora ci presenta due nuove produzioni: il dramma *Uragan* e la commedia *Razborčivaja nevesta*, trasposizione cinematografica della famosa *basnja* di Krylov. Non serve nemmeno augurare successo a questa riduzione scenica. (SF, 1912, n. 22, 17)

Снохач

SNOHAČ
L'AMANTE DELLA NUORA

L'attività registica di Aleksandr Ivanov-Gaj è contraddistinta da una dignitosa routine: molte produzioni "medie", sporadiche impennate creative. Un'eccezione straordinaria è data da quest'aspro dramma rurale dal cupo, oppressivo lirismo, culminante nell'inquadratura in cui il padre dello sposo scopre il cadavere della protagonista, impiccata ad una trave. L'immagine vale da sola tutto il film, la cui tensio-

Dramma. 2 bobine; 256 m; produzione: A. Hanžonkov i Co. Spa; data di release: 29.9.1912; regia/sceneggiatura: Aleksandr Ivanov-Gaj(?), Petr Čardynin(?); operatore: Aleksandr Ryllo. Interpreti: T. Šornikova (Luša), Ivan Mozžuhin (Ivan, suo marito), Arsenij Bibikov (suo padre). Il film è conservato senza didascalie.

Ci viene presentata una breve pagina della vita di una giovane donna che non conosce né le carezze né la protezione del marito, un ubriacone debole e infingardo... La sventurata soffre, piange di frequente... Ma c'è chi spia il suo dolore e le sue lacrime: il suocero, un vecchietto con la barba ormai grigia, ma con lo spirito ardente di un giovanotto... Il vecchio vuole ad ogni costo possedere la bella nuora e a nulla valgono le lacrime e le suppliche di lei. Egli fa sua Luša, che non osa confessar nulla al marito... e, incapace di sopportare oltre quella vita, decide di farla finita. Il vecchio, recatosi all'appuntamento, non troverà una Luša radiosa di bellezza e di gioventù, ma un cadavere ormai freddo... Possiamo proprio salutare con gioia l'uscita di questo dramma, coerente in ogni particolare e in cui tutto è profuso di naturalismo e veridicità... Particolarmente notevole la scena al mulino abbandonato, dove Luša

herent in every detail and full of naturalism and truth. Particularly noteworthy is the scene at the abandoned mill where Lusha goes to learn her "destiny" from an old miller with a reputation as a soothsayer... Also worthy of praise are the titles and the descriptions accompanying the film, which go back to the authentic Russian popular style. (VK, 1912, No. 43, 4)

with a cool, tragic stasis), and the wedding party sequence. P.Ch. Us.

TAINA DOMA No. 5
THE SECRET OF HOUSE No. 5

Тайна дома N° 5

Drama. 2 reels; 740 m; production: Pathé Frères (Moscow); release: 1.12.12; director: Kai Hansen; cameramen: George Meyer & Aleksandr Levitskii; art director: Czeslaw Sabinski. Cast: Vera Pashennaya (El'za, a courtesan), Mikhail Doronin (her lover), Boris Pasetskii (Count Darskii). Preserved without titles.

The film introduces us into a circle of gilded youth whose lives are spent entirely in drinking-bouts and idleness. The subject of the film is this: a rich young Count, who leads a fast life, has insulted his former lover, a famous courtesan, and she determines to get her revenge. To this end she and her ponce invent a story about a mysterious house with, in one of its deserted apartments, the portrait of a young woman. Strange things go on in this house. The portrait comes to life and tortures to death with frightful caresses whoever stays the night in the house. The Count takes a bet that he will be able to spend the night with the portrait. But this proves to be his last night. The portrait - the vengeful courtesan - and her boyfriend kill him. Madame Pashennaya takes the role of the courtesan, with her characteristic talent. She is very good, especially in the places where she has to experience drama-

When this film was released in December 1912, the aesthetics of the "sensational" (destined to become a typical feature of Danish cinema) was still far from its peak. On the contrary, this variation on the theme of Oscar Wilde's *Dorian Gray* is already a mature example of film decadentism, only partially mediated by a tight organization of the two-reeler plot, and by a skillful use of multiple light sources (also preceding in this respect Alfred Lind's and August Blom's productions). P.Ch.Us.

ne esplode tuttavia in almeno altre due sequenze: la prima è quella dell'uccisione rituale di un gallo, mostrata *on screen* in una scena di implacabile fissità; l'altra è quella della festa di nozze. P.Ch.Us.

si reca, per sapere da un vecchio mugnaio, con fama di stregone, il "proprio destino"... Né si può tacere delle didascalie o delle descrizioni del film, che ricalcano l'autentico stile popolare russo. (VK, 1912, n. 43, 4)

Тайна дома N° 5

TAINA DOMA No. 5
IL MISTERO DELLA CASA N. 5

Nel dicembre 1912, quando il film fu distribuito, la poetica del "sensazionale" per la quale il cinema danese sarebbe divenuto famoso nel mondo stava ancora attraversando la propria fase evolutiva. Già matura sul piano tematico è invece questa variazione sul tema del *Ritratto di Dorian Gray,* il cui estenuato decadentismo è appena temperato da una razionale organizzazione dell'intreccio e da un efficace impiego delle fonti di luce in scena, anch'esso precedente gli analoghi esempi nei film di Alfred Lind e August Blom. P.Ch. Us.

Dramma. 2 bobine; 740 m; produzione: Pathé Frères (Mosca); data di release: 1.12.1912; regia: Kai Hansen; operatori: George Meyer e Aleksandr Levickij; sceneggiatura: Czeslaw Sabinski. Interpreti: Vera Pašennaja (El'za, una cortigiana), Mihail Doronin (il suo amante), Boris Pjaseckij (il conte Darskij). Il film è conservato senza didascalie.

La pellicola ci introduce nell'ambiente della nostra gioventù dorata, dove la vita si svolge tra baldorie e gozzoviglie. Ecco il soggetto: un giovane, ricco e dissipato conte ha umiliato la sua precedente amante, una nota cocotte, e questa decide di vendicarsi. Per questo ella, con la complicità del suo attuale amante, inventa la storia di una casa abbandonata, dove si trova il ritratto di una giovane donna. In quella casa si verificano mirabili fenomeni: il ritratto prende vita e si strugge di appassionate e mortali carezze verso la persona che ha trascorso la notte in quella casa. Il conte accetta la scommessa e decide di passare la notte accanto al ritratto. Ma quella è la sua ultima notte: il ritratto, o meglio la vendicativa cocotte e il suo complice e amante lo uccidono. La Pašennaja sostiene il ruolo della cocotte con la bravura che la contraddistingue ed è validissima soprattutto nei momenti in cui affronta situazioni drammatiche. Suo ottimo partner, nella parte del conte, è Pjaseckij. L'intero film si guarda con grande e continuo interesse. La realizzazione è superlativa, ottime le scene di massa e splendida la scena al café-chantant. (SF, 1912, n. 3, 19)

tic situations. Very good also, as her partner, in the role of the Count, is Mr Pasetskii. The entire film is grippingly interesting to watch. The film has been splendidly produced. The crowd scenes are very good. The scene in the *café-chantant* is excellently presented. (SF, 1912, No. 3, 19)

1812 GOD
THE YEAR 1812

1812 год

Alternative titles

OTECHESTVENNAYA VOINA / THE FATHERLAND WAR
NASHESTVIE NAPOLEONA / NAPOLEON'S ADVANCE
BORODINSKII BOI / THE BATTLE OF BORODINO

Historical drama. 1300 m; production: A. Khanzhonkov & Co. Ltd. and Pathé Frères; release: 25.8.12; directors: Vasilii Goncharov, Kai Hansen, Aleskandr Ural'skii et al.; script: under the supervision of Col. Afanas'ev(?) Afonskii of the General Staff; cameramen: George Meyer, Aleksandr Levitskii, Louis Forestier, Aleksandr Ryllo, Fedor Bremer et al.; art director: Czeslaw Sabinski, V. Fester et al. Cast: Pabvel Knorr (Napoléon), V. Serezhnikov (Napoléon).

A. Khanzhonkov. Besides the various scenes of the retreat of the French Grande Armee which were shot in the Moscow area with hundreds of troops, Goncharov also gave particular attention to other episodes of equal importance in the story, episodes of French soldiers abandoned on the battlefield, frozen and devoured by wolves. To create such scenes, Goncharov arranged with V. L. Durov to shoot them in real conditions - that is to say, by hiding meat

1812 GOD
L'ANNO 1812

Titoli alternativi
OTEČESTVENNAJA VOJNA / LA GUERRA PATRIOTTICA
NAŠESTVIE NAPOLEONA / L'INVASIONE NAPOLEONICA
BORODINSKIJ BOJ / LA BATTAGLIA DI BORODINO

Dramma storico. 1300 m; produzione: A. Hanžonkov i Co. Spa e Pathé Frères; data di release: 25.8.1912; regia: Vasilij Gončarov, Kai Hansen, Aleksandr Ural'skij e altri; sceneggiatura: sotto la supervisione del Colonnello di Stato Maggiore Afanas'ev(?) Afonskij; operatori: George Meyer, Aleksandr Levickij, Louis Forestier, Aleksandr Ryllo, Fedor Bremer e altri; scenografia: Czeslaw Sabinski, V. Fester e altri. Interpreti: Pavel Knorr (Napoleone), V. Serežnikov (Napoleone).

A. Hanžonkov. Oltre alle varie scene concernenti la ritirata del grande esercito francese, riprese nelle vicinanze di Mosca con una massiccia partecipazione di truppe, Gončarov dedicò anche particolare attenzione ad altri episodi, che trovarono ugualmente un loro spazio nella storia, episodi di soldati francesi abbandonati sul campo, rimasti congelati e divorati dai lupi. Per poter procedere alla realizzazione di tali scene, Gončarov si accordò con V.L. Durov per effettuare le riprese in condizioni normali... nascondendo cioè la carne sotto le uniformi francesi con cui erano stati agghindati i manichini. I lupi, circondati da una duplice fila di guardie (al di fuori del campo visivo della macchina da presa), si comportarono magnificamente: si avvicinarono con estrema cautela ai manichini seduti e stesi nella neve, verso i quali li attirava un inconfondibile profumo di carne (i lupi non avevano mangiato dal

under the French uniforms which the dummies were wearing. The wolves (surrounded by a double rank of guards outside the field of view of the camera) played their part perfectly: with great caution they approached the dummies stretched out on the snow, attracted to them by an unmistakable scent of meat (they had had nothing to eat since the day before). Then, after carefully sniffing the bait from a short way off, and convinced that it was safe, they leapt furiously on the defenceless "Frenchmen" and began to tear at their clothes with claws and teeth, the sooner to satiate their hunger... Lovers of strong sensations were thus given the chance to see how the wolves played their part in the defence of the fatherland. (1936, 24)

UKHOD VELIKOGO STARTSA
THE GREAT MAN GOES FOR A WALK

Уход великого старца

Alternative title
ZHIZN' L.N. TOLSTOGO
THE LIFE OF L.N. TOLSTOI

Drama. 4 reels; 800 m; production: Thiemann & Reinhardt; distribution: Ermol'ev, Zarkhin & Segel. Not released; directors: Yakov Protazanov, Elizaveta Thiemann; script: Isaak Teneromo; cameramen: George Meyer & Aleksandr Levitskii; art director: Ivan Kavaleridze. Cast: Vladimir Shaternikov (Lev Tolstoi), O. Petrova (Sof'ya Andreevna), Mikhail Tamarov (Vladimir Chertkov), Elizaveta Thiemann (Aleksandra L'vovna). Documentary footage, including that shot at Astapovo, was used in this film. As a result of a petition from Sof'ya Tolstaya and Vladimir Chertkov the film was banned from distribution and was shown only abroad. Preserved without titles.

Those present when the film was shown were outraged by the nonsense, vile lies and disgraceful absurdities slandering the memory and good name of L.N. Tolstoi which filled this disgusting "work" by a group of profiteers. Naturally there could be no question of the great writer's nearest and dearest taking part in such a dirty fiction. The "volunteers" from the public have disgraced Tolstoi's memory disgraced it in the most scandalous way. The profiteers have "gone to work on" Lev Nikolayevich's spiritual tragedy in Yasnaya Polyana, his departure from Yasnaya Polyana and the events accompanying that departure. The scenes passing before the astonished audience were each worse than the one before. "The writer's gloomy spiritual state before the tragedy occurred" "L.N. Tolstoi's attempt at suicide" (!) "Spiritual crisis" "Departure from Yasnaya Polyana" "S.A. Tolstaia simulates suicide; her pretence; the fantastic and outrageous plans of Countess Sofya Andreevna and Chertkov", and so on and so forth. Tolstoi himself, as well as the Countess Tolstaia, the daughter, Chertkov and others are presented in the most disgusting light. Naturally the Tolstoi family has taken every measure to prevent this disgraceful picture being shown in Russia. This is what Count L.L. Tolstoi said to our colleague on the subject: "Unfortunately, I have to acknowledge that the rumours circulating in the city about a scandalous

Comparing this film with the slightly earlier documentaries on the death of Tolstoi enables one to study the fundamental methodologies of cinematic mystification. Protazanov's approach may seem to us today more caricatural than reverential, but his reconstruction returns as far as possible to the iconological sources already made famous by the newsreels. When does fact stop, and the legend begin? L.C.

giorno prima). Poi, annusata ben bene l'esca da una certa distanza e convintisi che era effettivamente innocua, si buttarono con furia sui "francesi" indifesi e cominciarono a lacerarne gli abiti con le unghie e con i denti, per saziare più rapidamente i morsi della fame... Gli amanti delle forti sensazioni ebbero così modo di osservare come i lupi ebbero un loro ruolo come difensori della patria. (1936, 24)

Уход великого старца

UHOD VELIKOGO STARCA
LA PASSEGGIATA DEL GRANDE VECCHIO

Titolo alternativo
ŽIZN' L.N. TOLSTOGO
LA VITA DI L.N. TOLSTOJ

Dramma. 4 bobine; 800 m; produzione: Thiemann & Reinhardt; distribuzione: Ermol'ev, Zarhin e Segel; inedito; regia: Jakov Protazanov, Elizaveta Thiemann; sceneggiatura: Isaak Teneromo; operatori: George Meyer, Aleksandr Levickij; scenografia: Ivan Kavaleridze. Interpreti: Vladimir Šaternikov (Lev Tolstoj), O. Petrova (Sof'ja Andreevna), Mihail Tamarov (Vladimir Čertkov), Elizaveta Thiemann (Aleksandra L'vovna). Per il film sono stati utilizzati degli spezzoni tratti da documentari girati ad Astapovo. Su istanza di Sof'ja Tolstoj e di Vladimir Čertkov fu vietata la visione del film che avvenne soltanto all'estero. Il film è conservato senza didascalie.

Paragonare questo film con i documentari di poco antecedenti sulla fine di Tolstoj, permette di studiare le fondamentali metodologie della mistificazione cinematografica. L'approccio di Protazanov può apparirci oggi più caricaturale che reverenziale, però la sua ricostruzione ricalca il più possibile le fonti iconologiche già rese celebri dai cinegiornali. Dove si arresta la realtà, dove inizia la leggenda? L.C.

Gli spettatori hanno reagito indignati di fronte alla presentazione sullo schermo di quella serie di enormi spropositi, di sporche menzogne e di scandalose assurdità che hanno macchiato la memoria e il buon nome di Tolstoj, irrimediabilmente lordato da questa cosiddetta produzione, partorita dalle menti di alcuni speculatori. È sottinteso che non si può neppure lontanamente ipotizzare una benché minima partecipazione alla creazione di questa vile montatura, né da parte dei familiari, né degli amici del grande scrittore. La memoria di Tolstoj è stata infangata, e nella maniera più palese, anche dai "volontari" presenti tra il pubblico. Gli speculatori hanno operato una rielaborazione sul tema della tragedia spirituale che tormentava Lev Nikolaevič, sull'abbandono di Jasnaja Poljana, della proprietà di famiglia e degli eventi ad esso collegati. Sullo schermo, davanti allo sguardo indignato degli spettatori, scorrono l'uno dopo l'altro didascalie che suonano come insulti sempre più pesanti. "L'umor nero dello scrittore prima della conclusione della tragedia". "La crisi spirituale". "L'abbandono di Jasnaja Poljana". Il simulato tentativo di suicidio della contessa Tolstaja, la finzione e i fantasmagorici e scandalosi progetti della stessa contessa e di Čertkov" e si potrebbe continuare ben oltre. Sia lo stesso Tolstoj, sia la contessa sua moglie, sia la figlia, sia Čertkov, sia altre persone sono stati presentati in questa luce negativa.... Dalle informazioni in nostro possesso, risulta che la famiglia Tolstoj abbia preso tutte le misure necessarie per far sì che questa calunniosa pellicola venga vietata alla programmazione in Russia. Riferiamo quanto ha dichiarato ad un nostro collaboratore il conte L.L. Tolstoj: "Bisogna pur-

outrage against the name of my late father is the purest truth. With my own eyes I have watched this disgraceful picture from beginning to end, and have, of course, made every effort to prevent it being released. The picture will not be shown in Russia. I say this with confidence''. We were informed yesterday that this whole incident has had an unfortunate effect on Countess S.A. Tolstaia. She has fallen ill on hearing of such mockery of the late writer. (Peterburgsky Listok, 1912, No. 308, 12/XI, 4)

Ya. Protazanov. It all began when we were visited by the well-known Tolstoyan, Teneromo, who offered to write a scenario on the theme of Tolstoi's departure from Yasnaya Polyana. He assured us that he could throw light on the whole truth of that tragedy. Thiemann immediately realized that it was a theme aimed at the Europeans – a worthwhile proposition. The scenario was commissioned. It was edited by people who had known Tolstoi well, and then put into production. We had to find an actor for the title role of Tolstoi. But this was something we couldn't possible rush. I suggested casting Shaternikov with the help of some extremely complex make-up, since he was totally unlike Tolstoi in appearance. For this we invited the sculptor, Kavaleridze, who was working on a sculptured portrait of Tolstoi at the time. We also invited a good make-up artist, Solntsev, who, under Kavaleridze's guidance, made a beard and a wig with a lining which produced the required scull shape. Kavaleridze spent 2-3 hours a week attempting to recreate a portrait-like similarity to Tolstoi. And the make-up was extraordinary successful. In all my experience, it was one of the most brilliant make-up protraits I can remember. The picture's closed showing was an outstanding success, but soon things began to smell of a great literary scandal. Two more days passed before the film was totally prohibited. This was done on a petition from Sofya Andreyevna and V. Chertkov, whom we allegedly portrayed in a ''disreputable light''. (1945, 8-9)

troppo riconoscere che le voci che corrono in città sulla scandalosa montatura messa a segno per disonorare la memoria di mio padre corrispondono alla pura verità. Ho assistito personalmente alla proiezione di quell'inverosimile film dall'inizio alla fine e debbo dire che ho fatto il possibile per farlo distruggere. In Russia questa pellicola non verrà proiettata, posso affermarlo senza tema di smentite"... Ieri ci è stato comunicato che questa triste storia ha avuto ripercussioni negative sullo stato di salute della contessa, ammalatasi dopo esser venuta a conoscenza dell'ingiuriosa offesa perpetrata nei confronti del defunto scrittore. ("Peterburgskij listok", 1912, n. 308, 12/XI, 4)

Ja. Protazanov. Tutto iniziò quando il noto studioso di Tolstoj, Teneromo, venne a proporci di buttar giù una sceneggiatura sull'abbandono di Jasnaja Poljana da parte del grande scrittore. Con tale sistema egli confidava di poter finalmente fare piena luce sulla tragedia, raccontando tutta la verità. Thiemann comprese al vòlo che l'argomento, dal punto di vista degli europei, rappresentava una questione ancora aperta. Venne quindi commissionata la sceneggiatura, la cui realizzazione fu affidata a persone che avevano conosciuto bene Tolstoj e si diede il via alla produzione. Occorreva trovare anche un attore adatto a sostenere il ruolo principale, quello di Tolstoj, ma non era certo un'impresa facile da compiere in tempi brevi. Allora proposi l'attore Šaterinkov che, anche se fisicamente non somigliava affatto allo scrittore, poteva ugualmente fare al caso nostro se debitamente truccato. La cosa venne affidata allo scultore Kavaleridze, allora impegnato nella realizzazione di un busto di Tolstoj. Fu ugualmente convocato un truccatore di tutto rispetto, Solncev, che, sotto la direzione di Kavaleridze, preparò una barba e una parrucca dotata di una fodera adatta a "plasmare" la testa secondo la forma desiderata. Kavaleridze impiegava ogni volta due o tre ore per riuscire ad ottenere un'effettiva somiglianza con il ritratto di Tolstoj, ma i risultati furono splendidi, fra i più perfetti che mi riesca di ricordare, in tutta la mia carriera. La pellicola riscosse un grandioso successo nelle proiezioni private, ma era destinata a rivelarsi ben presto uno scandalo letterario. Solo due giorni dopo infatti, su richiesta di Sof'ja Andreevna e di V. Čertkov, che ritenevano di esser stati presentati da noi in una "luce per loro negativa", ne venne vietata completamente la programmazione. (1945, 8-9)

Хозяин и работник

HOZJAIN I ROBOTNIK
PADRONE E SERVITORE

Dramma. 2 bobine; 560 m; produzione: S. Mintus (Riga); data di release: ignota. Interpreti: Miša Frišzon. Versione cinematografica dello spettacolo della Compagnia ebraica di Varsavia diretta da Avrom Jichok Kaminskij. Lo spettacolo è tratto dal racconto omonimo di Lev Tolstoj. Il film è conservato senza didascalie.

KHOZYAIN I RABOTNIK
THE LANDLORD AND THE WORKER

Хозяин и работник

Drama. 2 reels; 560 m; production: S. Mintus (Riga); release: unknown. Cast: Misha Fishzon. Screen version of a show by the Warsaw Jewish troupe of Avrom Yitshok Kaminski from the short story by Lev Tolstoi. Preserved without titles.

TSARSKII GNEV
THE TSAR'S WRATH

Царский гнев

Drama. 2 reels; 560 m; production: Pathé Frères (Moscow); release: 20.11.12; director: Kai Hansen; cameramen: George Meyer & Tapis; art director: Czeslaw Sabinski. Cast: Nikolai Vasil'ev (Ivan the Terrible), Maksimillian Garri (Basmanov). Screen version of the short story by Lidiya Charskaya. Preserved without titles.

From the point of view of direction the picture is irreproachable. Every detail of the production is true to the period. The somewhat gloomy tones in which the sets are painted suit the subject perfectly and set the mood. As for the acting, the actors are all in their proper places. (SF, 1912-13, No. 2, 18)

Царский гнев

CARSKIJ GNEV
L'IRA DELLO ZAR

Dramma. 2 bobine; 560 m; produzione: Pathé Frères (Mosca); data di release: 20.11.1912; regia: Kai Hansen; operatori: George Meyer e Tapis; scenografia: Czeslaw Sabinski. Interpreti: Nikolaj Vasil'ev (Ivan il Terribile), Maksimillian Garri (Basmanov). Adattamento dell'omonimo racconto di Lidija Čarskoj. Il film è conservato senza didascalie.

Dal punto di vista della regia, la pellicola è stata realizzata senza sbavature e dimostra fedeltà all'epoca descritta, anche nei dettagli. Essa si sposa perfettamente con il soggetto e comunica una profonda emozione per il tono un po' tenebroso degli arredi scenici. Per quanto concerne l'interpretazione degli artisti si può dire che tutti si calano perfettamente nei rispettivi ruoli. (SF, 1912-13, n. 2, 18)

CHELOVEK
THE MAN

Человек

Alternative title
DRAMA NASHIKH DNEI / A DRAMA OF OUR DAY

Drama. 2 reels; 570 m; production: A. Khanzhonkov & Co. Ltd.; release: 16.10.12; credits: unknown. Cast: Petr Biryukov (Vasilii Mikhailovich Barkov, the man from the restaurant), Andrei Gromov, T. Shornikova, Lidiya Tridenskaya. From the short story, *The Man from the Restaurant*, by Ivan Shmelev. Preserved without titles.

By general acclaim, A. Khanzhonkov's picture *The Man* is a very good one. It tells the story of a waiter who devotes his entire life to providing his son with an education. But when the son grows up and learns of his origins and his father's trade, instead of prostrating himself and kissing the dust on his father's feet, he shoots himself, afraid of society's indictment. The picture reflects the full grotesqueness of the prejudices which prevail in our society. (SF, 1912, No. 1, 22-23)

Человек

ČELOVEK
L'UOMO

Titolo alternativo
DRAMA NAŠIH DNEJ / UN DRAMMA DEI NOSTRI TEMPI

Dramma. 2 bobine; 570 m; produzione: A. Hanžonkov i Co. Spa; data di release: 16.10.1912; autori: ignoti. Interpreti: Petr Birjukov (Vasilij Mihailovič Barkov, l'uomo del ristorante), Andrej Gromov, T. Šornikova, Lidija Tridenskaja. Dal racconto di Ivan Šmelev *Celovek iz restorana* (L'uomo del ristorante). Il film è conservato senza didascalie.

Tutte le recensioni concordano nel definire ottima *Čelovek*, la pellicola realizzata negli stabilimenti della società di produzione Hanžonkov, in cui si narra della vita di un cameriere, che ha come unico scopo nella vita quello di assicurare un'istruzione al proprio figlio. Quest'ultimo però, una volta diventato adulto e venuto a conoscenza delle origini e del mestiere del padre, invece di prostrarsi ai suoi piedi e baciare la terra su cui cammina, teme il giudizio del mondo e si tira una pallotola in fronte. Questo film ha il grande pregio di gettare piena luce sui mostruosi pregiudizi che governano la nostra società. (SF, 1912, n. 1, 22-23)

BRAT'YA
BROTHERS

Братья

Drama. 3 reels; 876 m; production: A. Khanzhonkov & Co. Ltd; release: 19.11.13; director: Petr Chardynin; cameraman: Aleksandr Ryllo. Cast: Yuliya Vasil'eva (Rokotova), Vyacheslav Turzhanskii (her husband), Mikhail Tamarov (Georges), Ivan Mosjoukine (Aleksei), Sof'ya Goslavskaya (Lily). Based on the story *Pierre et Jean* by Guy de Maupassant. Preserved without titles.

The drama *Brothers* (produced by Khanzhonkov) is profoundly realistic and lifelike. All the filth carried along by life's wave is poured out in the inhuman sufferings of a mother who sees the menacing ghost of her almost-forgotten past rising before her. One is moved by the friendship between brothers who are so different from one another. The elder – modest, learned, as though never having been young; the younger – nothing but impulse, an unbridled striving to enjoy life. The production and the acting are faultless. (VK, 1913, No. 21, 16)

S. Goslavskaya. About twenty minutes, or twenty five at the most, were allowed for rehearsal before filming. Then Chardynin said "Shoot" and Ryllo uncovered the lens and turned the handle. These short rehearsals could only be described as impromptu. Without any previous meeting with their partners and without studying the stage directions, the actors came out onto the film set. "Vanya, you come out from the back on the left, move towards the table, think, become agitated and start walking around the room," Chardynin was saying to Mosjoukine. "Stop at the window, make up your mind and grab your brother's photograph. You see it "with new eyes", as it for the first time, you scrutinize and study his face. You get it, Vanyusha? Mosjoukine nods silently. He didn't like to discuss things much and was quick to learn. Then he comes out onto the set in front of the lens. He thinks and becomes agitated. And it's all perfectly natural, without a shadow of pretence. I freeze on seeing the "new eyes" which the director

1913

Братья

BRAT'JA
FRATELLI

Dramma. 3 bobine; 876 m; produzione: A. Hanžonkov i Co. Spa; data di release: 19.11.1913; regia: Petr Čardynin; operatore: Aleksandr Rylло. Interpreti: Julija Vasil'eva (Rokotova), Vjačeslav Turžanskij (suo marito), Mihail Tamarov (George), Ivan Mozžuhin (Aleksej), Sof'ja Goslavskaja (Lilli). Dal romanzo di Guy de Maupassant *Pierre et Jean*. Il film è conservato senza didascalie.

Profondamente vivo e veritiero il dramma *Brat'ja*, prodotto dalla Hanžonkov. Tutta la nemesi del quotidiano sembra essersi riversata nelle inumane sofferenze della madre, davanti alla quale uno spettro malefico fa risorgere un passato ormai dimenticato. È toccante l'amicizia che lega i due fratelli, pur così diversi l'uno dall'altro. Il maggiore è dimesso, uno studioso che non sembra aver mai conosciuto la giovinezza, mentre il minore è tutto impeto, sempre teso a godere di quello che gli offre la festa della vita. Una pellicola impeccabile sia dal punto di vista della realizzazione che da quello dell'interpretazione. (VK, 1913, n. 21, 16)

S. Goslavskaja. Prima delle riprese avevamo venti o al massimo venticinque minuti per provare. Poi Čardynin dava il "si gira" e Ryllo metteva l'obiettivo della macchina da presa in posizione di apertura e cominciava a girare la manovella. Queste brevissime prove non potrebbero venir definite che *ex impromptu*, perché altro termine non esiste. Gli attori arrivavano sul set privi di qualsiasi conoscenza preliminare dei partner e senza aver imparato la parte. " Tu, Vanja, entri in secondo piano, a sinistra, ti dirigi verso il tavolo, hai riflettuto, ti sei arrabbiato e hai girato per la stanza". Queste le parole di Čardynin a Mozžuhin. Il protagonista si ferma accanto alla finestra. Ora decide, prende la foto del fratello. La guarda con "nuovi occhi", come se non l'avesse mai visto, ne studia i lineamenti. "Ti senti nella parte, Vanjuška?" Mozžuhin annuisce in silenzio, non amava molto discutere e capiva le cose al volo. Ed eccolo uscire sul set, davanti all'obiettivo. Riflet-

has just spoken of. They are the eyes of a gravely injured man. He is seized by despair and tears flow down his cheeks. Shuddering with grief, he drops exhausted onto the chair. Filming is over and Mosjoukine wipes his face. I enter the set of a salon, where I had forgotten my handbag on a table. Suddenly I notice Jean Tamarin sitting in an armchair with a high back. He is facing away from me engrossed in what he is reading. With a cunning smile I wonder how to attract his attention. I look around and see a vase or flowers. I chose the biggest rose with a long stem and then, holding my breath and creeping carefully like a cat, I appraoch Jean and gently tickle his ear. He makes a movement as if brushing away a fly. His gesture was a fitting one and he begins smoothing down his ruffled head of hair. Finally I let him see me and laugh merrily. He jumps up and tries to take away the rose. Dodging him, I begin circling around the room and he pursues me. "Embrace me, waltz with me", I whisper to my partner. Obediently he grabs me in an embrace and begins circling faster and faster. And then, still embracing, we fall onto the sofa. "On your knees", I whisper again. He slips down to the carpet and goes down on one knee. I hold out the rose to him and prompt him once more: "Kiss my hand". I slowly stand up without withdrawing my hand from my partner, and lowering my eyes I smile triumphantly: the huntress is victorious – the prey is in her claws. Chardynin takes out a golden watch on a thick chain with a whole bunch of pendants, and announces loudly: "Quarter past one, boys and girls... Time for a rest". (1974, 131-133)

BELA

Бэла

Drama. 876 m; production: A. Khanzhonkov & Co. Ltd.; release: 5.11.13; director; Andrei Gromov; script: Mariya Kallash-Garris; cameraman: Aleksandr Ryllo. Cast: Asho (Arshavir), Shakhatuni (Kazbich), O. Bella (Bela), Andrei Gromov (Pechorin), A. Sorin (Maksim Maksimych). Screen version of the work by Mikhail Lermontov.

A. Khanzhonkov and Co. have planned a whole series of adaptations of our classics. The latest in the series is *Bela*, a screen version of the first part of Lermontov's *A Hero Of Our Time*. The picture was shot against the backdrop of the Caucasus using actors from theatres in St Petersburg and Tiflis. It's not at all bad. (SF, 1913, No. 1, 28)

te, s'innervosisce. E tutto questo con la massima naturalezza, senz'ombra di affettazione. Mi sento morire nel vedere quei "nuovi occhi", ai quali il regista ha fatto solo cenno. Sono gli occhi di un uomo profondamente ferito. L'ira lo sopraffà e le lacrime gli scorrono lungo le guance. Tremando per i singhiozzi che lo scuotono, si lascia cadere su una sedia con gesto effeminato. La ripresa è terminata. Mozžuhin si asciuga il viso... Entro nel padiglione che serve da teatro di posa, perché avevo dimenticato una borsetta su un tavolinetto. Improvvisamente scopro, seduto su una poltrona dall'alto schienale, Jean (Tamarin). Sorridendo sorniona, decido di attirare la sua attenzione, mi guardo intorno, vedo un vaso di fiori, scelgo la rosa a stelo lungo più grande che c'è, poi, trattenendo il respiro, con ogni precauzione e con le movenze felpate di una gatta, mi avvicino a Jean, gli faccio pian piano solletico ad un orecchio... Jean fa un gesto, come per scacciare una mosca. E così facendo si liscia la folta capigliatura. Alla fine rivelo la mia presenza e scoppio in un'allegra risata. Egli scatta in piedi e mi vuole strappare la rosa. Ed io, nel tentativo di sfuggirgli, comincio a girare in tondo nella stanza. E lui dietro. "Abbracciami, balla un valzer con me" sussurro al mio partner. Egli, udita la mia proposta, mi stringe in un abbraccio e si mette a girare in tondo sempre più velocemente, sempre più velocemente. E così, abbracciati, cadiamo sul divano. "In ginocchio" sussurro nuovamente. Egli si lascia scivolare sul tappeto, rimanendo in equilibrio su un solo ginocchio. Gli offro la rosa e gli intimo nuovamente: "Baciami la mano". Lentamente mi alzo, senza staccare le mani da quelle del partner e, con gli occhi bassi, sorrido vittoriosa: è il trionfo della predatrice, la vittima è nelle sue grinfie. Čardynin estrae un orologio d'oro appeso ad una sottile catena, piena di ciondoli, annunciando ad alta voce: "Ragazzi, è l'una e un quarto... È tempo che ci concediamo una pausa". (1974, 131-133)

Бэла

BELA

Dramma. 876 m; produzione: A. Hanžonkov i Co. Spa; data di release: 5.11.1913; regia: Andrej Gromov; sceneggiatura: Marija Kallaš-Garris; operatore: Aleksandr Ryllo. Interpreti: Ašo (Aršavir), Šahatuni (Kazbič), O. Bella (Bela), Andrej Gromov (Pečorin), A. Sorin (Maksim Maksimyč). Adattamento dell'omonima opera di Mihail Lermontov.

La casa di produzione Hanžonkov i Co. ha messo a punto un'intera serie di pellicole tratte dai nostri classici. La prossima in programma per questo filone sarà *Bela*, versione cinematografica della prima parte di *Geroj našego vremeni* (Un eroe del nostro tempo) di Lermontov. Il film interpretato da artisti dei teatri di Pietroburgo e Tbilisi ha come sfondo la natura caucasica e risulta piuttosto buono. (SF, 1913, n. 1, 28)

VOTSARENIE DOMA ROMANOVYKH (1613)
THE ACCESSION OF THE HOUSE OF ROMANOV (1613)

Воцарение дома Романовых (1613)

Historical picture. 940 m; production: A. Khanzhonkov & Co. Ltd.; release: 16.2.13; director/script: Vasilii Goncharov & Petr Chardynin, in consultation with the Society for Acquaintance with Historical Events in Russia; cameraman: Louis Forestier. Cast: Sof'ya Goslavskaya (Mikhail Romanov), Pavel Knorr (Susanin – indoor scenes), V. Stepanov (Susanin – outdoor scenes), T. Shornikova (Antonida), N. Semenov (Vanya), Lidiya Tridenskaya (a nun, the mother of Mikhail Fedorovich), Ivan Mosjoukine (holy fool and horseman), Petr Chardynin, with artists from the Vvedensk People's House in the crowd scenes. A significant part of the 1912 production *A Life for the Tsar* was used in this film.

We have long known that Mikhail Fyodorovich came to the throne 300 years ago and that the anniversary of this event would be commemorated in 1913. Our commentators have noted the fact that only now, and they are working with lightning speed to produce films for the occasion. So it happens that the entry of the Tsar, which took place in May 1613, is being photographed in January's cruel frost. Directors are diligently covering the snow with sand, and sticking saplings into the ground to represent summer's warmth, but from the mouths of "the people" breath pours out as steam, and on the branches of the summer trees there hang, here and there, naughty flakes of snow. Need we mention, too, that in this haste, as an experienced director has pointed out, Russian warriors have been dressed in costumes from *Judith.* The Streltsy appear in caftans with skirts, shaped at the waist, and distinguished persons ride on Anglicised horses with docked tails. It is like this too with the general dramatisation. When Tsar Vasily Shuisky leaves the Kremlin we first see the Tsar, and after him a troop of Poles headed by Hetman Zolkiewski. Whereas in fact this same Zolkiewski had left Moscow already in 1610, taking with him the deposed Tsar Vasily Shuisky, so that neither Shuisky nor Zolkiewski, having left the Kremlin in 1610, could have been present in 1613 when Prince Pozhansky captured it. And blunders like this are all the more annoying in that the general press has reacted with unprecedented unanimity when it has mentioned these shots. Reviews were written partly with conviction, partly with bias. We have seen neither of the pictures produced by the rival firms, but we think, nevertheless, that neither of them corresponds fully to historical reality. Being ardently sympathetic to the tasks and aims of Russian cinematography, we have to say in its defence that it is very much easier to paint a good picture in oils, capturing only one fixed moment, than it is to achieve a true picture made up of thousands of moving moments. We add to this the incomparable difficulty of putting on the screen the life of Russia three hundred years ago, when the Moscow Kremlin had no electric lights, when there were no trams, nor any buildings in the modern style. The extreme inadequacy of the preliminary preparation on this occasion has also made itself felt. (VK, 1912, No. 2, 6-7)

Воцарение дома Романовых (1613)

VOCARENIE DOMA ROMANOVYH (1613) L'AVVENTO AL TRONO DEI ROMANOV (1613)

Film storico. 940 m; produzione: A. Hanžonkov i i Co. Spa; data di release: 16.2.1913; regia/sceneggiatura: Vasilij Gončarov, Petr Čardynin con la consulenza della Fondazione per la conoscenza degli eventi storici in Russia; operatore: Louis Forestier. Interpreti: Sof'ja Goslavskaja (Mihail Romanov), Pavel Knorr (Susanin-in interni), V. Stepanov (Susanin-in esterni), T. Šornikova (Antonida), N. Semenov (Vanja), Lidija Tridenskaja (monaca, madre di Mihail Fedorovič), Ivan Mozžuhin (pazzo e cavaliere), Petr Čardynin. Con la partecipazione nelle scene di massa della Compagnia Vvedenskij della Casa del Popolo. In questo film è stata utilizzata una parte cospicua della produzione del 1912 *Una vita per lo zar*.

Era cosa nota da tempo che trecento anni fa ebbe luogo l'ascesa al trono di Mihail Fëdorovič e che l'anniversario di tale evento sarebbe stato nel 1913. Ma gli addetti ai festeggiamenti sembrano però essersi accorti solo ora della cosa e si sono messi a realizzare le riprese alla velocità del fulmine. Il risultato di tale fretta è stato che l'ingresso a Mosca dello zar, avvenuto nel maggio 1613, è stato girato nella morsa del gelo di gennaio. I registi si sono dati da fare per porre rimedio a questo anacronismo, ricoprendo la neve di sabbia, piantandovi alberelli per simulare il caldo estivo, ma dalla bocca il fiato usciva sotto forma di vapore e qua e là, tra le cime degli alberi, spuntava qualche fiocco di neve. Per non tacere del fatto che le truppe russe, come ha avuto modo di sottolineare uno degli esperti registi, hanno usato i costumi di scena della *Giuditta*. Qualche spirito particolarmente brillante ha ripreso gli strelizzi, in caffetano a strisce stretto alla cintura, in sella a cavalli inglesi con le code tosate. Le stesse pecche si riscontrano in tutta la sceneggiatura: nella rappresentazione della cacciata dello zar Vasilij

S. Goslavskaya. One day, in the summer of 1913, I was summoned to the studio, bot is was not to start shooting but to listen to a lecture by a historian on the accession at the throne of the adolescent Mikhail Fedorovich. They had given me the role of... the Tsar as a young man! Chardynin explained to me that work was to start soon in collaboration with the director Goncharov, who unfortunately died before he could see the finished film. The celebrations of the tercentenary of the Romanov dynasty were about to start and the film had to be finished quickly. Chardynin entreated me to immerse myself seriously in the role, because it was not easy to play an adolescent convincingly. Actors chosen for a role of this type, even the youngest, gave shallow performances, lacking fascination and nobilty, whereas actresses in *travesti* roles were merely banal... Starewicz had prepared wonderful sets for the Cathedral of the Assumption. Most of the cast played boyars... Then there were the scenes of the triumphal entry into Moscow mounted on a white horse... With the troops following me, surrounded by my court, I advanced slowly on the saddle of a richly bedecked white horse, dressed in costumes embroidered with gold, pearls and precious stones. "Salute the crowd, but preserve a regal air throughout", the director ordered. So I proudly bowed my head, haughtily raised my eyebrows, and fixed my features in a noble expression. But I did not hold the pose for long. The cries of the crowd touched me and carried me away. With my right hand held high and my face wreathed in splendour, I bestowed upon the multitude a greeting full of childish spontaneity. (1974, 139-140; 143-144)

GDE PRAVDA? WHERE IS THE TRUTH?

Где правда

Alternative titles
VU IZ EMES? / WHERE IS THE TRUTH?
TRAGEDIYA EVREISKOI KURSISTKI
THE TRAGEDY OF A JEWISH GIRL-STUDENT

Production: S. Mintus (Riga); release: unknown; credits: unknown. Cast: Fakhler (Adele Vaizekind), Lucija Lipste-Ozols, Janis Ozols-Heines. Preserved without titles.

After losing her parents in Bessarabia District, Adele Weisekind is brought up by a childless couple and after finishing secondary school, thirsting for knowledge, she goes to a university town to study further. She arrives with great hopes, but already a cloud is forming which is to bring a storm. There are no places, so she attends the lectures as a listener. By chance, in the town she meets an old acquaintance, the student Rafail Edelgerts. A friendship is struck between the two young people and eventually they fall in love. They are happy, but the storm is already nigh. The first wave is already speeding from the misty distance of the future. Adele is informed by the police that she is being deprived of residence rights. All her plans crumble, she does not know what to do. Eventually, Rafail, being well acquainted with the town doc-

Šujskij dal Cremlino, questi se ne va per primo, seguito dal reggimento dei Polacchi, capitanati dall'etmano Žolkevskij, mentre è storicamente provato che Žolkevskij aveva lasciato Mosca già nel 1610, insieme allo zar spodestato. Quindi non era affatto possibile che sia Šujskij, sia Žolkevskij che avevano abbandonato Mosca nel 1610, fossero in alcun modo presenti alla resa del Cremlino nelle mani del principe Požarskij. E si tratta di errori tanto più increscìosi, in quanto la stampa ha elargito commenti favorevoli a queste scene del film. L'impostazione delle recensioni è dovuta in parte a convinzioni connaturate, in parte a parzialità di giudizio. Non abbiamo ancora visionato alcuna delle due pellicole proposte dalle due società concorrenti, ma riteniamo di poter pensare ugualmente che nessuna di esse abbia colto appieno la realtà storica. Sentendoci profondamente partecipi sia dei problemi che degli scopi della cinematografia russa, dobbiamo dire in sua difesa che dipingere con i colori ad olio del realismo un buon quadro ritratto in un unico momento coagulante, è indubbiamente più facile che non fornire un quadro fedele di un composto di migliaia di attimi in continuo divenire. Tenete inoltre conto, a questo proposito, della quasi insuperabile difficoltà di portare sugli schermi la Russia di 300 anni fa quando, accanto al Cremlino, non esistevano né lampioni elettrici, né binari delle tramvie, né tanto meno edifici in stile moderno. Anche questa volta l'estrema trascuratezza della fase preliminare delle riprese si è fatta sentire. (VK, 1912, n. 2, 6-7)

S. Goslavskaja. Una volta, nell'estate del 1913 venni convocata allo stabilimento cinematografico, ma non si trattava di effettuare riprese, bensì di assistere ad una lezione di uno storico sull'ascesa al trono imperiale dell'adolescente Mihail Fëdorovič. Mi avevano affidato il ruolo... dello zar da piccolo! Čardynin mi spiegò che avrebbe iniziato la lavorazione in tempi brevi, congiuntamente al defunto regista Gončarov, che però non riuscì a vedere il film terminato. Ed ora si era nell'imminenza delle celebrazioni per il tricentenario di regno della Casa Reale Romanov. Occorreva quindi terminare rapidamente la pellicola. Čardynin mi pregò di impegnarmi nella parte seriamente, perché rappresentare la figura di un adolescente non era impresa facile. Gli attori prescelti per tale ruolo, anche i più giovani, risultano piuttosto grezzi, privi di fascino e di nobiltà, mentre le attrici sono banali nelle parti *en travesti*... Starewicz aveva preparato delle sublimi scenografie per la Cattedrale dell'Assunzione. La maggioranza delle comparse ebbe il ruolo di boiardi... Seguirono quindi le scene del trionfale ingresso a Mosca, in sella a un cavallo bianco... Con le truppe al seguito, circondata dalla mia corte, incedevo lentamente in sella ad un candido cavallo, riccamente bardato, ed abbagliata con costumi ricamati d'oro, perle e pietre preziose. "Salutate la folla, ma mantenete nel contempo la vostra regalità", ordinò il regista. E io inchinavo orgogliosa il capo, aggrottavo altera le sopracciglia, atteggiando il volto a un'espressione fiera. Ma non durò a lungo. Le grida entusiastiche della folla mi toccarono e mi rapirono. E levata in alto la mano destra ed illuminatami tutta in volto, inviai alla moltitudine un saluto pieno d'infantile spontaneità. (1974, 139-140; 143-144)

tor, finds the only possible solution. Knowing that prostitutes are free and that nobody bothers them about residence rights, he advises Adele to register as a prostitute. After long hesitation she agrees and moves to a new flat in order not to arouse the suspicions of the police. A few days later Rafail receives news that his father is ill and leaves for home. On returning, he finds a letter from Adele, from which he learns that she has been arrested on suspicion of robbery. He decides to obtain her release, whatever the cost. Meanwhile, Adele is having a terrible time: she is crushed and stifled by memories from past. She imagines her happy childhood and then the loss of her parents. She does not have the strength to bear all the blows of fate and falls ill with nervous fever. Together with the town doctor Rafail sets off to see the court investigator in order to dispel the misunderstandings due to which Adele is registered as a prostitute. He manages this without much difficulty, since the culprits who robbed the merchant have already been found. Rafail obtains from the investigator papers for the immediate release of Adele and takes her home from the prison. But the storm is already at its very height. Exhausted from the experiences of the past few days, Adele dies. Left with no aim in life, Rafail begins wandering the streets and finally decides to visit the grave of his beloved. The thought that she is no longer alive, nor ever will be, has such an oppressive effect on him that he falls unconscious onto the grave. He is fated never to awake again. He lies on the grave all night, and the next morning the rising sun reveals his frozen corpse. (VK, 1913, No. 18, 40)

GORE SARRY
THE SORROWS OF SARRA

Горе Сарры

Drama. 2 reels; 800 m; production: A. Khanzhonkov & Co. Ltd.; release: 10.9.13; director: Aleksandr Arkatov; script: V. Toddi (Vol'berg); cameraman: Fedor Bremer [Wladyslaw Starewicz?]; art director: Boris Mikhin. Cast: T. Shornikova (Sarra), A. Kheruvimov (her father), Praskov'ya Maksimova (her mother), Ivan Mosjoukine (Isaak), Pavel Knorr (Isaak's father), A. Pozharskaya (his mother), Vyacheslav Turzhanskii (Borukh). Preserved without titles.

S. Goslavskaya. And so, filming was going on in the studio. The hall was a large and bright one. Film-sets had been constructed in some places. There were arc-lights, furniture and props, giving these nooks a habitable appearance. On one of the sets I saw Vladislav Aleksandrovich Starewicz. He was standing by the camera, shooting, as Chardynin explained to me, a film about the Jewish poor. It was entitled *Sara's Grief* and was being made by the young director, A. Arkatov, who was trying out is abilities in the Khanzhonkov company for the first time. He behaved modestly and made no observations, allowing the actors independence. There were three people being filmed: Isaak Mosjoukine, Sarra Shornikova, and the mother Maksimova. I sat down nearby and a few minutes later saw that they were acting well, sincerely, in a realistic and heartfelt manner. (1974, 128)

Где правда

GDE PRAVDA?
DOV'È LA VERITÀ?

Titoli alternativi
VU IZ EMES? [in iddish]
DOV'È LA VERITÀ?
TRAGEDIJA EVREJSKOJ KURSISTKI
LA TRAGEDIA DI UNA STUDENTESSA EBREA

Produzione: S. Mintus (Riga); data di release: ignota; autori: ignoti. Interpreti: Fahler (Adele Vajzekind), Lucija Lipste-Ozols, Janis Ozol-Heines. Il film è conservato senza didascalie.

Adele Vajzekind, perduti entrambi i genitori nella provincia della Bessarabia, viene allevata da una coppia senza figli. La giovane, una volta terminato il ginnasio, desidera proseguire gli studi e parte per una città universitaria per iscriversi ai corsi superiori. Ella vi giunge piena di speranze. Lì incontra casualmente un vecchio conoscente, lo studente Rafael Edelherz. Fra i due si instaura dapprima un rapporto d'amicizia, destinato infine a trasformarsi in un legame d'amore. Essi sono felici..., ma la tempesta ormai si avvicina. Dalle brumose distanze del futuro giunge già la prima minaccia. Adele riceve una notifica della polizia che la priva del diritto di residenza. Tutti i sogni della fanciulla s'infrangono ed ella non sa come comportarsi. Infine Rafael, che conosce bene il medico comunale, indica l'unica soluzione possibile. Ben sapendo che alle prostitute viene garantita la libertà e ad esse non si richiede il permesso di residenza, consiglia ad Adele di registrarsi come prostituta. Dopo molti tentennamenti, ella acconsente e si trasferisce in un nuovo appartamento per non destare i sospetti della polizia. Qualche giorno dopo Rafael riceve la notizia che il padre è malato e torna a casa. Al suo arrivo, trova ad attenderlo una lettera di Adele: è stata arrestata perché sospettata di furto. Egli decide di ottenere la sua liberazione (ad ogni costo). Adele nel frattempo passa un periodo particolarmente difficile. I ricordi del passato la opprimono e la soffocano: ricorda l'infanzia felice e la perdita dei genitori. Ella non è in grado di sopportare i duri colpi inflitti dalla sorte e si ammala di una febbre nervosa. Rafael e il medico comunale si recano insieme dal giudice istruttore per chiarire l'inghippo che ha costretto Adele a inserirsi fra le prostitute. La questione è facilmente risolta, tanto più che i ladri che hanno derubato il mercante sono già stati individuati. Rafael riceve dal giudice un ordine di scarcerazione per la ragazza e la conduce a casa. Ma la tempesta è ancora nel pieno della sua furia. Adele, estenuata dalle vicissitudini degli ultimi giorni, si spegne. Rimasto senza uno scopo nella vita, Rafael comincia a vagare senza meta per le vie ed infine decide di recarsi sulla tomba della fanciulla amata. Il pensiero che ella ora non è più né mai più sarà, è per lui talmente penoso da farlo cadere sulla tomba, privo di sensi. Non ha più la forza di ridestarsi. Egli giace sulla tomba tutta la notte e il sole che sorge, il mattino dopo, illuminerà il suo cadavere esanime. (VK, 1913, n. 18, 40)

מזרח

Горе Сарры

GORE SARRY
IL DOLORE DI SARRA

Dramma. 2 bobine; 800 m; produzione: A. Hanžonkov i Co. Spa; data di release: 10.9.1913; regia: Aleksandr Arkatov; sceneggiatura: V. Toddi (Vol'berg); operatore: Fedor Bremer (Wladyslaw Starewičz); scenografia: Boris Mihin. Interpreti: T. Šornikova (Sarra), Aleksandr Heruvimov (suo padre), Praskov'ja Maksimova (sua madre), Ivan Mozžuhin (Isaak), Pavel Knorr (padre di Isaak), A. Požarskaja (madre di Isaak), Vjačeslav Turžanskij (Boruh). Il film è incompleto e senza didascalie.

S. Goslavskaja. E così all'interno dello stabilimento si svolgevano le riprese. La sala era grande e luminosa ed i set erano stati preparati con riflettori, arredi ed attrezzature per dare loro l'aspetto di abitazioni... Su uno di quei set vidi Starewičz al lavoro. Era dietro una macchina da presa e riprendeva, come ebbe poi a spiegarmi Čardynin, le scene di una pellicola sulla vita degli ebrei poveri, dal titolo *Gore Sarry*. Il film era realizzato dal giovane regista A. Arkatov, che metteva per la prima volta alla prova i suoi talenti presso la Hanžonkov e si comportava con estrema modestia, non facendo alcuna osservazione e lasciando praticamente carta bianca agli interpreti. Tre gli attori impegnati nelle riprese: Mozžuhin nel ruolo di Isaak, la Šornikova nella parte di Sarra e la Maksimova, nel ruolo della madre. Mi avvicinai e mi bastarono solo alcuni minuti per comprendere che la loro recitazione era ottima, brillante, vivace e si erano perfettamente calati nei rispettivi ruoli. (1974, 128)

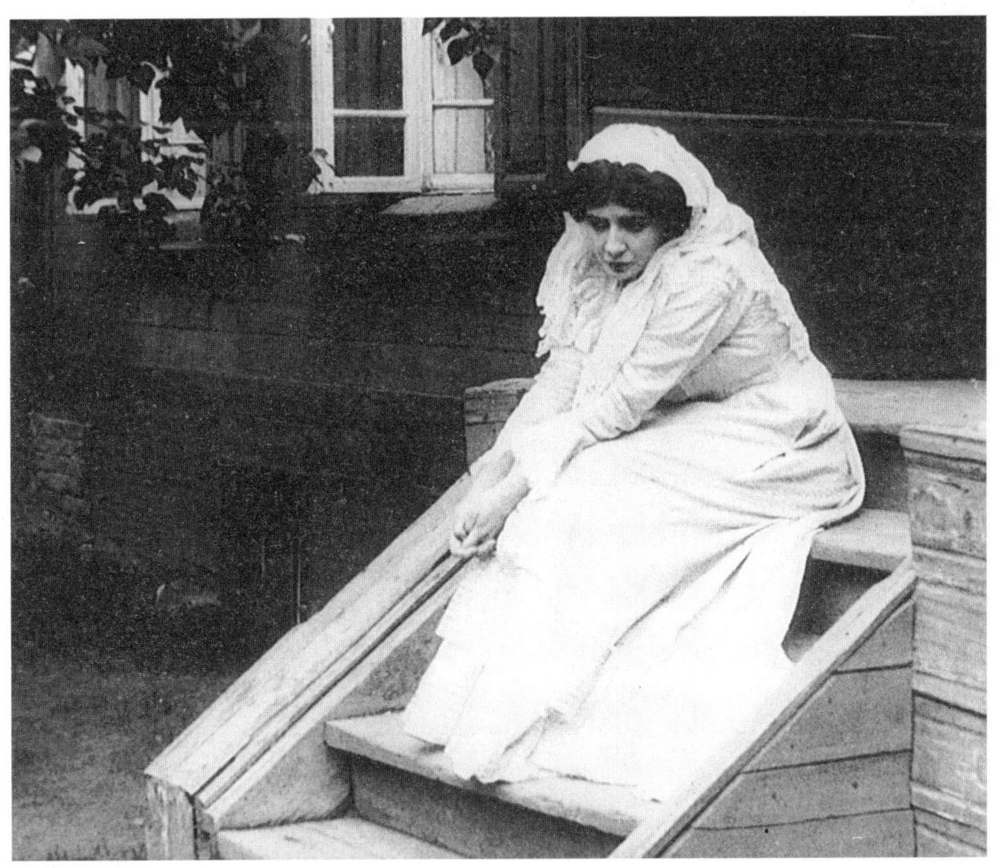

GORNYI ORLENOK
THE MOUNTAIN EAGLET

Горный орленок

Drama. 2 reels; 580 m; production: A. Drankov & A. Taldykin; release: 20.12.13; director: L. Cherni; cameraman: Nikolai Kozlovskii; art director: Frants Rubo. Cast: Lidiya Terek (the "mountain eaglet"). Preserved without titles.

The Mountain Eaglet was the nickname of a fearless young Georgian girl. Her life was full of romantic adventures and was taken as the theme of this picture. The picture takes the viewer to the inaccessible mountains and valleys of the Caucasus, acquainting him with the life and customs of the upland-dwellers, and is so interesting that it requires absolutely no advertising. Its success is fully guaranteed not only by the actors' excellent performances, but also by the singular beauty of the Caucasian landscape. Hundreds of thousands of tourists come here every year from all parts of the world. (SF, 1913, No. 2, 70)

DOMIK V KOLOMNE
THE HOUSE IN KOLOMNA

Домик в Коломне

Comedy. 3 reels; 610 m; production: A. Khanzhonkov & Co. Ltd.; release: 19.10.13; director: Petr Chardynin; cameraman: Wladyslaw Starewicz; art director: Wladyslaw Starewicz (?) & Boris Mikhin. Cast: Praskov'ya Maksimova (a widow), Sof'ya Goslavskaya (her daughter, Parasha), Ivan Mosjoukine (an officer in the guards & Mavrusha). Screen version of the verse story by Aleksandr Pushkin.

S. Goslavskaya. I have the fondest memories of the making of this picture. It really was the very role for me. I became engrossed in that image of the true Russian girl – cheerful, attractive and, at the same time, sly and a little mischievous. As Chardynin so aptly observed, Ivan Mosjoukine literally "basked" in his role. The tricks he came up with! It gave him scope for displaying his comic talents. When we had finished the studio scenes, Chardynin took us to Zhitanaya Street and Kaluzhskaya Square to film the episode in which the three of us – Mavrushka the cook, the old woman and Parasha – go to the bath house. It was something that I shall never forget. Astonished passers-by gathered round from all over Zhitanaya and Kaluzhskaya to watch the "cook" walk behind us in a sweeping ceremonial gait, carrying a huge bath-house besom in one hand and a basin in the other. And how hilarious it was to see Mosjoukine throwing back his tunic dress and pulling out a cigarette case full of papirosy from his army-style trousers! It's true that when we were filming the episodes which follow the bath-house, Mosjoukine played around a little on putting me to bed and helping me to undress. We had got as far as the stockings when Chardynin growled: "Vanya, they'll accuse us of bad taste, of indulging in risque situations." He categorically prohibited Mosjoukine from taking off my stockings. Vanya even became angry. He began to say that he himself detested bad taste, but that the

Горный орленок

GORNYJ ORLENOK
L'AQUILOTTO DI MONTAGNA

Dramma. 2 bobine; 580 m; produzione: A. Drankov e A. Taldykin; data di release: 20.12.1913; regia: L. Černi; operatore: Nikolaj Kozlovskij; scenografia: Franc Rubo. Interpreti: Lidija Terek (l'aquilotto di montagna). Il film è conservato senza didascalie.

Gornyi orlenok, è il soprannome con cui è conosciuta una giovane e indomita georgiana. La vita di questa fanciulla, piena di romantiche avventure, è servita da motivo conduttore a questo film, in cui lo spettatore viene condotto attraverso le inaccessibili montagne e le valli del Caucaso e partecipa alla vita e ai costumi dei suoi abitanti. Si tratta di una pellicola di tale interesse da non aver quasi bisogno di commenti. Il successo le sarà assicurato non solo dall'ottima interpretazione e degli artisti, ma anche dalla presentazione delle non comuni bellezze della natura caucasica, bellezze che attirano da ogni parte del mondo ogni anno migliaia di turisti. (SF, 1913, n. 2, 70)

Домик в Коломне

DOMIK V KOLOMNE
LA CASETTA A KOLOMNA

Commedia. 3 bobine; 610 m; produzione: A. Hanžonkov i Co. Spa; data di release: 19.10.1913; regia: Petr Čardynin; operatore: Wladyslaw Starevič; scenografia: Wladyslaw Starewičz(?) e Boris Mihin. Interpreti: Praskov'ja Maksimova (vedova), Sof'ja Goslavskaja (sua figlia Paraša), Ivan Mozžuhin (un ufficiale della guardia e Mavruša). Adattamento dell'omonimo racconto in versi di Aleksandr Puškin.

S. Goslavskaja. I ricordi della lavorazione di quella pellicola sono rimasti tra i miei più belli. Ora parliamo di quello che era origi-

comical situations in that particular episode were absolutely indispensible in order to put across the mischievous content of Pushkin's work. Chardynin agreed with this and they began to think how to arrange things better. Finally, they decided: the sham servant girl – the country lass – is very fond of the master's daughter. Putting me to bed, Vanya Mosjoukine gently and respectfully kissed my feet, then carefully tucked them up in a blanket with loving chasteness and modesty. (1974, 144-145)

DOCH' KUPTSA BASHKIROVA
MERCHANT BASHKIROV'S DAUGHTER

Дочь купца Башкирова

Alternative title
DRAMA NA VOLGE
DRAMA ON THE VOLGA

Drama. 5 reels; 1610 m; production: G. Libken's 'Volga' Co. (Yaroslavl); release: 19.11.13; director/script: Nikolai Larin; cameraman: I. Dored. Cast: unknown. A sensational drama based on a criminal trial. At the insistence of Bashkirov's relatives the film was shown under the title *Drama on the Volga*. It was Grigorii Libken's first film. 3 reels preserved without titles.

We have been asked to announce that the film *Merchant Bashkirov's Daughter* is to be released under the title *Drama on the Volga*. As is known, the film is the work of the Volga company and has been acquired by Pathé Frères. The title has been changed because the heroine's surname is identical to that of some well-known merchants in a certain town on the Volga – by sheer coincidence, of course. (SF, 1913, No. 4, 30)

In 1913 Mr G.I. Libken expanded his operations by opening a cinema studio in parallel with his film hire business. The first film he produced was *Merchant Bashkirov's Daughter* (Drama on the Volga). It was shown with great success and the negative was sold to Pathé Frères. (Vsya Kinematografiya, Moscow, 1916, 15)

The film is worth noticing for the rigor of its dramatic progression towards the climax, worthy, indeed, of a *noir* nightmare. From the moment of the lover's accidental death to the sequence of the villain who hides his corpse, the film displays an increasingly harsh and disturbing tone, always keeping its detached mood, in order to mitigate the implicit search for the "sensational" in the reconstruction of real events. P.Ch.Us.

DYADYUSHKINA KVARTIRA
UNCLE'S APARTMENT

Дядюшкина квартира

Farce. 3 reels; 873 m; production: A. Khanzhonkov & Co. Ltd.; release: 3.9.13; director/script: Petr Chardynin; cameraman: Fedor Bremer; art director: Boris Mikhin. Cast: Ivan Mosjoukine (Koko), V. Niglov (Sukharev, his uncle), Andrei Gromov (Fioletov, a poet), Lidiya Tridenskaya (Zefirova, an old maid), Dolinina (Lilet), A. Kheruvimov (Stepnyakov, a landowner).

Koko, a merry young man who loves all sort of pleasures and has a complete lack of common sense, is a pain in the neck for his uncle, good Mr Ponsonné, who often tells him off about his lilfestyle and urges him to get into business, and start earning a living wi-

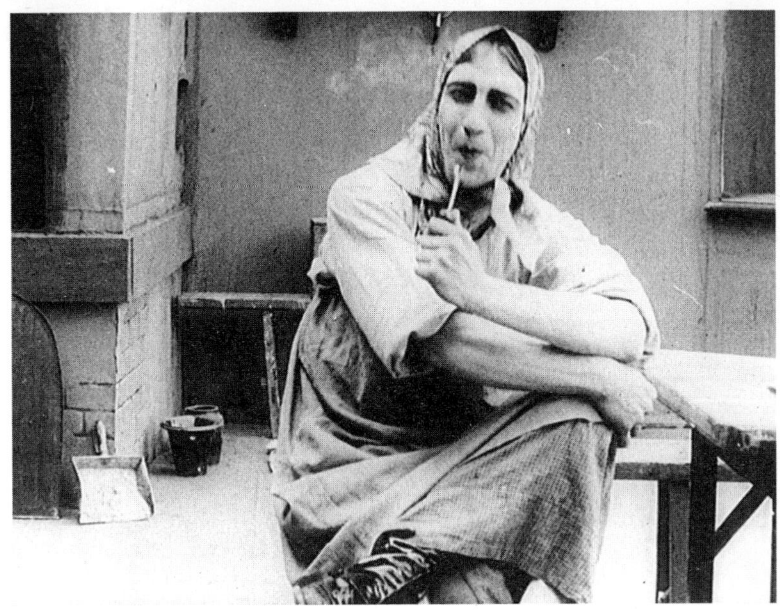

nalmente il mio ruolo. Quella figura di fanciulla genuinamente russa, felice di vivere e al tempo stesso incline alla furbizia e un po' discola mi affascinava. Ivan Il'ič Mozžuhin, come ebbe giustamente a sottolineare Čardynin, "s'immerse" letteralmente nel suo ruolo... Che trucchi seppe escogitare! In essi esplicava il suo naturale talento di commediante... Quando terminammo gli interni, Čardynin condusse noi tre in Žitnaja Ulica e in Kalužskaja Ploščad' per effettuare le riprese della trasferta al bagno: eravamo la cuoca Mavruška, la vecchia madre ed io, Paraša. Non dimenticherò mai quell'episodio. Una folla stupefatta, accorsa da tutta la Žitnaja e dalla Kalužskaja, si era raccolta per osservare la "cuoca", che avanzava al nostro seguito con passo disteso e militaresco, reggendo un immenso scopetto di betulla in una mano e un bacile nell'altra. E con che senso dell'humour Mozžuhin sollevò il sarafan per estrarre dai pantaloni un portasigari di tipo militare con tanto di sigarette. È pure vero che, quando si girarono gli episodi successivi alla scena del bagno, Mozžuhin, che mettendomi a letto mi aiutò a svestirmi, si prese qualche piccola confidenza. La cosa arrivò fino alle calze e Čardynin s'adirò: "Vanja, sapete benissimo che ci si accusa per delle banalità e voi sembrate trovare piacere in situazioni rischiose". Il regista mi vietò espressamente di togliermi le calze. Perfino Vanja s'incollerì, dicendo che era lui il primo a detestare quelle sconcezze. Tuttavia le situazioni comiche erano quasi di rigore in quell'episodio... Dovevano servire a trasmettere allo spettatore lo spirito "monellesco" che animava l'opera di Puškin. E Čardynin in questo era d'accordo. Si iniziò a riflettere sul modo migliore di realizzare la cosa. E alla fine si giunse ad una decisione: si creò la figura di un'immaginaria servetta, una ragazzotta giunta dalla campagna, che piaceva molto alla signorina (anche se l'ussaro le andava a genio molto di più). E Vanja Mozžuhin, mettendomi a letto, mi baciava con rispetto e tenerezza le gambe avvolgendole poi nella coperta con grande pudicizia e con amorosa sollecitudine. (1974, 144-145)

Дочь купца Башкирова

DOČ KUPCA BAŠKIROVA
LA FIGLIA DEL MERCANTE BAŠKIROV

Titolo alternativo
DRAMA NA VOLGE
DRAMMA SUL VOLGA

Il film è notevole per il vigore della progressione drammatica, davvero degno di un incubo *noir.* Dalla morte accidentale dell'amante al finale ricatto di colui che ne nascondeva il cadavere, il racconto assume toni via via sempre più aspri, inquietanti, mantenendo sempre vigile il senso di distacco – al limite della cronaca – necessario a temperare l'implicita ricerca del "sensazionale" nella ricostruzione di fatti realmente accaduti. P.Ch.Us.

Dramma. 5 bobine; 1610 m; produzione: Volga di G. Libken (Jaroslav); data di release: 19.11.1913; regia/sceneggiatura: Nikolaj Larin; operatore: I. Dored. I nomi degli attori sono sconosciuti. Un dramma sensazionale creato sui materiali di un processo. A causa delle insistenze di Baškirov, il film è apparso con il titolo *Dramma sul Volga.* Si tratta del primo film prodotto da Grigorij Libken. Si conservano 3 bobine senza didascalie.

Permetteteci di segnalare che la pellicola *Doč kupca Baškirova,* verrà programmata sotto il titolo di *Drama na Volge.* Com'è noto, è opera della società Volga ed è stata acquistata dalla Pathé Frères. Il mutamento di titolo è dovuto alla coincidenza del cognome dell'eroina del film con quello di una nota famiglia di commercianti abitanti in una delle città sul Volga, una coincidenza, è inutile dirlo, del tutto casuale. (SF, 1913, n. 4, 30)

Nel 1913 G.I. Libken, per allargare il suo giro d'affari, aprì, parallelamente all'agenzia di noleggio, anche uno stabilimento di produzione cinematografica. Il primo film prodotto dalla nuova società fu *Doč kupca Baškirova,* sottotitolo *Drama na Volge,* che ebbe grande successo e il cui negativo venne venduto alla Pathé Frères. (Vsja kinematografija, Mosca, 1916, 15)

Дядюшкина квартира

DJADJUŠKINA KVARTIRA
L'APPARTAMENTO DELLO ZIO

Farsa. 3 bobine: 873 m; produzione. A. Hanžonkov i Co. Spa; data di release: 3.9.1913; regia/sceneggiatura: Petr Čardynin; operatore: Fedor Bremer; scenografia: Boris Mihin. Interpreti: Ivan Mozžuhin (Coco), V. Niglov (Suharev, suo zio), Andrej Gromov (Fioletov, poeta), Lidija Tridenskaja (Zefirova, vecchia zitella), Dolinina (Lilette), Aleksandr Heruvimov (il possidente Stepnjakov).

Coco, un giovanotto svagato ed amante dei piaceri e delle soddisfazioni impossibili, completamente privo di "senso pratico", rappresenta una spina nel fianco per lo zio, il buon signor Ponsonné, che gli fa spesso ramanzine per la sua leggerezza esortandolo a mettersi in affari e a "camminare con le proprie gambe" per guadagnarsi da vivere da solo, senza dipendere eternamente dall'aiuto materiale dei parenti. Coco ha un'amichetta, l'incantevole Lilette, una ragazza particolarmente cara, deliziosa e affascinante, ma svanita quanto lui ed ugualmente incapace di occuparsi seriamente di qualsiasi attività di ordine pratico... Quand'ecco che il destino comincia a sorridere al nostro: una lettera dello zio in cui gli comunica la sua intenzione di lasciare Parigi per qualche tempo. E, dato che il suo appartamento è affittato per un anno, concede

thout eternally depending on relatives' help. Koko has a girlfriend, the enchanting and fascinating Lilet, who is as absent-minded as him and equally incapable of engaging in practical activities. One day fate smiles at our hero: he receives a letter from his uncle informing that the latter is going to Paris for some time, and since his flat is rented for one year, he's letting the nephew use it for the time being. Koko is overwhelmed with joy: the flat is big, elegant, furnished with everything and, most important, it is located in a very aristocratic district. Koko then moves in to his uncle's flat, where he's surrounded by comfort and even luxury, but he is still broke! He has everything but the money! Where to find it? Suddenly he is struck by a brilliant idea. ... He will sublet the flat to some lodgers. By renting the rooms separately he could make a lot of money. He sticks a note on the front door reading "Furnished rooms to let at reasonable price". The new lodgers arrive soon: one room is taken by a landowner with his daughter, another by a poet and the third one by a spinster lady. ... Shortly the poet falls in love with the landowner's daughter, the spinster Miss Zefirova falls for the poet Fioletov, Nyura, the daughter, develops a passion for Koko himself, who for his part returns her attentions and seems more than willing to forget his Lilet, who falls in love with the landowner Saratov. A series of amusing situations follows, and in the end the arrival of uncle Ponsonné brings back order. Seeing the ability with which his nephew has managed the property, uncle Ponsonné recognises that Koko has common sense after all and blesses his engagement with the daughter of the rich property owner Stepnyakov. (SF, 1913, No. 24, 70)

ZA DVER'YAMI GOSTINOI
BEHIND THE DRAWING-ROOM DOORS

За дверями гостиной

Drama. 3 reels; 1008 m; production: A. Khanzhonkov & Co. Ltd.; release: 31.8.13; directors: Ivan Lazarev & Petr Chardynin; art director: Boris Mikhin. Cast: Ivan Lazarev (Akhtyrin, an artist), Sof'ya Goslavskaya (Nina, a model), Aleksandr Kheruvimov (Volotskii, a landowner), Ol'ga Obolenskaya (Elena, his daughter), Vyacheslav Turzhanskii (Litvinov, an artist), Lidiya Tridenskaya. Preserved without titles.

S. Goslavskaya. After a long career in the arts, I now see particularly clearly that this was nothing but a salon melodrama. At the time, however, it aroused great controversy amongst the intelligentsia and was widely discussed by literary circles and amongst writers. The film was shot over a very short period of time. The work was done in the most "cinematographic" way: that is, all the episodes were filmed individually. Performers involved in different scenes hardly ever met. And to be honest, I knew nothing about the film's content until the whole thing was assembled. Another consequence of the short filming period was that we used collapsible boards or, as they were called, "fundus" sets devised by our studio artist B. Mikhin. (1974, 146-147)

al nipote di usufruirne in sua assenza. Coco va in visibilio: si tratta pur sempre di un appartamento a prestito, ma ampio, elegante, dotato di tutte le comodità e per di più situato in un quartiere veramente aristocratico. Coco quindi si trasferisce nell'appartamento dello zio, dove lo circondano le comodità e perfino il lusso, ma è pur sempre senza un soldo! Ha tutto fuorché il denaro! Dove scovare quel volgare quanto introvabile metallo? Quand'ecco che gli viene un'idea brillante... subaffittare a dei pensionanti l'appartamento dello zio... Giungono ben presto gli inquilini: una stanza viene occupata da un possidente con la figlia, un'altra da un poeta seguace della scuola contemporanea e la terza da una signorina attempata... Ben presto il poeta s'innamora della figlia del possidente, l'anziana signorina Zefirova s'invaghisce del poeta Fioletov. Njura, la figlia del possidente, dello stesso Coco che dal canto suo la ricambia e si dimostra più che disponibile a dimenticare la sua Lilette, la quale s'innamora del possidente di Saratov. Segue tutta una serie di divertenti equivoci... e infine tutto si chiarisce con l'inatteso ritorno a casa dello zio Ponsonné. Vedendo con quanta abilità Coco ha usato il suo appartamento, egli riconosce che dopo tutto è dotato di quella benedetta "vena pratica" e benedice la sua unione con la figlia del ricco possidente Stepnjakov. (SF, 1913, n. 24, 70)

За дверями гостиной

ZA DVER'JAMI GOSTINOJ
DIETRO ALLE PORTE DEL SALOTTO

Dramma. 3 bobine; 1008 m; produzione: A. Hanžonkov i Co. Spa; data di release: 31.8.1913; regia: Ivan Lazarev e Petr Čardynin; scenografia: Boris Mihin. Interpreti: Ivan Lazarev (il pittore Ahtyrin), Sof'ja Goslavskaja (Nina, una modella), Aleksandr Heruvimov (il proprietario terriero Volockij), Ol'ga Obolenskaja (Elena, sua figlia), Vjačeslav Turžanskij (il pittore Litvinov), Lidija Tridenskaja. Il film è conservato senza didascalie.

KAK AIDAROV SPESHIL NA BENEFIS
HOW AIDAROV HURRIED TO THE BENEFIT PERFORMANCE

Как Айдаров спешил на бенефис

Comedy. 1 reel; production: A. Khanzhonkov & Co. Ltd.; release: unknown; script: Pavel Aidarov, in consultation with Aleksandr Kugel; cameramen: Anatolii Donatello et al. Cast: Pavel Aidarov (himself).

KRASIVAYA ZHENSHCHINA
A BEAUTIFUL WOMAN

Красивая женщина

Alternative title
KUPAL'SHCHITSA / THE BATHING GIRL

Film declamation. 130 m; production: A. Khanzhonkov & Co. Ltd.; release: unknown; credits: unknown. Cast: S. Neratov. Screen version of a miniature by Arkadii Averchenko.

S. Goslavskaja. Alla luce della mia lunga carriera nel mondo artistico, ora posso capire perfettamente che quello era semplicemente un melodramma da salotto. Ciò non toglie che all'epoca della sua uscita la pellicola abbia suscitato accesi dibattiti tra gli intellettuali e polemiche nei circoli letterari e nelle consuete riunioni del mercoledì... Il film venne girato in tempi ristrettissimi e il lavoro veniva condotto secondo schemi "cinematografici". Ovvero, tutti gli episodi venivano messi in lavorazione separatamente, quindi gli interpreti della pellicola, che sostenevano ruoli in scene diverse, non avevano quasi l'opportunità d'incontrarsi. E, a dire la verità, non ho mai saputo esattamente quali fossero i contenuti del film, finché non venne ultimato il montaggio. Data la brevità del tempo dedicato alla lavorazione, vennero utilizzati fondali prefabbricati, veri e propri tramezzi, issati da B. Mihin, lo scenografo della nostra società. (1974, 146-147)

Как Айдаров спешил на бенефис

KAK AJDAROV SPEŠIL NA BENEFIS
COME AJDAROV S'AFFRETTAVA ALLA SERATA DI BENEFICENZA

Commedia. 1 bobina; produzione: A. Hanžonkov i Co. Spa; data di release: ignota; sceneggiatura: Pavel Ajdarov, con la consulenza di Aleksandr Kugel; operatori: Anatolij Donatello e altri. Interpreti: Pavel Ajdarov (se stesso).

Красивая женщина

KRASIVAJA ŽENŠČINA
UNA BELLA DONNA

Titolo alternativo
KUPAL'ŠČICA / LA BAGNANTE

Film declamazione. 130 m; produzione: A. Hanžonkov i Co. Spa; data di release: ignota; autori: ignoti. Interpreti: S. Neratov. Adattamento di una miniatura di Arkadij Averčenko.

Курсистка Ася

KURSISTKA ASJA
ASJA LA STUDENTESSA

Dramma. 3 bobine; 705 m; produzione: Pathé Frères (Mosca); data di release: 9.2.1913; regia: Kai Hansen; operatore: George Meyer; scenografia: Czeslaw Sabinski. Interpreti: Nina Černova (Asja), Boris Pjaseckij (l'attore Svetlanov), Elena Smirnova (una ballerina), Rocco Espagnoli. Il film è conservato senza didascalie.

Ci viene proposta la prima prova della penna di due illustri letterati che desiderano mantenere l'anonimato, probabilmente perchè il ruolo degli autori cinematografici non ha ancora diritto di cittadinanza nell'ambiente degli scrittori russi. Questa prima prova è

KURSISTKA ASYA
ASYA THE STUDENT

Курсистка Ася

Drama. 3 reels; 705 m; production: Pathé Frères (Moscow); release: 9.2.13; director: Kai Hansen; cameraman: George Meyer; art director: Czeslaw Sabinski. Cast: Nina Chernova (Asya), Boris Pyasetskii (Svetlanov, an actor), Elena Smirnova (a dancer), Rocco Espagnoli. Preserved without titles.

What we have before us is a first attempt by two well-known men of letters who did not wish to display their names on the film, probably because the role of cinema author has not yet become sufficiently accepted amongst Russian writers. It is the moving story of a young girl who escapes from the depths of the provinces, a girl full of saintly impulses, striving for knowledge and fulfilment.

il film *Kursistka Asja*, la toccante storia di una ragazza giovane, giunta fresca fresca dalla grigia provincia, piena di slanci devoti e desiderosa di conoscere e di sapere. Ma, nella metropoli, la giovinetta inesperta, debole, impreparata a sostenere le lotte, al primo contatto con la dura realtà della vita, avvizzisce come un fiore non ancora completamente sbocciato e già reciso alla radice. E per lei inizia un'esistenza carica di tormenti morali e fisici. Caduta alla mercé di un tenore alla moda, ella si muta gradualmente in una *demi-mondaine*. Benché anche in tale situazione, Asja mantenga ugualmente intatta la sua purezza d'animo, incapace di tollerare l'idea di esser giunta all'ultimo gradino della degradazione, ha il coraggio di porre fine a quella vita e si uccide. La figura della sventurata studentessa viene interpretata dalla Černova in maniera superlativa, la pellicola è splendidamente realizzata e lascia un'impronta profonda. (SF, 1913, n. 8, 24)

Cosa ci propone la società Pathé Frères? L'incantevole *Kursistka Asja*. La breve ed intensa storia della rovina di un'onesta ed operosa signorina russa, inghiottita dal fango di una capitale, che ne ucciderà le speranze e ne disilluderà la fede in un avvenire migliore. "Non perdete alcunché di quanto avviene sullo schermo. Davanti a voi non si svolge un dramma fittizio, ma la vita reale", così recita la locandina. Ed è la vita che scorre davanti ai nostri occhi, intima e naturale. Perfetta e realistica la memorabile prova d'interpretazione data dalla Černova. (KŽ, 1913, n. 14, 20)

Музыкальный момент

MUZYKAL'NYJ MOMENT
MOMENTO MUSICALE

Balletto. 150 m; produzione: Thiemann & Reinhardt; data di release: 19.2.1913; regia: Jakov Protazanov; operatore: George Meyer; scenografia: Czeslaw Sabinski. Interpreti: Ekaterina Gel'cer e Vasilij Tihomirov. Riduzione del balletto sulle musiche di Franz Schubert. Il film è incompleto (una scena).

Ekaterina Geltser, nata nel 1876, venne nominata *danseuse étoile* del Bolšoj nel 1901, e continuò ad esibirsi per mezzo secolo in quel teatro, grazie alle sue particolari doti mimiche. Interpretò parecchi film di balletto, incluso un *Coppelia* completo nel 1913, e inoltre due cortometraggi per Thiemann e Reinhardt: un *Notturno* di Chopin e il *Moment Musical* di Schubert, nel quale suo marito Vasilij Tihomirov le fa da partner. D.R.

But in the large town where she ends up – inexperienced, weak und unprepared for a struggle – she perishes on her first contact with real life like a half-opened flower severed at the roots. She begins a life full of moral and physical anguish. Falling under the influence of a fashionable tenor, she gradually turns into a demimondaine. But even in that state she still preserves the full beauty of her soul and resisting her final moral downfall, she has the courage to break with that life and commit suicide. The image of the unfortunate Asya is excellently conveyed by Mme Chernova. The film is magnificently produced and leaves a great impression. (SF, 1913, No. 8, 24)

What has Pathé released? The charming *Asya the Student*. A small and concise story of how the life of an honest, working Russian girl is ruined, of how she is sucked into the filth of life in the capital, of how disillusionment destroys her faith in a bright future. "Do not miss a single movement on the screen; what you will see is not a drama, but life itself," declares the poster. A life passed before my eyes, a dear and comprehensible one. Chernova's sincere performance sticks in the memory. (KZh, 1913, No. 14, 20)

MUZYKAL'NYI MOMENT
MOMENT MUSICAL

Музыкальный момент

Ballet. 150 m; production: Thiemann & Reinhardt; release: 19.2.13; director: Yakov Protazanov; cameraman: George Meyer; art director: Czeslaw Sabinski. Cast: Ekaterina Gel'tser & Vasilii Tikhomirov. A staging of a ballet to the music of Franz Schubert. One scene preserved.

Ekaterina Geltser, born in 1876, was named *danseuse étoile* of the Bolshoi in 1901, and continued to perform there for half a century, thanks to her particular gift for mime. She made several ballet films, including a complete *Coppelia* in 1913. These also included two Thiemann and Reinhardt shorts - a Chopin *Nocturne* and Schubert's *Moment Musical,* in which she is partnered by her husband Vasilii Tikhomirov. D.R.

Ноктюрн Шопена

NOKTJURN ŠOPENA
UN NOTTURNO DI CHOPIN

Dramma. 2 bobine; metraggio sconosciuto; produzione: Thiemann & Reinhardt; data di release: 12.9.1913; regia: Jakov Protazanov; operatore: George Meyer; scenografia: Czeslaw Sabinski. Interpreti: Ekaterina Gel'cer (Contessa de la Tour), Vasilij Tihomirov. Film balletto sulle musiche di Frédéric Chopin. Frammento.

Questo film conduce lo spettatore nella tormentata epoca della Rivoluzione francese. Il conte de la Tour vive felice nel suo castello con la moglie e il figlioletto. Ma un brutto giorno viene messo in dubbio il suo patriottismo ed egli è costretto alla fuga, per sfuggire al commissario Malavolta, suo irriducibile nemico. Egli riesce a trovar rifugio nel fitto parco che circonda la sua dimora, di lì potrà poi recarsi libero all'estero, al sicuro dai suoi nemici. Ma il conte desidera rivedere un'ultima volta la moglie e le invia una lettera, tramite un ragazzino. Nel biglietto egli le chiede di suonare il *Notturno* di Chopin, come segnale della partenza dei poliziotti e di cessato pericolo per lui. Ma la lettera purtroppo cade nelle mani di un contadino che, allettato dalla taglia offerta per la cattura del conte, rivela tutto al commissario. Quest'ultimo si reca alla residenza del conte dove, incurante delle suppliche della contessa, suona il *Notturno* le cui note dovrebbero dare via libera al conte. Questi, udita dal parco la musica del valzer e totalmente ignaro del pericolo, si affretta a raggiungere la consorte per dirle addio. Ma la trappola predisposta non scatta ugualmente, grazie alla vera prova di eroismo data da Alfred, il suo giovanissimo figlio che, incurante della ferita inflittagli, salva il padre. Il piano di Malavolta fallisce miseramente. Il conte sfugge nuovamente alle mani del suo nemico che, perduta ogni speranza di catturarlo, se ne torna dalle sue truppe. Ed il conte, alfine felice e contento, può recarsi liberamente dalla propria amatissima moglie. (SF, 1913, n. 25)

Ночь перед Рождеством

NOČ' PERED ROŽDESTVOM
LA VEGLIA DI NATALE

Titolo alternativo
ČEREVIČKI

Commedia. 4 bobine; 1115 m; produzione: A. Hanžonkov i Co. Spa; data di release: 26.12.1913; regia/sceneggiatura/operatore/scenografia: Wladislaw Starewicz. Interpreti: Ivan Mozžuhin (il diavolo), Ol'ga Obolenskaja (Oksana), Lidija Tridenskaja (Soloha), P. Lopuhin (Vakula), Aleksandr Heruvimov (Gelova), Pavel Knorr (Čub), A. Sorin. Adattamento dell'omonimo racconto di Nikolaj Gogol'. Il film è conservato senza didascalie.

Diverse scene, quali ad esempio quella che si svolge da Soloha, l'incontro con il sindaco, sbucato fuori dal sacco insieme con Čub, la scena di Pacjuk e molte altre rifulgono di un umorismo tipicamente gogoliano e scorrono sullo schermo tra le interminabili risa-

NOKTYURN SHOPENA
A CHOPIN NOCTURNE

Ноктюрн Шопена

Drama. 2 reels; length unknown; production: Thiemann & Reinhardt; release: 12.9.13; director: Yakov Protazanov; cameraman: George Meyer; art director: Czeslaw Sabinski. Cast: Ekaterina Gel'tser (Countess de la Tour), Vasilii Tikhomirov. A filmed ballet to the music of Frédéric Chopin. One fragment preserved.

The picture takes the viewer back to the troubled times of the Great French Revolution. Count de la Tour lives happily in his castle with his wife and young son. One day he is suspected of patriotism and is forced to flee. He is pursued by his implacable enemy, Commissar Malavolta, but manages to hide in his densely-grown park, whence he can freely escape abroad. But he wants to take one last look at his wife and sends the boy with a letter to her. He asks her to play a Chopin nocturne when the policemen disperse, as a signal to him that he is safe. However, the letter is intercepted by a peasant who, enticed by the reward offered for the count's capture, hands it over to the commissar. The commissar goes to the count's house and there, despite the countess's entreaties, plays a Chopin nocturne to lure the count. Out in the grounds the count hears the waltz and, sensing no danger, hastens to say farewell to his wife. But he is warned of the trap in time by his son Alfred who, with genuine heroism and despite the wound he has received, saves his father. Malavolta's plan fails. The count once again slips through the hands of his enemy, who then rejoins his soldiers, having lost all hope of capturing the count. Happy and joyful, the count returns to his deeply beloved wife unhindered. (SF, 1913, No. 25)

NOCH' PERED ROZHDESTVOM
CHRISTMAS EVE

Ночь перед Рождеством

Alternative title
CHEREVICHKI

Comedy. 4 reels; 1115 m; production: A. Khanzhonkov & Co.; release: 26.12.13; director/script/cameraman/art director: Wladyslaw Starewicz. Cast: Ivan Mosjoukine (the Devil), Ol'ga Obolenskaya (Oksana), Lidiya Tridenskaya (Solokha), P. Lopukhin (Vakula), A. Kheruvimov (Golova), Parel Knorr (Chub), A. Sorin. Screen version of the short story by Nikolai Gogol'. Preserved without titles.

Some of the scenes, such as the episode in Solokha's house, the meeting between the town mayor – who is pulled out of a sack – and Chub, Patsyuk's dinner and many others, sparkle with pure Gogolesque humour and are accompanied by continuous laughter from the public. The picture is excellently produced: attention has been given even to the tiniest details, in order to convey the atmosphere of Ukrainian life. All the roles are wonderfully acted. (VK, 1913, No. 24, 20)

Durante il viaggio della strega su un manico di scopa l'obiettivo si avvicina al soggetto con la concitata aggressività di una ripresa a mano (una tecnica che nel 1913 era da considerarsi d'avanguardia: per trovare un altro esempio del genere occorre andare al 1915 con *The Raven*, prodotto dalla Essanay per la regia di Charles J. Brabin). Un mistero circonda il personaggio del diavolo, la cui maschera è modellata sul viso di Starewicz: secondo alcune fonti lo stesso regista avrebbe recitato nel film, lasciando alla moglie il ruolo di operatore, mentre in alcune biografie dedicate a Mozžuhin si afferma che l'attore avrebbe ricoperto l'identica parte.
P.Ch.Us

te del pubblico. Si tratta di una pellicola di ottimo livello, dove non è stato trascurato alcun particolare che ricrei l'atmosfera della vita in Ucraina. Tutti gli interpreti sono perfettamente all'altezza dei rispettivi ruoli. (VK, 1913, n. 24, 20)

A. Hanžonkov. Nel film *Noc' pered Roždestvom*... dove Mozžuhin sosteneva la parte del diavolo e O. Obolenskaja la parte di Oksana, Starewicz si servì di una vera serie di effetti speciali. Tra questi il rapimento della luna in cielo da parte del diavolo, il volo del fabbro Vakula per l'etere in groppa al diavolo e l'improvvisa riduzione di quest'ultimo a dimensioni tali da permettergli di saltare in tasca a Vakula e tanti altri... La fantasia creativa di Starewicz non aveva alcun limite ed egli dimostrò questo suo talento nelle circostanze più impensate. Una volta, il Capodanno 1913, si tenne una riunione dei collaboratori della nostra Società per Azioni e dei loro familiari per assistere alla proiezione in anteprima dei migliori episodi tratti dalla pellicola (non ancora in programmazione). E Starewicz chiese il permesso di proiettare anche un suo breve rullino. Il film si apriva con le immagini dei tradizionali eventi natalizi. Tutto d'un tratto Ded Moroz (Babbo Natale) s'immobilizzò sullo schermo. La macchina da proiezione ronzava come di consueto, ma la posa di Ded Moroz non mutava. E ciò destò negli spettatori il sospetto che la pellicola fosse rimasta sotto il raggio caldo della lampada ad arco. Il pubblico presente, esperto di tecnica cinematografica, sapeva bene che spesso iniziavano così gli incendi nei cineteatri. I presenti, in preda all'apprensione, agendo automaticamente si alzarono dai rispettivi posti e restarono in attesa, lanciando nel contempo occhiate allo schermo, per vedere se il quadro s'illuminava o no... Quand'ecco che improvvisamente al centro dello schermo apparve una macchia scura foriera di guai, che rapidamente bruciò fino a coprire tutto lo schermo di lingue di fuoco. Panico fra gli spettatori in sala. Alcuni si precipitarono verso l'uscita rovesciando le sedie, altri raggiunsero la cabina di proiezione. La porta di questa si aprì inaspettatamente e, invece delle fiamme e delle nuvole di fumo che tutti attendevano, comparve il volto del nostro esperto tecnico di proiezione, pallido per lo spavento subito. Mentre stringeva le mani, gridò: "Che mascalzone quel vostro Starewicz! Qui è tutto in ordine e l'incendio sullo schermo è opera sua!" Le risate e gli scherzi degli ospiti, ora calmatisi, non ebbero fine. Tutti ridevano dello scherzo di Capodanno ideato da Starewicz. Si scoprì poi che tutti quegli "effetti d'incendio" erano stati disegnati e in parte incisi e dipinti sulla pellicola stessa. (1968, 9)

A. Khanzhonkov. In the next film – *Christmas Night* featuring I. Mosjoukine as the devil and O. Obolenskaya as Oksana – Starewicz shone with a whole series of special effects: the devil steals the moon from the sky; Vakula the blacksmith flies through the air on the devil; the devil suddenly shrinks so small that he can jump into Vakula's pocket, and so on and so forth. Indeed there was no limit to Starewicz's inventiveness, which he sometimes displayed in the most unexpected circumstances. Once when seeing in the new year – 1913 – the assembled staff of our joint-stock company and their families were being shown the best episodes from films already released. Starewicz asked permission to show a film of his own. It began with pictures of a traditional Father Christmas. Suddenly he froze on the screen; the projector was rattling away normally but Father Christmas remained in the same pose, making the viewers think that the film had got stuck under the hot ray of the arc lamp. Experienced in cinema affairs, everyone know that this was how cinema fires normally begin. As if on a command, they rose from their seats and waited, eyes fixed on the screen to see if the frame would budge... Suddenly, a sinister-looking spot appeared in the middle of the screen. It grew darker and quickly ignited, covering the screen with tongues of flame. Everyone in the hall panicked. Some rushed for the exit, knocking over chairs as they went, while others headed for the projection box. Unexpectedly, the door of the box opened. But instead of clouds of smoke and flame, what appeared was the face of our experimental mechanic, pale with fright. Waving his arms about, he shouted: "That Starewicz of ours is a proper rogue! Everything here is in order – the fire on the screen is his doing!" There was no end to the guffawing and joking of the instantly-relieved guests. Everyone laughed at Starewicz's New Year joke. It later transpired that all those "fire effects" had been drawn and partly scratched and painted onto the film itself. (1968, 9)

During the witch's ride on a broom the camera approaches her with the excited aggressiveness of a hand-held camera (a truly avant-garde technique for 1913; one of the first known examples after this is the 1915 version of *The Raven,* directed by Charles J. Brabin for Essanay). The identity of the devil is uncertain: his mask looks very much like Starewicz himself, and it is possible that he acted in the film, while his wife was operating the camera. According to some biographies of Ivan Mosjoukine however, the actor played the part in the film. P.Ch.Us.

OBRYV
THE PRECIPICE

Обрыв

Drama. 5 reels; 2300 m; production: A. Khanzhonkov & Co. Ltd.; release: 17.9.13; director: Petr Chardynin; script: Mariya Kallash-Garris. Cast: Yuliya Vasil'eva (Tat'yana Markovna), Ivan Mosjoukine (Raiskii), Vera Yureneva (Vera), Sof'ya Goslavskaya (Marfin'ka), Vyacheslav Turzhanskii (Mark Volokhov), P. Lopukhin (Tushin), A. Kheruvimov, Praskov'ya Maksimova, Aleksandr Vertinskii (one guest). Screen version of the novel by Ivan Goncharov. Preserved without titles.

V. Khanzhonkova. We had not yet finished shooting the film *The Precipice*, based on the book by Goncharov, when it became known that the firm Drankov and Taldykin was already completing a version of the same film. All our resources were directed towards finishing as soon as possible and releasing it ahead of time. The director Chardynin worked in the studio; I was in charge of all the preliminary and part-montage work; the script-writer, M.A. Kallash, and An. N. Khanzhonkova selected from Goncharov's

OBRYV
IL BURRONE

Dramma. 5 bobine; 2300 m; produzione: A. Hanžonkov i Co. Spa; data di release: 17.9.1913; regia: Petr Čardynin; sceneggiatura: Marija Kallaš-Garris. Interpreti: Julija Vasil'eva (Tat'jana Markovna), Ivan Mozžuhin (Rajskij) Vera Jureneva (Vera), Sofija Goslavskaja (Marfin'ka), Vjačeslav Turžanskij (Mark Volohov), P. Lopuhin (Tušin), Aleksandr Heruvimov, Praskov'ja Maksimova, Aleksandr Vertinskij (uno degli ospiti). Adattamento dell'omonimo romanzo di Ivan Gončarov. Il film è conservato senza didascalie.

V. Hanžonkova. Non avevamo ancora terminato le riprese del film *Obryv* tratto dall'omonima opera di Gončarov, che la società Drankov i Taldykin stava a sua volta conducendo in porto la lavorazione di una pellicola tratta dallo stesso soggetto. Quindi facemmo di tutto per terminare la nostra opera in tempi brevissimi ed assicurare una rapida uscita della pellicola. Il regista P. Čardynin lavorava nello studio, io mi occupavo dei lavori più ingrati e del montaggio parziale,mentre la sceneggiatrice M.A. Kallaš e An. N. Hanžonkova si prendevano cura della selezione dei testi di Gončarov necessari per le didascalie. Le ultime scene girate vennero inserite in un film ormai terminato, ma a quel punto ci si mise anche la tipografia, che non riuscì a stampare nessuna didascalia e le poche che erano pronte avevano molti errori. Non c'era nemmeno tempo per correggere queste imperfezioni: il mattino seguente il film doveva esser presentato agli acquirenti. Quindi in fretta e furia, di notte e a mano scrivemmo le didascalie che avrebbero sostituito quelle sbagliate e, dove si trattava di errori d'entità tra-

work the texts needed for the subtitles. The final scenes shots were included in the almost complete film, but the printers let us down – they did not manage to print some of the subtitles, and made spelling errors in some others. There was no time to correct these mistakes – the film had to be shown to the purchasers in the morning. Hurriedly, during the night, new subtitles were written out by hand to replace those missing, and where the old ones contained negligible mistakes they were simply crossed out and the corrections written above. That is how the titles were made and stuck into the film, and that is how the picture was shown for the first time. The important thing was to "beat" our competitor. The film came out first, and therefore the well-deserved success it earned was not forfeited. (1946, 69)

B. Mikhin. The break between me and Khanzhonkov took place at the time of the making of *Obryv,* even if the cotters had been coming to the comb before that. My relations with the firm got even worse as a result of a strike organised by me, into which the directors Turzhansky, Mosjoukine, Starewicz and others had also been drawn. We had not been paid for a long time and were practically skint, while we knew that our employers were living it up like princes, having sold to the posses of the distribution business films which effectively had been produced by us. The result of the strike was that Mme Khanzhonkova had to pawn her jewels. In the end we were paid, but between me as ringleader and the bosses there was no longer good blood, as they say. Furthermore, Khanzhonkov took on an ex-colonel, formerly his benefactor and now fallen on hard times, as a sort of "studio polizeimeister", after the fashion of the so-called "theatre polizeimeisters". This man was brought into the studio against my will and kept sticking his nose into production matters. We didn't like this at all and we had a serious argument about it with the employers. One after another, there were a series of unpleasant episodes which made the atmosphere such that work became painful and difficult. The straw which broke the camel's back came during the making of *Obryv.* I was in permanent conflict with Antonina Nikolaevna over her lack of good taste. She was the kind of woman who could come into the studio, when the scenes had all been prepared to the set designer's specifications and demand that incredible paper flowers or models were added on sets already carefully prepared. I was driven to distraction by her. Or I just hid, having first locked up the room where the set materials were kept, to prevent her taking things and including them in the set and ruining it. This happened in the case of *Obryv,* where I and personally had an enormous lilac bush constructed and the staff, under my direction, had created an entire garden. I traced all the leaves, prepared the clusters of flowers and dipped them in paraffin... I sweated like mad to get that famous bush ready, and I must say the result was great. But after several days of hard work and a sleepless night I went to the studio and found the courtyard literally covered with flowers and spreading verdure in the depth of autumn. "What the hell's going on?" I asked. "Is it spring again?" I was told that "she" had bumped into the bush, lost her temper and ordered all the flowers to be thrown into the courtyard where it was raining - with

scurabile, non facemmo altro che cancellare e scrivere sopra la correzione. Così si girò, incollando le didascalie e il film venne presentato in prima visione, senza alcuna modifica. Era necessario esclusivamente sbaragliare il "concorrente". Il film doveva uscire per primo ed assicurarsi la sua parte di meritato successo. (1946, 69)

B. Mihin. La rottura tra me e Hanžonkov si verificò all'epoca della lavorazione di *Obryv*, anche se i nodi erano venuti al pettine da tempo. I miei rapporti con la ditta si logorarono anche maggiormente in conseguenza di uno sciopero da me organizzato, nel quale erano stati trascinati anche il regista Turžanskij, Mozžuhin, Starewicz ed altri ancora. Non venivamo pagati ormai da tempo ed eravamo quasi al verde, pur sapendo benissimo che i nostri padroni facevano la bella vita da Jar e allo Strel'na, vendendo ai re del noleggio cinematografico pellicole che avevamo effettivamente prodotto noi. Il risultato di quello sciopero fu che la Hanžonkova lasciò i suoi preziosi al banco dei pegni. E finalmente fummo pagati, ma tra me, principale istigatore (dello sciopero), e i padroni ormai non correva più il proverbiale buon sangue. Per di più Hanžonkov improvvisamente assunse un "ex" colonnello, in precedenza suo benefattore, ora impoveritosi, per affidargli il ruolo di "polizeimeister dello studio", sulla scia della moda di quelli che venivano definiti "polizeimeister dei teatri". Costui venne inserito all'interno degli stabilimenti contro la mia volontà e soleva ficcare il naso nelle questioni concernenti la produzione. La cosa non ci piacque affatto e trovammo modo di discuterne seriamente con i padroni. In tal modo, uno dopo l'altro, si susseguì una serie di piccoli avvenimenti spiacevoli, che crearono un'atmosfera tale per cui lavorare divenne difficile e penoso. La classica goccia che fece traboccare il vaso fu l'episodio verificatosi durante la lavorazione di *Obryv*. Ero eternamente in conflitto con Antonina Nikolaevna per la sua mancanza di buon gusto. Era il tipo di donna che poteva giungere negli studi, dov'erano già state predisposte le scene secondo gli schizzi del nostro scenografo, e pretendere che venissero aggiunti inverosimili fiori di carta o modellini su fondali già accuratamente preparati. Per poco non piangevo per colpa sua. O più semplicemente mi nascondevo, dopo aver preventivamente chiuso a chiave la stanza dove venivano riposti i materiali di scena, per evitare che prendesse qualcosa di là e lo inserisse arbitrariamente nella scenografia, rovinandola. Come avvenne nel caso di *Obryv*, quando m'impegnai personalmente a costruire un enorme cespuglio di lillà e gli operai, sotto la mia direzione, crearono un intero giardino. Io stesso sagomai le foglioline, preparai i mazzi di fiori e li immersi nella paraffina... Sudai sette camicie per preparare quel famoso cespuglio, ma devo riconoscere che il risultato fu eccellente. Ma, quando dopo qualche giorno di duro lavoro e una notte insonne, entrai nello studio e vidi che il cortile era letteralmente invaso di fiori e di rigogliosa verzura in pieno autunno, chiesi: "Che diavolo succede? È forse tornata la primavera?" Mi venne risposto che "lei" era inciampata nel cespuglio, s'era adirata e aveva ordinato che tutti i fiori venissero gettati in cortile, dove pioveva... con che risultati è facile immaginare!... No, mi dissi, qui non resisto più, e di conseguenza affrontai una burrascosa discussione e il giorno dopo presentai a Hanžonkov le mie

the result you can imagine! Right, I said, enough is enough. A stormy discussion ensued and the next day I gave Khanzhonkov my resignation. Hardly had I left his office than, to my amazement, I was called to the telephone. It turned out that the caller was Taldykin, who lost no time in inviting me to come and work for his company. Competition between film companies was so fierce that the entrepreneurs spied on each other and stopped at nothing to secure the services of people they felt they needed. Evidently Taldykin's "mole" had given him the word... And that was how I went to work for his company. (s.a., 9-10)

ODIN NASLADILSYA, DRUGOI RASPLATILSYA
ONE MAN'S PLEASURE IS ANOTHER MAN'S BURDEN

Один насладился, другой расплатился

Comedy. 2 reels; 400 m; production: Thiemann & Reinhardt; date: 1913; release: unknown; director: Yakov Protazanov; cameraman: Aleksandr Levitskii; art director: Czeslaw Sabinski. Cast: Vera Charova (Chou-Chou), Vladimir Kriger (her ex-lover), V. Torskii (Vova, "Alphonse"). A subject borrowed from a foreign farce. Second reel preserved.

The firm has made its first attempt at a Russian comedy, and this attempt has succeeded brilliantly. The comedy *One Man's Pleasure Is Another Man's Burden* is performed very well and cheerfully. The subject is perfectly comic and offers a multitude of funny situations. This film will be a success. We wish the firm success in this new line of theirs, because our market is very short of good comedies, especially Russian ones. (SF, 1913, No. 3, 39)

STREKOZA I MURAVEI
THE DRAGONFLY AND THE ANT

Стрекоза и муравей

Fairy-tale. 158 m; production: A. Khanzhonkov & Co. Ltd.; release: 22.2.13; director/script/cameraman/art director: Wladyslaw Starewicz. Screen version of the fable by Ivan Krylov. Animated puppet film.

B. Mikhin. We went into the studio, and I stopped, astonished at the doorway. All the walls of this large room were entirely covered with boxes, large and small, with glass covers. What a sight! There was the lot! Butterflies of every sort, size and hue, entire collections of beetles and insects. I couldn't believe my eyes. I wandered up and down looking around in amazement. "And what is that?" I exclaimed, pointing to a large dragonfly laid out on the huge desk. My amazement and curiosity were accentuated by the fact that next to that dragonfly there was another, the same size, made of a variety of materials, mainly fine rubber. Materials and tools were scattered around the place, and it was clear that the job was not finished. But how had all this been made? Starewicz,

dimissioni. Era passato solo qualche minuto dacché avevo lasciato lo studio del direttore quando, con mio immenso stupore, venni chiamato al telefono. Chi mi desiderava era, a quanto pare, Taldykin che, dopo un breve preambolo, mi propose di passare alla sua società. La concorrenza tra le imprese cinematografiche era così spietata che gli imprenditori si spiavano vicendevolmente e non si fermavano davanti a nessun ostacolo pur di accaparrarsi qualcuno che fosse loro necessario... Evidentemente Taldykin era stato informato dal "suo" uomo... E fu così che andai a lavorare per la sua ditta". (s.a., 9-10)

Один насладился, другой расплатился

ODIN NASLADILSJA, DRUGOJ RASPLATILSJA
AL PIACERE DELL'UNO CORRISPONDE IL DISPIACERE DELL'ALTRO

Commedia. 2 bobine; 400 m; produzione: Thiemann & Reinhardt (1913); data di release: ignota; regia: Jakov Protazanov; operatore: Aleksandr Levickij; scenografia: Czeslaw Sabinski. Interpreti: Vera Čarova (Chou-Chou), Vladimir Kriger (l'ex-amante), V. Torskij (Vova, "Alphonse"). Soggetto ispirato a una farsa straniera. Il film è conservato incompleto (seconda bobina).

Questa è la prima prova di commedia russa fatta dalla ditta Thiemann e Reinhardt e bisogna dire che si tratta di un esperimento brillante. La commedia *Odin nasladilsja, drugoj rasplatilsja* è allegra e ottimamente recitata. Il soggetto, tipico del genere, fornisce tutta una gamma di situazioni divertenti e il film avrà senz'altro successo, successo che auguriamo anche alla casa di produzione che sperimenta questo settore, perché sul nostro mercato mancano buone commedie, soprattutto russe. (SF, 1913, n. 3, 39)

Стрекоза и муравей

STREKOZA I MURAVEJ
LA CICALA E LA FORMICA

Favola. 158 m; produzione: A. Hanžonkov i Co. Spa; data di release: 22.2.1913; regia/sceneggiatura/operatore/scenografia: Wladyslav Starewicz. Adattamento dell'omonima favola di Ivan Krylov. Cartone animato.

B. Mihin. Entrai nello studio, io mi fermai, stupito, sulla porta d'ingresso. Tutte le pareti di questa grossa stanza erano interamente coperte di scatole, grosse e piccole, con coperchi di vetro. Che roba, c'era di tutto! Farfalle d'ogni tipo, dimensione e colore, collezioni intere di scarafaggi e insetti. Non credevo ai miei occhi, giravo qua e là con lo sguardo in preda allo stupore. " ...E quella, cosa sarà?" esclamai indicando la grossa cicala stesa sull'enorme scrivania. Il mio stupore e la mia curiosità, derivavano più che altro dal fatto che accanto a quella cicala ce n'era un'altra, delle stesse dimensioni, fabbricata con diversi materiali, ma per lo più gomma

For Starewicz, the fairy tale by Ivan Krylov (with at least echoes of La Fontaine) becomes an allegory on the human condition. Animation, an artificial reproduction of life, here immediately attains symbolic, synthetic and absolute values: "His films were not just simple illustrations: they became controversial works, parodies that were a protest against stupidity and traditional themes and interpretations that contemporary cinema borrowed from literature and theatre" (Wladislaw Jewsiewicki). C.M.

divining my thoughts, said: "This is only the outside of the dragonfly; but to make it into a real performer, obedient and talented, to make it move and act in every frame so that its position and movement follow the precise order demanded by the scene, I had to invent a system of movement through which to regulate the speed of movement itself. My miniature actors have therefore to be taken apart and given an internal mechanism of strings and wheels. Then they have to be shot scene by scene, in succession, while they are being moved with the aid of black threads. As for the succession and speed of movement, everything depends on the accuracy with which every single movement of the dragonfly and the ant is calculated. I have to make changes, frame by frame, in the position of the dragonfly's wings, and control the movement of the legs, the position of the body, head and mandibles of the insects". "But how is this possible? Please show me!" I pleaded. Starewicz was suddenly silent, then looked at me fiercely and said: "I can neither tell you nor show anything more. It is a secret. Go and see my film *The Dragonfly and the Ant,*" he went on, "it will soon be finished". I thanked him and silently left the studio, And in fact this astonishing film was soon released. No one had doubt about its success. Starewicz had a tremendous reputation, and even before he had finished shooting, the distributors were falling over each other to compete for prints. As a result more prints were made than originally planned. The film was shown with enormous success in cinemas throughout Russia, it was sold into all European markets and even to America, and wherever it was shown it excited enthusiasm and wonderment. In the light of this success and the extraordinary box-office results, Khanzhonkov decided to show *The Dragonfly and the Ant* to the heir to the throne, the Tsarevitch Alexei. After many insistent attempts, his efforts were rewarded; the film was greeted triumphally and with "majestic" success. (s.a., 10-12)

La favola di Ivan Krylov (ma dietro occhieggia almeno La Fontaine) diventa per Starewicz un'allegoria sulla condizione umana. E il cinema d'animazione, riproduzione artificiale e artificiosa della vita, raggiunge immediatamente valori emblematici sintetici e assoluti: "I suoi film non erano semplici illustrazioni: diventavano opere polemiche, parodie che protestavano contro la stupidità e la consuetudine di temi ed interpretazioni che il cinema coevo prendeva a prestito dalla letteratura e dal teatro" (Wladislaw Jewsiewicki). C.M.

fine. Materiali e strumenti vari erano ancora sparsi lì vicino, era chiaro che il lavoro non era terminato. Ma com'era stato realizzato tutto questo? In che modo? Starewicz, come se avesse immaginato i miei pensieri, disse: "Quella non è che la parte esteriore della cicala, ma per farla diventare un'attrice viva, ubbidiente e di talento, per farla muovere e recitare in ogni singolo fotogramma in modo che posizione e movimento dell'attore figurino secondo la debita successione imposta dalle esigenze sceniche, è necessario inventare anche un sistema di movimento tramite il quale si possa regolare la velocità del movimento stesso. I miei attori in miniatura debbono quindi essere smembrati e dotati all'interno di un meccanismo di fili e rotelle. Bisogna poi riprenderli scena dopo scena, in successione, mentre sono mossi con l'aiuto di fili neri. Riguardo alla successione e alla velocità di movimento, tutto dipende dalla precisione con cui viene calcolato ogni singolo movimento della cicala e della formica. È necessario modificare, quadro per quadro, la posizione delle ali della cicala nonché controllare il movimento delle zampe, la posizione del torace, del capo e delle mandibole degli insetti". "Ma come? Com'è possibile tutto ciò? Fatemi vedere, vi prego!" lo supplicai. Starewicz di colpo tacque, poi mi guardò con stizza e disse: "Non posso raccontarvi né mostrarvi nulla di più. È un segreto. Andate a vedere il mio film *La cicala e la formica*" disse " sarà presto terminato!". Lo ringraziai ed uscii in silenzio dallo studio. Difatti di lì a poco ebbero inizio le proiezioni di quel film sbalorditivo. Nessuno dubitava del successo che avrebbe avuto. Starewicz godeva di una grande stima, tanto che ancor prima che avesse finito di girare, le case di distribuzione cinematografica facevano a gara per assicurarsi un sufficiente numero di pellicole. Queste, di conseguenza, furono prodotte in quantità assai maggiore rispetto a quella prestabilita. Il film venne proiettato con enorme successo nei cinema di tutta la Russia, fu piazzato su tutti i mercati europei e perfino in America, suscitando ovunque entusiasmo e meraviglia. Sulla scia del successo e degli incassi straordinari, Hanžonkov decise di mostrare *La cicala e la formica* all'erede al trono Cesarevič Aleksej. Dopo molti e insistenti tentativi..., i suoi sforzi furono premiati, il film ebbe un'accoglienza trionfale, conseguendo un successo "maestoso". (s.a., 10-12)

B. Mihin. Il successo ha arriso a Starewicz in modo repentino e inatteso, ma del tutto meritato. Il suo *Strekoza i muravej* è stato proiettato alla presenza della corte, che ha dimostrato di gradirlo a tal punto da dedicare al regista un dono personalizzato che, a quanto ci è dato sapere, è un anello sul quale è stato inciso il suo nome. E neppure il produttore Hanžonkov è stato dimenticato. Effettivamente *Strekoza* è una produzione cinematografica di alto livello artistico. Il paesaggio in essa ricreato comunica un'idea della natura invernale veramente unica, contribuendo a suscitare nello spettatore un particolare stato d'animo. La scena in cui la cicala viene sepolta dalla neve è permeata di autentica poesia. (1946, 7-8)

B. Mikhin. When it came, Starewicz success was sudden and tumultuous, though deserved. His *The Dragonfly and the Ant* was shown to the court; it was very well liked and he received an inscribed present for it – a ring, I think. Nor was Khanzhonkov passed over. *The Dragonfly* was indeed a highly-artistic work. It had a landscape which aroused a genuine feeling of wintertime and created a definite mood. The scene where the dragonfly is buried beneath the snow breathes true poetry. (1946, 7-8)

SUMERKI ZHENSKOI DUSHI
THE TWILIGHT OF A WOMAN'S SOUL

Сумерки женской души

Drama. 4 reels; 1195 m; production: Star Film Factory (A. Khanzhonkov & Pathé Frères); release: 26.11.13; director/art director: Evgenii Bauer; script: V. Demert; cameraman: Nikolai Kozlovskii. Cast: Nina Chernova (Vera Dubrovskaya), A. Ugryumov (Prince Dol'skii), V. Demert (Maksim Petrov). Evgenii Bauer's first film. Preserved apart from the third reel.

The principal female role in the company's drama *Twilight of A Woman's Soul* produced by the Star studio, is played by the actress Chernova. We have already had occasion to speak of her performances in the Pathé Frères film *Asya the Student*. We pointed out her liveliness, her good miming and fine gestures. Chernova has demonstrated all these qualities in the present picture too. The actors Demert and Ugryumov make good partners for her. (SF, 1913, No. 2, 26)

It is fortunate that Bauer's début as director still survives, even in incomplete form: indeed, the film is a revelation of a rising talent, already owning stylistic maturity, and capable of daring thematical and technical innovations. The portrayal of the leading female character shocked the Swedish censors, who banned the film. Moreover, the first reel reveals an astonishing tracking shot which moves forwards into a scene, a technique with few precedents (the production of *Cabiria* was still in its earliest stages).
P.Ch.Us.

Сумерки женской души

SUMERKI ŽENSKOJ DUŠI
CREPUSCOLO D'UN ANIMO FEMMINILE

È una fortuna che il film d'esordio di Bauer sia sopravvissuto alla distruzione, sia pure in forma incompleta: vi si scoprirà un talento in divenire, già dotato di una sicura maturità stilistica e capace di coraggiose invenzioni dal punto di vista tematico e tecnico: il ritratto della protagonista femminile è di un'audacia che spaventò i censori svedesi, e il primo rullo rivela un *tracking shot* in avanti con pochi precedenti per l'epoca (*Cabiria* è ancora in fase di gestazione). P.Ch.Us.

Dramma. 4 bobine; 1195m; produzione: Casa cinematografica Star (A. Hanžonkov & Pathé Frères); data di release: 26.11.1913; regia/scenografia: Evgenij Bauer; sceneggiatura: V. Demert; operatore: Nikolaj Kozlovskij. Interpreti: Nina Černova (Vera Dubrovskaja), A. Ugrjumov (il principe Dol'skij), V. Demert (Maksim Petrov). Primo film di Evgenij Bauer. Conservato senza la terza bobina.

In *Sumerki ženskoj duši*, il dramma prodotto negli stabilimenti Star, il ruolo della protagonista femminile è affidato alla Černova, della quale abbiamo già avuto modo di parlare per la sua interpretazione in *Kursistka Asja* della Pathé Frères. In quell'occasione ne sottolineammo la grande elasticità di movimento, la buona mimica e l'aggraziato gestire, tutte qualità che l'artista fa emergere anche in questa seconda pellicola. Demert e Ugrjumov l'affiancano degnamente. (SF, 1913, n. 2, 26)

Трехсотлетие царствования дома Романовых (1613-1913)

TREHSOTLETIE CARSTVOVANIJA DOMA ROMANOVYH (1613-1913)
IL TERZO CENTENARIO DELL'ASCESA AL TRONO DEI ROMANOV (1613-1913)

Film storico in tre sezioni. 1000 m; produzione: Drankov & Taldykin; data di release: 16.2.1913; regia: Aleksandr Ural'skij e Nikolaj Larin; sceneggiatura: Evgenij Ivanov; operatore: Nikolaj Kozlovskij; scenografia: Evgenij Bauer; costumi: I. Nemenskij. Interpreti: Mihail Čehov (Mihail Fedorovič), Lidija Syčeva (la monaca Marfa), Nikolaj Vasil'ev (l'archimandrita Filaret), Petr Bakseev (il principe Požarskij), Vladimir Popov (Aleksej Mihailovič), S. Tarasov (il boiardo Šeremetev), Evgenij Ivanov (Avraamij Palicyn), Nikolaj Larin (il boiardo Golicyn).

TREKHOSTLETIE TSARSTVOVANIYA DOMA ROMANOVYKH (1613-1913) THE TERCENTENARY OF THE RULE OF THE HOUSE OF ROMANOV (1613-1913)

Трехсотлетие царствования дома Романовых (1613-1913)

Historical picture in three sections. 1000 m; production: Drankov & Taldykin; release: 16.2.13; directors: Aleksandr Ural'skii & Nikolai Larin; script: Evgenii Ivanov; cameraman: Nikolai Kozlovskii; art director: Evgenii Bauer; costumes: I. Nemenskii. Cast: Mikhail Chekhov (Mikhail Fedorovich), Lidiya Sycheva (Marfa, a nun), Nikolai Vasil'ev (Archimandrite Filaret), Petr Baksheev (Prince Pozharskii), Vladimir Popov (Aleksei Mikhailovich), S. Tarasov (the boyar Sheremetev), Evgenii Ivanov (Avramii Palyshin), Nikolai Larin (The boyar Golitsyn).

The picture's scenario was written by the secretary of the *Ladies' Trust for the Moscow Poor*, Evgenii Platonovich Ivanov. All the costumes and stage sets were made from designs by Vasnetsov and Makovskii, by the well-known Moscow company Taldykin. The film was shot by A.O. Drankov and the sales rights for the whole of Europe have been acquired by Pathé Frères. For greater authenticity all the most important moments in the reign of the Romanovs will be filmed in their actual historical settings. To reproduce the events of 1613 the entire company, led by the author of the scenario, went to Kostroma, where Mikhail Fedorovich Romanov's accession to the Tsarist throne was filmed in the Ipatyev Monastery. (SF, 1913, No. 8, 23)

During filming by A.O. Drankov and A.G. Taldykin of the siege of the Troitsko-Sergiyevskaya Monastery the director A.N. Uralskii and several of the actors received serious injuries. (SF, 1913, No. 9, 25)

I. Mosjoukine. It happened five years ago. At the Khanzhonkov studios. The film *The House of Romanov* was being shot. The scene! Minin giving a speech in the square and the crowd "reacting with enthusiastic shouts". I played the part of an old man in the crowd. I had to enter from the side and co-ordinate the work of five extras. I took two hours over the make-up. I put on a series of facial lumps, I blackened my teeth, I put on a hunchback and generally immersed myself in the "character". I was afraid of pushing myself forward too much. Action! I calmed my companions, made interminable monologues and, when Minin spoke the words, "Rescue the women and children", I fell to my knees making the sign of the cross in an ecstasy of patriotism. One month later, the film was shown in the cinemas. Gathering together my relatives and friends, I set out, with great apprehension, to see the film. What a strange, sweet and at the same time oppressive feeling... And now comes the moment when I appear in close-up, look, don't miss a thing, I've told you all about it! Here we are, the square, Minin, the crowd... For a few seconds I cannot find myself in the crowd, so nervous do I feel. Gradually the tension grows less, but I still can't see myself. There are the extras who were with me, but where am I? They are standing as the script instructed, to the side, they are talking and making gestures with their heads in the

This second great celebration of the Romanov dynasty in film conformed in its second part to an order, stating that any direct personification of the Czar (from Alexander II onwards) was strictly forbidden. Therefore, with the exception of some Lumière actuality shots, this digest of the dynasty's history is a potpourri of oblique portraits. Bauer's flawless art direction escapes the clichés of the official rhetoric's iconography. P.Ch.Us.

Il secondo grande film celebrativo della dinastia Romanov rispetta, nella seconda parte, il dettame secondo il quale non erano consentite impersonificazioni dirette degli Zar, almeno da Alessandro II in poi. Se si eccettuano le riprese Lumière dell'ultima sequenza, dunque, la storia della dinastia è un florilegio di raffigurazioni indirette, oblique, che le sapienti scenografie di Bauer sottraggono agli eccessi retorici dell'iconografia ufficiale. P.Ch.Us.

La sceneggiatura del film è stata scritta da Evgenij Platonovič Ivanov, segretario dell'Istituto per la tutela dei poveri di Mosca. Tutti i costumi e gli arredamenti sono stati prodotti dalla famosa ditta di Mosca Taldykina su disegni di Vasnecov e Makovskij. Il film è stato girato da A.O. Drankov. I diritti di distribuzione del film per tutta l'Europa sono stati acquistati dalla casa di distribuzione Pathé Frères. I momenti salienti del regno dei Romanov sono stati girati nei luoghi reali degli avvenimenti affinché essi corrispondano il più possibile alla realtà. Per la rappresentazione degli avvenimenti del 1613, tutta la troupe con a capo l'autore della sceneggiatura si è trasferita a Kostroma dove nel monastero di Ipatij è stata riprodotta l'incoronazione dello zar Mihail Fedorovič Romanov. (SF, 1913, n. 8, 23)

Durante le riprese, effettuate da A.O. Drankov e A.T. Taldykin, nella Lavra della Trinità di San Sergio, nella scena dell'assedio finale, il regista A.N. Ural'skij ed alcuni attori sono rimasti gravemente feriti. (SF, 1913, n. 9, 25)

I. Mozžuhin. Successe cinque anni fa. Presso gli studi Hanžonkov. Si girava il film *Vocarenie doma Romanovyh*, la scena "Minin che teneva un discorso in piazza e la folla che reagiva vociando entusiasticamente". Sostenevo il ruolo di un vecchio tra la folla. Dovevo entrare di lato e coordinare l'opera di cinque comparse. Impiegai due ore per il trucco. Mi applicai una serie di verruche, mi annerii i denti, mi misi una gobba e mi calai nel "personaggio". Avevo paura a presentarmi troppo in primo piano. Si gira. Calmai i miei compagni, feci interminabili monologhi e, quando Minin pronunciò "mettete in salvo le donne e i bambini", mi lasciai cadere in ginocchio facendomi il segno della croce in un'estasi di patriottismo. Un mese dopo, la pellicola veniva proiettata nei teatri. Chiamati a raccolta parenti ed amici, mi recai a vedere il film, con una grande apprensione dentro. Che sensazione dolce ed opprimente al tempo stesso... E adesso, proprio adesso compaio io in primo piano, guardate, non perdetevi il minimo particolare, ve ne ho già ampiamente parlato! Finalmente, ecco la piazza, Minin, la folla... Per alcuni secondi non riesco a distinguermi tra la folla per il nervosismo che provo. Gradualmente la tensione s'allenta, ma non riesco ugualmente a vedermi. Ci sono le comparse che mi accompagnavano, ma io no. Loro se ne stanno come da copione, di lato, parlano e fanno grandi cenni del capo in direzione di qualcuno..., uno sconosciuto. La didascalia dice: "Mettete in salvo le donne e i bambini". E poi lentamente e di profilo compaiono dapprima una verruca, poi un naso, che quindi scompaiono nuovamente oltre la stramaledetta cornice dell'inquadratura. Poi appare per alcuni secondi la mia mano, che traccia diligente un segno della croce. È stato l'operatore a "tagliarmi fuori"... E ho giurato che, quando avrò la ventura d'incontrarlo, gli taglierò il naso con un rasoio! (1918, 11)

M. Cehov. Durante il primo giorno di lavorazione mi piazzarono su un'alta montagna. Sostenevo la parte dello zar Mihail Fedorovič. Quando mi affacciai alle porte, udii alcune voci disperate, che urlavano dal basso, dov'era sistemata la macchina da presa: "Ab-

direction of someone... unknown. The title says: "Rescue the women and children". And slowly, from the side, appear first a facial lump, then a nose, and then disappear again outside the blasted frame, then for a few seconds my hand appears, diligently tracing a sign of the cross. The camareman had "cut me out"... I have sworn, if I ever meet him, I'll cut off his nose with a razor! (1918, 11)

M. Chekhov. On the first day of shooting I was placed on a high hill. The camera was set up below, at the foot of the hill. I was playing Tsar Mikhail Fedorovich. When I appeared at the gates I heard several despairing voices shouting from below, beside the camera: "Renounce the throne! Quickly! We've only two metres left! Quickly! Renounce it!" I renounced it as best I could. On turning up for filming the following day I felt worthless and unhappy. Things began with the police chasing away local inhabitants who, on seeing our unusually bright costumes, had come to petition us for their needs. When they had been driven away we started shooting. I was placed on a horse and told to ride slowly towards a nearby wood. That morning I had brought my galoshes to keep out the cold, and when I was ordered to mount the horse I surreptitiously concealed them beneath my costume, terrified that they might take them away from me. Fortunately, nobody noticed them. When the command came I began moving slowly towards the wood. Suddenly, one of the galoshes began to slip out from under my costume and fell onto the snow. I froze. A minute later the second galosh followed the first. I expected an uproar, shouting and reprimands. To my surprise, however, nobody had noticed my misfortune and after the shoot I retrieved both galoshes. The work became agonizing; I was ready to flee from my benefactors and give up the fame and the 13 roubles they had promised me. The film was not yet completed when I refused point blank to take any further part in it, and another actor was hired in my place. Like me, he was placed on a horse and ordered to ride towards the wood, though they filmed him from behind in order not to show his face, which was absolutely nothing like mine. (1926, 78-80)

dicate al trono! Svelto! Mancano due metri! Più in fretta! Abdicate!'' Abdicai come potei... Un altro giorno recandomi sul set mi sentivo infelice ed insignificante. Le riprese ebbero inizio con la polizia che cacciava gli abitanti del luogo che, visti i nostri variopinti costumi, erano accorsi supplichevoli con tutte le loro *doléances.* Una volta respinti i postulanti, le riprese ebbero inizio. Mi issarono in sella a un cavallo e mi ordinarono di dirigermi verso il vicino boschetto. Già dal mattino, per ripararmi dal freddo, avevo indossato le galosce. Quando mi venne dato l'ordine di montare a cavallo, nascosi furtivamente le galosce sotto il costume e pensai con terrore che potessero togliermele. Ma nessuno, fortunatamente, le notò. Seguendo l'ordine impartitomi, mi diressi lentamente verso il vicino boschetto, mantenendo la destra. Improvvisamente una delle galosce mi si sfilò lentamente dal piede, andando a cadere nella neve. Mi sentii agghiacciare. Un minuto dopo anche la seconda seguì la sorte della prima. Mi aspettavo uno scandalo, con tanto di urla e espressioni di biasimo. Ma, con mio stupore, nessuno notò il mio disagio e, una volta terminate le riprese, riuscii a recuperare entrambe le galosce. La lavorazione divenne per me penosa ed ero pronto a dileguarmi dai miei benefattori, rifuggendo la gloria che mi era stata promessa e la ricompensa di 13 rubli... Le riprese non erano ancora ultimate, ma rifiutai decisamente di prestare ulteriormente la mia opera. In mia sostituzione venne allora ingaggiato un altro che, come me, fu issato su un cavallo con l'ordine di dirigersi verso il vicino boschetto, ma fu ripreso di schiena, perché non se ne vedessero i lineamenti, del tutto diversi dai miei. (1926, 78-80)

ANNA KARENINA

Анна Каренина

Drama. 7 reels; 2700 m; production: Russian Golden Series; release: 7.10.14; director/script: Vladimir Gardin; cameraman: Aleksandr Levitskii; art director: Czeslaw Sabinski. Cast: Mariya Germanova (Anna Karenina), Vladimir Shaternikov (Karenin), Mikhail Tamarov (Vronskii), V. Obolenskii (Levin), Zoya Barantsevich (Kitty), Vladimir Kvanin (Stiva Oblonskii), Moreva (Dolly). Screen version of the novel by Lev Tolstoi. First reel preserved without titles.

They have treated Tolstoi's work here with all the reverence which the name of Lev Nikolaevich deserves. This explains this painstaking production, where not even the slightest feature has been altered. The first thing that strikes one about the film is the attitude of the director as well as of the actors. Among the latter we must particularly single out the talented representative of the Arts Theatre, who has transferred to the cinema screen the results of that school, which distinguish her theatre from others. In this way, the cohesion of all the forces involved in creating the film, fully conscious of the responsibility they had taken upond themselves in resolving such a complex problem as producing *Anna Karenina*, has led to the creation of a genuine masterpiece of cinematic art. (SF, 1914, No. 25-26, 20)

BEGLETS
THE FUGITIVE

Беглец

Alternative title
GARUN BEZHAL BYSTREE LANI
GARUN RAN FASTER THAN A DEER

Drama. 2 reels; 750 m; production: Russian Golden Series; release: 5.10.14; director: Aleksandr Volkov; cameraman: Nikolai Efremov. Cast: Asho [Arshavir] Shakhatuni (Selim), Alesandrs Rusteikis (Garun). Screen version of the poem by Mikhail Lermontov, released on the centenary of the poet's birth. Partially preserved.

Анна Каренина

ANNA KARENINA

Dramma. 7 bobine; 2700 m; produzione: Russkaja zolotaja serija (Serie d'oro russa); data di release: 7.10.1914; regia/sceneggiatura: Vladimir Gardin; operatore: Aleksandr Levickij; scenografia: Czeslaw Sabinski. Interpreti: Marija Germanova (Anna Karenina), Vladimir Šaternikov (Karenin), Mihail Tamarov (Vronskij), V. Obolenskij (Levin), Zoja Barancevič (Kitti), Vladimir Kvanin (Stiva Oblonskij), Moreva (Dolli). Adattamento dell'omonimo romanzo di Lev Tolstoj. Del film si conserva la prima bobina, senza didascalie.

In questo caso ci si è accostati all'opera di Tolstoj con tutta la venerazione che il nome dello scrittore suscita. Questa è quindi la chiave di lettura ottimale da adottare per comprendere appieno questa realizzazione cinematografica, dove nulla, nemmeno il mi-

The negatives of the following pictures have been acquired by the Pathé Frères company: *The Days of Our Life*, based on a special screenplay written by Leonid Andreev; *The Mask of Death*, produced by Mr Gardin and O.M. Preobrazhenskaya who played Manya in *The Keys of Happiness; In the Dark* with Mme Karalli and Mr Maximov in the main roles; and, finally, *The Girl from the Basement* with screenplay by Dm. Tsenzov. Earlier acquisitions were *The Fugitive*, based on Lermontov, and *In the Nun's Habit.* The performances and productions in all these films are so good that one might dare to describe them as "hits". (SF, 1914, No. 3, 28)

V OMUTE MOSKVY
IN THE MORASS OF MOSCOW

В омуте Москвы

Drama. 4 reels; 1180 m; production: I. Ermol'ev; release: 9.4.14; director: Nikolai Larin; cameraman: Louis Forestier. Cast: Petr Baksheev (Dmitrii), Lidiya Tridenskaya (the landlady of the tavern), Tat'yana Kunitskaya (Dmitrii's beloved), Iosif Ermol'ev (Fedor). First film from Iosif Ermol'ev's artistic collective. Preserved without titles.

The picture is divided into four parts: 1. On the Slippery Path; 2. At Another's Expense; 3. A Corrupt Man; 4. Father and Daughter. The drama tells the story of a young lady who is corrupted by the big city. The realistic theme, the dramatization and the talented acting all promise success for this picture amongst the general public. (KZh, 1914, No. 5, 37)

The drama *In the Morass of Moscow* is one of those works reflecting the darker aspects of life in the big city. A long line of vivid and typified characters pass before us. Pride of place, of course, has to go to Avdotya Pimenovna, who embodies the immortal merchant-woman type one encounter so frequently in Ostrovsky. To give a brief characterization of these women, they are stupid, petty and narrow-minded, with a still smouldering desire to love and be loved. Dmitry is also given a very typified portrayal: he begins as a modest waiter in a drinking establishment owned by Avdotya Pimenovna, becomes her lover – an insolent and licencious reveller – and ends up a criminal. Dmitry's life passes by in these three phases, forcing one to ponder on the vanity of human desires and the fatalistic inevitability resulting from specific circumstances, from an environment. A touching and sad portrayal is given of a girl who falls so ardently in love and is so soon abandoned by the man who promised such joy and happiness, yet who easily swapped her for a carefree life in Avdotya Pimenovna's mansion. The picture contains much colour and authentic realism, and its appearance on the cinemas should be welcomed. (VK, 1914, No. 86/6, 33-34)

nimo dettaglio che possa contribuire a una migliore interpretazione dei tipi e dell'epoca del romanzo, è stato trascurato. Fin dai primissimi fotogrammi, quest'atteggiamento da parte del regista e degli interpreti salta decisamente all'occhio. Spicca in particolare la validissima rappresentazione del Teatro d'Arte, che riesce a trasporre sullo schermo cinematografico i "marchi" distintivi di una scuola teatrale diversa da tutte le altre. In tal modo, l'unione degli sforzi di tutti coloro che hanno collaborato alla realizzazione della pellicola, perfettamente consci dell'enorme complessità e responsabilità di una riduzione cinematografica di un'opera come *Anna Karenina*, sono poi sfociati in un autentico capolavoro di arte cinematografica. (SF, 1914, n. 25-26, 20)

Беглец

BEGLEC
IL FUGGIASCO

Titolo alternativo
GARUN BEŽAL BYSTREE LANI
GARUN CORREVA PIÙ VELOCE DI UN CERVO

Dramma. 2 bobine; 750 m; produzione: Russkaja zolotaja serija (Serie d'oro russa); data di release: 5.10.1914; regia: Aleksandr Volkov; operatore: Nikolaj Efremov. Interpreti: Ašo [Aršavir] Šahatuni (Selim), Aleksandrs Rusteikis (Garun). Adattamento dell'omonimo poema di Mihail Lermontov. Il film celebra il centenario della nascita del poeta. Conservato incompleto.

Sono stati acquistati dalla ditta Pathé Frères i negativi delle seguenti pellicole: *Dni našej žizni* (I giorni della nostra vita), realizzato su sceneggiatura speciale di Leonid Andreev, *Maska smerti* (La maschera della morte), messo in scena da Gardinov con la partecipazione di O. M. Preobraženskaja, che ha interpretato il ruolo di Manja in *Ključi sčjast'ja* (Le chiavi della felicità), *Na skam'e podsudnimyh* (Sul banco degli imputati), con la Karalli e Maksimov nei ruoli principali e, infine, *Devuška iz podvala* su sceneggiatura di Dimitrij Cenzor. Oltre alle pellicole menzionate in precedenza, erano stati acquistati il film *Beglec*, tratto da un'opera di Lermontov e *V rjase monahini* (Sotto la tonaca della suora). Si tratta di opere di ottimo livello, sia dal punto di vista della realizzazione che dell'interpretazione, che oseremmo definire dei veri successi. (SF, 1914, n. 3, 28)

VOLGARI
VOLGA BARGEES

Волгари

Alternative title
FOMA VOROCHILIN

Drama. 4 reels; 1115 m; production: Libken (Yaroslavl'); release: 24.1.15; directors: Grigorii Libken & Aleksandr Arkatov; script: M. Tikhomirov; cameraman: Brizzi; art director: Petr Mosyagin. Cast: N. Smirnov (Vorochilin, a merchant), Il'narov (Foma, his son), V. Satin (old man Chaikin), M. Tikhomirov (Mikhail, his son), Ol'ga Obolenskaya (Nastya, his daughter), V. Zimovoi (Maksim, a bachelor). Two reels preserved without titles.

GOSPODIN DIREKTOR FLIRTYET
THE DIRECTOR FLIRTS

Господин директор флиртует

Alternative title
DIREKTOR FLIRTUET / THE DIRECTOR FLIRTS

Comedy. 335 m; production: A. Khanzhonkov & Co. Ltd.; release: 9.12.14; credits: unknown. Cast: Aleksandr Kheruvimov (His Excellency), V. Niglov (Kistochkin, an official), M. Khalatova (his wife), Tamara Gedevanova (a maid). Screen version of the farce by Simon Saburov. Preserved without titles.

DVOINIK MAKSA LINDERA
MAX LINDER'S DOUBLE

Двойник Макса Линдера

Comedy. 291 m; production: Tanagra [K. Paganelli]; date: 1914; release unknown; director/script: Aleksandr Garin; cameraman: Aleksandr Levitskii. Cast: Aleksandr Garin (the double). Preserved without titles.

DEVUSHKA IZ PODVALA
THE GIRL FROM THE CELLAR

Девушка из подвала

Alternative titles
KAK DOSHLA TY DO ZHIZNI TAKOI
HOW DID YOU COME TO A LIFE LIKE THIS
PETROGRADSKIE TRUSHCHOBY
THE PETROGRAD SLUMS
DEVCHONKA IZ PODVALA
THE KID FROM THE CELLAR

Drama. 4 reels; 1100 m; production: Russian Cinema Company; release: 20.10.14; director: Vladimir Kas'yanov; script: Dmitrii Tsenzor; cameraman: Ivan Frolov. Cast: Nina Chernova (Liza), Alisa Koonen, I. Likhomskii, Aleksandr Chargonin, Zoya Barantsevich. Partially preserved without titles.

В омуте Москвы

V OMUTE MOSKVY
NEL VORTICE DI MOSCA

Dramma. 4 bobine; 1180 m; produzione: I. Ermol'ev; data di release: 9.4.1914; regia: Nikolaj Larin; operatore: Louis Forestier. Interpreti: Petr Bakšeev (Dmitrij), Lidija Tridenskaja (proprietaria della trattoria), Tat'jana Kunickaja (amante di Dmitrij), Iosif Ermol'ev (Fedor). Primo film a soggetto del Collettivo Iosif Ermol'ev. Conservato senza didascalie.

Il film è suddiviso in quattro parti: 1. Sul sentiero scivoloso; 2. A scrocco; 3. Rovinato; 4. Padre e figlia. Il dramma racconta la storia di un giovane rovinato dalla grande città. La vivacità del soggetto, la sceneggiatura, attori di talento, tutto ciò lascia presupporre che il film piacerà al grande pubblico. (KŽ, 1914, n. 5, 37)

Il dramma *V omute Moskvy*, su sceneggiatura di Larin e con realizzazione di Ermol'ev, si presenta come una di quelle produzioni che rispecchiano i lati più oscuri della vita di una metropoli. In questa pièce sfila davanti a noi una lunga serie di figure vivaci e ricche di tratti tipici. Fra questi personaggi il posto d'onore spetta indubbiamente ad Avdot'ja Pimenovna, che impersona l'immortale tipo della commerciante di mezza tacca, tanto caro a Ostrovskij. Ottusità, grettezza, ristrettezza di vedute, accompagnate però da un non sopito anelito ad amare ed essere amate, sono le note caratteristiche di queste donne. Altrettanto tipica la figura di Dmitrij, dapprima modesto cameriere nella trattoria di proprietà di Avdot'ja Pimenovna, poi amante di lei, disinvolto e sfacciato zerbinotto e infine delinquente. Queste sono le tre tappe della vita di Dmitrij che fanno involontariamente pensare alla vanità degli umani desideri e alla fatale ineluttabilità degli eventi, creati da situazioni e ambienti noti. Toccante nella sua tristezza la figura della fanciulla, profondamente innamorata e subito abbandonata da colui che le prometteva letizia e felicità ma che con leggerezza preferì a lei la vita spensierata nei saloni di Avdot'ja Pimenovna. La pellicola è ricca di note pittoresche, permeata di autentico realismo e alla sua apparizione sullo schermo avrà indubbiamente benevola accoglienza. (VK, 1914, n. 86/6, 33-34)

Волгари

VOLGARI
GENTE DEL VOLGA

Titolo alternativo
FOMA VOROCILIN

Dramma. 4 bobine; 1115 m; produzione: G. Libken (Jaroslavl'); data di release: 24.1.1915; regia: Grigorij Libken e Aleksandr Arkatov; sceneggiatura: M. Tihomirov; operatore: Brizzi; scenografia: Petr Mosjagin. Interpreti: N. Smirnov (mercante Voročilin), Il'narov (Foma, suo figlio), V. Satin (vecchio Čajkin), M. Tihomirov (Mihail, suo figlio), Ol'ga Obolenskaja (Nastja, sua figlia), V. Zimovoj (Maksim, lo scapolo). Il film è conservato incompleto (2 bobine), senza didascalie.

DITYA BOL'SHOGO GORODA
CHILD OF THE BIG CITY

Дитя большого города

Alternative title
DEVUSHKA S ULITSY / THE GIRL FROM THE STREET

Drama. 4 reels with a prologue; 1135 m; production: A. Khanzhonkov & Co. Ltd.; release: 5.3.14; director/art director: Evgenii Bauer; cameraman: Boris Zavelev. Cast: Elena Smirnova (Manechka/Mary), Nina Kozlyaninova (Mank'a, the heroine, as a child), Mikhail Salarov (Viktor Kravtsov), Arsenii Bibikov (Kramskoi, his comrade), Leonid Iost (Kravtsov's lackey), Lidiya Tridenskaya (Masha, a laundress), Emma Bauer (a dancer). Preserved without the opening scenes and without titles.

The plot is very simple. Such stories have become familiar and appear rather ordinary and usual. Somehow one doesn't feel their horror, the agonizing oppression of which is to be found namely in their banality and repetitiveness. And here, beside us, amidst the commotion of the big city, perhaps everyday life maims and destroys innocent, pure souls, celebrating victory over our indifference and egoism. So who will dare cast a stone at this abominable, repulsive being Mary, the one-time touchingly innocent errand girl and beautiful seamstress Mank'a. Surrounded from early childhood by an atmosphere of conceit and an unhealthy desire for luxury, tinsel and glitter, she could only have become a greedy courtesan, having crushed and killed the beautiful and noble person who loved her. And his death on the steps of her home seems so unnecessary, and it is so painfully natural that, having come across his corpse on her way to gay Maxim's, she should see in it only a "good omen". The noisy, gay company and the languid "tan-

Господин директор флиртует

GOSPODIN DIREKTOR FLIRTUET
IL SIGNOR DIRETTORE AMOREGGIA

Titolo alternativo
DIREKTOR FLIRTUET / I FLIRT DEL DIRETTORE

Commedia. 335 m; produzione: A. Hanžonkov i Co. Spa; data di release: 9.12.1914; autori: ignoti. Interpreti: Aleksandr Heruvimov (Sua eccellenza), V. Niglov (l'impiegato Kistočkin), M. Halatova (sua moglie), Tamara Gedevanova (la cameriera). Adattamento della farsa di Simon Saburov. Il film è conservato senza didascalie.

Двойник Макса Линдера

DVOJNIK MAKSA LINDERA
IL SOSIA DI MAX LINDER

Commedia. 291 m; produzione: Tanagra [K. Paganelli], 1914; data di release: ignota; regia/sceneggiatura: Aleksandr Garin; operatore: Aleksandr Levickij. Interpreti: Aleksandr Garin (il sosia). Il film è conservato senza didascalie.

Девушка из подвала

DEVUŠKA IZ PODVALA
LA RAGAZZA DELLO SCANTINATO

Titoli alternativi
KAK DOŠLA TY DO ŽIZNI TAKOJ
COME SEI FINITA A VIVERE COSÌ
PETROGRADSKIE TRUŠČOBY
I BASSIFONDI DI PIETROGRADO
DEVČONKA IZ PODVALA
LA RAGAZZINA DELLO SCANTINATO

Dramma. 4 bobine; 1100 m; produzione: Compagnia cinematografica russa; data di release: 20.10.1914; regia: Vladimir Kas'janov; sceneggiatura: Dmitrij Cenzor; operatore: Ivan Frolov. Interpreti: Nina Černova (Liza), Alisa Koonen, I. Lihomskij, Aleksandr Čargonin, Zoja Barancevič. Il film è conservato incompleto e senza didascalie.

Дитя большого города

DITJA BOL'ŠOGO GORODA
FIGLIA DELLA GRANDE CITTÀ

Titolo alternativo
DEVUŠKA S ULICY / RAGAZZA DI STRADA

Dramma. 4 bobine con un prologo; 1135 m; produzione: A. Hanžonkov i Co. Spa; data di release: 5.3.1914; regia/sceneggiatura: Evgenij Bauer; operatore: Boris Zavelev. Interpreti: Elena Smirnova (Manečka-Mary), Nina Kozljaninova (Man'ka, la protagonista durante l'infanzia), Mihail Salarov (Viktor Kravcov), Arsenij Bibikov (il suo compagno Kramskoj), Leonid Iost (il lacché di Kravcov), Lidija Tridenskaja (la lavandaia Maša), Emma Bauer (una ballerina). Il film è conservato senza le scene iniziali e senza didascalie.

go" awaited her! ... Isn't it true how ordinary and usual this story is? The picture has been highly praised. The well conceived artistic details of the production and the inventive acting of the "Free Theatre" actress Mme Smirnova could not be bettered. We cannot go without mentioning Mme Bauer's wonderfully performed Eastern dance. (BK, 1914, No. 85/5, 38)

Nizhny-Novgorod's theatres make quite a reasonable impression; the Palace and the Art are quite interesting, but they don't appear to give much consideration to the comfort of the public and once again our impression of the unpretentious inhabitants of middle Russia is confirmed. It was here that I watched *Child of the Big City,* released by A. A. Khanzhonkov and Co. and I must say that it is the best film released by this company to date in terms of the production itself, although in places one very much gets the feeling that a director-scene painter and not a director-artist produced the picture. The picture abounds in a mass of effects, the lighting is in the style of the artists who were called the "Wanderers". For the average person this is an advantage but for E. F. Bauer it is a disadvantage. It seems to me that he would have produced a much more interesting picture if he had been more original and not copied. The so-called "Indian" dance does not do justice to his taste and who needs such banality and tastelessness? And then from what aspect should this dance be called "Indian"? With equal success he could have called it Egyptian, or Syrian or Turkish etc. etc. It has no style anyway! It seems to me that some kind of curse hangs over cinema: Western companies flood the market with pictures which are good and tastefully produced but devoid of any type of a plot, while our Russian pictures, saturated with plot, are devoid of all taste in their production! All the same we will hope that we, Russians, will yet grow up! Adieu! (KZh, 1914, No. 8, 56)

The reasons for Bauer reputation as a champion of decadence and as a master of visual aestheticism can be easily understood when looking at this exercise in style which, while lacking the dramatic geometry of *Posle smerti* and *Grezy*, nevertheless shows a more accomplished, and even more audacious, visual inventiveness: sumptuous movements of actors across the scene, constant moving veils and curtains which increase the depth of field, meticulous variations in backlighted shots. Danish cinema was well known for this technique, but it never achieved such a complexity in its application. P.Ch.Us.

DITYA NAUKI
A CHILD OF SCIENCE

Дитя науки

Comedy. 346 m; production: A. Khanzhonkov & Co. Ltd.; release: 15.11.14; credits: unknown. Cast: Sof'ya Goslavskaya (the wife), Aleksandr Kheruvimov (the husband), Potemkin (their servant), Arsenii Bibikov (a scientist). Preserved without titles.

EE GEROISKII PODVIG
HER HEROIC FEAT

Ее геройский подвиг

Farce. 3 reels; 695 m; production: A. Khanzhonkov & Co. Ltd.; release: 29.9.14; director: Evgenii Bauer. Cast: Nikolai Bashilov (Mos'kin), Lidiya Tridenskaya (his wife), Dora Chitorina (Liza, their niece), Ivan Mosjoukine (Robert), Lina Bauer (Klorinda, former ballerina, next-door neighbour), Sof'ya Vasil'eva [Goslavskaya] (Mos'kin's wife as a young girl). Subject taken from a foreign farce. Preserved without titles.

I motivi della reputazione di Bauer in quanto regista decadente e maestro dell'estetismo figurativo possono essere agevolmente compresi attraverso quest'esercizio di stile, forse meno rigoroso rispetto a *Posle smerti* e *Grezy* sul piano drammatico ma altrettanto riuscito, se non addirittura più audace, dal punto di vista delle invenzioni visive: dai sontuosi movimenti scenici dei personaggi, che qualificano la profondità di campo muovendo drappi e tendaggi di fronte all'obiettivo, alle meticolose variazioni luministiche nelle inquadrature in semicontroluce dagli interni degli atrii alle vie della grande città. Il cinema danese, pure noto per la sistematica applicazione di consimili idee, non era mai arrivato a tanto. P.Ch.Us.

Lo schema del dramma è molto semplice. Storie come questa sono diventate abituali, consuete. In qualche modo non si avvertono l'orrore e l'ansia oppressiva che di norma si celano in quel carattere di ordinarietà e iterazione. E qui, vicino a noi, negli assembramenti delle grandi città, probabilmente ogni giorno la vita rovina e distrugge gli innocenti e gli onesti, trionfando sulla nostra indifferenza e sul nostro egoismo. Chi oserebbe dunque scagliare la prima pietra contro la pur spregevole e ripugnante Mary, alla commovente, sempre incolpevole, Man'ka, o alla brava sartina Manečka? Fin dalla prima infanzia Mary ha vissuto in un ambiente di menzogne e di malsane aspirazioni allo splendore, alla vita lussuosa e agli oggetti sfarzosi; non poteva che diventare un'avida cortigiana, avvilendo ed uccidendo il meraviglioso sentimento dell'uomo che la amava. Così inutile ci appare la sua morte, sulla soglia della casa di lei, ed è così terribilmente naturale che inciampando nel suo cadavere, mentre sta per andare dall'allegro Maksim, lei veda in questo solo un "buon segno". L'aspettava una compagnia allegra e chiassosa, e un languido tango! Non si tratta forse di una storia di tutti i giorni? Il film venne realizzato in modo encomiabile. L'accuratezza dei dettagli della rappresentazione e la ponderata recitazione della Smirnova, un 'artista del Teatro Libero, non danno certo adito ad alcun rimpianto. Impossibile non soffermarsi sulla danza orientale splendidamente eseguita dalla signora Bauer, che esibisce tra l'altro una stupefacente plasticità nel movimento delle braccia, i cui movimenti sinuosi ed ondeggianti non hanno niente in comune con la plasticità espressiva della famosa ballerina inglese Miss Maud Allan. (BK, 1914, n. 85/5, 38)

Nižnij Novgorod dà l'impressione di possedere teatri abbastanza soddisfacenti; il Palace e lo Hudožestvennyj suscitano abbastanza interesse, a seconda delle occasioni, tuttavia quando ci si trova al loro interno, non pare certo che la comodità del pubblico sia stata presa nella debita considerazione: si conferma una volta di più l'idea sulla modestia del borghesuccio medio russo. Qui ho visto *Figlia della grande città...* e devo dire che si tratta, per quanto riguarda la messa in scena, del miglior film di questa casa, benché in alcuni punti si avverta che il film è stato realizzato da un regista-scenografo e non da un regista-attore. Il film colpisce per i suoi numerosi effetti speciali; gli effetti di luce rispondono allo stile dei Peredvizniki. Per il medio borghesuccio tutto ciò poteva rappresentare un merito, ma non per E.F. Bauer: credo che se invece di copiare avesse creato qualche cosa "di proprio", avrebbe prodotto un'opera molto più interessante. Non gli fa certo onore la scena della cosiddetta danza "indiana" perché mai una cosa così banale e priva di gusto? E poi per quale motivo chiamare "indiana" questa danza? Avrebbe potuto chiamarsi egiziana, siriana o turca riscuotendo lo stesso successo. È veramente senza stile! Va detto che i cinematografi sono soggetti ad una sorta di maledizione: le case dell'occidente inondano il mercato di film messi in scena con gusto e in modo accurato, ma privi di qualsiasi soggetto credibile, mentre i nostri film russi hanno buoni soggetti ma mancano di accurate realizzazioni! Speriamo, noi russi, di migliorare, forse! (KŽ, 1914, n. 8, 56)

ZHENSHCHINA ZAVTRASHNEGO DNYA
A WOMAN OF TOMORROW

Женщина завтрашнего дня

First part. Drama. 5 reels; 1075 m; production: A. Khanzhonkov & Co. Ltd.; release: 28.4.14; director: Petr Chardynin; script: Aleksandr Voznesensky; cameraman: Boris Zavelev. Cast: Vera Yureneva (Anna Betskaya, a doctor), Ivan Mosjoukine (Nikolai, her husband), M. Morskaya (Yuzya, their servant-girl), Praskov'ya Maksimova (Anna's mother). Partially preserved (reels 3, 4, 5) without titles.

A Woman of Tomorrow as the author has characterised the heroine of the piece, is a realistic picture, in its simple artistry and simplicity, of a woman with the beautiful bright soul of someone who is free, for whom life is not aimlessly vegetative but a constant feat of self-denial and heroism. The message of the play has found superb expression in an interesting plot, which as a whole conveys the impression of a work of undoubted artistic quality. (VK 1914, No. 87/7, 48)

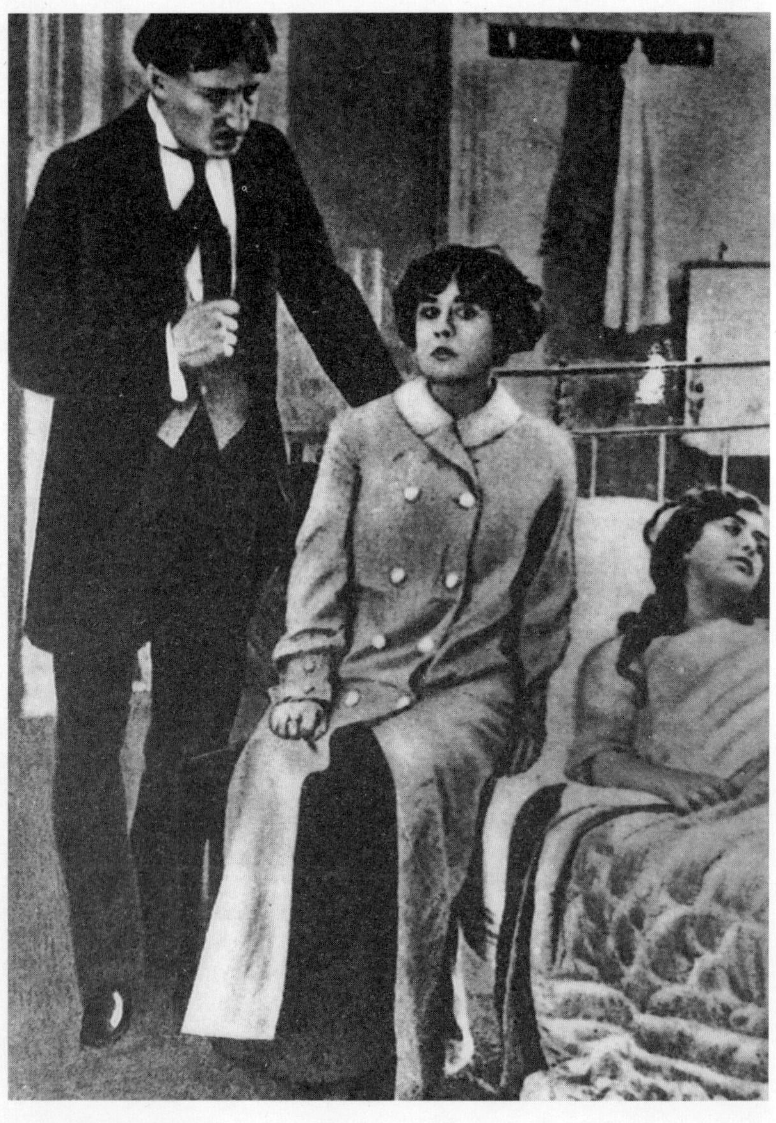

Дитя науки

DITJA NAUKI
FIGLIO DELLA SCIENZA

Commedia. 346 m; produzione: Hanžonkov i Co. Spa; data di release: 15.11.1914; autori: ignoti. Interpreti: Sof'ja Goslavskaja (la moglie), Aleksandr Heruvimov (il marito), Potemkin (il loro servo), Arsenij Bibikov (uno scienziato). Il film è conservato senza didascalie.

Ее геройский подвиг

EE GEROJSKIJ PODVIG
LA SUA IMPRESA EROICA

Farsa. 3 bobine; 695 m; produzione: A. Hanžonkov i Co. Spa; data di release: 29.9.1914; regia: Evgenij Bauer. Interpreti: Nikolaj Bašilov (Mos'kin), Lidija Tridenskaja (sua moglie), Dora Čitorina (Liza, la loro nipote), Ivan Mozžuhin (Robert), Lina Bauer (Klorinda, ex-ballerina, vicina di casa), Sof'ja Vasil'eva [Goslavskaja] (la moglie di Mos'kin da giovane). Soggetto tratto da una farsa straniera. Il film è conservato senza didascalie.

Женщина завтрашнего дня

ŽENŠČINA ZAVTRAŠNEGO DNJA
LA DONNA DEL DOMANI

Prima parte. Dramma. 5 bobine; 1075 m; produzione: A. Hanžonkov i Co. Spa; data di release: 28.4.1914; regia: Petr Čardynin; sceneggiatura: Aleksandr Voznesenskij; operatore: Boris Zavelev. Interpreti: Vera Jureneva (Anna Beckaja, dottoressa), Ivan Mozžuhin (Nikolaj, suo marito), M. Morskaja (la serva Juzja), Praskov'ja Maksimova (madre di Anna). Il film è conservato incompleto (bobine 3,4,5), senza didascalie.

Ženščina zavtrašnego dnja, come l'autore ha definito la eroina dell'opera, offre il modello, reale nella sua artistica semplicità, di una donna dall'animo puro, un essere libero, per il quale la vita non è mera sopravvivenza, ma un'impresa che richiede abnegazione ed eroismo. Il contenuto ideale dell'opera ha trovato la sua felice espressione nell'interessante trama, che dà l'impressione di essere assolutamente un'opera d'arte. (VK, 1914, n. 87/7, 48)

Il film ha ottenuto pareri favorevoli dal pubblico e dalla stampa che, sulle colonne dei giornali locali, ne ha evidenziato le elevate qualità ed il meritato successo di pubblico. La trama è assolutamente originale e molto interessante. È questo il grande pregio del film russo. Nel ruolo principale della donna-medico Beckaja, vediamo la già famosa artista V.L. Jureneva. La sua recitazione non ha niente da invidiare a eccellenti artiste occidentali. Il suo ruolo, interpretato in modo così raffinato, con una tale comprensione della psicologia del personaggio e tale slancio, è degno di una Francesca Bertini o di una Lyda Borelli. Ecco perchè il film ha suscitato un'impressione così forte ed ha ottenuto un successo quasi mai raggiunto a Rostov. (K-A, 1914, n. 9, 7-8)

The picture received favourable response from the public and the press as a whole, which remarked in the columns of local papers upon the high qualities of the picture and the particular success which it quite deservedly enjoyed with the public. Its plot is completely novel and very interesting. This is a great achievement of *Russian* cinema. The famous actress V.L. Yureneva appears in the leading role of Betskaya the woman doctor. Her acting is not just as good as to that of famous Western artistes. She is just as refined and displays the same psychological understanding of the character she is portraying, and she plays the role with the same enthusiasm as we might expect from Francesca Bertini, Lyda Borelli and so on. That is why the picture has made such a strong impression and enjoyed almost unheard of success in Rostov. (K-A, 1914, No. 9, 7-8)

KORMILITSA
THE WET NURSE

Кормилица

Alternative title
DRAMA DVUKH MATEREI / DRAMA OF TWO MOTHERS

Play for the screen. 3 reels, 1126 m; production: A. Khanzhonkov & Co. Ltd.; release: 14.7.14; director/script: Petr Chardynin; cameraman: Boris Zavelev. Cast: I. Lashchilina (Dunyasha, a wet nurse), N. Pomerantsev (Georgii, a gentleman), Sof'ya Goslavskaya (his wife), Vitalii Bryanskii (a lackey), Praskov'ya Maksimova (Dunyasha's mother) Lidiya Tridenskaya. Preserved without titles.

The depth of the idea, the successful production and acting, separate this piece from the normal run-of-the-mill films and lend it undoubted value and interest. Surprisingly faithfully sketched is the image of the young peasant girl – later mother and wet-nurse – who is crippled by life, paying by years of suffering for a moment of pale-grey happiness. The inimitable, typical figure of the "benefactress", the old woman-procuress, involved in some kind of "dark" dealings: to her falls this girl, abandoned to the powers of fate. The scene of the conversation between the proud aristocratic woman and the young peasant girl is superbly played and full of thought and unusual power. Motherhood is the realm in which woman understands woman, whatever huge gap in social distinction should divide them. The society lady understood the simple girl, understood that immense injustice, by whose force one child of the same father bathes in luxury while at the same time the other is hungry, in a damp basement, abandoned in the arms of an evil, ignorant old woman. (VK, 1914, No. 93/13, 44)

S. Goslavskaya. "I give you carte blanche," Chardynin said to us. "Use initiative, dig down into the psychology of your characters, create good solid dramatisations of your own." I enjoyed playing Sofya, though it was not an easy role. I thought about it a lot, rehearsed at home and tried to enter into her character. What I wanted to portray was not a pompous and sanctimonious benefactress, but a staunch and honest person "with warm blood and soul" as Chardynin put it. (1974, 151)

Кормилица

KORMILICA
LA BALIA

Titolo alternativo

DRAMA DVUH MATERE / DRAMMA DI DUE MADRI

Opera per lo schermo. 3 bobine; 1126 m; produzione: A. Hanžonkov i Co. Spa; data di release: 14.7.1914; regia/sceneggiatura: Petr Čardynin; operatore: Boris Zavelev. Interpreti: I. Lasčilina (Dunjaša la balia), N. Pomerancev (Georgij il proprietario), Sof'ja Goslavskaja (sua moglie), Vitalij Brjanskij (il lacché), Praskov'ja Maksimova (madre di Dunjaša), Lidija Tridenskaja. Il film è conservato senza didascalie.

La profondità concettuale, il felice allestimento e la buona interpretazione fanno sì che questo film si distingua dagli altri, conferendogli indubbio valore e interesse. Particolarmente realistica la descrizione della ragazza di campagna – poi madre e balia – stroncata dalle avversità della vita, da anni di sofferenze, durante i quali ha pagato duramente per i pochi attimi di pallida felicità. Impareggiabile la tipica figura della "benefattrice", la vecchia ruffiana, che si occupa di loschi affari, tra le cui mani capita la ragazza, abbandonata al proprio destino. Ben realizzata, molto significativa ed efficace la scena della rivelazione tra l'orgogliosa aristocratica e la povera ragazza di campagna. La maternità è un campo nel quale una donna comprende l'altra, per quanto grande sia l'abisso delle differenze sociali che le divide. La donna dell'alta società ha capito la povera campagnola, si è resa conto della grave ingiustizia, in forza della quale un bambino è coperto di merletti, mentre un altro, dello stesso padre, è affamato, in uno sporco scantinato, vittima di una vecchia malvagia. (VK, 1914, n. 93/13, 44)

KOROL', ZAKON I SVOBODA
THE KING, THE LAW AND FREEDOM

Король, закон и свобода

Drama. 5 reels; 1300 m; production: A. Khanzhonkov & Co. Ltd.; release: 25.10.14; director: Petr Chardynin; script: Leonid Andreev; cameraman: Boris Zavelev. Cast: V. Porten (the hero king), Aleksandr Vyrubov (Grelier, a Belgian writer), Elizaveta Zhikhareva (Jeanne, his wife), Aleksandr Grel' (Pierre, their son), Sergei Kvasnitskii (Maurice, his brother), Aleksandr Kheruvimov (François, the deaf gardener), Praskov'ya Maksimova, Dora Chitorina. Screen version of the play by Leonid Andreev.

A. Khanzhonkov. All Russian film companies have in one way or another responded to the war with new pictures. I was not a supporter of tendentious war films, lacking in art and unconvincing. However, towards the end of 1914, we had to give in to the demand of our hire departments and agreed to make a war production. We chose Leonid Andreev's *The King, the Law and Freedom*. We decided to make as the climax of the film the heroic episode of the battle of the Belgians against the Germans, and the Belgian explosion of their dams to flood their fields. On Zhitnaya Street, in the small studio (they were still building the large one) we staged the "flooding". On the floor of the scenery workshop, right next to the studio, we spread out a huge sheet of tarpaulin, raising the edges on all sides. We then filled this improvised cistern with water. Next door, in the studio, we set the field, in which the German soldiers rested by their fires after invading the small, defenceless country. The results of the blowing up of the dams was produced quite simply: the edge of the tarpaulin between the workshop and the studio was let down. The water came down on the soldiers and fires in such a torrent and in such an amount that it created the full illusion of flooding. (1937-I, 84-85)

At the same time as putting fine words into the characters' mouths, Andreev has produced a play that is highly cinematographic. From start to finish the play loses a grat deal in the theatre, since the stage does not provide enough space for developing deep perspective. There is no room for the battle scenes, nor is it possible to reproduce the menacing flow of water that comes gushing out of the wrecked dams and destroys everything in its path. (K-A, 1914, No. 16-7, 3)

S. Goslavskaja. Vi do carta bianca – ci disse Čardynin – dimostrate iniziativa, scavate nella psicologia del vostro personaggio, create voi stessi la messinscena. Recitai la parte di Sof'ja con piacere, anche se non ero molto adatta a questo ruolo. Ci pensai a lungo, provavo molto a casa, cercavo di immedesimarmi nel personaggio. Volevo che ne risultasse non una bigotta e volgare benefattrice, ma una persona onesta, "con il sangue e l'anima ardenti", come diceva Čardynin. (1974, 151)

Король, закон и свобода

KOROL', ZAKON I SVOBODA
IL RE, LA LEGGE E LA LIBERTÀ

Dramma. 5 bobine; 1300 m; produzione: A. Hanžonkov i Co. Spa; data di release: 25.10.1914; regia: Petr Čardynin; sceneggiatura: Leonid Andreev; operatore: Boris Zavelev. Interpreti: V. Porten (il re eroe), Aleksandr Vyrubov (lo scrittore belga Grelier), Elizaveta Žihareva (sua moglie Jeanne), Aleksandr Grel' (il loro figlio Pierre), Sergej Kvasnickij (suo fratello Maurice), Aleksandr Heruvimov (il giardiniere sordo François), Praskov'ja Maksimova, Dora Čitorina. Adattamento dell'omonimo dramma di Leonid Andreev.

A. Hanžonkov. Tutte le case cinematografiche russe in un modo o nell'altro prendevano posizione sulla guerra con nuovi film. Io non ero a favore di quelle pellicole tendenziose, poco artistiche e poco convincenti. Tuttavia, sul finire dell'anno 1914, fummo costretti a cedere alle richieste dei nostri uffici di distribuzione e a prendere accordi per un film sulla guerra. La nostra scelta cadde sul nuovo dramma di Leonid Andreev *Korol', zakon i svoboda*. Decidemmo che il punto culminante del dramma doveva essere l'episodio eroico del conflitto tra belgi e tedeschi, l'esplosione delle chiuse e l'inondazione dei campi. Nel piccolo studio (ne stavano costruendo uno più grande) di via Žitnaja fu allestita "l'inondazione". Sul pavimento del laboratorio scenografico, attiguo allo

KREITSEROVA SONATA
THE KREUTZER SONATA

Крейцерова соната

Drama. 5 reels; 1155 m; production: Russian Golden Series; release: 3.11.14; director: Vladimir Gardin; cameraman: Anatolii Levitskii; art director: Boris Mikhin. Cast: Boris Orskii (Poznishev), Elizaveta Uvarova (his wife), Lidiya Sycheva (her mother), Mikhail Tamarov (Lev Tolstoi). Screen version of the short story by Lev Tolstoi. Third reel preserved.

The script is based on L.N. Tolstoi's immortal work. What can be added to this? One couldn't wish for better acting, production, photography, sets and direction. But apart from all this there is still an element present in the picture, thanks to the presence of which we can say that Russian cinema leaves foreign productions far behind. We mean the psychological element, which makes up the basis of the whole drama. Everyone who follows or has followed the development of foreign cinema has been struck by the fact that for almost the whole of its existence, it has not produced one film which has successfully portrayed the psychological elements experienced by the heroes of the drama. To the credit of Russian cinema, we repeat, it must be said that it is the first to succesfully resolve this complex task. We are unspeakably glad of the appearance on screen of *The Kreutzer Sonata*. It reinforces our position. It gives us the chance to say, with even greater confidence in the veracity of our ideas, to representatives of the Russian film industry: continue boldly along your chosen path. Your efforts will not be in vain, your labours will give the fruits you wish, and soon, soon the time will come when Russian cinema, as well as all Russian art, will be at the forefront of world cinema, will show it the true paths. (SF, 1914, No. 3, 21)

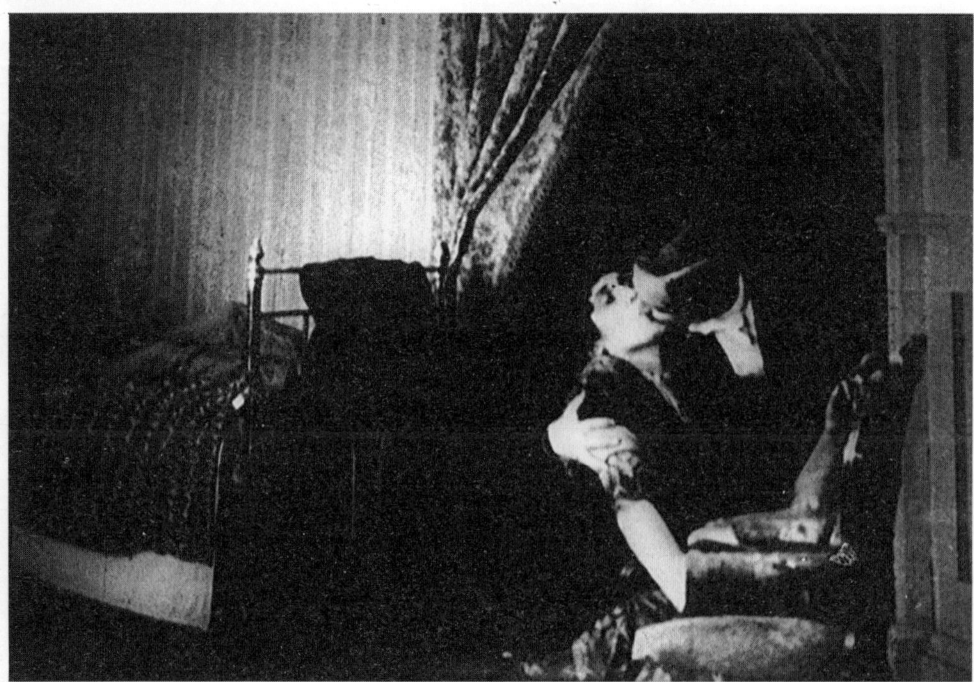

studio, fu stesa una tela incatramata di enormi dimensioni. Ne furono sollevate le estremità e l'improvvisata cisterna fu riempita d'acqua. Nello studio adiacente la scenografia invece raffigurava un campo sul quale riposavano, attorno ai fuochi, i soldati tedeschi dopo aver invaso quel piccolo paese indifeso. Gli effetti dell'esplosione delle chiuse furono presto creati: si fece scendere un'estremità della tela incatramata tra il laboratorio scenografico e lo studio. L'acqua irruppe sui soldati e sui fuochi con una tale pressione e in tal quantità che si creò la perfetta illusione di un'inondazione. (1937-I, 84-85)

Mettendo in bocca ai personaggi parole stupende, Andreev ha creato una vera pièce cinematografica. L'opera di L. Andreev perde molto sul palcoscenico di un teatro perchè lo spazio scenico non possiede quella profondità necessaria allo sviluppo di un'ampia prospettiva. In teatro non c'è spazio per scene di battaglia, non è possibile riprodurre una massa d'acqua minacciosa che, dilagando attraverso le dighe esplose, distrugge tutto ciò che trova sul suo percorso. (K-A, 1914, n. 16-7, 3)

Крейцерова соната

KREJCEROVA SONATA
LA SONATA A KREUTZER

Dramma. 5 bobine; 1155 m; produzione: Russkaja zolotaja serija (Serie d'oro russa); data di release: 3.11.1914; regia: Vladimir Gardin; operatore: Anatolij Levickij; scenografia: Boris Mihin. Interpreti: Boris Orskij (Poznišev), Elizaveta Uvarova (sua moglie), Lidija Syčeva (madre di Elizaveta), Mihail Tamarov (Lev Tolstoj). Adattamento dell'omonimo racconto di Lev Tolstoj. Il film è conservato incompleto (bobina 3).

Una sceneggiatura tratta dall'opera immortale di L.N. Tolstoj... Che cosa si può aggiungere? La recitazione degli attori, la messa in scena, la fotografia, la scenografia e la regia non fanno sperare di meglio. Ma oltre a tutto questo, nel film c'è un altro elemento che ci permette di affermare che la cinematografia russa si distacca dalla produzione straniera. Ci riferiamo all'elemento psicologico che costituisce la base di tutto il dramma. Chiunque segua e abbia seguito lo sviluppo della cinematografia d'oltre confine si sarà accorto che in essa non c'è stato nemmeno un film in cui fossero trasmessi in modo del tutto soddisfacente i tratti psicologici del dramma vissuto dai suoi eroi... Ad onore della cinematografia russa, ripetiamo, bisogna dire che ad essa per prima è riuscito di assolvere questo difficile compito. Siamo indicibilmente felici della comparsa sullo schermo del film *La sonata a Kreutzer* perchè rafforza le nostre tesi. Rende, a maggior ragione, giustizia delle nostre idee, ci dà la possibilità di dire ai rappresentanti dell'industria cinematografica russa: andate avanti coraggiosamente sulla via da voi scelta. I vostri sforzi non saranno vani, le vostre fatiche daranno i frutti desiderati, e presto, presto arriverà il giorno in cui la cinematografia russa, come tutta l'arte russa, camminerà in testa alla cinematografia mondiale e le indicherà il vero cammino da seguire. (SF, 1914, n. 3, 21)

LYULYA BEK

Люля Бек

Drama. 3 reels; 817 m; production: A. Khanzhonkov & Co. Ltd.; release: 22.7.14; director Evgenii Bauer (?); script: Anna Mar. Cast: Lidiya Ryndina (Lyulya Bek, a singer at the café-chantant), Mikhail Salarov (Vitol'd). Two scenes preserved without titles.

Broken by life, the tired, depressed Lyulya Bek, conscious of the total aimlessness of her existence, still expects something from life, seeks happiness, that elusive happiness which cannot be found in this world. The spectre of this happiness flushed before her in the shape of love but it only brought new torment. Her divided soul is already unable to give itself up completely to the new feeling, she no longer believes either in herself or in other people. She feels that Vitold came to her out of pity and compassion. Lyulya Bek is too proud to accept such a gift. "You want to save me from something..." she says to him. Vitold's feeling knows no bounds: the joy of life, its meaning and aim he sees in Lyulya, and he looks upon her mockery of all surrounding her with sadness. He goes away forever. His death is simple – there was nothing to live for. The spectre of happiness glimmered and disappeared. The height of the intensity of suffering is reached in the scene, when the dead man's fiancée comes to Lyulya Bek and demands from her the renunciation of the memoris dear to her, of Vitold's love. The picture is superbly acted by artists of the Nezlobin theatre. The tragic, beautiful image of Lyulya Bek leaves a lasting impression. (VK, 1914, No. 92/12, 36)

V. Khanzhonkova. The whole of the small studio was occupied by a set representing a luxurious hallway with a staircase, columns, and walls covered with dark patterned oil-cloth. It really looked beautiful, but things turned out quite differently on the screen. The arc-lights reflected in the shiny surface of the oil-cloth marble, and the performers cast huge shadows which kept growing and shrinking against the walls, the stairs and the floor. *Lyulya Bek* was never screened. (1946, 81)

MAZEPA
MAZEPPA

Мазепа

Historical drama. 3 reels; 1120 m; production: A. Khanzhonkov & Co. Ltd.; release 30.12.14, director: Petr Chardynin; co-director/consultant: Edward Puchalski. Cast: Arsenii Bibikov (King Jan Casmir), Ivan Mosjoukine (Mazeppa, one of the King's courtiers), Edward Puchalski (governor of the city of Glukhov), Nadezhda Nel'skaya (his wife Amelia), N. Nikol'skii (Zbigniew, the governor's son from his first marriage). Screen version of the poem by Juliusz Slowacki.

The subject and spirit of the tragedy is portrayed to the audience both expressively and clearly. In the first act the gathering storm with its powerful thunder claps sweeps away from the face of the earth those who dared stand in defence of their own person, who

Люля Бек

LJULJA BEK

Dramma. 3 bobine; 817 m; produzione: A. Hanžonkov i Co. Spa; data di release: 22.7.1914; regia: Evgenij Bauer (?); sceneggiatura: Anna Mar. Interpreti: Lidija Ryndina (Ljulja Bek, una cantante del café-chantant), Mihail Salarov (Vitol'd). Del film si conservano due scene senza didascalie.

Stroncata dalle avversità della vita, la stanca e malinconica Ljulja Bek, pur riconoscendo tutta l'inutilità della sua esistenza, continua ad aspettarsi qualcosa dalla vita; cerca la felicità, quella fantomatica felicità che non esiste al mondo. Gliene appare l'illusione: l'amore. Ma le porta soltanto un nuovo tormento. Il suo animo sdoppiato non può piú abbandonarsi ad un nuovo sentimento, ella non crede più in se stessa, non ha fiducia nella gente. Le pare che Vitol'd si sia avvicinato a lei mosso da pietà e compassione. Ljulja Bek è troppo orgogliosa per accettare un simile regalo. "Mi volete salvare da qualcosa, volete chiamarmi in qualche luogo", gli dice. Il sentimento di Vitol'd non conosce limiti: la gioia di vivere, il senso e l'obiettivo dell'esistenza tutta, egli li trova in Ljulja, e con tristezza vede che ella deride coloro che la circondano. Egli se ne va per sempre. La sua morte è una scelta semplice: è inutile vivere. L'illusione della felicità è comparsa e si è tosto dileguata. La sofferenza diviene particolarmente intensa nella scena in cui arriva da Ljulja Bek la fidanzata del defunto, che le chiede di rinunciare ai cari ricordi e a tutto l'amore di Vitol'd. Magistrale interpretazione quella degli artisti del teatro Nezlobin. Profonda l'impressione prodotta dal personaggio tragico e affascinante di Ljulja Bek. (VK, 1914, n. 92/12, 36)

V. Hanžonkova. La scenografia dell'elegante atrio con i muri tappezzati di un'incerata arabescata, la scala e le colonne aveva invaso tutto il piccolo teatro di posa. Dal vero tutto questo appariva bello ma sullo schermo risultò tutt'altra cosa. La luce delle lampade provocava riflessi sulla superficie lucida del marmo di tela incerata; dietro gli interpreti si stagliavano sul muro, sugli scalini, sul pavimento le loro ombre enormi, ora allungate, ora accorciate. *Ljulja Bek* non entrò in programmazione. (1946, 81)

Мазепа

MAZEPA
MAZEPPA

Dramma storico. 3 bobine; 1120 m; produzione: A. Hanžonkov i Co. Spa; data di release: 30.12.1914; regia: Petr Čardynin; aiuto regia/consulente: Edward Puchalski. Interpreti: Arsenij Bibikov (il re Jan Kazmir), Ivan Mozžuhin (Mazeppa, nobile al seguito del re), Edward Puhalski (governatore della città di Gluhov), Nadežda Nel'skaja (sua moglie Amelija), N. Nilol'skij (Zbignev, il figlio di primo letto del governatore). Adattamento del poema di Juliusz Slowacki.

Il soggetto e lo spirito della tragedia sono presentati in modo chiaro ed espressivo. La forte tempesta che si scatena nel primo tempo con colpi forti e tonanti, spazza via dalla faccia della terra coloro

took it into their head to repel the cruel hand of authority. The depth and penetration with which the author approaches his heroes, makes them real, live people and turns them into immortal images. Such are the old commander, his wife,the beautiful Maria, the son and the king and, finally, Mazeppa himself,the bold, powerful, reckless Mazeppa, whose soul concealed so much life, happiness, youthful vigour, a dear young life cut short so senselessly. The commander's son and Maria also die... For them death is perhaps a deliverance from a difficult life full of suffering. Mosjoukine is good in the role of Mazeppa. (VK, 1914, No. 99/19, 28)

NEMYE SVIDETELI
SILENT WITNESSES

Немые свидетели

Drama. 4 reels; 1245 m; production: A. Khanzhonkov & Co. Ltd.; release: 29.4.14; director: Evgenii Bauer; script: Aleksandr Voznesenskii. Cast: Dora Chitorina (Nastya, a maid), Aleksandr Kheruvimov (a porter, her grandfather), Aleksandr Chargonin (Pavel Kostritsyn), Elsa Kryuger (Ellen, his bride), Andrei Gromov (Nastya's fiancé , the neighbour's lackey), Viktor Petipa (Baron von Rehren). Preserved without titles.

That border which sharply separates classes and puts a solid barrier between the relationships of people from the higher and lower orders of society is the subject of the present production. Master and maid, citizen and slave – different values, different psychologies, two different poles. The film is produced in tones of strict realism and with complete sincerity and artlessness. The image of the maid, Nastya, is constructed splendidly, the silence of the suffering young woman, mocked so cruelly by life, which brings her the gift of terrible redress through a moment of brightness now lost for ever; the splendid old Swiss, Nastya's father, tired out and flattened by life's heaviness; and the colourful flirt Ellen is a genuine character who showers each and every one with smiles and kisses, a depraved and egotistical girl who makes wide use of all the good things in life. Running throughout the film is the idea that people have still not shed their prejudices over white skin and blue blood. It is impossible not to mention against the weak-willed, characterless whimperer exclusively preoccupied with his own pitiful "me": in himself he sees the only thing of value in the world. The vitality of the transmission of the idea, in essence the denial of bourgeois morality, is highly characteristic for all pieces, by the Russian or foreign productions, and to a high degree revises the undoubted value of the film. (VK, 1914, No. 88/8, 43)

Richer in decorative elements than other Bauer melodramas, this film attacks the hypocrisy and cynicism of the dominant class towards its servants. Among the elegant stylistic motifs one notes with admiration the use of split screen and subjective visions. The disturbing appearance of a porter in livery with an uncanny likeness to Emil Jannings tempts one to wonder if Murnau, ten years later, might not have drawn from this film inspiration for his own masterpiece – *also without intertitles...* L.C.

che hanno osato levarsi in difesa della propria persona, che hanno pensato di opporsi alla mano destra del potere. La profondità e l'emozione con cui l'autore si rivolge ai suoi eroi, fa di loro delle persone reali e li trasforma in modelli immortali. Tali sono il vecchio voivoda, la di lui sposa, la bella Maria, il figlio e il re e, infine, lo stesso Mazepa, l'audace, forte, spensierato Mazepa, il cui animo celava tanta vitalità, allegria, entusiasmo giovanile, e la cui giovane e serena esistenza si spezzava in un modo così insensato e assurdo. Muoiono anche il figlio del voivoda, e Maria... La morte è per loro, forse, una liberazione dalle gravi sofferenze della vita. Bravo Mozžuhin nel ruolo di Mazeppa. (VK, 1914, n. 99/19, 28)

Немые свидетели

NEMYE SVIDETELI
TESTIMONI SILENZIOSI

Dramma. 4 bobine; 1245 m; produzione: A. Hanžonkov i Co. Spa; data di release: 29.4.1914; regia: Evgenij Bauer; sceneggiatura: Aleksandr Voznesenskij. Interpreti: Dora Čitorina (la cameriera Nastja), Aleksandr Heruvimov (il portiere, suo nonno), Aleksandr Čargonin (Pavel Kostricin), El'za Kriuger (la sua fidanzata Ellen), Andrej Gromov (il fidanzato di Nastja, lacché vicino di casa), Viktor Petipa (il barone Von Rehren). Il film è conservato senza didascalie.

Più carico di elementi decorativi rispetto ad altri mélo baueriani, quest'opera attacca le ipocrisie e il cinismo della classe dominante verso i propri servi. Fra le eleganti sintesi linguistiche si ammirano lo split screen e delle apparizioni in soggettiva. La comparsa inquietante d'un portiere in livrea somigliantissimo a Emil Jannings, ci induce a ipotizzare che Murnau, dieci anni più tardi, ne abbia tratto qualche ispirazione per quel suo capolavoro, anch'esso *senza didascalie*... L.C.

Quella linea che con un tratto netto divide i ceti sociali e pone una barriera insuperabile nei rapporti tra le persone di alto e di basso rango, appare come tema fondamentale di quest'opera. Il signore e la serva, il padrone e la schiava, due dimensioni diverse, due psicologie, due poli opposti... Il film è costruito sui toni di un severo realismo ed è pieno di verità e di naturalezza. È disegnata benissimo la figura della serva Nastja, la giovinetta che soffre in silenzio, di cui la vita così crudelmente si prende gioco portandole in dono solo un folle rimpianto per un momento sereno perso per sempre. Incomparabile il vecchio portiere, padre di Nastja, estenuato ed abbattuto dalla durezza della vita; realistico il tipo della civetta di mondo Ellen, che elargisce a tutti i suoi baci e i suoi sorrisi; una ragazza corrotta ed egoista, che si gode ampiamente tutti i piaceri della vita. Come filo conduttore il pensiero di come la gente non si sia ancora liberata dai pregiudizi sulla pelle bianca e il sangue blu. Non si può non ricordare il piagnone senza forza di volontà, senza carattere, completamente assorbito dal suo miserabile "io": egli vede in se stesso l'unica cosa di valore al mondo. La vitalità dell'idea che nega alla radice la morale borghese, assai caratteristica di tutti i drammi di realizzazione sia russa che straniera, aumenta notevolmente il valore indubbio del film. (VK, 1914, n. 88/8, 43)

OGNEM I KROV'YU
BY FIRE AND BLOOD

Огнем и кровью

Alternative titles
ZLYE KORSHUNY
EVIL KITES
ZVERSTVA NEMETSKOGO MAIORA PREISKERA
THE ATROCITIES OF THE GERMAN MAJOR PREISKER

Drama. 3 reels; 1265 m; production: Tanagra; release: 14.10.14; director: M. Martov; script: Ol'ga Bebutova. Cast: Ol'ga Gurielli (Lyudmila), Yurii Morfessi (Director Enskii, her husband), N. Dmitrieva (Raisa, a German spy), D. Rabrin (Major Preisker). Two reels preserved without titles.

ROZHDESTVO V OKOPAKH
CHRISTMAS IN THE TRENCHES

Рождество в окопах

Dramatic episode. 243 m; production: Russian Golden Series; release: unknown; director/script: Yakov Protazanov; cameraman: Aleksandr Levitskii. Cast: unknown. Made specially for the soldiers of the Russian Army serving at the front.

For the Christmas celebrations the company is releasing two pictures: *The Fir Tree* based on Rebikov's well-known opera and starring the young bare-legged dancer Tina Vallen, and *Christmas in the Trenches*. These films are to be released by the hire department as additions to the programme and in large quantities, in order that all theatre owners can show them for Christmas. (SF, 1914, No. 4-5, 37)

SKAZKA O SPYASHCHEI TSAREVNE I SEMI BOGATYRYAKH
THE TALE OF THE SLEEPING TSAREVNA AND THE SEVEN BOGATYRS

Сказка о спящей царевне и семи богатырях

Fairy-tale. 3 reels; 860 m; production: A. Khanzhonkov & Co. Ltd.; release: 29.12.14; director: Petr Chardynin (?); cameramen: Wladyslaw Starewicz & Aleksandr Ryllo. Cast: Sof'ya Goslavskaya (the Tsarevna), Aleksandr Kheruvimov (the tsar), Ol'ga Obolenskaya (stepmother), Lidiya Tridenskaya (dark-haired girl), Ivan Mosjoukine (Crown Prince Elisei), Andrei Gromov, Petr Biryukov, Sergei Kvasnitskii, Arsenii Bibikov, N. Semenov, N. Bashilov (the bogatyrs). Screen version of the fairy tale by Aleksandr Pushkin. Preserved without titles.

Beautiful sets and attentive production with strict adherence to old-Russian style promise to win this film pride of place amongst adaptations of Russian classics. (K-A, 1914, No. 12/3, 6)

The production is a thorough one that sticks closely to the text. Any digressions are insignficant and evidently due to the conditions of cinema technology. (Kb, 1918, 29)

Огнем и кровью

OGNEM I KROV'JU
CON IL FUOCO E CON IL SANGUE

Titoli alternativi
ZLYE KORŠUNI
NIBBI MALVAGI
ZVERSTVA NEMECKOGO MAJORA PREJSKERA
LE CRUDELTÀ DEL MAGGIORE TEDESCO PREJSKER

Dramma. 3 bobine; 1265 m; produzione: Tanagra; data di release: 14.10.1914; regia: M. Martov; sceneggiatura: Ol'ga Bebutova. Interpreti: Ol'ga Gurielli (Ljudmila), Jurij Morfessi (il direttore Enskij, suo marito), N. Dmitrieva (Raisa, spia tedesca), D. Rabrin (il maggiore Prejsker). Il film è conservato incompleto (2 bobine) e senza didascalie.

Рождество в окопах

ROŽDESTVO V OKOPAH
NATALE IN TRINCEA

Episodio drammatico. 243 m; produzione: Russkaja zolotaja serija (Serie d'oro russa); data di release: ignota; regia/sceneggiatura: Jakov Protazanov; operatore: Aleksandr Levickij. Interpreti: ignoti. Il film è stato realizzato in particolare per i soldati dell'Armata Russa che si trovavano al fronte.

Per le feste natalizie usciranno due film: *Elka* (L'abete), tratto dalla famosa opera di Rebikov con la partecipazione della piccola "ragazzina scalza" Tina Vallen, e *Roždestvo v okopah* . Questi film verranno distribuiti fuori programma, in gran numero di copie, per dare la possibilità ai gestori dei cinematografi di proiettarli nel periodo natalizio. (SF, 1914, n. 4-5, 37)

Сказка о спящей царевне и семи богатырях

SKAZKA O SPJASCEJ CAREVNE I SEMI BOGATYRJAH
LA FAVOLA DELLA BELLA ADDORMENTATA E DEI SETTE EROI

Favola. 3 bobine; 860 m; produzione: A. Hanžonkov i Co. Spa; data di release: 29.12.1914; regia: Petr Čardynin (?); operatori: Wladyslaw Starewicz e Aleksandr Ryllo. Interpreti: Sof'ja Goslavskaja (reginetta), Aleksandr Heruvimov (zar), Ol'ga Obolenskaja (matrigna), Lidija Tridenskaja (ragazza dai capelli bruni), Ivan Mozžuhin (principe Elisej), Andrej Gromov, Petr Birjukov, Sergej Kvasnickij, Arsenij Bibikov, N. Semenov, N. Bašilov (eroi). Adattamento dell'omonima favola di Aleksandr Puškin. Il film è conservato senza didascalie.

Le belle scenografie e la minuziosa realizzazione che osserva rigidamente lo stile antico-russo assicurano al film il primo posto tra le messe in scena delle opere dei classici russi. (K-A, 1914, n. 12/3, 6)

Messa in scena minuziosa e vicina al testo; insignificanti deviazioni sono dovute, chiaramente, alle condizioni della tecnica cinematografica. (Kb, 1918, 29)

SLAVA NAM - SMERT' VRAGAM
GLORY TO US, DEATH TO THE ENEMY

Слава - нам, смерть - врагам

Drama. 3 reels; 1120 m; production: A. Khanzhonkov & Co. Ltd.; release: 1.11.14; director: Evgenii Bauer; cameraman: Boris Zavelev; music: Franz Bauer(?). Cast: Dora Chitorina (sister of mercy), Ivan Mosjoukine (her husband, an officer). Preserved without titles.

This picture was produced by Evgenii Bauer, who made a name for himself with his very first cinema dramatizations. This explains the outstanding quality of the production. The most important thing in any picture, of course, is the plot. Today's events are echoed in the tiniest details of contemporary life, and they are particularly vivid in the cinema. One must not equate this picture with a whole galaxy of others, that have been made purely for profit and are devoid of meaning, logic and art. The plot is full of life and is vividly and comprehensibly written. It arouses a great upsurge of patriotic feeling in the viewer, but without exploiting "crowd psychology". Nor does it smack of cheap entertainment. The performers have also put a great deal of work and effort into creating a genuine patriotic film. Their efforts, like those of the director, have fully paid off: *Glory to Us, Death to the Enemy* surpasses all previously-released pictures on the present war in Europe. (K-A, 1914, No. 15-6, 6-7)

The picture gives an artistic account of a real moment, revealing before the audience not "scandalous and blatant horrors", in which artificiality and fantasy are clearly felt, but those almost colourless, grey episodes in which, however, the nightmare of reality appears so clearly. War... this now familiar word is striking in its terrible inevitability, if only concentrating on it for a moment. So many sacrifices... so much blood... The piece gives a strikingly faithful depiction of the present day. The picture is acted and produced very well. (VK, 1914, No. 101/21, 25)

This film was obviously produced rather hastily so as to keep up-to-date with the military events in progress, and the film conveys a good deal of patriotic propaganda surrounding the final triumph. However, the film does contain a number of inspired scenes, for example the premonitory vision of the horrors to come which the noble Red Cross nurse dreams of, which could be interpreted as a yearning for pacifism on Bauer's part. L.C.

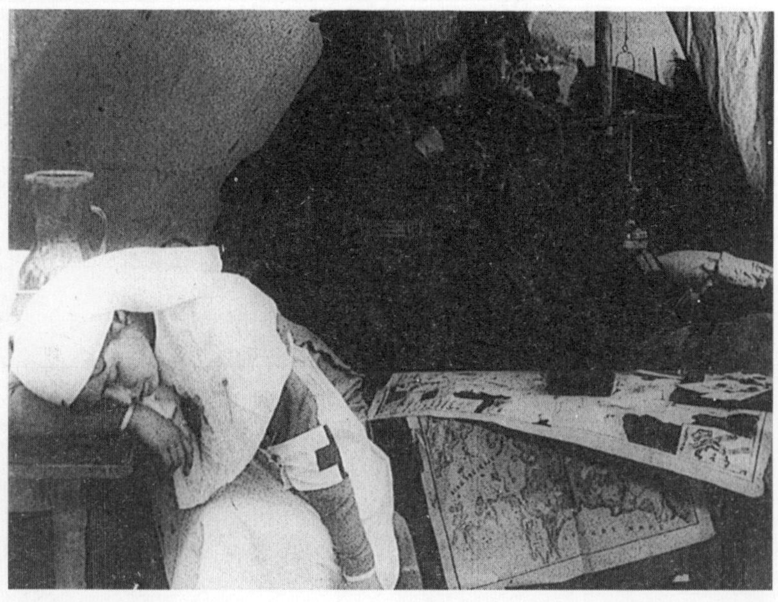

Слава - нам, смерть - врагам

SLAVA NAM - SMERT' VRAGAM
GLORIA A NOI, MORTE AL NEMICO

Dramma. 3 bobine; 1120 m; produzione: A. Hanžonkov i Co. Spa; data di release: 1.11.1914; regia: Evgenij Bauer, operatore: Boris Zavelev; musica: Franc Bauer (?). Interpreti: Dora Čitorina (dama di carità), Ivan Mozžuhin (ufficiale, suo marito). Il film è conservato senza didascalie.

Realizzato con fretta palese, per star dietro agli avvenimenti bellici in corso, e seguendo i codici della propaganda patriottica dal finale esultante, il film contiene comunque alcune sequenze ispirate. Ad esempio la visione premonitrice degli orrori a venire sognata dalla nobile crocerossina, che si potrebbe interpretare come un anelito pacifista da parte di Bauer. L.C.

Questo film per la regia di E. Bauer si distinse dalle sue prime realizzazioni di opere teatrali. Per questo nel film è chiaramente visibile la maestria del regista. La cosa più importante del film è, naturalmente, la trama. Gli avvenimenti sopportati trovano un'eco anche nei più piccoli fenomeni della vita contemporanea e si rispecchiano con maggior vividezza nella cinematografia. Non si deve equiparare questo film alla pleiade dei film costruiti esclusivamente per il profitto, in cui la logica, il senso e l'arte sono decisamente banditi. Il soggetto, pieno di vita, scritto in modo chiaro e comprensibile provoca nello spettatore un innalzamento del sentimento patriottico, in esso non si tiene conto della psicologia delle masse, non è intessuto di fantasie pseudo-popolari. Anche gli interpreti si sono impegnati a fondo per creare un film realmente patriottico. Ed i loro sforzi, come quelli del regista, sono stati pienamente realizzati: il film ha di gran lunga superato tutti i film finora realizzati sul tema della attuale guerra in Europa. (K-A, 1914, n. 15-6, 6-7)

Il film ci offre l'immagine artistica dei tempi attuali, schierando davanti allo spettatore non "gli orrori ignominiosi e stridenti", che sanno di artificioso, ma episodi apparentemente pallidi e inespressivi, dai quali, comunque, erompe l'incubo della realtà. Guerra... questa parola, divenuta ai nostri tempi abituali, ci colpisce per la sua minacciosa ineluttabilità, se concentriamo la nostra attenzione su di essa anche solo per un attimo. Quante vittime... Quanto sangue... L'opera descrive, in maniera sorprendentemente realistica, i giorni attuali. L'allestimento e la recitazione del film sono ottimi. (VK, 1914, n. 101/21, 25)

Снегурочка

SNEGUROČKA
LA FANCIULLA DI NEVE

Favola. 3 bobine; 945 m; produzione: A. Hanžonkov i Co. Spa; data di release: 7.11.1914; regia/sceneggiatura/operatore/scenografia: Wladyslaw Starewicz. Interpreti: Dora Čitorina (Fanciulla di neve), N. Semenova (Lel'), Andrej Gromov (Mizgir'), Arsenij Bibikov (zar Berendej), Antonina (?) Fehner (Kupava), Praskov'ja Maksimova (vecchia), Potemkin (vecchio), Sof'ja Goslavskaja (Vessa), Aleksandr Heruvimov (Gelo). Versione cinematografica dell'omonima favola di Aleksandr Ostrovskij. Il film è conservato senza didascalie, tranne la prima bobina.

Quanto è lontana la vita moderna da quelle fiabe fantastiche, ricche di prodigi ed immaginazione, che addolcivano l'esistenza dei nostri antenati! Essi credevano profondamente agli spiriti delle selve, ai geni delle acque, alle naiadi, alle streghe, singolare rappresenta-

SNEGUROCHKA
THE SNOW MAIDEN

Cinema fairy-tale. 3 reels; 945 m; production: A. Khanzhonkov & Co. Ltd.; release: 7.11.14; director/script/cameraman/art director: Wladyslaw Starewicz. Cast: Dora Chitorina (the Snow Maiden), N. Semenova (Lel'), Andrei Gromov (Mizgir'), Arsenii Bibikov (Tsar Berendei), Antonina(?) Fekhner (Kupava), Praskov'ya Maksimova (an old woman), Potemkin (an old man), Sof'ya Goslavskaya (Vessha), Aleksandr Kheruvimov (Frost). Screen version of the fairy-tale play by Aleksandr Ostrovskii. Preserved without titles, minus the first reel.

Contemporary life has become so far removed from those fairy stories of fantastic wonders and fantasies which brightened up the lives of our forefathers, who sincerely and profoundly believed in all these goblins, water-sprites, mermaids and witches, the destructive presentation of whose strengh gave great scope for their fantasies. The "legends of old times" have found graphic reflection on screen: fantastic wonders pass before the spectator's eyes: Grandfather Frost and his daughter the Snow Maiden; her mother, the beautiful enchantress Spring, with a wave of her wand driving away the icy covering and revitalising everything, dressing the trees and flowers in spring attire; and the goblins – the whole of this fantastic world rushes before our spellbound gaze in a mad whirlwind of spring dances. What unimaginable beauty, what

zione di forza, alle quali la loro fantasia dava libero corso. "La leggenda dell'antichità remota" si riflette in modo pittoresco sullo schermo: davanti agli occhi dello spettatore passano esseri fantastici: nonno Gelo e la sua figlioletta la Fanciulla di neve, sua madre, la bella maga Primavera, che per incanto fa muovere gli strati di ghiaccio e conferisce vita e movimento ad ogni cosa, coperta di primaverili addobbi floreali; gli spiriti delle selve, giganteschi alberi viventi tutto questo mondo fantastico, nell'onda frenetica di una danza primaverile, scorre davanti allo sguardo ammaliato. Quale mirabile pittoricità, quale fervida immaginazione. E come inaspettatamente la vita stessa, con una puntuale riproduzione della vita quotidiana di quel tempo, si intreccia con questa fiaba fantastica. Ecco i genitori adottivi della Fanciulla di neve, che sognano una esistenza felice fatta di allegre bevute, cibo abbondante e dolce far niente, ecco il bonario zar Berendej, ecco i suoi zelanti e grassi ministri, il volubile pastorello Lel', e Mizgir, tormentato dalla gelosia di Kupava. Molti personaggi, incantevoli per la loro peculiare bellezza, scorrono dinanzi a noi. Non basta lodare l'allestimento del film. Esso è superiore ad ogni lode. Abbiamo già avuto occasione di vedere molti film di Starewicz: tutti sono ricchi di talento, quel dono divino di intuito e senso della misura, che nella nostra quasi totale mediocrità, diventa sempre più raro. Nel campo della tecnica cinematografica *Sneguročka* emerge tra i film di maggior valore. (VK, 1914, n. 98/18, 25)

Сонька Золотая ручка

SON'KA ZOLOTAJA RUČKA
SON'KA, MANINA D'ORO

Titoli alternativi
PRIKLJUCENIJA ZNAMENITOJ AVANTJURISTKI SOFII BLJUVŠTEJN
LE AVVENTURE DELLA FAMOSA AVVENTURIERA SOFJA BLJUVŠTEJN
SOF'JA ISAAKOVNA BLJUVŠTEJN

Dramma d'effetto in 6 parti e 24 bobine. Prima parte: 5 bobine; 1550 m; produzione: A. Drankov i Co.; data di release: 19.9.1914; regia: Ju. Jur'evskij; sceneggiatura: V. Isumrudov (Garlickij). Interpreti: Nina Gofman (Son'ka), Boris Svetlov (Masal'skij), Aleksandr Varjagin (Brener), Petr Kaševskij (Gromov, il sorvegliante), Vasil'ev (capo del reparto investigativo), Rocco Espagnoli, Soskin, Putiščev (agenti). Il film è conservato in parte (3 bobine) senza didascalie.

N. Gofman. Tutto avveniva all'insegna dell'uscita del film in tempi brevi. La sceneggiatura era priva dei dialoghi e noi durante le riprese ci inventavamo da soli i discorsi. La maggior parte degli attori non conosceva la sceneggiatura, il regista raccontava il contenuto di un episodio, si provava brevemente e questo era tutto... Ricordo che stavamo sul monte vicino alla dacia di Kanatcikov, c'era un vento forte, io caddi e andai giù a ruzzoloni. L'operatore Forestier riprese questo effetto speciale imprevisto che poi venne inserito nell'episodio. Una volta scendendo giù per una corda mi scorticai le mani a sangue; la scena non riuscì ma venne immediatamente

wealth of fantasies! And somehow life itself becomes intertwined in this fantastic tale, an accurate reflection of the life of that time. Here are the foster parents of the Snow Maiden, dreaming about the good life with drink, an abundance of food and with nothing to do; here is the good-natured Emperor Berendei, here are his diligent, corpulent ministers, here is the inconstant shepherd Lel and Mizgir, exhausted by Kupov's jealousy. Many images, captivating with their own special beauty, pass before us. It is unnecessary to praise the production of the film. It is above any praise. We have already seen many pictures by W. Starewicz – they are all imbued with talent. In the field of cinema technique, *The Snow Maiden* stands out from a series of the most distinguished pictures. (VK, 1914, No. 98/18, 25)

SON'KA ZOLOTAYA RUCHKA
LIGHT-FINGERED SONKA

Сонька Золотая ручка

Alternative titles
PRIKLYUCHENIYA ZNAMENITOI AVANTYURISTKI SOFII BLYUVSHTEIN
THE ADVENTURES OF THE FAMOUS ADVENTURESS SOFIYA BLYUVSHTEIN
SOF'YA ISAAKOVNA BLYUVSHTEIN

Sensational drama in 6 parts and 24 reels. First part: 5 reels; 1550 m; production: A. Drankov & Co.; release: 19.9.14; director: Yu. Yur'evskii; script: V. Izumrudov (Garlitskii). Cast: Nina Gofman (Son'ka), Boris Svetlov (Masal'skii), Aleksandr Varyagin (Brener), Petr Kashevskii (Gromov, the supervisor), Vasil'ev (head of the investigation department), Rocco Espagnoli, Soskin, Putishchev (agents). Third reel preserved without titles.

N. Gofman. Everything was subordinated to releasing the film as quickly as possible. The scenario contained no dialogue and we had to image we were conversing when filming. Most of the actors were unacquainted with the scenario. The director would recount the content of an episode, we would rehearse it, and that was it. I remember we were standing on a hill near the Kanatchikov summer house. There was a strong wind. I fell, lost my grip and rolled head over heels downhill. Cameraman Forestier filmed that unforeseen stunt and it was subsequently included in the episode. Once, when climbing down a rope, I grazed my hands so badly that blood began to flow. The scene didn't work, but it was immediately repeated with knots tied in the rope. For the episodes in which Sonka appears as a "stylish lady" we needed "stylish" costumes, which I was unable to acquire on my pay. But I was helped out by an advertisement. Koretskaya the dressmaker offered her services and the scene was filmed as follows. I emerge from the doorway of her flat carrying purchases; she accompanies me and bids me farewell. And there on the front door a large board displays the works "Koretskaya Fashion House". For that I was given some sumptuous costumes which, naturally, I had to return when we had finished filming. (1946, 30)

ripetuta dopo aver fatto dei nodi alla corda. Per gli episodi in cui Son'ka appare come "donna chic" erano necessari anche abiti "chic", che con mio rammarico io non potevo possedere. Ma mi venne in aiuto la pubblicità. La sarta Koreckaja ci offrì i suoi servigi e la scena fu girata: io esco dal suo appartamento con i pacchetti, lei mi accomagna e mi saluta, sul portone fa bella mostra di sé una grande insegna che reclamizza l'atelier Koreckaja. Grazie a ciò riuscii ad avere degli abiti elegantissimi che, naturalmente, alla fine delle riprese fu necessario restituire. (1946, 30)

Son'ka, manina d'oro di A. Drankov è la prima di una serie di pellicole che portano lo stesso titolo. La pellicola è realizzata in modo accurato. La figura principale interpretata dalla Gofman, attrice giovane e piena di talento, è risultata brillante ed espressiva. All'artista si è adattato stupendamente il tipo della famosa avventuriera. Molto ben riuscito anche lo studente interpretato da Svetlov. Un po' troppo caricaturale il padre di Son'ka. Il resto del gruppo è molto buono. Tutto questo preso assieme lascia una ottima impressione del film. (SF, 1914, 23-24 [19])

Сорьанец

SORVANEC
RAGAZZACCIO

Titoli alternativi

DEVOČKA-OGON' / FIAMMETTA

NEVESTA ANATOLJA / LA FIDANZATA DI ANATOLIJ

Farsa. 3 bobine; 990 m; produzione: A. Hanžonkov i Co. Spa; data di release: 18.10.1914; regia: Petr Čardynin; operatore: Boris Zavelev. Interpreti: Vera Karalli (Ljubočka, la modella), Ivan Mozžuhin (Anatolij, il pittore), Dora Čitorina (la sua fidanzata), Petr Birjukov (suo padre), Praskov'ja Maksimova (sua madre). È conservata una scena con la partecipazione di Vera Karalli.

A. Drankov's *Light-Fingered Sonka* is the first of a whole series of pictures under the same title. It has been made with great care. The principal character, played by the young and talented Mme Gofman, is clearly and vividly portrayed. The actress enters superbly into the character of that famous adventuress. The student is very well played by Mr Svetlov. Sonka's father is somewhat caricatured. The rest of the company are good. All this together makes the picture a satisfying one to watch. (SF, 1914, 23-24 [19])

SORVANETS THE TEARAWAY

Сорьванец

Alternative titles
DEVOCHKA-OGON' / THE FEMALE SPITFIRE
NEVESTA ANATOLIYA / ANATOLII'S BRIDE

Comedy-farce. 3 reels; 990 m; production: A. Khanzhonkov & Co.; release: 18.10.14; director: Petr Chardynin; cameraman: Boris Zavelev. Cast: Vera Karalli (Lyubochka, a model), Ivan Mosjoukine (Anatolii, an artist), Dora Chitorina (his bride), Petr Biryukov (her father), Praskov'ya Maksimova (her mother). One scene with Vera Karalli preserved.

The past year has produced an unusually large number of comedies and farces. The best of them is the farce *The Tearaway*, played by the prima ballerina of the Moscow Imperial Theatre, Mme V.A. Karalli. Partnered by I.I. Mosjoukine, the talented actress has succeeded in putting a great deal of life and genuine hilarity into the picture. It has already had a very successful showing in Rostov, winning the approval of the entire public. (K-A, 1914, No. 16-7, 6)

STEN'KA RAZIN

Стенька Разин

Drama. 7 reels; 2500 m; production: Libken (Yaroslavl) Ltd.; release: 5.12.14; director: Grigori Libken; script: Boris Martov; cameramen: Brizzi & Zimmermann; art director: Petr Mosyagin. Cast: V. Polivanov (Razin), Ol'ga Obolenskaya (Nastya, his wife), Chegodaeva (Fat'ma, the Queen of Persia). Three reels preserved without titles.

A grandiose artistic production unprecedented in Russia! The filming was done on the Volga, in historical places! Boats and canoes were built specially. Thousands of people took part in the mass scenes! Splendid costumes from the Zinina opera-house wardrobes. A collossal, artistic-historical drama in 7 parts with prologue from a scenario by B. Martov. The artistically true subject is captivating. The legends and popular songs come to life, songs about the terrible Razin and his warriors, about his terrible fame, mighty power, great love and terrible death. Splendid publicity material, never before seen in Russia: artistic, multi-coloured posters, hand-bills, illustrated brochures, photos, postcards etc. etc. (SF, 1914, No. 3, 35)

L'anno che si è concluso si distingue per la gran quantità di commedie e farse venute alla ribalta. Tra queste, occupa il primo posto la farsa *Sorvanec*, interpretata dalla prima ballerina del Teatro Imperiale di Mosca, V.A. Karalli. L'artista ricca di talento, che aveva come partner I.I. Mozžukin, è riuscita a infondere al film molta vitalità e autentica allegria. A Rostov il film è già stato proiettato con grande successo, suscitando il consenso di tutto il pubblico. (K-A, 1914, n. 16-7, 6)

Стенька Разин

STEN'KA RAZIN

Dramma. 7 bobine; 2500 m; produzione: G. Libken Spa (Jaroslavl); data di release: 5.12.1914; regia: Grigorij Libken; sceneggiatura: Boris Martov; operatori: Brizzi e Zimmerman; scenografia: Petr Mosjagin. Interpreti: V. Polivanov (Razin), Ol'ga Obolenskaja (Nastja, sua moglie), Čegodaeva (Fat'ma, reginetta persiana). Il film è conservato in parte (3 bobine) senza didascalie.

L'allestimento scenico è grandioso e non ha precedenti in Russia! Il film è stato girato sul Volga, nei luoghi storici! Le barche sono state costruite appositamente. Alle scene di massa partecipano migliaia di comparse. Sfarzosi i costumi del teatro Zimin. Il prologo del colossale dramma storico in sette tempi è realizzato secondo il copione di B. Martov. Il soggetto è affascinante e artisticamente realistico. Vivaci le leggende e i canti popolari sul terribile atamano e i suoi arditi, sulla sua terribile gloria, la sua grande forza, il suo appassionato amore e la sua spaventosa morte! È finora senza precedenti in Russia lo sfarzoso materiale pubblicitario: artistici cartelloni policromi, manifesti, opuscoli e libretti illustrati, grandi riproduzioni fotografiche, cartoline ecc. (SF, 1914, n. 3, 35)

Nei migliori teatri di Mosca si proietta il film *Sten'ka Razin* che si distingue per la purezza del suo stile e per la fedeltà storica. Sten'ka Razin, un eroe per il suo popolo, è rappresentato nella pellicola in tutta la sua complessità... Il successo che il film riscuote nei teatri è del tutto meritato. (SF, 1914, n. 4-5, 37)

Таинственный некто

TAINSTVENNYI NEKTO
UN TALE MISTERIOSO

Dramma. 3 bobine; 925 m; produzione: A. Hanžonkov i Co. Spa; data di release: 9.11.1914; autori: ignoti. Interpreti: Ivan Mozžuhin, O. Bella, Pavel Knorr, Nina Černova. Il film è conservato in parte (2 bobine), senza didascalie.

È un film originale, scevro da banalità, il cui spirito molto s'avvicina ai racconti del mistero di Edgar Poe, racconti ricchi di fascino e di contenuto. Buone la regia e la recitazione. (VK, 1914, n. 103/23, 30)

The film *Sten'ka Razin*, currently being shown in Moscow's best theatres, is distinguished by the style and faithfulness of its portrayal of an epoch. The popular hero Stenka Razin is portrayed fully in the film. The success which it is having in the theatres is fully deserved. (SF, 1914, No. 4-5, 37)

TAINSTVENNYI NEKTO
A CERTAIN MYSTERIOUS PERSON

Таинственный некто

Drama. 3 reels; 925 m; production: A. Khanzhonkov & Co. Ltd.; release: 9.11.14; credits: unknown. Cast: Ivan Mosjoukine, O. Bella, Pavel Knorr, Nina Chernova. Two reels preserved without titles.

This unusual and far-from-cliched picture is very similar in spirit to the mysterious tales of Edgar Poe, with all their enchanting charm and profundity. The picture is well produced and acted. (VK, 1914, No. 103/23, 30)

TOL'KO RAZ V GODU
ONLY ONCE A YEAR

Только раз в году

Alternative title
DOROGA V AD
THE ROAD TO HELL

Farce. 2 reels; 690 m; production: A. Khanzhonkov & Co. Ltd.; release: 1.10.14; director: Evgenii Bauer; script: N. Bashilov. Cast: Aleksandr Kheruvimov (father-in-law), N. Bashilov (son-in-law), Sof'ya Goslavskaya (his wife), Praskov'ya Maksimova (her mother), Lina Bauer (Lina), Bezigranov (her lover). Screen version of the theatrical farce *The Road to Hell* by G. Kadelburg. Preserved without titles, minus the first reel.

A lively and merry little film. It acquaints the audience with a whole series of amusing and witty situations which befell the hero of the piece every minute. The acting is splendid. (VK, 1914, No. 99/19, 28)

TY POMNISH' LI?
DO YOU REMEMBER?

Ты помнишь ли

Alternative title
MOSKOVSKAYA BYL'
MOSCOW LIFE

3 reels; 900 m; production: A. Khanzhonkov & Co. Ltd.; release: 25.12.14; director/script: Petr Chardynin; cameraman: Boris Zavelev; music: Yu. Bakaleinikov. Cast: Petr Chardynin (Lev Nil'skii, a writer), Vera Karalli (Elena, his wife), Nina Khanzhonkova (their daughter Ninochka), Ivan Mosjoukine (Yaron, a violinist). First reel preserved without titles.

Только раз в году

TOL'KO RAZ V GODU
SOLO UNA VOLTA L'ANNO

Titolo alternativo
DOROGA V AD
STRADA VERSO L'INFERNO

Farsa. 2 bobine; 690 m; produzione: A. Hanžonkov i Co. Spa; data di release: 1.10.1914; regia: Evgenij Bauer, sceneggiatura: N. Basilov. Interpreti: Aleksandr Heruvimov (suocero), N. Bašilov (genero), Sof'ja Goslavskaja (sua moglie), Praskov'ja Maksimova (madre di lei), Lina Bauer (Lina), Bezigranov (il suo innamorato). Adattamento della farsa teatrale di G. Kadelburg. Il film è conservato senza la prima bobina e senza didascalie.

Film allegro e vivace. Presenta allo spettatore tutta una serie di situazioni divertenti e facete, vissute dagli eroi dell'opera. Ottima l'interpretazione. (VK, 1914, n. 99/19, 28)

Ты помнишь ли

TY POMNIŠ' LI?
TI RICORDI?

Titolo alternativo
MOSKOVSKAJA BUL'
UNA STORIA MOSCOVITA

3 bobine. 900 m; produzione: A. Hanžonkov i Co. Spa; data di release: 25.12.1914; regia/sceneggiatura: Petr Čardynin; operatore: Boris Zavelev; musiche: Ju. Bakalejnikov. Interpreti: Petr Čardynin (Lev Nal'skij, lo scrittore), Vera Karalli (Elena, sua moglie), Nina Hanžonkova (Ninočka, la loro figlia), Ivan Mozžuhin (Jaron, il violinista). Conservata la prima bobina, senza didascalie.

Sembra che a Tallinn e in altre città russe, ora occupate dai tedeschi, abbiano introdotto una severa censura e messo sotto controllo i cinematografi. I tedeschi hanno confiscato una serie di film di produzione russa, con la motivazione che questi esercitano una cattiva influenza sulla morale della popolazione. Tra i film confiscati *Ty pomniš' li* (Ti ricordi?) e *U vrat slavy* (Alle porte della gloria), film, sembrerebbe, dal contenuto innocente. (ME, 1918, n. 3, 13)

It is rumoured that in Tallinn and other Russian towns occupied by the Germans the latter have established strict censorship and control over the cinema. The Germans have confiscated a number of Russian-produced pictures, claiming that they are having a pernicious effect on the people's morality. The pictures are said to include *Do You Remember?* and *At the Gates of Glory* which, one might think, are of the most innocuous content. (ME, 1918, No. 3, 13)

KHOLODNYE DUSHI
COLD SHOWERS (FRIGID SOULS)

Холодные души

Farce. 4 reels; 1256 m; production: A. Khanzhonkov & Co. Ltd.; release: 11.11.14; director: Evgenii Bauer. Cast: Lina Bauer (Lina Mileranskaya), Andrei Gromov (distraint agent Khvostikov), P. Lopukhin (Capt. Kuroslepov), Sergei Kvasnitskii (Pierre Moshkin), Mariya Kulikova (Moshkin's wife), Aleksandr Kheruvimov (her father), Praskov'ya Maksimova (her mother), Tamara Gedevanova (Lina's servant). Screen version of a 19th century French vaudeville. Preserved without titles.

The wonderful singer Lina Mileranskaya, coming to the end of her journey accompanied by her patron, Captain Kuroslepov, meets in her carriage Pierre Moskhin, who is returning to Moscow from a business trip. Pierre is instantly attracted to Lina and this attraction grows stronger and stronger. Back in Moscow, instead of going home, Moshkin takes a room next to Lina's at the hotel Lux, and availing himself of the momentary absence of her patron, hurries to express his love to her. But at that very moment the furious captain returns, grabs Moshkin by the collar and escorts him from the room. Indignant, the captain abandons his beloved. Six weeks pass. Lina has rented a nice flat, counting on the sympathy of the captain but in vain! The poor woman has absolutely nowhere to turn to for money and she is threatened with the sale of her belongings. Fortunately, Lina receives a telegram from the captain, informing her that he forgives her and is coming back to her. Lina is glad but what is she to do in the meantime? How can she win enough time to prevent the sale of her belongings? Lina decides to play the coquette and exert influence on the bailiff. However, he turns out to be an ardent woman-hater and maliciously sets about composing an invetory that very day. From this moment begins a series of the most improbable events. (K-A, 1914, No. 16/7, 21-22)

Cold Showers and *Marriage By Publication* are wonderfully performed Russian farces, in particular the former, which abounds in comic situations and is vividly hilarious throughout. (K-A, 1914, No. 16/7, 6)

Before giving Bauer the label of Master of Decadent Cinema, it would be useful to view this excercise in cynicism, drawn with ruthless precision, and with a flair for anecdotes, reminiscent of Maurice Tourneur's *The Wishing Ring* (also produced in 1914). The only excessive note is Emma Bauer's interpretation of a "cat in heat" (as she is described in an intertitle), more extroverted than perhaps necessary. As for the rest, however, the film displays a firework of brilliant technical solutions: calibrated semi-backlighted shots, long pans moving right and left in the same shot (as during the sequence of the quarrel at the police station), a series of corrosive off-screen allusions, as well as some stridently vitriolic lines of dialogue. P.Ch.Us.

HOLODNYE DUŠI
DOCCE FREDDE (ANIME FREDDE)

Prima di attribuire a Bauer l'etichetta di maestro decadente, date un'occhiata a questo teorema del cinismo, disegnato con spietata determinazione e con un gusto per l'aneddoto che richiama alla memoria il Maurice Tourneur di *The Wishing Ring* (anch'esso realizzato nel 1914). L'unica nota sopra le righe proviene da Emma Bauer, una "gatta in calore" (così la descrive la didascalia) più estroversa del necessario; ma il resto è un susseguirsi di invenzioni, brillanti soluzioni tecniche (semicontroluce calibratissimi, rapide panoramiche a destra e a sinistra all'interno di una stessa inquadratura nella sequenza del litigio al commissariato), corrosive allusioni (*off screen*), battute al vetriolo.
P.Ch.Us.

Farsa. 4 bobine; 1256 m; produzione: A. Hanžonkov i Co. Spa; data di release: 11.11.1914; regia: Evgenij Bauer. Interpreti: Lina Bauer (Lina Mileranskaja), Andrej Gromov (Hvostikov, ufficiale giudiziario), P. Lopuhin (capitano Kuroslepov), Sergej Kvasnickij (Pierre Moškin), Marija Kulikova (moglie di Moškin), Aleksandr Heruvimov (suo padre), Praskov'ja Maksimova (sua madre), Tamara Gedevanova (serva di Lina). Versione cinematografica di un vaudeville francese del XIX secolo. Il film è conservato senza didascalie.

La bella soubrette Lina Mileranskaja è in viaggio con il capitano, suo protettore. Sul treno conosce Pierre Moškin che sta tornando a Mosca dopo un viaggio di lavoro. La simpatia di Pierre per Lina si accende istantaneamente e diventa sempre più forte. A Mosca Moškin invece di dirigersi verso casa, prende una stanza all'albergo Lux vicino a quella di Lina, e approffittando della momentanea assenza del capitano, si affretta a dichiararle il suo amore. Ma ecco che il feroce capitano fa ritorno e, afferrato Moškin per il collo, lo scaccia fuori dalla stanza e indignato abbandona la sua innamorata. Trascorrono sei settimane. Lina ha preso in affitto un bell'appartamento facendo affidamento sul buon cuore del capitano, ma ahimè! la povera donna, assolutamente incapace di amministrare i suoi soldi, rischia la confisca dei suoi averi. Per sua fortuna arriva un telegramma in cui il capitano informa Lina di averla perdonata e di voler tornare da lei. Lina è felice, ma come fare? Come guadagnare tempo e non permettere il sequestro dei beni? Decide di dare libero sfogo alla sua civetteria per corrompe-

KHRIZANTEMY
CHRYSANTHEMUMS

Хризантемы

Alternative titles

TRAGEDIYA BALERINY / THE TRAGEDY OF A BALLERINA
ROMAN BALERINY / A BALLERINA' ROMANCE

Drama. 3 reels; 1140 m; production: A. Khanzhonkov & Co. Ltd.; release: 4.11.14; director: Petr Chardynin; cameraman: Boris Zavelev; music: Yu. Bakaleinikov. Cast: Vera Karalli (Vera Alekseevna Nevolina, ballerina), Ivan Mosjoukine (Vladimir), Raisa Reizen (a widow), Sof'ya Goslavskaya (an artiste in the corps de ballet), Lidiya Tridenskaya (a match-maker), Aleksandr Kheruvimov (the theatre administrator). Vera Karalli's first film. Preserved without titles.

An austere and mature play. No concessions made to needless sentimentality or melodrammatic effects. Real and artistic, like life itself. The immense prospect outlined in the first act of the film gradually develops into the form of a serious drama of life. The fires which so cordially and tenderly lit up the road to happiness burn out, the flowers which once smelt so sweet fall to the ground, and the days of grey, dreary autumn draw near. Such is life. But the soul of the actress Nevolina cannot accept her bleak fate, and without complaint or reproach she gives it up. Around her are her beloved chrysanthemums, not yet withered, still alive, and her friends strew these flowers on her, like a shroud of snow. The whole play is excellently produced and performed. The actors Karalli and Mosjoukine present brilliant, truthful images which will remain long in the spectator's memory. (VK, 1914, No. 101/21, 25)

re l'ufficiale giudiziario, il quale risulta però essere un feroce misogino che per farle dispetto, decide di rendere immediatamente operativo il sequestro. Ha inizio così una serie di incredibili avvenimenti... (K-A, 1914, n. 16/7, 21-22)

Holodnye Duši (Anime fredde) e *Brak po publikacii* (Matrimonio per inserzione) sono due farse russe, magistralmente eseguite, in particolare la prima che, ricca di situazioni comiche, per tutta la sua durata, mantiene viva l'ilarità. (K-A, 1914, n. 16/7, 6)

Хризантемы

HRIZANTEMY
CRISANTEMI

Titoli alternativi
TRAGEDIJA BALERINY / TRAGEDIA DI UNA BALLERINA
ROMAN BALERINY / ROMANZA DI UNA BALLERINA

Dramma. 3 bobine; 1140 m; produzione: A. Hanžonkov i Co. Spa; data di release: 4.11.1914; regia: Petr Čardynin; operatore: Boris Zavelev; musiche: Ju. Bakalejnikov. Interpreti: Vera Karalli (Vera Alekseevnaja Nevolina, la ballerina), Ivan Mozžuhin (Vladimir), Raisa Rejzen (vedova), Sof'ja Goslavskaja (artista del corpo di ballo), Lidija Tridenskaja (pronuba), Aleksandr Heruvimov (impresario). Primo film con la partecipazione di Vera Karalli. Conservato senza didascalie.

Opera severa e coerente. Non c'è digressione alcuna nel sentimentalismo inutile o negli effetti melodrammatici. Autentica e artistica, come la vita stessa. L'ampia prospettiva del primo tempo del film, con il suo graduale sviluppo trova la sua espressione in un profondo dramma di vita. Si spengono i fuochi, che in modo così dolce e affabile illuminavano la via alla felicità, cadono i fiori, un tempo così fragranti, si avvicinano i giorni dell'autunno grigio e malinconico. Così è la vita. Ma l'anima dell'artista Nevolina, non può rassegnarsi alla dura ineluttabilità della vita, e senza lamenti o recriminazioni se ne separa. Ma intorno a lei sono i suoi amati crisantemi, non ancora appassiti, ancora vivi, e i suoi amici la coprono con questi fiori come un velo di neve. L'intera opera è allestita e realizzata in modo eccellente. Gli artisti Karalli e Mozžuhin hanno offerto immagini suggestive e veraci, che vivranno a lungo nella memoria dello spettatore. (VK, 1914, n. 101/21, 25)

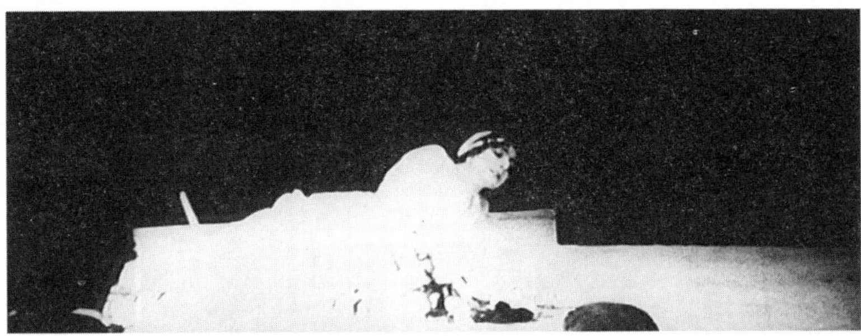

1915

TSYGANSKIE ROMANSY
GYPSY ROMANCES

Цыганские романсы

Alternative titles
TRAGEDIYA TSYGANSKOI DUSHI
THE TRAGEDY OF A PEASANT SOUL
TRAGEDIYA TSYGANKI / THE TRAGEDY OF A GYPSY GIRL

Musical drama. 3 reels; 780 m; production: A. Khanzhonkov & Co. Ltd.; release: 6.12.14; director: Petr Chardynin. Cast: Mikhail Vavich (Dmitrii), Mariya Kulikova (Grusha), Nadezhda Nel'skaya (Zina), Sergei Kvasnitskii (Zina's husband), Aleksandr Kheruvimov (a friend of Zina's husband). Screen version of the operetta-mosaic *Gypsy Romances in Characters* by N. Severskii. Preserved without titles, minus the first reel.

ANDREI TOBOL'TSEV

Андрей Тобольцев

Alternative title
DUKH VREMENI / THE SPIRIT OF THE TIME

Drama in 2 parts. Part 1: 5 reels, 1700 m. Part 2: 5 reels, 1700 m. Production: Kinotvorchestvo; release: 9.11.15; director: Andrei Andreev; script: Anastasiya Verbitskaya; cameraman: Grigorii Lemberg; art director: Vladimir Ballyuzek. Cast: Nikolai Radin (Andrei Tobol'tsev), Ol'ga Bonus (Anna Perfenovna), Mariya Tokarskaya (Minna Ivanovna), A. Anisimov (Nikolai Tobol'tsev), Vera Schilling (Lisa Mikhailova), D. Gundurov (Kapiton Tobol'tsev), Nadezhda Borskaya (Fimochka, his wife), Sofiya Khalyutina (Katerina Fedorovna Erlikh), Mariya Kemper (Sonya, her sister), Sergei Tsenin (Stepan Potapov), Raisa Reizen (Zasetskaya), N. Komarovskaya (Fedoseyushka), N. Yachmenev (Konkin), Viktor Petipa (the artist Chernov), E. Lavina (the nurse), Vladimir Ermilov (an old Narodnik). Screen version of the novel *The Spirit of the Time* by Anastasiya Verbitskaya. Four reels preserved without titles.

A powerful drama of everyday life, or rather the collision of a whole series of personal and family dramas, was broadly outlined by the

Цыганские романсы

CYGANSKIE ROMANCY
ROMANZE GITANE

Titoli alternativi
TRAGEDIJA CYGANSKOJ DUŠI
TRAGEDIA DI UN'ANIMA GITANA
TRAGEDIJA CYGANSKI / TRAGEDIA DI UNA GITANA

Dramma musicale. 3 bobine; 780 m; produzione: A. Hanžonkov i Co. Spa; data di release: 6.12.1914; regia: Petr Čardynin. Interpreti: Mihail Vavič (Dmitrij), Marija Kulikova (Gruša), Nadežda Nel'skaja (Zina), Sergej Kvasnickij (marito di Zina), Aleksandr Heruvimov (amico del marito di Zina). Riduzione cinematografica dell'operetta-mosaico di N. Severskij *Cyganskie romanci v licah*. Il film è conservato senza la prima bobina, senza didascalie.

creative performance of the cast who portrayed undoubted characters. Particularly good were Lisa, Kapiton Toboltsev and Katya played by V. A. Schilling, D.E. Gundurov and S. V. Khalyutina respectively. The photography, so lamented by the reviewers, proved to be completely satisfactory, perhaps with the exception of the scene of the wedding lunch which was weakly lit. What of the plot, the script? The picture, as we all know, is the screen adaptation of the novel *The Spirit of the Time* by A. Verbitskaya. And we can say that the screen has created a more artistic work than the literary material on which it is based. The screen has cut out the author's idle meanderings and has built a real life drama on the bare bones of the novel. The young company can congratulate itself on having produced an undoubtedly good picture. (KZh, 1915, No. 21-22, 64)

BEZZAKONIE
LAWLESSNESS

Беззаконие

Satirical comedy. 250 m; production: M. Bystritskii's Scheo; release: 18.4.15; director: M. Martov (?). Cast: Kondrat Yakovlev. Screen version of the story by Anton Chekhov.

BESHENAYA SOBAKA
MAD DOG

Бешеная собака

Comedy. 272 m; production: A. Khanzhonkov & Co.Ltd.; release: 5.5.15; director: Petr Chardynin. Cast: Aleksandr Kheruvimov (husband), Lidiya Terek (wife), Vitalii Bryanskii (her admirer). Preserved without titles.

The elderly Kudinov and his pretty young wife Lucy share their house with a friend of the family, Cousin Coco. For a long time

Андрей Тобольцев

ANDREJ TOBOL'CEV

Titolo alternativo
DUH VREMENI / LO SPIRITO DEL TEMPO

Dramma in 2 parti. Parte 1: 5 bobine, 1700 m; parte 2: 5 bobine, 1700 m; produzione: Kinotvorčestvo; data di release: 9.11.1915; regia: Andrej Andreev; sceneggiatura: Anastasija Verbickaja; operatore: Grigorij Lemberg, scenografia: Vladimir Balljuzek. Interpreti: Nikolaj Radin (Andrej Tobol'cev), Ol'ga Bonus (Anna Parfenovna), Marija Tokarskaja (Minna Ivanovna), A. Anisimov (Nikolaj Tobol'cev), Vera Schilling (Lisa Mihajlova), D. Gundurov (Capitan Tobol'cev), Nadežda Borskaja (Fimočka, sua moglie), Sofija Haljutina (Katerina Fedorovna Erlih), Marija Kemper (Sonja, sua sorella), Sergej Cenni (Stepan Potapov), Raisa Rejsen (Zaseckaja), N. Komarovskaja (Fedosejuška), N. Jačmenev (Konkin), Viktor Petipa (l'artista Černov), E. Lavina (balia), Vladimir Ermilov (vecchio populista). Riduzione cinematografica del romanzo di Anastasija Verbickaja *Lo spirito del tempo*. Del film sono conservate 4 bobine, senza didascalie.

Un aspro dramma di vita, un vero scontro di tutta una serie di drammi personali, familiari e sociali, è stato ampiamente tratteggiato dall'esecuzione degli attori, che hanno realizzato non mere immagini fotografiche, ma dei prototipi. In particolare si sono distinti: Schilling, nel ruolo di Lisa, D.E. Gundurov, nell'interpretazione di Capitan Tobol'cev e S.V. Haljutina, nel ruolo di Katja. La fotografia, oggetto di tante critiche da parte dei recensori, è risultata pienamente soddisfacente (eccezion fatta per la scena della cena di nozze, debolmente illuminata). Il soggetto, lo scenario? Il film, com'è noto, è l'adattamento del romanzo *Duh vremeni* di A. Verbickaja. E di questo ultimo si può dire che il cinema ha realizzato un'opera più artistica di quel materiale letterario, che ne è la base. Lo schermo respinge il vaniloquio dell'autore e, sull'ossatura del romanzo, costruisce la viva verità di vita. La giovane casa di produzione può rallegrarsi per aver realizzato, contrariamente agli auspici, un film indubbiamente buono. (KŽ, 1915, n. 21-22, 64)

Беззаконие

BEZZAKONIE
L'ARBITRIO

Commedia satirica. 250 m; produzione: Sčeo di M. Bystrickij; data di release: 18.4.1915; regia: M. Martov (?). Interpreti: Kondrat Jakovlev. Adattamento dall'omonimo racconto di Anton Čehov.

Бешеная собака

BEŠENAJA SOBAKA
CANE RABBIOSO

Commedia. 272 m; produzione: A. Hanžonkov i Co. Spa; data di release: 5.5.1915; regia: Petr Čardynin. Interpreti: Aleksandr Heruvimov (marito), Lidija Terek (moglie), Vitalij Brjanskij (un suo ammiratore). Il film è conservato senza didascalie.

Kudinov fails to notice his wife's feelings for her cousin, but eventually an anonymous letter opens his eyes, greatly upsetting his peace of mind. Kudinov decides to send the tiresome Coco on his way, whatever the cost. But how is he to do this without upsetting his wife? A chance event comes to his aid: Yashka the poodle bites Coco's finger. A brilliant idea flashes through Kudinov's mind. "Yashka has gone mad", he tells his wife, "and the unfortunate Coco has been bitten by a mad dog". Trembling with fear, she agrees to remain alone with Coco while her husband fetches a doctor. Little suspecting, Coco pleads with Lucy to take advantage of her husband's absence... He expresses his passion so violently that she believes he really has been bitten by a mad dog. Fortunately, Kudinov returns, and she sighs with relief when Coco, not understanding what is happening, takes his leave of the strange couple. Peace is restored to the family heart, and the marriage alliance is reinforced with a ring that Kudinov – forgiving and forgetting all – slips onto his wife's finger. That same morning Kudinov receives a letter from Coco urging him to look after Lucy's health; the letter ends by advising Kudinov to seek help from a psychiatrist. (K-A, 1915, No. 6/7 [22-23], 16)

VSKOLYKHNULAS' RUS' SERMYAZHNAYA I GRUD'YU STALA ZA SVYATOE DELO
LUMBERING RUS HAS STIRRED TO DEFEND THE SACRED CAUSE

Всколыхнулась Русь сермяжная и грудью стала за святое дело

Alternative title
NA RATNII PODVIG VO SLAVU RUSSKOGO ORUZHIYA
TO THE FEAT OF ARMS FOR THE GLORY OF RUSSIAN MIGHT

Drama. 4 reels; 1600 m; production: Kino-Alpha – A. Lomashkin & Apishev; release: 26.9.16; directors: Boris Svetlov & G. Insarov; cameraman: Grigorii Lemberg. Cast: M. Mikhailov (Unteroffizier), Artsymovich, Volkonskaya, Boris Svetlov, Sergei Golovin, Chirikov, Izvol'skii. Preserved apart from the first reel.

Un marito anziano... una giovane moglie carina... E chi altri manca? Il fedele amico di famiglia, il cugino Koko. Il marito per lungo tempo non si accorge dell'inclinazione che la moglie ha per il cugino, finchè una lettera non gli apre gli occhi, strappandolo alle tenebre della sua beata ignoranza. Il suo equilibrio morale è ora infranto. Kudinov decide di liberarsi ad ogni costo di quel seccatore di Koko, ma come farlo senza turbare la propria moglie? Il caso gli viene in aiuto. Jaška, un cane barbone nero, aveva morso un dito a Koko. Allora a Kudinov viene un'idea geniale: dirà alla moglie che lo sfortunato Koko è stato morso da un cane rabbioso. Tremando dalla paura, la moglie acconsente di rimanere da sola con Koko fino a che il marito non fosse ritornato con un medico. Koko, senza sospettare nulla, si dichiara all'amata, approfittando dell'assenza del marito. Le esprime la sua passione con un impeto tale che Ljusi si convince definitivamente di trovarsi di fronte ad un uomo morso da un cane rabbioso. Per fortuna il marito ritorna, e Ljusi può tirare un respiro di sollievo, mentre Koko, non capendo che cosa stia accadendo, decide di lasciare quelle strane persone... La pace del focolare domestico è ristabilita, il legame tra i coniugi viene consolidato con un bel anellino che Kudinov infila al dito della moglie, dopo aver perdonato e dimenticato tutto. Quella mattina stessa Kudinov riceve una lettera da Koko che gli consiglia di stare attento alla salute della moglie... e di rivolgersi ad uno psichiatra. (K-A, 1915, n. 6/7 [22-23], 16)

Всколыхнулась Русь сермяжная и грудью стала за святое дело

VSKOLYHNULAS' RUS' SERMJAŽNAJA I GRUD'JU STALA ZA SVJATOE DELO
LA PESANTE RUSSIA SI È MESSA IN MOTO PER DIFENDERE LA SACRA MISSIONE

Titolo alternativo
NA RATNYJ PODVIG VO SLAVU RUSSKOGO ORUŽIJA
ALL'IMPRESA BELLICA NELLA GLORIA DELL'ARMA RUSSA

Dramma. 4 bobine; 1600 m; produzione: Kino-Alfa di A. Lomaškin e Apišev; data di release: 26.9.1916; regia: Boris Svetlov, G. Insarov; operatore: Grigorij Lemberg. Interpreti: M. Mihajlov (sottufficiale), Arcymovič, Volkonskaja, Boris Svetlov, Sergej Golovin, Čirikov, Izvol'skij. Il film è conservato senza la prima bobina.

GREZY
DAYDREAMS

Грезы

Alternative title
OBMANUTYE MECHTY
DECEIVED DREAMS

Drama. 3 reels with a prologue; 1034 m; production: A. Khanzhonkov & Co. Ltd.; release: 10.10.15; director: Evgenii Bauer; script: M. Basov & Valentin Turkin; cameraman: Boris Zavelev. Cast: Aleksandr Vyrubov (Sergei Nikolaevich Nedelin), N. Chernobaeva (his wife and Tina Viarskaya, an actress), Viktor Arens (Solskii, an artist). Based on the novel *Bruges la Morte* by Georges Rodenbach. Preserved without titles.

The hero of this piece, mourning his dead wife, whom he passionately loved, meets a woman who is surprisingly similar to her facially. He dreams of finding in this woman the fulfilment of his dreams about the dead woman, but she turns out to be evil, deceitful and a shallow creature. And when the hero comes to this conclusion, in a fit of rage he kills the woman who has mocked his dreams... The plot gives plentiful material for a film drama but in this picture it is used with insufficient skill so that, for example, almost the whole of the second part appears superfluous and does not contribute anything new to the development of the action. This is the basic shortcoming of the film. The production is very satisfactory, and in the first half even effective. Of the cast, one should mention Mme Chernobaeva and Mr Vyrubov. (Pr., 1915, No. 2, 9-10)

Among the surviving works of Bauer, this is perhaps his best, a masterful balance between subject, technique and narrative development. The tension in the plot (the story reminds one of Hitchcock's *Vertigo*) reaches its climax in the extraordinary tracking shot during which the camera quite literally follows the leading character along an almost deserted street, stops when he stops, then tracks back slowly, while he retraces his route. Necrophilia, mysticism and abstraction are the main ingredients of a tale with an astonishing and eerie finale. P.Ch.Us.

DETI VEKA
CHILDREN OF THE AGE

Дети века

Drama. 4 reels; 1337 m; production: A. Khanzhonkov & Co. Ltd.; release: 3.10.15; director: Evgenii Bauer; script: M. Mikhailov; cameraman: Boris Zavelev. Cast: Vera Kholodnaya (Mariya Nikolaevna), Ivan Gorskii (her husband), V. Glinskaya (Lidiya Verkhovskaya, friend of Mariya Nikolaevna), Arsenii Bibikov (Lebedev, a tradesman), S. Rassatov (director of the bank), A. Sotnikov (Lobovich, a lawyer). Preserved without titles.

In contrast to the previous picture, the plot of this piece is "saturated" with cinematographic cliché... A young woman, the wife of a humble bank clerk, has the misfortune to attract her husband's boss, the bank manager, and becomes in the end his mistress... This plot has become so hackneyed that neither the director's "stunts" (for example the carnival on the lake), nor the per-

This very Baueresque melodrama of a woman menaced by the unwelcome sexual advances of her husband's boss was an early col-

Грезы

GREZY
SOGNI AD OCCHI APERTI

Titolo alternativo
OBMANUTYE MECTY
SOGNI DELUSI

Tra i film di Bauer attualmente conservati, questo è probabilmente il migliore, un esempio di perfetta compenetrazione fra tema, tecnica e sviluppo narrativo. La tensione della vicenda, che ricorderà a molti *La donna che visse due volte*, culmina nello straordinario *tracking shot* con il quale la macchina da presa segue il protagonista nel suo peregrinare lungo una strada semideserta, si ferma di fronte al suo esitare, arretra quando egli torna sui propri passi. Necrofilia, misticismo e astrazione alimentano un racconto che culmina nell'agghiacciante finale. P.Ch.Us.

Dramma. 3 bobine con un prologo; 1034 m; produzione: A. Hanžonkov i Co. Spa; data di release: 10.10.1915; regia: Evgenij Bauer, sceneggiatura: M. Basov e Valentin Turkin; operatore: Boris Zavelev. Interpreti: Aleksandr Vyrubov (Sergej Nikolaevič Nedelin), N. Černobaeva (sua moglie – secondo ruolo – Tina Viarskaja, un'attrice), Viktor Arens (l'artista Sol'skij). Soggetto tratto dal romanzo di Georges Rodenbach *Bruges la morte*. Il film è conservato senza didascalie.

Il protagonista di questo dramma, afflitto per la morte della moglie, che aveva amato appassionatamente, incontra una donna il cui volto assomiglia molto a quello della moglie scomparsa. Egli sogna così di trovare in questa nuova donna l'incarnazione della defunta. Ma questa si rivela un essere cattivo, falso e vuoto e non appena lui se ne accorge, in un impeto d'ira, uccide colei che si era beffata delle sue fantasie... Il soggetto offre enormi spunti al dramma cinematografico, ma non sono utilizzati con sufficiente abilità cosicché, ad esempio, quasi tutta la seconda parte risulta superflua e non apporta nulla di nuovo allo sviluppo dell'azione. Questo è il difetto fondamentale del dramma. La regia è del tutto soddisfacente, nella prima parte addirittura d'effetto. Tra gli interpreti si possono menzionare la Černobaeva e il Vyrubov. (Pr., 1915, n. 2, 9-10)

Дети века

DETI VEKA
BAMBINI MODERNI

Dramma. 4 bobine; 1337 m; produzione: A. Hanžonkov i Co. Spa; data di release: 3.10.1915; regia: Evgenij Bauer; sceneggiatura: M. Mihajlov; operatore: Boris Zavelev. Interpreti: Vera Holodnaja (Marija Nikolaevna), Ivan Gorskij (suo marito), V. Glinskaja (Lidija Verhovskaja, amica di Mariija Nikolaevna), Arsenij Bibikov (Lebedev, un commerciante), S. Rassatov (direttore di banca), A. Sotnikov (Lobovič, avvocato). Il film è conservato senza didascalie.

Questo melodramma tipicamente baueriano su di una donna minacciata dalle non gradite avances sessuali da parte del capo di suo marito, costituì

A differenza del film precedente, la trama di questa pièce è "satura" di clichés cinematografici... Una giovane donna, moglie di un modesto impiegato di banca, ha la sfortuna di piacere al capo del marito, direttore della banca, e finisce col diventare la sua amante... Questo tipo di trama è così banale e comune che né le "trovate" del regista (per esempio il carnevale sul lago), né l'interpretazione di V. V. Holodnaja nel ruolo principale possono mo-

laboration with the greatest pre-revolutionary star, Vera Kholodnaya. The wife of a poor officier, Kholodnaya applied for work as an extra at the Khanzonkov Studios in 1914, and quickly, under Bauer's tutelage, became a star, with her jet black hair, pale face and green eyes. "My eyes are my bread", she said. D.R.

formance of V.V. Kholodnaya in the leading rold can serve the piece from the unavoidable rating that it is not new or original. (Pr., 1915, No. 2, 9)

DOCH' ISTERZANNOI POL'SHI
A DAUGHTER OF TORMENTED POLAND

Дочь истерзанной Польши

Alternative title
KUL'TURNYE VARVARY XX VEKA
CULTURAL BARBARIANS OF THE 20TH CENTURY

A "terrible drama". 4 reels; 1325 m; production: Rus'; release: 13.11.15; director: Aleksandr Chargonin; script: Count Amori (Ippolit Rapgof); cameramen: Ivan Frolov & V. Vurm. Cast: R. Krechetov (Lieut. Willy), Agata Verlen (the girl), Yuliya Bakhmachevskaya (her mother, a house-keeper), P. Romanov (an old valet), Vera Gordina (Mademoiselle), I. Orlov, Grigor'ev, A. Tokhov, A. Michurin, Chernyaev, Nagornyi (the Germans), Zoya Barantsevich. Dramatic study on a theme suggested by *Mademoiselle Fifi*, the story by Guy de Maupassant. Preserved without titles.

It is possible that seen this way, the picture creates a more "effective" impression, but on the other hand the charm of Maupassant's tale has been relegated to the background. In a rush for sensation, the director has piled up so many horrors that the audience are not only frightened but on the contrary are filled with scepticism. However, individual scenes attract one's attention for a completely different reason, for these are the scenes showing the woman's naked body. In general, the picture produces the impression of a typical popular film; we've had enough vulgarity and so the sooner this film comes off the screen the better. (OT, 1916, No. 2985, 17)

una delle prime collaborazioni del regista con la grande stella dell'era pre-rivoluzionaria Vera Holodnaja. Nel 1914 la Holodnaja, che era sposata con un povero ufficiale, si presentò agli studi Hanžonkov per trovare lavoro come comparsa, e ben presto divenne una star, sotto la guida di Bauer, con i suoi capelli neri e brillanti, il volto pallido e gli occhi verdi. Lei disse: "I miei occhi sono il mio pane". D.R.

dificare l'unico giudizio che si può dare su questo film: non è né nuovo né originale. (Pr., 1915, n. 2, 9)

Дочь истерзанной Польши

DOC' ISTERZANNOJ POL'ŠI
FIGLIA DELLA POLONIA TORMENTATA

Titolo alternativo
KUL'TURNYE VARVARY XX VEKA
BARBARI INTELLETTUALI DEL XX SECOLO

Dramma dell'orrore. 4 bobine; 1325 m; produzione: Rus'; data di release: 13.11.1915; regia: Aleksandr Čargonin; sceneggiature: Conte Amori [Ippolit Rapgof]; operatori: Ivan Frolov e V. Vurm. Interpreti: R. Krečetov (tenente Villi), Agata Verlen (ragazza), Julija Bahmačevskaja (sua madre, l'economa), P. Romanov (vecchio maggiordomo), Vera Gordina (Mademoiselle), I. Orlov, Grigor'ev, A. Tohov, A. Mičurin, Černjaev, Nagornij (tedeschi), Zoja Barancevič. La sceneggiatura si ispira al racconto di Guy de Maupassant *Mademoiselle Fifi*. Il film è conservato senza didascalie.

Il regista, a caccia di effetti sensazionali ha ammassato così tante situazioni terribili che lo spettatore non solo non si spaventa, ma al contrario mostra nei confronti del film un notevole scetticismo. Solo alcune scene attirano l'attenzione per un motivo completamente diverso: si tratta di quelle scene in cui compare un corpo nudo di donna. Il film, nel complesso, dà l'impressione di una tipica stampa popolare russa, spesso abbastanza rozza, che sarebbe meglio ritirare dallo schermo al più presto. (OT, 1916, n. 2985, 17)

DRAKONOVSKII KONTRAKT
THE DRACONIAN CONTRACT

Драконовский контракт

Comedy. 3 reels; 847 m; production: A. Khanzhonkov & Co. Ltd.; release: 5.12.15; director: Petr Chardynin. Cast: Aleksandr Kheruvimov (restaurant proprietor), Vera Karalli (his daughter), Anton Fertner (Antosha, a waiter), Tat'yana Bakh (Mishka, Antosha's assistant), Georgii Azagarov (a scandalmonger), V. Glinskaya (woman in the restaurant).

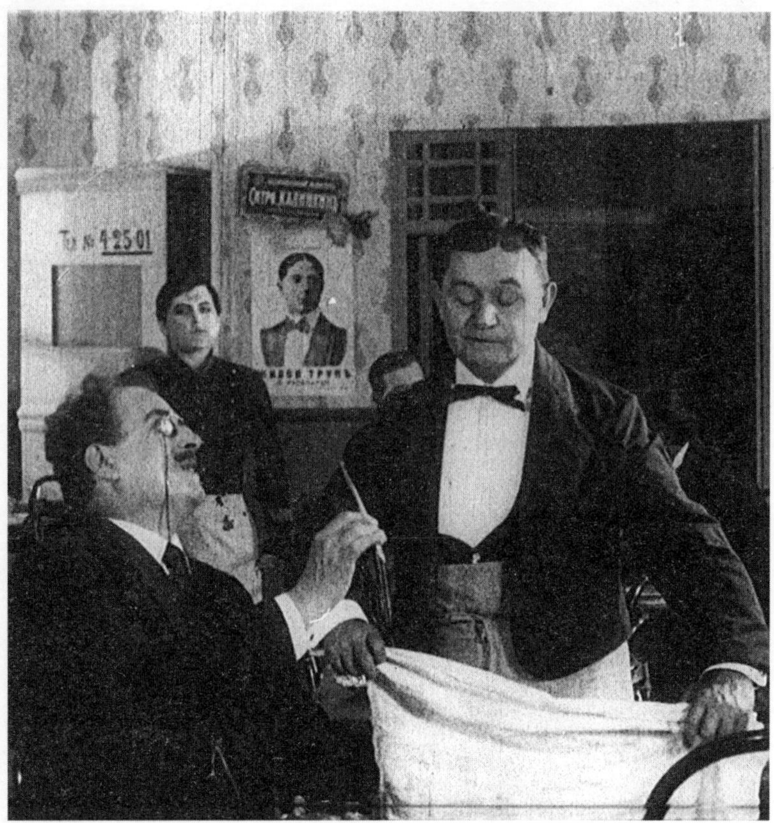

The play is written in the spirit of a light French comedy, and the appearance of such pictures on the Russian market should undoubtedly be welcomed. Viewers have been over-burdened with dramas of late. Comedy should change the face of cinema programmes and enliven them in a pleasant way. *The Draconian Contract* is easy to watch. The film's success is largely due to Mme Karalli and Mr Fertner. (OT, 1916, No. 2984, 15)

DYADYA PUD V LUNA-PARKE
UNCLE PUD IN LUNA PARK

Дядя Пуд в Луна-парке

Comedy. 350 m; production: A. Drankov & A. Khokhlovkin; release: 3.1.16; credits: unknown. Cast: Viktor Avdeev (Uncle Pud). Partially preserved without titles.

Драконовский контракт

DRAKONOVSKIJ KONTRAKT
IL CONTRATTO DRACONIANO

Commedia. 3 bobine; 847 m; produzione: A. Hanžonkov i Co. Spa; data di release: 5.12.1915; regia: Petr Čardynin. Interpreti: Aleksandr Heruvimov (proprietario del ristorante), Vera Karalli (sua figlia), Anton Fertner (Antoša, la cameriera), Tat'jana Bah (Miška, aiutante di Antoša), Georgij Azagarov (attaccabrighe), V. Glinskaja (donna al ristorante).

La pièce si ispira alla commedia leggera francese e la comparsa di questo genere di film sul mercato interno del paese deve essere salutata con entusiasmo. Negli ultimi tempi lo spettatore è costretto ad assistere a troppi drammi. La commedia deve rinnovare i programmi cinematografici e animarli piacevolmente. *Il contratto draconiano* si segue con facilità. La partecipazione della Karalli e di Fertner contribuiscono non poco al successo di questo film. (OT, 1916, n. 2984, 15)

Дядя Пуд в Луна-парке

DJADJA PUD V LUNA-PARKE
LO ZIO PUD AL LUNA PARK

Commedia. 350 m; produzione: A. Drankov e A. Hohlovkin; data di release: 3.1.1916; autori: ignoti. Interpreti: Viktor Avdeev (zio Pud). Il film è in parte conservato, senza didascalie.

EST' ZHENSHCHINY SVETLYE, PREKRASNYE... THERE ARE BRIGHT AND BEAUTIFUL WOMEN...

Есть женщины светлые, прекрасные...

Alternative title
ZHENONENAVISTNIK
THE MISOGYNIST

Drama. 4 reels; 1000 m; production: N. Kagan Film Laboratory; release: 29.12.15; director: Vladimir Krivtsov; script: Aleksei Zhelyabuzhskii. Cast: V. Obolenskii (Prince Roslavlev), R. Rashevskaya (his wife), Zoya Karabanova (sister of mercy), Boris Svetlov (Baron Eckhorst), B. Vasil'ev (Belokonskii). One reel preserved without titles.

ZHEMCHUZHNOE OZHEREL'E THE PEARL NECKLACE

Жемчужное ожерелье

Tragic miniature. 646 m; production: A. Khanzhonkov & Co. Ltd.; release: 4.4.15; director: Evgenii Bauer; cameraman: Boris Zavelev. Cast: Lina Bauer (Ellen Belogorskaya), Vladimir El'skii (Pavel Yartsev), Arsenii Bibikov (Ellen's husband), Sergei Kvasnitskii (lackey). One reel preserved without titles.

Discord reigns between Ellen Belogorskaya and her husband. On a fateful evening for Ellen, Belogorsky demands that his wife accompany him to the ballet and then to an Embassy reception. "I am ruined and you must help me ..." he says to her. "Wear your pearls so that everyone will think that we are still rich." Burning with indigation, Ellen goes to Yartsev after her husband has left for the theatre. Yartsev caresses and kisses Ellen who gets rid of all her indignation at her husband. There is a knock at the door. A servant brings Yartsev a telegram:"Mother is very weak, come quickly. Nannie." Yartsev is in despair. "Mama is dead... they're hiding it from me," he repeats. Ellen forces him to go to the station straight away, he will still catch the train and she will wait for several minutes and then join her husband at the theatre. After Yartsev's departure, Ellen sees that her hair is dishevilled and decides to go to the hairdresser. "Peter, give me my mantle and have the car brought round," she says to Yartsev's servant. But he answers coldly: "You're not going anywhere." Assuming it to be blackmail, Ellen gives him all her money, but Peter demands her pearl necklace. "I cannot, I must wear it at the reception,"she begs, but Peter is unmoved. He throws himself at Ellen and in the ensuing struggle she loses consciousness momentarily. Just as Peter is bending over her, trying to unfasten the necklace, Yartsev appears at the door. "Quickly, quickly – he hurries Peter – we are going to miss the train." The two fiends tear the pearls from Ellen's neck. Ellen comes round and sees Yartsev's face. "Paul! – the poor woman whispers joyfully – You have come back... Save me..." But what's this? The eyes of her beloved always full of such tenderness and love, have become terrible, evil. In horror Ellen shuts her eyes. Just then Peter exclaims angrily: "Look, the pearls are fake!" and in his hand are several pearls,

Есть женщины светлые, прекрасные...

EST' ŽENŠČINY SVETLYE, PREKRASNYE...
CI SONO DONNE BELLISSIME, MERAVIGLIOSE...

Titolo alternativo
ŽENONENAVISTNIK
IL MISOGINO

Dramma. 4 bobine; 1000 m; produzione: Laboratorio cinematografico di N. Kagan; data di release: 29.12.1915; regia: Vladimir Krivcov; sceneggiatura: Aleksej Željabužskij. Interpreti: V. Obolenskij (principe Roslavlev), P. Raševskaja (sua moglie), Zoja Karabanova (dama di carità), Boris Svetlov (barone Eckhorst), B. Vasil'ev (Belokonskij). Del film è conservata una bobina, senza didascalie.

Жемчужное ожерелье

ŽEMČUŽNOE OŽEREL'E
LA COLLANA DI PERLE

Miniatura tragica. 646 m; produzione: A. Hanžonkov i Co. Spa; data di release: 4.4.1915; regia: Evgenij Bauer; operatore: Boris Zavelev. Interpreti: Lina Bauer (Ellen Belogorskaja), Vladimir El'skij (Pavel Jarcev), Arsenij Bibikov (marito di Ellen), Sergej Kvasnickij (lacchè). Del film è conservata una bobina, senza didascalie.

Tra Ellen Belogorskaja e suo marito regna la discordia. Una nefasta sera, Belogorskij esige che la moglie lo accompagni al balletto e poi al ricevimento che si terrà all'ambasciata indossando la collana di perle, affinchè la gente pensi che sono ancora ricchi. Uscito il marito Ellen, in preda all'ira, si reca da Jarcev, che la ricopre di carezze e baci, mentre lei inveisce contro il marito. Bussano alla porta. Il lacchè consegna ad Jarcev un telegramma che dice: "Mamma molto malata, venite subito. L'infermiera". In preda alla disperazione, Jarcev ripete: "Mia madre è morta... vogliono nascondermelo". Ellen lo convince a recarsi subito alla stazione, egli si prepara ed Ellen rimane seduta ancora qualche minuto, prima di andare a teatro dove il marito l'aspetta. Partito Jarcev, Ellen si accorge che l'acconciatura si è sciupata e decide quindi di passare dal parrucchiere. "Petr, datemi il manteau e conducete l'automobile alla porta" dice rivolgendosi al lacchè di Jarcev. Ma per tutta risposta riceve un freddo "Voi non uscirete di qui". Presumendo che si tratti di un ricatto, Ellen gli porge tutto il denaro che ha con sé, ma Petr vuole la collana di perle. "Non posso, devo metterle al ricevimento!", implora, ma Petr è irremovibile. Si slancia verso Ellen, impegnandosi in un corpo a corpo, ed ella perde conoscenza per qualche minuto. Nel momento in cui Petr si china su di lei per levarle la collana, Jarcev compare sulla soglia. "Presto, presto" sollecita "o perderemo il treno". Insieme, con rabbia, strappano la collana dal collo di Ellen, che nel frattempo rinviene e vede chino su di sé il volto di Jarcev. "Per fortuna sei tornato" mormora felice la povera donna "... Aiutami, ti prego..." Ma cosa succede? Gli occhi del suo amato, un tempo colmi di tanta dolcezza e tanto amore, sono diventati freddi e cattivi. Ellen chiude gli occhi terrorizzata. In quel momento Petr grida infuriato: "Guardate, le perle sono false!" e tra le mani stringe alcune perle che si sono rot-

split in half. Yartsev is furious. The plan has not worked... They tried in vain... All their hopes have been shattered... And in fury he punches Ellen, his Ellen, in the face. And he hurls the fake pearls in her face. (K-A, 1915, No. 3/4, 35)

ZHENIKH S PROSHLYM
THE FIANCÉ WITH A PAST

Жених с прошлым

Comedy. 2 reels; 284 m; production: Tanagra; release: 12.12.15; director: M. Martov. Cast: A. Kozlov (Maxie). Preserved without titles.

ZHENSHCHINA ZAVTRASHNEGO DNYA
A WOMAN OF TOMORROW

Женщина завтрашнего дня

Part Two. Drama. 5 reels; 1105 m; production: A. Khanzhonkov & Co. Ltd.; release: 3.11.15; director: Petr Chardynin; script: Aleksandr Voznesenskii; cameraman: Boris Zavelev. Cast: Vera Yureneva (Anna Betskaya, a doctor), Vitol'd Polonskii (Bravich, Anna's second husband), M. Morskaya (Yuzya, a servant), Aleksandr Vyrubov (the professor). Preserved without titles.

A Woman of Tomorrow with screenplay by Voznesenskii will enjoy great public success. The conception is highly thoughtful, the story interesting and the acting very good. This film is one of those which will attract the intelligentsia to the cinema. Its heroine is the strong, good woman who struggles for her happiness and independece, a role superbly played by Mme Yureneva. Many situations in this piece will give the audience food for thought. All this raises the value of the picture and makes it an exemplary film in cinema repertoire. (SF, 1915, No. 2, 46-48)

ZHERTVA TVERSKOGO BUL'VARA
THE VICTIM OF TVERSKOY BOULEVARD

Жертва Тверского бульвара

Alternative title
ISTORIYA ODNOGO PADENIYA
THE STORY OF A FALL

Drama. 3 reels; 900 m; production: A. Drankov Ltd.; release: 5.11.15; director: Aleksandr Garin. Cast: Nina Gofman (Katya Zubova); Petr Kashevskii (Pavel). Film from the cycle *Shady Moscow*. Preserved without titles.

Passed by the Petrograd censor with the exception of the ruffian on Tverskoy Boulevard and the title "You Will Still Earn Something Today" in the second part, and the embraces on the couchette, the title "A Prostitute" and the dancing scene in the third part. (Vedomosti Petrogradskogo Gradonachalstva, 1915, No. 231, 30/X, 2)

te in due. Jarcev va su tutte le furie. Il suo piano è fallito... I loro sforzi sono stati vani... Tutte le speranze si sono infrante... E nella rabbia, colpisce Ellen, la sua Ellen, sferrandole un pugno. E le getta in viso le sue perle false. (K-A, 1915, n. 3/4, 35)

Жених с прошлым

ŽENIH S PROŠLYM
LEGATO AL PASSATO

Commedia. 2 bobine; 284 m; produzione: Tanagra; data di release: 12.12.1915; regia: M. Martov. Interpreti: A. Kozlov (Maxim). Il film è conservato senza didascalie.

Женщина завтрашнего дня

ŽENŠČINA ZAVTRAŠNEGO DNJA
LA DONNA DEL DOMANI

Parte seconda. Dramma. 5 bobine; 1105 m; produzione: A. Hanžonkov i Co. Spa; data di release: 3.11.1915; regia: Petr Čardynin; sceneggiatura: Aleksandr Voznesenskij; operatore: Boris Zavelev. Interpreti: Vera Jureneva (Anna Beckaja, la dottoressa), Vitol'd Polonskij (Bravič, secondo marito di Anna), M. Morskaja (Juzja, la domestica), Aleksandr Vyrubov (professore). Il film è conservato senza didascalie.

La donna del domani, con sceneggiatura originale di Voznesenskij, otterrà un grande successo di pubblico. Il film è stato ideato in maniera estremamente scrupolosa, la storia è interessante e la recitazione ottima. È uno di quei film che attirerà al cinema l'intellighentia. L'eroina è una donna buona e forte che lotta per la propria felicità e la propria indipendenza; il personaggio è interpretato in maniera perfetta da Mme Jureneva. Molte situazioni in questo film saranno materia di riflessione per il pubblico. Tutto ciò contribuisce ad aumentare il valore di quest'opera e ne fa un film esemplare nel repertorio del cinema. (SF, 1915, n. 12, 46-48)

Жертва Тверского бульвара

ŽERTVA TVERSKOGO BUL'VARA
LA VITTIMA DI VIALE TVERSKOJ

Titolo alternativo
ISTORIJA ODNOGO PADENIJA
STORIA DI UNA CADUTA

Dramma. 3 bobine; 900 m; produzione: A. Drankov; data di release: 5.11.1915; regia: Aleksandr Garin. Interpreti: Nina Gofman (Katja Zubova), Petr Kaševskij (Pavel). Il film fa parte del ciclo *Temnaja Moskva* (Mosca oscura). Conservato senza didascalie.

Il film è stato autorizzato dalla censura di Pietrogrado, fatta eccezione per la scena del teppista sul Viale Tverskoj e per la didascalia "Ancora oggi guadagnerai" nella seconda parte, nonché per l'ab-

I MY KAK LYUDI
WE TOO ARE LIKE PEOPLE

Alternative titles
ISTORIYA ODNOGO SOBACH'EGO UVLECHENIYA
THE STORY OF A BEASTLY OBSESSION
KAK KHOROSHI, KAK SVEZHI BYLI ROZY
HOW FINE, HOW FRESH THE ROSES WERE

Comedy. 4 reels: 1000 m; production: A. Taldykin, N. Kozlovskii & Co.; release: 29.12.15; director/script: Vladimir Durov; cameraman: Nikolai Kozlovskii. Cast: Vladimir Durov's trained animals ('the real muzzles': Pik Pikovich Foxterrierov, Mimi, Badgerov, Lord Saint-Bernardov, John Bulldog et al.)

The entire picture is, of course, nothing but a clever "stunt". Durov's animals display miracles of training and quick-wittedness. It's all very entertaining, particularly for children. And it is for them that the picture is clearly intended, as one part would be quite enough for adults. (Pr., 1915, No. 3, 13).

Pik was living a carefree existence. Like a society dandy he enjoyed all of life's blessings, until an unexpected encounter with Mimi changed his entire outlook. First, harmless social flirting and light-hearted wooing gradually gave way in his heart to profound love for Mimi. Pik realized that he loved Mimi, strongly and passionately, as he had never loved before. The timid and gentle Mimi responded with the same profound feelings to the one her heart had chosen. It seemed as if nothing could hamper their happiness, but Lord Saint-Bernardov took quite a different view of the matter. Having intercepted a letter from Pik, he appears in his flat and catches the loving couple together. He finds Mimi, who has concealed herself. Lord Saint-Bernardov hatches a plan to secretly take Mimi far away from her beloved. He quickly collects money for the journey. "Mimi, you and I are departing." Poor Mimi's

braccio sul sofà, per la didascalia "Prostituta" e per la scena del ballo nella terza parte. ("Vedomosti Petrogradskogo gradonačal'stva", 1915, n. 231, 30/X, 2)

И мы как люди

I MY KAK LJUDI
ANCHE NOI COME GENTE

Titoli alternativi
ISTORIJA ODNOGO SOBAČ'EGO UVLEČENIJA
STORIA DI UN'OSSESSIONE BESTIALE
KAK HOROŠI, KAK SVEŽI BYLI ROZY
COM'ERANO BELLE E FRESCHE LE ROSE

Commedia. 4 bobine; 1000 m; produzione: A.Taldykin, N. Kozlovskij i Co. Spa; data di release: 29.12.1915; regia/sceneggiatura: Vladimir Durov; operatore: Nikolaj Kozlovskij. Interpreti: animali ammaestrati di Vladimir Durov (personaggi: Pik Pikovič Foxterrierov, Mimì, Barsukov, Lord Sanbernardov, John Bulldog e altri).

protestations are in vain. Seeing that her tears are wasted, she opts for cunning and at the last moment manages to send a note to Pik from the railway station. Pik hastens to the station. Arriving too late for the train he tries to catch up with it. Misfortune pursues Pik; after many ordeals he reaches the port from which a ship is to take Mimi to the resort. There a final blow awaits poor Pik: the ship has departed, taking with it the purpose and joy of Pik's life. Pik's poor heart cannot take this final blow and the unfortunate creature commits suicide by throwing himself into the cold sea depths. (SF, 1915, No. 4, 117)

LEON DREY

Леон Дрей

Alternative title
POKORITEL' ZHENSKIKH SERDETS
THE LADY-KILLER

Drama. 5 reels; 2250 m; production: A. Khanzhonkov & Co. Ltd.; release: 11.8.15; director/art director: Evgenii Bauer; cameraman: Konstantin Bauer. Cast: Nikolai Radin (Leon Drey), Boris Borisov (his father), M. Khalatova (his mother), Nadezhda Nel'skaya (Leon's bride), Nataliya Lisenko (Berta), Arsenii Bibikov (her father), R. Raisova (her mother), P. Lopukhin (Mel'nikov), Raisa Reizen (Yudif', his wife), V. Porten (Saul, a steward), Tat'yana Bakh (Leon's sister), Emma Bauer, Mariya Kulikova, Lidiya Tridenskaya, Aleksandr Kheruvimov, Praskov'ya Maskimova, V. Gordina, Vladimir Strizhevskii. Screen version of the story by Semen Yushkevich. Preserved without titles.

È chiaro che il film non è nient'altro che un abile "inganno". Gli animali di Durov mostrano i miracoli che può fare l'addestramento e l'abilità. Tutto ciò è molto interessante, specialmente per i bambini, ai quali evidentemente è dedicato questo film. Gli adulti ne avrebbero abbastanza già vedendone solo una parte. (Pr., 1915, n. 3, 13)

La vita di Pik trascorreva spensierata. Egli, un dandy mondano, se la godeva liberamente, fino al momento in cui l'inaspettato incontro con Mimì cambiò radicalmente il suo modo di vedere. Ciò che all'inizio era un innocuo flirt, un leggero corteggiamento di Mimì, a poco a poco si trasformò in un profondo amore. Pik comprese di amare Mimì, di amarla così profondamente e appassionatamente, come non aveva amato mai. La timida e delicata Mimì ricambiava il suo prescelto con lo stesso profondo sentimento. Sembrava che niente avrebbe potuto ostacolare la felicità degli innamorati, ma Lord Sanbernardov la vedeva in un modo totalmente diverso. Avendo intercettato una lettera di Pik, egli si presentò nel suo appartamento dove sorprese i due innamorati. Decise allora di portare segretamente la sua pupilla lontano dal suo innamorato. I preparativi per il viaggio furono presto fatti. Mimì si oppose invano, la decisione del tutore fu irremovibile. Vedendo che le lacrime non servivano a niente, trovò il modo di spedire a Pik un messaggio. Pik si precipitò alla stazione. Arrivò quando il treno era già partito. Dopo molte peripezie raggiunse il porto, da cui Mimì doveva partire per il luogo di cura, ma la nave era già salpata e con essa l'unico scopo della sua vita, l'unica gioia, Mimì. Il povero cuore di Pik non resse il colpo e l'infelice si suicidò, gettandosi nei gelidi abissi del mare. (SF, 1915, n. 4, 117)

Леон Дрей

LEON DREJ

Titolo alternativo
POKORITEL' ŽENSKIH SERDEC
LA RUBACUORI

Dramma. 5 bobine; 2250 m; produzione: A. Hanžonkov i Co. Spa; data di release: 11.8.1915; regia/scenografia: Evgenij Bauer; operatore: Konstantin Bauer. Interpreti: Nikolaj Radin (Leon Drej), Boris Borisov (suo padre), M. Halatova (sua madre), Nadežda Nel'skaja (sposa di Leon), Natalija Lisenko (Berta), Arsenij Bibikov (suo padre), R. Raisova (sua madre), P. Lopuhin (Mel'nikov), Raisa Reizen (Judif', sua moglie), V. Porten (Saul, un commesso), Tat'jana Bah (sorella di Leon), Emma Bauer, Marija Kulikova, Lidija Tridenskaja, Aleksandr Heruvimov, Praskov'ja Maksimova, V. Gordina, Vladimir Striževskij. Versione cinematografica dell'omonima novella di Semen Juškevič. Il film è conservato senza didascalie.

Portare sullo schermo il popolare romanzo di Juškevič è un compito ingrato e di non facile esecuzione. La piattezza dello schermo non può rendere quella profondità psicologica che è il pregio principale di un libro, e la sua atmosfera. Persone vive, che agiscono realmente non hanno risalto in una sceneggiatura che non è stata scritta per il cinema, tenendo conto delle sue leggi e

To make a screen adaptation of Yushkevich's popular novel is both a difficult and thankless task. The flat screen will never be able to give that dimension of psychological profundity which is the chief merit and essence of the book. Live, organic characters must willy-nilly turn into shadows since the script was not written specially for the screen, according to its laws and demands. This is also the case with *Leon Drey*. On their transfer to the screen, the heroes have lost their vivid colours and have become difficult to understand and strange. In fact what kind of Leon Drey is it who kisses a new women in each episode, thus betraying the heroine of the preceding sequence. The psychological motivation is last and in the remaining parts of the film what could Mr Radin have done? He was handsome enough to justify having all these women clinging to his neck, but those characteristic experiences and emotions, the specific nature of Leon Drey, which make him so vivid, integral and understandable in the novel are not brought over by the film script. From what is brought over, Mr Radin emerges with credit and honour. He has a splendid partner in Mr Borisov as Leon's father. Mme Reviser is very beautiful but a little cold – greater dramatic expression was needed. (TG, 1915, No. 33, 15)

A. Khanzhonkov. As early as 1915 any picture starring Mosjoukine was an adornment to a cinema programme. By that time he himself was an experienced and brilliant cinema actor. But then he abandoned the company which he sincerely loved and in which he had begun his career. There was no room for any selfish consideration here: Mosjoukine's artistic pride had been wounded. Director Chardynin invited the theatre actor Korsh Radin to play Leon Drey in a new production, and Mosjoukine went off to Ermol'ev without a word of explanation. (1937 - I, 86)

Semen Yushkevich, the talented chronicler of Jewish life, is inclined to get carried away with literary fashion. There was a time when an obsession with sexual matters prevailed in our literature. Yushkevich became so carried away with these issues that he contrived to write a children's book (*Pigeons*), the entire contest of which was extremely close to pornography. *Leon Drey* also bears the mark of an obsession with sexual matters, and for this reason we found the idea of a cinema illustration of it very risky. However, in producing *Leon Drey*, Bauer has coped with a difficult task with rare tact and an impeccable sense of moderation. In his vivid and ably constructed scenes he has avoided any abruptness or coarse realism that might offend the audience. As a vivid illustration of a relatively new social phenomenon and a superbly humourous reproduction of scenes from Jewish life, the film *Leon Drey* is of major interest. (VK, 1915, No. 111/9, 22-23)

delle sue esigenze. Così è successo agli eroi del *Leon Drej* che, sullo schermo hanno perso i loro tratti reali, la loro linfa vitale e sono diventati poco comprensibili e strani. Infatti, che tipo d'uomo è mai questo Leon Drej che ad ogni film bacia una donna diversa e tradisce quella precedente? La motivazione psicologica è sparita e del resto, cosa poteva fare Radin? Egli è abbastanza bello da giustificare il fatto che tutte queste donne gli si attacchino al collo, ma la sceneggiatura cinematografica non riesce a rendere quelle sfaccettature psicologiche ed emotive, tipiche della complessa natura di Leon Drej che lo rendono così colorito, completo e comprensibile nel romanzo. Da tutto quello che è stato fatto Radin esce con onore e anche il suo partner, Borisov, (il padre di Leon) è degno di lode. L'attore, cosa assai difficile, è riuscito a trasmettere sprazzi di umorismo mite e bonario senza alcuna allusione a Max Linder. Borisov ha detto "la sua", anche se questo, parlando di cinema, sembra strano. Molto bella la Rejzen anche se un po' fredda. Ci sarebbe voluta un po' più di espressività drammatica. (TG, 1915, n. 33, 15)

A. Hanžonkov. Nel 1915 ogni film che vantasse fra gli interpreti il nome di Mozžuhin dava lustro al programma. A quel tempo, lui era un attore cinematografico esperto e brillante. Ma improvvisamente abbandonò quel lavoro che amava sinceramente e con il quale aveva iniziato la sua carriera. Non era stata l'avidità a spingerlo a questa decisione: Mozžuhin era stato ferito nel suo amor proprio di attore. Il regista Čardynin per il ruolo di Leon Drej aveva voluto l'attore di teatro Korš Radin. Mozžuhin senza alcuna spiegazione se ne andò al teatro Ermolov. (1937-I, 86)

Semen Juškevič, scrittore di talento e profondo conoscitore della vita ebraica, è attratto dagli entusiasmi delle mode letterarie. C'è stato un periodo in cui, nella nostra letteratura, regnava la passione per argomenti di tipo sessuale. Semen Juškevič si è lasciato prendere da questi argomenti tanto da riuscire a scrivere un libro per l'infanzia *Golubi* (Piccioni) tutto permeato di stati d'animo molto vicini alla pornografia. Anche *Leon Drej* rivela in un certo modo un interesse per questo tipo di problemi. L'idea di illustrare quest'opera al cinema ci sembrava perciò molto rischiosa. Tuttavia Bauer, nel realizzare *Leon Drej,* ha dimostrato di poter risolvere il delicato problema con tatto e senso della misura. Creando dei quadri vividi e azzeccati, è riuscito a sfuggire ai toni aspri e rozzi di un realismo che avrebbe offeso lo spettatore. Il film *Leon Drej* desta notevole interesse in quanto si occupa di un problema relativamente nuovo e riproduce in modo ricco di umorismo la vita degli ebrei. (VK, 1915, n. 111/9, 22-23)

LILIYA (BEL'GII)
THE LILY (OF BELGIUM)

Лилия
(бел'гии)

Alternative titles
STRADANIE I VOZROZHDENIE BEL'GII
THE SUFFERING AND RESURRECTION OF BELGIUM
ALLEGORIYA SOVREMENNOSTI
AN ALLEGORY OF TODAY

Allegorical drama. 360 m; production: Skobelev Committee; release: unknown; director/script/cameraman/art director: Wladyslaw Starewicz; poetic text: Boris Martov. Cast: Irina Starewicz (the girl). Animated puppet film, cross-cut into a fiction film.

In the picture *The Lily of Belgium*, Mr Starewicz has realised in a superb and original way the lovely idea of an allegorical tale about the fate of Belgium, crushed by the onslaught of the enemy, and of the bright belief in its imminent resurrection. A girl finds a broken lily in the wood and takes it to her grandfather, who is thinking at the time about the horrors of the world war which has just begun – and the broken lily reminds him of unhappy Belgium. In answer to his granddaughter's request to tell her a tale, he tells her about the lily. This beautiful allegory is produced by Starewicz using "trick" methods, which demand immense artistry and patience, and as such the film is irreproachable on a technical level. Many details of the allegorical images are extraordinarily interesting. The flood scene is particularly successful. There is a certain uneven quality in the grandfather's performance, as he does not communicate at the star the sorrowful image of the redress of the land. The seven-year-old actress who plays the granddaughter acted her part very well. The picture is of undoubted interest both as an allegory for adults, and as a tale for children. (ER, 1916, No. 1, 20)

During the second phase of his activity in Russia when he became involved with fiction film, and particularly photography and special effects, Starewicz returned now and then to his first love. This film is a cheerful fairy tale, in which the grandfather tells his granddaughter about the German invasion of Belgium, paraphrasing the "real" life of the insects, now living in the open, in their natural environment, and not in reconstructed minisets. There is therefore no attempt at anthropomorphism, as he was to do often in France after 1919. C.M.

Лилия
(бел'гии)

LILIJA (BEL'GII)
GIGLIO (DEL BELGIO)

Titoli alternativi
STRADANIE I VOZROŽDENIE BEL'GII
SOFFERENZA E RESURREZIONE DEL BELGIO
ALLEGORIJA SOVREMENNOSTI
ALLEGORIA DELLA VITA D'OGGI

Dramma allegorico-fantastico. 360 m; produzione: Comitato Skobelev; data di release: ignota; regia/sceneggiatura/operatore/scenografia: Wladyslaw Starewicz; autore del testo poetico Boris Martov. Interpreti: Irina Starewicz (ragazza). Film di marionette montato insieme a un film a soggetto.

Nella seconda fase della sua vorticosa attività in Russia, ormai più legata al film di fiction e con particolare riferimento alla fotografia e agli effetti speciali, Starewicz torna saltuariamente al primo amore. Questo film è una favola rasserenante, in cui il nonno racconta alla nipotina dell'invasione tedesca nel Belgio parafrasandola con la "vera" vita degli insetti, che ora agiscono direttamente nella natura, addirittura all'aperto e comunque non in miniset ricostruiti con cure antropomorfe. Come succederà poi spesso in Francia dopo il 1919. C.M.

La buona idea di raccontare allegoricamente la storia della martire del Belgio, schiacciato dall'invasione nemica, alimentando la speranza in una sua prossima rinascita, è stata realizzata in modo bello e originale da Starewicz nel film *Giglio del Belgio*. Una bambina trova nel bosco un giglio spezzato e lo porta al nonno che in quel momento sta pensando agli orrori della guerra mondiale appena scoppiata. Il giglio spezzato gli fa venir in mente lo sfortunato destino del Belgio. In risposta alla preghiera della nipote di raccontarle una fiaba, il vecchio le parla del giglio. Questa allegoria è realizzata da Starewicz con effetti speciali, frutto di notevole arte e pazienza, nei toni primitivi di una favola per bambini, perfetta dal punto di vista tecnico. Oltremodo interessanti molti particolari della realizzazione delle immagini allegoriche, particolarmente ben riuscita la scena dell'inondazione. Un po' inadeguato il nonno, che all'inizio non riesce a rendere l'immagine di un uomo intristito per le sorti del mondo. L'attrice di sette anni che interpreta la parte della nipotina ha svolto bene il suo ruolo. Il film è indubbiamente interessante sia per gli adulti, come allegoria, che per i bambini. (ER, 1916, n. 1, 20)

N. Branickij. A causa di una divergenza di opinioni con la moglie di Hanžonkov che dirigeva la casa di produzione, Starewicz ci lasciò e prese in affitto un piccolo studio sulla Šabolovka. Questo studio, una minuscola stanza illuminata dall'alto e di lato, il tipico studio di un pittore che misurava in tutto 12 metri quadrati, era il teatro di posa. Vicino si trovava una minuscola celletta, il laboratorio, e questo era tutto. Starewicz dispose le scenografie non in lunghezza, chiaramente, né in larghezza, ma in diagonale in modo tale che fosse possibile aumentare le dimensioni. In caso di riprese di scene di massa (naturalmente non più di dieci persone) utilizzava le scale dello scuro ingresso. Il suo impianto di illuminazione consisteva di due o tre lampade sospese. Un imbianchino prese il posto dello scenografo e su indicazione di Starewicz tappezzò i muri con carte da parati di vario colore, applicò i portali, appese i quadri e in questo modo "diede forma" al teatro di posa. Questo avveniva nell'inverno del 1914. In tali condizioni Starewicz riuscì a girare il film di cartoni animati *Vojna lilij c žukami* (La guerra del giglio contro gli scarabei), sull'invasione tedesca in Belgio e una serie di altri film. (4)

N. Branitskii. Owing to disagreements with Khanzhonkov's wife, who, in effect, managed the firm, Starewicz left them and rented a small studio on Shabolovka. It was a typical artist's studio: a tiny room of only 12 square metres, lit from above and from the side. That was "the pavilion". Next to it was another microscopic closet known as "the laboratory". And that was all. Starewicz placed the sets in his "pavilion" neither lengthwise nor, of course, crosswise, but diagonally in order to make them as large as possible. When filming "crowd scenes" (no more than ten people, naturally), he would use the back stairs as a studio. His lighting equipment consisted of two or three suspended lamps. The artist was replaced by a painter who, on Starewicz's instructions, covered the walls with various kinds of wallpaper, hung up portals and pictures, thus preparing the studio for shooting. That was in the winter of 1914. Under these conditions Starewicz managed to film a three-dimensional cartoon entitled *The War of the Lilies and the Beetles* about Germany's invasion of Belgium and a number of feature films. (4)

LYUBOV' STATSKOGO SOVETNIKA
THE LOVE OF A COUNCILLOR OF STATE

Любовь статского советника

Play for the screen. 5 reels; 1415 m; production: A. Khanzhonkov & Co. Ltd.; release: 10.11.15; director: Petr Chardynin; script: Evgenii Chirikov; cameraman: Boris Zavelev. Cast: Vladimir El'skii (Councillor of State von Brück), Marfa Kassatskaya (Matil'da Ivanovna, his mother), Vera Karalli (Lola, a ballerina), M. Khalatova (her mother), Vitalii Bryanskii (Surdinskii, a violinist), L. Zhukov (Lola's partner). Three reels preserved.

A brave and unusual portrayal of a woman who is willing to sacrifice her "creativity" for love. The character of the dancer reflects above all the wish for emancipation and independence even when being dependent could lead to higher social status and acquiring bourgeois privileges. The class conflict represented by the two mothers is splendidly portrayed. It is an entirely feminine film even though the ending is slightly facile. A point worth noting is the use of space within the shots which achieves a definite three dimensional quality with over-the-shoulder shots.
C.M.

The picture is neither a "comedy" nor a "drama", but simply a "piece" for the screen. This definition is undoubtedly correct as

Любовь статского советника

LJUBOV' STATSKOGO SOVETNIKA
L'AMORE DI UN CONSIGLIERE DI STATO

Coraggioso e inusitato ritratto di una donna disposta a sacrificare la sua "creatività" per amore. Nel personaggio della ballerina si rispecchia soprattutto la voglia di emancipazione, di non dipendenza anche quando questa condizione può significare salto sociale e acquisizione di dorato privilegio borghese. Geniale lo scontro di classe rappresentato dalle figure delle due madri. Un film tutto al femminile anche se dal finale un po' facile. Notevole l'uso dello spazio all'interno delle inquadrature, con la conquista, finalmente, di una incisiva tridimensionalità con personaggi inquadrati di spalle. C.M.

Commedia per lo schermo. 5 bobine; 1415 m; produzione: A. Hanžonkov i Co. Spa; data di release: 10.11.1915; regia: Petr Čardynin; sceneggiatura: Evgenij Čirikov; operatore: Boris Zavelev. Interpreti: Vladimir El'skij (il consigliere di stato von Brŭck), Marfa Kassackaja (Matil'da Ivanovna, sua madre), Vera Karalli (Lola, la ballerina), M. Halatova (sua madre), Vitalij Brjanskij (Surdinskij, il violinista), L. Žukov (partner di Lola). Il film è conservato incompleto (3 bobine).

Il film non è né una commedia né un dramma ma semplicemente una pièce per lo schermo. È certamente la definizione esatta, perché in esso vi sono elementi drammatici e comici in ugual misura, che rendono il film molto reale e credibile. Si può considerare una forzatura solo l'inizio dell'azione: un consigliere di V[a] classe si sposa con una ballerina sconosciuta, approdata per caso in tournée in una cittadina di provincia. A parte questo, il film esprime fedelmente l'atmosfera della chiusa vita provinciale, la noia di una grigia esistenza, il benessere della borghesia ben pasciuta e la tristezza di un'anima viva, caduta in un tale vortice. Nel film di Čirikov, la povera ballerina è abbastanza forte da sottrarsi a questo vortice, abbandona il consigliere e tutte le sue ricchezze. Brava nel ruolo della ballerina la Karalli, alla quale il film ha dato la possibilità di esibirsi in una serie di danze, tra cui la più felice è la polka, nella terza parte. (Pr., 1915, n. 4, 10)

Il film *L'amore di un consigliere di Stato* di E. Čirikov si presenta come una commedia, con forti elementi satirici. Una povera ballerina (V. Karalli), per volere della sorte e dell'autore diventa la moglie di un consigliere di V[a] classe (El'skij). La grigia vita di provincia ben presto finisce per annoiare la giovane donna, abituata alla vita "farfallina" del teatro, piena di splendore e allegria. Insieme ad un suo collega, la ballerina abbandona il focolare

there are both comic and dramatic elements in equal measure in the picture. This gives great vividness and truthfulness to the picture. Only the plot can be considered a little strained: a state councillor marries a poor, unknown dancer, who is by chance on tour in the remote town. This apart, the rest of the film faithfully brings across the musty provincial life, the boredom and melancholy experienced by a lively human soul who has fallen into this slough. In Chirikov's film the poor dancer turns out to be sufficiently strong to tear herself out of the slough: she abandons the state councillor and all his wealth. Mme Karalli is excellent as the dancer, the film allowing her to perform a whole series of dances with the comic polka in the third part being particularly successful. (Pr., 1915, No. 4, 10)

Ye. Chernikov's cinema play *The Love of a Councillor of State* is a comedy with a strong satirical element. By the will of fate – and the author – a poor dancer becomes the wife of a councillor of state. Accustomed to the bright, glamorous and merry life of a "theatre butterfly", the young woman soon becomes fed up with her dull provincial existence. In the company of a fellow dancer she abandons the family hearth, preferring a half-starved but merry bohemian existence to well-fed vegetation in the provinces. Director Chardynin has successfully produced a number of scenes which truly convey the anguishing boredom of life in the sticks. There is much dancing in the picture. As for the performers, Mme Karalli, Mr El'skii and Mme Kassatskaya are worthy of note. (SF, 1915, No. 3, 68)

MIRAZHI
MIRAGES

Миражи

Alternative title
TRAGEDIYA KRASIVOI DEVUSHKI
THE TRAGEDY OF A BEAUTIFUL GIRL

Drama. 4 reels; 1389 m; production: A. Khanzhonkov & Co. Ltd.; release: 3.1.16; director: Petr Chardynin; script: Ekaterina Tissova (Vinogradskaya). Cast: Arsenii Bibikov (Dymov, a millionaire), Vitol'd Polonskii (his son), Vera Kholodnaya (Marianna), Ol'ga Rakhmanova (her mother), Tamara Gedevanova (her sister), Andrei Gromov (Marianna's betrothed), Aleksandr Kheruvimov (theatre director). Based on the novel by Lidiya Charskaya.

On the basis of this picture we can only say that the author is not deprived of talent as a cinema playwright, though he has yet to master all the secrets of cinema art and continues to employ some of its now-obsolete methods... This explains both the merits and the failings of the picture in question. In effect, *Mirages* is a purely psychological play, in which the viewer is presented not with a more or less skilfully made series of showy outward situations, but with a drama of the human soul, of its hopes, aspirations and frustrations ... In such cinema plays the outward element is merely the canvas or backdrop against which the actors give a vivid

domestico, preferendo la vita difficile ma allegra da bohème al comodo vegetare della provincia. Il regista Čardynin è riuscito in alcune scene a trasmettere fedelmente la noia angosciante del vivere in provincia. Nel film ci sono molte danze; tra gli interpreti si fanno notare la Karalli, El'skij e la Kassackaja. (SF, 1915, n. 3, 68)

Миражи

MIRAŽI
MIRAGGI

Titolo alternativo
TRAGEDIJA KRASIVOJ DEVUŠKI
TRAGEDIA DI UNA BELLA RAGAZZA

Dramma. 4 bobine; 1389 m; produzione: A. Hanžonkov i Co. Spa; data di release: 3.1.1916; regia: Petr Čardynin; sceneggiatura: Ekaterina Tissova (Vinogradskaja). Interpreti: Arsenij Bibikov (Dymov, il milionario), Vitol'd Polonskij (suo figlio), Vera Holodnaja (Marianna), Ol'ga Rahmanova (sua madre), Tamara Gedevanova (sua sorella), Andrej Gromov (fidanzato di Marianna), Aleksandr Heruvimov (direttore del teatro). Dall'omonimo romanzo di Lidija Čarskaja.

A giudicare dal film, potremmo solo dire che l'autore non manca di talento cinedrammatico, anche se non conosce ancora tutti i segreti della creazione cinematografica e non si è liberato di alcune forme ormai superate. In questo modo si spiegano sia i meriti che i difetti del film in esame. Per la sua essenza *Miraggi* è un film di carattere puramente psicologico, che sottopone all'attenzione dello spettatore una combinazione più o meno magistrale di situazioni esterne d'effetto, di drammi dell'animo umano con le sue speranze, aspirazioni e delusioni... Diversa dagli altri film di questo genere si presenta solo la trama, sul cui tessuto gli attori proiettano con chiari accenti lirici le loro emozioni. Ecco perché se non si conosce almeno in breve il soggetto di *Miraggi*, potrebbe sem-

and lyrical portrayal of their experiences. For this reason, unless I were to provide a brief summary of the picture's plot, my comments would seem extremely commonplace. A young, beautiful and talented girl is preparing to become an actress. She has a successful theatre debut... Great and brilliant prospects open up before her. She has a vague longing for fame, glamour, a happy life, wealth... By chance, she meets someone from the "gilded youth" set. He succeeds in enticing our heroine with the false tinsel of a wealthy life; she becomes intimate with him, breaks with her family and rejects the man to whom she is betrothed... Time passes and, as is usually the case, the "handsome seducer" loses interest. Seeing that her happiness was but a mirage, the girl commits suicide... It is clear that our heroine's fate is like that of thousands of cinema heroines, and if the picture's merit were to be judged on its plot alone there would be no point in discussing it. But this hackneyed superficial framework is filled with such "juicy" psychological material from real life, that despite all its failings (to be discussed below) the picture is most interesting to watch. First of all, the play gives an excellent depiction of everyday life: one can sense that the heroine grows up in a tight-knit and educated working family, that her family loves her, spoils her and sees her as a future "star". The viewer immediately feels at home with the cosy, clean and invigorating atmosphere that reigns in her family. How pleasant to see, for instance, a party staged without the usual cinema effects – pretentious dances, stylish costumes etc. What happy and lively young people, what relaxed and sincere merriment! What is it that makes the heroine leave such a setting and submit to life's deceptive mirages? This, in our view, is where the picture is at its weakest. "I feel within myself a vague striving", says the heroine... Something that is perfectly natural in a young richly endowed girl full of energy... Her unused store of youthful energy rebels, seeks a way out, a form of application... The heroine cannot complain, however, that she has nothing to expend her energy on: the author shows us her great success on the stage. What could have made her break with her betrothed, abandon her family and go off to a rich man of pleasure? His beautifully appointed flat might perhaps have seduced a shop salesgirl, but not a girl who has grown up in a cultured family with a brilliant stage career ahead of her... We might perhaps have understood her obsession with the handsome and elegant young man (whom Comrade Polonsky portrays well, where the play requires it), but why then these noble words about "vague" strivings harboured by the heroine's soul, about her dreaming "not of fishing boats, but of great ships"? The author wanted to show the heroine being enticed and ruined by deceptive "mirages", but in fact it all boils down to her obsession with a handsome man. This discrepancy between intention and result is the play's fundamental shortcoming, and it is for this reason that the finale – the heroine's suicide when she becomes aware of her "hero's" betrayal – becomes less convincing. Surely a woman so lavishly endowed with "mysterious" strivings and dreaming of great ships could have survived her first disillusioned love, as do those of a less strong nature? These logical and psychological incongruities ruin the play's harmony and integrity, and devalue it to a considerable extent... The author reveals a certain lack

brare un film dei più banali. Una giovane piena di talento si prepara a fare il suo ingresso nella vita artistica e con successo debutta in teatro... Davanti a lei si presenta un futuro brillante e promettente. Ma è confusamente attratta dalla gloria, dalla fama, dai piaceri della vita e dalla ricchezza. Per caso incontra uno dei rappresentanti della "gioventù dorata", il quale riesce ad affascinarla col falso splendore della vita dei ricchi; la nostra eroina fugge con lui, lascia la famiglia e il suo fidanzato. Trascorso un po' di tempo il bel seduttore, come al solito, dimentica il suo fervore e la giovane, resasi conto di quanto fuggevole sia stata la sua felicità, pone fine alla sua vita col suicidio... Mi sembra evidente che il destino della nostra eroina sia simile a quello di migliaia di altre, e se il valore del film si dovesse misurare in base al soggetto non varrebbe la pena di parlarne; tuttavia, la cornice esterna viene riempita da un materiale così ricco di elementi psicologici e di vita quotidiana che in definitiva il film si guarda con interesse. Il lato migliore del film è proprio quello che descrive la vita di ogni giorno. Vediamo la protagonista crescere in una famiglia unita ed intelligente, i familiari le vogliono bene, la viziano, guardano a lei come a una futura "stella". Lo spettatore si immerge così nell'atmosfera di tranquillità e sicurezza che regna nella casa; si guarda con piacere la festicciola, realizzata senza i soliti effetti cinematografici, le danze ricercate, i vestiti eleganti, ecc. Ci sono dei semplici giovani pieni di voglia di vivere e un'atmosfera ricca di genuina allegria. Che cosa costringe allora l'eroina ad allontanarsi da questa situazione per gettarsi in una vita fatta di ingannevoli miraggi? È qui che secondo me si nasconde il punto più debole del film. "Sento in me delle forze confuse" dice l'eroina, ed in una giovane ricca di forza ed energia, piena di talento, questo è del tutto naturale. Energie non ancora espresse ribollono dentro di lei, cercano di estrinsecarsi, di esprimersi... la protagonista tuttavia non può dire di non saper dove metterle, perchè l'autore ci fa vedere il suo grande successo sulla scena. E allora che cosa mai l'avrà indotta a lasciare il fidanzato, a rompere i rapporti con la famiglia per andarsene con un ricco viveur? I begli arredi del suo appartamento avrebbero forse potuto sedurre la cassiera di un negozio, ma non una ragazza cresciuta in un ambiente colto, davanti alla quale si stava schiudendo una brillante carriera teatrale... Avremmo anche potuto capire una sua infatuazione per un giovane bello ed elegante (e Polonskij riesce ad esserlo quando è necessario), ma allora perché tutti quei discorsi sulle forze confuse che si celano nell'animo dell'eroina, sul fatto che sogna grandi cose? L'autore voleva dimostrare che gli ingannevoli miraggi che affascinano la protagonista la portano alla rovina, ma in pratica tutto si riduce alla semplice infatuazione per un bell'uomo. Il divario tra l'idea e la sua realizzione rappresenta il difetto basilare del film, che ne rende il finale infondato (il suicidio della protagonista che scopre il tradimento dell'amato). Come mai una giovane così dotata di forze "nascoste", che sogna grandi cose, non è stata capace di sopportare un dolore, la prima delusione amorosa, con cui si scontrano nature anche meno forti? Sono queste le incoerenze logiche e psicologiche del film, che lo privano di vigore e di finalità svalutandolo in misura significativa. L'inesperienza dell'autore si manifesta anche in altri lati del lavoro: tutto l'episodio del ricco vegliardo,

of experience in some other aspects of the play as well: though not devoid of interest, the entire episode featuring the rich old man – the hero's father – has, in effect, no bearing on the subsequent development of the drama; nor was there any need to show the heroine's dreams or make her declaim – these are all sufficiently well-worn cinema "effects". Mme Kholodnaya, who played the principal role, tried to portray a well-rounded stage character, and it is not her fault if she has failed to do so. (Pr., 1916, No. 2, 9-10)

NAKANUNE
ON THE EVE

Накануне

Drama. 5 reels; 1850 m; production: V. Vengerov & V. Gardin; release: 3.9.15; directors: Nikolai Malikov & Vladimir Gardin; script: Emmanuil Beskin; cameraman: Aleksandr Ryllo; art director: Ivan Sukiasov. Cast: Ol'ga Preobrazhenskaya (Elena), Petr Kashevskii (Insarov), V. Vasil'ev (Bersenev), M. Balinov (Shubin), A. Neverov (Uvar Ivanovich), T. Krasovskaya (Zoya), V. Gradov (Elena's father), N. Lepetich (mother), S. Sergeev (Rendich). Screen version of the novel by Ivan Turgenev. Partially preserved without titles.

The adaptation is successful from the point of view of reproducing the life and times of that epoch, but the inner plot of the novel is brought over poorly, and the novel's psychological idea is turned into a series of individual scenes with little connection, and thus the picture can only serve as an illustration of the given work. The captions do not correspond to the text of the novel and to the content of the picture. (Kb, 1918, No. 1-2, 22)

NE VYNESLA POZORA
SHE COULD NOT STAND THE SHAME

Не вынесла позора

Drama. 3 reels; 745 m; production: Lucifer Film Studio; release: 2.8.16; director: Eduard Puchalski. Cast: Faina Verkhovtseva (the wife), Nikolai Saltykov (the husband), Aleksandr Grel' (a friend of the family), K. Dobrzhinsky (a lackey). Based on Maupassant (?). Second reel preserved without titles.

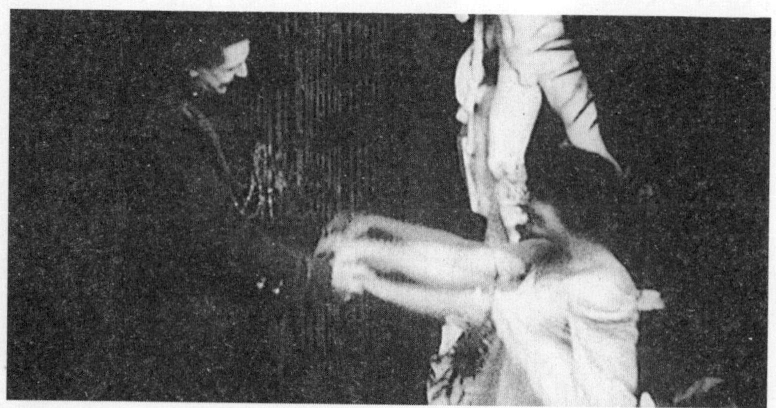

il padre del protagonista, anche se si guarda non senza interesse, in realtà è slegato dal resto del dramma; inoltre non era necessario mostrare i sogni della protagonista, farglieli declamare, ricorrendo a effetti cinematografici ormai logori. L'interprete del ruolo principale, la Holodnaja, fa del suo meglio per rendere un'immagine scenica compiuta e non è colpa sua se non c'è riuscita. (Pr., 1916, n. 2, 9-10)

Накануне

NAKANUNE
ALLA VIGILIA

Dramma. 5 bobine; 1850 m; produzione: V. Vengerov e V. Gardin; data di release: 3.9.1915; regia: Nikolaj Malikov e Vladimir Gardin; sceneggiatura: Emmanuil Beskin; operatore: Aleksandr Ryllo; scenografia: Ivan Sukiasov. Interpreti: Ol'ga Preobraženskaja (Elena), Petr Kaševskij (Insarov), V. Vasil'ev (Bersenev), M. Balinov (Šubin), A. Neverov (Uvar Ivanovič), T. Krasovskaja (Zoja), V. Gradov (padre di Elena), N. Lepetič (madre), S. Sergeev (Rendic). Adattamento dell'omonimo romanzo di Ivan Turgenev. Il film è conservato incompleto, senza didascalie.

La messinscena è riuscita dal punto di vista della riproduzione della atmosfera e della vita quotidiana dell'epoca, ma la fabula del romanzo è stata mal realizzata; il contenuto psicologico del romanzo è stato perso poiché le singole scene sono poco legate fra loro: il film perciò può servire soltanto come illustrazione del romanzo. Le didascalie non corrispondono al testo del romanzo né al contenuto stesso del film. (Kb, 1918, n. 1-2, 22)

Не вынесла позора

NE BYNESLA POZORA
LEI NON SOPPORTÒ L'INFAMIA

Dramma. 3 bobine; 745 m; produzione: Cinestudio Lucifer; data di release: 2.8.1916; regia: Edward Puchalski. Interpreti: Faina Verhovceva (moglie), Nikolaj Saltykov (marito), Aleksandr Grel' (amico di famiglia), K. Dobržinskij (lacchè). Da un'opera di Guy de Maupassant (?). La seconda bobina è conservata senza didascalie.

Ночь и Луна... Он и она...

NOČ I LUNA... ON I ONA...
LA NOTTE E LA LUNA... LUI E LEI...

Commedia. 250 m; produzione: Stabilimento Svetosil; data di release: 31.10.1915; autori: ignoti. Interpreti: Vitalij Lazerenko (lui), Solnceva (lei).

NOCH' I LUNA... ON I ONA... NIGHT AND MOON... HIM AND HER...

Ночь и Луна... Он и она...

Comedy. 250 m; production: Svetosil Film Factory; release: 31.10.15; credits: unknown. Cast: Vitalii Lazarenko (Him), Solntseva (Her).

OTTSY I DETI FATHERS AND SONS

Отцы и дети

Drama. 4 reels; 1500 m; production: Russian Golden Series; release: 29.11.15; director: Wjaczeslaw Wiskowski; cameraman: Aleksandr Levitskii; art director: A. Grezin. Cast: Mikhail Doronin (Bazarov), E. Uvarova (Odintsova), L. Knipper (Nikolai Kirsanov), N. Nikol'skii (Pavel Kirsanov), F. Morskoi (Arkadii), A. Nikolaeva (Fenichka), N. Strukova & Vladimir Alekseev-Meskhiev (Bazarov's parents). Screen version of the novel by Ivan Turgenev. One reel preserved without titles.

Unfortunately, this second adaptation of Turgenev in the Russian Golden Series (the first was *Home of the Gentry*) has turned out less interesting than the first. Whereas in the first they succeeded in showing that old "home of the gentry", this time Bazarov's era with its psychological formula "fathers and sons", remains concealed behind a simple family drama in which the parents lose their beloved son. Where is the complex psychological struggle between two generations, the struggle upon which Turgenev's novel is based? There is no hint of it in the picture, which could therefore quite happily be entitled *The Love and Death of Bazarov*. The company is therefore quite wrong to advertise this film as a "complete and accurate dramatization" of the novel. Mr Wiskowski has done some careful work in fine taste. (Pr., 1915, No. 2, 8-9)

PERVAYA LYUBOV' FIRST LOVE

Первая любовь

Comedy. 1 reel; 228 m; production: A. Khanzhonkov & Co. Ltd.; release: 1.8.15; director: Evgenii Bauer. Cast: Glinskaya Jr (the girl), Emma Bauer Jr (the boy), V. Glinskaya (the girl's mother), Tat'yana Bakh (the boy's sister). Preserved without titles.

This is a charming little comedy performed by children, with Mme Bauer as the boy and Mme Glinskaya as the little girl. It's all about a little girl who, imitating her elders, hastens to a rendezvous. But on the road, or rather on the track, she encounters an unexpected obstacle – a toad, who forces the young coquette to turn back. This toad subsequently turns out to be a lady's hand-bag made in the form of a toad. But the young "heroine" has already forgotten about her unsuccessful rendezvous and is engrossed in feeding the birds that have gathered around her – hens, chickens and pigeons. Both little girls act charmingly. The scenes are produced with delightful taste and are a pleasure to watch. (TG, 1915, No. 33, 15)

Отцы и дети

OTCY I DETI
PADRI E FIGLI

Dramma. 4 bobine; 1500 m; produzione: Russkaja zolotaja serija (Serie d'oro russa); data di release: 29.9.1915; regia: Wjaczeslaw Wiskowski; operatore: Aleksandr Levickij; scenografia: A. Grezin. Interpreti: Mihail Doronin (Bazarov), E. Uvarova (Odincova), L. Knipper (Nikolaj Kirsanov), N. Nikol'skij (Pavel Kirsanov), F. Morskoj (Arkadij), A. Nikolaevna (Fenicka), N. Strukova e Vladimir Alekseev-Meshiev (genitori di Basarov). Adattamento dell'omonimo romanzo di Ivan Turgenev. Il film è conservato parzialmente (1 bobina), senza didascalie.

Sfortunatamente la seconda messa in scena della Serie d'oro russa da un'opera di Turgenev – la prima è stata *Dvorjanskoe gnezdo* (Nido di nobili) – è riuscita meno interessante della prima. Se da un lato il vecchio *Nido di nobili* è stato riprodotto felicemente, dall'altro l'epoca di Bazarov con le sue formule psicologiche tra "padri e figli" è stata ridotta a un semplice dramma familiare dove i genitori perdono il figlio prediletto. Dov'è finita la complessa lotta interiore tra due generazioni, la lotta su cui è costruito il romanzo di Turgenev? Nel film non c'è proprio e quindi potrebbe intitolarsi con successo *Amore e morte di Bazarov*. Per questo motivo è assurdo che la casa di produzione abbia annunciato "una fedele e integrale messa in scena del romanzo". Wiskowski ha dato prova di un lavoro accurato e di un sottile buon gusto. (Pr., 1915, n. 2, 8-9)

Первая любовь

PERVAJA LJUBOV'
PRIMO AMORE

Commedia. 1 bobina; 228 m; produzione: A. Hanžonkov i Co. Spa; data di release: 1.8.1915; regia: Evgenij Bauer. Interpreti: Glinskaja (ragazza), Emma Bauer (ragazzo), V. Glinskaja (madre della ragazza), Tat'jana Bah (sorella del ragazzo). Il film è conservato senza didascalie.

È un'incantevole commediola, recitata da bambini, con la Bauer (bambino) e la Glinskaja (bambina). La storia racconta di come una bimba imitando gli adulti, si affretti a un appuntamento, ma per la strada, anzi per un viottolo, incontra un ostacolo inaspettato: un rospo che costringe la piccola civettuola a tornare indietro. Successivamente il rospo si rivelerà una borsetta da donna a forma di rospo. Ma la giovane "eroina" non ha fatto in tempo a dimenticare l'appuntamento mancato che è già tutta impegnata a dar da mangiare agli uccelli riunitisi intorno a lei: galline, pulcini e colombi. Entrambe le bambine recitano in modo incantevole, le scenette, realizzate con buon gusto, sono gradevoli alla vista e si seguono con piacere. (TG, 1915, n. 33, 15)

PETRA SMIRNOVA SYNOV'YA
THE SONS OF PETR SMIRNOV

Петра Смирнова сыновья

Alternative titles
BRAT NA BRATA / BROTHER AGAINST BROTHER
DRAMA V ROSTOVE VELIKOM
DRAMA IN ROSTOV THE GREAT
DETI KUPTSA VOLZHINA
THE CHILDREN OF VOLZHIN THE MERCHANT

Film play. 3 reels; 1100 m; production: G. Libken Ltd.; date: 1915; release: unknown; directors: Zygmunt Wiesielowski & Grigorii Libken; script: Libken. Cast: Amo Bek-Nazarov (Aleksei Smirnov), I. Zvezdich (Mikhail, his brother), V. Zimovoi (Petr Smirnov, their father), Marietta Petini (Mara, the daughter of Gassanov the usurer), N. Rumyantseva (Anna Zvereva). Film partially preserved.

A. Bek-Nazarov. Libken once invited me into his office and demanded that I maintain the strictest secrecy during work on my next role. "You've had enough of playing handsome young men", he said. "You are now going to act a tough character role – an unloved hunchback. Zvezdich will play the handsome young man this time. It will be a brilliant cinema drama! Once it's released I promise you another rise. But I repeat: not a word to anyone!" When the picture was ready we saw that it was entitled *The Sons of Petr Smirnov*, and only then did we understand why Libken had shrouded the production of that smash hit in such secrecy. The name of Petr Smirnov, the prominent vodka producer, enjoyed wide popularity. The whole of Russia drank his "Smirnoff". Having somehow learned of a scandal in Smirnov's family, Libken decided to make a killing out of it. You can imagine how astonished Smirnov's representatives were on being invited to the studio to view the picture. The release of the picture for hire threatened to become a sensational scandal. The unabashed Libken was reckoning on Smirnov buying his way out of disgrace. Without too much reflection, the manufacturer's representatives began haggling over the price. They agreed on 18,000, which gave Libken a net profit of 12,000, not counting the money he earned by hiring out that same film under the title *The Children of Volzhin the merchant.* (1965, 48-49)

PLEBEI
THE PLEBEIAN

Плебей

Alternative title
ROMAN GRAFINI YU
THE ROMANCE OF COUNTESS JU

Drama. 4 reels; length unknown; production: Russian Golden Series; release: 4.3.15; director/script: Yakov Protazanov; cameraman: N. Efremov. Cast: Ol'ga Preobrazhenskaya (Countess Julie), Nikolai Radin (her lackey, Jean). Screen version of the play *Miss Julie* by August Strindberg. One reel preserved.

Петра Смирнова сыновья

PETRA SMIRNOVA SYNOV'JA
I FIGLI DI PETR SMIRNOV

Titoli alternativi
BRAT NA BRATA / FRATELLO CONTRO FRATELLO
DRAMA V ROSTOVE VELIKOM
DRAMMA A ROSTOV LA GRANDE
DETI KUPCA VOLŽINA
I FIGLI DEL MERCANTE VOLŽIN

Opera cinematografica. 3 bobine; 1100 m; produzione: G. Libken Spa (1915); data di release: ignota; regia: Zygmunt Wiesielowski e Grigorij Libken; sceneggiatura: Grigorij Libken. Interpreti: Amo Bek-Nazarov (Aleksej Smirnov), I. Zvezdič (Mihail, suo fratello), V. Zimovoj (Petr Smirnov, loro padre), Marietta Petini (Mara, figlia dell'usuraio Gassanov), N. Rumjanceva (Anna Zvereva). Il film è conservato incompleto.

A. Bek-Nazarov. Una volta, dopo avermi invitato nel suo studio Libkin pretese che fosse osservata la più attenta segretezza sul mio prossimo ruolo. "Avete rappresentato il personaggio del bello abbastanza a lungo – mi disse – questa volta reciterete la parte di un gobbo sfortunato in amore, il bello lo farà Zvezdič. Ne verrà fuori un geniale dramma cinematografico! Dopo la sua uscita vi assicuro un aumento di stipendio, solo ripeto: non una parola con nessuno!" ... Quando il film fu terminato leggemmo il titolo: *I figli di Petr Smirnov* ... Ma ancora non capivamo perchè Libken avesse voluto mantenere una tale segretezza sulla realizzazione di questo colossal. Il nome di Petr Smirnov, grosso proprietario di distillerie, era largamente conosciuto. La vodka Smirnov si beveva in tutta la Russia. Libken, venuto a conoscenza in qualche modo di uno scandalo nato nella famiglia dell'industriale, aveva deciso di approfittarne. Immaginate lo sbalordimento dei rappresentanti di Smirnov, invitati allo stabilimento cinematografico per la prima visione pubblica del film! La distribuzione del film minacciava di creare uno scandalo sensazionale. Libken sfrontatamente aveva già pensato che Smirnov avrebbe potuto pagare per salvarsi dallo scandalo ed i suoi rappresentanti iniziarono subito una discussione sul prezzo. Si accordarono per diciottomila, e questo diede a Libken dodicimila rubli di guadagno netto, senza contare i soldi che gli derivarono dalla distribuzione del film col titolo, *Deti kupca Volžina* (I figli del mercante Volžin). (1965, 48-49)

Плебей

PLEBEJ
PLEBEO

Titolo alternativo
ROMAN GRAFINI JU.
LA ROMANZA DELLA CONTESSA G.

Dramma. 4 bobine; lunghezza ignota; produzione: Russkaja zolotaja serija (Serie d'oro russa); data di release: 4.3.1915; regia/sceneggiatura: Jakov Protazanov; operatore: N. Efremov. Interpreti: Ol'ga Preobraženskaja (contessa Giulia), Nikolaj Radin (il lacchè Jean). Adattamento del-

Cinema adaptations of dramatic works are rarely successful, but on this occasion we have a very pleasant exception on our hands. The film *The Plebeian* excellently conveys the full weight of Strindberg's drama and gives an artistic representation of its heroes – Countess Julie (Mme Preobrazhenskaya) and Jean the servant (Mr Radin). Mme Preobrazhenskaya has managed to create an authentic image of the extravagant, nervous and sensuous countess with her dual psychology, which allows her to be drawn towards the handsome servant while, at the same time, despising him as a "plebeian"... The picture is excellently made. (SF, 1915, No. 10, 52)

PORTRET
THE PORTRAIT

Портрет

Drama. 3 reels; 1200 m; production: Skobelev Committee; release: 10.9.15; director/cameraman: Wladyslaw Starewicz. Cast: R. Krechetov (Gogol'). Screen version of the story by Nikolai Gogol'. Two reels preserved without titles.

All they have succeeded in representing is the bare plot; the full complexity of the psychological theme remains untouched, and the horror of the work is absent in the production. Overall though, the production is not bad. The details from everyday day life have been preserved. This picture may serve as an illustration to the story. (Kb, 1918, 9)

POSLEDNII NYNESHNII DENECHEK
THE LAST DAY OF TODAY

Последний нынешний денечек

Drama of everyday life. 3 reels; length unknown; Skobelev Committee; date: 1915; release: unknown; director/script: Nikolai Larin; cameraman: Wladyslaw Starewicz. Cast: Nikolai Saltykov. Screen version of a Russian folk-song.

POSLE SMERTI
AFTER DEATH

После смерти

Alternative title
TURGENEVSKIE MOTIVY
MOTIFS FROM TURGENEV

Drama. 4 reels; 1303 m; production: A. Khanzhonkov & Co. Ltd.; release: 29.12.15; director/script: Evgenii Bauer; cameraman: Boris Zavelev. Cast: Vitol'd Polonskii (Andrey Bagrov), Ol'ga Rakhmanova (Kapitolina Markovna, his aunt), Vera Karalli (Zoya Kadmina), M. Khalatova (her mother), Tamara Gedevanova (her sister), Georgii Azagarov (Tsenin, Andrei's friend), Marfa Kassatskaya (Princess Tarskaya). Based on themes from the story *Klara Milich* by Ivan Turgenev. Preserved without titles.

l'opera di August Strindberg *La signorina Giulia*. Il film è conservato incompleto (1 bobina).

La versione cinematografica delle opere teatrali raramente riesce; questa volta però abbiamo a che fare con un'eccezione, che sorprende piacevolmente. Il film *Plebej* rende molto bene il concetto principale del dramma di Strindberg. Di grande valore artistico sono le interpretazioni della Preobraženskaja (la contessa Giulia) e di Radin (il lacchè Jean). La Preobraženskaja è riuscita a creare una viva immagine dell'eccentrica, nervosa e sentimentale contessa, personaggio dal duplice carattere, da un lato attratta dal bel lacchè e dall'altro sdegnosa, perché "plebeo"... Il film è realizzato in modo eccellente. (SF, 1915, n. 10, 52)

Портрет

PORTRET
IL RITRATTO

Dramma. 3 bobine; 1200 m; produzione: Comitato Skobelev; data di release: 10.9.1915; regia/operatore: Wladyslaw Starewicz. Interpreti: R. Krečetov (Gogol'). Riduzione cinematografica dell'omonima opera di Nikolaj Gogol'. Il film è conservato incompleto (2 bobine), senza didascalie.

È stata messa in scena soltanto la nuda fabula, senza far risaltare la complessità psicologica del soggetto e l'incisività dell'opera. La regia nel complesso è abbastanza buona, i particolari che riguardano la vita quotidiana sono rispettati; il film può servire come illustrazione del racconto. (Kb, 1918, 9)

The picture devotes too much attention to the "visions" of the scientist, whose disturbed imagination sees the deceased girl's ghost everywhere. These visions are too monotonous. Without running the slightest risk, the director could have ended the picture at Act Two, because the remainder contains virtually no new material. Unfortunately, he stuck on two more totally unnecessary acts with the deliberate intention, of course, of creating a long-running drama that would fill up an entire cinema programme. This is undoubtedly to the detriment of the film. The actors had some good moments, but overall their acting was somewhat monotonous, due to the tedious passages. Mme Karalli appears throughout as the ghost, while Mr Polonskii portrays the suffering hero from beginning to end. (OT, 1916, No. 3011, 11)

E. Bauer has passed on to us the following letter, which is addressed to him: "The Khanzhonkov company's picture *After Death* was shown the other day in Petrograd and surrounding areas. I would be most grateful if you could clear my bewilderment: Why was it necessary to re-christen the universally known *Klara Milich* in such a way? Why change the names, and more importantly, the characters? I should particularly cherish your replies to these questions. Why depict the small spindly figure of Zoya Kadmina instead of the full-grown beauty Klara (who is actually Katerina Milovidova)? And instead of the miniature and sickly Yasha, the wonderful Andrey Bagrov, "tire à quatre épingles" at any time of the day or night? And why the staid Kapitolina instead of the "tall" Platosha? As someone with a great love for cinema I find it frustrating to encounter such apparently inexplicable phenomena. I am therefore turning directly to you, for who, if not the di-

The action begins with a combination of a long pan and tracking shot; then the "dream" merges into flashback; in the end the "love token" overcomes death – the materialization of a lock of hair. Based on a literary text (Turgenev) Bauer's lucid vision, enhanced by skillful technique, creates yet another desperate love, exalting an exasperated romanticism that makes the impossibility of loving almost tangible, physical. C.M.

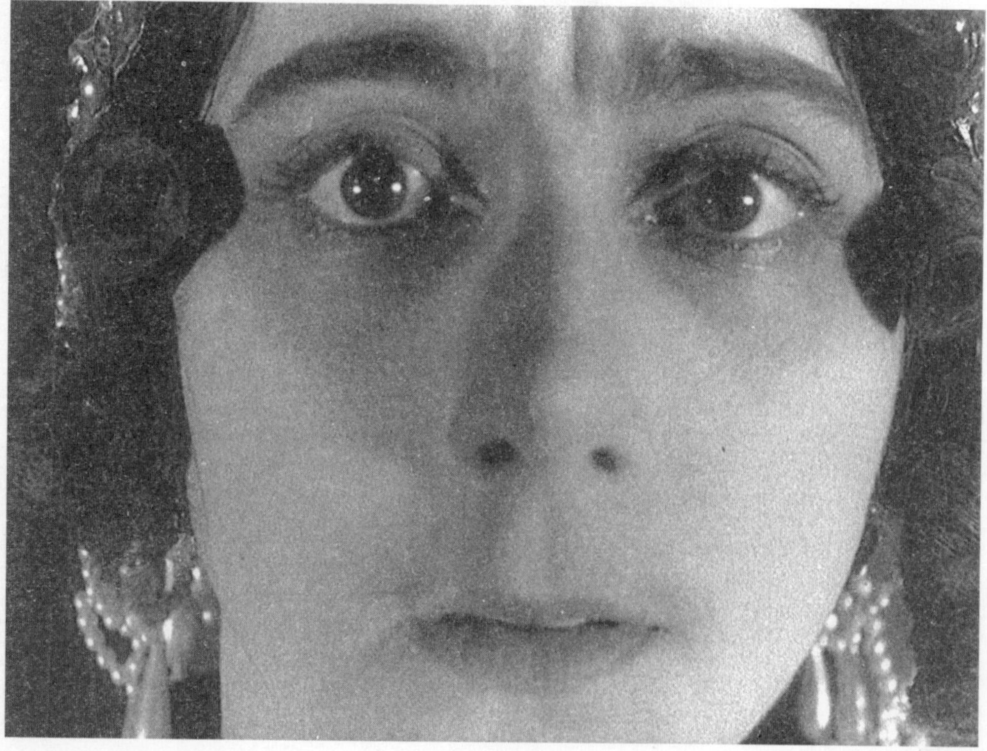

Последний нынешний денечек

POSLEDNYI NYNEŠNIJ DENEČEK
L'ULTIMO GIORNO D'OGGI

Dramma di vita quotidiana. 3 bobine; lunghezza ignota; produzione: Comitato Skobelev (1915); data di release: ignota; regia/sceneggiatura: Nikolaj Larin; operatore: Wladyslaw Starewicz. Interpreti: Nikolaj Saltykov. Riduzione cinematografica di una canzone popolare russa.

После смерти

POSLE SMERTI
DOPO LA MORTE

Titolo alternativo
TURGENEVSKIE MOTIVY
SU MOTIVI DI TURGENEV

Dramma. 4 bobine; 1303 m; produzione: A. Hanžonkov i Co. Spa; data di release: 29.12.1915; regia/sceneggiatura: Evgenij Bauer; operatore: Boris Zavelev. Interpreti: Vitol'd Polonskij (Andrej Bagrov), Ol'ga Rahmanova (Kapitolina Markovna, sua zia), Vera Karalli (Zoja Kadmina), M. Halatova (sua madre), Tamara Gedevanova (sua sorella), Georgij Azagarov (Cenin, un amico di Andrej), Marfa Kassackaja (principessa Tarskaja). Ispirato al racconto di Ivan Turgenev *Klara Milic*. Il film è conservato senza didascalie.

Si comincia con un lunghissimo movimento combinato di panoramica e carrello; poi il "sogno" che si fonde nel flash-back; alla fine il "pegno d'amore" che supera la morte: la materializzazione di una ciocca di capelli. Basandosi su di un testo letterario (Turgenev) la lucida visionarietà di Bauer, sorretta da una tecnica ormai smaliziatissima, dà corpo quasi con sacralità ad un ennesimo amore disperato, esaltando un romanticismo esasperato che rende quasi tangibile, fisica, l'impossibilità d'amare. C.M.

Il film dedica uno spazio eccessivo alle "visioni" di Andrej, la cui mente sconvolta vede ovunque lo spettro della morta. Queste visioni sono troppo monotone. Il regista avrebbe potuto, senza correre alcun rischio, concludere il film con il secondo atto, giacché in pratica non c'era più materiale per il film, invece ha aggiunto altri due atti del tutto inutili, naturalmente, con il preciso obiettivo di ottenere un dramma molto lungo, che riempisse abbondantemente il programma del cinematografo. Questo è decisamente il difetto del film ... Gli artisti offrono prestazioni interessanti ma nell'insieme la loro interpretazione, a causa dell'eccessiva lunghezza, è un po' monotona. La Karalli appare per tutto il film in sembianze di spettro e Polonskij viene rappresentato come un eroe tormentato. (OT, 1916, n. 3011, 11)

E.F. Bauer ci ha consegnato la seguente lettera, indirizzata a lui: "... Qualche tempo fa a Pietrogrado e provincia è stato proiettato il film della casa Hanžonkov, *Posle smerti*. E così, faccio appello alla Vostra cortesia, non rifiutateVi di risolvere le mie perplessità: perché si è ritenuto necessario cambiar nome alla comunemente nota Klara Milič? ... Perché sono stati cambiati i nomi e, ciò che è essenziale, i tipi dei personaggi? La Vostra risposta a questa mia domanda sarà per me particolarmente preziosa. Perché è stata rappresentata la piccola e magra figura di Zoja Kadmina, invece della bella e slanciata Klara, interpretata da Katerina Milovidova? Perché invece del gracile e minuto Jaša, l'imponente figura di Andrej Bagrov, che ad ogni ora del giorno e della notte *tire à quatre épingles?* E perché invece della spilungona zia Platoša, la posata e seria Kapitolina? Amo profondamente il cinema, ed è per questo che

rector, could explain it all. Let us assume these to be "questions from the public". It is not long since you became the company's chief director, and it may be that this drama was not produced under you. But it is not an isolated instance – I mention it only as one recent example of a phenomenon that interests me. Perhaps you could, all the same, find a few minutes to reply". On handing the letter to us, Mr Bauer made the following statement: "I totally agree with Mme N.I., and we think that her observations are applicable to all pictures illustrating Turgenev's works. It is our view that the cinema has still not found the movements and pace required to embody Turgenev's delicate poetry. Nor alas, will it find them soon, since film directors have been educated in conditions allowing them to take barbarous liberties with the authors. Since, in the initial phase of their career, they are involved merely with works that are hopeless from the literary point of view, they grow accustomed to doing as they wish, to altering arbitrarily the intentions, the situations and even the heroes invented by the author. Turgenev should be approached in a different spirit and with different habits". (PEG, 1916, No. 4, 103-104)

PRIKLYUCHENIYA ZNAMENITOGO NACHAL'NIKA PETROGRADSKOI SYSKNOI POLITSII I.D. PUTILINA
THE ADVENTURES OF I.D. PUTILIN, THE RENOWNED HEAD OF THE PETROGRAD C.I.D.

Приключения знаменитого начальника петроградской сыскной полиции И.Д. Путилина

Alternative titles
PRIZRAKI PROSHLOGO
PHANTOMS FROM THE PAST
PO SLEDAM UBIITS
ON THE MURDERERS' TRAIL
RUSSKII SHERLOK KHOLMS
THE RUSSIAN SHERLOCK HOLMES

Drama. 3 reels; 1000 m; production: Russian Cinema Society & A. Drankov; release: 8.11.15; director: M. Martov; script: Vladimir Mazurkevich. Cast: D. Rabrin (Putilin), S. Neradovskii (Krutov, the owner of a trading company), Sof'ya Charusskaya (Manya, a street 'fairy'), M. Martov (Sokolov, a rich merchant), Radunskaya (Irina). Screen version of the story *Insane Fate* from the book *The Notes of Putilin, Head of the C.I.D.* One reel preserved.

A poor and lonely girl making her way through life with difficulty obtains the position of nurse to a single man's child. The lecherous ape rapes her, and in a fit of despair, her life in ruins, she decides on suicide. But she is saved by a chance meeting with a stranger: Krutov fixes her up in his office and looks after her. Time flies past, and his feelings for her develop into love. Their otherwise happy marriage is clouded only by memories of the past, of which she told him before their wedding. Krutov has no peace of mind. He decides to put an end to his anguish by destroying the man who so humiliated his wife. He engages a courtesan to entice the ape into a room and sprinkle some powder into his wine. She then makes a chalk mark on the door of the next room, which Kru-

mi rincresce particolarmente quando assisto a simili eventi, di cui non trovo spiegazione – e mi rivolgo dunque direttamente a Voi. Chi, se non il regista, può spiegare tutto ciò? Supponiamo che queste siano domande del pubblico. Voi non molto tempo fa operavate in qualità di regista principale della casa di produzione. È possibile che questo dramma non sia stato diretto da Voi; ma questo non è l'unico caso – io l'ho citato come esempio recente di un evento che ha suscitato il mio interesse. Forse, vorrete ugualmente dedicarmi qualche minuto con una Vostra risposta". N.I.
Nel consegnarci la lettera, Bauer ha dichiarato: "Sono pienamente d'accordo con N.I., e riteniamo che le sue osservazioni possano valere per tutti i film che rappresentano le opere di Turgenev. La cinematografia non ha ancora trovato, secondo noi, il movimento e il ritmo che caratterizzano la soave poesia di Turgenev. Ahimè! pian piano si scoprirà che i registi del cinema sono stati educati a violare barbaramente i diritti degli autori. Avendo tra le mani, all'inizio della loro attività, opere di scarso valore letterario, si sono abituati ad agire secondo il proprio arbitrio, a modificare a loro discrezione le idee altrui, le situazioni, e perfino gli eroi immaginati dall'autore. Turgenev dovrà adattarsi a uno spirito e a abitudini a lui estranee. (PEG, 1916, n. 4, 103-104)

Приключения знаменитого начальника петроградской сыскной полиции И.Д. Путилина

PRIKLJUCENIJA ZNAMENITOGO NAČAL'NIKA PETROGRADSKOJ SYSKNOJ POLICII I.D. PUTILINA
LE AVVENTURE DEL FAMOSO CAPO DI POLIZIA GIUDIZIARIA PIETROBURGHESE, I.D. PUTILIN

Titoli alternativi
PRIZRAKI PROSLOGO
FANTASMI DEL PASSATO
PO SLEDAM UBIJC
SULLE TRACCE DELL'ASSASSINO
RUSSKIJ ŠERLOK HOLMS
LO SHERLOCK HOLMES RUSSO

Dramma. 3 bobine; 1000 m; produzione: Società cinematografica russa e A. Drankov; data di release: 8.11.1915; regia: M. Martov; sceneggiatura: Vladimir Mazurkevič. Interpreti: D. Rabrin (Putilin), S. Neradovskij (Krutov, titolare dell'impresa commerciale), Sof'ja Čarusskaja (Manja, la "bella" da marciapiede), M. Martov (Sokolov, il mercante ricco), Radunskaja (Irina). Riduzione cinematografica del racconto *Bezumnaja mest'* (Un luogo terribile) tratto dal libro *Zapiski načal'nika sysknoj policii Putilina* (Appunti di Putilin, capo di polizia giudiziaria). Il film è conservato incompleto (1 bobina).

Una povera fanciulla, sola, si fa strada con difficoltà nella vita e viene assunta come governante per un bambino dopo aver risposto ad un'inserzione. Il padrone, uomo lussurioso e incontrollato, le usa violenza. Disperata e col cuore infranto, decide di porre fine alla sua triste esistenza. L'incontro casuale con uno sconosciuto la salva da morte sicura. Krutov le trova un lavoro nel suo ufficio e le rivolge ogni premura. Il tempo corre veloce, e il suo sentimento d'amicizia si trasforma in amore. Ma il matrimonio felice è of-

tov rents. When the man falls asleep Krutov kills him frenziedly with a knife. Washing his hands and wiping the knife clean of blood, he sets off home, where he hides the knife and the blood-stained cloth. Detective Putilin then appears on the scene. He manages to trace the courtesan from a photographer's records and strikes up an acquaintance with the Krutov's maid. Step by step he unravels the finely interwoven strands of the murder. He gets the maid drunk and creeps into the Krutov's flat. He then makes himself up to look like the dead man and appears, as if from the grave, before the terrified Krutov, holding the knife and cloth in his hands. The crime has been cleared up and the couple are arrested. (SF, 1915, No. 14-15, 110-115)

SASHKA - SEMINARIST
SASHKA THE SEMINARIST

Сашка-семинарист

Alternative titles
RUSSKII ROKAMBOL'
A RUSSIAN ROCAMBOLE
SASHKA S...

Criminal drama in 4 parts. 18 reels; 5535 m; production: I. Ermol'ev Co.; release: 1.1.15 (Part 1) – 24.1.15 (Part 2) – 2.3.15 (Part 3) – 5.12.15 (Part 4); director/script: Czeslaw Sabinski; cameraman: Evgenii Slavinskii. Cast: Petr Baksheev (Sashka the seminarist), V. Kashuba (Katya), Nikolai Panov, Vladimir Strizhevskii (Radchenko), Vera Orlova. Two reels preserved without titles.

Apart from having such an action-packed plot, the film *Sashka the Seminarist* has been produced in fine tones and displays the experienced hand of a director who managed not only to create a series of beautiful scenes, but to extract everything possible from the actors. (KZh, 1914, No. 21-22, 59)

Seeing Boris off the next morning, the countess stumbles across the stiff corpse of her husband. The servants are awakened by a wild cry of horror... The authorities investigate the murder. Being unable to explain where they had spent the night, Boris and the countess are arrested on suspicion of murder. On taking up the case, our old friend Seleznev the sleuth, realizes that the murder is the work of a very experienced hand. In a photograph of the victim's pupil he recognizes his enemy Sashka... The criminal has been identified and it only remains to arrest him. In the meantime Sashka is enjoying his freedom, little suspecting... Arriving at the count's house, the sleuth learns from the servants that Sashka is working there as a stable hand under the name Fedor Gusev, and anticipates his arrest with pleasure. But Sashka is warned by a maid who is in love with him, and goes into hiding once again, leaving a note: "Seek the wind in the field ..." (SF, 1915, No. 8, 70)

fuscato dal ricordo del passato, di cui la ragazza ha parlato prima dello sposalizio. Krutov soffre. Per porre fine a queste sofferenze, Krutov decide di uccidere l'uomo che le ha causate. Per raggiungere il suo scopo, si serve di una cocotte. Questa attira l'uomo nella sua camera e gli versa nel vino una polvere datagli da Krutov. Fa dunque un segno con il gesso sulla porta della camera accanto. La camera è occupata da Krutov che, quando l'altro si addormenta, raggiunta ormai la massima esasperazione lo uccide. Dopo essersi lavato le mani e aver eliminato ogni traccia di sangue dal coltello, si dirige verso casa e nasconde il coltello e il fazzoletto macchiato di sangue. Ma il sangue del morto si fa sentire e sulla scena compare I.D. Putilin. Con la fotografia dei Krutov, ottenuta con la lastra del fotografo, dopo aver scoperto la cocotte e conosciuto la cameriera dei Krutov, pian piano Putilin sbroglia l'intricata matassa del delitto. Fatta ubriacare la cameriera, si introduce nell'appartamento dei Krutov. Assumendo le sembianze dell'ucciso, Putilin finge di essere tornato dall'aldilà, terrorizzando il povero Krutov. Scoperti il coltello e il fazzoletto nell'appartamento di Krutov, Putilin si ferma davanti al povero Krutov, pallido come un morto. Scoperto il delitto, la coppia viene arrestata. (SF, 1915, n. 14-15, 110-115)

Сашка-
семинарист

SAŠKA-SEMINARIST
IL SEMINARISTA SAŠKA

Titoli alternativi
RUSSKIJ ROKAMBOL'
UN ROCAMBOLE RUSSO
SAŠKA S...

Dramma criminale in 4 parti. 18 bobine; 5535 m; produzione: I. Ermol'ev; data di release: 2.1.1915 (parte 1), 24.1.1915 (parte 2), 2.3.1915 (parte 3), 5.12.1915 (parte 4); regia/sceneggiatura: Czeslaw Sabinski; operatore: Evgenij Slavinskij. Interpreti: Petr Bakšeev (Saška, il seminarista), V. Kašuba (Katja), Nikolaj Panov, Vladimir Striževskij (Radčenko), Vera Orlova. Il film è conservato incompleto (2 bobine), senza didascalie.

Il film, malgrado il soggetto di guerra, è allestito in modo elegante ed è evidente la mano esperta del regista, che offre una serie di belle scene e riesce altresì a sfruttare al massimo le capacità interpretative degli artisti. (KŽ, 1914, n. 21-22, 59)

Al mattino, accompagnando Boris, la contessa inciampa sul cadavere del marito. L'angosciato grido di terrore sveglia il servo... Le autorità cercano di scoprire il colpevole dell'assassinio e, poiché Boris e la contessa non possono spiegare dove hanno trascorso la notte, vengono accusati dell'omicidio e arrestati. L'istruttoria è condotta da un personaggio a noi noto, l'agente della polizia investigativa Seleznev, che si è reso conto che l'assassinio è stato compiuto da mano esperta, e nel fotografare la pupilla dell'ucciso ha riconosciuto il suo nemico Saška... Il criminale è stato fermato e resta solo da arrestarlo. Intanto niente fa sospettare che Saška

SKAL'PIROVANNYI TRUP
THE SCALPED CORPSE

Скальпированный труп

Alternative title
INZHENER-AVANTYURIST / THE ENGINEER-ADVENTURER

Criminal drama in 2 parts. Part 1: 4 reels; 1175 m; production: Rus'; date: 1915; release: unknown; directors: Evgenii Petrov-Kraevskii & Aleksandr Arkatov; cameraman: Ivan Frolov. Cast: Aleksandr Chargonin (Engineer Milevich), Agata Verlen (Valya) G. Grigor'ev, V. Polivanov, P. Romanov, M. Troyanov. Based on the criminal trial of the notorious engineer and adventurer, Gilevich. First and third reels preserved without titles.

Part One is passed by the Petrograd censor, with the exception of the section from the dagger blow to Milevich's emergence from the flat in the second episode. (Vedomosti Petrogradskogo Gradonachal'stva, 1915, No. 130, 2)

SON'KA ZOLOTAYA RUCHKA
LIGHT-FINGERED SONKA

Сонька Золотая ручка

Part 4; drama. 4 reels; 1200 m; production: A. Drankov Ltd.; release: 8.2.15; director: Yu. Yur'evskii; script: V. Izumrudov & V. Rubinov (V. Garlitskii). Cast: Nina Gofman (Son'ka), Aleksandr Varyagin (Brenner), Cornet N.G. Savin (Himself). First three reels preserved without titles.

N. Gofman. I remember one detail in Part Four, where I (Sonka), pay my defence lawyer his fee for vindicating me. I was supposed to steal his own watch while talking to him. I remember arranging this with the director and not wanting to tell anyone of my intention until the scene was over; the actor playing the lawyer suspected nothing. By that time I had already acquired a great deal of "experience" and skill in various kinds of theft, which I had been taught by "leading specialists" in the field. And I actually managed to extract his watch quite unnoticed. I remember the shot showing my lawyer's bewilderment on finding his watch missing. (1946, 13)

SON'KA ZOLOTAYA RUCHKA
LIGHT-FINGERED SONKA

Сонька Золотая ручка

Alternative title
PRIKLYUCHENIYA ZNAMENITOI AVANTYURISTKI SOFIYA BLYUVSHTEIN
THE ADVENTURES OF THE FAMOUS ADVENTURESS SOFIYA BLYUVSHTEIN

Part 5; drama. 4 reels; 1300 m; production: A. Drankov Ltd.; release: 25.4.15; directors: Yu. Yur'evskii & Vladimir Kas'yanov; script: V. Izumrudov, V. Rubinov (V. Garlitskii) & Count Amori (Ippolit Rapgof). Cast: Nina Gofman (Son'ka), A. Varyagin (Brenner), I.D. Putilin (Himself). One reel preserved without titles.

si stia godendo la libertà... Giunto a casa del conte, l'agente viene a sapere dal servo che Saška lavora lì come autista sotto il nome di Fedor Gusev; Seleznev pregusta già la gioia del suo arresto, ma Saška, avvertito dalla cameriera che è innamorata di lui, fugge ancora una volta lasciando un messaggio: "Chi s'è visto s'è visto..." (SF, 1915, n. 8, 70)

Скальпированный труп

SKAL'PIROVANNYJ TRUP
LO SCALPO DEL CADAVERE

Titolo alternativo
INŽENER-AVANTJURIST
L'INGEGNERE-AVVENTURIERO

Cronaca criminale in 2 parti. Parte 1, 4 bobine; 1175 m; produzione: Rus' (1915); data di release: ignota; regia: Evgenij Petrov-Kraevskij e Aleksandr Arkatov; operatore: Ivan Frolov. Interpreti: Aleksandr Čargonin (Ingegner Milevič), Agata Verlen (Valja), G. Grigor'ev, V. Polivanov, P. Romanov, M. Trojanov. Basato sul processo criminale del famoso ingegnere e avventuriero Gilevič. Il film è conservato incompleto (prima e terza bobina), senza didascalie.

La prima serie ha passato il vaglio della censura di Pietrogrado, eccezion fatta per la seconda parte del brano iniziale, dal momento della pugnalata all'uscita di Milevič dall'appartamento. Come è evidente, è stata proibita la scena chiave del film – quella in cui il cadavere viene privato dello scalpo. ("Vedomosti petrogradskogo gradonačal'stva", 1915, n. 130, 2)

Сонька Золотая ручка

SON'KA ZOLOTAJA RUČKA
SON'KA MANINA D'ORO

Parte 4. Dramma. 4 bobine; 1200 m; produzione: A. Drankov Spa; data di release: 8.2.1915; regia: Ju. Jur'evskij; sceneggiatura: V. Izumrudov e V. Rubinov (V. Garlickij). Interpreti: Nina Gofman (Son'ka), Aleksandr Varjagin (Brenner), cornetta N.G. Savin (se stesso). Il film è conservato incompleto (prime tre bobine), senza didascalie.

N. Gofman. Mi viene in mente un particolare della IV serie, in cui io, cioè Son'ka, consegno l'onorario all'avvocato difensore che è riuscito a scagionarmi. Durante l'incontro con lui dovevo riuscire a rubargli l'orologio. Ricordo che mi ero accordata col regista affinché non rivelasse la sua idea fino alla fine della scena. E così l'attore che recitava la parte del difensore non sospettò nulla. A quel punto, avevo già acquisito una grande "pratica" e abilità nei diversi tipi di furto, cosa in cui mi avevano erudita grandi esperti in quel campo. Ed infatti riuscii a sottrarre l'orologio al mio difensore senza che egli se ne accorgesse; ricordo ancora l'inquadratura che ritraeva la sua espressione perplessa quando non trovò più il suo orologio. (1946, 13)

N. Gofman. Drankov's principal "trump card" was, however, the famous *Light-fingered Sonka*, of which Part Six was being released. It was then, however, that I was "stolen" by *Kinolenta*, as the cinema journals quipped. In fact, it was all much more simple. After Drankov had begun evading payment of my fee and then gone into hiding completely, I was approached by the Poselsky Brothers and Chargonin and asked to continue *Sonka* for *Kinolenta*. *Sonka* was a profitable subject, and I know that even while our own *Sonka* was pulling the crowds, some firm made a film with a "fake" Sonka; but it turned out badly and was not a success. I gave my consent and filmed two parts at *Kinolenta*. I have only a vague recollection of the content of those parts. I only remember the end, that is, Sonka's death: old and sick, she dies freezing in some beggarly rags. I get the impression that those parts were not quite so "resounding" as the previous ones. And obviously interest in the picture had begun to wane. (1946, 7)

SON'KA ZOLOTAYA RUCHKA
LIGHT-FINGERED SONKA

Сонька Золотая ручка

Part 6; drama. 4 reels; 1200 m; production: A. Drankov Ltd.; release: 18.8.15; directors: Yu. Yur'evskii & Vladimir Kas'yanov. Cast: Nina Gofman (Son'ka). Partially preserved without titles.

SCHAST'E VECHNOI NOCHI
THE HAPPINESS OF ETERNAL NIGHT

Счастье вечной ночи

Drama. 4 reels with an epilogue; 1402 m; production: A. Khanzhonkov & Co. Ltd.; release: 17.11.15; director: Evgenii Bauer; script: I. Statkevich; cameraman: Boris Zavelev. Cast: Vera Karalli (Lily Pleskova, a blind girl), Ol'ga Rakhmanova (her mother), Vitol'd Polonskii (Vadim), Oleg Frelikh (Georgii, her brother), E. Popello-Davydova (Sabina, his lover), Parel Knorr (the doctor), Tamara Gedevanova (Medusa). Preserved without titles.

In this picture only the script and title are new – they are not original but they are all the same new. Crime does not like monotony – and that which is possible in an impoverished provincial theatre is completely intolerable in a capital's film factory. What can we say about the film under review? Mme Karalli has this time portrayed a blind woman – and conventionally, because blind people do not walk like that; that apart, she played the violin, but violinists did not understand the movements of her fingers on the violin's finger board. In everything else she was graceful and very familiar. Mr Polonskii's performance was interesting. His expressive face and restrained gestures made his acting pleasing to the eye, although unfortunately for him the role was ridiculous. The remaining actors weren't bad. (TG, 1915, No. 47, 16)

Сонька Золотая ручка

SON'KA ZOLOTAJA RUČKA
SON'KA MANINA D'ORO

Titolo alternativo
PRIKLJUCENIJA ZNAMENITOJ AVANTJURISTKI SOF'I BLJUVŠTEJN
LE AVVENTURE DELLA FAMOSA AVVENTURIERA SOFIA BLJUVŠTEJN

Parte 5. Dramma. 4 bobine; 1300 m; produzione: A. Drankov Spa; data di release: 25.4.1915; regia: Ju. Jur'evskij e Vladimir Kas'janov; sceneggiatura: V. Izumrudov, V. Rubinov [V. Garlickij] e Conte Amori [Ippolit Rapgof]. Interpreti: Nina Gofman (Son'ka), Aleksandr Varjagin (Brenner), I.D. Putilin (egli stesso). Film parzialmente conservato (1 bobina), senza didascalie.

N. Gofman. La carta migliore nelle mani di Drankov era il famoso *Son'ka manina d'oro* di cui stava uscendo già la sesta serie. A quel punto la casa di produzione Kinolenta mi "rubò", come ironizzarono i giornali. In realtà tutto fu più semplice, dato che Drankov aveva cominciato a non pagarmi e si era dileguato. Accettai così la proposta dei fratelli Posel'ski e Čargonin di interpretare il personaggio di Son'ka per la casa Kinolenta. *Son'ka* era un tema conveniente e so che a quel tempo quando la nostra *Son'ka* faceva furore, anche un'altra casa di produzione aveva girato un film con una "finta" Son'ka, che però non aveva avuto nessun successo. Girai per la Kinolenta due serie ... Ricordo confusamente il contenuto di queste due serie, ricordo con precisione solo la fine, cioè la morte di Son'ka. Lei vecchia e malata muore di freddo vestita di miseri cenci. Ritengo che queste serie non "tintinnassero" come le precedenti ... evidentemente l'interesse per questi film aveva cominciato ad affievolirsi. (1946, 7)

Сонька Золотая ручка

SON'KA ZOLOTAJA RUČKA
SON'KA MANINA D'ORO

Parte 6. Dramma. 4 bobine; 1200 m; produzione: A. Drankov Spa; data di release: 18.8.1915; regia: Ju. Jur'evskij e Vladimir Kas'janov. Interpreti: Nina Gofman (Son'ka). Il film è conservato incompleto, senza didascalie.

Счастье вечной ночи

SČAST'E VEČNOJ NOČI
FELICITÀ DI UNA NOTTE SENZA FINE

Dramma. 4 bobine con epilogo; 1402 m; produzione: A. Hanžonkov i Co. Spa; data di release: 17.11.1915; regia: Evgenij Bauer; sceneggiature: I. Statkevič; operatore: Boris Zavelev. Interpreti: Vera Karalli (Lili Pleskova, la ragazza cieca), Ol'ga Rahmanova (sua madre), Vitol'd Polonskij (Vadim), Oleg Frelih (Georgij, suo fratello), E. Popello-Davydova (Sabina, la sua innamorata), Pavel Knorr (dottore), Tamara Gedevanova (Meduza). Il film è conservato senza didascalie.

TAINA LOZHI LITER A
THE SECRET OF BOX LETTER A

Тайна ложи литер "А"

Drama. 4 reels; 1100 m; production: A. Drankov Ltd.; release: 21.12.15; director: Evgenii Petrov-Kreavskii; script: Yakov L'vov & Lev Nikulin. Cast: Dmitrii Smirnov (Aleksandr Stal'skii, an artist), Kira Vedetskaya (Mirra Astrova), I. Orlov (the artist Astrov), Evgenii Petrov-Kraevskii (Kornei, his servant), German Voskresenskii (Pavlov, Stal'skii's friend), I. Safonov (a doctor). Two reels preserved without titles.

This picture is clearly aimed at the numerous female admirers of the popular tenor. On paying no more than 50 kopecks to get in, they can see their "darling" Smirnov in all sorts of forms and situations: Smirnov playing with a dog, casually tearing up letters from a woman in love with him, driving a motor, putting on his make-up; Smirnov in opera costume, Smirnov in a house jacket or dressed as a Roman patrician... And everywhere in the picture "he is shown to his best advantage" – everywhere Smirnov is "served up" stage-front right in the middle of the screen... Oh, if only the photography were half decent as well, so that not a single feature of the "divine man's" face were lost for the enchanted eyes of his admirers and worshippers. How many unforgettable moments they would experience in the stuffy electric theatre hall! It's best to say nothing of the plot, for if the scenario writers – Ya. L'vov and L.Nikulin – actually tried to portray something along the lines of a Nietzschean artist, in the Petrov-Kraevskii production it ended up as a futile attempt ... (Pr., 1915, No. 2, 7-8)

L. Nikulin. Drankov was obsessed with a single idea – producing a smash hit. One day he turned up in the office and stated that we must film the famous tenor Smirnov. It was I who wrote the scenario for that picture. It was one of the first Russian detective films and was entitled *The Secret of Box Letter A*. The filming was done in Smirnov's estate and in some not-very-good studio. (5)

TENI GREKHA
THE SHADOWS OF SIN

Тени греха

Drama. 4 reels; 1885 m; production: A. Khanzhonkov & Co. Ltd.; release: 16.5.15; director: Petr Chardynin; script: Mariya Kallash-Garris, from the novel *Lyudmila Verkhovskaya* by Aleksandr Amfiteatrov; cameraman: Boris Zavelev. Cast: Vera Karalli (Irina Kareeva), Vitol'd Polonskii (Vladislav Zarzhetskii), V. Glinskaya (a circus rider), Vladimir Strizhevskii (Irina's brother, an investigator), Tat'yana Bakh, Aleksandr Kheruvimov. Preserved without titles.

The drama *The Shadows of Sin* is notable above all for its interestingly conceived screenplay. The drama's very original opening at once grabs the interest of the audience and holds it until the end of the film. This opening is not based on detective stunts which are unfortunately common in contemporary cinema, but on artistic and psychologically truthful elements. The sensual whim of the spoilt rich girl, forcing her to give herself to the young man,

Nuovi in questo film sono solo la sceneggiatura e il titolo, non originali ma nuovi lo stesso. Il resto è tutto già visto e rivisto, è conosciuto ed ha già stancato... Sempre gli stessi attori, gli stessi mobili e addirittura lo stesso gatto, che vaga nello sfondo della solita scenografia. La cinematografia non ama la monotonia e ciò che può essere accettabile in un insignificante teatro di provincia non è assolutamente ammissibile in uno stabilimento cinematografico di una capitale. Che dire di questo film? La Karalli questa volta interpreta una cieca ma lo fa convenzionalmente, perché i ciechi non camminano così. Inoltre suona il violino ma i violinisti non capiscono i movimenti delle sue dita sulle corde. Per il resto ella interpreta il suo ruolo nel modo fine già noto allo spettatore. Interessante è Polonskij. L'espressività del suo volto e i suoi gesti contenuti rendono piacevole la sua recitazione, anche se deve interpretare un ruolo spiacevole. Gli altri attori non sono male. (TG, 1915, n. 47, 16)

Тайна ложи литер "А"

TAJNA LOŽI LITER A
IL SEGRETO DEL PALCO LETTERA A

Dramma. 4 bobine; 1100 m; produzione: A. Drankov Spa; data di release: 21.12.1915; regia: Evgenij Petrov-Kraevskij; sceneggiatura: Jakov L'vov e Lev Nikulin. Interpreti: Dmitrij Smirnov (Aleksandr Stal'skij, l'artista), Kira Vadeckaja (Mirra Astrova), I. Orlov (l'artista Astrov), Evgenij Petrov-Kraevskij (Kornej, il suo domestico), G. Voskresenskij (Pavlov, amico di Stal'skij), I. Safonov (dottore). Il film è parzialmente conservato (2 bobine), senza didascalie.

Ecco un film realizzato contando sul sicuro successo che il famoso tenore riscuoterà tra le sue ammiratrici. Con soli cinquanta kopechi per l'ingresso al cinema, sarà possibile vedere Smirnov in tutte le più diverse situazioni: Smirnov che gioca con il cane, che con indifferenza strappa le lettere di una sua innamorata, che guida

madly in love with her – that is the "sin" which spoils the future lives of the drama's heroes. The leading roles are played by V.L. Karalli and V.A. Polonskii. The final scene of the death of the heroine, freezing in the park, makes a powerful impression. (SF, 1915, No. 14-15, 76)

TESHCHA V GAREME THE MOTHER-IN-LAW IN THE HAREM

Теща в гареме

Farce. 3 reels; 1200 m; production: R. Perskii; release: unknown; director: Mikhail Bonch-Tomashevskii. Cast: Roben (Ninochka), Osipov (Vladimir Vladimirovich, Ninochka's fiancé), Mal'shett (Koval'skii, his friend). First and fourth reels preserved.

Vladimir Vladimirovich decides to marry Ninochka, but is hindered by his previous affair with the cafe singer Estrella. In a noisy cafe-chantant one stuffy summer evening, he persuades his friend Kovalskii to take Estrella off his hands. The occasion is celebrated with a noisy drinking bout. With heavy foreboding and a no less heavy head, Vladimir returns home. "Oh, that cursed Spanish woman will never leave me alone", he thinks, and wild scenes pass through his agitated mind. Misfortune brings his future mother-in-law together with Estrella, thereby betraying the secret of Vladimir's past. He sends Kovalskii to somehow prevent the meeting, but the enraged women have already resolved to drown the traitor, hiring some men in the filthy Bent Spade tavern to do the job. But Kovalskii acts fast: he warns V.V., who dissuades the ruffians, and engages them to help him abduct the two women and sell them to Su-uk-Syn's harem. The women are not particularly distressed by their captivity, however. Estrella becomes the shah's first wife, and the head Negro falls for the ugly mother-in-law. All is quiet in town too: Ninochka is entirely in V.V.'s po-

l'automobile, che si trucca, Smirnov in costume di scena, Smirnov con la giacca da casa e in abito da patrizio romano. E per tutto il film la merce è messa in mostra, Smirnov viene offerto in primo piano in mezzo allo schermo, proprio al centro dell'obiettivo... Se la fotografia fosse ottima, allora sì che nemmeno uno dei lineamenti del viso "divino" andrebbe perduto per gli occhi incantati delle spasimanti. Quali indimenticabili minuti esse avrebbero vissuto nelle afose sale degli elettroteatri! ... Della trama è meglio non parlare, giacché se gli autori della sceneggiatura Ja. L'vov e L. Nikulin volevano ritrarre un artista nietzschiano, la regia di Petrov-Kraevskij è risultata inadeguata ... (Pr., 1915, n. 2, 7-8)

L. Nikulin. Drankov era ossessionato dall'idea di girare un colossal. Una volta entrò nello studio e annunciò che bisognava riprendere il famoso tenore Smirnov. Scrissi io la sceneggiatura per questo film. Fu uno dei primi film gialli russi. Venne girato nella tenuta di D. Smirnov e in un atelier non molto rinomato. (5)

Тени греха

TENI GREHA
LE OMBRE DEL PECCATO

Dramma. 4 bobine; 1885 m; produzione: A. Hanžonkov i Co. Spa; data di release: 16.5.1915; regia: Petr Čardynin; sceneggiatura: Marija Kallaš-Garris; operatore: Boris Zavelev. Interpreti: Vera Karalli (Irina Kareeva), Vitol'd Polonskij (Vladislav Zaržeckij), V. Glinskaja (cavallerizza da circo), Vladimir Striževskij (investigatore, fratello di Irina), Tat'jana Bah, Aleksandr Heruvimov. Soggetto tratto dal romanzo di Aleksandr Amfiteatrov *Ljudmila Verhovskaja*. Il film è conservato senza didascalie.

Il dramma *Le ombre del peccato* si distingue soprattutto per la sceneggiatura molto avvincente. L'intreccio del dramma suscita sin dall'inizio l'interesse dello spettatore e riesce a mantenere viva la sua attenzione fino alla fine del film. Allo stesso tempo l'azione poggia non su trucchi da film giallo, purtroppo così comuni alla cinematografia contemporanea, ma su elementi artistici e psicologicamente validi. La scena finale in cui la protagonista, interpretata dalla Karalli, muore assiderata nel parco, produce una profonda impressione. (SF, 1915, n. 14-15, 76)

Теща в гареме

TEŠČA V GAREME
LA SUOCERA NELL'HAREM

Farsa. 3 bobine; 1200 m; produzione: R. Perskij; data di release: ignota; regia: Mihail Bonč-Tomaševskij. Interpreti: Roben (Ninočka), Osipov (Vladimir Vladimirovič, fidanzato di Ninočka), Mal'šett (Koval'skij, amico di Vladimir). Il film è parzialmente conservato (bobine 1 e 4).

Vladimir Vladimirovič ha deciso di sposarsi con Ninočka, ma ad impedirglielo è il suo precedente legame con Estrella, una cantante di café-chantant. Una soffocante serata estiva, si trova con al-

wer, and her father, freed from his onerous family bonds, is earnestly devoting himself to night-time activities... with pretty women. Once again, however, the thirst for revenge awakes in Estrella's blood. With the Negro's assistance, they escape from the harem and seek out V.V. They stuff him into a linen basket and throw him into a lake. The poor man hardly manages to shout "Guard!"... before he wakes up. The whole thing turns out to have been a ludicrous nightmare. Rosy reality, on the other hand, promises the departure of Estrella and the complete consent of Ninochka's parents to their marriage. (SF, 1915, No. 3, 82)

TYSYACHA VTORAYA KHITROST'
THE THOUSAND AND SECOND RUSE

Тысяча вторая хитрость

Comedy. 385 m; production: A. Khanzhonkov & Co. Ltd.; release: 29.5.15; director: Evgenii Bauer. Cast: Lina Bauer (the cunning wife), S. Rassatov (her husband), Sergei Kvasnitskii (her lover). Based on the play *1001 khitrost' / The Thousand and First Ruse* by Vladimir Azov. Preserved without titles.

There is no position from which a woman cannot extricate herself. However cunning a husband may be, a wife proves to be twice as cunning, and thus is able to cloud her poor husband's head and make him see white as black. Even the famous Eastern book of a thousand and one female ruses is of no help. The clever female mind has in a moment conceived the one thousand and second, which is proof of the groundlessness of all perfidious plots against women. And the foolish husband has lost for ever the desire to fight cunning with cunning. (SF, 1915, No. 16-17, 91)

As a prefiguration of those perennial fights between husbands and wives, which Lubitsch and DeMille later refine upon, Bauer makes a brief escape into light comedy, even though his outlook on the world remains clearly pessimistic. A shot through a keyhole sublimates Bauer's obsession for spatial apertures which separate the characters and their destinies. L.C.

cuni amici nel locale rumoroso e convince uno di loro, Koval'skij, ad aiutarlo a liberarsi di Estrella; raggiunto l'accordo, organizzano una sonora bisboccia. Con la testa pesante e afflitto da gravi pensieri, Vladimir Vladimirovič torna al suo appartamento. "Non mi vuole lasciare, maledetta spagnola", rimugina Vladimir, e nella sua mente infiammata si profilano foschi presentimenti. Il destino avverso ha fatto sì che la madre della sua futura sposa si metta dalla parte della spagnola, e lo stesso destino avverso ha pure svelato il segreto della sua vita precedente. Che fare? Manda dunque Koval'skij a scongiurare l'incidente. Dalle donne infuriate Koval'skij viene a sapere che hanno intenzione di affogare il traditore. In una sordida bettola, La vanga storta, sono già stati ingaggiati gli esecutori del piano, ma Koval'skij è all'erta e avvisa Vladimir che, accordatosi con i malfattori, li prende al proprio servizio e con il loro aiuto rapisce le due donne e le consegna all'incaricato di Suuk-Syn, il quale acquista donne per il suo harem. Le prigioniere non sono particolarmente rattristate della loro situazione. Estrella diventa prima moglie dello scià, e la mostruosa suocera è affascinata dal capo negro. Tutto procede tranquillamente anche in città. Ninočka è ormai di Vladimir. Liberato dai soffocanti legami familiari, il padre si abbandona ad occupazioni serali... con belle donne. Ma il desiderio di vendetta continua a ribollire nel sangue della spagnola. Con l'aiuto del negro, fuggono dall'harem. Giungono in città dove incontrano Vladimir. Lo mettono a forza nella cesta della biancheria e lo gettano nel lago. "Aiuto"!, riesce appena a gridare l'infelice e... si sveglia. Tutta questa storia non era che un brutto incubo, e la dolce realtà gli annuncia la partenza di Estrella e il permesso dei genitori di Ninočka di celebrare le nozze. (SF, 1915, n. 3, 82)

Тысяча вторая хитрость

TYSJAČA VTORAJA HITROST'
IL MILLEDUESIMO TRUCCO

Prefigurando quelle perenni lotte tra mogli e mariti che Lubitsch e DeMille affineranno in seguito, Bauer si concede una breve fuga nella commedia brillante, anche se la sua visione del mondo rimane lucidamente pessimistica. Un'inquadratura nel buco di una serratura sublima l'ossessione baueriana per i diaframmi spaziali che separano i personaggi e i loro destini. L.C.

Commedia. 385 m; produzione: A. Hanžonkov i Co. Spa; data di release: 29.5.1915; regia: Evgenij Bauer. Interpreti: Lina Bauer (la moglie scaltra), S. Rassatov (suo marito), Sergej Kvasnickij (suo pretendente). Ispirato all'opera *1001 hitrost'* (1001 trucchi) di Vladimir Azov. Il film è conservato senza didascalie.

Non c'è situazione, per quanto difficile, in cui una donna non sappia cavarsela. Per quanto il marito sia astuto, la moglie si rivelerà sempre doppiamente scaltra e riuscirà ad offuscare la mente del coniuge in modo tale da fargli credere bianco ciò che è nero. E non basta il famoso libro orientale, che raccoglie le mille e una astuzie femminili. In un attimo la mente brillante della donna ne ha già escogitato la milleduesima, dimostrando quindi l'inconsistenza di tutte le perfide trame ordite contro le donne. E il marito, ormai ridicolizzato, ha perso per sempre la voglia di usare la propria astuzia per opporsi a quella femminile. (SF, 1915, n. 16-17, 91)

UBOGAYA I NARYADNAYA THE WRETCHED AND THE RESPECTABLE

Убогая и нарядная

Alternative title
KAK DOSHLA TY DO ZHIZNI TAKOI
HOW DID YOU COME TO A LIFE LIKE THIS

Drama. 3 reels; 1275 m; production: Scheo Co.; release: 10.9.15; director: Petr Chardynin; cameraman: Boris Zavelev. Cast: Mariya Goricheva (the wretched girl), Praskov'ya Maksimova (her mother), S. Rassatov (her father, a bailiff and a drunkard), V. Glinskaya (the respectable girl), Ol'ga Rakhmanova (the madame of the brothel). Screen version of the poem by Nikolai Nekrasov. Preserved without titles, minus the first reel.

Nekrasov's poem *The Pauper and The Lady* presents a certain difficulty when it comes to dramatization, since it contains two distinct themes: the story of the "pauper" and the story of the "lady". This production by the Scheo company handles the first theme – the pauper – particularly well, with two parts of the film devoted to it. The third part – the story of the "lady" – is poorly devised. An experienced hand is evident in this production, and the photography is clear. (SF, 1915, No. 21-22, 56)

By pure coincidence, Nekrasov's poem *The Pauper and the Lady* has been adapted for cinema, though in completely different interpretations, by two companies – Scheo and Lyutsifer. Not wishing to "sabotage" each other's films and endeavouring to maintain good standard of conduct amongst cinematographic circles, the firms have reached an agreement on the simultaneous release of the two films in every district, and consider it necessary to inform their clients of this. (KZh, 1915, No. 15-16, 49)

TSAR' IVAN VASIL'EVICH GROZNYI CZAR IVAN VASILYEVICH THE TERRIBLE

Царь Иван Васильевич Грозный

Alternative titles
DOCH' PSKOVA / A DAUGHTER OF PSKOV
PSKOVITYANKA / A GIRL FROM PSKOV

Film tragedy. 4 reels; 1600 m; production: Sharez (Shalyapin & Reznikov); release: 20.10.15; director: Aleksandr Ivanov-Gai; cameraman: Alphonse Winkler; art director: Vladimir Egorov. Cast: Fedor Shalyapin (Ivan Groznyi), Volk-Krachkovskaya (Ol'ga), Nikolai Saltykov (Tucha), G. Chernova (Vera Sheloga), E. Korsak (Perfil'evna), Vladimir Bazil'evskii (Boris Godunov), Ryszard [Richard] Boleslawski (Prince Vyazemskii), Boris Sushkevich (Malyuta), Mikhail Zharov, Vladimir Karin. Based on the play *Pskovityanka / A Girl from Pskov* by Lev Mei. Preserved without titles.

V. Pudovkin. Shalyapin quite rightly considered *A Girl from Pskov* one of his successes – specifically in the field of mime. The shooting was conducted under instructions from the great singer, who strove to preserve total freedom for himself in a familiar role that he had developed with much hard work. It would seem that

Убогая и нарядная

UBOGAJA I NARJADNAJA
LA POVERA E LA RICCA

Titolo alternativo

KAK DOŠLA TY DO ŽIZNI TAKOJ
COME TI SEI RIDOTTA

Dramma. 3 bobine; 1275 m; produzione: Sčeo; data di release: 10.9.1915; regia: Petr Čardynin; operatore: Boris Zavelev. Interpreti: Marija Goričeva (ragazza povera), Praskov'ja Maksimova (sua madre), S. Rassatov (suo padre, fattore e ubriacone), V. Glinskaja (ragazza elegante), Ol'ga Rahmanova (gerente della casa di tolleranza). Riduzione cinematografica dell'omonimo poema di Nikolaj Nekrasov. Il film è conservato senza la prima bobina, senza didascalie.

I versi di Nekrasov *Il principe e il povero* costituiscono una difficoltà prevedibile per la messa in scena, in quanto contengono due soggetti distinti: la storia del povero e quella del ricco. Nella realizzazione della Sčeo è particolarmente riuscito il primo soggetto, la storia della povera, cui sono dedicate due parti del film. La terza parte, la storia della ricca è poco elaborata. Nella messa in scena si vede una mano esperta, la fotografia è nitida. (SF, 1915, n. 21-22, 56)

Per casuale coincidenza, alla poesia di Nekrasov *Il principe e il povero* si sono ispirate due messinscene cinematografiche, con caratteristiche completamente diverse, realizzate dalle case di produzione Sčeo e Ljucifer'. Non desiderando correre il rischio di danneggiarsi a vicenda e volendo mantenere buoni i rapporti nell'ambiente ci-

all the camera had to do was record the actor's miming in the same way that a grammophone record records singing. And that is exactly what the camera did, though with quite unexpected results. Instead of the grandiose and powerful image of Ivan the Terrible that Shalyapin creates on the stage, the screen shows a man whose face is crudely smeared with black and white paint. The miming turns out to be a series of ferocious grimaces, and the gestures a wild swinging of the arms and legs. All the work put in by the profound, intelligent and inspired actor has become mockingly deformed, as it were, by a distorting mirror. This mistake has occurred only through ignorance of the special conventions of cinema performances, which differ sharply from those of the theatre. (1947, 8-9)

A. Ivanovksii. I asked V.V. Maksimov, who at that time was considered one of the kings of the screen, what he thought of Shalyapin's venture. Maksimov replied delicately: "It's an interesting idea, of course. Shalyapin is a great actor. But why have they chosen Gai as the director? And their cameraman isn't particularly hot either." Ivanov-Gai had impressed Shalyapin by his cheerful disposition. Amongst company, he was a convivial fellow, a joker and master of anecdote. In the intervals between filming sessions he would play jaunty melodies on the Saratov harmonica. A large crowd of us went to watch the outdoor scenes being filmed. Shalyapin welcomed us with open arms. A retinue appeared in the distance, and the Tsar raced past me with his oprichniki. Shalyapin flashed an angry glance. In the theatre such a scene could not have been achieved. During the interval I asked Shalyapin where he had learned to ride so well. He replied: "I'm an actor: if I need to ride, I ride." The scene being filmed showed Ivan the Terrible sitting deep in thought outside his tent with a young bird in his palm. The meaning of it was as follows: You, little bird, can flap your wings and soar to the heavens, whereas I am bound by chains to the Tsar's throne. Shalyapin played the scene with great lyri-

nematografico, le summenzionate compagnie si sono accordate circa la contemporanea uscita dei due film sul mercato, cosa di cui si ritengono in dovere di informare la loro clientela. (KŽ, 1915, n. 15-16, 49)

Царь Иван Васильевич Грозный

CAR' IVAN VASIL'EVIČ GROZNYJ
LO ZAR IVAN IL TERRIBILE

Titoli alternativi
DOC' PSKOVA / UNA FIGLIA DI PSKOV
PSKOVITJANKA / LA RAGAZZA DI PSKOV

Cinetragedia. 4 bobine; 1600 m; produzione: Šarez (Šaljapin-Reznikov); data di release: 20.10.1915; regia: Aleksandr Ivanov-Gaj; operatore: Alphonse Winkler; scenografia: Vladimir Egorov. Interpreti: Fedor Šaljapin (Ivan Groznyj), Volk-Kračkovskaja (Ol'ga), Nikolaj Saltykov (Tuča), G. Černova (Vera Šeloga), E. Korsak (Perfil'evna), Vladimir Bazilevskij (Boris Godunov), Ryszard [Richard], Boleslawski (principe Vjazemskij), Boris Suškevič (Maljuta), Mihail Žarov, Vladimir Karin. Dal dramma di Lev Mej *Pskovitjanka* (La ragazza di Pskov). Il film è conservato senza didascalie.

V. Pudovkin. Šaljapin considerava a ragione *Pskovitjanka* come uno dei suoi successi, proprio sul piano della mimica. Le riprese furono effettuate tenendo conto delle esigenze del famoso cantante, che cercava di mantenere pienamente la sua naturalezza, nell'interpretare un ruolo ormai usuale, già elaborato con un lavoro costante. Sembrava che alla macchina da presa non restasse altro da fare che fissare con esattezza la mimica dell'artista, così come si incide una canzone. La cinepresa ha fatto proprio questo ma i risultati sono stati del tutto inaspettati. Sullo schermo, invece della figura maestosa di Ivan il Terribile, creata da Šaljapin, è apparso un uomo col viso rozzamente dipinto in bianco e nero, la cui mi-

cism; tears even began to gleam in his eyes. Obviously attempting to show off in front of the actors, Ivanov-Gai said: "Fedor Ivanovich, the scene is supposed to last for 27 metres, but it's turned out 47 metres long, which is a bore in the cinema." Shalyapin was taken aback: "So that's how it is? Shalyapin has become boring now?" He indignantly ripped off his wig and beard and began abusing the director. He then abandoned the shoot, and it was only with the greatest difficulty that Reznikov eventually persuaded him to continue the film. (1967, 121-124)

CHEMPION NAIZNANKU
THE CHAMPION INSIDE OUT

Чемпион наизнанку

Comedy. 225 m; production: A. Khokhlovkin; release: 3.4.16; credits: unknown. Cast: Vitalii Lazarenko (Fendrikov), Solntseva. The Russian Figure-Skating Champion for 1915, Adrianov, appears in the film.

Lazarenko, a comic actor and friend of Mayakovsky, vivaciously re-enacts some of Linder's and Chaplin's acrobatic scenes, and anticipates some of the gags made by Charlot, the skater of *The Rink* (1916). The intertitles are used as an ironic contrast to the protagonist's improvisations. L.C.

YURII NAGORNYI

Юрий Нагорный

Alternative title
OBOL'STITEL / THE SEDUCER

Drama. 4 reels; length unknown; production: A. Khanzhonkov & Co. Ltd.; release: 16.1.16; director: Evgenii Bauer; script: Andrei Gromov; cameraman: Boris Zavelev. Cast: Amo Bek-Nazarov (Yurii Nagornyi, an artist), Emma Bauer (a dancer), Andrei Gromov (her husband), Aleksandra Rebikova (her sister), Aleksandr Kheruvimov (her father), Taisiya Borman (bit part), E. Popello-Davydova (Yurii's mistress). Preserved without titles.

mica risultava essere una serie di smorfie crudeli, i gesti un assurdo agitarsi di mani e di gambe. Tutto il lavoro intelligente e ispirato dell'artista risultava sfigurato in modo beffardo come da uno specchio incrinato ... L'errore era dovuto esclusivamente all'ignoranza dei particolari accorgimenti della rappresentazione cinematografica, radicalmente diversi da quelli teatrali. (1947, 8-9)

A. Ivanovskij. Chiesi a V.V. Maksimov, che a quei tempi era ritenuto uno dei re dello schermo, come giudicasse l'impresa di Šaljapin ed egli mi rispose molto delicatamente: "Naturalmente è molto interessante, Šaljapin è un grande artista. Ma perché hanno scelto Gaj come regista e a che cosa gli serve l'operatore?" ... Ivanov-Gaj impose a Šaljapin il suo stile allegro. In compagnia era un mattacchione, maestro nel raccontare barzellette, e nelle pause tra una ripresa e l'altra suonava con baldanza la fisarmonica. ... In gruppo ci recammo a vedere le riprese in esterni del film. Šaljapin ci venne incontro affabilmente .... Ed ecco che in lontananza apparve il seguito, a fianco a me sfrecciò il terribile zar con i suoi *opričniki*; durante la pausa chiesi a Šaljapin dove avesse imparato ad andare così bene a cavallo ed egli rispose: "Sono un artista, se si deve cavalcare io cavalco". ... Stavamo girando una scena in cui Ivan il Terribile siede vicino alla tenda immerso in profonde riflessioni, con un uccellino sul palmo della mano. Il senso della scena era questo: ecco, tu sei un uccellino, sbatti le ali e sei in cielo, mentre io sono legato con catene al trono imperiale. Šaljapin recitò questa scena con grande lirismo, addirittura gli occhi gli brillavano di lacrime. Ivanov-Gaj volendo evidentemente farsi bello davanti agli altri attori disse: "Fedor Ivanovič, la scena deve essere lunga ventisette metri mentre noi ne abbiamo girato quarantasette, al cinema questo è noioso". Šaljapin rimase sbalordito: come? Šaljapin è già diventato noioso? Sdegnato si strappò barba e parrucca, scagliò una serie di ingiurie verso il regista e se ne andò dalla scena... Solo dopo molti sforzi Reznikov riuscì a convincerlo a continuare le riprese. (1967, 121-124)

Чемпион наизнанку

CEMPION NAIZNANKU
CAMPIONE ALLA ROVESCIA

Commedia. 225 m; produzione: A. Hohlovkina, data di release: 3.4.1916; autori: ignoti. Interpreti: Vitalij Lazarenko (Fendrikov), Solnceva. Con la partecipazione di Adrianov, campione di pattinaggio artistico del 1915.

Lazarenko, attore comico amico di Majakovskij, rifà briosamente certi numeri acrobatici di Linder e di Chaplin, anticipando anzi alcune gags del Charlot pattinatore di *The Rink* (1916). Le didascalie servono da contrappunto ironico alle improvvisazioni del protagonista. L.C.

In order to somehow smooth over the unappealing plot, the play is performed in reverse order, i.e., the end is shown first and the beginning afterwards. The viewer sees the vengeance story first and only then does the heroine explain what the vengeance is for. However, even this twisting of things fails to redeem the play; the same goes for the other production effects – the supple dancing, the "Rembrandt-like" illumination in many of the scenes etc. (Pr., 1916, No. 3, 12)

It is quite wrong to describe this film as a drama. It is more like a screen adaptation of a narration or of an everyday event – and a fairly improbable one, incidentally. The story of the opera singer who has seduced and ruined a young girl is inserted in a "drama" that seems incomprehensible at first sight. Following a chance encounter with the singer at a concert, a lady – who turns out to be the sister of the ruined girl – displays enormous interest in him, causing her husband to be jealous. She has a rendezvous with the seducer, gets him tipsy, as he once did with her sister, and eventually starts a fire which results in the handsome virtuoso being burned and disfigured. This is in revenge for her sister. Of course, literary taste has to be modestly toned down and put to one side here, but for the director this scenario is a veritable treasure. The picture has been produced with care. One perceives great taste in the setting, and the actors are wonderfully inspired. The cameraman has produced some remarkable photography. The actors perform the picture with no particular elan. Mme Bauer is good in a dramatic role not entirely usual for her; Mme Rebikova is not bad. Mr Gromov is very good. (V. Akhramovich, TG, 1916, No. 4, 16)

Юрий
Нагорный

JURIJ NAGORNYJ

Titolo alternativo
OBOL'STITEL' / IL DONGIOVANNI

Dramma. 4 bobine; metraggio ignoto; produzione: A. Hanžonkov i Co. Spa; data di release: 16.1.1916; regia: Evgenij Bauer; sceneggiatura: Andrej Gromov; operatore: Boris Zavelev. Interpreti: Amo Bek-Nazarov (Jurij Nagornyj, l'artista), Emma Bauer (la ballerina), Andrej Gromov (suo marito), Aleksandra Rebikova (sua sorella), Aleksandr Heruvimov (suo padre), Taisija Borman (piccola parte), E. Popello-Davydova (?) (amante di Jurij). Il film è conservato senza didascalie.

Per abbellire in qualche modo lo squallore della trama, il film è stato girato in ordine cronologico inverso, cioè prima vediamo la fine poi l'inizio. Per prima cosa, lo spettatore assiste alla vendetta, e solo in un secondo tempo la protagonista racconta perché si vendica. Ma non salvano il film né questo stratagemma né gli altri effetti della realizzazione: le danze plastiche, l'illuminazione di molte scene "alla Rembrandt" ecc. (Pr., 1916, n. 3, 12)

Del tutto senza motivo questa pellicola viene definita un dramma. È piuttosto la messa in scena di un racconto o di una vicenda di vita, comunque poco credibile. La storia di un cantante lirico che in passato ha sedotto e ucciso una ragazza, è tratteggiata sotto forma di racconto in un non ben comprensibile "dramma": avendo incontrato casualmente il famoso cantante a un concerto, una signora che risulta essere la sorella della vittima, mostra un visibile interesse per il virtuoso, suscitando così la gelosia del marito. Si reca a un appuntamento col seduttore e dopo averlo fatto ubriacare come un tempo egli fece con sua sorella, organizza un incendio doloso, di cui è incolpato l'ustionato e deturpato cantante. Il tutto per vendicare la sorella. Naturalmente il gusto letterario deve modestamente chinare la testa e mettersi da parte; però, per il regista, questa sceneggiatura è un vero tesoro. Il film è realizzato minuziosamente, di buon gusto la scenografia, meravigliosamente ispirati gli attori, stupenda la fotografia. Gli attori hanno recitato senza particolare slancio; brava la Bauer nel ruolo drammatico per lei non usuale, ottima la Rebikova, molto bravo Gromov. (V. Ahramovič, TG, 1916, n. 4, 16)

ALIM - KRYMSKII RAZBOINIK
ALIM, THE CRIMEAN BRIGAND

Алим - крымский разбойник

Drama (a version of a legend). 4 reels; 1200 m; production: A. Drankov Ltd.; release: 27.11.16; director/script: Vyacheslav Viskovskii. Cast: Sergei Tsenin (Alim), M. Lanskaya (Rakhil'), Agafonov (Ovanes-Aga). One reel preserved without titles.

ANTOSHU KORSET POGUBIL
ANTOSHA RUINED BY A CORSET

Антошу корсет погубил

Comedy. 2 reels; 615 m; production: Lucifer Film Studio; release: 26.1.16; director/script: Eduard Puchalski. Cast: Anton Fertner (Antosha).

The comedies *Antosha Ruined by a Corset* and *Antosha's Mistake*, starring Fertner, are acted very concertedly and are most entertaining to watch, especially the latter. Fertner is gradually mastering the secrets of cinema acting, and in him Russian cinema is undoubtedly acquiring a talented comedy actor. (Pr., 1916, No. 2, 8)

Taking advantage of his wife's absence, Antosha is enjoying himself in the company of friends, both male and female. The revelry is at its very height when his wife sends a telegram saying that she is returning in the morning. Chaos reigns. Antosha sees off his guests and puts everything in order. But suddenly he notices a corset left by one of the ladies. All his attempts to get rid of it are in vain: he throws it out of the window, but the yard-keeper brings it back; he hurls it into the fireplace, but it is extracted by a chimney-sweep; he tries to drop it in the street, but fails. Finally, he palms it off on a thief, and contentedly returns home. His wife arrives and suspects Antosha of infidelity. He manages to justify himself, but at that mo-

Antoni Fertner, born in Czechoslovakia in 1874, became an operetta comedian in Poland, where he made a number of comic films in the character of Antosha. A series of 24 *Antosha* shorts for Lucifer of Moscow between 1915 and 1918 established him as the most popular Russian comic. The titles — *Antosha Sherlock Holmes, Antosha Speculator, Antosha and the Black Hand, Antosha Between Two Fires* — indicate the influence of French comedies. D.R.

Алим - крымский разбойник

ALIM - KRYMSKYJ RAZBOJNIK
ALIM, IL BRIGANTE DI CRIMEA

Dramma (variante di una leggenda). 4 bobine; 1200 m; produzione: A. Drankov Spa; data di release: 27.11.1916; regia/sceneggiatura: Vjačeslav Viskovskij. Interpreti: Sergej Cenin (Alim), M. Lanskaja (Rahil'), Agafonov (Ovanes-Aga). Il film è incompleto (1 bobina) e senza didascalie.

Антошу корсет погубил

ANTOŠU KORSET POGUBIL
ANTOŠA TRADITO DA UN CORSETTO

Antoni Fertner, nato in Cecoslovacchia nel 1874, si affermò come attore di operette in Polonia e vi interpretò alcuni film comici nel personaggio di Antoša. Una serie di 24 cortometraggi di *Antoša* realizzati per la Lucifer di Mosca tra il '15 e il '18 lo fecero diventare il comico più popolare in Russia. I titoli di questi film – *Antoša Sherlock Holmes, Antoša speculatore, Antoša e la Mano Nera, Antoša tra due fuochi* – indicano l'influenza del cinema comico francese. D.R.

Commedia. 2 bobine; 615 m; produzione: Laboratorio Ljucifer; data di release: 26.1.1916; regia/sceneggiatura: Eduard Puchalski. Interpreti: Anton Fertner (Antoša).

Le commedie, che godono della partecipazione di Fertner, *Antošu korset pogubil* e *Ošibka Antoši* (L'errore di Antonio), sono interpretate in modo armonioso e, soprattutto l'ultima, si lascia guardare con piacere. Fertner si è gradualmente impadronito dei segreti della recitazione cinematografica, e con la sua persona la cinematografia russa ha indubbiamente acquisito un ottimo interprete di questo genere. (Pr., 1916, n. 2, 8)

Approfittando della partenza della moglie, Antoša passa allegramente il proprio tempo in compagnia di amici e amiche. Nel bel mezzo della baldoria, Antoša riceve un telegramma dalla moglie che gli annuncia il suo arrivo per l'indomani mattina. Subbuglio generale. Antoša congeda gli ospiti e mette tutto in ordine, ma improvvisamente si accorge con orrore che una delle signore ha dimenticato il corsetto. Tutti i tentativi di Antoša di liberarsi del corsetto si rivelano inutili: lo getta dalla finestra, ma il portiere glielo riporta; lo scaraventa nel camino, ma lo spazzacamino lo recupera; Antoša non riesce neanche a lasciarlo cadere in strada. Finalmente lo dà ad un ladro e torna a casa soddisfatto. Giunge la

ment a delivery man brings back the ill-fated corset with a letter from the thief. The play ends with the wife using the corset as a means of retribution. (Pr., 1916, No. 3, 20)

AKH, ZACHEM ETA NOCH' TAK BYLA KHOROSHA
OH, WHY WAS THIS NIGHT SO FINE

Ах, зачем зта ночь так была хороша

Drama. 4 reels; 1300 m; production: Orel Co. (K. Filipp); release: 27.12.16; director/script: Aleksandr Arkatov. Cast: Aleksei Bestuzhev (the son of a horse breeder), S. Tarasov (a factory owner), Dora Chitorina (his daughter). Screen version of a popular folk song. Preserved without titles.

BARYSHNYA IZ KAFE
THE LADY FROM THE CAFÉ

Барышня из кафе

Alternative title
ZOLOTAYA GRYAZ' / GOLDEN GRIME

Drama. 5 reels; length unknown; production: D. Kharitonov ; release: 20.1.17; director: Mikhail Verner; script: Nikolai Grigor'ev-Istomin; cameraman: Aleksandr Ryllo; art director: Mikhail Verner. Cast: A. Yurina (Nastya Travina), G. Sarmatov (Glebov, a tradesman), Solntseva (his wife), Leonid Most (Misha, their son), P. Stoyanov (Kotel'nikov, a dealer). Screen version of the story by Nikolai Grigor'ev-Istomin. Preserved without titles, minus the fifth reel.

The picture depicts an episode from the morass of life in the capital, and is attracting a great deal of attention amongst the public. The scenario is fairly well put together. The author has taken an interesting plot and developed it in great detail. One senses his

moglie, con il sospetto che Antoša le sia infedele. Egli riesce a giustificarsi, ma in quel momento arriva il fattorino, recando il maledetto corsetto e una lettera del ladro. Alla fine del film il corsetto, nelle mani della moglie, appare come l'arma della vendetta. (Pr., 1916, n. 3, 20)

Ах, зачем эта ночь так была хороша

AH, ZAČEM ETA NOČ TAK BYLA HOROŠA
OH, PERCHÉ FU COSÌ BELLA QUESTA NOTTE

Dramma. 4 bobine; 1300 m; produzione: Orel Co. Spa (K. Filipp); data di release: 27.12.1916; regia/sceneggiatura: Aleksandr Arkatev. Interpreti: Aleksej Bestužev (figlio del proprietario delle scuderie), S. Tarasov (proprietario della fattoria), Dora Čitorina (sua figlia). Adattamento di una canzone popolare famosa. Il film è conservato senza didascalie.

Барышня из кафе

BARYŠNJA IZ KAFE
LA SIGNORINA DEL CAFFÈ

Titolo alternativo
ZOLOTAJA GRJAZ' / IL SUDICIUME D'ORO

Dramma. 5 bobine; metraggio ignoto; produzione: D. Haritonov; data di release: 20.1.1917; regia: Mihail Verner; sceneggiatura: Nikolaj Grigor'ev-Istomin; operatore: Aleksandr Ryllo; scenografia: Mihail Verner. Interpreti: A. Jurina (Nastja Travina), G. Sarmatov (il commerciante Glebov), Solnceva (sua moglie), Leonid Iost (Miša, il loro figlio), P. Stojanov (il bottegaio Kotel'nikov). Riduzione del racconto omonimo di Nikolaj Grigor'ev-Istomin. Il film è conservato incompleto (senza la 5ª bobina), senza didascalie.

Il film offre uno scorcio della vita vorticosa della capitale, che suscita un notevole interesse nel pubblico. Il copione è composto in

knowledge of the life portrayed on screen. The production is a thoroughly satisfactory one, and contains a number of interestingly devised scenes revealing the director's undoubted artistic taste. The cast has been well chosen, and they also make a great contribution to the film's success. (OT, 1917, No. 3489, 11)

BOG PRAVDU VIDIT, DA NE SKORO SKAZHET
GOD SEES THE TRUTH, BUT WILL NOT SPEAK IT SOON

Бог правду видит, да не скоро скажет

Popular story. 5 reels; length unknown; production: Skobelev Committee; date: 1916; release: unknown; director: Nikolai Larin; script: A. Ivonin; cameraman; Aleksandr Levitskii. Cast: Nikolai Saltykov, Vladimir Karin, Mariya Kemper, A. Korsak. Screen version of the story by Lev Tolstoi.

The plot comes across fairly clearly; the production is not bad, the details from everyday life are more or less reproduced; the acting is trite. (Kb, 1918, 6)

VELIKAYA STRAST'
A GREAT PASSION

Великая страсть

Alternative titles
RAZBITAYA ZHIZN' / A SHATTERED LIFE
KORSHUN / THE KITE

Drama. 4 reels; 1500 m; production: V. Vengerov & V. Gardin ; release: 29.12.16; director: Vladimir Gardin; script: Iosif Soifer; cameraman: Aleksandr Stanke. Cast: Ol'ga Preobrazhenskaya (Iza, an harpist), N. Nikol'skii (Count Odaretskii), S. Barlinskii (Viktor).

V LAPAKH ZHELTOGO D'YAVOLA
IN THE CLUTCHES OF THE YELLOW DEVIL

В лапах желтого дьявола

Alternative titles
MOSKOVSKIE SHANTAZHISTY
MOSCOW BLACKMAILERS
TAINA MOSKOVSKIKH KLUBOV
THE SECRET OF THE MOSCOW CLUBS

Film novel. 4 reels; 1410 m; production: A. Drankov Ltd.; release: 1.12.16; director: Vladimir Kas'yanov; script: Lev Nikulin. Cast: I. Orlov (Count Tol'skii), Vel'egorskaya (Lee, his beloved), German Voskresenskii (Baron Shtyurk, the "king of the cheats"). Criminal drama from the series *Temnaya Moskva / Shady Moscow*. Preserved, minus the second reel.

modo avvincente, l'autore ha scelto una trama curiosa e l'ha sviluppata nei dettagli, rivelando la propria familiarità con il tipo di vita che viene portato sullo schermo. L'allestimento è decisamente buono, ed è caratterizzato da una serie di scene che, concepite in modo interessante, esprimono l'indubbio gusto artistico del regista. La scelta degli artisti si è rivelata ugualmente felice, ed essi contribuiscono non poco al successo del film. (OT, 1917, n. 3489, 11)

Бог правду видит, да не скоро скажет

BOG PRAVDU VIDIT, DA NE SKORO SKAŽET
DIO VEDE LA VERITÀ MA NON LA DICE SUBITO

Racconto popolare. 5 bobine; metraggio ignoto; produzione: Comitato Skobelev (1916); data di release: ignota; regia: Nikolaj Larin; sceneggiatura: A. Ivonin; operatore: Aleksandr Levickij. Interpreti: Nikolaj Saltykov, Vladimir Karin, Marija Kemper, A. Korsak. Riduzione di un racconto di Lev Tolstoj.

La trama dell'opera emerge con sufficiente chiarezza, l'allestimento è piuttosto buono, i dettagli di vita sono più o meno rispettati; l'interpretazione è stereotipata. (Kb, 1918, 6)

Великая страсть

VELIKAJA STRAST'
UNA GRANDE PASSIONE

Titoli alternativi
RAZBITAJA ŽIZN' / UNA VITA DISTRUTTA
KORŠUN / IL NIBBIO

Dramma. 4 bobine; 1500 m; produzione: V. Vengerov e V. Gardin; data di release: 29.12.1916; regia: Vladimir Gardin; sceneggiatura: Iosif Sojfer; operatore: Aleksandr Stanke. Interpreti: Ol'ga Preobraženskaja (Iza, arpista), N. Nikol'skij (il conte Odareckij), S. Barlinskij (Viktor).

В лапах желтого дьявола

V LAPAH ŽELTOGO D'JAVOLA
TRA GLI ARTIGLI DEL DIAVOLO GIALLO

Titoli alternativi
MOSKOVSKIE ŠANTAŽISTY
I RICATTATORI DI MOSCA
TAJNA MOSKOVSKIH KLUBOV
IL SEGRETO DEI CLUB MOSCOVITI

Romanzo cinematografico. 4 bobine; 1410 m; produzione: A. Drankov Spa; data di release: 1.12.1916; regia: Vladimir Kas'janov; sceneggiatura: Lev Nikulin. Interpreti: I. Orlov (il conte Tol'skij), Vel'egorskaja (Li, la sua innamorata), German Voskresenskij (il barone Štjurk, "re dei bari"). Giallo della serie *Temnaja Moskva* (Mosca oscura). Il film è conservato incompleto (senza la 2ª bobina).

VOVA NA VOINE
VOVA AT WAR

Вова на войне

Comedy. 3 reels; length unknown; production: A. Drankov Ltd.; date: 1916; release: unknown; director: Aleksandr Verner; script: Aleksandr Drankov. Cast: Aleksandr Verner (Vova), Ol'ga Kondorova (his mother), V. Yaroslavtsev (Sergeant Major), Marmeladov (American correspondent), Oksinskaya (French woman pilot), A. Aleinkova, Platonova, Zhukovskaya, Golubinskii, Grishin. Sequel to the film *Vova prisposobilsya/Vova Fits In*. Preserved without titles.

A. Verner. I happened to be the first to interpret the role of Vova, and to this day I do not understand why that play was such a "stunning" success amongst audiences from all backgrounds. Most of those who went to see the performances belonged to that very same aristocratic section of the public – it was they who made the play a success. It's surprising that a comedy which viciously ridicules all those rotten aristocrats and their ostentatious and rachitic "patriotism" aroused loud and sincere laughter amongst those very counts and barons – obviously they were unwilling to admit that they really were so insignificant and revolting. The plays were even shown at the Tsar's court and were given approval in "the highest spheres" ... The success of the theatre comedy *Vova Fits In* gave Timan, the owner ot the Russian Golden Series, the idea of transferring Vova's adventures to the cinema screen with my help. Hence the cycle of films *Vova Fits In, Vova On Leave, Vova At War, Vova In The Country* etc. Vova was even more of a success in the cinema, though I would say that the theatre production was substantially better than the screen version. (8-9)

Вова на войне

VOVA NA VOJNE
VOVA IN GUERRA

Commedia. 3 bobine; metraggio ignoto; produzione: A. Drankov Spa (1916); data di release: ignota; regia: Aleksandr Verner; sceneggiatura: Aleksandr Drankov. Interpreti: Aleksandr Verner (Vova), Ol'ga Kondorova (sua madre), V. Jaroslavcev (il maresciallo), Marmeladov (il corrispondente americano), Oksinskaja (la pilota francese), A. Alejnikova, Platonova, Žukovskaja, Golubinskij, Grišin. Continuazione del film *Vova prisposobilsja*. Il film è conservato senza didascalie.

A. Verner Il caso ha voluto che fossi il primo ad interpretare il ruolo di Vova e tuttora non riesco a capire perché quest'opera abbia riscosso un successo così formidabile tra le più diverse classi sociali. La maggior parte del pubblico era costituita da aristocratici, che pure hanno contribuito al successo dell'opera. È sorprendente che questa commedia, che si faceva beffe degli aristocratici decadenti, del loro ostentato e rachitico "patriottismo", abbia provocato le sonore e sincere risate di quegli stessi conti e baroni che, evidentemente, non volevano riconoscersi in quei personaggi insignificanti e ripugnanti. Le due opere sono state date perfino alla corte dello zar e hanno ottenuto l'approvazione delle "alte sfere"... Il successo riscosso a teatro dalla commedia *Vova prisposobilsja* ha suggerito al proprietario della "Russkaja zolotaja serija" l'idea di portare al cinema le avventure di Vova, con la mia partecipazione. Così è comparsa la serie dei film *Vova prisposobilsja, Vova v otpusku* (Vova in vacanza), *Vova na vojne, Vova v derevne* (Vova in campagna) ecc. Al cinema, Vova ha goduto di un successo ancora maggiore per quanto, secondo me, l'allestimento teatrale fosse notevolmente migliore di quello cinematografico. (8-9)

Вова приспособился

VOVA PRISPOSOBILSJA
L'ADATTAMENTO DI VOVA

Film caricatura. 3 bobine; metraggio ignoto; produzione: Russkaja zolotaja serija (Serie d'oro russa); data di release: 20.3.1916; regia: Aleksandr Ural'skij; operatore: Aleksandr Ryllo; scenografia: Vladimir Egorov. Interpreti: Aleksandr Verner (Vova, il barone von Štrik, uno studente di destra), Ol'ga Kondorova (sua madre), P. Belova (sua cugina), N. (?) Strukova. Adattamento del dramma di E. Mirovič *L'adattamento di Vova*.

Trasportata sullo schermo la commedia, sfortunatamente, ha perso la maggior parte dei suoi pregi: è troppo dilatata, appesantita da particolari inutili, il suo umorismo è offuscato e al posto di una satira azzeccata troviamo un banale film "comico". (Pr., 1916, n. 6, 12)

La fotografia, a parte gli sbalzi di tensione delle lampade a mercurio che solcano qua e là la pellicola, è impeccabile. (ER, 1916, n. 1, 18)

VOVA PRISPOSOBILSYA
VOVA FITS IN

Вова приспособился

Film caricature. 3 reels; length unknown; production: Russian Golden Series; release: 20.3.16; director: Aleksandr Ural'skii; cameraman: Aleksandr Ryllo; art director: Vladimir Egorov. Cast: Aleksandr Verner (Vova, Baron von Strick, a right-wing student), Ol'ga Kondorova (his mother), P. Belova (his cousin), N. (?) Strukova. Screen version of the play by E. Mirovich.

Having been transferred to the screen, the play has unfortunately lost most of its merit. It is too long drawn-out, it is burdened with unnecessary detail, its humour is tarnished and a poignant satire has been turned into a hackneyed "comedy" picture. (Pr., 1916, No. 6, 12)

The photography is perfect, if one ignores the electrical discharges that crisscross the film here and there. (ER, 1916, No. 1, 18)

DA ZDRAVSTVUET... MYSHI
LONG LIVE... MICE

Да здравствуют... мыши

Comedy farce. 2 reels; length unknown; production: A. Khanzhonkov & Co. Ltd.; release: 26.12.16; director: Wieczyslaw Lenczewski. Cast: Arkadii Boitler (the godfather), Elena Yuzhnaya (the cook), Aleksandr Kheruvimov (Tolstyakov), Sof'ya Goslavskaya (his wife). Partially preserved.

DEVUSHKI, NA KOTORYKH NE ZHENYATSYA
GIRLS WHO DON'T GET MARRIED

Девушки, на которых не женятся

Drama. 4 reels; length unknown; production: A. Veckstein; date: 1916; release: unknown; director: Boris Svetlov. Cast: L. Leonidova, Amo Bek-Nazarov, Boris Svetlov, D. Gundurov, Nikolai Branitskii. Partially preserved without titles.

Evgenii is a young fast liver who has grown tired of his long-standing affair with the wife of Naumov the banker... He becomes acquainted with Elena, the demure daughter of a musician who makes an honest living for herself in a fashion shop. Evgenii is attracted by the girl's beauty, and soon his fascination grows into love. To prevent any chance encounter between Elena and Naumova, Evgenii rents a private room for his meetings with her. Naumova, who is being followed by her suspicious husband, turns up by chance in this flat. Elena arrives as well. Seeing Naumova, she guesses everything and saves her from her husband by misleading him. But this doesn't help, as the husband is aware of the truth. He proposes divorce and challenges Evgenii to either marry his wife or fight a duel. Evgenii prefers the former, and after the wedding the couple goes off to live abroad. Their life there, however,

Да здравствуют... мыши

DA ZDRAVSTVUET... MYŠI
LUNGA VITA... AI TOPI

Farsa. 2 bobine; metraggio ignoto; produzione: A. Hanžonkov i Co. Spa; data di release: 26.12.1916; regia; Wieczeslaw Lenczewski. Interpreti: Arkadij Bojtler (compare, vigile del fuoco), Elena Južnaja (cuoca), Aleksandr Heruvimov (Tolstjakov), Sof'ja Goslavskaja (sua moglie). Il film è conservato incompleto.

Девушки, на которых не женятся

DEVUŠKI, NA KOTORYH NE ŽENJATSJA
LE RAGAZZE CHE NON TROVANO MARITO

Dramma. 4 bobine; metraggio ignoto; produzione: A. Vekštejn (1916); data di release: ignota; regia: Boris Svetlov. Interpreti: L. Leonidova, Amo Bek-Nazarov, Boris Svetlov, D. Gundurov, Nikolaj Branickij. Il film è conservato incompleto e senza didascalie.

Evgenij, giovane viveur, ha da tempo una relazione con la moglie del banchiere, Naumova... Ormai stanco di questo legame, conosce Elena, una fanciulla semplice, figlia di un musicista, che si guadagna da vivere onestamente lavorando in un negozio di abbigliamento. Evgenij è attratto dalla bellezza della fanciulla e presto questa attrazione si trasforma in amore. Per evitare che Elena incontri la Naumova, Evgenij affitta un altro appartamento per incontrarsi con lei. Casualmente in quello stesso appartamento arriva la Naumova, il cui marito la segue perché sospetta una sua relazione con Evgenij. Giunge anche Elena. Vista la Naumova, indovina ogni cosa e la salva dal marito, traendolo in inganno. Ma non serve. Il marito verrà comunque a conoscere la verità e proporrà alla moglie il divorzio e a Evgenij di sposare la moglie o di battersi in duello con lui. Evgenij sceglie la prima alternativa e dopo le nozze si recano all'estero. Ma la loro vita non è felice e durante un litigio, Evgenij dichiara di essersi sposato solo per evitare il duello. Al che la Naumova prende il revolver e si uccide... Evgenij si rallegra dell'evento come di una liberazione e riprende la sua vita oziosa e gaudente. Incontra Elena, che nel frattempo è diventata una cocotte. Rimane colpito da quel cambiamento, lei gli rimprovera di essere la causa di tutto e gli propone si sposarla. Notando sul volto di Evgenij un'espressione di disgusto, ella prende un pugnale e lo uccide. (Pr., 1918, n. 3-4, 14)

Дикая сила

DIKAJA SILA
LA FORZA SELVAGGIA

Dramma. 3 bobine; 992 m; produzione: A. Hanžonkov i Co. Spa; data di release: 29.5.1916; regia: Boris Čajkovskij; sceneggiatura: Anna Mar; operatore: Mihail Vladimirskij. Interpreti: Aleksandra Rebikova (Eddi), Aleksandr Gejrot (Hugo Valevskij), Andrej Sotnikov (Simon, lo scemo), M. Halatova (zia Bassi). Il film è conservato incompleto (3ª bobina), senza didascalie.

is not a happy one, and during one of their quarrels Evgenii makes the remark that he only married her in order to avoid being killed in a duel. He then takes out his revolver and shoots... Evgenii is delighted with his newfound freedom and returns to his dissipated way of life. One day he meets Elena, who is now a courtesan. He is struck by the way she has changed. When she accuses him of making her the way she is, he proposes marriage. But Elena notices a squeamish expression on Evgenii's face, and she takes out a dagger and kills him. (Pr., 1918, No. 3-4, 14)

DIKAYA SILA
A WILD FORCE

Дикая сила

Drama. 3 reels; 992 m; production: A. Khanzhonkov & Co. Ltd.; release: 29.5.16; director: Boris Chaikovskii; script: Anna Mar; cameraman: Mikhail Vlaimirskii. Cast: Aleksandra Rebikova (Eddy), Aleksandr Geirot (Gugo Valevskii), Andrei Sotnikov (Simon, a fool), M. Khalatova (Aunt Bassie). Third reel preserved, without titles.

The scenario of *A Wild Force* is not one of the best to come from Anna Mar's pen, though by the same token, its theme and production are far removed from the triteness that frequently sidetrack the authoress in her better works for the cinema. The theme is the invasion into the orderly domain of everyday life of a crude animal force, devoid of reason, destroying all faith and all human designs, defiling pure intentions and the finest feelings by its very touch. This wild force is embodied by Simon the fool, who is smitten with a crude animalistic passion for a pure and beautiful girl, and in possessing her, devastates her life. The plot is developed simply and convincingly, without anything being overdone or underlined; the picture therefore grips the attention and testifies to the author's literary experience. A.V. Rebikova gives a delicate and beautiful portrayal of the girl; A.A. Geirot has shown himself to be an interesting screen actor. With this make-up and his acting, A.N. Sotnikov gives a terrifying portrayal of Simon the fool. The picture is well produced and the photography is a great success. (VK, 1916, No. 118, 8)

DOCH' ANNY KARENINOI
ANNA KARENINA'S DAUGHTER

Дочь Анны Карениной

Film novel. 6 reels; 1600 m; production: Prodalent ; date: 1916; release: unknown; director/script: Aleksandr Arkatov; cameraman: Grigorii Giber. Cast: Lidiya Johnson, A. Insarov, Yuliya Bakhmachevskaya, Leonid Iost, Oleg Frelikh. One reel preserved.

Part 1. Girlish dreams; 2. Life's slumber; 3. A heart that knows no obstacles; 4. Only the morn of love is good; 5. Happiness and joy have faded like roses; 6. Vengeance is mine and I will repay. (SF, 1917, No. 11-12, 117)

Il copione di *Dikaja sila* non è tra i più brillanti firmati da Anna Mar, ma allo stesso tempo, per quel che riguarda il tema e la sua realizzazione, si discosta notevolmente dagli stereotipi in cui si è imbattuta spesso la scrittrice nei suoi migliori lavori per il cinema. Il tema del copione è l'irruzione, nell'ambito costituito della vita quotidiana, di una rozza forza animale, priva di raziocinio, che distrugge ogni fede ed ogni calcolo umano, profanando i pensieri più puri e i sentimenti migliori con cui viene a contatto. Questa forza selvaggia assume le sembianze di Simon lo scemo, che viene colto da una passione brutale per una pura e bella fanciulla e ne distrugge la vita, possedendola con la forza. Il tema viene sviluppato in modo semplice e convincente, senza forzature né ostentazioni; per questo il film si lascia guardare con interesse e rivela l'esperienza letteraria dell'autrice. A.V. Rebikova offre un modello dolce ed elegante nella sua interpretazione della fanciulla. A.A. Gejrot si è dimostrato un attore interessante per il cinema. La sinistra figura di Simon lo scemo è resa grazie all'interpretazione e al trucco di A.N. Sotnikov. Bello l'allestimento del film. Ben riuscita la fotografia. (VK, 1916, n. 118, 8)

Дочь Анны Карениной

DOC' ANNY KARENINOJ
LA FIGLIA DI ANNA KARENINA

Romanzo cinematografico. 6 bobine; 1600 m; produzione: Prodalent (1916); data di release: ignota; regia/sceneggiatura: Aleksandr Arkatov; operatore: Grigorij Giber. Interpreti: Lidija Johnson, A. Insarov, Julija Bahmačevskaja, Leonid Iost, Oleg Frelih. Il film è conservato incompleto (1 bobina).

Parte 1. Le fantasie della fanciulla; 2. Il sogno della vita; 3. Il cuore che non conosce limiti; 4. Solo l'alba dell'amore è bella; 5. E felicità e gioia come rose appassiscono; 6. La vendetta e i cocci sono miei. (SF, 1917, n. 11-12, 117)

Non avete sentito parlare del romanzo cinematografico *La figlia di Anna Karenina?* O della prossima seconda serie: *Il nipote di Anna Karenina*, o della sua possibile continuazione... *Il pronipote di Anna Karenina*. Tutto ciò è ora fin troppo semplice, e forse in un prossimo futuro potremo vedere il dramma *Il nipote dello zio Vanja* oppure *La figlia di Ivanov*... Per ora sarebbe interessante sapere chi si è inventato *La figlia di Anna Karenina.* Non sarà stato forse il figlio di *Son'ka manina d'oro?* (Sanin, KUL, 1916, n. 2, 16)

Have you heard about the fictional cinema novel *Anna Karenina's Daughter?...* Or about the forthcoming second part, *Anna Karenina's Grandson*, or else a possible further continuation entitled *Anna Karenina's Great-Grandson?* This is all very easy to do. So perhaps in the near future we shall have a drama under the title *Uncle Vanya's Grandson* or *Ivanov's Daughter...* In the meantime, it would be interesting to know just who thought up *Anna Karenina's Daughter*. Was it perhaps *Light-Fingered Sonka's* son? (Sanin, KUL, 1916, No. 2, 16)

EGO GLAZA
HIS EYES

Его глаза

Drama. 5 reels; 1500 m; production: Russian Golden Series; release: 19.9.16; directors/script: Vyacheslav Viskovskii & Aleksandr Volkov (?); cameraman: Aleksandr Ryllo; art director: Vladimir Egorov. Cast: A. Rudnitskii (Strel'nikov, an artist), M. Moravskaya (Ol'ga Ivanovna, his wife), Vera Solov'eva (Larochka), Mikhail Salarov (Druzhinin, a writer). Screen version of the novel by Aleksandr Fedorov. Two reels preserved without titles.

The director, V.K. Viskovskii, particularly stressed that the film should stick closely to the literary source. This can be seen both in the titles, which indicate the pages of the novel, and in the deliberate book-life format used for the film's title, the actors' portraits and the titles. The scenes in the artist's studio are all very well done. The director was assisted in this by the cameraman who, with the help of artificial lighting, made the backdrop deeper and created excellent contre-jours in the foreground. The central role – Strelnikov the artist – is vividly depicted by Mr Rudnitskii. His photogenic appearance, his expressive and energetic face and his intelligent gestures allow him to grip the viewer's attention. He brings out the character's psychological depth and his powerful and intense emotions with the help of masterful and outwardly impeccably acting. Mme Moravskaya gives an excellent performance as the criminally jealous wife. She plays the intense and horrific crime scene with elan and true-to-life veracity. Mme Moravskaya has succeeded in portraying the character so convincingly that the viewer finds it hard to imagine anyone else in the role. This, in our view, is the highest praise that can be given to any actress. In the role of the cheerful Lara, Mme Soloveva is not cheerful enough. The young actress stresses the sacrificial nature of Lara's melancholy love for the unfortunate artist, to the detriment of the "seductive" merging of beauty and youthful freshness with which Lara's existence overflows in the novel. Nor do we see any of her infectious laughter, which the author so aptly describes in the following words. "When laughing, she would remove her little white handkerchief from her lips and give it a shake, and it would seem as if joyful little sparks came pouring out". However, the deathbed agony scenes and in particular the finale are an undoubted success for the actress. Mr Salarov has turned out to be rather young for the role of Druzhinin the wri-

Его глаза

EGO GLAZA
I SUOI OCCHI

Dramma. 5 bobine; 1500 m; produzione: Russkaja zolotaja serija (Serie d'oro russa); data di release: 19.9.1916; regia/sceneggiatura: Vjačeslav Viskovskij e Aleksandr Volkov (?); operatore: Aleksandr Ryllo; scenografia: Vladimir Egorov. Interpreti: A. Rudnickij (Strel'nikov, l'artista), M. Moravskaja (Ol'ga Ivanovna, sua moglie), Vera Solov'eva (Laročka), Mihail Salarov (Družinin, lo scrittore). Riduzione del romanzo omonimo di Aleksandr Fedorov. Il film è conservato incompleto (2 bobine), senza didascalie.

Il regista che ha realizzato il film, V.K. Viskovskij, ha sottolineato in modo particolare lo stretto rapporto esistente tra il film e il testo letterario originale, e questo viene confermato sia nelle annotazioni fatte dal regista sulle pagine del romanzo, che nella cornice libresca, in cui trovano posto il titolo del film, i ritratti degli interpreti e le didascalie. Molto belle tutte le scene nel laboratorio dell'artista: qui il regista ha beneficiato dell'aiuto dell'operatore e della luce artificiale, che ha dato maggiore profondità alle scene sullo sfondo producendo un ottimo *contre-jour* in primo piano. Il ruolo principale, quello dell'artista Strel'nikov, è stato interpretato in modo brillante da Rudnickij. Particolarmente adatta allo schermo la figura dell'artista, il cui volto espressivo, energico e vivace, e i movimenti composti, lo hanno imposto all'attenzione degli spettatori. La complessità psicologica, la ricchezza di contenuto e di significato sono state estrinsecate dall'artista in modo magistrale e apparentemente inappuntabile. La Moravskaja ha interpretato in modo eccellente il difficile ruolo della criminale gelosa. La terribile scena del reato, densa di tensione, è recitata dall'artista con slancio e profondo realismo. La Moravskaja è riuscita ad essere così convincente nel suo ruolo, che è difficile per lo spettatore immaginarsi qualcuno che possa sostituirla, e questo, secondo noi, è la lode migliore per un artista. La Solov'eva, che interpretava il ruolo

ter, the artist's rival. But, of course, that is not his fault, and on the whole, he plays his role quite well. The two large crowd scenes – the artists' ball and the court sitting – are excellently set, but run somewhat counter to the overall tone of the picture, in which, we repeat, the intimate scenes are the best. This turn towards intimacy and psychological depth in the work of Mr Viskovskii, who is normally drawn towards crowd scenes and outward effect, is of great significance and deserves every encouragement. (TG, 1916, No. 1, 17)

ZHIZN' ZA ZHIZN'
A LIFE FOR A LIFE

Жизнь за жизнь

Alternative titles
ZA KAZHDUYU SLEZU PO KAPLE KROVI
A TEAR FOR EVERY DROP OF BLOOD
SESTRY-SOPERNITSY / THE RIVAL SISTERS

Drama. 5 reels; 2175 m; production: A. Khanzhonkov & Co. Ltd.; release: 10.5.16; director/script: Evgenii Bauer; cameraman: Boris Zavelev. Cast: Ol'ga Rakhmanova (Khromova, a millionairess), Liliya Koreneva (Musya, her daughter), Vera Kholodnaya (Nata, her adopted duahgter), Vitol'd Polonskii (Prince Bartinskii), Ivan Perestiani (Zhurov, a merchant). Based on the novel *Serge Panine* by Georges Ohnet.

Columns, columns and more columns... Columns in the drawing-room, by the fire in the office, columns here there and everywhere. The film's director, Mr Bauer, will forgive us if we find ourselves smiling at the abundance of columns in *A Life for a Life*. The picture has been produced with colossal extravagance. The production has clearly been well thought-out, right down to the most insignificant scenes. The highly intelligent directing, the sense of moderation in the individual actors, the excellent photography

di Lara, una fanciulla giocosa e allegra, non è riuscita purtroppo ad esprimere a sufficienza l'esuberanza e la gioia di vivere del suo personaggio. La giovane attrice ha evidenziato appieno lo spirito di sacrificio del triste amore di Lara per l'infelice artista a scapito "del seducente splendore della bellezza e della freschezza giovanile", che costituiscono l'essenza del personaggio di Lara nel romanzo. Ma non abbiamo mai visto quel sorriso provocante, di cui tanto ci aveva parlato l'autore: "Quando, sorridendo, allontana dalle labbra il fazzolettino bianco e lo scuote, sembra quasi che da quel fazzoletto piovano scintille". Ma nella scena dell'agonia sul letto di morte e soprattutto in quella finale, l'attrice ha dato un'ottima prova di sé. G. Salarov era troppo giovane per incarnare i panni dello scrittore Družinin, il rivale dell'artista. Ma la colpa, naturalmente, non è da attribuire a lui, che peraltro ha interpretato il suo personaggio in modo dignitoso. Le due grandi scene di massa – il ballo degli artisti e l'udienza – sono allestite in modo eccellente, ma si distaccano alquanto dal tono generale del film, le cui scene migliori, lo ripetiamo, sono quelle intime. Nella produzione di Viskovskij, che tende a ricorrere a scene di massa e d'effetto, questa ricerca di complessità psicologica e d'intimità è particolarmente significativa e merita di essere incoraggiata. (TG, 1916, n. 1, 17)

Жизнь за жизнь

ŽIZN' ZA ŽIZN'
UNA VITA PER LA VITA

Titoli alternativi
ZA KAŽDUJU SLEZU PO KAPLE KROVI
UNA GOCCIA DI SANGUE PER OGNI LACRIMA
SESTRY-SOPERNICY / LE SORELLE RIVALI

Dramma. 5 bobine; 2175 m; produzione: A. Hanžonkov i Co. Spa; data di release: 10.5.1916; regia/sceneggiatura: Evgenij Bauer; operatore: Boris Zavelev. Interpreti: Ol'ga Rahmanova (la milionaria Hromova), Lidija Koreneva (Musja, sua figlia), Vera Holodnaja (Nata, figlia adottiva), Vitol'd Polonskij (il principe Bartinskij), Ivan Parestiani (il commerciante Žurov). Basato sul romanzo *Serge Panin* di Georges Ohnet.

Colonne, colonne, colonne... Colonne nella sala da pranzo, colonne nello studio vicino al caminetto, colonne ovunque. Bauer, regista di questo film, ci scuserà l'involontario sorriso suscitato in noi da questa abbondanza di colonne. Il film è stato realizzato secondo i lussi del colossal. Nella scenografia risulta evidente una profonda riflessione su ogni particolare anche insignificante ... Il lavoro del regista elaborato minuziosamente, il senso della misura nell'interpretazione dei diversi attori, la bellissima fotografia e l'ottima illuminazione rappresentano i meriti di questa pellicola, fanno di quest'opera un tutt'uno di indiscutibile valore artistico, che ci permette di scusare l'eccessivo amore di Bauer per le colonne. (KŽ, 1916, n. 9-10, 52)

Evidentemente la casa di produzione si proponeva anche di mostrare che un film come *Una vita per la vita* può competere con qualsiasi colossal di produzione straniera. Questo obiettivo è sta-

and perfect lighting – all these merits merge to create an undoubted artistic treasure, for which one can forgive Mr Bauer his excessive love of using columns. (KZh, 1916, No. 9-10, 52)

Another of the film's obvious aims was to show that a picture like *A Life for a Life* can compete with foreign "smash hits". This aim was fully attained, and we must acknowledge that in its plot, the richness of its production, its wonderful acting and its impeccable technical work – light effects, photography, printing – it is a film that deserves a place alongside the best foreign productions. Yet it is precisely in this endeavour to "be foreign" that the picture's weakness lies. The desire to achieve the greatest possible technical perfection and outward beauty, which are so characteristic of Western cinema, has weakened those elements which are typical of Russian film art – inner beauty, the beauty of psychological truth and spiritual feeling. (Pr., 1916, No. 11-13, 9-10).

A. Khanzhonkov. I wanted to stagger the cinema world with a production of great artistic worth, which would immediately place our firm's reputation at its rightful level. This desire of mine was aroused by the success of Yegorov, who at that time was completing his film *The Queen of Spades*, based on Pushkin's story. From a whole range of scenarios offered to him, Bauer, our chief director, selected a dramatization of the French novel *A Life for a Life* by Georges Ohnet. All the studio's technical resources were mobilized for the production, and the main roles were allocated amongst the best actors in our company. Spring reminded us that the end of the operational season was approaching. We had no more than one month to spend on the production, and all departments set to work at a feverish pace. Bauer liked this sort of urgent "spontaneous" work and even finished it a few days ahead of the deadline he had been given. The picture was an excellent one in every respect. Even the press acknowledged that with *A Life for a Life* Russian cinema had shown itself ready to compete with European cinema. (1937, 92-93)

KOLOKOL'CHIKI-BUDENCHIKI ZVENYAT, PROSTODUSHNUYU RASSKAZYVAYUT BYL'... THE BELLS RING OUT, TELLING THEIR SIMPLE TALE...

Колокольчики-бубенчики звенят, простодушную рассказывают быль...

Lyrical drama. 5 reels; 1600 m; production: G. Libken Ltd.; date: 1916; release: unknown; director: Sigismund Veselovskii; script: Boris Martov; cameraman/art director: Petr Mosyagin. Cast: Alya Petini (Ira Gromova), Nikolai Rimskii-Kurmashov (Zarin, a poet), Rocco Espagnoli (Aleksei Sokol'skii), V. Gremina. Screen version of a song based on the poems of Skitalets. Preserved without titles.

The poet Zarin is languishing in the big city. One day, he receives a letter from his parents in the depths of Russia, and he travels home for the Christmas festivities. He is consoled by the simplicity and comfort of provincial life. One day at a rehearsal he be-

to pienamente raggiunto, e dobbiamo ribadire che sia per il soggetto, la ricchezza delle scenografie, la meravigliosa interpretazione degli attori, che per l'impeccabile esecuzione tecnica (effetti luminosi, fotografia e stampa) questo film è degno di affiancare le migliori pellicole straniere. Anche se è proprio questa tendenza esterofila a rappresentare il lato debole del film. Il desiderio di raggiungere la massima perfezione tecnica e la bellezza esteriore – tratti caratteristici della produzione occidentale – ha indebolito nel film gli elementi tipici dell'arte cinematografica russa: il gusto interiore, la ricerca della verità psicologica e dell'emozione dell'anima. (Pr., 1916, n. 11-13, 9-10)

A. Hanžonkov. Volevo stupire la cinematografia con un'opera dalle alte qualità artistiche, che innalzasse subito la reputazione della nostra casa di produzione. Il mio desiderio era accresciuto dai successi di Ermol'ev che in quel periodo aveva portato a termine il film *La donna di picche* tratto dall'omonimo racconto di Puškin ... Bauer, il nostro miglior regista, scelse fra tutte le sceneggiature che gli erano state proposte di mettere in scena il romanzo francese di Georges Ohnet *Una vita per la vita*. Per la realizzazione vennero mobilitati tutti i mezzi dello stabilimento, i ruoli principali furono affidati ai migliori artisti della nostra troupe ... La primavera ci ricordava che stava per finire il periodo utile. Perdere più di un mese per la realizzazione non era possibile, tutti i reparti lavoravano a ritmo febbrile. Bauer amava questo tipo di lavoro rapido, di tensione, e lo finì addirittura alcuni giorni prima del tempo stabilito. Il film risultò meraviglioso sotto tutti i punti di vista. La stampa mondiale constatò che con questo film la cinematografia russa aveva dimostrato di poter competere con quella europea. (1937, 92-93)

comes acquainted with Ira, the daughter of the landowner Gromov. After two or three meetings they feel that they love one another. Zarin gives no thought to the fact that Ira is being courted and is sincerely loved by Alksei Sokolskii, the son of a wealthy local. Soon after the soiree in which Ira plays the "seagull" and Zarin declaims his poetry, Zarin sends his latest work to Ira. She understands it with her sensitive heart. At Epiphany a troika ride is organized. The two of them sit side by side, their hearts singing a song of pure love to the merry jingling of the sleigh bells. Ira's parents, however, have already decided that she is to marry Sokolskii, and they refuse to listen to her protestations. A tough battle follows, and in the end Ira decides to elope with Zarin. A troika sleigh speeds the two of them far away from the little town, the bells jingling triumphantly. In the big city to which Zarin takes her, Ira finds everything strange and new. But she surveys her new surroundings avidly: lectures, concerts, museums, the poet's companions - everything is new and interesting to her. And her love blossoms. Soon, however, this fairytale life begins to pall; Ira notices that Zarin is devoting himself more to his muse than to her. And soon Sokolskii comes to Moscow bringing the news that her father is seriously ill and whises to see her. Sokolskii reminds her of the simplicity and comforts of life at home and persuades her to leave Zarin. Worried by the thought of her father's death, she leaves for home without telling Zarin. She soon marries Sokolskii, but the little bells make a plaintive sound at her wedding. The years wear on and fate again brings Zarin to his home town. Once again he meets Ira, now Sokolskii's wife and the mother of charming children. The meeting revives her former feelings, but this time she fights them. At night she cries at her children's bedside and turns her face from her husband in aguish. One day, however, she experiences an overwhelming longing for the fairytale of the past. She goes for a troika ride with Zarin. Their ardent love brings them together and she feels as if she has attained the summit of life. But her entire family existence is shattered and

Колокольчики-бубенчики звенят, простодушную рассказывают быль...

KOLOKOL'ČIKI-BUDENČIKI ZVENJAT, PROSTODUŠNUJU RASSKAZYVAJUT BYL'... SUONANO I SONAGLI, RACCONTANO UNA STORIA SEMPLICE...

Dramma lirico. 5 bobine; 1600 m; produzione: G. Libken Spa (1916); data di release: ignota; regia: Sigizmund Veselovskij; sceneggiatura: Boris Martov; operatore/scenografia: Petr Mosjagin. Interpreti: Alja Petini (Ira Gromova), Nikolaj Rimskij-Kurmašov (il poeta Zarin), Rocco Espagnoli (Aleksej Sokol'skij), V. Gremina. Adattamento di una canzone con versi di Skitalec. Il film è conservato senza didascalie.

Il poeta Zarin era stanco di vivere nella grande città. Per fortuna ricevette una lettera dai genitori, che vivevano in provincia, e a Natale ritornò a casa. La semplicità e la buona accoglienza della famiglia lo consolarono. Stava bene anche tra la gente bonaria e semplice della città di provincia. Alle prove conobbe la figlia del possidente terriero Gromov, la dolce e bella Ira. Dopo qualche incontro, si accorsero di amarsi. Zarin non diede peso al fatto che di Ira era sinceramente innamorato anche il figlio di un riccone del posto, Aleksej Sokol'skij. Subito dopo la serata in cui Ira interpretava *Čajku* (Il gabbiano) e Zarin recitava le sue poesie, quest'ultimo mandò a Ira la sua nuova opera. Ella, con la sua sensibilità d'animo la comprese. A Natale ci fu una gita sulle troike, Ira e Zarin sedevano vicini e al suono dei sonagli nei loro cuori cominciò a echeggiare la canzone di un sereno e luminoso amore. Ma i genitori di Ira l'avevano già promessa in sposa a Sokol'skij e non avrebbero mai accettato un suo rifiuto. Ira dovette scontrarsi con i genitori, ma grazie al loro profondo amore riuscì a spuntarla. In una gelida notte una troika la portò lontano dalla piccola cittadina. I sonagli cantavano vittoriosi... Nella grande città, dove la condusse Zarin, tutto era strano e nuovo per Ira. La nuova vita, la nuova atmosfera, tutto era molto interessante. Le lezioni, i concerti, i musei, gli amici del poeta – tutto ciò era nuovo e affasci-

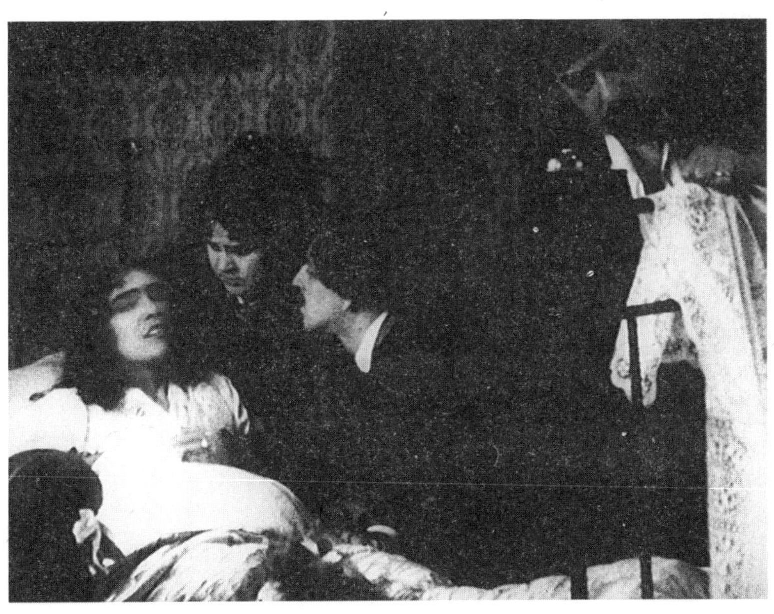

she is unable to go on. That night a snowstorm is raging over the town. Ira goes out onto the balcony and bares her shoulders to the kisses of the cold snow... She falls ill and nears death. In her delirium she remembers the jingling of the sleigh bells and she dies enchanted by their merry ringing. The poet receives a letter from her with a little bell in memory of their fairytale and in reproach to the life that ruined it. (SF, 1915, No. 9-10, 105)

KTO ZAGUBIL?
WHO SPOILT IT?

Кто загубил?

Alternative titles
LESNAYA STOROZHKA
THE FOREST LODGE
POZDNO VECHEROM IZ LESOCHKA
YA KOROV DOMOI GNALA
LATE ONE NIGHT I DROVE THE CATTLE
HOME FROM THE FOREST

Drama. 3 reels; 1200 m; production: A. Khanzhonkov & Co. Ltd.; release: 18.5.16; director: Nikandr Turkin; script: Zoya Barantsevich; cameraman: Mikhail Vladimirskii. Cast: Pavel Knorr (Stepan, a forester), Zoya Barantsevich (Lyuba, his daughter), Yanina Murato (Marfa, her stepmother), A. Sotnikov (Ivan, Lyuba's husband), Konstantin Dzhemarov (Boris, a young gentleman), Praskov'ya Maksimova (his nanny). Based on the novella *Lesnaya storozhka / The Forest Lodge* by Zoya Barantsevich. Preserved without titles.

This play cannot be called a real-life drama in the strict sense of the term. In the first place, the hero is the son of a landowner, and secondly, the picture gives only the most general outline of rural life. But this is all to the good: all real-life plays shown on the screen so far suffer from a superfluity of ethnographical de-

nante. E il suo amore fioriva, risplendeva di una luce solare. L'idillio però si offuscò presto. Ira si accorse che il poeta si stava dedicando sempre più all'arte, cantando inni alla Musa, e non a lei. Dopo un po' Sokol'skij, giunto a Mosca, le portò la notizia della grave malattia del padre, che chiedeva di vederla. Sokol'skij le ricordò la libertà e la serenità dei luoghi natii. Egli riuscì a convincerla a lasciare il poeta... Ira, preoccupata al pensiero che il padre potesse morire, decise di partire senza salutare Zarin. In punto di morte il padre la pregò di rispettare le sue volontà. La debole Ira acconsentì e rimase nella città natia. Presto fu celebrato il matrimonio tra lei e Sokol'skij, ma alle nozze i sonagli emettevano un suono funesto. Zarin ricevette una sua lettera: "Caro, non potevo continuare così, perdonami, addio. Che la tua Musa ti sia di consolazione". Il poeta pianse per l'inganno. Passarono degli anni e il destino riportò Zarin nella città natia. Egli incontrò nuovamente Ira, che era già moglie di Sokol'skij e madre di bellissimi bambini. L'incontro risvegliò in lei i vecchi sentimenti, ma si trattenne. Di notte piangeva accanto al letto dei figli e voltava triste le spalle al marito. Venne il momento però, in cui volle provare nuovamente la felicità dell'idillio passato. Ancora una gita sulla troika, il suono dei sonagli e la felicità di una folle notte di passione. Ma così Ira sentì che non avrebbe potuto più vivere. In una gelida notte uscì sul terrazzo, mentre sulla città infuriava la bufera. Offrì le nude spalle ai baci della neve... Prese un raffreddore, si ammalò e ormai gravissima si ricordò del suono dei sonagli. Morì pensando alla felice storia d'amore. Il poeta ricevette una lettera e un sonaglio... in ricordo del loro amore, come segno di rimprovero alla vita, che distrugge ogni idillio. (SF, 1915, n. 9-10, 105)

Кто загубил?

KTO ZAGUBIL?
CHI L'HA ROVINATO?

Titoli alternativi
LESNAJA STOROŽKA
LA CAPANNA NEL BOSCO
POZDNO VEČEROM IZ LESOČKA
JA KOROV DOMOJ GNALA
UNA SERA TARDI CONDUSSI A CASA
IL GREGGE DAL BOSCO

Dramma. 3 bobine; 1200 m; produzione: A. Hanžonkov i Co. Spa; data di release: 18.5.1916; regia: Nikandr Turkin; sceneggiatura: Zoja Barancevič; operatore: Mihail Vladimirskij. Interpreti: Pavel Knorr (il guardaboschi Stepan), Zoja Barancevič (sua figlia Ljuba), Janina Mirato (la sua matrigna Marfa), A. Sotnikov (Ivan, il marito di Ljuba), Konstantin Džemarov (Boris, un giovane signore), Praskov'ja Maksimova (la sua balia). Tratto dalla novella *Lesnaja storožka* (La capanna nel bosco) di Zoja Barancevič. Il film è conservato senza didascalie.

Non si può dire che la pièce sia un riflesso della vita quotidiana, innanzitutto perché il protagonista è figlio di una proprietaria terriera, secondariamente perché la vita della campagna è accennata solo con tratti generali. Ma ciò ha anche un risvolto positivo. Tut-

tail. The setting is overdone, at the expense of the dramatic content. The time for depicting everyday life has passed, and the author of the screen play *Who Spoilt It?* has quite correctly made no claims to portray country life as it really is, using it only as a backdrop for an interesting and life-like drama. It may not be a terribly original drama, but it is acted in the lap of nature in a series of beautiful lyrical scenes, and produces a fresh and pleasant sensation. The play is well acted, and although the cast apparently includes not a single actor specializing in the real-life genre, the peasant figures are typical and lifelike. This proves once again that an intelligent actor can cope with any role, can give a good account of himself in any capacity. We were dissatisfied only with Mr Sotnikov who, unusually for him, was poorly made-up and gave an insipid performance as the forester. (VK, 1916, No. 118, 8)

Z. Barantsevich. I based the scenario on my own novella *The Forest Lodge.* When the actors felt "cramped" within the framework of the scenarios given to them, they tried to overcome the problem by writing them themselves. Sometimes this worked well, and sometimes it didn't, but such attempts were made. Nor was it something I avoided, though I did not perform all my scenarios myself. The scenario for *The Dying Swan*, for instance, was written by me for Mme Karalli. The film *The Procurator's Wife*, based on another of my scenarios, was acted by Asta Gray. (1965, 159-160)

KURSISTKA TANYA SKVORTSOVA
TANYA SKVORTSOVA THE STUDENT

Курсистка Таня Скворцова

Story for the screen. 4 reels; 1057 m; production: A. Khanzhonkov & Co. Ltd.; release: 8.3.16; director: Nikandr Turkin; script: Rovdo; cameraman: Mikhail Vladimirksii. Cast: Zoya Barantsevich (Tanya Skvor tsova), Elena Yuzhnaya (Marusya, her friend), Konstantin Dzhemarov (Nikolai, her fiancé, an officer), V. Vasil'ev (Vladimir Smirnov, an officer returned from the front). Two reels preserved without titles.

This production makes a wonderfully bright impression. After seeing it, you want to reproach yourself for having perhaps been won over by the civic theme, to which all the twists of human psychology are subordinated, but then you immediately refute yourself. Why indeed cannot a girl fall so deeply in love at first sight that, when he later returns from the trenches dumb from shell-shock, she is capable of devoting her youth, beauty and girlish dreams to him simply because "eyes talk too", though they had not spoken a single word before. Yes, at last, we are quite fed up with the highly idiosyncratic twists and turns of screen psychology. Actually, when watching the film you realize that the plot is of secondary importance in the hands of a good director and given noble feelings on the part of the actors. And this is just what Mr N. Turkin (the director) and Mme Barantsevich, who plays the title role, have proved to be in the film in question. Tanya is very lifelike and very simple – a genuinely pure and sensitive girl: a place in which one can rest after pathological digressions

te le pièces di vita quotidiana finora proiettate sullo schermo soffrono di una massa di particolari etnografici, sono sovraccariche di dettagli che vanno a scapito del contenuto drammatico. Il tempo della descrizione della vita quotidiana è ormai passato e l'autore di *Chi l'ha rovinato?* ha giustamente rinunciato alla pretesa di descrivere la vita della campagna così com'è, per usare le situazioni di vita quotidiana solo come sfondo ad un interessante dramma di vita. Il dramma forse non è molto originale ma, ambientato in aperta campagna in mezzo ad una serie di quadri belli e pieni di lirismo, provoca un'impressione vivace e piacevole. Buona la recitazione anche se tra gli attori non c'è, evidentemente, nessun vero interprete della vita quotidiana. Tuttavia le figure dei contadini sono risultate tipiche e credibili. Questo dimostra una volta di più che un buon attore può indossare i panni di chiunque ed in ogni situazione può mostrare il lato migliore di sé. Soltanto Sotnikov non ci ha soddisfatto, perché contrariamente alle sue abitudini ha usato un trucco poco riuscito e ha recitato il ruolo del guardaboschi in modo insipido. (VK, 1916, n. 118, 8)

Z. Barancevič. La sceneggiatura la scrissi io, adattando la mia novella *Lesnaja storožka*. Quando gli attori si sentivano "limitati" dalla sceneggiatura che veniva loro proposta, cercavano di venirne fuori scrivendola da sé. Alle volte questo andava bene, altre no. Ma tentativi di questo tipo ce ne furono parecchi. Vera Karalli scrisse, fra le altre, la sceneggiatura di *Sestry Bronskie* (Le sorelle Bronskie). Nemmeno io sfuggii a questa tendenza, ma non interpretai tutte le sceneggiature che scrissi. *Umirajuščij lebed'* (La morte del cigno) fu interpretata dalla Karalli, mentre nel film *Žena prokurora* (La moglie del procuratore) recitò Asta Graj. (1965, 159-160)

Курсистка Таня Скворцова

KURSISTKA TANJA SKVORCOVA
LA STUDENTESSA TANJA SKVORCOVA

Racconto per lo schermo. 4 bobine; 1057 m; produzione: A. Hanžonkov i Co. Spa; data di release: 8.3.1916; regia: Nikandr Turkin; sceneggiatura: Rovdo; operatore: Mihail Vladimirskij. Interpreti: Zoja Barancevič (Tanja Skvorcova), Elena Južnaja (la sua amica Marusja), Konstantin Džemarov (il suo fidanzato Nikolaj, un ufficiale), V. Vasil'ev (Vladimir Smirnov, un ufficiale ritornato dal fronte). Il film è conservato incompleto (2 bobine), senza didascalie.

Questa pellicola lascia una limpida impressione. Dopo la visione avresti voglia di rimproverare a te stesso di esserti lasciato sedurre dal patriottismo e dalla complessa visione della psicologia umana, ma subito ti ricredi. Non è infatti possibile che una ragazza si innamori al primo incontro in modo così intenso da donare a un uomo amato di ritorno dal fronte, reso muto da una contusione, la propria giovinezza e la propria bellezza, i propri sogni di fanciulla, per il semplice fatto che "anche gli occhi parlano", anche se fino a quel momento non hanno detto nemmeno una parola. Bisogna riconoscere che il contorsionismo psicologico cui si assiste sullo schermo ha già annoiato in misura sufficiente. In generale

into the delicate realm of the soul. This impression is spoilt a little by the scenario and the technical imperfections of the photography – those infamous discharges again. The scene in which the girl places a candle on a table between herself and the wall, yet casts a shadow ahead of her onto that same wall, is an affront to the eye. The lack of care makes the viewer mindful of the other source of light – the "arc lights". The photography is otherwise perfectly alright. (ER, 1916, No. 1, 15-16)

Z. Barantsevich. I could regard the film *Tanya Skvortsova the Student* as a sort of "milestone" in my cinema career. The role was one that suited me well, and the scenario was simple and true-to-life, without the kind of far-fetched and complicated plot that many scenario writers were churning out at the time. The film was directed by N.V. Turkin. It was the first time that a film had included extreme "close-ups", in which the actor's head filled the entire screen. Up until then they had been afraid of trying it, for some reason, whether due to a lack of technical gadgets or for other reasons. But in that picture they did use "close-ups". The picture was produced in very simple and realistic tones, with no "special effects" or far-fatched situations, and this was also something of a novelty. (1965, 159)

LEDYANOI DOM
THE ICE HOUSE

Ледяной дом

Alternative title
BIRON I VOLYNSKII / BYRON AND VOLYNSKII

Fictitious historical drama. 5 reels; 1600 m; production: G. Libken Ltd.; release: 1.12.16; director: Sigismund Veselovskii; script: Boris Martov; cameraman: Petr Mosyagin; art directors: Petr Mosyagin & N. Smirnov. Cast: N. Atal'skaya (Anna Ioanovna), Nikolai Rimskii-Khurmashov (Byron), Sergei Gladkov (Volynskii), Marietta Petini (Marioritsa Lelemiko), V. Zimovoi (Kul'kovskii, the fool), V. Suvorov (Zuda), Rocco Espagnoli (Eikhler). Screen version of the historical novel by Ivan Lazhechnikov. Second, fourth and fifth reels preserved with flash titles.

It took two years to shoot this picture. In 1914 an ice palace was built in Yaroslavl, but due to delays in obtaining the historical costumes from Moscow, winter passed and the palace disintegrated under the Spring sunshine. In 1915 the ice palace had to be rebuilt, and that time the shooting was successfully completed. It was a considerable problem to find the live beasts needed for the play – lions, bears etc. – during the winter. The actors had some terrifying moments performing alongside those menacing kings of the desert and the wild north. (KZh, 1916, No. 23-24, 143)

The famous novel by Lazhechnikov, which gives a vivid description of the cruel times of Emperess Anna Ioanovna, formed the basis for this colourful and absorbing picture. It may be that too much attention has been devoted to the isolated (from the historical point of view) love episode between Volynskii and the gyp-

vedendo questo film ti convinci una volta di più che la trama ha un'importanza secondaria, se affidata a un buon regista e in presenza di artisti prodighi di emozioni. Nel film in esame, si presentano come tali N. Turkin (il regista) e la Barancevič nel ruolo principale di Tanja. La figura di Tanja è molto reale. Una ragazza buona, semplice e sensibile, un'oasi di pace dopo i viaggi travagliati nell'io amoroso. Qualche punto oscuro nella sceneggiatura, mentre la fotografia è a tratti rovinata da imperfezioni tecniche: le famigerate scariche. È una vera offesa per gli occhi il momento in cui la giovane mette la candela sul tavolo tra sé e il muro e la sua ombra continua a stagliarsi sul muro davanti a lei. Una trascuratezza che fa pensare subito a un'altra fonte di luce, cioè le lampade a mercurio. Per il resto la fotografia è ottima. (ER, 1916, n. 1, 15-16)

Z. Barancevič. Potrei definire il film *La studentessa Tanja Skvorcova* come una "tappa" nella mia carriera cinematografica. Questo ruolo era adatto alle mie caratteristiche e la sceneggiatura era semplice e veritiera, senza i cervellotici e complessi intrighi di cui si piccavano molti sceneggiatori. Regista del film fu N. V. Turkin. Per la prima volta venne adottato un "primo piano" molto grande, un volto che occupava quasi tutta l'inquadratura. Fino a quel momento, forse a causa degli insufficienti mezzi tecnici o per altri fattori, avevano avuto paura di farlo, ma in questo film venne usato un primo piano di questo tipo. Il film fu realizzato con toni molto semplici e realistici, senza particolari effetti e situazioni artificiose, cosa, anche questa, che rappresentava una certa novità. (1965, 159)

Ледяной дом

LEDJANOJ DOM
LA CASA DI GHIACCIO

Titolo alternativo
BIRON I VOLYNSKIJ / BYRON E VOLYNSKIJ

Dramma pseudo-storico. 5 bobine; 1600 m; produzione: G. Libken Spa; data di release: 1.12.1916; regia: Zigmund Veselovskij; sceneggiatura: Boris Martov; scenografia: Petr Mosjagin e N. Smirnov. Interpreti: N. Atal'skaja (Anna Ioanovna), Nikolaj Rimskij-Kurmašov (Byron), Sergej Gladkov (Volynskij), Marietta Petini (Mariorica Lelemiko), V. Zimovoj (Kul'kovskij, il giullare), V. Suvorov (Zuda), Rocco Espagnoli (Eihler). Riduzione del romanzo omonimo di Ivan Lažečnikov. Il film è conservato incompleto (bobine 2, 4, 5), con flash-titles.

La realizzazione di questo film si è prolungata per due anni. Nel 1914 a Jaroslavl era stato costruito il palazzo di ghiaccio, ma a causa del ritardo nel ricevere i costumi storici da Mosca, l'inverno trascorse, ed in primavera per effetto dei raggi del sole il palazzo di ghiaccio si sciolse. Nel 1915 si dovette di nuovo costruire il palazzo di ghiaccio e questa volta le riprese si conclusero felicemente. Creò non poche difficoltà portare in scena d'inverno le belve vive necessarie alla pièce: leoni, orsi ed altri animali. Gli artisti, lavorando fianco a fianco con i terribili re del deserto e del selvaggio nord, passarono momenti di terrore. (KŽ, 1916, n. 23-24, 143)

sy's daugter Marioritsa, but this is dictated by the novel itself and is needed for theatrical effectiveness. The actual ice palace is beautifully made. The celebration scene has been lavishly staged, and director Veselovskii has created many fine group scenes. N.A. Rimskii is good in the role of Duke Byron. The stern and cruel nature of that famous royal favourite is depicted with a confident and accurate touch. Mme Petini gives a charming performance as Princess Lelemiko (Marioritsa). This picture will undoubtedly be a success, as a highly felicitous recreation of a most interesting period of Russia's historical existence. (KZh, 1916, No. 23-24, 132)

LIKHO ODNOGLAZOE
THE ONE-EYED MONSTER

Лицо одноглазое

Drama. 5 reels; 1575 m; production: Skobelev Committee; release: 25.5.16; director: Nikolai Larin; script: A. Ivonin; cameraman: Aleksandr Levitskii. Cast: Nikolai Saltykov (Tikhon Korostylev, a rich merchant), G. Chernova (Luker'ya, a widow), Nadezhda Bazilevskaya (Liza), A. Vostokov (Danila, a worker), S. Katanskii (the One-Eyed Monster). Based on a popular superstition.

The Memento cinema, which rushes in search of "sensations" to catch the public eye, has included only one picture in its latest programme – *The One-Eyed Monster*, an "outstanding" drama of "everyday life". However, it has to be said that the "everyday life" shown in the film is a lot different to the genuine life of the Russian countryside. The script writer has dreamed up some kind of exceptional episode, having come across it perhaps in the columns of the court chronicle, and has developed in into five painfully boring parts. Apparently the director tried to save the whole picture but all his efforts was in vain. He enriched the plot with scenes of the Russian countryside, devised several symbolic scenes, ever staged a dance, but all this in equal measure has turned out to be hopelessly boring. The idea of the picture is that evil triumphs, and here evil is in the shape of a "monster", a one-eyed, deformed little man. But for the public, who, however, numbered few in this cinema, it becomes unclear from where and why this "monster" appeared. The script does not reveal this secret by the end, leaving the audience to unravel the riddle as they like. The picture is illustrated by an orchestra, who was completely unprepared for the film: in every excerpt one can feel a chance selection. (OT, 1916, No. 3101-3102, 15/V,14)

LYSYI VLYUBLEN V TANTSOVSHCHITSU
BALDY IN LOVE WITH THE DANCER

Лысый влюблен в танцовщицу

Comedy. 170 m; production: A. Drankov Ltd.; release: unknown; director: R. Reinol's. Cast: R. Reinol's (Baldy). Preserved without header or titles.

Il famoso romanzo di Lažečnikov, che descrive in modo vivido la crudele epoca dell'imperatrice Anna Ioanovna, ha fornito il materiale per realizzare questo film interessante e pittoresco ... Forse eccessiva attenzione viene rivolta al particolare (da un punto di vista storico) episodio dell'amore tra Volynskij e la figlia della zingara Mariorica, ma è ciò che richiede il romanzo, la ''teatralità'' della messa in scena. Ben fatto il palazzo di ghiaccio, sfarzosa la scena della festa, belli gli insiemi formati dal regista Veselovskj. Bravo nel ruolo del barone Byron N.A. Rimskij. Delineata con tratti decisi ed esatti la figura severa e crudele del famoso favorito. Meravigliosa la Petini nel ruolo della principessa Lelemiko (Mariorica). Il film otterrà sicuramente successo, in quanto ricostruisce in modo azzeccato una delle epoche più interessanti della storia della Russia. (KŽ, 1916, n. 23-24, 132)

Лицо одноглазое

LIHO ODNOGLAZOE
IL MOSTRO AD UN OCCHIO

Dramma. 5 bobine; 1575 m; produzione: Comitato Skobelev; data di release: 25.5.1916; regia: Nikolaj Larin; sceneggiatura: A. Ivonin; operatore: Aleksandr Levickij. Interpreti: Nikolaj Saltykov (Tihon Korostylev, un ricco commerciante), G. Černova (Luker'ja, una vedova), Nadežda Bazilevskaja (Liza), A. Vostokov (Danila, un operaio), S. Katanskij (il mostro ad un occhio). Ispirato a una superstizione popolare.

Il cinematografo Memento, che è sempre alla ricerca di ''sensazioni'' che allettino il pubblico, ha incluso nel suo ultimo programma solo un film – ''un dramma di vita di eccezionale valore'', *Liho odnoglazoe*. Bisogna dire comunque che la ''vita'' proposta dal film, si distacca notevolmente da quella reale della campagna russa. L'autore del copione ha rielaborato un episodio singolare, appreso, pare, sulle pagine della cronaca giudiziaria, e lo ha sviluppato

LYSYI - KINOOPERATOR
BALDY CAMERAMAN

Лысый-
кинооператор

Comedy. Length unknown; production: A. Drankov Ltd.; release: unknown; director: R. Reinol's. Cast: R. Reinol's (Baldy).

The mysterious comedian Reinol's – the name indicates Anglo-Saxon origins – directed and acted in a series of fifteen films for Drankov in 1916, in the character of Lysii (Baldy). D.R.

LYSYI PRIGLASHEN NA UZHIN
BALDY INVITED TO DINNER

Лысый
приглашен на
ужин

Comedy. Length unknown; production: A. Drankov Ltd.; release: unknown; director: R. Reinol's. Cast: R. Reinol's (Baldy). Three scenes preserved without titles.

MARODERY TYLA
LOOTERS ON THE HOME FRONT

Мародеры тыла

Alternative title
V VIKHRE SPEKULYATSII
IN A WHIRLWIND OF SPECULATION

Drama. 4 reels; 1350 m; production: G. Libken Ltd.; release: 30.7.16; director: Sigizmund Veselovskii; script: Count Amori (Ippolit Rapgof); cameraman/art director: Petr Mosyagin. Cast: Sergei Gladkov (Khapunov), Ada Butler-Rutkovskaya (Elena, his daughter), Rocco Espagnoli (Miloradov), V. Satin (Cheroshkin, a stock-exchange runner), Alya Petini. Two reels preserved without titles.

dividendolo in cinque noiosissime parti. Il regista, apparentemente, ha fatto di tutto per vendere il film all'estero, ma tutti i suoi sforzi sono stati vani. Egli ha arricchito la trama con i paesaggi della campagna russa, realizzando anche alcune scene simboliche, e allestendo un ballo, ma tutto ciò si è rivelato ugualmente noioso. L'idea del film è che il male trionfa, e insieme all'ultimo trionfo c'è Liho, che assume le sembianze di un vecchio guercio dall'aspetto mostruoso. Ma il pubblico, che tra l'altro non è molto numeroso in questo cinema, non riesce a capire da dove e perché appaia questo Liho. Il copione non rivela questo suo segreto, lasciando che il pubblico risolva l'enigma secondo il proprio gusto. Il film è accompagnato da un'orchestra, che non si era assolutamente preparata per il film: di ogni brano si percepisce infatti che la scelta è casuale. (OT, 1916, n. 3101-3102, 15/V, 14)

Лысый влюблен в танцовщицу

LYSYJ VLJUBLEN V TANCOVŠČICU
L'AMORE DI CALVO PER LA BALLERINA

Commedia. 170 m; produzione: A. Drankov Spa; data di release: ignota; regia: R. Rejnol's; interpreti: R. Rejnol's (Calvo). Il film è conservato senza titoli di testa né didascalie.

Лысый-кинооператор

LYSYJ - KINOOPERATOR
CALVO OPERATORE CINEMATOGRAFICO

Nel 1916 il misterioso attore comico Rejnol's – il nome indica origini anglosassoni – diresse e interpretò per Drankov una serie di quindici film, nel personaggio di Lysij (Calvo). D.R.

Commedia. Metraggio ignoto; produzione: A. Drankov Spa; data di release: ignota; regia: R. Rejnol's. Interpreti: R. Rejnol's (Calvo).

Topical and sensational dramas, arising out of interest in current events and therefore sloppily produced and hastily devised, have long since earned themselves the reputation of being anti-artistic. G.I. Libken's drama *Looters on the Home Front* is one of these. The picture is incoherent, and has not been devised or produced as an integral whole. And although the titles contain much healthy and noble patriotic pathos and set the mood, they do not always correspond fully to the picture. There is no plot – just a bare sequence of scenes representing the looters' conspiracy, their inspection of barges and warehouses containing stocks, a gathering at the exchange, citizens queuing in front of shops, binges, revelling and, finally, the looters' arrest and the repentence of Khapunov, their leader, who has ended up in prison. Into this stirring contemporary framework they have squeezed a week plot about the love of Miloradov, a young merchant "of progressive views", for the daughter of Khapunov the merchant, about his struggle against the black-marketeers and the daughter's break with her father when she learns of his role amongst them. S.P. Gladkov is good in the role of Khapunov; Mr Espagnoli played the moments of pathos in the role of Miloradov with elan and feeling. A. Butler-Rutkovskaya gave a poor portrayal of Elena, Khapunov's daughter: at times one senses a great lack of experience, and at others she overacts. Mr Satin cuts a typical figure in the role of Cheroshkin the "stock-exchange runner". The photography is average, in places even unsuccessful. Overall, given its topical content, the picture is an interesting one to watch and should meet with a lively response from the public. (ER, 1916, No. 1, 19-20)

MEST' PADSHEI
THE REVENGE OF A FALLEN WOMAN

Месть падшей

Drama. 4 reels; 1200 m; production: A. Khokhlovkin; release: 14.1.17; director: Maksimillian Garri; script: A Khokhlovkin; cameraman: N. Efremov. Cast: Dmitri Zeland (Vladimir Pavlovich Chernyaev, a timber merchant), E. Skokan (Nina, his daughter), M. Mod (Tamara, her friend), Nina Sokolovskaya, Yu. Speshneva. One reel preserved without titles.

NA BOIKOM MESTE
IN A BUSY PLACE

На бойком месте

Alternative title
NA BOL'SHOI DOROGE
ON THE HIGH ROAD

Drama. 4 reels; 1330 m; production: I. Ermol'ev; release: 17.5.16; director/script: Czeslaw Sabinski. Cast: Petr Baksheev (Milovidov, a landowner), Nikolai Panov (Bessudnyi, the landlord of the inn), Nataliya Lisenko (Evgeniya, his wife), Vera Orlova (Annushka, his sister), Polikarp Pavlov (Neputevyi), Vladimir Kvanin (a merchant). Screen version of the drama by Aleksandr Ostrovskii. Preserved apart from the third reel.

Лысый приглашен на ужин

LYSYJ PRIGLAŠEN NA UŽIN
CALVO INVITATO A CENA

Commedia. Metraggio ignoto; produzione: A. Drankov Spa; data di release: ignota; regia: R. Rejnol's. Interpreti: R. Rejnol's (Calvo). Del film si sono conservate 3 scene senza didascalie.

Мародеры тыла

MARODERY TYLA
I PREDATORI DELLE RETROVIE

Titolo alternativo
V VIHRE SPEKULJACII
NEL TURBINE DELLE SPECULAZIONI

Dramma. 4 bobine; 1350 m; produzione: G. Libken Spa; data di release: 30.7.1916; regia: Sigizmund Veselovskij; sceneggiatura: Conte Amori [Ippolit Rapgof]; operatore/scenografia: Petr Mosjagin. Interpreti: Sergej Gladkov (Hapunov), Ada Butler-Rutkovskaja (Elena, sua figlia), Rocco Espagnoli (Miloradov), V. Satin (Ceroškin, un allibratore), Alja Petini. Del film sono conservate 2 bobine senza didascalie.

I drammi sensazionali d'attualità, prodotti in base all'interesse del momento, e quindi allestiti velocemente ed elaborati in fretta, già da tempo si sono guadagnati la definizione di non-artistici. Fra questi va annoverato anche il dramma di G.I. Libken *Marodery tyla*. L'allestimento e la realizzazione del film denotano varie carenze e mancanza di ordine interno e, sebbene le didascalie trabocchino di nobili sentimenti patriottici, che suscitano un certo pathos, non sempre trovano riscontro nel film. Non c'è un soggetto vero e proprio, ma solo lo schema nudo e crudo di un film in cui si rappresentano dei saccheggiatori che complottano e sorvegliano le chiatte e i magazzini con le scorte, le loro riunioni in borsa, le lunghe code dei borghesi davanti ai negozi, le baldorie, le bravate e, infine, l'arresto dei saccheggiatori e il pentimento del loro capobanda, Hapunov, che finisce in prigione. Tra questi scottanti problemi del mondo d'oggi si fa largo però un fioco motivo: l'amore di Miloradov giovane mercante dalle "idee progressiste", per la figlia del mercante Hapunov, la sua lotta contro gli speculatori, e il distacco della figlia dal padre, quando ella viene a sapere delle sue speculazioni. Buona l'interpretazione di S.P. Gladkov nel ruolo di Hapunov; Espagnoli, con slancio e sentimento, ha creato situazioni dal carattere patetico nel ruolo di Miloradov; A. Butler-Rutkovskaja ha offerto una prova non troppo brillante nell'interpretazione del ruolo di Elena, la figlia di Hapunov; a volte si percepisce la sua inesperienza, altre la sua mancanza di naturalezza. Caratteristico Satin, nel ruolo di Ceroškin, "vecchia volpe di borsa". Di media qualità la fotografia, talora insoddisfacente. Nel complesso, per i suoi tratti di attualità, il film si guarda con interesse ed avrà probabilmente larga eco nel pubblico. (ER, 1916, n. 1, 19-20)

The picture is an illustration, the supplement to a play, and those places where action is felt are reproduced really successfully. On the other hand, those scenes in which psychology prevails have come out comparatively weaker. The director, apparently, meant the production to turn out this way and transferred the "centre of gravity" to the outside of the piece, thanks to which the picture must be considered satisfactory. Above all one should note the director's attentive attitude to Ostrovskii. Frequently one has to observe that the director shows complete arbitrariness in those scenes which must be inserted into the screen adaptation, and this "work" in the majority of cases proves to be of poor quality. The absence of this whim on the part of the director in the picture is the undoubted merit of the film. In general the picture holds up very well in comparison with the play and differs in interesting details. The director Mr Sabinski has portrayed real everyday life on screen. As far as the actors are concerned, the cast has been assembled pretty well. The best of all is Mme Orlova, playing the role of Annushka with great sincerity, winning over the audience. One feels the spiritual torment which the young girl lives through under the influence of Milovidov's changing attitude to her. Mr Lisenko's depiction of Evgeniya is a little weaker. In contrast to Mme Orlova, she has made her heroine forced and artificial. Mr Baksheev has given quite a lively image of Milovidov, with his concluding scene coming out comparatively weakly, but the cause of this is rooted in the adaptation itself. Mr Panov appeared in the role of Bessudnyi. His make-up was superb. An interesting film. (OT, 1916, No. 3139, 10)

Two of the most appealing features of this paradigmatic drama of peasant life are the complexity of the *mise en scène* (fast editing in the interior scenes, with the characters walking from one room to another, moving within the scene according to an invisible series of parallel and perpendicular lines in front of the camera), and its virtuoso art direction. The story's dramatic apex is an on-screen suicide, but the general mood of the film is otherwise classically restrained and punctuated by sober tracking shots, moving forwards and backwards, as well as by some fade-outs at the end of the slowest, most meditative sequences. P.Ch.Us.

Месть падшей

MEST' PADŠEJ
LA VENDETTA
DELLA DONNA PERDUTA

Dramma. 4 bobine; 1200 m; produzione: A. Hohlovkin; data di release: 14.1.1917; regia: Maksimillian Garri; sceneggiatura: A. Hohlovkin; operatore: N. Efremov. Interpreti: Dmitrij Zeland (Vladimir Pavlovič Černjaev, commerciante in legno), E. Skokan (Nina, sua figlia), M. Mod (Tamara, una sua amica), Nina Sokolovskaja, Ju. Spešneva. Del film è conservata 1 bobina senza didascalie.

На бойком месте

NA BOJKOM MESTE
IN UN LUOGO ANIMATO

Titolo alternativo
NA BOL'ŠOJ DOROGE
SULLA STRADA MAESTRA

Dramma. 4 bobine; 1330 m; produzione: I. Ermol'ev; data di release: 17.5.1916; regia/sceneggiatura: Czeslaw Sabinski. Interpreti: Petr Bakšeev (Milovidov, proprietario fondiario), Nikolaj Panov (Bessudnyj, proprietario della locanda), Natalija Lisenko (Evgenija, sua moglie), Vera Orlova (Annuška, sua sorella), Polikarp Pavlov (Neputevyj), Vladimir Kvanin (commerciante). Versione cinematografica del dramma omonimo di Aleksandr Ostrovskij. Il film è conservato senza la terza bobina.

Il film è un'illustrazione complementare esteriore del dramma. Veramente riusciti i momenti di azione, mentre le scene in cui predomina l'elemento psicologico sono di minore effetto. Tenendo evidentemente conto di questo fatto, il regista si è concentrato sull'aspetto esteriore del dramma, facendo così del film un'opera soddisfacente. È da notare innanzitutto l'attenta lettura di Ostrovskij da parte del regista. Spesso i registi commettono dei soprusi al momento di scegliere le scene e nella maggior parte dei casi il risultato è di pessima qualità. Il pregio di questo film risiede invece proprio nell'assenza della libera fantasia del regista. In generale la regia rispecchia severamente l'opera ed è impreziosita da dettagli interessanti. Il regista Sabinski presenta sullo schermo autentiche scene di vita quotidiana. La composizione dello staff artistico è piuttosto buona. Migliore di tutti è la Orlova, che seduce il pubblico nella sincera interpretazione di Annuška, tormentata dal cambiamento dell'atteggiamento di Milovidov nei suoi confronti. Più fiacca è l'interpretazione della Lisenko nel ruolo di Evgenija, un personaggio che manca di naturalezza. Bakšeev interpreta Milovidov in modo molto espressivo, salvo che nella scena finale, la meno riuscita a causa della sceneggiatura. Il ruolo di Bessudnyj è interpretato da Panov, che sfoggia un bellissimo trucco e una mimica molto particolare. Il film si guarda con interesse. (OT, 1916, n. 3139, 10)

La complessità della *mise en scène* (rapidi passaggi da una stanza all'altra nelle scene in interni, organizzazione dei movimenti dei personaggi lungo direttrici parallele e perpendicolari all'asse di ripresa) e dell'apparato scenografico è la caratteristica più evidente di questo paradigmatico dramma della civiltà contadina, scosso da una scena di suicidio *on screen* ma altrimenti dominato da un'andatura classica, costellata da sobri *tracking shots* in avanti e all'indietro e da dissolvenze in chiusura al termine delle sequenze di più meditata lentezza.
P.Ch.Us.

NA POSLEDNYUYU PYATERKU
FOR THE LAST FIVE KOPECKS

На последнюю пятерку

Drama. 4 reels; length unknown; production: Kino-Alpha; release: 7.6.16; director: Aleskandr Garin; script: Count Amori (Ippolit Rapgof); cameraman: V. Vurm; Cast: Ol'ga Obolenskaya, A. Khovanskii, Ge-De-Gamm. Illustrated version of a famous folk song from the repertoire of Nadezhda Plevitskaya. Three reels preserved without titles.

NELLY RAINTSEVA

Нелли Раинцева

Drama. 4 reels; 1056 m; production: A. Khanzhonkov & Co. Ltd.; release: 13.12.16; director: Evgenii Bauer; script: Aleksandr Amfiteatrov. Cast: Zoya Barantsevich (Nelly Raintseva), Ol'ga Rakhmanova (her mother), A. Kheruvimov (her father), Konstantin Gorev [Zubov] (Petrov, a clerk), Vera Pavlova (Tanya, a maid), Yanina Mirato (Koretskaya), Mikhail Stal'skii (Leonid Andreev).

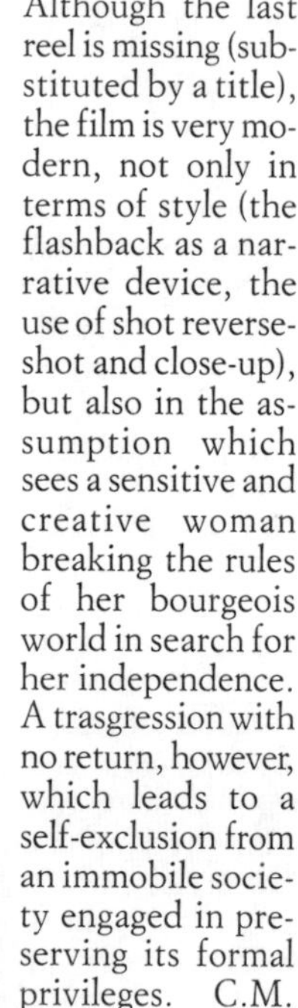
Although the last reel is missing (substituted by a title), the film is very modern, not only in terms of style (the flashback as a narrative device, the use of shot reverse-shot and close-up), but also in the assumption which sees a sensitive and creative woman breaking the rules of her bourgeois world in search for her independence. A trasgression with no return, however, which leads to a self-exclusion from an immobile society engaged in preserving its formal privileges. C.M.

The story's plot is horrifically life-like, and it grips the attention by its dramatic situations and the continuous build-up of anxiety in the heroine's soul. Director Ev.F.Bauer was particularly fond of the plot and injected vitality and fresh thoughts into the production. Bauer's latest productions – apart from *Nelly Raintseva*, we have *Oh, If Only, I Could Express It in Sounds...* in mind – bear witness to a definite turning-point in his tastes towards genre illustration, a preference for ennobled portraits instead of the lifeless beauty of stage sets. The use of close-ups with relatively insignificant sets – this is the artistic principle the director has adopted. And one has to give Mr Bauer his due – he has embodied this principle in his latest productions with a firm and confident hand. It may be that having put so much taste into the sets for *Nelly Raintseva*, Mr Bauer was sorry to see them recede into

На последнюю пятерку

NA POSLEDNJUJU PJATERKU
AGLI ULTIMI CINQUE COPECHI

Dramma. 4 bobine; metraggio ignoto; produzione: Kino-Al'fa; data di release: 7.6.1916; regia: Aleksandr Garin; sceneggiatura: Conte Amori [Il'ja Rapgof]; operatore: V. Vurm. Interpreti; Ol'ga Obolenskaja, A. Hovanskij, Ge-De-Gamm. Adattamento della famosa canzone popolare del repertorio di Nedežda Plevickaja. Il film è conservato incompleto (3 bobine), senza didascalie.

Нелли Раинцева

NELLI RAJNCEVA

Dramma. 4 bobine; 1056 m; produzione: A. Hanžonkov i Co. Spa; data di release: 13.12.1916; regia: Evgenij Bauer; sceneggiatura: Aleksandr Amfiteatrov. Interpreti: Zoja Barancevič (Nelli Rajnceva), Ol'ga Rahmanova (sua madre), Aleksandr Heruvimov (suo padre), Konstantin Gorev [Zubov] (l'impiegato Petrov), Vera Pavlova (Tanja, donna di servizio), Janina Mirato (Koreckaja), Mihail Stal'skij (Leonid Andreev).

Anche se manca l'ultimo rullo (sostituito da una didascalia), il film è modernissimo, non solo nello stile (il flashback come espediente narrativo, l'uso di campo e controcampo, i primissimi piani), ma anche nell'assunto che vede ancora una volta una donna sensibile e creativa infrangere le regole del suo mondo borghese alla ricerca della propria indipendenza. Una trasgressione senza ritorno, però, che non può concludersi che con l'autoesclusione da una società immobile e impegnata solo a conservare i propri privilegi formali. C.M.

Il soggetto del racconto è veritiero fino ad essere raccapricciante e colpisce per la drammaticità della situazione e per la crescente angoscia nell'animo della protagonista. Il regista Bauer ha trattato il soggetto con amore particolare e ha introdotto nella messa in scena sentimenti reali e concetti nuovi. Le ultime realizzazioni di Bauer, ci riferiamo oltre che a *Nelli Rajnceva* anche a *O, esli b mog byrazit' v zvukah...* (Oh, se potessi esprimere con suoni...), testimoniano la decisa svolta del suo gusto per le illustrazioni di genere, la sua preferenza per il ritratto ispirato piuttosto che per la morta bellezza della scenografia. La secondaria importanza dello sfondo decorativo rispetto ai primi piani è il principio artistico seguito dal regista, con mano decisa e sicura. Forse avendo posto tanta attenzione nella scenografia di *Nelli Rajnceva*, Bauer è rima-

the background, to see them overshadowed, in the literal sense of the word, by the actors. It may be that the recent Bauer, the architect of colonnades and winter gardens, really was sorry, but as a true artist, he should nevertheless be satisfied with his production. In consolation to him, by the way, one ought to note that the sets do not pass by unnoticed, and that some of them – for instance, the corner of Nelly's room with the writing desk and the little bookshelf – stick in the memory as fine examples of artistic composition, like a painting on the screen. The principle of using close-ups is a dangerous one, and is only possible in the presence of good performers. Mr Bauer realized this, and *Nelly Raintseva* deserves fullsome praise for its acting. The actress in the title role, Z.F. Barantsevich, discovered in her multifaceted talent genuinely tragic colours for depicting Nelly Raintseva's spiritual drama, and she succeeded in ignoring all the screen characters she has portrayed in the past. Mme Pavlova played the crucial role of the maid with great vitality, showing up her vulgarity and insolence with good feeling. Mr Gorin was memorable in the role of the clerk. Mr Bauer allowed himself just one weakness. All the women in the picture, even the clerk's wife (whom Amfiteatrov describes as plump and common), are beautiful. But this failing of the director's is as understandable as it is forgivable. Cinema audiences like to see beautiful faces on the screen, and in their own way they are right, since art is the truth of life, rendering tribute to seductive delusions. (VK, 1916, No. 122, 17)

NISHCHAYA
THE BEGGAR WOMAN

Нищая

Alternative title
PODAITE, KHRISTA RADI, EI
GIVE HER SOMETHING, FOR THE SAKE OF CHRIST

Drama. 4 reels (?); 1594 m; production: I Ermol'ev; release: 2.2.16; director: Yakov Protazanov. Cast: Nataliya Lisenko (an actress), Ivan Mosjoukine (a poet), Nikolai Branitskii (his friend). Screen version based on the songs of Béranger. Titles in Czech (tinted print) and Russian (black-and-white print).

The latest programme includes the picture *The Beggar Woman*, the screen adaptation of the popular poem by Béranger. The adaptation of such works is generally very difficult. The director's task is to fill the narrow limits of the adaptation of the poem with actual creative material. *The Beggar Woman* satisfies this demand to a sufficient extent and the director Mr Protazanov has been lucky enough to make the picture more or less interesting, while individual scenes are even distinguished for their fine direction. The leading roles are played by Mme Lisenko and Mr Mosjoukine. Mme Lisenko vividly portrays the artiste, who was once the "dream of the poet", but now, by will of merciless fate, has turned into an old beggar woman. The actress portrays a whole gamut of emotions from the beautiful woman intoxicated by glory to the beggar woman disfigured by

sto deluso nel vederla relegata in secondo piano, letteralmente nascosta dagli attori. Forse, al Bauer di prima, architetto di colonnati e giardini d'inverno, questo è dispiaciuto, ma da vero artista non può non essere che del tutto soddisfatto del suo lavoro. Per consolarlo bisogna tuttavia ammettere che le scenografie non passano inosservate, e alcune di esse, come ad esempio l'angolino della camera di Nelli con la scrivania e la scansia dei libri, si ricordano come immagini di una bellissima composizione artistica, di pittura sullo schermo. Il principio delle riprese in primo piano è un principio pericoloso. È possibile solo in presenza di bravi interpreti e Bauer questo l'ha capito. Infatti, per quanto riguarda la recitazione, il film *Nelli Rajnceva* è meritevole di ogni lode. L'interprete del ruolo principale, Z.F. Barancevič, grazie al suo poliedrico talento, ha trovato delle sfumature davvero tragiche nel dar vita al dramma spirituale di Nelli ed è riuscita a far spiccare il suo personaggio fra tutti quelli finora creati da altre attrici sullo schermo. Brava nel ruolo della cameriera la Pavlova che con molta sensibilità ha messo in risalto la volgarità e la sfrontatezza della serva. Si fa ricordare il personaggio dello scrivano Gorin. Una sola debolezza si è concesso Bauer: tutte le donne del film, anche la moglie dello scrivano (secondo Amfiteatrov grassa e volgare) sono belle, ma questo è un peccato comprensibile e scusabile. Il pubblico delle sale cinematografiche ama vedere dei bei volti sullo schermo, ed ha ragione perché l'arte è la verità della vita, che paga il suo tributo a seducenti inganni. (VK, 1916, n. 122, 17)

Нищая

NIŠČAJA
LA MENDICANTE

Titolo alternativo
PODAJTE, HRISTA RADI, EJ
DATE, IN NOME DI CRISTO

Dramma. 4 bobine (?); 1594 m; produzione: I. Ermol'ev; data di release: 2.2.1916; regia: Jakov Protazanov. Interpreti: Natalija Lisenko (attrice), Ivan Mozžuhin (poeta), Nikolaj Branickij (un suo amico). Adattamento delle canzoni di Béranger. Didascalie in ceco (copia a colori) e in russo (copia in bianco e nero).

Le ultime novità del programma comprendono il film *La mendicante*, riduzione cinematografica della famosa romanza di Béranger. Le riduzioni di questo tipo, generalmente, pongono numerosi problemi. Il compito del regista è di ampliare l'opera con ulteriore materiale artistico e ne *La mendicante* Protazanov ha avuto un pizzico di fortuna nel fare un film più o meno interessante, mentre le singole scene si distinguono per la raffinatezza della regia. I ruoli principali sono interpretati dalla Lisenko e da Mozžuhin. La Lisenko interpreta in maniera molto efficace l'artista, che fu "il sogno del poeta" e che un destino avverso fece diventare una vecchia mendicante. L'attrice esprime una vasta gamma di emozioni, rappresentando prima una bella donna inebriata dalla fama e poi una mendicante deformata dal vaiolo. È stato sfruttato bene

smallpox. Effectively staged is the refrain of the romance on the church porch under thick flakes of falling snow as the beggar woman asks humbly for mercy. Mr Mosjoukine plays the role of the poet well, giving a finely conceived image of the servant of Apollo, worshipping all beautiful people. It becomes clear why the poet in Mr Mosjoukine's interpretation dies when his beloved woman turns into a monster. Once the beauty has died, he must follow it. (OT, 1916, No. 3225, 13)

O, NOCH' VOL'SHEBNAYA, POLNAYA NEGI... OH, MAGIC NIGHT FULL OF BLISS...

О, ночь волшебная, полная неги...

Drama. 4 reels; 1505 m; production: Rus' & A. Khanzhonkov; release: 19.2.16; director: Aleksandr Chargonin; cameraman: V. Vurm; art director: I. Rossikhin. Cast: Zhura Alin (Anna Dorn), Yuliya Bakhmachevskaya (her mother, Gardenina, a landowner), Zoya Barantsevich (Liza, her daughter from her second marriage), Mikhail Salarov (Andrei, Anna's fiancé), Aleksandr Chargonin (Maestro Forento, a professor of singing), Juliusz Osterwa, Petr Biryukov. Preserved without titles.

Since screen adaptations of romances are very fashionable on the cinema market nowadays, this film too has been billed as "based on the well-known romance". But the title *Oh, Magic Night* has such tentative links with the plot, that the film could just as successfully be called *Oh, Misty Day* (if such a romance were "well-known"). Otherwise, however, without being distinctively original in content, the play is easy to watch, and the last part, thanks to the tragic finale, makes a powerful impact. (Pr., 1916, No. 5, 8)

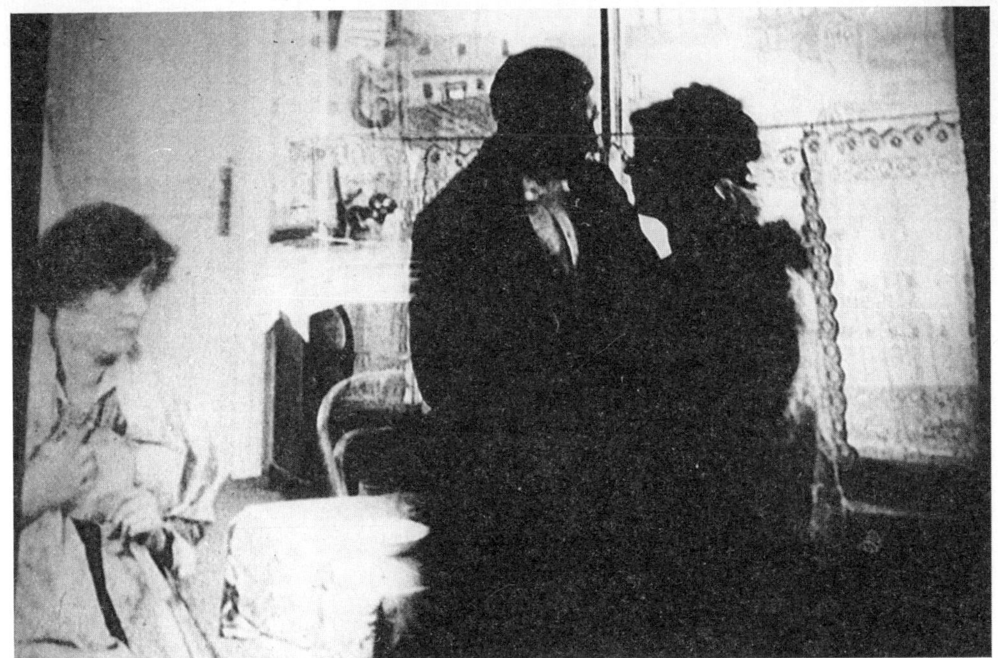

il ritornello della romanza: sul sagrato la mendicante curva sotto fitti fiocchi di neve, chiede umilmente l'elemosina. Mozžuhin interpreta bene il ruolo del poeta, dando un'immagine ben costruita del servo di Apollo, cultore della bellezza. Si capisce bene perché il poeta interpretato da Mozžuhin muore quando la sua amata si trasforma in un mostro: una volta che la bellezza è morta, egli la deve seguire. (OT, 1916, n. 3225, 13)

О, ночь волшебная, полная неги...

O, NOČ' VOL'ŠEBNAJA, POLNAJA NEGI... OH, NOTTE INCANTATA, PIENA DI DELIZIE...

Dramma. 4 bobine; 1505 m; produzione: Rus' e A. Hanžonkov; data di release: 19.2.1916; regia: Aleksandr Čargonin; operatore: V. Vurm; scenografia: I. Rossihin. Interpreti: Zura Alin (Anna Dorn), Julija Bahmačevskaja (Gardenina, proprietaria fondiaria, sua madre), Zoja Barancevič (Liza, sua figlia di seconde nozze), Mihail Salarov (Andrej, il fidanzato di Anna), Aleksandr Čargonin (il maestro Forento, professore di canto), Juliusz Osterwa, Petr Birjukov. Il film è conservato senza didascalie.

Poiché nel mercato del cinema adesso è in gran voga l'adattamento di romanzi, anche a quest'opera cinematografica è stato dato il titolo del "famoso romanzo". Ma le si addice così poco, che avrebbe potuto benissimo ottenere lo stesso successo con il titolo *O, den' tumannyj!* (Oh, giorno nebbioso!), se un simile romanzo fosse stato "famoso". Complessivamente comunque l'opera, che non si distingue per il suo contenuto originale, si lascia guardare con facilità, e l'ultima parte, grazie al finale tragico, suscita una profonda impressione. (Pr., 1916, n. 5, 8)

PIKOVAYA DAMA
THE QUEEN OF SPADES

Пиковая дама

Drama. 6 reels; 2300 m; production: I. Ermol'ev; release: 19.4.16; director/script: Yakov Protazanov; assistant director: Georgii Azagarov, cameraman: Evgenii Slavinskii; art directors: Vladimir Ballyuzek, S. Lilienberg & W. Przybytniewski. Cast: Ivan Mosjoukine (German), Vera Orlova (Liza), Elizaveta Shebueva (the Countess as an old woman), T. Duvan (the Countess as a young woman), Polikarp Pavlov (her husband), Nikolai Panov (Count Saint-Germain). Screen version of the story by Aleksandr Pushkin.

The music is an excellent complement to the picture. This may be because the work has become intimately associated in our minds with Tchaikovsky's heartfelt music. Unfortunately, in provincial theatres it will hardly prove possible to accompany the picture with such a fine orchestral performance as in the major theatres, inclu-

PIKOVAJA DAMA
LA DONNA DI PICCHE

Dramma. 6 bobine; 2300 m; produzione: I. Ermol'ev; data di release: 19.4.1916; regia/sceneggiatura: Jakov Protazanov; assistente regia: Georgij Azagarov; operatore: Evgenij Slavinskij; scenografia: Vladimir Balljuzek, S. Lilienberg, W. Przybytniewski. Interpreti: Ivan Mozžuhin (German), Vera Orlova (Liza), Elizaveta Sebueva (la contessa da vecchia), T. Duvan (la contessa da giovane), Polikarp Pavlov (suo marito), Nikolaj Panov (il conte Saint-Germain). Riduzione del racconto omonimo di Aleksandr Puškin.

La musica correda perfettamente il film, forse perchè nel nostro inconscio quest'opera è legata alla toccante musica di Čaikovskij. Sfortunatamente nei teatri di provincia sarà difficilmente possibile proiettare il film con l'accompagnamento di una buona orchestra, come invece si fa nei grandi centri tra cui Rostov. Noi comunque raccomandiamo caldamente alle sale cinematografiche di rivolgere particolare attenzione alla parte musicale quando proiettano *La donna di picche*. Se un buon pianista si metterà a suonare brani tratti dalla *Dama di picche* di Čajkovskij susciterà certo molte emozioni. (ŽE, 1916, n. 13-14, 33)

V. Orlova. Ero molto preoccupata mentre mi preparavo al ruolo di Liza ne *La donna di picche*. Il lavoro era davvero importante anche se, in verità, la mia parte nella sceneggiatura era stata fortemente accorciata. Comunque io la recitavo con trepidazione. Il destino romantico di Lisa incantava la mia fantasia. E come lavorava I.I. Mozžuhin-German! In modo estremamente creativo, pieno, con abnegazione e senza mai stancarsi, riflettendo su ogni gesto, su ogni movimento del capo e del corpo. In lui non vi era nulla di superfluo, o di casuale! Era un esempio per tutto il gruppo. (4)

V. Balljuzek. Diversamente che in teatro, volevo riprendere anche la scena della lettera in cui Liza descrive dettagliatamente la disposizione delle stanze nella villa della contessa. Secondo me cinematograficamente sarebbe stato più interessante mostrarla seguendo l'eroe mentre passa attraverso la fuga di stanze senza fine della villa vecchia e ammuffita. Tanto più che ville di questo tipo sono ancora conservate da qualche parte a Mosca e a Pietrogrado. Ricordo che dovetti battermi a lungo per la mia idea, provocando il terrore di alcuni dei partecipanti alla realizzazione. Mi aiutò Mozžuhin, che accettò di attraversare – seguendo lo scritto di Liza – la fuga di stanze sconosciute, voltando le spalle alla cinepresa e allo spettatore. Per riprendere questo episodio costruii uno speciale congegno composto da due biciclette. La macchina da presa avanzava seguendo German (Mozžuhin), scoprendo agli occhi degli spettatori il panorama delle infinite sale della vecchia villa. La mobilità della macchina da presa obbligava lo spettatore a provare le stesse emozioni che provava German nell'osservare un posto sconosciuto ... Per trasmettere l'atmosfera della vita della capitale volevo introdurre nel film una scena popolare per l'opera, quella del "canaletto invernale" con le scenografie del Teatro Bol'soj, ma per alcuni motivi mi successe di dover limitare la scelta degli og-

ding those in Rostov. Nonetheless, we strongly recommend provincial cinemas to pay particular attention to the musical aspect when showing *The Queen of Spades*. A lot of atmosphere can be created by a good pianist playing the relevant sections of Tchaikovsky's *The Queen of Spades*. (ZhE, 1916, No. 13-14, 33)

V. Orlova. I was excited beyond all measure when preparing to play Liza in *The Queen of Spades*. It really was a major task. And although, admittedly, the scenario cut the role down a great deal, I still acted it with trepidation. Liza's romantic fate captivated my imagination. And the work I.I. Mosjoukine put into his German! He was infinitely creative, totally involved, a tireless zealot, thinking out every gesture, every turn of the head, every movement of the body – there was nothing superfluous or accidental! He set an example for the entire group. (4)

V. Ballyuzek. I wanted to film the entire scene in which Liza writes a letter giving a detailed description of the lay-out of the countess's house differently from the way it is done in the theatre. I thought it would be more interesting from the cinema point of view to show the hero passing through the endless enfilades of that musty mansion. Particularly since such buildings still remain standing in some parts of Moscow. I recall how long I had to argue in favour of this idea, which horrified some of those involved in the production. I was helped out by Mosjoukine, who agreed to walk through an enfilade of unfamiliar rooms as Liza writes about them, with his back to the camera and the audiences. To film this episode I made a special device out of two bicycles. The camera followed closely behind German's (Mosjoukine's), unfolding before the viewer a panorama of endless drawing-rooms in the old mansion. The moving camera allowed the viewer to share Hermann's feelings on surveying those unfamiliar surroundings for the first time. To convey the atmosphere of life in the capital city I wanted to use the Bolshoy Theatre's "winter canal" sets, which were so popular in operas. But it somehow turned out that I had to limit my choice of subjects, and so the entire "winter scene" had to be shot in sets representing the embankment of the Fontanka River near the Summer Garden. That shot was an unusual one in those days – it was the first time that an outdoor scene – set on a city street – had been filmed in a studio. In the past, all episodes in which the action occurred in the streets of a city or a village, in other words "outside", were filmed only out of doors. If, for instance, night had to be shown on the screen, the cameramen filmed outside during the day against the sun (contre-jour) and then after developing the film tinted it with a blue (cold) colour. But we filmed all the winter scenes in the studio, and as far as visual representation was concerned, they were amongst the best in the film. The "Winter scene" was not the only difficult one. In a number of others too we had to make complicated arrangements in order for the shots to be particularly expressive. There was one scene entitled "The Countess in Her Youth" which was not used in the film: the action was supposed to take place on the terrace in front of Versailles Palace. To produce on the screen a complete illusion of the real palace complex, we filmed a set re-

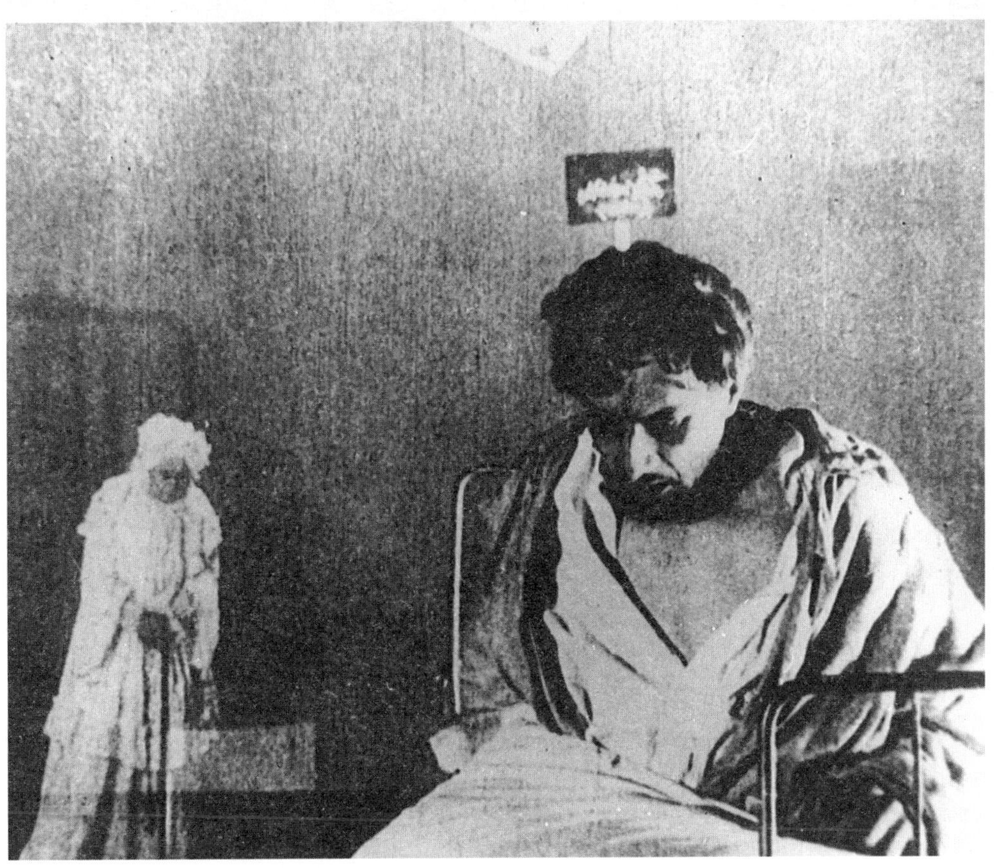

getti e perciò tutta la "scena invernale" venne girata con le decorazioni che rappresentavano la riva del fiume Fontanka vicino al giardino d'estate. Una ripresa di questo tipo era insolita per quei tempi, per la prima volta si giravano gli esterni (una scena in una via cittadina) all'interno del teatro di posa. Fino a quel momento tutte le azioni che si svolgevano nelle strade, in campagna, in altre parole, gli esterni si giravano in esterno. Se per esempio serviva mostrare sullo schermo la notte, gli operatori giravano in esterno di giorno contro il sole ("contre-jour"), poi dopo lo sviluppo tingevano la pellicola di azzurro ("freddo"). Noi invece girammo tutte le scene invernali nel teatro di posa e da un punto di vista figurativo furono le migliori di tutto il film. La "scena invernale" non era l'unica a presentare difficoltà in tutta una serie di altri episodi si dovettero risolvere complessi problemi di allestimento per giungere a una particolare espressività del quadro. Mi ricordo di una scena, non inserita poi nel film, della "contessa in gioventù". L'azione doveva aver luogo sulla terrazza di fronte al palazzo di Versailles. Per creare sullo schermo la totale illusione di un vero palazzo, al momento delle riprese, sovrapponemmo decorazioni di porte e finestre a un plastico in scala ridotta riproducente una vasca, e sullo sfondo di velluto nero accendemmo dei fuochi d'artificio. L'effetto era stupefacente ma purtroppo durante le riprese a causa dei fuochi d'artificio il velluto prese fuoco e bisognò rinunciare a questa scena. La scena "bruciata" venne sostituita nel film da una scena intima a soggetto nel salottino. Le scenografie del salottino le copiai interamente dall'arredamento di una delle stan-

presenting a palace door and window in conjuction with a small-scale model of a pond, and set off fireworks against a backdrop of black velvet conveying the depth of night. This was stunningly effective. Unfortunately, while we were filming the fireworks set the velvet alight, and we had to abandon the scene. The "burned-out" scene was replaced in the film by an intimate acted scene in a boudoir. I copied the boudoir set almost entirely from one of the rooms in the princely Yusupov residence in Petrograd... It was easy and interesting to work with Protazanov. As the director, he did not restrict the artist's imagination and encouraged initiative from the other members of the team. At the same time, in an imperceptible and very delicate though persistent way, he demanded unity between my visual and artistic design work and the film's overall conception. Another valuable aspect was that Yakov Aleksandrovich did not only want the artist to produce effectively painted sets, but directed his attention towards revealing the characters' psychological essence by visual means. (1968, 102-103)

PRIKLYUCHENIE LINY V SOCHI
LINA'S ADVENTURE IN SOCHI

Приключения Лины в Сочи

Farce. 4 reels; 865 m; production: A. Khanzhonkov & Co. Ltd; release: 10.9.16; director: Evgenii Bauer; cameraman: Boris Zavelev. Cast: Lina Bauer (Lina), Aleksandr Kheruvimov (her husband), Andrei Gromov (the Count). Preserved without titles.

The first part of this film – on how Lina wanted to go the Caucasus, how she fell ill with "resort fever" and how her husband, who is head over heels in love with her, calls a consilium of doctors – is acted in such lively, light and joyful tones in the style of an elegant farce, is so well filmed and so well complemented by its witty subtitles, that we might consider it exemplary for its genre. Unfortunately, the other parts, depicting Lina's stay in Sochi and the comical wooing of her by a Caucasian Don Juan, are far weaker. They are too drawn-out, the humour is rather coarse (such as the episode with the policeman in a woman's dress), and the actor playing Don Juan gives a poor performance... But thanks to the good photography and the beautiful Caucasian scenery the entire picture is easy to watch, though it fails to justify the high expectations aroused by the first part. (Pr., 1916, No. 18, 13)

RINO KHOCHET ZAKURIT'
RINO WANTS TO SMOKE

Рино хочет закурить

Comedy. 350 m; production: A. Khanzhonkov & Co. Ltd.; release: 26.4.16; director: Tsezar' Rino-Lupo. Cast: Tsezar' Rino-Lupo, Elena Yuzhnaya, K. Antonovskaya. Preserved without titles.

ze della villa dei principi Jusupovye a Pietrogrado... Con Protazanov era interessante e facile lavorare. Come regista non limitava la fantasia dello scenografo e incoraggiava l'iniziativa dei componenti il collettivo. Egli però in modo impercettibile, molto delicatamente ma con fermezza, esigeva da me una soluzione artistica della scenografia che fosse conforme al senso generale del film. Importante era anche il fatto che Jakov Aleksandrovič cercava di ottenere dallo scenografo non solo delle decorazioni dipinte con effetto, ma indirizzava la sua attenzione verso la scoperta dell'essenza psicologica dell'immagine tramite i mezzi figurativi. (1968, 102-103)

Приключения Лины в Сочи

PRIKLJUČENIE LINY V SOČI
L'AVVENTURA DI LINA A SOČI

Farsa. 4 bobine; 865 m; produzione: A. Hanžonkov i Co. Spa; data di release: 10.9.1916; regia: Evgenij Bauer; operatore: Boris Zavelev. Interpreti: Lina Bauer (Lina), Aleksandr Heruvimov (suo marito), Andrej Gromov (il conte). Il film è conservato senza didascalie.

La prima parte di questo film racconta come Lina desideri recarsi nel Caucaso, come soffra di "febbre di vacanza" e come il marito, perdutamente innamorato di lei, chiami il medico per averne consiglio; qui il film è caratterizzato da toni vivaci e allegri, in stile buffo ma grazioso, da eccellenti riprese e didascalie acute, tanto che può essere considerato esemplare nel suo genere. Purtroppo, le altre tre parti, che narrano del soggiorno di Lina a Soči e descrivono il suo comico corteggiatore, un dongiovanni locale, sono molto più deboli della prima. Si distinguono infatti per la loro prolissità e il loro umorismo grossolano (l'episodio del poliziotto vestito da donna), come pure per la scadente interpretazione dell'artista, nel ruolo del dongiovanni... Ma, grazie alla bella fotografia e ai bei paesaggi caucasici, il film si guarda con piacere, per quanto deluda le aspettative che la prima parte aveva suscitato. (Pr., 1916, n. 18, 13)

Рино хочет закурить

RINO HOČET ZAKURIT'
RINO VUOLE FUMARE

Commedia. 350 m; produzione: A. Hanžonkov i Co. Spa; data di release: 26.4.1916; regia: Cezar' Rino-Lupo; Interpreti: Cezar' Rino-Lupo, Elena Južnaja, K. Antonovskaja. Il film è conservato senza didascalie.

ROMAN BALERINY
A BALLERINA'S ROMANCE

Роман балерины

Alternative titles
DNEVNIK BALERINY
A BALLERINA'S DIARY
ROMAN BALERINY ELENY LANSKOI
THE ROMANCE OF THE BALLERINA ELENA LANSKAYA

Drama. 6 reels; 1382 m; production: A. Khanzhonkov & Co. Ltd; release: 2.11.16; script/director: Boris Chaikovskii. Cast: Vera Pavlova (Elena, the ballerina), Tat'yana Kraskovskaya (her mother), Petr Biryukov (Satarov, a tradesman), Wojciech Brydżyński (the baller-master), D. Dmitriev (the director of the ballet school). Preserved without titles, minus the first reel.

This is a short and moving story about the premature destruction of a young life. Though the theme is familiar, the story includes new and so far unused elements. The everyday setting is portrayed in colours that still seem fresh. The picture has been tastefully produced. The photography is good. The picture holds the viewer's attention. (VK, 1916, No. 21, 9)

A. Pavlova. Without consulting with anyone and without thinking properly about what I was doing, I simply went to Aleksandr Alekseevich Khanzhonkov and suggested that I play the role of the ballerina. How astonished I was when Aleksandr Alekseevich, after the briefest of conversations with me, introduced me to Chaikovskii the director. They filmed me in a few trial scenes immediately, and on the following day I was cast in the principal role. B. V. Chaikovskii, who directed the film, was not devoid of talent and artistic taste, but his constant haste, incoherence and frivolous approach to interpreting the actors' roles made the work disorderly. On seeing myself on the screen for the first time, I cried. I was sorry and disappointed that everything had turned out qui-

Роман балерины

ROMAN BALERINY
STORIA D'AMORE DI UNA BALLERINA

Titoli alternativi
DNEVNIK BALERINY
IL DIARIO DI UNA BALLERINA
ROMAN BALERINY ELENY LANSKOJ
STORIA D'AMORE DELLA BALLERINA ELENA LANSKAJA

Dramma. 6 bobine; 1382 m; produzione: A. Hanžonkov i Co. Spa; data di release: 2.11.1916; regia/sceneggiatura: Boris Čajkovskij. Interpreti: Vera Pavlova (Elena, ballerina), Tat'jana Kraskovskaja (sua madre), Petr Birjukov (Satarov, commerciante), Woycech Brydzynski (maestro di ballo), D. Dimitriev (direttore della scuola di ballo). Il film è incompleto (senza la prima bobina), senza didascalie.

Si tratta di un breve e toccante racconto sulla prematura scomparsa di una giovane vita. Il soggetto, conosciuto, è trattato con situazioni nuove e non ancora sfruttate; lo sfondo di vita quotidiana è delineato con colori non ancora venuti a noia. Il film è realizzato con gusto. Buona la fotografia. Si guarda con attenzione. (VK, 1916, n. 21, 9)

V. Pavlova. Senza consigliarmi con nessuno né riflettere sulla mia intenzione, andai semplicemente da Aleksandr Alekseevič Hanžonkov e mi proposi per il ruolo della ballerina. Quale fu il mio stupore quando Aleksandr Alekseevič, dopo aver parlato brevemente con me, mi presentò al regista Čajkovskij. Mi fecero alcuni provini e praticamente l'indomani mi venne affidato il ruolo principale ... Čajkovskij, regista del film, non era privo di talento e di gusto artistico, ma la sua continua fretta, confusione, mancanza di un serio approccio all'interpretazione dei ruoli degli attori creavano disordine alla lavorazione. Vedendomi per la prima volta sullo schermo, scoppiai in lacrime. Ero delusa dal fatto che tutto era riuscito in modo diverso da come mi ero sforzata di fare

te different from what I had tried to do and show. I longed to tear and re-do certain parts where I disliked the gestures and movements. Still, not everything in the picture was hopelessly bad, and one shot – a close-up of a large dog's muzzle and my face drowned in tears – was outstanding. (5)

SIBIRSKAYA ATAMANSHA
THE SIBERIAN CHIEFTAIN

Сибирская атаманша

Alternative title
SIBIRSKAYA KLEOPATRA
A SIBERIAN CLEOPATRA

Drama. 4 reels; length unknown; production: Rus'; release unknown; director: Aleksandr Chargonin; cameraman: Grigorii Lemberg. Cast: Elena Romanova (Ol'ga), Aleksandr Chargonin (Aleksei), Ivan Pel'ttser (Yashka), N. Romanov (Ogryzkov), A. Mirskii, A. Ol'shevskaya, Grabovskii, Garanin, Plyanskii, Zybin, Krushevskii (the bandits). One reel preserved without titles.

M. Aleynikov. Permission had to be obtained for a public screening of A. Chargonin's films *Likhoy the Market-Gardener,* based on a Nekrasov theme, and *The Siberian Chieftain,* from an original scenario. I telephoned I. N. Yermolov to find out how to go about this. "The rules are simple", he replied. "Pictures are prohibited if they contain the following: anti-government propaganda, instigations to crime or against the church, setting workers against the bosses and other things of that nature. If there is none of this in your picture, then you should do as follows: register each picture under its own number, indicate the footage, place an envelope containing 25 roubles inside the register, and send it all to the special-assignments official under Governor Danilov. He will then put an authorization stamp on the register". "What about the picture? Where will he watch it?". "He will not look at the picture; he will only look at what's inside the envelope". (1947, 20-21)

SLAVA SIL'NYM... GIBEL' SLABYM...
GLORY TO THE STRONG... DEATH TO THE WEAK...

Слава сильным... гибель слабым...

Drama. 6 reels; 1603 m; production: V. Vengerov & V. Gardin; release: 8.8.16; director: Vladimir Gardin; cameraman: Evgenii Frantsisson; art director: Sergei Kozlovskii. Cast: Grigorii Khmara (Antonii Kremlev), Evgenii Frantsisson (Vasilii, his brother), Zhuravleva (Varya, a model). Two reels preserved without titles.

Antonii Kremlev, the junior partner at Kremlev Bros. and Co., lives a carefree existence. His mother frequently has to stand up for him against his elder brother Vasilii, who runs the firm. Drinking and gambling his way through life, Antonii become entangled in debt and issues securities in the firm's name. It is only his mother's entreaties that persuade Vasilii to forgive him. Soon afterwards, Na-

e mostrare. Avevo voglia di strappare e rifare alcune scene in cui i gesti ed i movimenti non mi piacevano. Tuttavia non tutto nel film era irrimediabilmente brutto, c'era una scena stupenda, in cui apparivano, ripresi in primo piano, il muso di un cane ed il mio viso bagnato di lacrime. (5)

Сибирская атаманша

SIBIRSKAJA ATAMANŠA
L'ATAMANA DELLA SIBERIA

Titolo alternativo
SIBIRSKAJA KLEOPATRA
UNA CLEOPATRA SIBERIANA

Dramma. 4 bobine; metraggio ignoto; produzione: Rus'; data di release: ignota; regia: Aleksandr Čargonin; operatore: Grigorij Lemberg. Interpreti: Elena Romanova (Ol'ga), Aleksandr Čargonin (Aleksej), Ivan Peltcer (Jaška), N. Romanov (Ogryzkov), A. Mirskij, A. Ol'ševskaja, Grabovskij, Garanin, Poljanskij, Zybin, Kruševskij (briganti). Il film è incompleto (1 bobina), senza didascalie.

M. Alejnikov. Avevamo bisogno del permesso per presentare al pubblico i due film di A. Čargonin, *Ogorodnik lihoj* (Il malvagio ortolano), su soggetto di un'opera di Nekrasov e *L'atamana della Siberia* su sceneggiatura originale. Io telefonai a I.N. Ermol'ev per sapere come fare. "La procedura è semplice" fu la risposta. "Sono proibiti i film con le seguenti caratteristiche: propaganda ai danni dello stato, istigazione al banditismo e contro la chiesa, fomento degli operai alla rivolta contro i padroni e simili. Se nei vostri film non c'è nulla di tutto ciò fate così: inserite nel registro ogni film con il numero corrispondente, indicate il metraggio, mettete nel registro una busta con venticinque rubli e spedite il tutto all'impiegato incaricato del governatore Danilov. Ed egli metterà nel registro il timbro del permesso". "E dove esaminerà il film?" "Lui non guarderà il film, guarderà solo cosa c'è nella busta". (1947, 20-21)

Слава сильным... гибель слабым...

SLAVA SIL'NYM... GIBEL' SLABYM...
GLORIA AI FORTI... MORTE AI DEBOLI...

Dramma. 6 bobine; 1603 m; produzione: V. Vengerov e V. Gardin; data di release: 8.8.1916; regia: Vladimir Gardin; operatore: Evgenij Francisson; scenografia: Sergej Kozlovskij. Interpreti: Grigorij Hmara (Antonij Kremlev), Evgenij Francisson (Vasilij, suo fratello), Žuravleva (Varja, una modella). Conservate due bobine senza didascalie.

Antonij Kremlev, giovane socio di una casa di commercio, la Fratelli Kremlev, conduce un'esistenza frivola e spensierata... Spesso la madre deve intercedere per lui presso il fratello maggiore, Vasilij, che è a capo della ditta. Passando la vita tra le baldorie e le carte, Antonij finisce per indebitarsi e impegnarsi a nome della ditta. Solo le preghiere della madre convincono Vasilij a perdonare il fra-

dezhda Nikolaevna's god-daughter Varya comes to live with the family. She earns her living as an artist's model. Both brothers are very taken by her, but she herself is more attracted to Vasilii. Gradually she becomes one of the family and helps Vasilii in the business. Antonii fails to secure Varya's love. He is jealous of his brother and starts drinking to try and forget. Under pressure from his creditors, he falsified his brother's signature on a bill of exchange and once again it is only thanks to his mother that he is spared Vasilii's wrath. Varya notices Antonii's suffering and feels sorry for him. Vasilii senses the change in her attitude towards his brother and reaches his own conclusions. In the meantime the country's fate is being decided on the battlefields. The upright and honest Vasilii decides that his place is not amongst people concerned only with their personal interests, but amongst those fighting for the motherland. He goes off to serve in the army, where soon, thanks to unexpected abilities, he is entrusted with a serious mission. Varya has now realized how strong her love for Vasilii is, and goes after him. She finds him gravely injured in a field hospital. He soon recovers, and together with Varya – now a sister of mercy – sets off again to serve the great cause. Glory to the strong! Antonii realizes how futile his life is and commits suicide. Death to the weak! (Pr, 1916, No. 7-8, 24)

UMER BEDNYAGA V BOL'NITSE VOENNOI
THE POOR DEVIL DIED
IN AN ARMY HOSPITAL

Умер бедняга в больнице военной

Alternative title
SOLDATSKAYA SHIZN'
A SOLDIER'S LIFE

Popular drama. 4 reels; 1177 m; production Skobelev Committee; release 21.10.16; script/director: A. Ivonin; cameraman: Aleksandr Levitskii. Cast: Nikolai Saltykov (Petr Bespalov, a Russian soldier). Screen version of a folk song setting of the poem by Konstantin Romanov. 507 m. preserved.

Amongst the cheap pictures on "war" themes that have come onto the market, this one seems to be the cheapest and coarsest of all. Devoid of any substance or meaning, the picture attemps to play on its fine-sounding title alone. The director has revealed his total ignorance of peasant life and has shown no concern whatsoever to make the film true-to-life. He has his peasant men and women walking about in homespun coats and summer frocks at harvest time; in the summer (around haymaking time) there are two peasants – father and son – working as carriers; the director illustrates Skobelev's campaign with shots of modern artillery weapons. An so on... It's clear that the picture is aimed at the most undemanding of audiences in the lowest of cinemas. (Pr., 1916, No. 15, 10)

B. Mikhin. As regards this obsession with pandering to the powers that be and obtaining awards, I recollect yet another occasion, which I observed while working in the Skobelev committee. At that

tello. A casa dei Kremlev si stabilisce la figlioccia di Nadežda Nikolaevna – Varja. Costretta dai pesanti obblighi familiari, deve guadagnarsi da vivere come modella. La giovane suscita una profonda impressione in entrambi i fratelli. Ma le sue simpatie vanno a Vasilij. Gradualmente diventa una di casa e aiuta Vasilij nella conduzione della ditta. Antonij, non essendo corrisposto da Varja e geloso del fratello, cerca consolazione nel vino e nelle carte. Le suppliche della madre ancora una volta salvano Antonij dal giusto sdegno di Vasilij. Varja percepisce le sofferenze di Antonij e se ne duole. Vasilij nota un mutamento nei rapporti tra Varja e il fratello e lo interpreta a modo suo. Intanto, sui campi di battaglia, si decide il destino della patria. Il nobile Vasilij decide che il suo posto non è lì, tra la gente che vive dei propri meschini interessi, ma tra coloro che lottano per la patria. Si arruola e presto, grazie alle sue non comuni capacità, gli viene affidata un'importante missione. Nel frattempo Varja, resasi conto della forza dei propri sentimenti per Vasilij, decide di andare da lui, e lo trova gravemente ferito nell'ospedale da campo. In poco tempo Vasilij guarisce e, insieme a Varja, divenuta infermiera, si accinge a compiere un'altra grande impresa. Gloria al forte! Antonij, consapevole della vanità della propria esistenza, vi pone fine suicidandosi. Morte al debole! (Pr., 1916, n. 7-8, 24)

Умер бедняга в больнице военной

UMER BEDNJAGA V BOLNICE VOENNOJ
MORTE DI UN POVERACCIO NELL'OSPEDALE MILITARE

Titolo alternativo
SOLDATSKAJA ŽIZN'
VITA MILITARE

Dramma popolare. 4 bobine; 1177 m; produzione: Comitato Skobelev; data di release: 21.10.1916; regia/sceneggiatura: A. Ivonin; operatore: Aleksandr Levickij. Interpreti: Nikolaj Saltykov (Petr Bespalov, soldato russo). Adattamento della canzone popolare omonima, secondo i versi di Konstantin Romanov. Il film è conservato incompleto (507 m).

Tra i film su temi "di guerra" offerti dal mercato, questo è il più volgare e grossolano. Privo di contenuto e di idee nuove, il film punta tutto sulla colonna sonora. Il regista rivela un'assoluta mancanza di informazione sulla vita contadina e non si cura affatto di creare una storia aderente alla realtà. Nel periodo della raccolta i contadini portano eleganti palandrane e le contadine vestono i tradizionali sarafan. D'estate (più o meno nel periodo della falciatura) i contadini, padre e figlio, fanno i vetturali; la campagna di Skobelev è ripresa usando dei pezzi di artiglieria moderna, ecc. È chiaro che il film è stato concepito per il pubblico più insignificante dei cinema di periferia. (Pr., 1916, n. 15, 10)

B. Mihin. Questa mania di compiacere i potenti e di essere premiati mi fa ritornare in mente ancora un caso, cui fui testimone già al tempo del mio lavoro nel Comitato di Skobelev. Allora avevamo un comandante, il colonnello Levaško, che non si intendeva

time we had a leader – Colonel Levashko – who understood nothing of cinema, had absolutely no interest in it as an art form, and regarded his work in the Skobelev committee as the true path to a career. One day, at a very tense and difficult time for Russia, he set off for the headquarters in Mogilev, which picture he should take to show at the court. We recommended *The Poor Devil Died in an Army Hospital* on the grounds that it was based on the "words of that most august poet" K. R. (Romanov), as the titles declared at that time. This convinced our colonel and he happily took it with him to the Headquarters of the Supreme Commander-in-Chief. You can imagine Levashko's anger when instead of the favour he had expected, he was thrown out of the Headquarters, banned from returning and accused of promoting a picture showing "the horrors of mobilization", which it really did depict. (1946, 11-12)

UMIRAYUSHCHII LEBED'
THE DYING SWAN

Умирающий лебедь

Drama (tragic novella). 4 reels; 1078 m; production A. Khanzhonkov & Co. Ltd.; release: 17.1.17; director: Evgenii Bauer; script: Zoya Barantsevich; cameraman: Boris Zavelev. Cast: Vera Karalli (Gizella, a dumb dancer), Aleksandr Kheruvimov (her father), Vitol'd Polonskii (Viktor Krasovskii), Andrei Gromov (Valerii Glinskii, an artist), Ivan Perestiani (his friend).

The content is quite interesting. The heroine of the film is mute: her father is a ballet artist and he is also training his daughter for the profession. She displays outstanding ability and soon achieves renown particularly for her performance of the leading dance *The Dying Swan.* By chance the mute girl meets a mad artist who has set himself the aim of depicting death on canvas. He is captivated by the girl's mournful face, her performance of the dance and persuades her to pose for him. A series of sittings pass, the picture is already close to completion, but at this time the girl meets a man with whom she was once in love, and she arrives at the last sitting excited and inspired by love. Life shines in her eyes. The artist immediately notices the change, he sees the ruin of his idea, and in a fit of madness he strangles the girl in the same pose in which she usually lay before him. Thus the last chords of the *Dying Swan* die on screen. At the same time in the picture the mute girl's passion, which proved so fatal for her, is displayed. The leading role is played by V. Karalli, an artiste with the Imperial Ballet. She performs superbly, and the second part of the film, in which V. Karalli performs the dance, is doubtlessly watched by everyone with great pleasure. In general, the actress gave great thought to all the material put at her disposal by the author of the screenplay, and the image she has created captures one's attention. Be that as it may, *The Dying Swan* is an interesting film and will no doubt appear on the screens of our cinemas for a long time to come. (OT, 1917, No. 3360, 16)

By 1916 Bauer exhibits all secrets of tracking shots, but unprecedented in his career is the complex organization of flashbacks and their alternation to the present tense, both in the narrative voice and in the characters' minds. The nightmare sequence is clearly derived from an Italian film of 1912, *Aspettando il diretto di mezzanotte* (Itala Film, Turin). Entirely new, on the other hand, is the finale where the anti-hero in his race towards self-destruction plays in front of a dancer's dead body his own hymn to death.

P.Ch.Us.

affatto di cinema, non lo considerava un'arte, ma vedeva la sua attività nel Comitato di Skobelev come un sicuro trampolino di lancio per la sua carriera. Una volta, in un momento molto teso e difficile per la Russia, egli, partendo per il Quartier Generale a Mogilev, dove allora si trovava lo zar, chiese a me e a Starewicz di consigliargli un film da proiettare a palazzo. Noi gli consigliammo *Morte di un poveraccio nell'ospedale militare*, spiegandogli che era tratto "dalle parole del grande poeta" K.R. (Romanov), come si leggeva nei titoli di testa. Ciò persuase il nostro colonnello che, contento, portò il film nel Quartier Generale del comandante capo. Si può immaginare lo sdegno di Levaško quando, invece di essere lodato, fu cacciato dal Quartier Generale, con il divieto di farci ritorno, in quanto colpevole di propaganda, per avere proiettato un film "sugli orrori della mobilitazione", ciò che in effetti il film rappresentava. (1946, 11-12)

Умирающий лебедь

UMIRAJUŠČIJ LEBED'
LA MORTE DEL CIGNO

Nel 1916 gli splendidi *tracking shots* all'indietro non hanno più segreti per Bauer, ma l'audacia nell'organizzazione dei flashback e del loro brusco alternarsi al presente della narrazione e nella mente dei personaggi, senza sovrimpressioni o dissolvenze incrociate, né didascalie introduttive, è senza precedenti. La sequenza dell'incubo della protagonista è chiaramente derivata da un film italiano del 1912, *Aspettando il diretto di mezzanotte* (Itala Film, Torino); assolutamente unico è invece il finale, nel quale l'eroe negativo di questa corsa all'autodistruzione dipinge il proprio inno alla morte davanti al corpo senza vita di una ballerina. P.Ch.Us.

Dramma (novella tragica). 4 bobine; 1078 m; produzione: A. Hanžonkov i Co. Spa; data di release: 17.1.1917; regia: Evgenij Bauer; sceneggiatura: Zoja Barancevič; operatore: Boris Zavelev. Interpreti: Vera Karalli (Gizella, la ballerina muta), Aleksandr Heruvimov (suo padre), Vitol'd Polonskij (Viktor Krasovskij), Andrej Gromov (Valerij Glinskij, pittore), Ivan Perestiani (suo amico).

Il contenuto è abbastanza curioso e il film si guarda con interesse. L'eroina del dramma è muta; suo padre è un ballerino che inizia a insegnare la propria arte alla figlia, che manifesta subito delle capacità eccezionali e arriva presto alla celebrità, specialmente per l'esecuzione del suo pezzo forte, *La morte del cigno*. La danzatrice muta incontra casualmente un pittore maniaco, ossessionato dall'idea di raffigurare la morte. Egli è attratto dal triste volto della fanciulla, dal suo modo di danzare e vuole convincerla a posare per lui. Dopo alcune sedute, quando il quadro sta già per essere portato a termine, la ragazza muta, avendo incontrato l'uomo di cui un tempo era stata innamorata, all'ultima seduta si presenta piena di entusiasmo, animata dall'amore. Nei suoi occhi risplende la vita. Il pittore nota subito il cambiamento, vede già fallire il suo progetto e, preso da un atto maniacale, soffoca la ragazza muta nella posa che lei solitamente assumeva davanti a lui. Così sullo schermo viene smorzato l'ultimo accordo della "morte del cigno", mentre l'inquadratura rivela quell'attrazione fatale per la ragazza. Comunque sia, il film *La morte del cigno* è interessante e sarà forse presente ancora a lungo sugli schermi del nostro cinema. Il ruolo principale è interpretato da V. Karalli, un'artista del corpo di ballo imperiale. Recita splendidamente, e la seconda parte del film, in cui V. Karalli esegue il balletto, è estremamente piacevole. Nel complesso l'attrice tiene conto di tutto il materiale messo a sua disposizione dall'autore del soggetto, e l'immagine che riesce a creare cattura l'attenzione degli spettatori. (OT, 1917, n. 3360, 16)

KHOZYAIN I RABOTNIK
THE LANDLORD AND THE WORKER

Хозяин и работник

Drama. 4 reels; 856 m; production: G. Libken Ltd.; release: 11.2.17; director: Zigmunt Veselovskii; cameraman/art director: Petr Mosyagin. Cast: V. Zimovoi (the landlord), Nikolai Rimskii (the worker), Alya Petini; Sergei Gladkov. Screen version of the story by Lev Tolstoi. One reel preserved without titles.

The story contains little material for a cinema scenario. The exaggerated portrayal of peasant life is somewhat boring and monotonous. Daily life as such, as the "centre of gravity" in a film, is generally wearisome. The winter landscape scenes are good. It seems unnatural that the master and man become buried under snow at the very edge of the forest. For what could be simpler than taking refuge from the wind in the forest? (Den [Pb], 1916, 21/XI, No. 321, 5)

TSARI BIRZHI
KINGS OF THE STOCK EXCHANGE

Цари биржи

Alternative title
KAINOVO PLEMYA V NASHI DNI
THE TRIBE OF CAIN IN OUR DAY

Drama. 4 reels; 1480 m; production: G. Libken Ltd.; release: unknown; directors: Sigizmund Veselovskii (?) & Nikolai Arbatov(?); cameraman/art director: Petr Mosyagin. Cast: Ada Butler-Rutkovskaya (Nadya Stoleshnikova), V. Satin (her father, a banker), Sergei Gladkov (Velinskii, a millionaire, the "tsar of the stock exchange"), Rocco Espagnoli (Korotkovskii, an artist), A. Mitkevich (Korotkovskii's mistress). Based on the novel by Vasilii Nemirovich-Danchenko. Two reels preserved without titles.

These are not the exchange kings who destroy everything human in their pursuit of wealth. They are idealized plunderers. When Stoleshnikov the banker becomes ruined he goes to Vyborg in order to write a report and shoot himself. Nadya, in an attempt to save her father, agrees to be the wife of Velinskii the banker, though she does not love him, on condition that he help Stoleshnikov out. When they return to Velinskii's house from the altar, he comes out of her bedroom and proudly declares: "I shall not be your husband until you wish me to be". In the meantime, Korotkovskii the artist, hiding the fact that he is married, seduces first Nadya, then the princess etc. The noble nature of the exchange kings, the free-and-easy artist who arouses feelings of disapproval - this is all the film boils down to. The actors playing Velinskii and Nadya have badly made-up eyes and often pull faces. It is unnecessary for the director to hold the viewer's attention on these grimaces by showing them on a magnified scale, separately from the overall picture. The repeated scene in which the excited public are shown outside Stoleshnikov's house after he has halted payments, should be cut out. It looks like a group of bad extras rather than a living crowd. When Stoleshnikov is in Vyborg imagining the agonizing picture of a crowd of ruined clients he should not, just before this, move

Хозяин и работник

HOZJAIN I RABOTNIK
PADRONE E SERVITORE

Dramma. 4 bobine; 856 m; produzione: G. Libken Spa; data di release: 11.2.1917; regia: Zigmunt Veselovskij; operatore/scenografia: Petr Mosjagin. Interpreti: V. Zimovoj (il padrone), Nikolaj Rimskij (l'operaio), Alja Petini, Sergej Gladkov. Riduzione del racconto omonimo di Lev Tolstoj. Del film è conservata una bobina senza didascalie.

Quanto di letterario è contenuto nel racconto, viene usato per il copione cinematografico. I film che hanno come soggetto l'accentuazione grottesca della vita contadina sono piuttosto noiosi e monotoni. La vita come viene descritta qui, "centro di gravità", risulta particolarmente estenuante sullo schermo. Belle le scene che raffigurano la natura d'inverno. Risulta artificioso però che il padrone e il bracciante si trovino sepolti dalla neve proprio al margine del bosco. Sarebbe più semplice farli riparare dal vento. (Den' [Pb,], 1916, 21/XI, n. 321, 5)

Цари биржи

CARI BIRŽI
I RE DELLA BORSA

Titolo alternativo
KAINOVO PLEMJA V NAŠI DNI
LA TRIBÙ DI CAINO DEI NOSTRI GIORNI

Dramma. 4 bobine; 1480 m; produzione: G. Libken Spa; data di release: ignota; regia: Sigizmund Veselovskij, Nikolaj Arbatov (?); operatore/scenografia: Petr Mosjagin. Interpreti: Ada Butler-Rytkovskaja (Nadja Stolešnikova), V. Satin (suo padre, banchiere), Sergej Gladkov (Velinskij, milionario, "re della borsa"), Rocco Espagnoli (il pittore Korotkovskij), A. Mitkevič (l'amante di Korotkovskij). Riduzione del romanzo omonimo di Vasilij Nemirovič-Dančenko. Del film sono conservate 2 bobine senza didascalie.

Questo non è quel re della borsa, che calpesta quanto c'è d'umano per trovare l'oro. Questo è un rapace idealizzato. Quando il banchiere Stolešnikov va in rovina, si reca a Vyborg, per stendere rapporto e uccidersi; viene salvato dalla figlia Nadja che acconsente a sposare il banchiere Velinskij a condizione che questi aiuti il padre. Nadja si reca dunque a casa di Velinskij, senza esserne innamorata, e Velinskij esce dalla sua camera da letto, affermando con orgoglio: "Non sarò Vostro marito finché non lo vorrete". C'è poi l'artista Korotkovskij che, non rivelando di essere sposato, fa innamorare prima Nadja, poi la principessa ecc. La nobiltà d'animo del re della borsa e l'ostilità che si attira l'artista costituiscono l'essenza del film. Gli interpreti di Velinskij e Nadja, con gli occhi truccati in modo poco elegante, fanno spesso delle smorfie. Il regista non avrebbe certo bisogno di fermare lo sguardo dello spettatore su queste smorfie, mostrandole ingigantite. È necessario eliminare dalla pellicola la scena ripetuta del pubblico che si accalca alla porta del banchiere Stolešnikov, che ha bloccato i pagamenti: da essa emergono infatti delle cattive

to the back of his hotel room and, for some unexplained reason, draw the curtain in the doorway. It would be better for him to see it all there, at his desk, where he is attacked by pangs of conscience. The film is free of vulgar gimmicks. The ferry scenes on the Volga are beautiful, as is the remote spot in the forest. (KUL, 1917, No. 9-11, 15-16)

TSVETY ZAPOZDALYE
BELATED FLOWERS

Цветы запоздалые

Alternative title
TONOPKOB
DR TOPOTKOV

Drama. 4 reels; 1302 m; production: V. Vengerov & V. Gardin; release: 19.3.17; director: Boris Sushkevich; cameraman: Aleksandrs Stanke; art director: Sergei Kozlovskii. Cast: Ol'ga Baklanova (Marusya), Lidiya Deikun (her mother), Aleksandr Geirot (Egorushka, her son), Boris Sushkevich (Dr Toporkov), Aleksei Bondarev (servant), Mariya Uspenskaya (the matchmaker). Screen version of the story by Anton Chekhov. Three reels preserved.

Belated Flowers, a four-part drama, released by the film company V. Vengerov and Gardin, can be considered quite rightly to be one of the season's best pictures. The script is based on A. Chekhov's tale, but not altogether successfully. The first parts are unnecessarily drawn out, and the two last parts condensed: thus, without detriment to either the audience of the drama itself the "dream" of the princess and one of the scenes of "waiting by the window of the beloved" could have been discarded and instead more could have been made of the scene with Marusya after the death of her mother. This is the only fault of the picture; however, the director and the cast were able to make it pass almost unnoticed for the majority of spectators. The picture is watched carefully by the audience, who are touched by the "moving" peformances of the cast, which are achieved without any special effects (stares at the camera, apertures, intensifiers, etc. etc.). The director, Mr Sushkevich, has succeeded in capturing the "Chekhovian" mood. The picture has little of the "action" which many consider to be so essential to cinema, but the production and performances force one to forget about this, and with each new scene one's interest in the heroes of the film increases. The sets of the doctor's office and the room in the final scene were good. Mme Baklanova is superb in the role of Marusya, particularly in the scenes by her mother's grave, with the doctor and in the room of her old servant. The successful make-up, particularly of the "match-maker", should not go without mention. (T, 1917, No. 1991, 8)

comparse più che una folla vivace. Quando nell'immaginazione di Stolešnikov a Vyborg ha luogo la scena straziante della folla di clienti rovinati, non è bello che egli si rifugi nella profondità della stanza d'albergo scostando le tende sulla porta. Sarebbe meglio vederlo seduto al tavolo, tormentato dai rimorsi. La pellicola è priva di trucchi triviali. Belle le scene del battello sul Volga e quella nel bosco. (KUL, 1917, n. 9-11, 15-16)

Цветы запоздалые

CVETY ZAPOZDALYE
I FIORI TARDIVI

Titolo alternativo
DOKTOR TOPORKOV
IL DOTTOR TOPORKOV

Dramma. 4 bobine; 1302 m; produzione: V. Vengerov e V. Gardin; data di release: 19.3.1917; regia: Boris Suškevič; operatore: Aleksandr Stanke; scenografia: Sergej Kozlovskij. Interpreti: Ol'ga Baklanova (Marusja), Lidija Dejkun (sua madre), Aleksandr Gejrot (suo figlio Egoruška), Boris Suškevič (dottor Toporkov), Aleksej Bondarev (servitore) Marija Uspenskaja (pronuba). Adattamento dell'omonimo racconto di Anton Čehov. Il film è incompleto (3 bobine).

Il copione del dramma cinematografico si basa sul dramma di A.P. Čehov, ma non si può dire un copione riuscito: le prime due parti sono eccessivamente lunghe, le ultime due troppo brevi. Così, senza recar danno alcuno allo spettatore e senza drammi, si potrebbe benissimo omettere "il sonno" della principessa e una delle scene dell'"attesa dal padre dell'amato", e dare invece più spazio alle scene di Marusja dopo la morte della madre. Questo è l'unico punto debole del film; comunque il regista e gli artisti sono riusciti quasi a nasconderlo alla maggioranza degli spettatori. Il film si guarda con attenzione, quell'attenzione che si crea quando l'interpretazione degli attori "raggiunge" gli spettatori senza nessun effetto speciale, senza sguardi verso la macchina da presa, diaframmi, contre-jours, o viraggi. Il regista Suškevič è riuscito a comunicare lo spirito di Čehov. Nel film l'"azione" è ridotta, quell'azione che molti ritengono indispensabile per il cinema, ma l'allestimento e l'interpretazione di questo film l'hanno resa pressoché inutile, tanto che ad ogni nuova scena l'interesse per gli eroi del dramma cinematografico andava crescendo d'intensità. Belli gli interni: lo studio del dottore e la stanza della scena finale. Il ruolo di Marusja è interpretato con eleganza dalla Baklanova. L'attrice è stata particolarmente efficace nelle scene girate presso la tomba della madre, in quella dal dottore e nella stanza del vecchio servo. Da notare gli ottimi trucchi degli attori, soprattutto quello della "pronuba". (T, 1917, n. 1991, 8)

CHELOVEK IZ RESTORANA
THE MAN FROM THE RESTAURANT

Человек из ресторана

Drama. 6 reels; 1700 m; production: G. Libken Ltd; release: unknown; director: Zigmunt Veselovskii; script: Anatolii Vorotnikov; cameraman/art director: Petr Mosyagin. Cast: Sergei Galdkov (the man from the restaurant), M. Martova (Natasha, his daughter), V. Irlatov (Kolya, his son), E. Stepanova (an old woman), V. Zimovoi (Natasha's fiancé), V. Satin (Kirill Laichikov, a hairdresser). Screen version of the story by Ivan Shmelev. Partially preserved without titles.

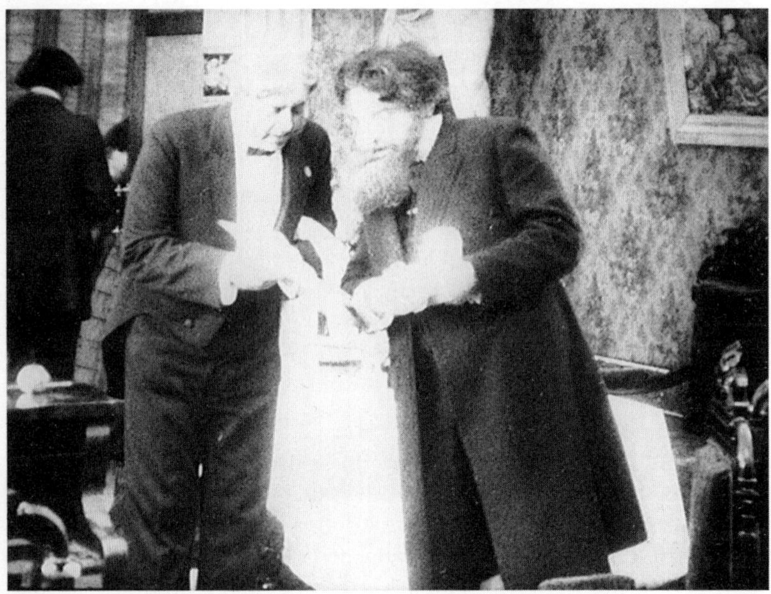

CHORTOVO KOLESO
THE DEVIL'S WHEEL

Чертово колесо

Drama. 5 reels; 2000 m; production: A. Khanzhonkov & Co. Ltd; release: 2.8.16; director: Boris Chaikovskii; script: Zoya Barantsevich. Cast: Ada Shelepina (Ada L'vovna Rebrova), Petr Birkyukov (her husband), P. Baratov (Semen Pavlovich Platonov, an artist), K. Grekov (Sasha Podebov, a student), Gavril Terekhov.

The Devil's Wheel is the wheel of life, in which all our feelings and emotions revolve but, ultimately, it is not we who control them, but "someone in grey". The film's plot can be summarised thus: a married couple lead a peaceful family life. A frequent guest to their house is a young student, who has fallen in love with Ada. But her husband looks through rose-tinted spectacles on these advances, trusting his wife. In the street Ada by chance meets the artist Platonov, who has just arrived in Moscow. He has lusted after her for a long time, but she has rejected categorically all his advances. However, Ada accepts Platonov's suggestion to go for a ride. At this moment she meets the lovesick student who tells her frankly of his disappointment in her and that he is convinced

Человек из ресторана

CELOVEK IZ RESTORANA
L'UOMO DEL RISTORANTE

Dramma. 6 bobine; 1700 m; produzione: G. Libken Spa; data di release: ignota; regia: Zigmunt Veselovskij; sceneggiatura: Anatolij Vorotnikov; operatore/scenografia: Petr Mosjagin. Interpreti: Sergej Gladkov (l'uomo del ristorante), M. Martova (sua figlia Nataša), V. Irlatov (suo figlio Kolja), E. Stepanova (la nonna), V. Zimovoj (il fidanzato di Nataša), V. Satin (il parrucchiere Kirill Lajčikov). Adattamento del racconto omonimo di Ivan Šmelev. Il film è conservato incompleto e senza didascalie.

Чертово колесо

ČORTOVO KOLESO
LA RUOTA DEL DIAVOLO

Dramma. 5 bobine; 2000 m; produzione: A. Hanžonkov i Co. Spa; data di release: 2.8.1916; regia: Boris Čajkovskij; sceneggiatura: Zoja Barancevič. Interpreti: Ada Šelepina (Ada L'vovna Rebrova), Petr Birjukov (suo marito), P. Baratov (Semen Pavlovič Platonov, artista), K. Grekov (Saša Pobedov, studente), Gavril Terehov.

La ruota del diavolo è il turbine vitale, in cui ruotano tutti i nostri sentimenti e le nostre emozioni e nel quale, alla fin fine, a dominare non siamo noi ma "un essere insignificante". La trama del film è la seguente. Due coniugi conducono una tranquilla vita familiare. Assiduo ospite nella loro casa è un giovane studente, innamorato di Ada. Ma il marito, ingenuo, non prende sul serio il corteggiamento, fidandosi della moglie. Casualmente Ada incontra in strada l'artista Platonov, giunto a Mosca. Ormai da molto tempo egli arde di passione per lei, che però rifiuta categoricamente ogni sua avance. Accetta comunque di fare una passeggiata con lui. In quel mentre incontra lo studente innamorato, che le rivela i suoi sentimenti frustrati e le dice di essere convinto che ella è l'amante di Platonov. Poi la supplica di andare da lui. Ada, non sospettando niente, soddisfa il suo desiderio, e qui, nella stanzetta al sesto piano, lo studente, chiusa la porta e gettata la chiave dalla finestra, si uccide in sua presenza. La situazione di Ada è spaventosa: è sola col morto nella stanza chiusa. Dopo vari tentativi, riesce a fuggire. Il giorno seguente il giornale annuncia la morte dello studente. Platonov decide di sfruttare questo evento tragico a suo favore. Trovata nella camera dello studente la foto strappata di Ada, la ricatta al fine di possederla. Ma ella rimane inflessibile. Allora Platonov manda una lettera anonima al marito. Il dramma è imminente. A tutto ciò si aggiunge il processo. Ada spara a Platonov; ma il giudice, basandosi sulle deposizioni di Platonov morente, che ha confessato tutto, assolve Ada. Il marito vorrebbe far pace con la moglie ma ella, offesa dal fatto che il marito abbia creduto all'opinione della gente prima che a lei, rifiuta di tornare a vivere con lui. Lo spettatore segue con attenzione lo svolgersi dell'azione, che alla fine del film è particolarmente suggestiva. Al successo del film contribuisce in misura significativa l'armonioso gruppo di attori. Il ruolo principale di Ada è interpretato dall'ar-

that she is Platonov's lover. He begs Ada to come home with him. Ada, suspecting nothing, grants his wish, and in his small room on the 6th floor the student, after locking the door and throwing the key out of the window, poisons himself in front of her. Ada is in a terrible position: alone with a dead body in a locked room. After a long struggle, she manages to escape. The next day the newspapers are full of reports about the student's death. Platonov decides to use this tragic event for his own ends. Finding a torn photograph of Ada in the student's room, he tries to blackmail her into becoming his lover. But she remains adamant. Ada shoots Platonov; but at the trial, the court, basing its judgement on the confession of the dying Platonov, finds Ada not guilty. Her husband wants to be reconciled with his wife but Ada, insulted that he did not believe her, refuses to have anything to do with him. The audience follows carefully the development of the action, which is particulary striking towards the climax of the picture. The film's success can, to a significant extent, be put down to the cast. The leading role of Ada was played by Mme Shelepina of the Imperial Ballet, who has recently made frequent appearances on the screen. The actors gave a performance full of interesting moments. The role of Platonov was played by Mr Baratov, well known to the people of Petrograd from his work at the Malyi Theatre. This is his first appearance on screen, and to give him his due, he has discovered the secret of film acting: however, we should add one criticism - he overdoes his poses. (OT, 1916, No. 3192-3193, 12)

YASTREBINOE GNEZDO
THE HAWK'S NEST

Ястребиное гнездо

Drama in 2 parts. 8 reels (Part 1: 4 reels, 1575 m; Part 2: 4 reels, 1525 m); production: I. Ermol'ev; release: 28.6.16 & 5.7.16; director/script: Czeslaw Sabinski. Cast: Nikolai Panov (Osorgin, a landowner), Zoya Karabanova (Larisa, his daughter), Nataliya Lisenko (Glasha, Osorgin's mistress), Petr Baksheev (Tvorogov, a profiteer), Nikolai Rimskii (Prince Gorokhovtsev), Vera Orlova. Based on the novel of the same name by Aleksei Pazukhin. 2 reels preserved with English titles. Received from the American Film Institute in 1989. Credits received from America; director: Evgenii Bauer. Cast: Nikolai Panov (Nikolai Orlov), Petr Baksheev (Koronskii), Nadya Lisenko (Glasha), Sofi Karabanova (Sonya Orlova), Nikolai Rimskii (Prince Aleksei Golitsyn).

tista del Balletto Imperiale, Šelepina, che ultimamente è stata ospite assidua del mondo del cinema. L'attrice ci ha offerto vari momenti di tensione emotiva. Il ruolo di Platonov è interpretato da Baratov, del Malyj Teatr, molto noto a tutti gli abitanti di Pietrogrado. Egli appare sullo schermo per la prima volta e bisogna riconoscere che ha compreso appieno i segreti della recitazione al cinema; unico punto debole della sua interpretazione è l'abuso delle pose. (OT, 1916, n. 3192-3193, 12)

Ястребиное гнездо

JASTREBNOE GNEZDO
IL NIDO D'AQUILE

Dramma in due parti. 8 bobine (I parte 4 bobine, 1575 m; II parte 4 bobine, 1525 m); produzione: I. Ermol'ev; data di release: 28.6.1916 e 5.7.1916; regia/sceneggiatura: Czeslaw Sabinski. Interpreti: Nikolaj Panov (Osorgin, proprietario fondiario), Zoja Karabanova (Larisa, sua figlia), Natalija Lisenko (Glaša, l'amante di Osorgin), Petr Bakšeev (Tvorogov, il signore), Nikolaj Rimskij (il principe Gorohovcev), Vera Orlova. Tratto dal romanzo omonimo di Aleksej Pazuhin. Si sono conservate 2 bobine con le didascalie in inglese. Il film è stato depositato dall'American Film Institute nel 1989. Titoli di testa del film arrivato dagli USA: regia: Evgenij Bauer. Interpreti: Nikolaj Panov (Nikolaj Orlov), Petr Bakšeev (Koronskij), Nadja Lisenko (Glaša), Sofi Karabanova (Sonja Orlova), Nikolaj Rimskij (il principe Aleksej Golicyn).

ARKASHA ZHENITSYA
ARKASHA GETS MARRIED

Аркаша женится

Comedy. 2 reels; length unknown; production: A. Khanzhonkov & Co. Ltd.; release: unknown; director: Aleksandr Ural'skii; cameraman: Boris Medzionis. Cast: Arkadii Boitler (Arkaska), Elena Yuzhnaya (his bride), Aleksandr Kheruvimov (the bride's father). Preserved without titles.

I. Perestiani. There were no comedies, though there were attempts to produce some. One comic actor who stuck in the mind was Boitler – the very man who, as I was told, went on to give excellent imitations of Chaplin in Berlin. Boitler was from Riga [memorialist's mistake: Arkadii Boitler was born, in Poland. Ed.], and I'm not sure what he did before coming to the cinema. A variety performer, I think. He was an astonishing mimic. In the usual way, they started producing short films of him. His name was Arkadii, and this was used in the film titles: *Arkadii Gets Married, Arkadii*

Only three films are recorded in the Khanzhonkov company's *Arkasha* series - *Arkasha Controller of the Sleeping Cars, Arkasha Gets Married* and *Arkasha Sportsman, or Love Knows No Barriers* (all 1917). The elegance and urbanity of Arkady Boitler's Arkasha were clearly influenced by Max Linder, whose personal appearances in Russia had aroused immense popular enthusiasm. D.R.

Аркаша
женится

ARKAŠA ZENITSJA
ARKAŠA SI SPOSA

Commedia. 2 bobine; metraggio ignoto; produzione: A. Hanžonkov i Co. Spa; data di release: ignota; regia: Aleksandr Ural'skij; operatore: Boris Medzionis. Interpreti: Arkadij Bojtler (Arkaša), Elena Južnaja (la sua fidanzata), Aleksandr Heruvimov (padre della fidanzata). Il film è conservato senza didascalie.

Nei registri della compagnia Hanžonkov si trovano solo tre film della serie *Arkaša: Arkaša controllore dei vagoni letto, Arkaša si sposa* e *Arkaša sportivo, ovvero l'amore non conosce ostacoli,* tutti del 1917. L'eleganza e la raffinatezza dell'Arkaša di Arkady Bojtler erano chiaramente influenzate da Max Linder, il quale era venuto in Russia di persona suscitando un immenso entusiasmo popolare. D.R.

I. Perestiani. Nonostante i tentativi, non furono prodotte commedie. Tra gli attori comici ricordiamo Bojtler, quello stesso che, in seguito, a Berlino, avrebbe imitato Chaplin con estrema capacità. Bojtler era di Riga [errore del memorialista: Arkadij Bojtler era un attore di origine polacca. Ndc], e non saprei dire come fosse arrivato nel mondo del cinema. Pare dal varietà. Come imitatore era impareggiabile. Cominciò ad apparire nei cortometraggi con il nome di Arkadij. Così si chiamava anche nei film *Arkaša zenit-*

the Skater etc. They were shown alongside Glupyshkin, Scandalini and similar clownery as an addition to the programme. I can't say I recollect anything from that whole series of miniatures. At any rate there was nothing original in them. (1937, 44)

BABUSHKA RUSSKOI REVOLYUTSII
THE GRANDMOTHER OF THE RUSSIAN REVOLUTION

Бабушка русской революции

Alternative title
MUCHENITSA ZA SVOBODU
A MARTYR FOR FREEDOM

Drama. 4 reels; length unknown; production: A. Drankov Ltd.; release: 9.6.17; director: Boris Svetlov; script: V. Goryanskii; cameraman: Grigorii Lemberg. Cast: A. Ivanova (Breshko-Breshkovskaya), K. Popova. Film biography of the political activist, Ekaterina Breshko-Breshkovskaya. Preserved without titles.

This is the true story of a school teacher, persecuted during the Tsar era because she was too close to the people. Her liberation, after the revolution, is made tangible by a documentarist shot of the real character, now aged after the long years in prison. This is an affectionate portrait of a strong woman, but above all there is a didactic consciousness of the threat represented by individual growth through education in any kind of regime. We notice a new, somewhat prese use of the iris. C.M.

V IKH KROVI MY NEPOVINNY
WE ARE NOT GUILTY OF THEIR BLOOD

В их крови мы неповинны

Alternative titles
EVREI / JEWS
NEVINNO PROLITAYA KROV'
BLOOD INNOCENTLY SPILT

Social drama. 5 reels; length unknown; production: Era Studio (Russian Golden Series); release: 22.4.17; director: Mikhail Bonch-Tomashevskii; art director: Vladimir Egorov. Cast: Vera Pavlova (Sima, a revolutionary), Vladimir Neronov (a democrat), Petr Leont'ev (a Zionist), A. Morozov. Based on the play *Jews* by Evgenii Chirikov. Preserved without titles.

sja, Arkaša kon'kobežec (Arkaša pattinatore) ecc. Questi venivano proiettati insieme a Glupyškinyj, Scandalini e altre comiche, come aggiunta al programma. Non posso dire di ricordare qualcosa di tutte quelle miniature. In ogni caso non avevano niente di originale. (1937, 44)

Бабушка русской революции

BABUŠKA RUSSKOJ REVOLJUCII
LA NONNA DELLA RIVOLUZIONE RUSSA

Titolo alternativo
MUČENICA ZA CVOBODU
UNA MARTIRE DELLA LIBERTÀ

È la vera storia di una maestra perseguitata, in epoca zarista, perché troppo vicina al popolo. La liberazione, dopo la rivoluzione, è resa tangibile da una inquadratura documentaristica del personaggio reale, ormai invecchiato dai molti anni di prigione. C'è dell'affetto in questo ritratto di donna forte, ma soprattutto la consapevolezza didascalica della paura che qualsiasi tipo di regime ha nella crescita individuale che l'istruzione comporta. Notiamo un uso innovativo piuttosto preciso dell'iride. C.M.

Dramma. 4 bobine; metraggio ignoto; produzione: A. Drankov Spa; data di release: 9.6.1917; regia: Boris Svetlov; sceneggiatura: V. Gorjanskij; operatore: Grigorij Lemberg. Interpreti: A. Ivanova (Breško-Breškovskaja), K. Popova. Film-biografia dell'attivista politica Ekaterina Breško-Breškovskaja. Il film è conservato senza didascalie.

В их крови мы неповинны

V IH KROVI MY NEPOVINNY
DEL LORO SANGUE NON SIAMO COLPEVOLI

Titoli alternativi
EVREI / EBREI
NEVINNO PROLITAJA KROV'
SANGUE VERSATO SENZA COLPA

Dramma sociale. 5 bobine; metraggio sconosciuto; produzione: Studio Era (Russkaja zolotaja serija); data di release: 22.4.1917; regia: Mihail Bonč-Tomaševkij; scenografia: Vladimir Egorov. Interpreti: Vera Pavlova (la rivoluzionaria Sima), Vladimir Neronov (democratico), Petr Leont'ev (sionista), A. Morozov. Adattamento del dramma *Evrei* di Evgenij Čirikov. Il film è conservato senza didascalie.

The script writer has brought a cinematographic quality to the piece, adding to it, widening it and making it more suitable for the screen. The picture is watched with growing interest and on the whole leaves a good impression. The production is uneven: parallel with the truthfully terrifying mass scene of the "pogrom" runs the mock "conference of the Union of Russian people", and parallel with the beautifully conceived and executed final scene over the corpse of Sima is the "fraternisation" of the Zionist with the Democrat and so on. From the interesting cast we single out Mme Neronova. We particularly liked the scene of the bedside of the sick Sima, the curse of the eldest daughter, the reading of the children's letter from the capital and the final scene over Sima's corpse. Mme Pavlova acted well, showing many nuances in her emotions. Mr Leont'ev created the artistic image of the exalted Zionist. In major scenes he acted with great enthusiasm and captivated the audience. Particularly successful was the scene of his talk with Sima, on the latter's return from the capital. (T, 1917, No. 2006, 7)

V STRANE LYUBVI
IN THE LAND OF LOVE

В стране любви

Alternative title
DVE LYUBVI / TWO LOVES

Drama. 5 reels; 1300 m; production: A. Khanzhonkov & Co. Ltd.; release: 17.2.18; director: Aleksandr Ural'skii; script: Aleksandr Amfiteatrov; cameraman: Boris Zavalev; art director: Tsezar' Lakka. Cast: Ernesto Vagram (Alberto, a fisherman), G. Serova (Dzhuliya, his bride, an attendant at the bath-house), Wojciech Brydźiński (Lartsev, a Russian artist), Eduard Kul'ganek (his friend Leshtukov, a writer), Z. Shpor (Margarita Nikolaevna), I. Stolyarov (Rechtberg, her hausband), N. Brydźińska (Klara, a vegetable-seller). Screen version of the novel by Aleksandr Amfiteatrov. Four reels preserved without titles.

L'autore della sceneggiatura ha letto con spirito cinematografico nell'opera, ampliandola, sviluppandola e adattandola per lo schermo. Il film si guarda con crescente interesse e suscita, complessivamente, una forte impressione. L'allestimento del film procede in modo irregolare: accanto alla spaventosa scena di massa del *pogrom*, pienamente giustificata, si incontra l'artificiosa "seduta dell'unione del popolo russo", e la scena finale, ben concepita e realizzata, vicino al cadavere di Sima, il sionista che "fraternizza" con il democratico ecc. Interessante la rappresentazione dei personaggi. Ricorderemo in particolare la Neronova che ci è piaciuta soprattutto nella scena al capezzale di Sima malata, in quella della maledizione della figlia maggiore, e della lettura della lettera dei figli dalla capitale e la scena finale presso il cadavere di Sima. Buona l'interpretazione della Pavlova. L'artista ha dato molte sfumature alle sue emozioni. P. Leont'ev ha offerto il modello artistico del sionista esaltato. L'artista si è prodotto in scene di grande effetto che hanno rapito lo spettatore. Particolarmente riuscita la scena della spiegazione tra Leont'ev e Sima, quando questa torna dalla capitale. (T, 1917, n. 2006, 7)

В стране любви

V STRANE LJUBVI
NEL PAESE DELL'AMORE

Titolo alternativo
DVE LJUBVI / DUE AMORI

Dramma. 5 bobine; 1300 m; produzione: A. Hanžonkov i Co. Spa; data di release: 17.2.1918; regia: Aleksandr Ural'skij; sceneggiatura: Aleksandr Amfiteatrov; operatore: Boris Zavelev; scenografia: Cezar' Lakka. Interpreti: Ernesto Vagram (Alberto, un pescatore), G. Serova (Giulia, la sua fidanzata, la ragazza dello stabilimento balneare), Wojcieh Brydźiński (Larcev, un pittore russo), Eduard Kul'ganek (lo scrittore Lestukov, suo amico), Z. Špor (Margarita Nikolaevna), I. Stoljarov (Rehtberg, suo marito), N. Brydźinśka (Clara, un' erbivendola). Riduzione del romanzo di Aleksandr Amfiteatrov. Il film è conservato incompleto (4 bobine) e senza didascalie.

Венчал их сатана

VENČAL IH SATANA
SPOSATI DA SATANA

Dramma. 6 bobine; 1500 m; produzione: Studio Era (Russkaja zolotaja serija); data di release: 9.12.1917 (Pietrogrado) e 2.4.1918 (Mosca); regia: Vjačeslav Viskovskij. Interpreti: Varvara Janova (Elena), Konstantin Hohlov (il principe Basargin, suo marito), A. Morozov (Ivnev, amico d'infanzia e secondo marito di Elena), N. Stal' (Sibilla, un'indovina), V. Dal'skaja (Dunja, la cameriera), Petr Leont'ev (Semen, il suo fidanzato). Tratto dal romanzo *Adskie čary* (Delizie infernali) di Vera Kryžanovskaja-Rochester. Il film è conservato incompleto (3 bobine), senza didascalie.

"Se non ci fosse il diavolo bisognerebbe inventarlo". Questa massima, ai giorni d'oggi, è sempre più valida nel mondo della cine-

VENCHAL IKH SATANA
MARRIED BY SATAN

Венчал их сатана

Drama. 6 reels; 1500 m; production: Era Studio (Russian Golden Series); release: 9.12.17 (Petrograd), 2.4.18 (Moscow); director: Vyacheslav Viskovskii. Cast: Varvara Yanova (Elena), Konstantin Khokhlov (Prince Basargin, her husband), A. Morozov (Ivnev, a childhood friend and Elena's second husband), N. Stal' (Sibilla, a fortune-teller), V. Dal'skaya (Dunya, the maid), Petr Leont'ev (Semen, her fiancé). Based on the novel *Adskie chary/Hell's Delights* by Vera Kryzhanovskaya-Rochester. Three reels preserved without titles.

"If the Devil didn't exist he would have to be invented". Nowadays, this applies to the cinema more than to anything else. For the cinema is a real Satan's realm. Film-makers cannot take a single step without him, and, like naive country lasses, the only explanation they can provide for their films is that they are "the Devil's work". How odd, that in our miraculous world of steam, electricity and decrees every cinema company has Satan to its name in one form or another. For example, Kharitonov has *The Devil's Descendant,* Ermolev - *The Exultant Satan,* Biofilm - *The Devil's Scherzo,* and Kozlovsky and Yuryev - *The Son of the Land Where Darkness Reigns.* For a year now Khanzhonkov has been promising to bring out *The Seal of Satan,* while Neptun has released *Satan's Children,* based on Pshibyshevsky's story. The question of Satan's role in the cinema is such an interesting one that an entire article will have to be devoted to it. For the moment, it should merely be noted that the cinema has been given yet another Satan in the form of a priest in Era's picture *Married By Satan.* As far as the plot goes, the picture is meaningless and undistinguished, and its devil is quite literally far-fetched. Judge for yourselves: a beautiful, young girl is in love with Prince Basargin, but he prefers another. On the advice of her maid, Elena goes to see Sibilla the fortune-teller, who "by the power of the Great Source", unites her soul with the prince. They are wed by Satan (we actually see this!), the prince then asks for Elena's hand in the conventional way and marries her. True, it seems to her that he smells like a corpse and that there is a skeleton beside her. As for why this should be - that is the author's secret. Next, Elena falls in love with her childhood friend Ivnev, and is unfaithful to her husband. But the fortune-teller helps out here too: she whispers something to Satan... and some time later disaster befalls the prince. Six months pass and Elena marries Ivnev (we are not told whether Satan marries them this time). But the ghost of the late Prince Basargin begins to torment her. Once again, the fortune-teller wants to help Elena, but alas! - Elena's heart gives out, unable to cope with the nightmares of reproach. And that is where the picture ends. The author's only possible justification for such an absurd scenario is that he has shamelessly pinched the plot from Kryzhanovskaya-Rochester. But the film credits mention neither the author of the scenario nor that of the novel. One is therefore forced to place the responsability on the company. V. I. Yanova is very good, as always, in the role of Elena. She has managed to give an interesting portrayal of a young woman caught in the vortex of the powers of

matografia. È veramente il regno di Satana. I cineasti non muovono un passo senza di lui e, come timidi collegiali, possono spiegare i loro film solo con l'influenza di Satana. Ciò sembra strano, nel nostro formidabile secolo del vapore, dell'elettricità e dei decreti, ma nello spirito di ogni casa di produzione c'è Satana, in un modo o nell'altro. Solo per fare alcuni esempi, citeremo *Potomok D'javola* (Il discendente di Satana) di Haritonov, *Satana Likujuščij* della Biofil'm, *Skerzo D'javola* (Lo scherzo del diavolo) di Kozlovskij e *Syn strany, gde carstvo mraka* (Figlio del regno delle tenebre) di Jur'er. Hanžonkov già da due anni promette di mostrare *Pečal' Satany* (Il sigillo di Satana), e la Neptun ha prodotto *Detej Satany* (Figli di Satana) dall'opera di Pšibyševskij. Il problema del ruolo di Satana nella cinematografia è così interessante, che bisognerebbe dedicargli un intero articolo. Per ora basterà constatare che la cinematografia ha ricevuto ancora una volta Satana, sotto le sembianze del pope nel film Era *Venčal ih Satana*. Il soggetto del film è assurdo e insulso, e il diavolo viene tirato letteralmente per le corna. Giudicate da soli. Una bella fanciulla è innamorata del principe Basargin, ma questo preferisce un'altra. Elena allora, su consiglio della cameriera, si reca dalla chiromante Sibilla, e là, il "potere del Grande Inizio" unisce il suo spirito a quello del principe. Satana li sposa – questo viene mostrato – dopodiché il principe chiede la mano di Elena, su questa terra, e la sposa. In verità, a lei pare che il principe emani un odor di cadavere, e che vicino a lei ci sia uno scheletro; la ragione di tutto ciò è un segreto dell'autore. Dopo di che Elena si innamora di un amico d'infanzia, Ivnev, e cambia marito. Anche qui viene aiutata dalla chiromante, che bisbiglia qualcosa a Satana: dopo qualche tempo il principe è vittima di un incidente... Dopo sei mesi Elena sposa Ivnev – questa volta il matrimonio celebrato da Satana non viene mostrato – ma comincia ad essere tormentata dallo spettro del principe morto, Basargin. Anche questa volta la chiromante vorrebbe aiutare Elena, ma ahimé, il cuore della fanciulla non regge agli incubi e alle allucinazioni ed ella muore. Così si conclude il film. L'unica giustificazione per lo sceneggiatore è di aver messo insieme il copione alla bell'e meglio rubando l'idea a Kryžanovskaja-Rochester. Ma sullo schermo non compare né il nome dell'autore della sceneggiatura, né l'autore del romanzo, quindi la responsabilità va alla casa di produzione. Molto brava, come sempre, V.I. Janova nel ruolo di Elena. L'attrice è riuscita ad offrire un interessante modello di giovane donna, irretita dal turbine del potere delle forze del male. K.P. Hohlov, nel ruolo del principe Basargin, ha fornito un'interpretazione buona ed interessante, ma troppo fredda e rigida. In verità l'autore stesso gli ha affidato il non facile ruolo di uomo che "emana odore di cadavere". Il regista V.K. Viskovskij, ha lavorato molto a questo film. Con l'aiuto di un operatore capace, è riuscito ad ottenere degli ottimi effetti esterni. Molto ben composte le scene nel sotterraneo, belli gli esterni, compassata la scena vicino al camino. Pur riconoscendo la qualità del lavoro del regista, non si possono tacere alcuni difetti evidenti. Riteniamo superflua la scena del selvaggio assassinio della cameriera Dunja, da parte del fidanzato Semen, anch'egli sotto l'influsso di Satana. Questo è il vizio principale

darkness. Prince Basargin (K. P. Khokhlov) cuts a handsome and interesting figure, but is too cool and stiff. Admittedly, the author has set him the tough task of playing a man who "smells of a corpse". The director – V. K. Viskovsii – put a lot of work into the picture. With the help of a talented cameraman he has succeeded in achieving stunning visual effects. The dungeon scenes are very well put together; the open - air scenes are beautiful; the scene by the fireplace is good. While giving the director his due, one simply has to point out some major defects. These include, first and foremost, the unnecessarily savage scene in which Dunya the maid is murdered by Semen, her betrothed, who also belongs to Satan. This testing of our nerves is a great mistake by the director. Satan looks terrible - more like something out of *Satiricon.* But enough observations. No production, nor the most talented company can save a picture with a bad plot. (KG, 1918, No. 15, 7)

VERA CHIBIRYAK

Вера Чибиряк

Alternative titles
PRAVDA O DELE BEILISA / THE TRUTH ABOUT THE BEILIS CASE
KROVAVYI NAVET / BLOODY CALUMNY
PROTSESS BEILISA / THE BEILIS TRIAL

Drama. 6 reels; length unknown; production: Svetoten' Studio (Kiev) & Scheo Co.; release: 25.4.17; director/script: Nikolai Breshko-Breshkovskii. Cast: Yurii Yakovlev (Mendel' Beilis), Mal'kevich-Khodakovskaya (Vera Chibiryak), S. Kuznetsov (Krasovskii, an investigative journalist), Axel Lundin (a shady individual), Sergei Tsenin (Val'ka Ryzhii, a hooligan), P. Znachkovskii (second hooligan), I. Kachalov (Lembovetskii), Meshcherskii (Shcheglovitov). Three reels preserved.

Now that the chains of censorship have been smashed it has become possible to revive, artistically and objectively, such nightmarish episodes from the old misanthropic regime as the Beilis case [The trial was set-up in order to start an anti-Semitic campaign – September-October 1913. Ed.]. It has become possible to look at the hidden springs and threads of that "medieval" trial. The other day in Kiev the well-known writer N. N. Breshko-Breshkovskii was producing his *Bloody Calumny,* a major cinema drama with a complex plot. The best members of the Solovtsovskii Theatre were taking part: Kuznetsov, Yakovlev - who is made up to look like Beilis, Tsenin, and the actress Khodakovskaya. Mesncherskii was playing Shcheglovitov. The open-air scenes were filmed in the very locations where, four years ago, the famous *Beilis saga* was played out. These included the two-storey house on Lukyanovka Street, where Vera Chibiryak lived, Beilis's own house, 200 paces away, the Zaytsevskii factory in its picturesque setting, and the very cave on the steep bank of the Dnepr where Yuschinskii's body was found. The drama opens in one of Petrograd's Black Hundreds salons. Is it necessary to re-open old wounds? Is it necessary to make a "2,000 metre drama" out of tears already shed? The Beilis tragedy could be embodied in a monumental work of literature, but not in a cinema film. (TG, 1917, No. 16, 16)

del regista, che mette alla prova i nostri nervi. Il terribile Satana ricorda il *Satiricon*. D'altronde, è stato fatto notare più volte, nessun allestimento, nessun gruppo di attori per quanto di talento, possono salvare un film, se il soggetto è un fiasco. (KG, 1918, n. 15, 7)

Вера Чибиряк

VERA ČIBIRJAK

Titoli alternativi
PRAVDA O DELE BEJLISA / LA VERITÀ SUL CASO BEJLIS
KROVAVYJ NAVET / UNA CALUNNIA SANGUINOSA
PROCESS BEJLISSA / IL PROCESSO BEJLIS

Dramma. 6 bobine; metraggio ignoto; produzione: Studio Svetoten' (Kiev) e Sčeo; data di release: 25.4.1917; regia/sceneggiatura: Nikolaj Breško-Breškovskij. Interpreti: Jurij Jakovlev (Mendel' Bejlis), Mal'kevič-Hodakovskaja (Vera Čibirjak), S. Kuznecov (Krasovskij, un giornalista-investigatore); Aksel' Lundin (un losco individuo), Sergej Cenin (il delinquente Val'ka Ryžij), P. Značkovskij (il secondo delinquente), I. Kačalov (Lemboveckij), Meščerskij (Ščeglovitov). Il film è conservato incompleto (3 bobine).

Adesso che sono state spezzate le catene della censura, esiste la possibilità oggettiva e artistica di far rivivere quell'*affaire* da incubo del vecchio regime tirannico, il caso Bejlis [il processo fu una montatura, e aveva lo scopo di scatenare una campagna antisemita in Russia (settembre-ottobre 1913). Ndc]. Abbiamo finalmente la possibilità di conoscere tutti i retroscena di quel processo da Medioevo. Poco tempo fa a Kiev il noto scrittore N.N. Breško-Breškovskij ha messo in scena il suo adattamento cinematografico del complesso dramma *Krovavyj navet*. Vi hanno partecipato le leve migliori del Teatro Solovcovskij: Kuznecov, Jakovlev, truccato da Bejlis, Cenin e l'artista Hodakovskaja. L'artista Meščerskij interpretava il ruolo di Ščeglovitov. Le riprese dall'alto sono state fatte in quegli stessi luoghi dove quattro anni fa ebbe luogo la famosa *Bejlisiada*. Ecco la casetta a due piani sulla Luk'janovka, dove viveva Vera Čibirjak, e la casa di Bejlis a 200 metri di distanza; la fabbrica di Zajcevskij con i suoi dintorni suggestivi e la stessa grotta sull'erta riva dello Dnepr, dove fu trovato il corpo di Juščinskij. L'intreccio del dramma ha luogo in uno dei salotti "cento neri" di Pietrogrado. È proprio necessario riaprire le vecchie ferite? Bisogna proprio fare, delle lacrime versate, un "dramma di 2000 metri"? Incarnare la tragedia della bejlisiada può certo dar luogo ad una monumentale opera artistica, ma non le proiezioni cinematografiche. (TG, 1917, n. 16, 16)

Вова - революционер

VOVA - REVOLJUCIONER
VOVA IL RIVOLUZIONARIO

100 m; produzione: ignota; data di release: non distribuito; autori ignoti. Interpreti: Aleksandr Verner (Vova). Il film è incompiuto.

VOVA - REVOLYUTSIONER
VOVA THE REVOLUTIONARY

Вова - революционер

100 m; production: unknown; release: not released; credits: unknown. Cast: Aleksandr Verner (Vova). Film unfinished.

VYRYTA ZASTUPOM YAMA GLUBOKAYA...
A DEEP PIT DUG BY A SPADE...

Вырыта заступом яма глубокая

Alternative title
TAINA VESELOGO DOMA / THE SECRET OF A HAPPY HOME

Drama. 5 reels; 1400 m; production: Rus'; release: 1.1.18; director/script: Aleksandr Chargonin; cameraman: Yurii Zhelyabuzhskii. Cast: Elena Romanova, Aleksandr Chargonin, A. Missan, Elizarov. Based on the poem by Ivan Nikitin. Two reels preserved without titles.

GEORGII GAPON

Георгий Гапон

Alternative title
SYASHCHENNIK GEORGII GAPON
FATHER GEORGII GAPON

Drama. 4 reels; length unknown; production: A. Drankov Ltd.; release: 13.5.17; director: Boris Svetlov; script: Count Amori [Ippolit Rapgof]; cameraman: Grigorii Lemberg. Cast: Nikolai Saltykov (Georgii Gapon), A. Morozov (officer in the Gendarmerie). Preserved without titles.

As the title of the picture indicates, the plot is based on the revolutionary era of 1905. Mr Svetlov's production work makes the picture an interesting one. The director has been particularly successful with the scenes in the dignitaries' houses and the foreground close-up. The photography is very poor: the continual strong discharges and bad light devalue the picture. As for the participants, Mr Saltykov as Gapon and the two ''police'' dignitaries are worthy of note. (NS, 1917, No. 3403, 16/V-17/V, 7)

ZA SCHAST'EM
FOR LUCK

За счастьем

Alternative title
K SCHAST'YU / FOR LUCK

Drama. 4 reels; length unknown; production: A. Khanzhonkov & Co. Ltd; release: 3.9.17; director: Evgenii Bauer; script: N. Dennitsyna; cameraman: Boris Zavelev; art director: Lev Kuleshov. Cast: Nikolai Radin (Dmitrii Gzhatskii, a lawyer), Lidiya Koreneva (Zoya Verenskaya, a rich widow), Taisiya Borman (Lee, her daughter), Lev Kuleshov (Enrico, an artist), N. Dennitsyna (Lee's governess), Emmochka Bauer (a girl), Aleksandr Kheruvimov (the doctor). Preserved without titles.

Вырыта заступом яма глубокая

VYRYTA ZASTUPOM JAMA GLUBOKAJA...
UNA FOSSA SCAVATA DA UNA VANGA...

Titolo alternativo
TAJNA VESELOGO DOMA / IL SEGRETO DI UNA CASA FELICE

Dramma. 5 bobine; 1400 m; produzione: Rus'; data di release: 1.1.1918; regia/sceneggiatura: Aleksandr Čargonin; operatore: Jurij Željabužskij. Interpreti: Elena Romanova, Aleksandr Čargonin, A. Missan, Elizarov. Il film prende spunto dall'omonima poesia di Ivan Nikitin. Conservato incompleto (2 bobine) e senza didascalie.

Георгий Гапон

GEORGIJ GAPON

Titolo alternativo
SVJAŠČENNIK GEORGIJ GAPON
PADRE GEORGIJ GAPON

Dramma. 4 bobine; metraggio ignoto; produzione: A. Drankov Spa; data di release: 13.5.1917; regia: Boris Svetlov; sceneggiatura: Conte Amori [Ippolit Rapgof]; operatore: Grigorij Lemberg. Interpreti: Nikolaj Saltykov (Georgij Gapon), A. Morozov (un ufficiale della gendarmeria). Il film è conservato senza didascalie.

Il soggetto, come dice il titolo del film, tratta dell'epoca rivoluzionaria del 1905. L'allestimento di Svetlov rende il film interessante. Particolarmente riuscite le scene dei funzionari; ottimi i primi piani. La pessima qualità della fotografia, le scariche frequenti e l'illuminazione scadente contribuiscono a ridurre il valore del film. Tra gli interpreti si distingue Saltykov, nel ruolo di Gapon e i due funzionari "della polizia". (NS, 1917, n. 3403, 16/V-17/V, 7)

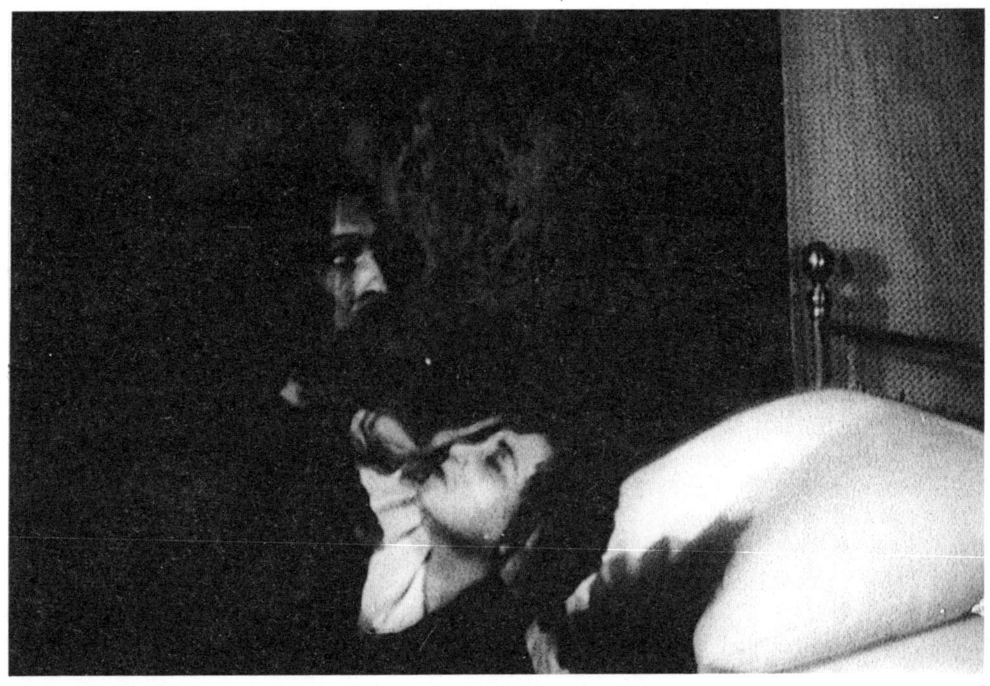

For ten long years Zoya Verenskaya and her faithful companion Dmitrii Gzhatskii have been searching for happiness, but Zoya's daughter Lee constantly stands between them. Zoya's husband passed away ten years ago. Happiness is so close, yet Zoya refuses, afraid of offending Lee, who so loved her late father. Dmitrii grows weary of waiting. Spring arrives: "Just a little longer", says Zoya. "Lee will soon find a partner in life and we shall be free". Lee has eye trouble, and the doctors have recommended a stay by the sea, and it is in this that Zoya is placing her hopes. She is unaware, however, of what is going on in Lee's heart. At the resort, Lee does indeed find herself a companion - Enrico. But he is no more than a friend in whom she confides her love for Dmitrii. Zoya and Dmitrii overhear this confession and it comes as a blow to them both. Dmitrii decides to return to Moscow, thinking that Lee will forget about him. He proves wrong, however. Lee confesses her feelings for Dmitrii to her mother and asks for her assistance. Zoya does not have the heart to refuse. They return to Moscow and Zoya asks Dmitrii to requite Lee's love. Dmitrii refuses, despite all Zoya's persuasion. When Lee herself comes to see Dmitrii and makes her feelings known, he replies that he loves another. This is the final blow for Lee. (VK, 1917, No. 125, 38-40)

Bauer's last film is an abstract, geometric comedy-drama, emphasizing absolute feelings. The love discussed (mother's, daughter's, lover's) is a negative entity which fulfills the three protagonists' lives, but only to lead them relentlessly towards tragedy. An utterly cynical film, made with great skill and with a precise, solar, spacial choice in the setting, which is mainly external and connected with the essential set design of young Kuleshov (who also appears in the role of the young actor). C.M.

L. Kuleshov. In the picture *For Luck* we had to recreate the bedroom of a wealthy house with a thin sickly girl lying on the bed. In order to emphasize her state, I created a contrast by incorporating in the set a row of large white columns and a huge golden bed moulded in rococo style. By way of a foreground "wonder" I needed a gilded cupid carved out of wood (which I planned to suspend between the columns). There was no such cupid in the studio store-room, but I did find one in a furniture shop. The shop owner asked too high a price for the hire of it, and Khanzhonkov suggested that I either forget about my "wonder" or pay the hire fee out of my own pocket. I agreed to pay. It turned out bad on screen, however - incomprehensible and inexpressive. As an ex-

ZA ŠCAST'EM
ALLA FORTUNA

Titolo alternativo
K ŠČAST'JU / ALLA FORTUNA

Dramma. 4 bobine; metraggio ignoto; produzione: A. Hanžonkov i Co. Spa; data di release: 3.9.1917; regia: Evgenij Bauer; sceneggiatura: N. Dennicyna; operatore: Boris Zavelev; scenografia: Lev Kulešov. Interpreti: Nikolaj Radin (l'avvocato Dmitrij Gžatskij), Lidija Koreneva (Zoja Verenskaja, una ricca vedova), Taisija Borman (sua figlia Li), Lev Kulešov (il pittore Enrico), N. Dennicyna (la governante di Li), Emmočka Bauer (una bambina), Aleksandr Heruvimov (il dottore). Il film è conservato senza didascalie.

Astratta, geometrica commedia drammatica di presunti sentimenti assoluti, l'ultima opera di Bauer. L'amore di cui si disquisisce (di madre, di figlia, di amante) è un'entità negativa, che riempie sì la vita dei tre protagonisti ma solo per portarli ineluttabilmente verso la tragedia. Un film di un cinismo totale, condotto con grande padronanza del mezzo e con una precisa, solare scelta spaziale, anche nell'ambientazione, in gran parte in esterno e collegata alle limpide, essenziali scenografie del giovane Kulešov (che compare anche nei panni dell'attor giovane). C.M.

Da molto tempo, da ormai 10 anni, Zoja Verenskaja e il suo fidato amico Dmitrij Gžatskij sono alla ricerca della felicità, ma tra loro c'è sempre Li, figlia di Zoja. Dieci anni prima, alla morte del marito di Zoja, quella felicità tanto bramata era stata vicinissima, ma Zoja non vi aveva acconsentito, poiché Li adorava il padre, e Zoja non aveva voluto offenderla. Dmitrij, travagliato, si è stancato di questa lunga ricerca. "Un'altra primavera, nuova, splendida, e che cosa ci ha portato?" dice tristemente Dmitrij. Zoja lo rassicura: "Non dovremo più attendere molto, presto Li troverà la sua felicità e noi saremo liberi". Gli occhi di Li si ammalano e i medici consigliano di portarla al mare: "Ha bisogno di forti stimoli altrimenti diventerà cieca", questa è la diagnosi dei medici che la visitano. Zoja conta molto su questo viaggio, non riuscendo a capire che cosa si agita nel cuore di Li. Le speranze di Zoja non si realizzano. Alla stazione balneare Li trova effettivamente un amico, Enrico, l'unico amico a cui confessi il suo amore per Dmitrij. Senza volerlo, Zoja e Dmitrij sentono la conversazione, e ne sono entrambi sconvolti. Dmitrij decide di andare a Mosca, sperando che Li lo dimentichi, ma le sue speranze risultano infondate. Li confessa alla madre il suo sentimento per Dmitrij e le chiede di

periment, I put up a set painted in shades of white that were ever too slightly different from one another. At first cameraman Zavelev did not want to film it, but Bauer placed a servant made-up as a negro by the door and insisted that the scene be filmed. The set turned out very well. Once we had to put up a drawing-up set in half an hour. Bauer and I had the idea of hanging up black velvet as a backdrop, with gilded furniture set out in front of it. On the screen it looked a perfectly decent set, though admittedly of a kind of symbolic nature. It was with a sensation of something great and new, some vague but joyful prospect ahead, that I went off to Yalta with Bauer's film crew to do some open-air filming. A severe blow awaited me in the Crimea: my favourite director and teacher broke his leg, then went down with pneumonia and died by the end of the year. During his illness Bauer persuaded me to try my hand as an actor. The reason for this invitation was not by any means because he had perceived hidden acting talent in me, but simply because the actor Strizhevskii had fallen ill and a replacement was urgently required. I was supposed to represent a young artist hopelessly in love with the very girl whom I had perched on the giant golden bed amongst the "forest of columns". Things were complicated by the fact that I really was hopelessly in love with the actress. This was probably what Bauer was counting on (he retained overall direction of the film, lying in his bed); he had hoped that my emotions would be genuine. To this day I clearly remember how extraordinarily constrained I felt in my movements and actions. Yet at the same time, I was infinitely sincere in my emotions, nervously wringing my hands, rapturously waving my arms and declaring: "The sun and the sky greet thee, princess!". And when we reached the point in the scenario where my beloved goes off to another, I sat on a rock amongst the roaring surf and really cried my eyes out. What we saw on the screen, however, was a scene more comical than anything Glupyshkin or Max Linder could have produced. There's naturalism for you, and without any training or talent either! (1975, 31-32)

I TAINU POGLOTILI VOLNY...
AND THE WAVES DEVOURED THE SECRET...

И тайну поглотили волны...

Drama. 5 reels; 1635 m; production: I. Ermol'ev; release: 26.9.17; director: Czeslaw Sabinski. Cast: Ol'ga Gzovskaya (a shy girl), Vladimir Gaidarov, Nikolai Panov. Third and fourth reels preserved without titles.

It is only Mme Gzovskaya's acting that makes that this cinema drama, with its ridiculous, empty and unsubstantiated scenario interesting to watch. The whole plot hinges around a slaughtered sheep. The hero is tormented by questions; he goes out to search, and finally meets the heroine. Mme Gzovskaya gives a very good portrayal of a shy unsociable girl - the character is conveyed in every gesture and movement. This is the actress's best role, but even here the scenario writer has tried to spoil things for the viewer... For some reason he had to go and drown the heroine. There she is, a child of mediocrity, unaware of sin, reading a note from

aiutarla; Zoja non ha il coraggio di rifiutare. Tornano a Mosca e Zoja chiede a Dmitrij di rispondere all'amore di Li. Ma il sacrificio della madre non trova rispondenza in Dmitrij, ed ogni tentativo di Zoja si rivela inutile. Quando Li si rivolge personalmente a Dmitrij e gli dichiara il suo amore, egli le risponde che ama un'altra. Questa confessione distrugge Li, e la luce ... lascia per sempre i suoi occhi. (VK, 1917, n. 125, 38-40)

L. Kulešov. Nel film *Za sčast'em* bisognava creare una ricca camera da letto, dove giaceva un'esile fanciulla malata. Per evidenziare il suo stato, inserii come contrasto una fila di grandi colonne bianche, un enorme letto con stucchi dorati in stile rococò, e come "curiosità" in primo piano avevo bisogno di un amorino dorato intagliato in legno (decisi di appenderlo ad un filo tra le colonne). L'amorino richiesto non era disponibile nel magazzino della fabbrica, ma lo trovai in un negozio di mobili. Per il noleggio dell'amorino il proprietario del negozio di mobili mi chiese una somma esorbitante, e Hanžonkov mi disse di rinunciare a questa "curiosità" o di pagare di tasca mia. Optai per la seconda alternativa. Sullo schermo risultò brutto, inespressivo e poco eloquente. Come esperimento feci dipingere le scenografie di bianco in modo che si distinguessero appena l'una dall'altra. L'operatore Zavelev inizialmente si rifiutò di girare le riprese. Ma Bauer, messo sulla porta un lacchè truccato da negro, convinse l'operatore, e le scenografie riuscirono molto bene. Ci volle circa mezz'ora per preparare le scenografie del soggiorno. Bauer e io decidemmo di appendere del velluto nero sullo sfondo, e davanti disponemmo dei mobili dorati; il risultato sullo schermo fu decoroso anche se alquanto simbolico... Con la sensazione di creare qualcosa di grande e nuovo, per quanto inquietante, e con radiose prospettive davanti a me, partii per Jalta con il gruppo di Bauer per girare gli esterni. Là mi aspettava un duro colpo: il mio amato regista e maestro si ruppe una gamba, poi si ammalò di polmonite e alla fine dell'estate era morto. Durante la sua malattia, Bauer mi consigliò di cimentarmi nella professione dell'attore... L'invito a ricoprire il ruolo d'attore mi fu rivolto non perché avessi rivelato il mio talento interpretativo, ma semplicemente perché si era ammalato l'attore Striževskij ed era necessario trovare un sostituto in breve tempo. Dovevo interpretare un giovane artista, perdutamente innamorato di quella stessa fanciulla che avevo collocato in quel "bosco di colonne" su un gigantesco letto dorato. Il mio compito era reso ancora più complesso dal fatto che ero effettivamente innamorato di quell'attrice. In realtà questo fatto era stato considerato da Bauer, che continuò a dirigere le riprese del letto, e che contava sulla naturalezza delle mie emozioni. Ricordo tuttora distintamente l'insolito imbarazzo nei movimenti e nelle azioni, sperimentato allora. Ma ero anche estremamente sincero nel manifestare le mie emozioni, mi mordevo le dita nervosamente e agitavo le mani con entusiasmo, nel proferire: "Il sole e il cielo Vi salutano, o principessa!" E quando la mia amata, come da copione, mi lasciava per un altro, io, seduto su uno scoglio tra la risacca del mare, singhiozzavo veramente. Ma sullo schermo ci rendemmo conto, che né Glupyškin né Max Linder avrebbero potuto interpretare una scena più comica. Ecco che cosa significa naturalismo, ma senza scuola né talento! (1975, 31-32)

her father explaining that the man she loves is her brother. And she goes off to drown herself. (It would have been better to send the author into the waves!). The production is a fresh and interesting one. The scenes in which the heroine's shadow appears on the wall are good; the hands stretching out for the jug of milk create an atmosphere of mystery; the cave scenes work well. Bad light in places make the actors look like Negroes. The iris-in technique used so frequently in this picture is becoming tiresome. ([I. Surguchev] AiZ, 1917, No. 2, 31)

IDI ZA MNOI
FOLLOW ME

Иди за мной

Alternative title
OBRAZU ZABYTOMU TVOEMU
TO YOUR FORGOTTEN IMAGE

Film epic. 7 reels; length unknown; production: N. Kozlovskii; date: 1917; release: unknown; director/script: Vyacheslav Turzhanskii; art directors: V. Pleshakov & N. Nesterov. Cast: Vitol'd Polonski (a teacher); Nataliya Kovan'ko (Mariya Kashirina), Aleksei Stakhovich (Kashirin, a factory owner, Mariya's father), N. Gorich (Gol'd, Kashirin's manager), Sergei Gudkov (Alesha Kashirin). Based on the play by Aleksandr Kamenskii. A copy of the film arrived from Sweden in 1976. Titles are in Swedish.

The factory-owner Kashirin leads a perfectly ordinary family life. Despite all his endeavours to educate his children – Maria and Sergei – in the ideals of noble man, he has achieved this only on the surface. He now places all his hopes in the young Alyosha. One day a teacher of English joins the household. From the very start, he grips the attention of those around him by some mysterious force. He emanates a kind of light that summons people to charitableness, forgiveness and a profound understanding of human weakness. The teacher spends his days in the company of a repentant sinner, and amongst life's many unpleasant phenomena. He is a gentleman from tip to toe, who speaks English as fluently as Russian and reveals to no-one the secret of his past. For a long time Kashirin and Alyosha regard him merely as a teacher. But the other characters in the drama – Maria, Sergei and Gold, the factory manager who is in love with Maria – are already linked to him and to one another by his extraordinary and powerful influence. Maria and her brother spend their nights in revelry. Sergei sells his sister to her admirer Gold. Maria burns with an indomitable passion for the chaste and perspicacious teacher, while the perspicacious man sees and understands everything, and almost sets things right before evil becomes good, before their hoary hearts awake to a true understanding of the new love. It's only at the end of this life-like and inexplicable drama, in which everything borders on the miraculous, that Kashirin and Alyosha learn of the teacher's past. There is much in his past and present that places him horribly close to the ideal of a better man. He says to them, however: "Forget this and tell no-one". (Pr., 1918, No. 3-4, 15)

И тайну поглотили волны...

I TAJNU POGLOTILI VOLNY...
E LE ONDE INGHIOTTIRONO IL SEGRETO...

Dramma. 5 bobine; 1635 m; produzione: I. Ermol'ev; data di release: 26.9.1917; regia: Czeslaw Sabinski. Interpreti: Ol'ga Gzovskaja (una selvaggia), Vladimir Gajdarov, Nikolaj Panov. Il film è conservato incompleto (bobine 3 e 4), senza didascalie.

Questo dramma cinematografico, dal copione stupido, vacuo e inconsistente, si guarda con interesse soltanto grazie all'interpretazione della Gzovskaja. Tutto l'intrigo del dramma gira intorno ad una pecora sgozzata. L'eroe, tormentato dai dubbi e dalle congetture, parte alla ricerca e, alla fine, incontra l'eroina. La Gzovskaja ha interpretato molto bene il ruolo della selvaggia, conferendo un estremo realismo ai suoi gesti e movimenti. Questo ruolo è il migliore che l'artista abbia mai interpretato, per quanto l'autore della sceneggiatura abbia fatto di tutto per guastare lo spettacolo al pubblico... Chissà perché bisognava far affogare l'eroina; ed eccola, con l'ingenuità di una bambina, senza sapere che ciò è male, leggere un biglietto del padre, in cui si dice che l'uomo da lei amato, suo fratello, affogherà. (Sarebbe stato meglio se fosse affogato l'autore!...). L'allestimento del film è nuovo e interessante. Belle le scene che raffigurano l'ombra dell'eroina sul muro: le mani, tese verso la pentola del latte, suscitano un'impressione mistica; particolarmente ben riuscita la scena nella caverna. Purtroppo l'illuminazione scadente ha fatto sì che i personaggi del dramma sembrassero dei negri. Disturba l'uso dell'iris, frequente nel film. ([I. Surgučev] AiZ, 1917, n. 2, 31)

Иди за мной

IDI ZA MNOJ
SEGUIMI

Titolo alternativo
OBRAZU ZABYTOMU TVOEMU
ALLA TUA IMMAGINE DIMENTICATA

Film epico. 7 bobine; metraggio ignoto; produzione: N. Kozlovski (1917); data di release: ignota; regia/sceneggiatura: Vjačeslav Turžanskij; scenografia: V. Plešakov e N. Nesterov. Interpreti: Vitol'd Polonskij (un insegnante), Natalija Kovan'ko (Marija Kaširina), Aleksej Stahovič (l'industriale Kaširin, padre di Marija), N. Gorič (Gol'd, il direttore di Kaširin), Sergej Gudkov (Aleša Kaširin). Adattamento del dramma di Aleksandr Kamenskij. Una copia del film è pervenuta dalla Svezia nel 1976. Le didascalie sono in svedese.

La famiglia dell'industriale Kaširin è una comunissima famiglia moderna. Kaširin cerca di educare i propri figli, Marija e Sergej, secondo nobili ideali, ma raggiunge il suo scopo solo in apparenza... Tutte le sue speranze si concentrano quindi sul figlio minore, Aleša. Ed ecco che nella casa di Kaširin giunge l'insegnante d'inglese. Fin dall'inizio egli attira l'attenzione di coloro che lo circondano con misterioso magnetismo. Una strana luce s'irradia da lui, che appellandosi al buon cuore della gente, alla loro capaci-

ISTERZANNYE DUSHI
TORMENTED SOULS

Истерзанные души

Alternative title
NA SUD IYUDSKOI
FOR HUMAN JUDGEMENT

Drama. 5 reels; 1200 m; production: D. Kharitonov; release: 2.5.17; director: Vladimir Kas'yanov. Cast: Ivan Khudoleev (Count Rutskii), Vera Kholodnaya (his wife), Osip Runich (Engineer Karin). Fourth reel preserved.

V. Kas'yanov. In one of the episodes of this drawing-room psychological drama Kholodnaya receives a telegram, in which, instead of the expected happy news about the imminent return of her beloved, the letter informs her that he is splitting up with her. Vera Kholodnaya could not cope with the difficult acting task in this episode, for rehearsing with her face to the camera, her eyes were helpless. The cameraman and I rehearsed her sitting at the piano, choosing the most profitable pose to portray her mood, and finished by using the "back effect". After we had shot her joyous face when she opened the telegram, we stood with the camera behind the actress's back and asked her to read the telegram and react to the content with her back to the camera. Vera Kholodnaya did this – reading the telegram through, she somehow shrank, fell helplessly onto the piano and started to cry, her shoulders shaking. The audience was moved by her, taking part involuntarily in that episode. Such "deficiency in delivery", inherent in the film actress, was much more preferable to the theatrical artificiality of Runich. (1946, 15-16)

K NARODNOI VLASTI
TOWARDS PEOPLE'S POWER

К народной власти

Alternative title
DO UCHREDITEL'NOGO SOBRANIYA
BEFORE THE CONSTITUENT ASSEMBLY

Social drama. 8 reels; 1900 m; production: Skobelev Committee; release: November 1917; director/cameraman: Wladyslaw Starewicz; script: Grigorii Boltyanskii & Arkadii Bukhov. Cast: Yakov Galitskii [Gol'denberg] (Pryazhev, a worker), Argo [Abram Gol'denberg](his brother, a poet), Petr Biryukov [?], Vladimir Gardin (?) (a factory owner), Natal'ya Insarova (Nastya). Three reels preserved.

Interesting reasons were given for prohibiting the picture *Towards People's Power.* The report states: "An agitational-instructive picture pegged to the elections to the Constitutent Assembly. In view of the purely historical significance of the scenes pegged to the elections of October-November 1917 and of the corresponding titles, it is no longer of any importance". (Iv.Plyat, "Teatral'nyi Kur'er", 1918, No. 9-10, 4)

tà di perdono e alla comprensione delle debolezze umane, in un secolo in cui hanno ancora significato parole come: "Dio ha fatto l'uomo giusto", parla di Cristo che ha amato Maddalena, ha perdonato il male fatto in passato da coloro che gli stavano accanto. In una società che denigra le Maddalene del proprio tempo, tra molti eventi spiacevoli, l'insegnante conduce la propria esistenza. Egli è un gentleman dalla testa ai piedi, che parla l'inglese come il russo, e non rivela a nessuno il segreto del suo passato. Gli stessi Kaširin e Aleša vedono in lui per molto tempo solo un insegnante. Gli altri personaggi del dramma – Marija, Sergej e il direttore della fabbrica, Gol'd, innamorato di Marija – finiscono per legarsi sia all'insegnante, che a quella nuova, dolce e tormentosa catena che è la potente influenza di quest'uomo. Marija passa le notti insieme al fratello dandosi ai bagordi. Sergej "vende" la sorella a Gol'd, innamorato di lei. Marija arde di una passione indomabile per l'uomo casto e chiaroveggente che vive sotto lo stesso tetto, ma quell'uomo tutto vede e tutto comprende, e quasi modifica gli eventi, sì che il male si trasformi in bene, e i cuori aridi si schiudano per ricevere un nuovo e sincero amore. Alla conclusione del dramma, nel quale tutto è così vitale e inspiegabile, e dove il confine tra realtà e miracolo è molto debole, Kaširin e Aleša vengono a conoscere il passato di quel dandy sbarbato, quell'apostolo in frac. Molto del passato e buona parte del presente fanno dell'insegnante un essere molto simile all'ideale dell'uomo migliore. Ma egli dice agli amici, all'adolescente e al vecchio: "Dimenticate tutto ciò e non parlatene con nessuno". (Pr., 1918, n. 3-4, 15)

Истерзанные души

ISTERZANNYE DUŠI
ANIME TORMENTATE

Titolo alternativo
NA SUD LJUDSKOJ
SECONDO IL GIUDIZIO UMANO

Dramma. 5 bobine; 1200 m; data di release: 2.5.1917; produzione: D. Haritonov; regia: Vladimir Kas'janov. Interpreti: Ivan Hudoleev (il conte Ruckij), Vera Holodnaja (sua moglie), Osip Runič (l'ingegnere Karin). È conservata la quarta bobina.

V. Kas'janov. In un frammento di questo dramma psicologico da salotto la Holodnaja riceve un telegramma, nel quale, invece della notizia felice del prossimo ritorno dell'innamorato, egli le comunica di averla abbandonata. Vera Holodnaja non riusciva a superare la difficoltà di rendere questo momento e, davanti alla cinepresa i suoi occhi esprimevano solo impotenza. Con l'operatore continuavamo a girarle intorno con la cinepresa, mentre provava seduta al pianoforte, per scegliere la posa più adatta a rendere il suo stato d'animo. Finimmo con l'usare "l'effetto schiena". Dopo aver ripreso il suo volto felice al momento di aprire il telegramma, ci sistemammo con la cinepresa dietro la schiena dell'attrice, pregandola di leggere il telegramma e reagire al contenuto, volgendo la

N. Insarova. I remember I was invited to perform in the picture *Towards People's Power.* The cast was as follows: Iago the journalist (Galitskii) – blond, tall and handsome – played the workers' leader; I was his bride Nastya; Gardin, if I am not mistaken, played the factory owner. Here's a brief summary of the scenario: the factory-owner capitalist is fond of Nastya, a worker. But she loves another worker at the factory, the leader of the bolshevik organization [memorialist's mistake: he was a member of the menshevik organisation, Ed.]. With the aim of compromising the bolshevik, the factory owner accuses him of stealing a ring, and the workers' committee is informed of this. An assembly is held. Nastya enters and explains that she had refused to accept the ring from the boss and returned it via her beloved. The provocation is exposed and the workers carry the boss out of the factory on a wheelbarrow, whooping as they go. The factory is nationalized. The picture was shown on Skobelevskaya Square on a canvas stretched between two posts. It was the first time that people had seen a film without tickets in a square. The actors knew nothing about it; crossing the square by chance, I noticed the picture and saw myself in the role of Nastya. The scenario seemed naive and the mistakes in the details annoying. (1958, s.p.)

KNYAZHNA LARISA
PRINCESS LARISA

Княжна Лариса

Alternative title
NAKANUNE REVOLYUTSII
ON THE EVE OF THE REVOLUTION

Drama. 4 reels; length unknown; production: A. Khanzhonkov & Co. Ltd.; release: 19.3.17; script: Antonina Khanzhonkova (?); cameraman: Boris Zavelev. Cast: Vladimir Strizhevskii (Prince Bel'skii), Vladimir Goldschmidt (Erik, his friend), Zoya Barantsevich (Princess Larisa), Yanina Mirato (Princess Elena), Vera Pavlova (Conchita Agrario, a singer), Mariya Boldyreva, Aleksandr Kheruvimov. First and third reels preserved without titles.

The script, to all appearances, lacks the most elementary artistic potentialities, and we are surprised that the literary department of the company which rehearsed this picture did not give due attention to this. Apparently, the script was written for Mr Goldschmidt, who bathes in the Moscow river, fights with extras, does conjuring tricks and at the most vital moments comes to the rescue of the hero. From the cast we single out Mr Strizhevskii. The actor has stopped "looking at the camera", has learned to control his acting, and in several scenes, for example the telephone conversation, the last talk with Larisa's rival and the final scenes, he performed with great enthusiasm and left an impression. We must reproach the actresses for "staring" at the camera. The worst offender is Mme Pavlova. Mr Goldschmidt has all the essential "screen" qualities but showed his inexperience. The sets were beautiful and the photography immaculate. (T, 1917, No. 1994, 7)

schiena alla cinepresa. Vera Holodnaja fece proprio così; dopo aver letto il telegramma, si contrasse e si appoggiò senza forze sul pianoforte, mettendosi a piangere. Lo spettatore veniva quindi coinvolto nella scena, dovendo interpretare da sé l'accaduto. Questa "mancanza" dell'attrice Vera Holodnaja era comunque meno grave dell'affettazione teatrale di Runič. (1946, 15-16)

К народной власти

K NARODNOJ VLASTI
VERSO IL POTERE DEL POPOLO

Titolo alternativo
DO UČREDITEL'NOGO SOBRANIJA
PRIMA DELL'ASSEMBLEA COSTITUENTE

Dramma sociale. 8 bobine; 1900 m; produzione: Comitato Skobelev; data di release: novembre 1917; regia/operatore: Wladyslaw Starewicz; sceneggiatura: Grigorij Boltjanskij, Arkadij Buhov. Interpreti: Jakov Galickij [Gol'denberg] (l'operaio Prjazev), Argo [Abram Gol'denberg] (suo fratello, il poeta), Petr Birjukov (?), Vladimir Gardin (?) (industriale), Natal'ja Insarova (l'operaia Nastja). Il film è incompleto (3 bobine).

È interessante la motivazione fornita per proibire il film *K narodnoj vlasti*. Si legge nel protocollo: "Il film, improntato a una propaganda di tipo illuministico, è da collegare alle elezioni nell'Assemblea Costituente. Visto il significato puramente storico delle scene collegate alle elezioni dell'ottobre-novembre 1917, e le corrispondenti didascalie, riteniamo che il film sia attualmente privo di qualsiasi significato". (Iv. Pljat, "Teatral'nyj kur'er", 1918, n. 9-10, 4)

N. Insarova. Ricordo che mi chiesero di interpretare il film *K narodnoj vlasti*. Gli interpreti: il giornalista-capo dei lavoratori Jago (Galickij), biondo bello e slanciato; suo fratello, il poeta Argo; la sua promessa, Nastja, io; l'industriale, se non sbaglio, l'artista Gardin. Ecco in breve la trama del film. L'operaia Nastja piace all'industriale-capitalista. Ella però ama un operaio della fabbrica, capo dell'organizzazione bolscevica [errore del memorialista: l'eroe del film era candidato all'Assemblea Costituente per i menscevichi, Ndc.]. Per compromettere il bolscevico, l'industriale lo accusa del furto di un anello, notificando l'accaduto al comitato dei lavoratori. Si tiene un'assemblea. Entra Nastja che spiega di aver rifiutato l'anello del padrone, e di avergliela restituito tramite il fidanzato. La provocazione viene scoperta e i lavoratori caricano il padrone su una carriola e lo portano fuori dalla fabbrica urlando. La fabbrica viene nazionalizzata. Il film fu mostrato in piazza Skobelevskaja, usando come schermo una tela tesa tra due pali. Per la prima volta il pubblico ha assistito ad una proiezione in piazza senza pagare. Gli attori non lo sapevano. Attraversando per caso la piazza, ebbi l'occasione di vedermi nel ruolo di Nastja. Il copione si rivelò molto ingenuo e infiorettato di grossolani errori nei particolari. (1958, s.p.)

KOBRA KAPELLA
THE COBRA CHOIR

Кобра капелла

Alternative title
ZHENSHCHINA – ZMEYA / THE WOMAN SNAKE

Drama. 5 reels; length unknown; production: Rossiiskoe Kinodelo; date: 1917; release: unknown; director: Vladimir Kas'yanov; script: Nina Bakhareva; cameraman: N. Efremov. Cast: Cleo Carini, Mikhail Tamarov, V. Gradov, B. Mirskii. Screen version of the novel by Vera Kryzhanovskaya-Rochester. Preserved without titles.

KOZY... KOZOCHKI... KOZLY...
GOATS... KIDS... BOXES...

Козы... козочки... козлы

Farce. 4 reels; 1000 m; production: Biofil'm Ltd.; date: 1917; release: unknown; director/script: Ivan Perestiani; cameraman: Aleksandr Levitskii; art director: V. Rakovskii. Cast: Nataliya Kovan'ko, Vyacheslav Turzhanskii, Lidiya Tridenskaya, Nikolai Orlov, Sergei Gudkov. Preserved without titles.

The plot consists of the farcical adventures of a merchant-woman in a holiday resort. It contains a pornographic element. There are good shots of the south coast of the Crimea. The acting is unartistic. The subtitles are extremely vulgar.
NB: In the film presented for viewing by the board, the erotic scene in the third part has been removed and certain cuts made in that same part. (Kb, 1918, 28)

KOMNATA No. 13 ILI ARKASHE NE VEZET
ROOM No. 13 OR ARKASHA'S BAD LUCK

Комната № 13 или Аркаше не везет

Comedy. 3 reels; length unknown; production: A. Khanzhonkov & Co. Ltd.; release: unknown; director: Aleksandr Ural'skii; script: M. Vlas'eva. Cast: Arkadii Boitler (Arkahsa), Eduard Kul'ganek, Lavrova, Dubarry. Preserved without titles.

KOROBEINIKI
THE PEDLARS

Коробейники

Alternative title
OI, POLNA, POLNA KOROBUSHKA
HEY, HEY, THE BOX IS FULL

Folk drama. 4 reels; length unknown; production: Orel (K. Filipp); release: unknown; director: Nikolai Saltykov. Cast: Nikolai Saltykov (Tit), A. Lyadov (a young pedlar), T. Kunitzkaya, S. Tarasov, Durova, Dagmarov. Preserved without titles.

Княжна Лариса

KNJAŽNA LARISA
LA PRINCIPESSA LARISA

Titolo alternativo
NAKANUNE REVOLJUCII
ALLA VIGILIA DELLA RIVOLUZIONE

Dramma. 4 bobine; metraggio ignoto; produzione: A. Hanžonkov i Co. Spa; data di release: 19.3.1917; sceneggiatura: Antonina Hanžonkova (?); operatore: Boris Zavelev. Interpreti: Vladimir Striževskij (il principe Bel'skij), Vladimir Goldschmidt (Erik, il suo amico), Zoja Barancevič (la princepessa Larisa), Janina Mirato (la principessa Elena), Vera Pavlova (Conchita Agrario, cantante), Marija Boldyreva, Aleksandr Heruvimov. Il film è conservato incompleto (bobine 1 e 3), senza didascalie.

L'autore della sceneggiatura, ovviamente, era privo delle più elementari potenzialità artistiche, e ci meraviglia che il reparto letteratura della casa di produzione, che ha realizzato questo film, non abbia considerato il problema con la dovuta attenzione. Evidentemente il copione era stato scritto per il novello Maciste, Goldschmidt, che nuota nella Moscova, lotta con le comparse, fa giochi di prestigio e corre in aiuto dell'eroe nei momenti più difficili. Tra gli attori ricorderemo Striževskij. L'artista ha smesso di guardare verso la macchina da presa, ha cominciato ad avere più cura della propria persona e in alcuni momenti, come per esempio nella conversazione al telefono, nell'ultima spiegazione con la rivale Larisa e nelle scene finali, ha interpretato il suo ruolo con grande slancio e ha suscitato una profonda emozione. Un rimprovero alle attrici per i loro "sguardi". Particolarmente evidenti quelli della Pavlova. Goldschmidt ha tutti i requisiti per lavorare nel cinema, ma era evidente nel film la sua inesperienza. Belle le scenografie, perfetta la fotografia. (T, 1917, n. 1994, 7)

Кобра капелла

KOBRA KAPELLA
LA CAPPELLA COBRA

Titolo alternativo
ŽENŠČINA - ZMEJA / LA DONNA SERPENTE

Dramma. 5 bobine; metraggio ignoto; produzione: Rossijskoe Kinodelo (1917); data di release: ignota; regia: Vladimir Kas'janov; sceneggiatura: Nina Bahareva; operatore: N. Efremov. Interpreti: Cleo Carini, Mihail Tamarov, V. Gradov, B. Mirskij. Adattamento dell'omonimo romanzo di Vera Kryžanovskaja-Rochester. Il film è conservato senza didascalie.

Козы... козочки... козлы

KOZY... KOZOČKI... KOZLI...
CAPRE... CAPRETTI... CAPRONI...

Farsa. 4 bobine; 1000 m; produzione: Biofil'm Spa (1917); data di release: ignota; regia/sceneggiatura: Ivan Perestiani; operatore: Aleksandr Levickij; scenografia: V. Rakovskij. Interpreti: Natalija Kovan'ko, Vjačeslav

KOROL' PARIZHA
THE KING OF PARIS

Drama. 5 reels; length unknown; production: A. Khanzhonkov & Co. Ltd.; release: 6.12.17; directors/script: Evgenii Bauer & Ol'ga Rakhmanova; cameraman: Boris Zavelev; art director: Lev Kuleshov. Cast: Vyacheslav Svoboda (Roger, the "king of Paris"), Nikolai Radin (Raval' Venkov), Emma Bauer (the Duchess of Dörnstein), Mikhail Stal'skii (the sculptor, Jean Guénard, her son), Lidiya Koreneva (Lucienne Maréchal), Mariya Boldyreva (Juliette), Elena Yuzhnaya, Mariya Kulikova. Based on the novel by Georges Ohnet. Posthumous work by Evgenii Bauer, finished by Ol'ga Rakhmanova. Preserved without titles.

In the past, the creative output of directors, stage directors and stage artists has been doomed to perish. At best, future generations have remembered scraps from directors' notes, or sketches of sets and costumes, but nothing more. However, what used to be a truth until quite recently is now being refuted by the cinema. The creative work of a cinema director does not perish. Henceforth it is almost eternal. Eternal, of course, insofar as the cinematographic film on which his work is recorded is eternal, subject as it is to the laws of decay over time. Vivid proof of this is provided by the recent appearance on the screen of *The King of Paris*, produced by the late Ev.F.Bauer. Bauer is dead, but for many years to come his pictures will be shown on Russian screens, more and more copies of them will be ordered, they will penetrate foreign countries and gradually appear in all corners of the world. For a long time to come young directors will use samples of Bauer's work to learn by, and many years in the future some cinema writer will extract his frayed films from the archives and use them to study closely the Bauer era of cinema, the mystery of his pictures' charm and the secret of their success with the general public. *The King of Paris* is a full-blooded Bauer-esque production, and one of the best... It is not a cheap work, nor is it a parody of a foreign pictu-

Turžanskij, Lidija Tridenskaja, Nikolaj Orlov, Sergej Gudkov. Il film è conservato senza didascalie.

Il copione narra le avventure di un personaggio farsesco, un mercante di una stazione balneare; c'è anche l'elemento pornografico. Le riprese dei paesaggi sulla costa meridionale della Crimea sono ottime, ma l'interpretazione degli attori è priva di qualsiasi valore artistico. Le didascalie sono estremamente volgari. Nel film presentato alla commissione, è stata tagliata la scena erotica della terza parte e sono stati apportati altri tagli nella stessa parte. (Kb, 1918, 28)

Комната N° 13 или Аркаше не везет

KOMNATA No. 13 ILI ARKAŠE NE VEZET
LA STANZA n. 13 OVVERO ARKAŠA È SFORTUNATO

Commedia. 2 bobine; metraggio ignoto; produzione: A. Hanžonkov i Co. Spa; data di release: ignota; regia: Aleksandr Ural'skij; sceneggiatura: M. Vlas'eva. Interpreti: Arkadij Bojtler, Eduard Kul'ganek, Lavrova, Dubarry. Il film è conservato senza didascalie.

Коробейники

KOROBEJNIKI
I VENDITORI AMBULANTI

Titolo alternativo

OJ, POLNA, POLNA KOROBUŠKA
OH, LA SCATOLETTA È PIENA

Dramma popolare. 4 bobine; metraggio sconosciuto; produzione: Società Orel Co. Spa di K. Filipp; data di release: ignota; regia: Nikolaj Saltykov. Interpreti: Nikolaj Saltykov (Tit), A. Ljadov (giovane ambulante), T. Kunickaja, S. Tarasov, Durova, Dagmarov. Il film è conservato senza didascalie.

re, or of foreign life. This really is life in the salons of Paris, transferred to the screen. All those second-rate actors whom we are so used to seeing in Russian productions as typical Russians merely pretending to be distinguished foreigners, are positively unrecognizable in this picture. They have been transformed by some kind of magic wand, taken in hand and made into screen heroes. The credit for this goes mainly to the man who directed the film. The magnificence and natural splendour of the production, an astonishing ability to reincarnate Russian actors as an international gathering, a talent for creating vivid and colourful sequences that convey the proper impression and atmosphere – these are the picture's greatest merits. Bauer's sets are monumental and beautiful. The outdoor shots of our bounteous Crimea – so masterfully conveyed to the screen in the form of a fine Riviera – are excellently selected and filmed. All these assets of the film, however, are purely "visual" achievements. Each scene is wonderful in itself, but it is precisely and only in their visual aspects that they enchant, caress the eye and send one into raptures over the artist-director's talents. The picture as a whole makes little impression. Perhaps it really does have too much plot. The scenario writer has tried hard to transfer to the screen every dramatic situation in G. Ohnet's famous novel, and this is to the film's detriment. The viewer's attention becomes divided; the plot is too complicated, it involves too many characters, and the scenes are too short. The cinema is no friend of prolixity... and one has no time to feel the

Король Парижа

KOROL' PARIŽA
IL RE DI PARIGI

Dramma. 5 bobine; metraggio ignoto; produzione: A. Hanžonkov i Co. Spa; data di release: 6.12.1917; regia/sceneggiatura: Evgenij Bauer e Ol'ga Rahmanova: operatore: Boris Zavelev; scenografia: Lev Kulešov. Interpreti: Vjačeslav Svoboda (Roger, "il re di Parigi"), Nikolaj Radin (Raval' Venkov), Emma Bauer (la duchessa di Dŏrnstein), Mihail Stal'skij (lo scultore Jean Guénard, suo figlio), Lidija Koreneva (Lucienne Maréchal), Marija Boldyreva (Juliette), Elena Južnaja, Marija Kulikova. Tratto dall'omonimo romanzo di Georges Ohnet. Opera postuma di Evgenij Bauer. Il film fu terminato da Ol'ga Rahmanova. Il film è conservato senza didascalie.

La creatività del regista, di un regista teatrale, era sempre stata condannata a morte. Nel migliore dei casi, ai posteri rimanevano frammenti di appunti di regia, schizzi delle decorazioni e dei costumi e nient'altro. Il cinema ora smentisce questa verità. L'opera del regista cinematografico non muore ma è quasi eterna. È eterna chiaramente nella misura in cui è eterna la pellicola, soggetta al deterioramento del tempo. Ciò è stato provato dalla recente proiezione del film *Il re di Parigi*, opera del defunto regista E.F. Bauer. Bauer è morto ma la sua creazione è viva e lo resterà a lungo. Bauer è morto ma i fotogrammi del suo film continueranno a lungo ad apparire sugli schermi della Russia, ne verranno fatte sempre più copie che oltrepasseranno i nostri confini e arriveranno a poco a poco a raggiungere i luoghi più remoti del globo terrestre. I giovani registi continueranno a studiare secondo i modelli delle scenografie di Bauer e tra molti anni qualche studioso del cinema prenderà dall'archivio queste pellicole logore e se ne servirà per studiare accuratamente l'epoca cinematografica baueriana, il segreto del fascino e del successo dei suoi film. *Il re di Parigi* è un film tipicamente baueriano nonché uno dei migliori. Non è una parodia dei film occidentali, della vita occidentale, bensì una vera rappresentazione dei salotti parigini. Per fortuna qui non ci sono i soliti interpreti, anche di seconda categoria, evidentemente russi che si mascherano da illustri stranieri. Una bacchetta magica li ha cambiati, li ha resi migliori, dei veri "eroi dello schermo"... Tutto ciò è merito del regista. Lo sfarzo e la naturale magnificenza della scenografia, la capacità di far sembrare internazionali gli interpreti, l'abilità di mostrare sullo schermo dei singoli momenti vivi e pittoreschi, che stimolano sensazioni e stati d'animo giusti; questi sono i maggiori pregi del film. Le scene di Bauer sono monumentali e belle. La natura, la nostra paradisiaca Crimea è stata ripresa in modo splendido. Essa è stata magistralmente riportata sullo schermo sotto forma della bella Riviera. Ma tutti questi lati positivi del film sono delle conquiste "a livello visivo". Ogni scena è splendida di per sé ma solo a livello visivo; riesce ad incantare, è piacevole alla vista, porta ad ammirare il talento del pittore-regista. Ma in definitiva il film non provoca un grosso effetto. In realtà la trama è troppo complessa. L'autore della sceneggiatura è stato troppo fedele nel riportare sullo schermo tutti i momenti drammatici del famoso romanzo di G. Ohnet. E ciò è andato a scapito del film. L'attenzione viene sviata, l'intrigo è troppo complicato, vi sono coinvolti

heroes' sufferings, no time to keep up with the tragic events befalling them. It is the poor scenario that is to blame for the fact that while being a brilliant and interesting spectacle, *The King of Paris* fails to move the viewer. Nevertheless, almost all the performers are superb. Best of all, without a doubt, is N.M. Radin, who plays the king of high-flying contemporary adventurers. L.M. Koreneva is simple and touching. The king of Paris, played by V. Svoboda, is a little pale, though it is hard to say who is most to blame: the actor or the scenario, which contains hardly any vivid characterization of the king at all. In places E.V. Bauer is not at all bad, but in many scenes she should not have looked so young when depicting the mother of a grown-up son. God alone knows what induced the director to cast Mr Stal'skii as that grown-up son. This is the worst bit of the entire picture. Still, against the backdrop of the wretched film repertoire we have had during the current season, *The King of Paris* is one of the most interesting and brilliant pictures so far, a picture that everyone who loves the cinema and follows the latest developments definitely goes to see... goes to see, and then regrets it, though this, alas, is something that happens all too often. (KG, 1918, No. 1, 7)

KULISY EKRANA
BEHIND THE SCREEN

Кулисы экрана

Alternative title
RAZBITA ZHIZN' BEZZHALOSTNOI SUD'BOI
A LIFE DESTROYED BY PITILESS FATE

Drama in 2 parts. 8 reels; Part 1: 1185 m; Part 2: 1070 m; production: I. Ermol'ev; release: 28.11.17; directors/script: Georgii Azagarov (?) & Aleksandr Volkov (?); cameraman: Nikolai Toporkov. Cast: Ivan Mosjoukine (himself), Nataliya Lisenko (herself), Nikolai Panov (the studio director), Lirskii (himself), Iona Talanov, Andrei Brei. One reel preserved without titles.

Sadly only a fragment of this intriguing, light-hearted piece, survives. Clearly for Mosjoukine, Lisenko and Aleksandr Volkov, it was a respite between the more sombre subjects that occupied them at the time. Mosjoukine displays his gift for light comedy; but the great importance of the film is its glimpse of work at the Ermol'ev studios. D.R.

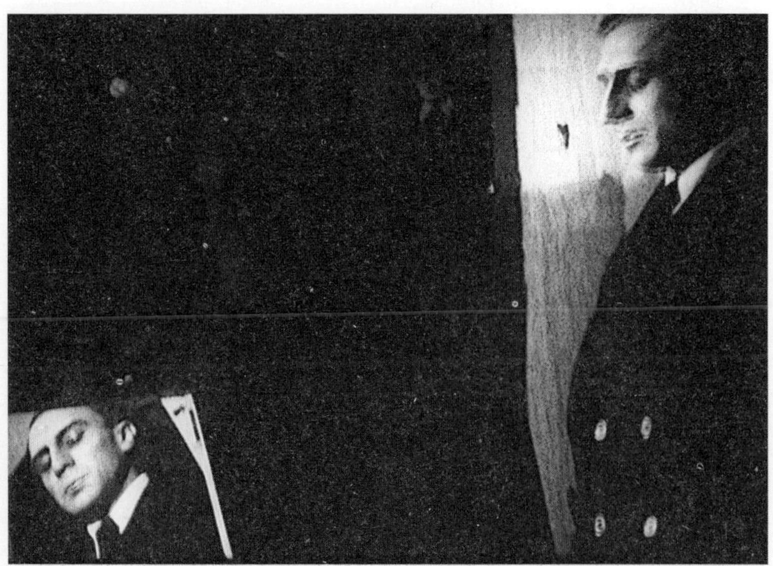

troppi personaggi e le scene sono molto brevi. Non si fa a tempo a partecipare alle sofferenze degli eroi, agli avvenimenti tragici della loro vita. E per colpa della sceneggiatura *Il re di Parigi* è un'opera brillante, interessante ma non turba lo spettatore. Ciò nonostante quasi tutti gli interpreti sono eccellenti. Il migliore è sicuramente N.M. Radin, nel ruolo del re degli avventurieri d'alto bordo. Naturale e commovente la L.M. Koreneva. Il re di Parigi, interpretato da V. Svoboda è un po' sbiadito. Ma è difficile decidere se dare la colpa all'attore o alla sceneggiatura, che assolutamente non definisce la figura del "re di Parigi". Il ruolo della E.V. Bauer è molto azzeccato qua e là, ma in parecchie scene essa è troppo giovane per interpretare la madre di un figlio già adulto. Solo Dio sa che cosa ha spinto il regista ad affidare il ruolo del figlio adulto a Stal'skij. In tutto il film questo personaggio è quello meno riuscito. *Il re di Parigi,* però, considerato sullo sfondo di un repertorio cinematografico così povero, come quello della stagione in corso, è malgrado tutto uno dei film più brillanti e interessanti, uno di quei film che sicuramente ogni amante del cinema e delle sue novità vede, vede e... ne rimane soddisfatto, anche se, ahimè, ciò avviene molto raramente. (KG, 1918, n. 1, 7)

Кулисы экрана

KULISY EKRANA
DIETRO LO SCHERMO

Titolo alternativo
RAZBITA ŽIZN' BEZŽALOSTNOJ SUD'BOJ
UNA VITA DISTRUTTA DAL CRUDELE DESTINO

Sfortunatamente è sopravvissuto soltanto un frammento di questa interessante commedia leggera. Fu chiaramente una pausa per Mozžuhin, la Lisenko e Aleksandr Volkov, fra tanti soggetti più cupi nei quali erano coinvolti a quell'epoca. Mozžuhin esibisce le sue doti comiche, ma la grande importanza del film sta nel gettare uno sguardo dentro gli studi Ermol'ev. D.R.

Dramma in due parti. 8 bobine; Parte 1: 1185 m; Parte 2: 1070 m; produzione: I. Ermol'ev; data di release: 28.11.1917; regia/sceneggiatura: Georgij Azagarov (?) e Aleksandr Volkov (?); operatore: Nikolaj Toporkov. Interpreti: Ivan Mozžuhin (se stesso), Natalija Lisenko (se stessa), Nikolaj Panov (il direttore dello studio), Lirskij (se stesso), Iona Talanov, Andrej Brej. Il film è incompleto (1 bobina), senza didascalie.

LGUSHCHIE BOGU
LIARS BEFORE GOD

Лгущие Богу

Alternative titles
KHLYSTY
SECTARIANS
V TRUSHCHOBAKH MOSKVY
IN MOSCOW'S SLUMS

Drama. 5 reels; length unknown; production: Rus'; release: 6.11.17 (Rostov-on-Don); 10.11.17 (Moscow); director: Aleksandr Chargonin; script: N. Vinogradov; cameraman: Yurii Zhelyabuzhskii; art director: Sergei Kozlovskii. Cast: P. Stoyanov (Knyazhevskii, a merchant), Ol'ga Bonus (his wife), Raisa Missan (their daughter Dunyasha), Aleksandr Vyrubov (Ignatii, the sectarian Christ), Elena Romanova (the sectarian Our Lady, his mistress, Aksin'ya), Ivan Pel'tsher (Pavel, a sectarian apostle), Nadezhda Bazilevskaya (Vasil'kova, a widow and millionairess), B. Ordynskii, U. Krylova. Three reels preserved.

LINA POD EKSPERTIZOI ILI BUINYI POKOINIK
LINA UNDER EXAMINATION OR THE TURBULENT CORPSE

Лина под экспертизой или буйный покойник

Farce. 4 reels; length unknown; production: A. Khanzhonkov & Co. Ltd.; release: 10.2.17; director: Evgenii Bauer; cameraman: Boris Zavelev. Cast: Lina Bauer (Lina, a dancer), Arkadii Boitler (Karapuzik, editor of the newspaper "The Wild Duck"), Aleksandr Kheruvimov (Puzik, an expert from the courthouse), Danil'skaya. One reel preserved without titles.

One evening the editor of the newspaper "The Wild Duck", Karapuzik, stayed late in the club for a game of vint with his friend Puzik, an expert at the Court Chamber. Puzik was playing hopelessly that evening; finally, Karapuzik could stand it no more, and cursed him. As a result, the two friends almost came to blows. All this made Karapuzik completely forget that he was supposed to attend a benefit performance by his ladyfriend, Lina the dancer, that same evening. The following morning, still thinking about his evening in the club, Karapuzik wrote the following letter to his former friend: "Your performance last night was absolutely hopeless. I am ashamed for you. You still have to learn, and until you do, don't dare show your face to me again. All this between ourselves, of course. Karapuzik." At that very moment Lina's maid brought Karapuzik a letter from her mistress, reproaching him for being inconsiderate. Deeply sorry, Karapuzik hastily wrote to her: "Forgive me, my dear friend. Forget about last night and come to see me. I shall prepare a little surprise for you. Your Karapuzik." Setting off to fetch Lina's little surprise, he asked his secretary to dispatch the letters, but he, deciding to play a joke on the editor, switched the envelopes. Puzik received the sweet invitation intended for Lina. He hurried to see his friend, but there met Lina, who had

Лгущие Богу

LGUŠČIE BOGU
BUGIARDI CON DIO

Titoli alternativi
HLYSTY
SETTARI
V TRUSCOBAH MOSKVY
NEI TUGURI DI MOSCA

Dramma. 5 bobine; metraggio ignoto; produzione: Rus'; data di release: 6.11.1917 (Rostov sul Don), 10.11.1917 (Mosca); regia: Aleksandr Čargonin; sceneggiatura: N. Vinogradov; operatore: Jurij Željabužskij; scenografia: Sergej Kozlovskij. Interpreti: P. Stojanov (il mercante Knjaževskij), Ol'ga Bonus (sua moglie), Raisa Missan (la loro figlia Dunjaša), Aleksandr Vyrubov (Ignatij, il settario Hristos), Elena Romanova (la settaria Madonna Aksin'ja, la sua donna), Ivan Pel'tcer (Pavel, il settario apostolo), Nadežda Bazilevskaja (la vedova milionaria Vasil'kova), B. Ordynskij, U. Krylova. Il film è incompleto (3 bobine).

Лина под экспертизой или буйный покойник

LINA POD EKSPERTIZOJ ILI BUJNYJ POKOJNIK
LINA SOTTOPOSTA A PERIZIA OVVERO IL DEFUNTO TURBOLENTO

Farsa. 4 bobine; metraggio ignoto; produzione: A. Hanžonkov i Co. Spa; data di release: 10.2.1917; regia; Evgenij Bauer; operatore: Boris Zavelev. Interpreti: Lina Bauer (Lina, una ballerina), Arkadij Bojtler (Karapuzik, il redattore del quotidiano "Dikaja Utka" [Oca Selvaggia]), Aleksandr Heruvimov (Puzik, perito del tribunale), Danil'skaja. Il film è incompleto (1 bobina), senza didascalie.

Una sera, al suo club, il redattore del giornale "Dikaja Utka", Karapuzik, si accinge a giocare a carte con il suo amico Puzik, perito del Palazzo di Giustizia. Puzik gioca malissimo, e Karapuzik, non potendone più, inveisce contro di lui. Per poco i due amici non vengono alle mani. Così Karapuzik si dimentica completamente che quella stessa sera avrebbe dovuto presenziare alla serata d'onore della sua amica, la ballerina Lina. La mattina seguente, ripensando agli eventi della sera prima, Karapuzik scrive una lettera all'amico di una volta, dicendo: "Non ci sai fare, sono stufo di te. Hai ancora molto da imparare, e finché non migliorerai non farti vedere; tra noi tutto è finito. Karapuzik". Nel frattempo la cameriera di Lina consegnava a Karapuzik una lettera della sua padrona, con la quale quest'ultima gli rimprovera la sua distrazione. Fortemente turbato, Karapuzik le risponde senza indugio: "Perdonami, dimentica ieri sera e raggiungimi; ho qualcosa in serbo per te. Tuo Karapuzik". Recandosi a comprare il regalo per Lina, consegna le due lettere al suo segretario che decide di giocare un brutto tiro al redattore e scambia le buste. Puzik, ricevuto il gentile invito, diretto a Lina, si affretta a recarsi dall'amico e qui trova Lina, accorsa con la lettera, diretta a Puzik, per rifarsi dell'offesa subita e fare i conti con Karapuzik. Saputo che Puzik è un perito, Lina lo invita ad assistere ad

rushed over with the letter intended for Puzik in order to settle accounts with Karapuzik for insulting her. On learning that Puzik provided expert advice, she invited him to watch her acting and dancing, and to help her unmask Karapuzik. Puzik was so captivated by the inspection proposed to him, that it was dawn before he returned home. In the meantime, the unsuspecting Karapuzik, having waited at home for Lina in vain, went off to the theatre and caught her at Puzik's feet. To take revenge on his treacherous friend, Karapuzik placed a notice in the next issue of the newspaper, announcing that Puzik had died and that his heirs should come to his address. The next day there was a long queue of "heirs" outside Puzik's flat, and the police turned up. As a result, the two friends, Puzik and Karapuzik, ended up behind bars for disturbing the peace. (VK, 1917, No. 124, 36)

LITSO SUD'BY
THE FACE OF FATE

Лицо судьбы

Drama. 4 reels; length unknown; production: Chimera; release: 13.1.18 (Kursk); 30.3.18 (Moscow); director: V. Demert; script: Roberg. Cast: Mikhail Doronin (Leonid Marov, a doctor), Vladimir Aleksandrovskii (his father), Elizaveta Porfir'eva (Lidiya), Vladimir Neronov (her father), Lidiya Johnson (a patient). Preserved without titles.

On his deathbed Marov gives his son Leonid a lucky talisman - a mask presented to him by a Brahmin in India. Good fortune accompanies Leo through life and he begins to believe in the talisman's mysterious power. He moves to a new flat and sets the mask on a pedestal in a separate room. When contemplating it he sees his late father, who says to him: "Keep this mask from the glance of the woman you love". Spring arrives, and love steals into Leo's heart... Lidiya loves him too. He invites her home, but is then called out to a patient. Left alone in his flat, Lidiya begins to feel bored. She takes a look around and stops outside the mysterious room. Her curiosity wins the upper hand, and she sees the talisman. In that very istant fate turns its face from Leonid: he gives his patient poison instead of medicine. He rudely interrogates Lidiya, accusing her of causing the misfortune. The next morning Lidiya returns home, but her father wants nothing to do with a daughter who has lost her honour. She goes back to Leonid, but fortune has abandoned him. He loses his practice and rapidly gambles away his fortune. A mystical horror seizes Leonid in front of the mask. he sees the Brahmin's shadow and hears the fateful words: "Get the woman out of the way". The spectre of material fortune vanquishes Leonid's love and he strangles Lidiya in a forest. Rushing home to his talisman he finds it smashed to pieces. He goes out of his mind and sits there trying to put back together the fragments of his happiness. But it is hopeless: smashed happiness cannot be put back together. (KG, 1918, No. 12, 4)

una sua rappresentazione, per aiutarla a sbugiardare Karapuzik. Puzik si appassiona talmente alla proposta, che torna a casa solo all'alba. Intanto Karapuzik, all'oscuro di tutto, dopo aver aspettato inutilmente Lina a casa sua, la sera si reca a teatro e sorprende Puzik ai suoi piedi. Per vendicarsi dell'amico fedifrago, Karapuzik pubblica, sul numero successivo del suo giornale, l'annuncio della morte di Puzik, invitando gli eredi a presentarsi alla dimora del defunto. Il giorno seguente l'appartamento di Puzik è preso d'assalto dagli "eredi", sì che la polizia è costretta a intervenire. E i due amici finiscono dietro le sbarre per aver disturbato la quiete pubblica. (VK, 1917, n. 124, 36)

Лицо судьбы

LICO SUD'BY
IL VOLTO DEL DESTINO

Dramma. 4 bobine; metraggio ignoto; produzione: Himera; data di release: 13.1.1918 (Kursk) e 30.3.1918 (Mosca); regia: V. Demert; sceneggiatura: Roberg. Interpreti: Mihail Doronin (il dottore Leonid Marov), Vladimir Aleksandrovskij (suo padre), Elizaveta Porfir'eva (Lidija), Vladimir Neronov (suo padre), Lidija Johnson (una paziente). Il film è conservato senza didascalie.

Marov, morendo consegna al figlio Leonid il talismano della felicità. Si tratta di una maschera regalatagli in India da un bramino. Ed effettivamente Leonid è accompagnato ovunque dal successo, tanto che anch'egli comincia a credere alla forza misteriosa del talismano. Dopo aver traslocato in un nuovo appartamento, Leonid mette la maschera su un piedistallo, in una stanza appartata. Nel contemplarla, egli ricorda le parole del padre morente: "Proteggi la maschera dallo sguardo della donna amata". È primavera e il cuore di Leonid si accende di passione. Anche Lidija ama Leonid. Una sera Leonid aspetta Lidija a casa sua, ma egli viene chiamato al capezzale di un malato. Lidija è sola nell'appartamento di Leonid e si annoia. Gira per le stanze e si ferma davanti alla stanza misteriosa. La curiosità ha il sopravvento. Tutto è compiuto. La donna ha visto il talismano. In quello stesso istante il fato si rivolta contro Leonid che somministra al malato un veleno invece della medicina. Lidija, ritenuta colpevole dell'incidente, viene bruscamente interrogata sull'accaduto. Trascorsa la notte, Lidija torna a casa. Ma il padre non vuole riprendere con sé la figlia ormai disonorata. Lidija va da Leonid. Ma ormai la sua felicità è persa per sempre. Persi tutti i clienti, in poco tempo gioca tutti i suoi averi a carte. Un terrore mistico coglie Leonid davanti alla maschera; egli vede l'ombra del bambino e sente le parole infauste: "Togli di mezzo la donna". E l'illusione della felicità materiale ha la meglio sull'amore. Il cadavere di Lidija, strangolata da Leonid, rimane nel bosco. Egli si affretta verso casa, dal suo talismano. Ma invece del talismano trova dei frantumi. Perde la ragione, e con i frammenti della felicità tra le mani, cerca di ricomporli. Inutilmente. La felicità perduta non si ritrova. (KG, 1918, n. 12, 4)

LUCHINUSHKA
THE LITTLE TORCH

Лучинушка

Drama. 5 reels; length unknown; production: G. Libken Ltd.; release: 12.3.17; director: E. Braigen; script: Boris Martov; cameraman/art director: Petr Mosyagin. Cast: Ol'ga Androsova (a young Russian wife), V. Zimovoi (her husband), Sergei Gladkov (a nice young man). Screen version of a Russian folk song. Preserved without titles.

Part one: It was sweet to sing songs as a lass. Part two: Bitterly I shed tears as a young wife. Part three: The realization that unruly fate holds no happiness. Part four: Burn out, my torch, and I shall burn out with you. (Pr., 1917, No. 5-6, 18-19)

The most interesting of the pictures to be released by G. I. Libken Ltd. is undoubtedly *The Little Torch* in the Russian folk picture series. The picture portrays the folk song of the same name, and is full of gripping scenes. (KZh, 1917, No. 1-2, 79)

NABAT
THE ALARM

Набат

Social drama. 7 reels; length unknown; production: A. Khanzhonkov & Co. Ltd.; release: 5.5.17; director/script: Evgenii Bauer (re-edited by Antonina Khanzhonkova & Vera Popova); cameraman: Boris Zavelev; art directors: Lev Kuleshov & N. Belyi. Cast: Nikolai Radin (Igor' Orlovskii), Vera Karalli (Magda, his sister), Mikhail Narokov (Zheleznov, a millionaire), Vyacheslav Svoboda (Yurii, his son), Zoya Barantsevich (Zoya, his daughter), Vladimir Strizhevskii (Viktor, her fiancé), Konstantin Khokhlov (Nikolai Stratonov, an engineer), Nikolai Tsereteli, I. Monakhov, E. Lipovskii. Theme based on the novel *Vol'noi dorogoi/On the Open Road* by Elizabeth Werner. After re-editing the role of Viktor, played by Vladimir Strizhevskii, was omitted from the film. Two shots of him remain in the final reel of the film. First work in cinema of Lev Kuleshov as art director. Preserved without titles.

Лучинушка

LUČINUŠKA
LA PICCOLA FIACCOLA

Dramma. 5 bobine; metraggio ignoto; produzione: G. Libken Spa; data di release: 12.3.1917; regia: E. Brajgen; sceneggiatura: Boris Martov; operatore/scenografia: Petr Mosjagin. Interpreti: Ol'ga Androsova (una giovane sposa russa), V. Zimovoj (suo marito), Sergej Gladkov (un giovane buono). Adattamento di una canzone popolare russa. Il film è conservato senza didascalie.

1ª parte: Era dolce il canto della fanciulla. 2ª parte: Amare sono le lacrime della giovane sposa. 3ª parte: Conoscere l'avverso destino non porta la felicità. 4ª parte: Dolce fiaccola, mi estinguo con te. (Pr., 1917, n. 5-6, 18-19)

Dei film della società Libken il più interessante è decisamente *Lučinuška* che fa parte della serie dei film popolari russi. Il film riproduce la canzone popolare omonima e offre tutta una serie di scene emozionanti. (KŽ, 1917, n. 1-2, 79)

Набат

NABAT
L'ALLARME

Dramma sociale. 7 bobine; metraggio ignoto; produzione: A. Hanžonkov i Co. Spa; data di release: 5.5.1917; regia/sceneggiatura: Evgenij Bauer (rimontato da Antonina Hanžonkova e Vera Popova); operatore: Boris Zavelev; scenografia: Lev Kulešov e N. Belyi. Interpreti: Nikolaj Radin (Igor' Orlovskij), Vera Karalli (Magda, sua sorella), Mihail Narokov (il milionario Železnov), Vjačeslav Svoboda (Jurij, suo figlio), Zoja Barancevič (Zoja, sua figlia), Vladimir Striževskij (Viktor, il suo fidanzato), Konstantin Hohlov (l'ingegnere Nikolaj Stratonov), Nikolaj Cereteli, I. Monahov, E. Lipovskij. Il film prende spunto dal romanzo *Vol'noj Dorogoj* (Sulla strada maestra) di Elizabeth Werner. Nella riedizione non compare più il ruolo di Viktor interpretato da Vladimir Striževskij. Rimangono soltanto due sue inquadrature nell'ultima bobina del film. Si tratta del primo lavoro per il cinema dello scenografo Lev Kulešov. Il film è conservato senza didascalie.

Il film appartiene alla serie dei drammi "socialisti" nati dagli interessi del momento e dalla caduta delle restrizioni della censura. Dilatata nell'arco di 8 atti la pièce cinematografica *L'allarme* rappresenta motivi di vita paralleli, ognuno dei quali potrebbe da solo fungere da sceneggiatura per vari film. Ci riferiamo alla storia di Nikolaj Stratonov, come appello alla lotta tra socialismo e capitalismo; al romanzo dell'eroina, la principessa Orlovskaja e, infine, al dramma di suo fratello Igor'. L'unione di questi tre motivi avviene in una combinazione complessa ma del tutto riuscita, con l'aggiunta di molti effetti cinematografici, come la rivolta degli operai, l'incendio nella fabbrica, i giorni di marzo a Pietrogrado e altro ancora. (Pr., 1917, n. 7-8, 11)

I. Perestiani. Una delle posizioni ingiustificabili di Bauer era la sua idea di girare il film "senza uscire dallo studio", cosicché tutti

This picture is one of a series of contemporary "socialist" dramas brought back to life by the interests of the day and the disappearance of censorship restrictions. Stretched out over eight acts, *The Alarm* contains several true-to-life themes in parallel, each of which in itself could serve as a film scenario. There's the story of Nikolai Stratonov – like a sketch of the struggle between socialism and capitalism; there's the affair of Princess Orlovskaya, the principal heroine; and finally, the drama that befalls her brother, Igor Orlovskii. These three themes are combined in a complicated but perfectly successful production, which also incorporates numerous cinematographic effects – the workers' unrest, the factory fire, the March events in Petrograd, and many others. (Pr., 1917, No. 7-8, 11)

I. Perestiani. One of Bauer's less successful ideas was to shoot a film "without leaving the studio": film-set reproductions were to be made of all the shooting locations. We experimented with this type of production on the film *The Alarm*, the scenario of which was adapted from some novel by Verner. It was indeed a pleasure to watch. I didn't perform in that picture, but I clearly remember the mountain path created by our artists, and the factory yard beyond the window of the owner's office. The first was a painting, and the second a superb model. On the whole, the film was not a success, and that automatically condemned the experiment with the sets too. (1962, 258)

V. Khanzhonkova. Besides the working methods of the director, the cameraman and the actors, there were several editing methods and procedures. After the scenes divided according the different grounds they used different grounds within the same scene. The changing of grounds was not thought out, but it was the result of the director's artistic imagination during the shooting. While filming colossal films, the scenes were shot on different grounds by two or more cameras. During the editing of the scenes of different grounds it was necessary to try to get scenes with the utmost sensitivity. The editing of *The Alarm* was long and difficult since its scenes were duplicated on different grounds. It was therefore necessary to pick out the best parts of each double before composing a scene. However *The Alarm* despite a huge and long processing (more than a month) and despite the presence of famous actors, was not a success. The film was boring, driven and threatened by "hoeing". E.F. was hopeless, Mme Karalli was in a frenzy but A.N. Khanzonkov, after much thought, called me and asked me to re-edit the film. The screenplay was re-written, the actors were given new features, and at end they made a rather good film about the fights and disputes in the political and industrial circles right before the revolution of February. (1946, 15-16)

i luoghi delle riprese dovevano essere riprodotti sotto forma di apparato scenografico. Il film *L'allarme* fu un'esperienza di questo tipo, con una sceneggiatura elaborata da un romanzo della Werner. In verità era piacevole da guardare. A questo film io non presi parte, ma ricordo chiaramente il sentiero di montagna creato dai nostri pittori e il cortile della fabbrica oltre la finestra dell'ufficio del proprietario. Il primo era un quadretto, il secondo un magnifico plastico. Il film non riuscì in pieno e questo insuccesso condannò anche la realizzazione scenografica. (1962, 258)

V. Hanžonkova. Ai metodi operativi di regia, dell'operatore e degli attori andavano aggiunti diversi metodi e procedimenti di montaggio. Dalle scene divise per piani diversi si passò ad una alternanza di piani all'interno di ogni scena. Il cambiamento dei piani non veniva studiato e di regola era il risultato della fantasia creativa del regista durante le riprese. Nella realizzazione dei colossal, le scene venivano riprese su piani diversi da due o più cineprese contemporaneamente. Già durante il montaggio delle combinazioni dei diversi piani era necessario cercare di ottenere dalle scene il massimo di impressionabilità. Lungo e laborioso fu il montaggio del film *L'allarme*, le cui scene erano duplicate su diversi piani e fu quindi necessario scegliere i momenti più riusciti di ogni doppione, prima di comporre la scena voluta. Tuttavia *L'allarme*, nonostante una lavorazione grandiosa e lunga (più di un mese), nonostante la partecipazione di attori famosi, non riuscì al regista Bauer. Il film risultò noioso, tirato e minacciato dalla "sarchiatura". E.F. Bauer era disperato, la Karalli andava in giro fuori di sé ed ecco che A.N. Hanžonkov, dopo aver riflettuto, mi chiamò per rimontare il film. Il soggetto venne rifatto daccapo, agli eroi vennero assegnati nuovi tratti del personaggio e alla fine si ottenne un film niente male sui contrasti e le lotte nei circoli industriali e politici alla vigilia della rivoluzione di febbraio. (1946, 15-16)

NE ZAZHIGAI SVECHI VENCHAL'NOI
DO NOT LIGHT THE WEDDING CANDLE

Не зажигай свечи венчальной

Alternative title
PROKLYATIE LYUBVI
THE CURSE OF LOVE

Drama. 5 reels; length unknown; production: G. Libken Ltd. (Yaroslavl); release: 25.6.18; director/cameraman: Petr Mosyagin (?). Cast: unknown. Possibly based on the theme of a folk song. Three reels preserved.

Part 1: To Die Is To Fall Asleep. Part 2: To Love Is To Suffer. Part 3: Black Clouds Draw Near. Part 4: The Cruel Hour Arrives. Part 5: The Greedy Grave Opens. A marriage is arranged between Vera and the "merchant's son" Kolodin. During the summer, however, Vera meets Leonid Cherdyntsev, a talented violinist, and they begin an affair. Every fibre of the inexperienced girl's existence is drawn to that seemingly perfect man. Little does she suspect that the incurably sick musician has a wife - Kartseva the singer. The enchanting and melancholy sounds of the violin weep and call out to Vera, enticing her towards him... But menacing black clouds approach. Attending a concert one evening the musician recognizes on the stage his wife, who ran away with her lover six months previously. He is deeply affected by this - he forgives his wife and goes off to the south with her, leaving poor Vera to melt away like a candle burning at both ends... Neither doctors nor medicine can restore her broken heart. Life now seems aimless and senseless, and she withdraws within herself. Her parent's hopes that she will marry Kolodin after Cherdyntsev's death are quite vain, and Vera dies saying "Don't light the wedding candle, don't betroth me with a ring". (Pr., 1918, No. 1, 2, 13-14

PADAYUSHCHEGO TOLKNI
PUSH THE MAN WHO'S FALLING

Падающего толкни

Drama. 4 reels; length unknown; production: R. Perskii; date: 1917; release: unknown; director: Boris Svetlov; script: V. Murav'ev. Cast: Aleksandr Vertinskii (Stavrin), L. Leonidova (Lidiya, his wife), Aleksandr Vyrubov (Hartung, their friend). Based on the plot of the novel *Life Begins Tomorrow* by Guido da Verona. Two reels preserved.

POD OBLOMKAMI SAMODERZHAVIYA
BENEATH THE FRAGMENTS OF THE AUTOCRACY

Под обломками самодержавия

Alternative title
LYUBIL I... PREDAL / HE LOVED AND... BETRAYED

Drama. 3 reels; length unknown; production: Era Studio (Russian Golden Series); release: 21.5.17; director: Vyacheslav Viskovskii (?). Cast: Mariya Rutsh, Vera Pavlova, Vladimir Neronov, Yakov Volkov, D. Zeland. Preserved without titles.

Не зажигай свечи венчальной

NE ZAŽIGAJ SVEČI VENČAL'NOJ
NON ACCENDERE LA CANDELA NUZIALE

Titolo alternativo
PROKLJATIE LJUBVI
LA MALEDIZIONE DELL'AMORE

Dramma. 5 bobine; metraggio ignoto; produzione: G. Libken Spa (Jaroslavl'); data di release: 25.6.1918; regia/operatore: Petr Mosjagin (?). Interpreti: ignoti. Probabilmente il tema è stato tratto da una canzone popolare. Il film è conservato incompleto (3 bobine).

1ª parte. Morire è addormentarsi. 2ª parte. Amare è soffrire. 3ª parte. Incombevano nubi nere. 4ª parte. Quando giunse l'ora crudele. 5ª parte. Si aprì l'avida tomba. Vera è stata promessa in sposa a Kolodin, "figlio di mercante", ma durante l'estate, nella dacia, conosce Leonid Čerdyncev, un violinista di talento. Comincia l'amore... L'animo della giovane e inesperta fanciulla è tutto proteso verso l'uomo che le appare come l'essere ideale. Ella non sospetta che il violinista, affetto da un male incurabile, abbia una moglie, la cantante Karceva. Gli incantevoli e tristi suoni del violino chiamano Vera singhiozzando e la fanno avvicinare a lui... Ma incombono nubi nere e minacciose... Durante un concerto il violinista riconosce, nella cantante che si esibisce sul palcoscenico, la moglie, che lo aveva abbandonato per un altro sei anni prima. A causa del forte turbamento, il violinista malato perde i sensi. Perdona poi la moglie e partono insieme per il sud, mentre la povera Vera, abbandonata, si consuma, ogni giorno di più, come una candela accesa alle due estremità... Non c'è medico o farmaco che possano far rivivere il suo cuore spezzato. La vita ormai le pare vana e assurda, e quindi se ne distacca. I genitori sono confortati dalla vana speranza che dopo la morte di Čerdyncev Vera sposi Kolodin. Ma le ultime parole di Vera sono: "Non accendere la candela nuziale, non darmi l'anello di fidanzamento". E presto il suo cuore, ferito dall'amore, smette di battere. (Pr., 1918, n. 1, 2, 13-14)

Падающего толкни

PADAJUŠČEGO TOLKNI
SPINGI L'UOMO CHE STA CADENDO

Dramma. 4 bobine; metraggio ignoto; produzione: R. Perskij (1917); data di release: ignota; regia: Boris Svetlov; sceneggiatura: V. Murav'ev. Interpreti: Aleksandr Vertinskij (Stavrin), L. Leonidova (Lidija, sua moglie), Aleksandr Vyrubov (Gartung, loro amico). Il film s'ispira al romanzo *La vita inizierà domani* di Guido da Verona. Il film è conservato incompleto (2 bobine).

The film tells the tale of a provocateur who betrays his own brother and joins His Majesty's Guard under the fictional name of Baron Tolly. The hero has great success at court and gains the favour of some "high" personage who becomes his mistress. At the same time, he falls in love with the daughter of a militant general of anti-dynastic views, who is planning to overthrow the government. The provocateur is arrested on suspicion of sympathizing with the general's plans, and he, to shield himself, forces the girl to commit a murder. Under the provocateur's influence, the general's daughter carries out an unsuccessful attack against the emperor. The people rebel and free her, and the provocateur, seeing his plan fail, commits suicide. The film is set in contemporary Russia, which makes the plot's historical absurdity obvious. It's a drama that speculates impudently on revolutionary feelings. The production is unartistic and crude. In one scene, for instance, a crowd enters a private flat carrying banners which, by necessity, are exceptionally miniature. (Kb, 1918, 21)

POKUPATELI DUSHI I TELA
TRADERS IN SOULS AND BODIES

Покупатели души и тела

Drama. 5 reels; 1300 m; production: N. Kozlovskii, S. Yur'ev & Co.; release: 9.3.18; director: Vyacheslav Turzhanskii; script: Aleksandr Kamenskii; cameraman: Nikolai Kozlovskii. Cast: Oleg Frelikh, G. Chernova, N. Vasil'kovskii, Ivan Gorskii. First reel preserved without titles.

One would like to expect more from the scenario of this picture, both on and beneath the surface. The heroes' true-to-life experiences have been placed in a crude framework of "cinematographic" scenes. Senya, the shady dealer and procurer, in the form in which he is represented, would be incapable of deceiving the hero and heroine, despite their dove-like purity. The scenario is saved by Mr Frelikh and Mme Chernova's good performances in the title roles. In the role of the disillusioned rich patron, who has lost his faith in life and people, in those around him, Mr Frelikh produces many lifelike scenes. This is one of his best roles. His scenes with Mme Chernova, which he carries off in gentle lyrical tones, are very impressive. Mme Chernova likewise gives a memorable performance as the heroine, though the overall impact is diminished by the initial scenes, in which she is in love with an operetta actor. The picture is very inconsistently produced. The director failed in his depiction of Nerosov-ism, as he did with the scene in the theatre and even with the powerful scene in which the heroine learns the truth about herself from a conversation on which she unintentionally eavesdrops. The first meeting between the hero and the heroine at a dog show, the telephone scenes and the finale are all well done. (KG, 1918, No. 12, 4)

Под обломками самодержавия

POD OBLOMKAMI SAMODERŽAVIJA
SOTTO LE ROVINE DELL'AUTOCRAZIA

Titolo alternativo
LJUBIL I... PREDAL / AMÒ E.. TRADÌ

Dramma. 3 bobine; metraggio ignoto; produzione: Studio Era (Russkaja zolotaja serija); data di release: 21.5.1917; regia: Vjačeslav Viskovskij (?). Interpreti: Marija Rutc, Vera Pavlova, Vladimir Neronov, Jakov Volkov, D. Zeland. Il film è conservato senza didascalie.

Il film narra la storia di un provocatore, che tradisce il fratello germano ed entra a far parte della guardia di Sua Maestà sotto il falso nome di barone Tolli. L'eroe riscuote grande successo a corte e gode dei favori di una "alta personalità", che diventa la sua amante. Nel frattempo l'eroe si innamora della figlia di un generale, che odia la dinastia e ordisce trame contro il governo. Il provocatore, sospettato di nutrire sentimenti affini a quelli del generale, viene arrestato e, per scagionarsi, convince la fanciulla a compiere un omicidio. Sotto l'influenza del provocatore la figlia del generale compie un attentato contro l'imperatore, che però fallisce; il popolo si solleva e la libera mentre il provocatore, constatato il fallimento del suo piano, pone fine alla sua esistenza suicidandosi. Gli eventi narrati si svolgono nella Russia moderna – perciò l'assurdità storica del soggetto è evidente. Il dramma è un'insolente speculazione sui sentimenti rivoluzionari. L'allestimento è rozzo e privo di qualsiasi valore artistico. In una scena, per esempio, la folla entra in un appartamento privato con delle bandiere che, per necessità, sono estremamente piccole. (Kb, 1918, 21)

Покупатели души и тела

POKUPATELI DUŠI I TELA
MERCANTI D'ANIME E CORPI

Dramma. 5 bobine; 1300 m; produzione: N. Kozlovskij, S. Jur'ev i Co.; data di release: 9.3.1918; regia: Vjačeslav Turžanskij; sceneggiatura: Aleksandr Kamenskij; operatore: Nikolaj Kozlovskij. Interpreti: Oleg Frelih, G. Černova, N. Vasil'kovskij, Ivan Gorskij. Conservata la prima bobina, senza didascalie.

Dalla sceneggiatura di questo film ci si aspettava di più, sia in campo nazionale, che all'estero. La realtà della vita, gli intrighi degli eroi sono stati sommariamente adattati all'ambito "cinematografico". Sanja è un affarista, un poco di buono che, malgrado la purezza d'animo dell'eroe e dell'eroina, e nonostante il modo in cui viene rappresentato, non ce la fa a ingannarli. È la buona interpretazione dei personaggi principali, Frelih e Černova, a salvare il copione. Frelih, nel ruolo del ricco mecenate deluso dalla vita e dalla gente che lo circonda, ha offerto molte scene efficaci e realistiche. Questa è una delle interpretazioni migliori dell'artista. Le scene dell'artista con la Černova, da lui interpretate con morbidi accenti lirici, hanno suscitato un'ottima impressione. Anche l'eroina del dramma cinematografico, interpretata dalla Černova, ha lasciato

POKUSHENIE NA GUBERNATORA
THE ATTEMPT ON THE GOVERNOR'S LIFE

Покушение на губернатора

Comedy. 1 reel; 288 m; production: A. Khanzhonkov & Co. Ltd.; release: 27.11.17; credits: unknown. Cast: Aleksandr Kheruvimov (the Governor), Mariya Kulikova (his wife), Eduard Kul'ganek (Elizar Elizarovich).

This comedy was released shortly after the October Revolution, on 27 November 1917. The subject, involving an attack upon a high-ranking authoritarian figure, would never have been permitted, even in knockabout farce, by the Tsarist censorship. D.R.

REVOLYUTSIONER
THE REVOLUTIONARY

Революционер

Drama. 4 reels; length unknown; production: A. Khanzhonkov & Co. Ltd.; release: 3.4.17; director: Evgenii Bauer; script: Ivan Perestiani; cameraman: Boris Zavelev. Cast: Ivan Perestiani (Grandad, and old revolutionary), Vladimir Strizhevskii (his son), Zoya Barantsevich (daughter), Mikhail Stal'skii (a dying convict), Konstantin Zubov, K. Askochenskii, Vasilii Il'in. Preserved without titles, minus the first reel.

The cinema studios have come up with a number of pictures tailored to the "moment". They have paid their dues to society ... though they have taken their cut too. These "dues" have turned out to be of little value artistically. *The Revolutionary* and *The Provocateur* were hastily produced in two or three days, and are distinguished neither by their plots nor by any originality in their production. The two films seem to have come from the same pen. *The Revolutionary* is a vivid example of agitational cinema. It drew applause when shown; its content makes an impact, but artistically it leaves much to be desired. A particularly unfavourable impression is made by *The North*, in which the director has made use of "home-made" means: the taiga is a park, the dog-rides are extracts from some scientific film etc. The picture is saved by its titles and the acting of Mr Perestiani and Mr Strizhevskii. (T, 1917, No. 2001, 14/IV, 10)

The war must carry on even after the fall of the Tsar: this is the propaganda essence of the film which is dominated to a greater extent by the scriptwriter and protagonist, Perestiani, rather than by Bauer himself. The fragile socialdemocratic utopia is glorified through stylistic devices already loaded with that "realism" that we associate with postrevolutionary cinema. L.C.

un segno nella memoria del pubblico, ma l'impressione generale è stata turbata dalle prime scene, che rivelano la passione operettistica dell'artista. L'allestimento del film procede in modo irregolare. Non è riuscita al regista la scena al teatro, né la scena "forte" nella quale l'eroina scopre la verità su di sé, ascoltando, senza volerlo, una conversazione. Molto bella la scena del primo incontro dell'eroe con l'eroina alla mostra dei cani, come pure le scene al telefono e le scene finali. (KG, 1918, n. 12, 4)

Покушение на губернатора

POKUŠENIE NA GUBERNATORA
L'ATTENTATO AL GOVERNATORE

Questa commedia venne distribuita dopo la Rivoluzione d'Ottobre, il 27 novembre 1917. La trama, che comporta un attentato ad un'alta autorità, non sarebbe stata ammessa dalla censura zarista, neppure in una farsa chiassosa. D.R.

Commedia. 1 bobina; 288 m; produzione: A. Hanžonkov i Co. Spa; data di release: 27.11.1917; autori: ignoti. Interpreti: Aleksandr Heruvimov (il governatore), Marija Kulikova (sua moglie), Eduard Kul'ganek (Elizar Elizarovič).

Революционер

REVOLJUCIONER
IL RIVOLUZIONARIO

La guerra deve continuare anche dopo la caduta dello Zar: questo è il succo propagandistico del film, certamente dominato più dalla personalità dello sceneggiatore e protagonista Perestiani, che da quella di Bauer. La

Dramma. 4 bobine; metraggio ignoto; produzione: A. Hanžonkov i Co. Spa; data di release: 3.4.1917; regia: Evgenij Bauer; sceneggiatura (bozza): Ivan Perestiani; operatore: Boris Zavelev. Interpreti: Ivan Perestiani (nonno, vecchio rivoluzionario), Vladimir Striževskij (suo figlio), Zoja Barancevič (la figlia), Mihail Stal'skij (un ergastolano morente), Konstantin Zubov, K. Askočenskij, Vasilij Il'in. Il film è conservato senza la prima bobina e senza didascalie.

Le case di produzione hanno realizzato una serie di film, molto adatti al particolare "momento storico". Hanno pagato il loro tributo alla società... ma non hanno certo dimenticato i propri

Amongst the flood of revolutionary films being casually thrown out onto the market every day *The Revolutionary* is distinguished by its noble tone and artistic quality. Despite the obvious haste with which it has been produced, director E. Bauer has created some very fine, moving and powerful scenes. The romantic treatment of exile is particularly good. Snow and furs, people in animal skins, yearning for their homes, dying from consumption and the impossibility of going back. The exile's death beside that wonderfully made Yakut yurt set up in the open-air is stunning. The burial scene and the oath over the grave are moving. The scenario has been put together tastefully. It tells the story of a revolutionary who spends long years in exile before returning to free Russia thanks to a decree by Citizen Kerenskii. The older People's Will activist – the "grandfather" – has a meeting with his grandson, whose party is against the war. The ensuing series of conflicts ends happily with both of them going off to the army as volunteers. The public are delighted by many of the titles. (V. Akhramovich, TG, 1917, No. 15, 15)

I. Perestiani. It was already March and we needed snow-covered Yakutian fields. There was no snow in the city at all; the only place we could find any was in the Neskuchny Gardens. The scenes were filmed at top speed, one after the other. All the same, we had to transport wet snow from the Gardens to various house entrances and scatter it about within the camera's field of vision. On day three it was perfectly awful. We had to film the funeral of the political prisoner who dies in exile. We assembled in the Gardens and began looking amongst the melting snow for a patch that would be at least vaguely suitable. But then, suddenly, it be-

fragile utopia socialdemocratica viene esaltata attraverso stilemi già rigonfi di quel "realismo" che noi associamo al cinema post-rivoluzionario. L.C.

interessi. Il "tributo", infatti, ha dimostrato di essere di scarso valore, dal punto di vista artistico. I film *Revoljucioner* e *Provokator*, allestiti in fretta e furia in due o tre giorni, non brillano certo né per soggetto, né per originalità di allestimento. Il contenuto di questi due film sembra preparato con lo stampo... *Revoljucioner* è un chiaro esempio di film propagandistico. La presentazione del film è stata accolta con applausi; il contenuto suscita una certa impressione, ma dal punto di vista artistico lascia molto a desiderare. Particolarmente infelice il modo in cui è stato allestito il Nord, che il regista ha raffigurato con mezzi molto "casalinghi". La taiga era rappresentata dal parco, la corsa sui cani era tratta da un film scientifico ecc. A salvare il film concorrono le didascalie e l'interpretazione di artisti come Perestiani e Striževskij. (T, 1917, n. 2001, 14/IV, 10)

Tra i molti film rivoluzionari che ogni giorno vengono immessi sul mercato questo film si distingue per i suoi toni elevati e per il suo valore artistico. Nonostante l'evidente fretta con cui il film è stato realizzato, il regista E. Bauer ci ha offerto alcune scene molto belle, emozionanti ed efficaci. Molto bello l'esilio, tratteggiato con spirito romantico. La neve, le pellicce, la gente vestita di pelli d'animale, che soffre di nostalgia per la patria e muore di tisi e per l'impossibilità di tornare a casa. Molto commovente la scena della morte del deportato con le riprese esterne della jurta della Jakuzia, il funerale e il giuramento sulla tomba. La sceneggiatura, misurata, narra la storia del rivoluzionario che trascorre lunghi anni in esilio, e infine torna nella Russia libera per effetto del decreto del "cittadino Kerenskij". Il vecchio membro della Narodnaja Volja [società segreta populista, Ndt], il "nonnino", si incontra con il nipote, il cui partito è contrario alla guerra. Il conflitto tra i due si ricompone ed entrambi si arruolano volontari. Molte didascalie sono state accolte dal pubblico con entusiasmo. (V. Ahramovič, TG, 1917, n. 15, 15)

I. Perestiani. Era già marzo e avevamo bisogno delle distese innevate della Jakuzia. In città ormai non ce n'erano quasi più. Le riprese procedevano a pieno ritmo, una dopo l'altra. Tuttavia fu necessario portare della neve molle dal parco Neskučnyj sulle soglie delle case e aggiungerla ai limiti delle scene del film. La terza giornata di riprese fu particolarmente terribile. Dovevamo riprendere la scena delle esequie del deportato politico morto in esilio. Ci trovammo al parco Neskučnyj e cominciammo a cercare, tra le zone ormai prive di neve, il posto adatto. E all'improvviso cominciò a nevicare, e la neve cadeva così fitta, che dopo un'ora non solo il terreno ma gli stessi rami degli alberi avevano ormai assunto un aspetto invernale. Pareva un miracolo. Avreste dovuto vedere Bauer. Non avrei mai sospettato che quell'uomo sempre così serio e riflessivo, potesse rallegrarsi e gioire in tal modo. Dopo alcuni giorni il film veniva proiettato con successo nelle sale di Mosca. Andai a vederlo nel teatro di Hanžonkov, nell'odierna piazza Majakovskij. Restai seduto per due atti, e durante l'intervallo qualcuno gridò: "Guardate, Perestiani è qui! È proprio lui"! Con mio orrore, ci fu un'ovazione generale nei miei confronti. Fortemente turbato e confuso, salutai col cappello, sorrisi con aria

gan to snow, so heavily that not only the ground, but even the branches of the trees ended up clothed in winter attire. It was like a miracle. You should have seen Bauer. I for one had no idea of how that ever serious and thoughtful man could rejoice and be happy. A few days later the picture was already being shown successfully on the screens of Moscow. I went to see it in Khanzhonkov's theatre on what is now Mayakovsky Square. I sat through two acts, but then in the interval somedody shouted out: "Gentlemen, Perestiani is here! Do you see him? There he is!" To my horror I was given an ovation. I became very nervous, lost my cool, bowed goodbye to them all with an inane smile and ran out of the theatre. It was late at night before I arrived home. To reach my house I walked round Moscow on the Sadovoye Ring, dining in the buffet at Kurskaya Station on the way. Once again it was a case of me totally disliking myself as the author of the scenario and the actor in the main role. (1962, 270)

ROKAMBOL'
ROCAMBOLE

Рокамболь

Alternative title
POKHOZHDENIYA ZNAMENITOGO AVANTYURISTA V ROSSII
THE ADVENTURES OF A WELL-KNOWN ADVENTURER IN RUSSIA

Drama in 2 parts. 11 reels; length unknown; production: Pobeda; date: 1917; release: unknown; director: Wladyslaw Lenczewski (?); script: Isaak Teneromo. Cast: Aleksandr Geirot (Rocambole), Petr Leont'ev. One reel preserved without titles.

P. Leontev. I played in the film *Rocambole*, and I remember that it contained an abundance of cinematographic gimmicks. Although I genuinely was run over by a motor car, for example, I was not actually hurt in the least. (6)

SATANA LIKUYUSHCHII
SATAN TRIUMPHANT

Сатана ликующий

Drama in 2 parts. 10 reels; 3683 m; production: I. Ermol'ev; release: 17.10.17 & 21.10.17; director: Yakov Protazanov; script: Ol'ga Blazhevich; cameramen: Fedor Burgasov & Nikolai Toporkov. Cast: Ivan Mosjoukine (Pastor Talnox and his son Sandro van Hogen), Nataliya Lisenko (Esfir', Sandro's mother), Polikarp Pavlov (her husband, a painter), Aleksandr Chabrov (Satan), Vera Orlova (Inga), Nekrasov (Michaelis, her father, a banker). Preserved without titles, minus the final reel.

The author, Mme Blazhevich, has a characteristic skill all of her own, which is evidently very closely bound up with an understanding of the nature of "cinema art". I consider exoticness to be an inalienable feature of today's theatricalized cinema aimed at

Although the subject is characteristic of the wave of demonism, vampi-

stupita e corsi via dal teatro. Arrivai a casa che era già notte fonda. Per giungere alla mia abitazione, presi la circonvallazione Sadovyj, cenando lungo la strada al buffet della stazione Kurskij. Il fatto è che il sottoscritto, autore della sceneggiatura e interprete del ruolo principale, non si era affatto piaciuto. (1962, 270)

Рокамболь

ROKAMBOL'
ROCAMBOLE

Titolo alternativo
POHOŽDENIJA ZNAMENITOGO AVANTJURISTA V ROSSII
LE AVVENTURE DI UN NOTO AVVENTURIERO IN RUSSIA

Dramma in 2 parti. 11 bobine; metraggio ignoto; produzione: Pobeda (1917); data di release: ignota; regia: Wladislaw Lenczewski (?); sceneggiatura: Isaak Teneromo. Interpreti: Aleksandr Gejrot (Rocambole), Petr Leont'ev. Il film è conservato incompleto (1 bobina) e senza didascalie.

P. Leont'ev. Ho interpretato il film *Rokambol'* e ricordo che già allora c'era una gran dovizia di trucchi puramente cinematografici. Per esempio, sebbene fossi effettivamente messo sotto da una macchina, non soffrivo per niente. (6)

Сатана ликующий

SATANA LIKUJUŠČIJ
SATANA TRIONFANTE

Dramma in 2 parti. 10 bobine; 3683 m; produzione: I. Ermol'ev; data di release: 17.10.1917 e 21.10.1917; regia: Jakov Protazanov; sceneggiatura: Ol'ga Blaževič; operatori: Fedor Burgasov e Nikolaj Toporkov. Interpreti: Ivan Mozžuhin (il pastore Talnox e suo figlio Sandro van Hogen), Natalija Lisenko (Esfir', madre di Sandro), Polikarp Pavlov (suo marito, un pittore), Aleksandr Čabrov (Satana), Vera Orlova (Inga), Nekrasov (Mihaelis, suo padre, banchiere). Il film è conservato senza la bobina finale e senza didascalie.

Anche se la trama è tipica di quell'ondata di satanismo, vampirismo e occultismo in genere che colpì il cinema russo verso la fine del 1916, il film in due parti di Protazanov è notevole per il suo protoespressionismo. Il chiaroscuro e le distorsioni visuali sono per molti versi anticipatori del *Ca-*

L'originale maestria dell'autore, la signora Blaževič, è evidentemente legata strettamente alla concezione della natura dell' "arte cinematografica". Ritengo che l'esotismo sia un tratto peculiare inscindibile nelle attuali sceneggiature cinematografiche, pensate per un pubblico di massa. L'esotismo della Blaževič è in questo senso pienamente giustificato. È buona l'idea stessa di mostrare il conflitto secondo un ibsenismo per così dire esteriore. Questo ha aiutato a limare i caratteri, a renderli più chiari e schematici, evidenziandone i confronti. Ci vuole, quindi, molta tecnica per sviluppare l'azione in modo piano e non pesante, e abilità nello scegliere gli episodi necessari. C'è un unico piccolo difetto nella sceneggiatura: l'artificiosità della scoperta del furto del quadro da parte dell'antiquario. Non servivano né la strada né la folla davanti al negozio: sarebbe stato più naturale far sco-

mass audiences. Mme Blazhevich's exoticness is brillantly justified in this respect. The very idea of depicting a conflict in an outwardly Ibsenesque setting, so to speak, is a good one. It helps to sharpen the characters, to make them more distinct and representative, and finally, to intensify the conflict itself. And there is much technical mastery in the smooth and interesting way in which the action develops and the ability to select the required episode. The scenario has just one fault: the artificial way in which the antique dealer discovers that the painting has been stolen. There is no need for the street, nor the crowd in front of the shop; it would have been more natural to depict this as a chance discovery inside the shop. The director has succeeded in intensifying each episode, in portraying only what is necessary, without being long-winded or chewing things over. There are insignificant errors in the details of the performance (the smoking of a pipe in the house of the aesthetic pastor, the prosaic closing of the door when the heroes enter the church in the finale), but they too are soon effaced by the dynamics of the action. The depiction of Satan, who has a major role in the play, is not entirely succesful. Instead of repeating the Mephistophelean pose of the prologue, his face alone should have been shown, in close-up and with an emphasized expression of some specific emotion. In the special effect whereby the face of the madonna is substituted by those of the heroine and Satan, it's precisely the latter's face that should have been shown, rather than a portrait. The pastor is played by Mr Mosjoukine. This is the first time that I have seen this cinema star in a character role, and my impression is that in this field he is not only better than in his usual role as a lover, but should immediately be acknowledged as virtually the most exciting screen actor in the Moscow pleiad. In his portrayal of the young aesthetic "Ibsenesque" pastor, he produced nervous and dryish lines of movement, gave the character the required peremptoriness and the self-confidence of a convinced and strong man. And nowhere in the course of the picture does he stray beyond the boundaries of good taste. These dry movements pass effectively into the gentler and "softened" behaviour of a man in love, without, however, erasing the character's main features - his strength of will and his severe and certain conviction. The character is well-rounded, distinct, complete and made attractive through the actor's skill alone, irrespective of the plot. Mr Pavlov's artist is also portrayed in Ibsenesque style, as a humble hunchback playing the role of fate. It must be said that he has entered into the role no worse than Mr Mosjoukine, has into his, and has worked out the visual details of his performance just as thoroughly. The heroine – Mme Lisenko – achieves the same standard. Quite by chance, it seems, in the initial episodes the lens has made her face insufficiently distinct and prominent, so that it fails to attract much attention. But the lens does help to make her face more expressive later on, when the love conflict begins. I would draw attention to the episode in which Satan plays his love song: as she approaches the piano, the heroine's face literally "lights up, with a new and previously unknown emotion showing through it", as the cheap novels used to put it. From that moment on, the actress's face seizes the viewer's attention by its powerful miming as well. Mr Chabrov (Satan) is weaker. Or rather,

rism and the occult in general that hit the Russian cinema in late 1916, Protazanov's two-part film is remarkable for its proto-Expressionism. The chiaroscuro and distortions to a remarkable degree anticipate *Caligari.* Contemporary critics called the Scandinavian setting "Ibsenesque", but a more significant influence was Griffith films like *The Lonely Villa,* which Protazanov had encountered as representative of the American Trading Company. D.R.

ligari. I critici dell'epoca definirono "alla Ibsen" le ambientazioni scandinave; ma più significativa fu l'influenza di film di Griffith come *The Lonely Villa*, che Protazanov aveva incontrato come rappresentante della American Trading Company.

D.R.

prire casualmente il furto all'interno del negozio. La regia è riuscita ad accentuare ogni episodio, a dare solo l'essenziale, sottraendosi a lungaggini e rimasticature. Nei dettagli della messa in scena vi sono degli errori irrilevanti (il fumo della pipa nella casa dell'ascetico pastore, il prosaico chiudersi delle porte all'ingresso degli eroi nella chiesa nel finale), che però vengono subito cancellati dalla dinamica dell'azione. Non del tutto ben riuscito il personaggio di Satana, che pure svolge un ruolo importante nella storia. Non serviva ripetere la posa mefistofelica del prologo, bastava dare un primo piano del viso in modo tale da sottolineare con l'espressione la presenza di un qualche sentimento. Nella scena della sostituzione del volto della Madonna coi volti dell'eroina e di Satana sarebbe stato più efficace riprendere proprio il volto di quest'ultimo e non l'intero ritratto. Nel ruolo del pastore recita Mozžuhin e per la prima volta mi è riuscito di vedere questa personalità del cinema interpretare un carattere. L'impressione è che l'attore non solo è superiore rispetto al solito ruolo di innamorato, ma indipendentemente da ciò si rivela essere il più interessante artista dello schermo della pleiade moscovita. Per il ruolo del giovane pastore ascetico alla Ibsen, egli ha trovato un modo di muoversi secco e nervoso, ha dato all'immagine dell'eroe la necessaria autorità e sicurezza di sé, e mai, durante tutto il film, la sua interpretazione trascende i limiti del buon gusto. Il tratto secco del movimento assume in modo eloquente le caratteristiche ammorbidite dell'uomo innamorato, senza perdere, tuttavia, i caratteri fondamentali della sua personalità, la forza di volontà e l'energica e decisa sicurezza. L'immagine risulta completa, ben definita e compiuta, interessante di per sé,

it's not so much that he is weaker, but that he does not fit into the play's overall style. His posture, his portrayal of the role, his movements – earthbound and pathological – are those of a human being who feels like a devil, but who is neither otherworldly nor demonic. Of course, the usual "infernalness" would not have suited the Ibsenesque nature of the other roles, and Ibsen provides no clues on how to act this kind of character. But Mr Chabrov has somehow crushed up all the elements of Satan's intended representation without finishing them off. The character has ended up compiled from a little of everything: craftiness, contempt, cunning and outward posturing. But each of these elements is dissolved in a mass of others, leaving behind only "traces", as they say in chemistry. One does not even always sense that he is the "deus ex machina" of the whole incident. Satan's portrayal is prejudiced by the actor's previous cheap appearance as the spirit of Antokolskii's *Mephistopheles,* where he looked like a lad on Sennaya Square who had had a bad night. The miming and graphical aspects of Satan's final appearance are weak. This scene is also a failure from the directorial point of view, incidentally, as the fantastical figure appears amidst a peaceful and crowded setting. (TG, 1917, No. 43, 16)

SASHKA - NAEZDNIK
SASHKA THE HORSEMAN

Сашка-наездник

Alternative titles
KAR'ERA NAEZDNIKA / A HORSEMAN'S CAREER
POZOLOCHENNAYA GNIL' / GILDED PUTREFACTION

Drama. 5 reels; 1545 m; production: Skobelev Committee; release: 22.7.17; director/script: Wladyslaw Starewicz. Cast: Aleksei Zhelyabuzhskii (Sashka, a jockey), Mariya Kemper (Grunya, a gypsy girl), Vera Okuneva, Arsenii Bibikov, Józef Zieliński. Preserved without titles.

grazie alla maestria dei metodi espressivi dell'attore, indipendentemente dalla trama. Con tratti ibseniani è disegnato anche il pittore Pavlov, il gobbo rassegnato attraverso il quale si compie il fato. Bisogna riconoscere che anche qui troviamo – come per Mozžuhin – una profondità di immedesimazione nel proprio ruolo nonché la medesima minuziosa elaborazione dei dettagli esteriori dell'interpretazione. Allo stesso livello si pone l'eroina, la Lisenko. Casualmente il suo viso nelle prime parti del dramma non viene sufficientemente delineato, è sfumato e non suscita particolare attenzione. Ma quando inizia la collisione amorosa, in aiuto all'espressività del volto, giunge l'obiettivo. Pensiamo all'episodio in cui Satana esegue la sua canzone d'amore: all'eroina che si avvicina al piano, letteralmente, come si diceva a suo tempo nei romanzetti, "il viso si illumina e da esso traspare un nuovo, ineguagliato sentimento". Da questo momento il viso dell'attrice conquista l'attenzione dello spettatore anche per la forza del suo gioco mimico. Più debole l'interpretazione di Čabrov (Satana), o meglio, l'artista è al di fuori dello stile generale del lavoro. La sua posa, l'approccio al ruolo, sono troppo terreni, morbosi. Egli è un uomo che *si sente* diavolo, non è infernale, né demoniaco. Naturalmente non si addiceva all'ibsenismo degli altri ruoli una comune e banale "infernalità", d'altronde in Ibsen non si trova alcuno spunto per costruire un personaggio di questo tipo. Čabrov ha in qualche modo sminuzzato tutti gli elementi della supposta figura satanica, lasciandoli senza rifiniture. Il suo ruolo risulta composto da un po' di tutto, malignità, disprezzo, furbizia, posa esteriore, ma ciascuno di questi elementi è diluito nella massa degli altri e ne rimangono, come si dice in chimica, solo delle "tracce". Addirittura non sempre ci si accorge che egli è il deus ex machina di tutto quello che accade... Danneggia la figura di Satana la fase preparatoria dell'artista, secondo lo spirito del *Mefistofele* di Antokolskij, in cui appare con la faccia insonnolita di un giovane della piazza Sennaja. Debole per mimica e fattura la conclusiva apparizione di Satana, mal riuscita anche dal punto di vista della regia, a causa dell'apparizione di un'immagine fantastica in mezzo ad un paesaggio pacifico e popolato. (TG, 1917, n. 43, 16)

Сашка-наездник

SAŠKA - NAEZDNIK
SAŠKA IL FANTINO

Titoli alternativi

KAR'ERA - NAEZDNIKA / LA CARRIERA DI UN FANTINO
POZOLOČENNAJA GNIL' / PUTREDINE DORATA

Dramma. 5 bobine; 1545 m; produzione: Comitato Skobelev; data di release: 22.7.1917; regia/sceneggiatura: Wladyslaw Starewicz. Interpreti: Aleskej Željabužskij (il fantino Saška), Marija Kemper (la zingara Grunja), Vera Okuneva, Arsenij Bibikov, Josef Zelinskij. Il film è conservato senza didascalie.

SUMERKI
TWILIGHT

Сумерки

Alternative title
SUMERKI DUSHI
TWILIGHT OF THE SOUL

Drama. 5 reels; length unknown; production: A. Khanzhonkov & Co. Ltd. (Moscow & Yalta); release: 30.12.17; director: Andrei Gromov; script: Vera Popova; cameramen: Boris Zavelev & Boris Medzionis; art director: Lev Kuleshov. Cast: Zoya Barantsevich (Ganka), M. Mirskii (Glinskii, her husband), Vladimir Strizhevskii (Cherkasskii, a writer), Ernesto Vagram [Papazyan] (Zaremba, a musician), Mikhail Stal'skii (Skirmunt, an artist). Based on the plot of the novel by Stanislaw Przybyszewski. One reel preserved without titles.

Bored with provincial life, Ganka Glinskaya falls in love with Cherkasskii the writer and follows him to St Petersburg, abandoning her husband and child. But neither her love nor the bustle of city life can make her forget her child, and she decides to speak to her husband. He refuses to see her, however, and prohibits her from seeing the child. Stunned by this refusal, Ganka is found almost unconscious by Zaremba the musician, who has long been secretly in love with her. Once he gets her into his home, he cannot resist abusing her in her helpless state. Ganka's life is ruined. She no longer has the strength to go on, and runs away to the hills like a madwoman. There she is discovered half-alive by Skirmund the hermit, who realizes that she is not able to return to society and the vulgarity of daily life, and takes her off to Crimea. Far away from people and under the influence of Old Skirmunt, Ganka's tortured soul revives. Zaremba is wracked by pangs of conscience and seeks Ganka everywhere. One day, in a café in the capital, fate brings him together with Cherkasskii, to whom he confesses everything in a fit of remorse. Cherkasskii seeks Ganka for a long time, anxious to soothe her tortured soul. Eventually he picks up her tracks and goes to Crimea to see Skirmunt. But he is too late: on learning that she is being sought, Ganka leaves Skirmunt, still feeling unprepared for life. Zaremba is also looking for her. He obtains permission from her husband to return her daughter to her. And finally the happy day dawns for Ganka. She is reunited with the man she loves and is soon to see her daughter. But then, in a fit of vengeance, Cherkasskii kills Zaremba, and not wishing to draw Ganka into the abyss once more, jumps to his death from a cliff. Ganka falls ill and Skirmunt's attempts to resurrect her soul a second time are useless. Finally, Glinskii brings Ganka her daughter. Her love for her daughter triumphs, and she begins to live once again. (VK, 1917, No. 127, 42-44)

Сумерки

SUMERKI
CREPUSCOLO

Titolo alternativo
SUMERKI DUŠI
IL CREPUSCOLO DELL'ANIMA

Dramma. 5 bobine; metraggio ignoto; produzione: A. Hanžonkov i Co. Spa; data di release: 30.12.1917; regia: Andrej Gromov; sceneggiatura: Vera Popova; operatori: Boris Zavelev e Boris Medzionis; scenografia: Lev Kulešov. Interpreti: Zoja Barancevič (Ganka), M. Mirskij (Glinskij, suo marito), Vladimir Striževskij (lo scrittore Čerkasskij), Ernesto Vagram [Papazjan] (il musicista Zaremba), Mihail Stal'skij (il pittore Skirmunt). Tratto dall'omonimo romanzo di Stanislaw Przybyszewski. Il film è conservato incompleto (1 bobina) e senza didascalie.

Annoiata dal tedio della vita in provincia, Ganka Glinskaja è affascinata dal giovane scrittore Čerkasskij e, abbandonati marito e figlia, va a stare da lui nella capitale. Né l'amore, né la vita tumultuosa della città, valgono a far dimenticare a Ganka la figlia, ed ella decide dunque di tornare dal marito. Ma questi non la vuole riprendere con sé e le impedisce di vedere la bambina. Ganka avvilita si riprende grazie all'aiuto del musicista Zaremba che, innamorato di lei da molto tempo, non ha mai svelato il suo segreto. Alla vista della donna amata in casa sua, egli non riesce a trattenere l'impeto della sua passione e approfitta del debole stato di Ganka. Irretita nel nefasto vortice, col cuore spezzato, Ganka sente di non avere forza sufficiente a lottare per la vita. Fugge come una folle sui monti. Ormai stremata, viene raccolta dall'artista-asceta Skirmunt. Egli capisce che la donna non è in grado di tornare tra la gente, né alle trivialità della vita quotidiana. Skirmunt conduce Ganka in Crimea. In un luogo appartato tra i monti della Crimea, lontano dalla gente, sotto l'influenza del vecchio Skirmunt, l'animo travagliato di Ganka sembra rinascere. Tormentato dal rimorso, Zaremba cerca Ganka per ogni dove. Un giorno, in un caffè della capitale, il suo destino si incrocia con quello di Čerkasskij, al quale descrive, profondamente pentito, il suo comportamento con la povera Ganka. Čerkasskij la cerca da molto tempo, e arde dal desiderio di poter riportare la pace nel suo animo sconvolto. Finalmente si mette sulle sue tracce e raggiunge Skirmunt in Crimea, ma non riesce ad incontrare Ganka: la donna infatti, saputo che la stanno cercando, se ne è andata, non sentendosi ancora pronta ad affrontare la vita. Anche Zaremba la cerca. Egli è riuscito a convincere Glinskij, il marito di Ganka, a restituire la bambina alla madre. Ed ecco che, ricongiungendosi all'amato, Ganka finalmente raggiunge la felicità. Il giorno successivo si incontrerà con la figlia. Ma nuove e dolorose prove la attendono. Spinto dal desiderio di vendetta, Čerkasskij uccide Zaremba, e per evitare di trascinare Ganka in un nuovo, doloroso baratro, pone fine alla sua esistenza gettandosi da una rupe. Ganka si ammala e inutilmente Skirmunt cerca di risvegliare in lei la voglia di vivere, e di far rinascere il suo animo. Giunge la figlia. L'amore per la bambina ha la meglio. Ganka riprende a vivere. (VK, 1917, n. 127, 42-44)

TAINY OKHRANKI
THE SECRETS OF THE OKHRANKA

Тайны охранки

Alternative titles
PROVOKATOR / THE PROVOCATEUR
MEST' ZHANDARMA / THE REVENGE OF THE GENDARME

Drama. 4 reels; length unknown; production: G. Libken Ltd.; release: 2.6.17; director: Boris Svetlov; script: Count Amori [Ippolit Rapgof]. Cast: Sergei Gladkov (the head of the Okhranka, a colonel in the Gendarmerie), V. Zimovoi. Flash titles.

TAK BYLO, NO TAK NE BUDET
THAT'S HOW IT WAS, BUT WILL BE NO MORE

Так было, но так не будет

Alternative titles
KANUN SVOBODY / THE EVE OF FREEDOM
TAK BYLO DO I MARTA
THAT'S HOW IT WAS BEFORE 1 MARCH

Drama. 4 reels; 1687 m; production: Skobelev Committee; release: 24.7.17; director: Nikolai Larin; script: Ol'ga Blazhevich; cameraman: Aleksandr Levitskii. Cast: Nikolai Larin (Vlasov, a worker), A. Volodkevich, E. Gur'ev, M. Massin. Preserved without titles.

This picture is on a political theme, and has been shown free during the three days of the festival. It is highly interesting to watch, and is outstanding both in its content and its production. It is about the lives of bloated factory owners and starving workers. Factory owner Surin, who lives with his debauched daughter named Mura, has a manager called Popov, whose son Serezha studies at the lycee. Drowning in senseless luxury, they fritter their lives away at balls, flirting, stuffing themselves, carousing and playing cards

Тайны охранки

TAJNI OHRANKI
IL SEGRETO DELL'OHRANKA

Titoli alternativi

PROVOKATOR / IL PROVOCATORE

MECT' ŽANDARMA / LA VENDETTA DEL GENDARME

Dramma. 4 bobine; metraggio ignoto; produzione: G. Libken Spa; data di release: 2.6.1917; regia: Boris Svetlov; sceneggiatura: Conte Amori [Ippolit Rapgof]. Interpreti: Sergej Gladkov (il capo dell'ohranka, un colonnello di gendarmeria), V. Zimovoj. Didascalie flash.

Так было, но так не будет

TAK BYLO, NO TAK NE BUDET
COSÌ FU, MA COSÌ NON SARÀ MAI PIÙ

Titoli alternativi

KANUN SVOBODY / LA VIGILIA DELLA LIBERTÀ

TAK BYLO DO I MARTA / COSÌ FU FINO AL 1° MARZO

Dramma. 4 bobine; 1687 m; produzione: Comitato Skobelev; data di release: 24.7.1917; regia: Nikolaj Larin; sceneggiatura: Ol'ga Blaževič; operatore: Aleksandr Levickij. Interpreti: Nikolaj Larin (l'operaio Vlasov), A. Volodkevič, E. Gur'ev, M. Massin. Il film è conservato senza didascalie.

Durante i tre giorni di festa è stato mostrato gratuitamente il film, a tema politico; film che è stato accolto con grande interesse e che ha rivelato un valore eccezionale, sia per quel che riguarda il contenuto che per l'interpretazione. Il dramma descrive la vita di ricchi industriali e operai affamati, e la trama è la seguente. C'è l'industriale Surin, con la dissoluta figlia Mura, e il direttore della fabbrica, Popov, con il figlio Sereža, studente liceale. Abituati a vivere nell'opulenza, conducono una vita oziosa tra balli, flirt, pranzi, bal-

for high stakes, while the workers at their factory live in poverty and need, worn out by excessively hard work. In addition, they have to put up with a great deal of arbitrary behaviour from the owner. On Mura's name-day, for instance, Popov decided to throw a ball for her as a present, and collected three roubles from each worker to pay for it. But soon times change. The dark night of gendarme domination and capitalist gives way to the joyful morn of revolution, liberating the workers from the yoke of the factory owners and their gendarme-protectors. Serezha heads the revolutionary movement together with the workers' deputies. To the horror of the workers and of Serezha himself, his father turns out to be on the list of police provocateurs. The scene in which Popov is arrested and taken to the revolutionary court, of which his son is a member, is loaded with tragedy. Popov is unable to obtain forgiveness, even by going down on his knees before his son, and is imprisoned. There he realizes the depths to which he has fallen and decides to expiate the grave sins of his past by suicide. He removes his shirt, tears it into strips, ties them into a noose and hangs himself in his cell. The final scene shows Serezha in the prison cell, bidding farewell to his deceased father. (Sovetskaya Gazeta, Kostroma, 1918, No. 240, 16 Nov., 3)

TOVARISHCH ELENA
COMRADE ELENA

Товарищ Елена

Alternative title
ELENA CHERNETSKAYA

Social drama. 4 reels; length unknown; production: Skobelev Committee; release: unknown; director/art director: Boris Mikhin; script: Aleksandr Voznesenskii; cameraman: Aleksandr Levitskii. Cast: Vera Yureneva (Elena Chernetskaya, a revolutionary, the daughter of the Governor-General), Gavril Terekhov (Lotarev, one of the Governor's officials), Ol'ga Kondorova (the General's wife, Elena's mother), Mikhail Vizarov (a colonel), Józef Zieliński (Comrade Gurlyand). Preserved without titles.

This picture is part of the cycle of Russian dramas. It is distinguished neither by any originality of content, nor profundity of ideas. One might have expected a more serious analysis of the psychological aspect of our pre-revolutionary era from the author, Al. Voznesenskii. The characterization is pale and tendentious; the representatives of the former bureaucratic authorities are trite and overdone. But the picture's main failing is the excessive haste of the action, which leaves no room for overall logical consistency in its development. In the course of the first act alone, the naive young college-girl, who has turned into a mature thinking woman by a family drama, goes through an entire epic of experiences. In the second act (two years after the first) she has become a zealous party activist, having abandoned high society and her family's bureaucratic circles. On being arrested at a conspiratorial party meeting. Elena conceals her real name during interrogation, but a man whom she had once loved in the bourgeois circles she has abando-

A work of post-revolutionary transition, when attemps were made to represent the inner mechanisms of the now politicised individual. With a simple narration, a rough psychological progression, we see the attempt to narrate the historical contingency, rather than the history, blending the intimate elements of the popular serials with a schematic growth of the social consciousness. We witness to the prototype of future political cinema which, despite some uncertainties, manages to avoid banal propaganda. C.M.

dorie e partite a carte, mentre nella fabbrica gli operai sono estenuati da lavori gravosi, e vivono nella povertà e nell'indigenza, soggetti peraltro alle prepotenze dell'industriale. Infatti, per organizzare il ballo per l'onomastico di Mura, Popov decide di tassare gli operai riscuotendo tre rubli da ognuno di loro. Ma presto il vento gira. All'oscurità del regime capitalistico e poliziesco, oppressivo e tiranno, si sostituisce l'alba radiosa della rivoluzione, che affranca i lavoratori dall'oppressione degli industriali e dai gendarmi. Sereža, insieme ai deputati dei lavoratori si mette a capo del movimento rivoluzionario. La polizia segreta viene sconfitta e i suoi agenti provocatori sono scoperti. Col raccapriccio dei lavoratori e di Sereža, suo padre è nella lista dei provocatori. Molto tragica la scena dell'arresto di Popov, che viene condotto davanti al tribunale rivoluzionario: uno dei giudici è proprio Sereža. Popov, in ginocchio davanti al figlio, non riesce ad impetrare il perdono e viene chiuso in carcere. Qui si rende conto dell'abisso in cui è sprofondato, e decide di rimediare al male commesso suicidandosi. Levatosi la camicia, la strappa e ne fa tante strisce; con queste forma un cappio e si impicca nella sua stanza. L'ultima scena del film rappresenta Sereža che si accomiata dal padre morto in prigione. ("Sovetskaja gazeta", Kostroma, 1918, n. 240, 16 novembre, 3)

Товарищ Елена

TOVARIŠČ ELENA
COMPAGNA ELENA

Titolo alternativo
ELENA ČERNECKAJA

Opera di trapasso del periodo post-rivoluzionario, quando si cercava di rappresentare i meccanismi interiori del singolo che si era andato politicizzando. Con una narrazione semplicistica ma distesa, con una progressione psicologica un po' sommaria, assistiamo al tentativo di romanzare, più che la storia, addirittura la contingenza storica, mescolando un intimo d'appendice con una schematica crescita della consapevolezza sociale. Siamo quindi nel prototipo di tanto futuro cinema politico che, sia

Dramma sociale. 4 bobine; metraggio ignoto; produzione: Comitato Skobelev; data di release: ignota; regia/scenografia: Boris Mihin; sceneggiatura: Aleksandr Voznesenskij; operatore: Aleksandr Levickij. Interpreti: Vera Jureneva (la rivoluzionaria Elena Černeckaja, figlia del generale-governatore), Gavril Terehov (Lotarev, impiegato presso il governatore), Ol'ga Kondorova (la moglie del generale e madre di Elena), Mihail Vizarov (colonnello), Jozef Zelinskij (il compagno Gurljand). Il film è conservato senza didascalie.

Il film appartiene al ciclo dei drammi russi rivoluzionari e non si distingue né per l'originalità del soggetto né per una particolare profondità di concetti. Dal suo autore, A. Voznesenskij, ci si sarebbe potuto aspettare un'analisi più seria dell'aspetto psicologico dell'epoca prerivoluzionaria. Le descrizioni sono scialbe e tendenziose, le figure dei rappresentanti del precedente potere burocratico sono banali e caricaturali. Ma il difetto principale dell'opera consiste nell'esagerata rapidità dell'azione, che impedisce una generale e logica consequenzialità. Nel solo primo atto è già rappresentata l'intera epopea di sofferenze che trasforma l'ingenua collegiale, segnata da un dramma familiare, in una donna matura e riflessiva. Nel secondo atto (tra la prima e la seconda azione trascorrono due anni), abbandonato il suo mondo e l'ambiente borghese della sua famiglia, è già diventata un'accanita attivista del partito. Arrestata durante una riunione segreta di partito, Elena rifiuta di rivelare la sua identità ma un uomo dei circoli borghesi

ned (Lotarev – an official serving under her father, the governor), finds her in prison and bails her out. Almost unexpectedly for the viewer, Elena marries her "saviour". Her family life is shown in concise and colourful scenes. The propaganda at the mill, the meeting with party "comrade" Gurlyand, and Elena's break with her husband are scenes which, all in all, make little impact. She returns to her underground work in the party and prepares for a major terrorist attack... Here the author has created a situation of interesting dramatic content: Elena, the leader of the conspiracy, is torn between her feelings and her duty. She imagines her husband beside those they are planning to attack, and her feelings of love triumph – at the very last moment she restrains her comrade from the assassination. This is followed by more hackneyed interweaving of artificial cinematographic devices: Elena is reunited with her husband, introduces him to her circle of revolutionary friends, and then murders him when he betrays them to the legal authorities. The scenario writer is making a major psychological error here. Could a cool, intelligent and sensitive woman who knows her own husband and is aware of his previous relationship with her family (Lotarev was her mother's lover) be so blind as to consider the possibility of ideological union between him and the opposition camp? Of course not. The acting is generally good. Mme Yureneva gives a clear-cut and powerful portrayal of Elena. She plays the interrogation, imprisonment and murder scenes with dramatic simplicity. Her partner, Mr Terekhov, is weaker. With his depiction of Lotarev it is even harder to understand how Elena can be captivated by him and believe in him so blindly. Overall, Mikhin's production is perfectly respectable. The open-air shots are beautiful. (Pr., 1918, No. 3-4, 5)

B. Mikhin. V.L. Yureneva perceived everything remarkably keenly and was quick on the uptake. But God forbid that anyone should displease her in some way or contradict her feeling for a role. On such occasions she would go all tense like a violin string,

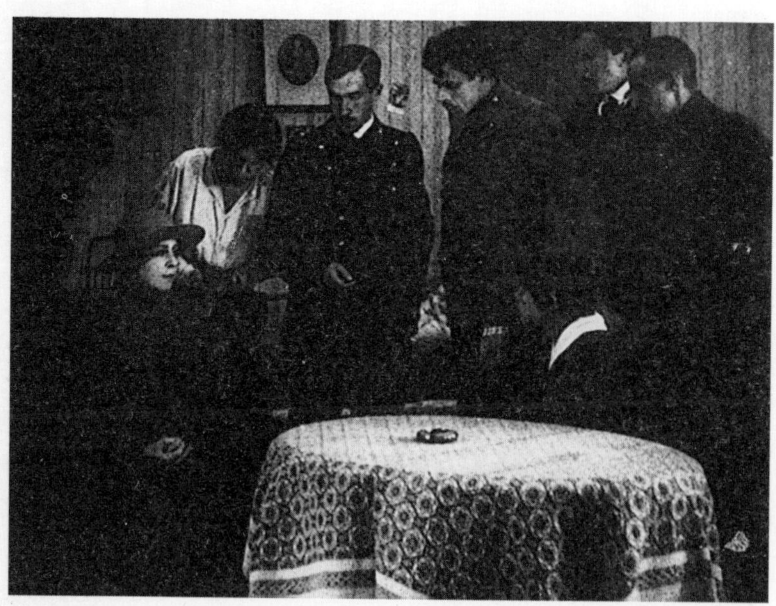

pur con qualche incertezza, riesce a sfuggire ad intenti banalmente propagandistici. C.M.

da lei abbandonati e di cui a suo tempo lei si era innamorata, la trova in prigione e si fa garante per lei. Quasi inaspettatamente per lo spettatore la protagonista sposa il suo "salvatore". I quadri della sua vita privata sono veloci e sbiaditi. La propaganda sul mulino, gli incontri con il "compagno" di partito Gurljand, la separazione dal marito sono in generale poco efficaci. Comincia di nuovo il lavoro clandestino nel partito e si prepara un'importante azione terroristica. Qui l'autore ci propone un momento interessante quanto a drammaticità: Elena, la mente del complotto, deve fare i conti con i propri sentimenti e con il senso del dovere. Tra coloro contro i quali si sta preparando l'attentato, vede il marito. L'amore ha il sopravvento: all'ultimo momento ella trattiene il compagno incaricato dell'omicidio. Ma più avanti si intreccia una banale e artificiosa macchinazione cinematografica: Elena si riappacifica col marito, lo introduce nel suo ambiente di compagni rivoluzionari e quando lui consegna tutta l'organizzazione nelle mani del potere costituito lo uccide. L'autore della sceneggiatura commette un grosso errore di valutazione psicologica: è mai possibile che una donna intelligente, sottile, che conosce il proprio marito e comprende il senso dei suoi precedenti legami con la famiglia (Lotarev era stato l'amante di sua madre) si inganni così ciecamente sul suo conto da ritenere possibile una sua adesione ideologica alla fazione opposta? Naturalmente no. Dal punto di vista dell'interpretazione il film è in generale soddisfacente; ben definita e d'effetto la figura di Elena, impersonata dalla Jureneva. Le scene dell'interrogatorio, della detenzione in carcere, dell'omicidio del marito e molte altre sono da lei interpretate con naturalezza. Più debole il suo partner, Terehov. Stando alla sua interpretazione, è ancora più arduo capire come Elena possa essersi innamorata di Lotarev e credergli ciecamente. La realizzazione del regista Mihin è in generale ottima. Molto belle le scene girate in esterni. (Pr., 1918, n. 3-4, 5)

B. Mihin. Lei [V. L. Jureneva] riusciva a comprendere e ad afferrare ogni cosa in modo eccezionalmente rapido e preciso. Ma

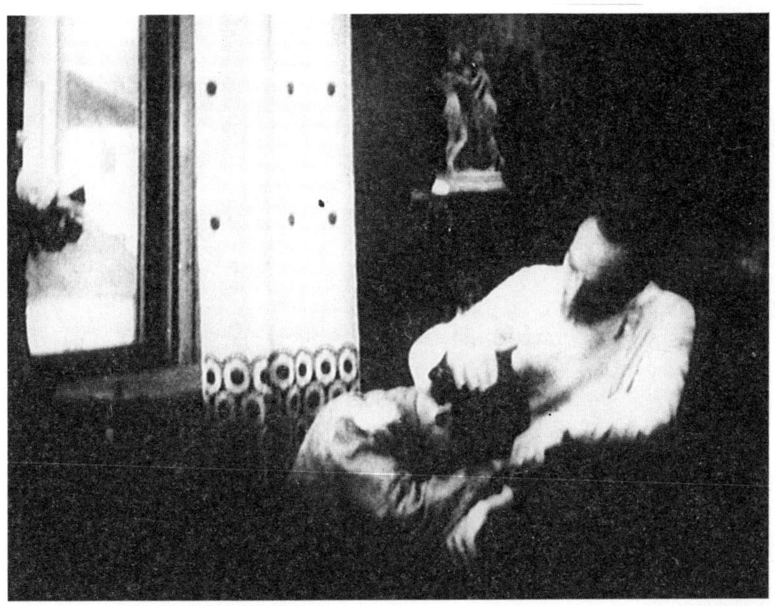

her voice would tremble and she would be ready to burst into tears at any moment. I remember when I was directing *Comrade Elena*, she took it into her head to change costumes several times in the course of each shoot, which was fundamentally out of step with the character. How much eloquence was needed to convince her not to do it! But despite this, I loved working with Yureneva, and I have very fond recollections of the films we made together. (1946, 6)

TORGOVYI DOM ROMANOV, RASPUTIN, SUKHOMLINOV, MYASOEDOV, PROTOPOPOV I KO. ROMANOV, RASPUTIN, SUKHOMLINOV, MYASOEDOV, PROTOPOPOV & CO.

Торговый дом Романов, Распутин, Сухомлинов, Мясоедов, Протопопов и К°

Alternative title
KOSHMARY PROSHLOGO / NIGHTMARES FROM THE PAST

Drama. 4 reels; length unknown; production: Kino-Alpha; release: 29.12.17 (Kiev); director: Nikolai Saltykov (?). Cast: unknown. Titles in Russian, German and Finnish.

CHERNYE VORONY THE RAVENS

Черные вороны

Drama. 5 reels; length unknown; production: Era Studio (Russian Golden Series); release: 5.4.17; director: Mikhail Bonch-Tomashevskii. Cast: Vera Pavlova (Elena Sergeevna Kraeva), Ol'ga Obolenskaya (Anna Nikolaevna, her stepmother), Petr Leont'ev (Viktor Aleksandrovich Pal'mskii, a student-coach), A. Morozov (Il'ya), D. Gundurov (Spiridon Samsonovich, a manager), E. Romanova (Irina), Yakov Volkov (Semen), P. Starkovskii (a holy old elder), A. Yanusheva (Varvara). Based on the play by Viktor Protopopov. Preserved without header and titles.

The screen adaptation of the well-known play *The Ravens* does not justify the expectations raised by its fine-sounding title and the reference to the "unconditional prohibition by the censor", that has only now been lifted. While Protopopov's work itself is neither a particularly vivid nor characteristic portrayal of exploitative religious circles under the old regime, the screen version is distinctly pale and lifeless, with a clearly far-fetched plot and rather bad acting. The play starts straight away with the lonely young girl falling into the clutches of the "ravens". Little connection is made between her disillusionment and striving towards new religious meaning, and her past experiences. Consequently, the drama's psychological element does not come across properly. This is due, on the one hand, to the not entirely successful dramatization, which contains no profound inner analysis, and on the other, to the unimpressive and indistinct performances by the actors in the principal roles. Mme Pavlova stuck conscientiously to the usual hackneyed depiction of a religiously-minded girl, and gave abso-

guai se qualcosa non la soddisfava o contrastava con il suo modo di sentire la parte. Allora diventava tirata come una corda, il tono della voce diventava acuto, come se da un momento all'altro stesse per scoppiare in singhiozzi. Ricordo che quando dirigevo il film *Compagna Elena* a lei venne in mente alcune volte, durante le riprese, di vestirsi in modo non consono al personaggio. Quale sfoggio di oratoria fu necessario per convincerla a non farlo. Tuttavia amavo molto lavorare con la Jureneva e ricordo con grande affetto tutti i film realizzati con la sua partecipazione. (1946, 6)

Торговый дом Романов, Распутин, Сухомлинов, Мясоедов, Протопопов и К°

TORGOVYI DOM ROMANOV, RASPUTIN, SUHOMLINOV, MJASOEDOV, PROTOPOV I CO.
DITTA ROMANOV, RASPUTIN, SUHOMLINOV, MJASOEDOV, PROTOPOV

Titolo alternativo
KOŠMARY PROŠLOGO / INCUBI DAL PASSATO

Dramma. 4 bobine; metraggio ignoto; produzione: Kino-Al'fa; data di release: 29.12.1917 (Kiev); regia: Nikolaj Saltykov (?). Interpreti: ignoti. Didascalie in russo, tedesco e finlandese.

Черные вороны

ČERNYE VORONY
CORVI NERI

Dramma. 5 bobine; metraggio ignoto; produzione: Studio Era (Russkaja zolotaja serija); data di release: 5.4.1917; regia; Mihail Bonč-Tomaševkij. Interpreti: Vera Pavlova (Elena Sergeevna Kraeva), Ol'ga Obolenskaja (Anna Nikolaevna, la sua matrigna), Petr Leont'ev (Viktor Aleksandrovič Pal'mskij, studente e precettore), A. Morozov (Il'ja), D. Gundurov (Spiridon Samsonovič, il direttore), E. Romanova (Irina), Jakov Volkov (Semen), P. Starkovskij (un santo starec), A. Januševa (Varvara). Tratto dall'omonimo dramma di Viktor Protopopov. Il film è conservato senza titoli di testa e senza didascalie.

L'adattamento cinematografico della pièce *I corvi neri*, piuttosto famosa a suo tempo, non soddisfa le aspettative create dal titolo altisonante e dall'assoluto divieto della censura che l'ha proibita fino ai giorni nostri. L'opera stessa di Protopov non si presenta come una chiara e tipica riproduzione dei circoli speculativo-religiosi dell'epoca del vecchio regime e il suo adattamento cinematografico risulta pallido e inanimato con una trama inventata e una cattiva interpretazione. La pièce ha inizio nel momento in cui una giovane sola capita nelle grinfie dei "corvi neri"; ma i motivi delle delusioni che l'hanno indotta a cercare nuovi valori nella sfera della religione sono solo velatamente accennati. Il risvolto psicologico del dramma risulta debole, vuoi per un adattamento non del tutto felice che non dà spazio a un'analisi interiore approfondita, vuoi per la recitazione poco rispondente degli interpreti dei ruoli principali. La Pavlova non esce dai limiti di una rappresenta-

lutely no indication of the inner struggle and discord brought about by her tough family life and doubts in the man she loves. Mr Leontev is very poor as the student, and his coarse and unattractive appearance make the young lady's affection for him simply incomprehensible and improbable. The other performers strongly caricature their characters. The acting by the two "holy elders" who get up to all sorts of outrages, and their binge scenes, are crudely overdone and in places turn the play into a proper farce. (Pr., 1917, No. 9-10, 12)

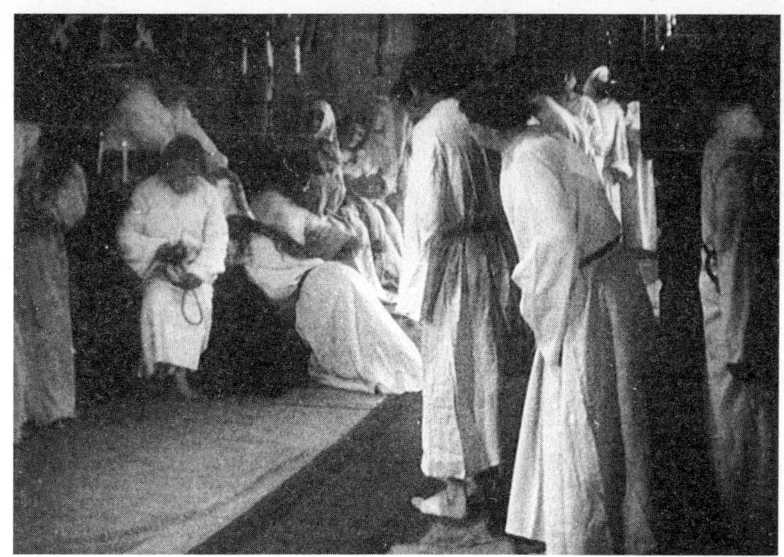

zione coscientemente banale di una giovane pervasa di sentimenti religiosi, senza trasmettere assolutamente il travaglio interiore e la tensione dovuti alla pesante situazione familiare e ai dubbi suscitati dall'uomo amato. Decisamente male recita l'interprete dello studente Leont'ev ed il suo aspetto esteriore è talmente rozzo e poco attraente da rendere del tutto incomprensibile e inverosimile il tenero sentimento che prova per lui la protagonista. Gli altri ruoli sono interpretati in modo molto caricaturale. Rozzamente esagerata la recitazione dei due "santoni" che si lasciano andare a eccessi di ogni tipo. Le scene dei loro bagordi rendono a tratti il film una vera farsa. (Pr., 1917, n. 9-10, 12)

1918

AZIADE

Азиадэ

Alternative title
NEVOL'NITSA GAREMA
IN THE HAREM AGAINST HER WILL

Film poem. 6 reels; 1560 m; production: K. Abramovich; release: unknown; director: Iosif Soifer; script: Vitol'd Akhramovich & Mikhail Mordkin; cameraman: Aleksandrs Stanke; art director: T. Glebova; costumes: V. D'yachkov; music: I. Gyutel'. Cast: Margarita Froman (Aziade, a bedouin girl), Mikhail Mordkin (Sheikh Hussein), Nikolai Vashkevich (Aziade's father), B. Pazhitskaya (Gayane), A. Bulgakov (Kerim, a body-guard), V. Smirnov (military leader), A. Gulin (an eunuch), A. Shalomytova (a Syrian fortune teller), Van'kovich (the Sheikh's wife). Screen version of the ballet.

An oriental town, languid and mysterious, full of charm and sun-baked idleness... An European tourist loses his way in the narrow

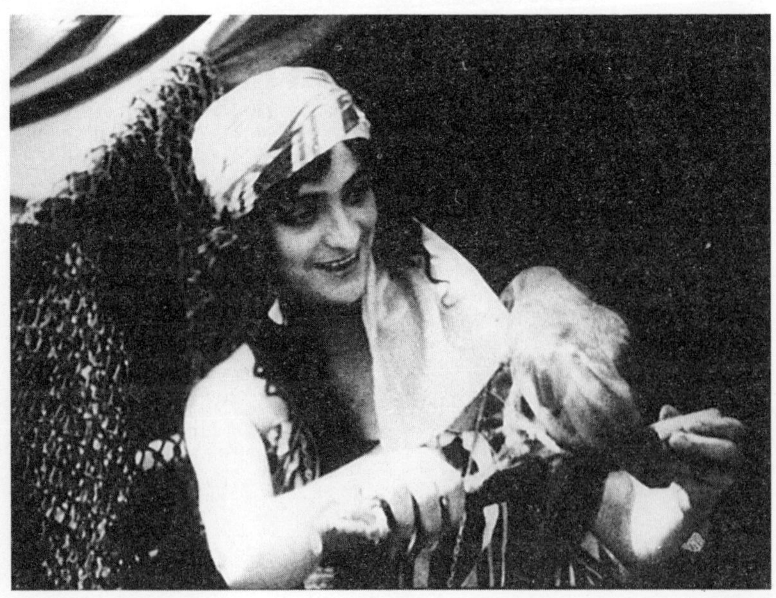

Mikhail Mordkin (1881-1944) was a star of the Bolshoi, and toured with Diaghilev and as partner to Pavlova. Later, as an émigré in America, he was a significant link between Russian and modern American ballet. His ballet *Aziade* was first presented at the Metropolitan Opera House, New York, but revived, with new music by J. Giutel, at the Bolshoi, when Mordkin became *maître de ballet* there in 1912. The film adaptation, an anticipation of *The*

Азиадэ

AZIADE

Titolo alternativo
NEVOL'NICA GAREMA
NELL'HAREM CONTRO LA SUA VOLONTÀ

Film poema. 6 bobine; 1560 m; produzione: K. Abramovič; data di release: ignota; regia: Iosif Sojfer; sceneggiatura: Vitol'd Ahramovič, Mihail Mordkin; operatore: Aleksandr Stanke; scenografia: T. Glebova; costumi: V. D'jačkov; musica: I. Gjutel'. Interpreti: Margarita Froman (Aziade, una ragazza beduina), Mihail Mordkin (lo sceicco Hussein), Nikolaj Baškevič (il padre di Aziade), B. Pažickaja (Gajane), A. Bulgakov (la guardia del corpo Kerim), V. Smirnov (un capo militare), A. Gulin (eunuco), A. Šalomytova (un'indovina siriana), Van'kovič (la moglie dello sceicco). Adattamento dell'omonimo balletto.

Mihail Mordkin (1881-1944) fu una stella del Bolšoj, in tourneé con Diaghilev e partner della Pavlova. Durante il suo esilio in America egli rappresentò un legame significativo tra il balletto russo e il balletto moderno americano. Il suo balletto *Aziade* venne rappresentato per la prima volta a New York alla Metropolitan Opera House, ma venne rilanciato al Bolšoj, con delle nuove musiche di J. Giutel, quando Mordkin divenne *maître de ballet* di

Una città orientale, languida e misteriosa, piena di fascino e di assolata pigrizia... Un turista europeo si perde nelle stradine inter-

back-streets, deserted in the midday hour... A glance flashes from a balcony, a smile shines forth and disappears... And the dream of the Arabian night unfolds: a realistic and instructive story about the wise and generous Sheikh Hussein and the beautiful and free Bedouin girl Aziade... With the splendour of his palace and his incalculable wealth the sheikh hopes to captivate Aziade, the Bedouin girl in love with the sun, the sand and her torn tent. The sheikh reckons on taking her by force... But love is a free and cunning nomad. It tolerates no violence and deceives those who use force. Look out, sheikh! The Syrian fortune-tellers have predicted a sorry fate for you... The dream ends in a nightmare, heavy and oppressive... A horrible fairytale conjured up by oriental music, the imaginings of a dervish-poet, the fantasy of a sophisticated European and the mysterious effects of a narcotic... The fairytale is over. And the tourist is glad that it was only a fairytale, only a day-dream. (Pr., 1918, No. 3-4, 12)

Sheik, while wholly remade for the screen, is remarkable for the choreographic rhythm, and the attraction of Mordkin's own performance. D.R.

BAL GOSPODEN'
THE LORD'S BALL

Бал Господень

Alternative title
K BOGU NA BAL / TO THE BALL FOR GOD

Drama. 5 reels; 1497 m; production: N. Kozlovskii, S. Yur'ev & Co. (Rus' Studio); release: 19.9.18 & 27.2.23; director/script: Vyacheslav Turzhanskii; cameraman: Nikolai Kozlovskii; art directors: N. Denisov & Sergei Kozlovskii. Cast: Vitol'd Polonskii (Vitol'd Dal'k, a pianist), Nataliya Kovan'ko (Nedda), Aleksandr Cheban (Kirill, her brother, a hunchback and idiot), V. Popov (Narov), Kira Vadetskaya (Volkonskaya). Screen version of a song by Aleksandr Vertinskii. Preserved without titles.

The scenario of this drama is "in the manner of Vertinskii" i.e., they have simply taken one of his songs and attached a plot which is tenaciously connected with the romance's theme. The poem's overall colouring is poorly conveyed. Vertinskii's romance is about the lonely life of a woman in a "sleepy town" where "there are not even any decent coaches", not to mention fairy-tale heroes like the actor-musician featured in the play. The drama, on the other hand, is the story of a bright radiant love which brings the dreamy girl's reveries "about pages and a line of coaches" to life... The play's pretentious and far-fetched ending, in which Nedda's mad brother strangles her on mistaking her for another woman, is even more out of tune with the general tone of Vertinskii's simple and authentic song about everyday life. The play's performance is better than its content. Mme Kovan'ko is good in the role of Nedda, and Mr Polonskii gives a stylish interpretation of the musician. The actor playing the insane Kirill copes not badly with a tough and crucial role, giving a lively and distinguished portrayal. The production fails to sustain the play's general setting: the viewer is left with no impression of the god-forsaken provincial town. The ball scene in the heroine's dreams is well done. (Pr, 1918, No. 3-4, 3-4)

Strange mixture of dream and madness, an erratic work on the narrative level, but with remarkable effects from the visual and the content point of view. The father who is "normal"' only when he plays the piano, the daughter who, like Alice, "escapes" through a mirror, and creates an imagery that later corresponds to reality, the abrupt and dramatic, almost real ending make of this film – but maybe only for those who see it today — an apologue. C.M.

quel teatro nel '12. L'adattamento cinematografico, che anticipa *Lo sceicco,* pur essendo stato interamente rifatto per lo schermo, è notevole per il ritmo coreografico e per l'attraente performance dello stesso Mordkin. D.R.

ne, deserte verso l'ora di mezzogiorno... Da un balcone lampeggia uno sguardo, brilla un sorriso e poi sparisce... Si svela il sogno della notte araba: una storia realistica ed istruttiva sul saggio e generoso sceicco Hussein e la bella e libera ragazza beduina Aziade... Lo sceicco, con il suo splendido castello e le incalcolabili ricchezze spera di riuscire a sedurre Aziade, la ragazza beduina innamorata del sole, della sabbia e della sua tenda strappata. Lo sceicco conta di prenderla con la forza... Ma l'amore è un nomade libero e astuto. Non sopporta la violenza e inganna coloro che ricorrono alla forza. Stai attento sceicco! Gli indovini hanno previsto un triste destino per te! Il sogno diventa incubo, pesante e opprimente... Una fiaba spaventosa costruita con la musica orientale, l'immaginazione di un poeta derviscio, la fantasia di un raffinato europeo e gli effetti misteriosi di un narcotico... La fiaba è finita. E il turista è contento che si tratti solo di una fiaba, di un sogno ad occhi aperti. (Pr., 1918, n. 3-4, 12)

Бал Господень

BAL GOSPODEN'
IL BALLO DEI SIGNORI

Titolo alternativo
K BOGU NA BAL / AL BALLO, DA DIO

Strano impasto di sogno e di follia, in un'opera discontinua sul piano narrativo, ma con notevoli suggestioni sul piano contenutistico e visuale. Il padre "normale" solo quando suona il pianoforte, la figlia che "evade", come Alice, attraverso lo specchio, creandosi un immaginario che poi trova riscontro nella vita, la brusca, drammatica, quasi realistica conclusione, danno al film – ma forse solo agli occhi di oggi – la dimensione dell'apologo. C.M.

Dramma. 5 bobine; 1497 m; produzione: N. Kozlovskij, S. Jur'ev i Co. (Studio Rus'); data di release: 19.9.1918 e 27.2.1923; regia/sceneggiatura: Vjačeslav Turžanskij; operatore: Nikolaj Kozlovskij; scenografia: N. Denisov, Sergej Kozlovskij. Interpreti: Vitol'd Polonskij (Vitol'd Dal'k, pianista), Natalija Kovan'ko (Nedda), Aleksandr Čeban (suo fratello Kirill, gobbo e idiota), V. Popov (Narov), Kira Vadeckaja (Volkonskaja). Adattamento di una canzone di Aleksandr Vertinskij. Il film è conservato senza didascalie.

This is the story of a provincial girl's love for a visiting actor. After overcoming a number of obstacles, the girl's deranged brother strangles her. The hero, hurrying to his wedding, finds his bride in her coffin. It's a banale plot. The acting is good, and the film's photography is excellent. The actual title of the film is incomprehensible: *The Lord's Ball* turns out to be the heroine's death in her wedding dress. The scene in which the bride is strangled by her idiot brother is intolerable. (Kb, 1918, 18)

BARYSHNYA I KHULIGAN
THE LADY AND THE HOOLIGAN

Барышня и хулиган

Alternative title
UCHITEL'NITSA RABOCHIKH
THE WORKERS' TEACHER

Drama. 5 reels; length unknown; production: Neptune; release: 20.12.18; director/cameraman: Evgenii Slavinskii; script/co-director: Vladimir Mayakovskii; art director: Vladimir Egorov. Cast: Aleksandra Rebikova (the teacher), Vladimir Mayakovskii (the hooligan), Fedor Dunaev (the headmaster). Screen version of the story *The Workers' Teacher* by Edmondo de Amicis. Vladimir Mayakovskii's first work in cinema. Preserved without titles.

E. Slavinskii. As a man who was very punctilious about every small detail of film studio life, Vladimir Vladimirovich [Mayakovskii] could have served as an example to all actors. He would always turn up for shooting on time, wearing that simple costume that looked as if it belonged to some reckless street brawler. It had been designed by joint effort, and had turned out quite nicely: Vladi-

La sceneggiatura del dramma è secondo Vertinskij, una canzone cui lui ha semplicemente attinto per fare un soggetto che ha solo un vago rapporto col motivo della romanza. L'originalità e il "colore" dei versi sono quasi completamente perduti. La romanza interpretata da Vertinskij descrive la vita di una donna sola, trascorsa nel "letargo" di una città, in cui "non si riesce neanche a trovare una carrozza decente", né quegli eroi leggendari e fiabeschi, rappresentati nell'opera dall'artista-musicista. Il dramma *Bal gospoden'* è la storia di un amore radioso e suggestivo, con il quale prendono consistenza i sogni di una fanciulla romantica, che fantastica "paggi e una fila di carrozze"... Pretenziosa e artificiosa la fine dell'opera: il fratello pazzo di Nedda la strangola, scambiandola per un'altra donna, accentuando ancora di più il contrasto con il carattere della canzone, semplice, vitale e realistico nella sua quotidianità. L'interpretazione è decisamente superiore al suo contenuto. Buona la recitazione della Kovan'ko nel ruolo di Nedda; impeccabile lo stile di Polonskij nel ruolo del musicista. L'interprete del ruolo di Kirill, il fratello pazzo, ha dato una buona prova di sé, mostrando di saper far fronte alle difficoltà e alla serietà del suo compito, e offrendo un tipo vitale e caratteristico. L'allestimento non si adatta allo sfondo dell'opera: lo spettatore non riesce a cogliere l'atmosfera di una remota cittadina di provincia. Efficaci le scene del ballo, sognato dall'eroina. (Pr., 1918, n. 3-4, 3-4)

Il soggetto è la storia d'amore tra una fanciulla di provincia e un artista forestiero; dopo una serie di ostacoli, il fratello pazzo strangola la ragazza e il protagonista, che si affretta verso le nozze, trova la promessa sposa nella bara. La trama è banale. Il film è comunque ben realizzato, soprattutto per quel che riguarda le riprese. Poco chiaro il titolo del film: *Il ballo dei signori* si trasforma nella rappresentazione della morte dell'eroina vestita da sposa. Assurda la scena in cui il fratello idiota strozza la fanciulla. (KB, 1918, 18).

Барышня и хулиган

BARYŠNJA I HULIGAN
LA SIGNORINA E IL TEPPISTA

Titolo alternativo
UČITEL'NICA RABOČIH
LA MAESTRINA DEGLI OPERAI

Dramma. 5 bobine; metraggio ignoto; produzione: Neptun; data di release: 20.12.1918; regia/operatore: Evgenij Slavinskij; sceneggiatura/coregia: Vladimir Majakovskij; scenografia: Vladimir Egorov. Interpreti: Aleksandra Rebikova (la maestrina), Vladimir Majakovskij (il teppista), Fedor Dunaev (il direttore della scuola). Adattamento della novella di Edmondo De Amicis *La maestrina degli operai*. Primo lavoro di Vladimir Majakovskij per il cinema. Il film è conservato senza didascalie.

E. Slavinskij. Molto scupoloso in ogni dettaglio della vita del teatro di posa, Vladimir Vladimirovič poteva essere portato a esempio per gli altri attori, sempre puntuale alle riprese nel suo semplice

mir Vladimirovich felt free in it and he didn't look too much like a ruffian. At the very start he would ask me to be strict and exacting towards him, and promised unconditional obedience to the director. Nonetheless, he did sometimes make changes to the dramatizations: as a rule, they would make things more laconic, simpler and clearer, and it was impossible to object to them. On the whole, he was dutiful and attentive, and there was no friction during shoots with him. Without being an actor, Mayakovskii held himself magnificently before the camera. He was calm during shoots, he grasped the director's instructions quickly and easily, he knew his role and played it smoothly. His acting in general was natural and devoid of any posturing. He was unhurried and smooth in his movements, and never forgot about the camera's field of vision. There was no need for much rehearsal with him. He did not like to be made up, so with our consent he merely shaded his eyes slightly and powdered his face. Ever cheerful and happy, Vladimir Vladmirovich enlivened the other participants in the shoot too, raising people's morale and reinforcing their interest in producing the film. (1940, 2-4)

BEGUNY
RUNNERS

Бегуны

Alternative title

IZHE NI IMATE NI GRADA,
NI SELA, NI DOMU

THOU SHALT HAVE NEITHER CITIES,
NOR VILLAGES, NOR HOUSES

Drama. 7 reels; length unknown; production: Rus'; date: 1918; release: unknown; director: Aleksandr Chargonin; script: D. Smolin; cameraman: Yurii Zhelyabuzhskii; art director: Vladimir Simov (based on materials in the Rumyantsev Museum). Cast: Nadezhda Bazilevskaya, Sergei Golovin, Tat'yana Kraskovskaya, G. Sarmatov, P. Romanov, Mariya Kryzhanovskaya, Aleksandr Vyrubov. From the series *Ishchushchie boga / Searching for God*. Sequel to the films *Khlysty / The Sectarians* and *Belye golubi / White Doves*. Preserved without titles.

BELOE I CHERNOE
BLACK AND WHITE

Белое и черное

Drama. 5 reels; length unknown; production: I. Ermol'ev (Moscow); release: 2.1.19 (Petrograd); director/script/art director: Aleksandr Razumnyi; cameramen: Grigorii Giber & Fedor Burgasov. Cast: Vladimir Strizhevskii (the millionarie Jonathan White / the apache Black); Elizaveta Porfir'eva (Lilla, Black's accomplice), Ol'ga Org (Ingeborg, White's bride), Ol'ga Kondorova (Bridget). Second, third and fourth reels preserved without titles.

Black and white, darkness and light, good and evil; the eternal struggle between these two forces. White – a handsome young

costume da attaccabrighe di strada. Il costume lo avevamo pensato insieme e non era venuto affatto male: Vladimir Vladimirovič diceva di sentirsi a suo agio in quell'abito, anche se l'aspetto non era proprio quello di un teppista. Prima di cominciare le riprese, mi chiese di essere severo ed esigente con lui, e promise incondizionata sottomissione al regista. Tuttavia, apportò delle modifiche alle scene. Naturalmente le modifiche venivano fatte per amor di chiarezza, semplicità e concisione, cosicché non era possibile protestare. In generale le sue osservazioni venivano ascoltate e soppesate, e le riprese procedettero senza attriti. Majakovskij, che non è un attore, davanti alla macchina da presa si comportava in modo splendido: era tranquillo, durante le riprese assimilava velocemente e con disinvoltura i suggerimenti del regista, conosceva il proprio ruolo e lo assolveva con precisione. In generale la sua interpretazione rivelava naturalezza e totale assenza di pose. I suoi movimenti erano calmi e morbidi, e si ricordava sempre dei limiti dell'inquadratura. Raramente era necessario ripetere le scene, con lui. Non amava truccarsi. In base a un nostro accordo, ritoccava appena gli occhi e si dava un po' di cipria. Entusiasta, sempre allegro e pieno di gioia di vivere, Vladimir Vladimirovič riusciva a infervorare anche gli altri durante le riprese, risollevando l'umore generale e intensificando l'interesse per la realizzazione del film. (1940, 2-4)

millionarie upon whom fate has smiled – uses his wealth in a splendid and enlightened manner. He has received many letters of gratitude from people whom he has helped to prosper. But good is always opposed by evil. Black – a base dishonest rogue – lives in a miserable closet with his lady-friend Lilla. Fate has rewarded this rogue with White's handsome appearance: the two men are as alike as twins. By chance, Black comes across a magazine with a portrait of White. His criminal mind immediately conceives a plan for exploiting this happy coincidence and somehow getting hold of White's millions. He makes Lilla pretend she is ill, so that White will take her into his house. White gives her shelter, but because of the kind and caring attention that he and his housekeeper give her, Lilla begins to be troubled by pangs of conscience. Black stubbornly demands Lilla's help. Unable to stand up to the rogue, she brings Black a letter that she has been asked to take to White's fiancée with some flowers. Black copies out a few lines of it to study the handwriting for future eventualities. Lilla's treachery leaves her in despair. Some time later, Lilla receives a letter from Black demanding that she open the terrace door of White's house on an appointed night and let him in. Lilla refuses, and the door remains closed. But chance is on Black's side. White receives a telegram concerning his forthcoming business trip to Paris, and becomes preoccupied with it. He opens the study window to refresh himself, and then goes off to his bedroom without closing it. The enraged Black sees the open window, climbs through it into the study, takes a look at the telegram, which has been left on the desk, and is very pleased with what he reads. Lilla then enters and sees him. Two days later, White leaves for Paris. Lilla is in deadly fear of Black, and says nothing to White of the danger he is in. Black leaves in the same train as White. During the journey, he creeps into White's compartment, and there the doubles meet. Black attacks White with a knife; White defends himself, and as a result, one of the adversaries is killed. The one who remains alive stops the trains with the Westinghouse emergency brake. People gather around and it is established that Jonathan White the millionaire has killed a criminal – his double – in self-defence. White returns home; Lilla is suspicious and reaches the conclusion that it is not White at all, but Black, though she is not totally sure. In fact, Lilla's suspicions are perfectly justified. The man who returned from Paris is Black. He suffers greatly from his moral isolation, and eventually, unable to bear it any more, tries to become intimate with his former lady-friend, without revealing to her who he really is. She is astonished, shocked to the point of disgust. Finally, unable to bear the burden of his intolerable moral suffering, Black confesses his crime to the authorities and turns himself in. (KG, 1918, No. 35, 11)

Бегуны

BEGUNY
CORRIDORI

Titolo alternativo
IŽE NI IMATE NI GRADA,
NI SELA, NI DOMU
CHE NON ABBIATE NÉ CITTÀ,
NÉ VILLAGGIO, NÉ CASA

Dramma. 7 bobine; metraggio ignoto; produzione: Rus' (1918); data di release: ignota; regia: Aleksandr Cărgonin; sceneggiatura: D. Smolin; operatore: Jurij Željabužskij; scenografia: Vladimir Simov (con materiale del museo Rumjancevskij). Interpreti: Nadezda Bazilevskaja, Sergej Golovin, Tat'jana Kraskovskaja, G. Sarmatov, P. Romanov, Marija Kryžanovskaja, Aleksandr Vyrubov. Dalla serie *Iščuščie boga* (Cercando Dio). Continuazione del film *Hlysty* (I settari) e *Belye Golubi* (Bianchi colombi). Il film è conservato senza didascalie.

Белое и черное

BELOE I ČERNOE
BIANCO E NERO

Dramma. 5 bobine; metraggio ignoto; produzione: I. Ermol'ev (Mosca); data di release: 2.1.1919 (Pietrogrado); regia/sceneggiatura/scenografia: Aleksandr Razumnyj; operatori: Grigorij Giber e Fedor Burgasov. Interpreti: Vladimir Striževskij (il milionario Jonathan White/l'apache Black), Elizaveta Porfir'eva (Lilla, la complice di Black), Ol'ga Org (Ingeborg, la fidanzata di White), Ol'ga Kondorova (Bridget). Conservate la seconda, la terza e la quarta bobina, senza didascalie.

Il nero e il bianco, le tenebre e la luce, il bene e il male. Eterna lotta di questi principi. Il giovane e bel milionario White, baciato dalla fortuna si gode la propria ricchezza con serenità. Egli riceve molte lettere piene di gratitudine da tutti quelli che aveva aiutato. Ma al bene si contrappone sempre il male. In una squallida stanzetta vive con la propria ragazza Lilla, l'apache Black, un infame delinquente. Madre natura donò a questo malfamato la bellezza di White: essi si assomigliano come se fossero gemelli. Per caso Black vede su un giornale la fotografia di White. Alla vista del ritratto del milionario, nella mente depravata di Black prende subito forma un piano per sfruttare questa fortunata somiglianza e impossessarsi in qualche modo dei milioni di White. Black convince la sua amica Lilla a fingersi ammalata per potersi così introdurre nella casa di White. Lilla, colpita dalle attenzioni di cui la ricoprono l'ospitale White e la sua economa Bridget, inizia ad avere dei rimorsi di coscienza. Ma Black continua a chiedere con insistenza l'aiuto di Lilla. Incapace di opporsi al delinquente, Lilla sfrutta il fatto di dover portare alla fidanzata di White dei fiori e una lettera, per fare vedere la lettera a Black, cha a sua volta ne ricopia alcune righe per imitare la calligrafia. Lilla è disperata per il suo tradimento. Dopo un po' Lilla riceve una lettera da Black, che le ordina, nella notte prestabilita, di aprire la porta della veranda della casa di White per farlo entrare. Ma Lilla si rifiuta e non apre la porta. È il caso a venire in aiuto di Black: White riceve un tele-

BELYE GOLUBI
WHITE DOVES

Белые голуби

Alternative titles
SEKTANTY / THE SECTARIANS
ZA MONASTYRSKOI STENOI
BEHIND THE MONASTERY WALL

Film play. 6 reels; 2100 m; production: Rus'; release: 3.4.18; director: Nikolai Malikov; script: Yu. Spasskii; cameraman: Yurii Zhelyabuzhskii; art director: Vladimir Simov. Cast: Aleksandr Chargonin (Count Arakcheev), Nikolai Malikov (Archimandrite Fotii), A. Galin (Alexander I), Ol'ga Obolenskaya (Princess Naryshkina), Fedor Dunaev (Prince Golitsyn), B. Rutkovskaya (Lyudmila, her niece), Ivan Lazarev (Kondratii Selivanov, the sect's prophet), R. Krechetov (Aleksei, his pupil), V. Polivanov (Metropolitan Serafim), V. Ordynskii (Governor-General Miloradovich), Elizarov (Viktor Bassargin). Preserved without titles.

One hundred years ago, when the weak-willed and mystically-inclined Emperor Alexander was but a blind tool in the hands of his grim favourite Arakcheyev, the people sought in vain for spiritual sustenance. That period of oppression was also one in which a vast multitude of religious sects emerged, including the skoptsy and the "White Doves", who rapidly grew out of the teachings of the "skoptsy God" Kondraty Selivanov. Harassed by the authorities and persecuted by the governor of Moscow, Prince Volkonskii, the skoptsy continue to gather and conduct their dark and mysterious "rites". Their "Zion" is located in the house of the rich merchant Solodovnikov, and they hold their assemblies under the secret protection of Prince Golitsyn, the minister of spiritual affairs, a Freemason and a friend of the Emperor's. More and more truth-seekers gather around the skoptsy, and Selivanov stops

gramma con delle informazioni, concernenti il suo prossimo viaggio di affari a Parigi; egli pensa preoccupato al testo e, volendo rinfrescarsi apre la finestra dello studio e, senza richiuderla ritorna in camera sua. Black, furibondo, trovando aperta la finestra dello studio, entra in casa, legge il telegramma che era rimasto sul tavolo, rimanendo molto soddisfatto del suo contenuto. Entra Lilla e lo vede. Due giorni dopo White parte per Parigi. Lilla, spaventata a morte da Black, non ha il coraggio di avvertire White, prima che parta, del pericolo che incombe su di lui. Black parte con lo stesso treno. Durante il viaggio Black penetra nella cuccetta occupata da White e i due sosia si incontrano. Black assale White con un coltello, l'altro si difende e alla fine uno dei due rivali cade morto. Il sopravvissuto fa fermare il treno, accorre gente e viene chiarito che il milionario Jonathan White ha ucciso, per legittima difesa, un malvivente che si era intrufolato nella sua cuccetta, il suo sosia. White ritorna a casa e Lilla, fattasi diffidente, giunge alla conclusione che questo non è White ma Black, anche se non può esserne certa del tutto. In realtà i sospetti di Lilla sono giusti. L'uomo ritornato da Parigi non è White ma Black. Sentendosi solo, egli soffre molto e alle fine, non potendo più resistere, cerca la vicinanza della sua ex fidanzata, non svelandole comunque la sua vera identità. Lilla, affranta, prova repulsione per quell'uomo. Alla fine Black, non potendo più sopportare il peso delle profonde sofferenze morali, confessa il suo delitto e si consegna alle autorità. (KG, 1918, n. 35, 11)

Белые голуби

BELYE GOLUBI
COLOMBI BIANCHI

Titoli alternativi
SEKTANTY / I SETTARI
ZA MONASTYRSKOJ STENOJ
DIETRO LE MURA DEL MONASTERO

Opera per lo schermo. 6 bobine; 2100 m; produzione: Rus'; data di release: 3.4.1918; regia: Nikolaj Malikov; sceneggiatura: Ju. Spasskij; operatore: Jurij Željabužskij; scenografia: Vladimir Simov. Interpreti: Aleksandr Čargonin (il conte Arakčeev), Nikolaj Malikov (l'archimandrita Fotij), A. Galin (Alessandro I), Ol'ga Obolenskaja (la principessa Naryškina), Fedor Dunaev (il principe Golicyn), B. Rutkovskaja (Ljudmila, sua nipote), Ivan Lazarev (Kondratij Selivanov, profeta della setta), R. Krečetov (Aleksej, il suo allievo), V. Polivanov (il metropolita Serafim), V. Ordynskij (il governatore generale Miloradovič), Elizarov (Viktor Bassargin). Il film è conservato senza didascalie.

Cent'anni fa, nell'oscura epoca della Arakčeevščina, epoca durante la quale l'imperatore Alessandro, uomo senza carattere dedito alle pratiche mistiche, era solamente uno strumento nelle mani del suo favorito, il popolo cercava inutilmente un sostegno spirituale. Quest'epoca repressiva fu un'epoca in cui sorse una moltitudine di sette religiose, tra le quali si distingueva la setta dei "colombi bianchi", nata dagli insegnamenti di Kondratij Selivanov, profeta del "Dio degli Skopci", uomo di spirito forte e di natura autorita-

at nothing to draw one victim after another into his net. He even set out this net inside Prince Golitsyn's house: the plan succeeds, and the prince's niece Lyudmila – who is betrothed to an officer named Bassargin –becomes a new tool in their hands. The girl is possessed by a passion for Aleksei, one of the sect's members, and she goes to live with him. In the meantime, the skoptsy's enemies are at work. The police break up one of their meetings and the "White Doves" are arrested. Selivanov is not even saved by the intercession of Lyudmila, who was present at the meeting. The "prophet" is exiled to Suzdal Monastery and thrown into its sinister dungeons. Fascinated by what she saw during the rite, Lyudmila cannot desert the man whose teaching has engulfed her entire existence. To save him, she asks the love-struck Bassargin for his documents and officer's uniform. Then, under the name of Lt. Bassargin, Aleksei sets off to Suzdal and helps Selivanov to escape. Once more Selivanov is free. He continues to lead the skoptsy's activies, this time in St Petersburg. Prince Golitsyn manages to interest the Emperor himself in Selivanov's sect, and he orders Gov. Gen. Miloradovich "not to touch the monk Selivanov". Soon a "great rite" is held, at which Lyudmila and Aleksei are wed by the skoptsy ritual. Emperor Alexander and Golitsyn secretly observe the ceremony. The newlyweds are sprinkled with the blood of the "prophetess", while an ecstatic crowd of skoptsy whirl in a circle around the "prophet's" throne to the sound of singing. The Tsar is shaken by this disturbing and terrible religious orgy. Then a new threat hangs over "Zion". Archimandrite Fotii of Novgorod Monastery is a vehement foe of Selivanov. He lives an ascetic life, spending his time fasting and praying. Metropolitan Serafim and the entire Synod, who have suffered much at the hands of Prince Golitsyn, instruct Fotii to influence Alexander. Fotii goes to the Tsar to denounce Golitsyn. Alexander is astonished by the force of the old man's speech. The earthly tsar prostrates himself before the servant of the divine Tsar. The sect's fate is decided. Alexander dismisses Prince Golitsyn and grants Arakcheyev the freedom to deal with Selivanov. Golitsyn pleads in vain with his daughter to petition the Tsar on Selivanov's behalf. But she, together with Aleksei, has lost faith in Selivanov's teaching and refuses to help. The skoptsy are arrested during one of their rites. Seeing that all is lost, Selivanov sets fire to his throne and perishes beneath the flames to the sound of Fotii's curses. (KG, 1918, No. 12, 4)

The firm's picture *White Doves* has exceeded all expectations. It is a film of such artistic merit that it immediately places Mr Trofimov's young business amongst the ranks of true film manufacturers engaged in genuinely artistic work. At the screening the picture caused numerous arguments and drew much praise. So far, *White Doves* has been sold for colossal sums to a whole series of districts in Russia. The picture has been acquired for the Petrograd district by A. Khanzhonkov & Co. Ltd. This week it is being shown in the Ars and other cinemas in Moscow. (KG, 1918, No. 12, 6)

ria. Perseguitati dal Sinodo e dalla polizia del governatore di Mosca, il principe Vol'konskij, gli skopci non avevano cessato di riunirsi e di organizzare i loro lugubri rituali mistici nella capitale. Nella casa del ricco mercante Solodovnikov aveva sede il loro "Sion", e sotto la segreta protezione del ministro per le questioni spirituali, il principe Golicyn, massone e amico del sovrano, avvenivano le loro riunioni. Aumentavano sempre di più le adesioni alla setta da parte di coloro che erano alla ricerca della verità spirituale, ma malgrado ciò il profeta Selivanov e i suoi adepti non smettevano di attirare nella rete delle loro dottrine sempre nuove vittime. Anche nella casa del principe Golicyn vennero gettate le reti intricate degli skopci. Il piano riuscì e Ljudmila, la nipote del principe e fidanzata del giovane ufficiale Viktor Bassargin, diventò un nuovo strumento nelle mani degli skopci. Ljudmila, presa dalla passione per il giovane settario Aleksej, senza pensarci, lo seguì. Frattanto i nemici della setta stavano all'erta. Durante uno dei riti sopraggiunse la polizia e i "colombi bianchi" furono arrestati. L'intercessione di Ljudmila, presente al momento del rito, non salvò Selivanov che venne spedito nel monastero di Suzdal' in cui venne imprigionato e dove da decenni languivano, incatenati, uomini coraggiosi che non avevano domato il loro spirito libero. Entusiasmata da ciò che aveva visto durante il rito, Ljudmila non poteva lasciare nella disgrazia il "maestro" le cui parole, ispirate a una verità superiore ed a una beatitudine sconosciuta, l'avevano conquistata. Quindi, allo scopo di salvare Selivanov, ottenne da Viktor, accecato dalla passione, i suoi documenti e la sua divisa da ufficiale. Aleksej con il nome di tenente Bassargin si diresse al monastero di Suzdal' per liberare Selivanov e da laggiù organizzare la fuga del "profeta". Selivanov, di nuovo libero, iniziò a preparare, questa volta a Pietroburgo, un "vascello" per i suoi rituali mistici. Questa volta il principe Golicyn riuscì a destare l'interesse dello stesso sovrano per la setta di Selivanov, ed il sovrano ordinò al generale governatore Miloradovič di "non toccare lo starec Selivanov". Avvenne poi il "grande rito" in cui secondo il rituale degli skopci, Ljudmila ed Aleksej si sposavano. Alessandro vide di nascosto, assieme a Golicyn, il "grande rito". Le giovani spose, ornate di fiori, venivano segnate con il sangue di una "profetessa", ed allo stesso tempo gli skopci, come una folla in estasi, giravano su se stessi, creando un cerchio intorno al trono del "profeta", al suono di una canzone. Lo spettacolo terribile ed impressionante di quell'orgia religiosa turbò lo zar. Ma sul "Sion" incombeva una nuova minaccia. Avversario accanito e nemico giurato di Kondratij Selivanov era Fotij, l'archimandrita del monastero di Jurij a Novgorod, il quale con l'ascetismo e la lotta ai settari, si era guadagnato la fama di grande assertore dell'ortodossia. Fotij conduceva una vita ascetica, piena di digiuni e di preghiere. Il metropolita di Pietroburgo Serafim, che come tutto il Sinodo, aveva patito non poco le angherie del principe Golicyn, e Arakčeev, che serbava rancore verso Golicyn a causa dell'amore del sovrano per lui, incaricarono Fotij di fare pressioni su Alessandro. L'11 marzo, nel giorno dell'anniversario dell'assassinio di Paolo, Fotij si recò dallo zar, pronto ad accusarlo. Le audaci parole del fanatico Fotij, il suo corpo emaciato dal digiuno e coperto dalle piaghe provocate dalle pesanti catene, corpo che si era scoperto casualmente davan-

BOGATYR' DUKHA
THE HERO OF THE SPIRIT

Alternative title
PARAZITY ZHIZNI / LIFE'S PARASITES

Drama. 6 reels; 1440 m; production: I. Ermol'ev (Moscow); release: 25.3.18; director: Yakov Protazanov; script: Ol'ga Blazhevich; cameraman: Nikolai Rudakov. Cast: Ivan Mosjoukine (Vladek [Stas'] Martsinkovskii), Nikolaev (Count Martsinkovskii, his father), Ol'ga Trofimova (Alina, his mother), Dmitrii Bukhovetskii (Leo Rostovskii, her son from her second marriage), Nataliya Lisenko (Iza, his bride), Polikarp Pavlov (Dr Bronich, Vladek's tutor), Arsenii Bibikov (manager). Based on the plot of the novel *Vineta/A Vignette* by Elizabeth Werner.

Count Martsinovskii considers himself happy in family life, but chance opens his eyes to the sad reality. His beloved wife Alina is being unfaithful to him with his friend Rostovskii. The Count immediately divorces her, keeping their son Vladek. Alina then marries Rostovskii. Years later Martsinkovskii dies, entrusting his son's upbringing to his best friend Dr. Bronich, an honest and incorruptible man. On his deathbed he entreats Bronich to make Vladek into as pure and honest a man as he himself. Bronich keeps his promise, and Vladek grows up remote from the vulgarity and affectation of society life. Alina's son from her second marriage –Leo Rostovskii – is a completely different character. The coarse and tactless youth often rebukes his mother for failing to obtain anything from Martsinkovskii, who bequeathed his entire estate to Vladek. Eventually, Leo convinces her to write Vladek a letter in the hope that he will be generous towards them. Vla-

ti agli occhi dello zar, tutto ciò sconvolse Alessandro, e il sovrano della terra si prostrò ai piedi del servo del re dei cieli. Il destino della setta era segnato. Alessandro decretò le dimissioni del principe Galicyn e diede ad Arakčeev la piena libertà di sistemare Selivanov. Invano Golicyn pregò la nipote di andare dallo zar per intercedere in favore del "profeta". Ljudmila, seguendo l'esempio di Aleksej, non credette più negli insegnamenti di Selivanov e rifiutò il suo aiuto agli skopci. Gli skopci furono sorpresi durante un rito. Selivanov, vedendo che il "Sion" era ormai perduto, diede fuoco ai paramenti del trono su cui sedeva e perì tra le fiamme, maledetto dal furioso Fotij. (KG, 1918, n. 12, 4)

Il successo del film appena uscito, *Colombi bianchi*, ha superato ogni attesa. *Colombi bianchi* è un'opera cinematografica profondamente artistica, tale da porre immediatamente il giovane lavoro di Trofimov tra le produzioni più autentiche, in grado di realizzare pienamente i propri obiettivi artistici. Il film è stato oggetto di numerose discussioni e di giudizi lodevoli. Per ora *Colombi bianchi* è stato venduto in molte province della Russia. A Pietrogrado il film è stato acquistato dalla A. Hanžonkov i Co. Spa. Questa settimana il film viene proiettato a Mosca al cinema Ars e in altri cinematografi. (KG, 1918, n.12, 6)

Богатырь духа

BOGATYR' DUHA
L'EROE DELLO SPIRITO

Titolo alternativo
PARAZITY ŽIZNI / PARASSITI DELLA VITA

Dramma. 6 bobine; 1440 m; produzione: I. Ermol'ev (Mosca); data di release: 25.3.1918; regia: Jakov Protazanov; sceneggiatura: Ol'ga Blaževič; operatore: Nikolaj Rudakov. Interpreti: Ivan Mozžuhin (Vladek[Stas'] Marcinkovskij), Nikolaev (suo padre, il conte Marcinkovskij), Ol'ga Trofimova (Alina, sua madre), Dmitrij Buhoveckij (Leo Rostovskij, suo figlio di secondo letto), Natalija Lisenko (Iza, la sua fidanzata), Polikarp Pavlov (il dottore Bronič, istitutore di Vladek), Arsenij Bibikov (direttore). Soggetto tratto dal romanzo *Vineta* (Una vignetta) di Elizabeth Werner.

Il conte Marcinkovskij credeva di avere una vita familiare felice, ma il caso gli fa aprire gli occhi sulla triste realtà: l'amata moglie Alina lo tradisce con il suo amico Rostovskij. Appena ne ha la certezza, il conte Marcinkovskij decide di rompere con lei, tenendo con sé il figlio Vladek. La giovane donna lascia la casa del marito e sposa Rostovskij. Passano vent'anni; il conte Marcinkovskij muore, affidando l'educazione del figlio al suo miglior amico, il dottor Bronič, un'incorruttibile uomo d'onore; prima di morire egli prega Bronič di non abbandonare Vladek e di farne un uomo dalle buone qualità proprie del suo carattere. Bronič mantiene la parola e Vladek diventa un giovane sincero e onesto, estraneo alla falsità e al cattivo gusto dell'alta società. Totalmente diverso è il figlio di seconde nozze di Alina, Leo Rostovskij. Il giovane rozzo e maleducato rimprovera spesso alla madre di non aver fatto niente per

dek is greatly moved by the letter, and he replies immediately, stretching out his hand toward the spectre of maternal affection. Their very first meeting, however, shows him that his joy is premature: his mother is dry and cold, and his brother Leo laughs at his rustic simplicity and awkwardness. On the other hand, he is impressed by Leo's girlfriend Iza. Time passes. Pursuing their selfish plans, Leo and his mother visit Vladek's estate, taking Iza along with them. Vladek welcomes them, but soon realizes that Alina is only after his wealth. The proud and noble young man responds contemptuously by giving her the small "Lipka" estate. In the meantime Leo and Iza plan a bet at Vladek's expense: if Iza can seduce him, then she wins. She succeeds in this, and Vladek declares his love for her. This scene is observed by Leo, whose coarse laughter and cynical frankness open Vladek's eyes. He realizes in horror that his first feelings of love have been cruelly mocked. Beside himself with resentment, he rushes off on his horse and spends many hours attempting to soothe his soul's anguish. Finally, he falls from his horse and is brought home barely alive. Thanks to Bronich's care and concern, Vladek slowly recovers, but his soul remains dark and cold. Iza now regrets her thoughtless joke, but when she comes to see Vladek he receives her distrustfully. This offends her, and she returns to Leo in the estate given to them by Vladek. Life there is happy and carefree. The new owners decide to change the way things are run, and inflict excessively high taxes on the peasants. Unrest breaks out and there is a danger of rebellion. Vladek is summoned to help and is almost killed by a bullet. He is only saved by Iza, who shields him with her arm and receives a slight injury. Only now does Iza realize that her heart has long belonged to Vladek, the "Hercules of the soul", and she responds with ardent love to his passionate declaration. (KG, 1918, No. 27, 9)

BOG MESTI
THE GOD OF REVENGE

Бог мести

Alternative title
LYUBOV'NA ZAKATE DNEI
LOVE AT THE SUNSET OF HIS DAYS

Drama. 5 reels; 1484 m; production: Biofilm Ltd.; release: 10.5.18; director: Arkadii Shifman; script: Lev Nikulin; cameraman: Grigorii Giber; art director: Vladimir Rakovskii. Cast: Vladimir Alekseev-Meskhiev (Prof. Verkhovtsev), Sof'ya Volkhovskaya (Sof'ya Ardasheva, a student, later his wife), Vitol'd Polonskii (Dr Mokul'skii), Ol'ga Gladkova (his wife). Partially preserved without titles.

Professor Verkhovtsev's philosophy lectures are very popular. Sof'ya, one of his students, reveres him as a magician of thought. When the professor falls ill with exhaustion and has to travel to Crimea, Sof'ya goes with him, and there the two of them fall in love. What Sof'ya takes for love, however, is her admiration for the professor's genius and inspired creativity. They live a happy life together until the professor suffers another attack. Young doctor

ricevere qualcosa dal primo marito, che in punto di morte lasciò tutti i suoi averi al figlio Vladek. Alla fine riesce a far sì che Alina, sperando nella generosità di Vladek, gli scriva una lettera delicata e gentile. La lettera fece un grosso effetto sul giovane: privato della famiglia dall'infanzia, egli ora è felice di aggrapparsi all'immagine della gentilezza materna e fissa subito un'appuntamento con lei. Ma già al loro primo incontro egli si accorge che la sua felicità era stata prematura: sua madre si rivela arida e fredda, mentre suo fratello ride apertamente della sua semplicità e goffaggine paesana. È per lui, in compenso, una sorpresa inaspettata la giovane fidanzata di Leo, la bella Iza. Passa il tempo e, per portare a termine i loro avidi piani, Leo e la madre vanno a trovare Vladek nella sua tenuta, portando con sé Iza; Vladek accoglie gli ospiti con calore ma presto si accorge che Alina agiva solo per interesse e, pieno di orgoglio, il generoso giovane acconsente con disprezzo a donare alla madre la tenuta di Lipka. Nel frattempo Leo e la sua fidanzata, per scherzo, commentano a danno di Vladek: se Iza fosse riuscita ad ammaliare l'ingenuo giovane, avrebbe vinto. Allora la giovane ragazza fa di tutto per conquistare il cuore dell'inesperto Vladek, e ci riesce. Vladek le fa una dichiarazione d'amore, mentre Leo assiste alla scena. La sua rozza risata e il suo comportamento cinico fanno aprire gli occhi a Vladek: il giovane si accorge con orrore che il suo primo sincero sentimento è stato crudelmente deriso; fuori di sé dal dolore e dalla delusione, Vladek salta in groppa al cavallo e galoppa per ore sui campi, tentando di confortare il proprio animo addolorato; alla fine cade da cavallo e lo riportano a casa in fin di vita. Grazie alle scrupolose cure e alle attenzioni di Bronič, Vladek inizia lentamente a riprendersi, ma continua a essere triste e affranto. Accoglie con fredda diffidenza Iza, che è venuta a trovarlo, pentita ed addolorata per avergli fatto un cattivo scherzo; delusa e amareggiata fa ritorno dal fidanzato Leo nella tenuta di Lipka. A Lipka la vita era felice e spensierata; ora i nuovi padroni incominciano a pretendere dai contadini un tributo superiore alle loro forze. Iniziano dei disordini che minac-

Mokul'skii is summoned and the professor is gradually restored to health. Mokul'skii begins visiting the house as a friend, and intimate feelings develop between him and Sof'ya. When the professor is urgently called to Moscow, Sof'ya's love for Mokul'skii blossoms. Mokul'skii himself tries to hold back his emotions: as an idealist of the first water, he rejects the idea of making his own happiness at another's expense. Besides, Mokul'skii has a wife who is dying from consumption. She is madly in love with him, and he is afraid that his love for another might prove too much for her... But love is an elemental force, and Mokul'skii yields to his emotions. In the meantime the professor, having heard nothing from his wife, decides to return home... The truth is revealed to him in all its horror. Making a heroic sacrifice, he gives up Sof'ya to Mokul'skii and leaves. But he cannot bear the torture of separation from Sof'ya and commits suicide. He is but the first victim, for then, Mokul'skii's wife, abandoned for the sake of another woman, also dies. (KG, 1918, No. 19, 8)

GORNICHNAYA DZHENNI
JENNY THE MAID

Горничная
Дженни

Film play. 6 reels; 1793 m; production: I. Ermol'ev; release: 26.2.18; director/script: Yakov Protazanov; cameraman: Fedor Burgasov; art director: Vladimir Ballyuzek. Cast: Ol'ga Gzovskaya (Jenny), S. Pavlova (Countess Chamberaud, her mother), Vladimir Gaidarov (Georges Angers), Ol'ga Kondorova (Baroness Angers, his mother), Iona Talanov (François, the valet), Dmitrii Bukhovetskii (Nicole, a lackey), V. Mak, Vladimir Ballyuzek. Preserved without titles.

A comedy with a happy ending could only be set abroad (France: as we notice from a specialist cinema journal). An impoverished noble woman is forced to work as a maid; she succeeds, by means of love, in recovering not only her lost dignity, but also in asserting the moral qualities of the submitted class. A precise reference to the Russian nobles in exile, or rather an allegory of the gained social peace? Or else, an accurate, psychological fresco of characters, played with mastery and with the partecipation of a director who is a happy outliner of female figures?
C.M.

V. Gaydarov. I recall some scenes from *Jenny the Maid*. There was one in which Georges Angers has just left his sickbed and is sitting in an armchair for the first time. Jenny is at work nearby...

ciano di tramutarsi in sommossa. Vladek, chiamato in aiuto per un pelo non cade vittima dello sdegno del popolo; ma Iza, che si trovava accanto a lui in quel momento, lo protegge con una mano da una pallottola rimanendo ferita. Solo allora la giovane ragazza capisce, che già da molto tempo il suo cuore apparteneva all'"Eroe dello spirito", Vladek, e contraccambia con calore il suo amore appassionato. (KG, 1918, n. 27, 9)

Бог мести

BOG MESTI
IL DIO DELLA VENDETTA

Titolo alternativo
LJUBOV' NA ZAKATE DNEJ
AMORE AL TRAMONTO DEI SUOI GIORNI

Dramma. 5 bobine; 1484 m; produzione: Biofil'm Spa; data di release: 10.5.1918; regia: Arkadij Šifman; sceneggiatura: Lev Nikulin; operatore: Grigorij Giber; scenografia: Vladimir Rakovskij. Interpreti: Vladimir Alekseev-Meshiev (il professore Verhovcev), Sofi'ja Volhovskaja (Sofi'ja Ardaševa, una studentessa, più tardi sua moglie), Vitol'd Polonskij (il dottore Mokul'skij), Ol'ga Gladkova (sua moglie). Il film è conservato incompleto e senza didascalie.

Le lezioni di filosofia del professor Verhovcev godono di larga popolarità. Tra gli allievi c'è la studentessa Sofi'ja. Essa nutre una profonda ammirazione per questo "mago del pensiero". Ma il professore è malato e affaticato. Egli deve andare in Crimea e Sofi'ja lo accompagna laggiù. Ed ecco che laggiù, sotto il sole del meridione, nasce l'amore per la giovane Sofi'ja... Ma Sofi'ja lo ama...? Sofi'ja ha scambiato per amore la sua venerazione per quel genio del pensiero, per quel pensatore ispirato. Inizia per loro una vita felice. Ma ecco che il professore ha un altro attacco. Chiamano il giovane medico Mokul'skij. La salute del professore a poco a poco si ristabilisce. Mokul'skij va spesso a trovare il professore non più come medico ma come amico. Tra il medico e Sofi'ja si crea un'intimità curiosa e inspiegabile che si rivela la soglia dell'amore. Il professore è chiamato d'urgenza a Mosca. Ed ecco che durante l'assenza del professore, il cuore di Sofi'ja inizia ad intonare l'inno felice e radioso dell'amore trionfante, negli incontri frequenti con Mokul'skij. Mokul'skij tenta di sottrarsi all'ondata di passioni che rischia di travolgerlo. Egli è un idealista: non può accettare l'idea che la sua felicità si possa fondare sull'infelicità d'un altra persona. Inoltre Mokul'skij ha una moglie moribonda, malata di tisi. Ella lo ama follemente. È forse possibile che lui decida di darle il colpo di grazia con questo suo amore per l'altra... Ma l'amore è una forza della natura incontrollabile e Mokul'skij vi si abbandona rassegnato. Intanto il professore, preoccupato dall'assenza di notizie della moglie, decide di far ritorno a casa... La verità gli si presenta in tutta la sua crudezza. Il professore eroicamente rinuncia a Sofi'ja e s'allontana. Ma egli, non sopportando il distacco da Sofi'ja, la solitudine e la nostalgia, si uccide. È la prima vittima. Morirà poi la moglie di Mokul'skij, abbandonata dal marito. (KG, 1918, n. 19, 8)

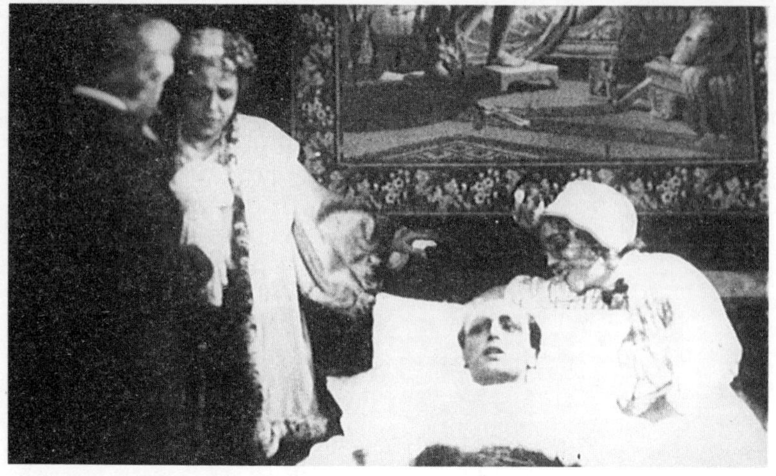

Angers is beginning to take a liking to her; they are only just "casting exploratory glances" at one another, exchanging brief fragmentary remarks. I remember how Yakov Aleksandrovich Protazanov insisted on the scene being acted at a reduced pace and how he dictated his famous pauses – for example, when Georges's glance lingers for a while on Jenny. "Here I want eye contact and... pause, pause, pause... Jenny lowers her eyes, short pause, she gets up quickly, turns and is about to leave... Georges calls her... She lingers in the doorway, without turning round... pause, pause... Then she turns round and says 'I have to prepare your medicine. It's already time to take it!'... pause... She turns and leaves... Georges is left alone... He places his elbow on the arm of the chair. His head sinks onto his hand and he ponders; "What a strange girl!" Pause, pause... and... iris-in. Yakov Aleksandrovich had an excellent feel for the difference in rhythm beween Georges and Jenny's lives, and he constructed the scene in accordance with that feeling, striving to achieve the correct alternation of rhythms and tastes. He directed George's resolute declaration to Jenny quite differently. Georges is by then healthy, full of love and energy. He is firmly convinced that Jenny is merely pretending to be a maid. He is shown living his life at a quite peculiar rhythm: there are rapid and sharp switches from one part to another, there are lingering moments when Georges, without uttering a single word, tells Jenny of his love through his eyes alone. (1966, 101-102)

DEKORATSIYA SCHAST'YA
THE DECORATIONS OF HAPPINESS

Декорация счастья

Film poem. 5 reels; length unknown; production: A. Khanzhonkov & Co. Ltd. (Yalta & Moscow); date: 1918; release: unknown; directors: Fedor Komissarzhevskii & Boris Chaikovskii; script: B.S. (?); cameramen: Boris Zavelev & Boris Medzionis; art director: Tsezar' Lakka. Cast: Emma Bauer (the Countess), Mariya Boldyreva (Mariella), Vyacheslav Svoboda (Enrico, her brother, a street dancer), Wojciech Brydziński (Prince S.). Preserved without titles.

Горничная Дженни

GORNIČNAJA DŽENNI
JENNY LA CAMERIERA

Non si poteva che ambientare all'estero (in Francia: lo si capisce da un giornale specializzato di cinema), una commedia a lieto fine. Nella quale una nobildonna decaduta, e costretta quindi a lavorare come cameriera, riesce, attraverso l'amore, a recuperare non solo formalmente la dignità perduta, ma anche a ribadire la qualità morale della classe sottomessa. Un preciso riferimento ai nobili russi esuli, o piuttosto un'allegoria sulla raggiunta pace sociale? O soltanto un attento e psicologicamente attendibile affresco di caratteri, giocato con maestria e non senza partecipazione da un regista tratteggiatore felice di figure femminili?
C.M.

Dramma. 6 bobine; 1793 m; produzione: I. Ermol'ev; data di release: 26.2.1918; regia/sceneggiatura: Jakov Protazanov; operatore: Fedor Burgasov; scenografia: Vladimir Balljuzek. Interpreti: Ol'ga Gzovskaja (Jenny), S. Pavlova (la contessa Chamberaud, sua madre), Vladimir Gajdarov (Georges Angers), Ol'ga Kondorova (la baronessa Angers, sua madre), Iona Talanov (il valletto Franҫis), Dmitrij Buhoveckij (il lacchè Nicol'), V. Mak, Vladimir Balljuzek. Il film è conservato senza didascalie.

V. Gajdarov. Ricordo una scena di *Jenny la cameriera*. Georges Angers ha appena abbandonato il suo letto d'ammalato e siede per la prima volta in poltrona. Accanto a lui c'è Jenny che lo veglia... In Angers sta iniziando a nascere della simpatia per lei, sembra che essi si stiano a poco a poco "abituando" agli sguardi dell'uno sull'altro, e alle brevi battute frammentarie. Ricordo che Jakov Aleksandrovič [Protazanov] insisteva sul ritmo lento della scena e dettava le sue celebri pause. Ad esempio al momento in cui lo sguardo di Georges si ferma su Jenny. "Ecco ora gli sguardi si incontrano... pausa, pausa, pausa... Jenny distoglie lo sguardo, pausetta, s'alza rapidamente, si volta e sta per uscire... Georges la chiama... Ella rimane ferma sulla porta, non si volta... pausa, pausa... allora si volta e dice: 'Devo prepararle la medicina, è l'ora di prenderla!' Pausa... si volta ed esce... Georges rimane da solo. La segue con lo sguardo... ancora pausa, pausa, pausa... Poi poggia il gomito sul bracciolo della poltrona, il mento nella mano, e pensa: 'Che strana ragazza!?' Pausa, pausa... e... stacco". Jakov Aleksandrovič sentiva perfettamente la differenza del ritmo di vita di Geroges e di Jenny e, in corrispondenza di questa percezione, costruiva la scena, raggiungendo così un'esatta alternanza di ritmi lenti e veloci. In tutt'altro modo costruì invece la scena della spiegazione tra Georges e Jenny. Georges è ormai guarito. Egli è pieno d'amore e di forze. Ormai sa che Jenny si fa passare per una cameriera. La sua vita segue ora ritmi completamente diversi: rapidi ed improvvisi passaggi da uno stacco all'altro, arresti in quei punti dove Georges non pronuncia alcuna parola e parlano d'amore soltanto gli occhi di Jenny. (1966, 101-102)

Декорация счастья

DEKORACIJA SČAST'JA
LE DECORAZIONI DELLA FELICITÀ

Film poema. 5 bobine; metraggio ignoto; produzione: A. Hanžonkov i Co. Spa (Jalta e Mosca)(1918); data di release: ignota; regia: Fedor Komissarževskij e Boris Čajkovskij; sceneggiatura: B.S. (?); operatori: Boris Zavelev e Boris Medzionis; scenografia: Cesar' Lakka. Interpreti: Emma Bauer (la contessa), Marija Boldyreva (Mariella), Vjačeslav Svoboda (suo fratello Enrico, un ballerino di strada), Wojcieh Brydźiński (il principe Šč.). Il film è conservato senza didascalie.

Il danzatore di strada Enrico e sua sorella Mariella danzavano spensierati per le piazze, guadagnandosi così il loro pane. Un giorno

Enrico is a street dancer who earns a living by dancing with his sister Mariella. One day, a mysterious woman takes an interest in his dancing and joins in. She then gives him money for ballet lessons. Enrico soon becomes a brilliant dancer. This is what the stranger is waiting for: she has Enrico abducted and brought to her castle. Enrico is astonished by the luxury of his surroundings and the mysterious beauty of the countess who owns the castle. She is being wooed by Prince S... and has agreed to be his wife. But she becomes captivated by the young Enrico and breaks her vow. One day the prince catches her with Enrico and challenges him to a duel. Enrico spends that night with the countess. On turning up for the duel the next morning, Enrico is horrified to see that the prince has been murdered. He is arrested. To provide an alibi he has to say where he spent the previous night, but he does not wish to disgrace the countess. Mariella hastens to the countess and pleads with her to save Enrico, but the countess refuses and he is sentenced to hard labour. Mariella then manages to smuggle a file to him, with which he saws through a grating and escapes. The carabineers shoot at the runaway, however, and he dies in Mariella's arms. (KG, 1918, No. 36, 12)

The cinema-epic *The Decorations of Happiness*, directed by F.F. Kommissarzhevskii, was begun in the Crimea and is now being completed in Moscow. It depicts a number of characteristic and classical dancer, since the role of Enrico – the street dancer who rises to the summit of fame – is perfectly suited to the individual talents of the actor (V. Svoboda). The play is being directed in Moscow by B.V. Chaykovskii. (KG, 1918, No. 31, 9)

DRAMA NA OKHOTE
DRAMA AT THE HUNT

Драма на охоте

Drama. 6 reels; 1300 m; production: I. Ermol'ev; date: 1918; release: unknown; director/script: Czeslaw Sabinski; cameraman: Mikhail Vladimirskii. Cast: Petr Baksheev (Kamyshin, an investigator), Natal'ya Belevtseva (Ol'ga), Nikolai Panov (Urbenin, her husband), Arsenii Bibikov (Count Karenin). Screen version of the story by Anton Chekhov. One reel preserved without titles.

ZOLOTAYA OSEN'
GOLDEN AUTUMN

Золотая осень

Drama. 6 reels; length unknown; production: I. Ermol'ev; release: 9.10.18; director/script: Aleksandr Ivanovskii; cameraman: Mikhail Vladimirskii. Cast: Mariya Vedrinskaya (Georgina Coursan), Vladimir Strizhevskii (Count Jean de Liarsac), N. Gorich (his father), Polikarp Pavlov (Abbé Jacques). Based on the popular play by Caillavet and de Fleur. Three reels preserved without titles.

una misteriosa sconosciuta s'interessò alla danza di Enrico, lo prese in simpatia, gli diede dei soldi per la scuola di ballo ed Enrico divenne ben presto un brillante ballerino. A questo punto la sconosciuta ordinò che Enrico fosse rapito e portato al suo castello. Enrico rimase colpito dal lusso che vi regnava e dalla bellezza misteriosa della padrona del castello. Il conte Šč. corteggiava insistente la contessa... che gli aveva promesso di sposarlo. Ma la contessa, affascinata dal giovane Enrico, ruppe la sua promessa. Un giorno il principe la sorprese con Enrico e indignato sfidò quest'ultimo a duello. Enrico trascorse la notte prima del duello dalla contessa. Presentandosi al duello, vide con orrore il cadavere del principe, ucciso da qualcuno. Enrico fu arrestato. Per dimostrare il suo alibi, egli avrebbe dovuto dire dove aveva trascorso la notte, ma non voleva farlo perché non voleva disonorare la contessa. La sorella Mariella allora corse dalla contessa e la pregò di confessare che Enrico si trovava da lei la notte del delitto. La contessa rifiutò. Enrico fu condannato al carcere a vita. Mariella riuscì a fargli avere un seghetto ed egli una notte, dopo aver segato le inferriate, fuggì. Ma i carabinieri spararono al fuggiasco ed egli morì tra le braccia di Mariella. (KG, 1918, n. 36, 12)

Il poema cinematografico, le cui riprese sono iniziate in Crimea sotto la direzione di F.F. Kommissarževskij, viene ora portato a termine a Mosca. Il film mostra una serie di caratteristiche danze classiche, quindi il ruolo di Enrico, un danzatore da strada che raggiunge l'apice della fama, è particolarmente adatto al talento naturale dell'attore V. Svoboda ... A Mosca la pièce è messa in scena dal regista B.V. Čajkovskij. (KG, 1918, n. 31, 9)

Драма на охоте

DRAMA NA OHOTE
UNA CACCIA TRAGICA

Dramma. 6 bobine; 1300 m; produzione: I. Ermol'ev (1918); data di release: ignota; regia/sceneggiatura: Czeslaw Sabinski; operatore: Mihail Vladimirskij. Interpreti: Petr Bakšeev (Kamyšin, un investigatore), Natal'ja Belevceva (Ol'ga), Nikolaj Panov (Urbenin, suo marito), Arsenij Bibikov (il conte Karenin). Adattamento del racconto omonimo di Anton Čehov. Il film è conservato incompleto (1 bobina), senza didascalie.

Золотая осень

ZOLOTAJA OSEN'
AUTUNNO DORATO

Dramma. 6 bobine; metraggio ignoto; produzione: I. Ermol'ev; data di release: 9.10.1918; regia/sceneggiatura: Aleksandr Ivanovskij; operatore: Mihail Vladimirskij. Interpreti: Marija Vedrinskaja (Georgina Coursan), Vladimir Striževskij (il conte Jean de Liarsac), N. Gorič (suo padre), Polikarp Pavlov (l'abbate Jacques). Soggetto tratto dalla famosa opera di Caillavet e de Fleur. Il film è incompleto (3 bobine), senza didascalie.

KALIOSTRO
CAGLIOSTRO

Калиостро

Alternative title
LZHEMASONY / PSEUDO-MASONS

Drama. 5 reels; length unknown; production: Rus' Co.; release: unknown; director/cameraman: Wladyslaw Starewicz; art directors: Vladimir Simov & Sergei Kozlovskii. Cast: M. Yarosh (Giuseppe Balsamo, Count Cagliostro), V. Rutkovskaya (Lorenza), B. Dzenaevich (Leonardo, her fiancé), A. Fekhner (Luzina Rothenstein), Arsenii Bibikov (Father Anthony), G. Targonskii (Cagliostro's servant) Ol'ga Chekhova (Charlotta), Kozlovskaya (Elsa), Nikolai Rimskii (Prince Heinrich Rothenstein), Aleksandr Vishnevskii (Altas, an alchemist), V. Satin. Based on the novel *Graf Kaliostro/Count Cagliostro* by Evgenii Salias. Four reels preserved without titles.

S. Kozlovskii. In his picture *Cagliostro's Youth*, Starewicz used a series of combination scenes. We had at our disposal a small studio 20 metres by 12 in area. To shoot the film, however, we needed a vast hall. So we created one by painting a large backdrop. In the foreground, as usual, we erected a set representing a hall with columns, and behind it we painted the continuation of the hall, showing more columns, the parquet floor, the ceiling and chandeliers. This combination scene produced excellent results. Another set was put up in the studio to represent Lorenza's House. Against the backdrop of a town with lights, a second image appears – the eyes of Cagliostro, who is hypnotizing Lorenza from afar. This trick was achieved by first filming the reflection of the model town and clouds from a glass sphere, and then superimposing the second image – Cagliostro's eyes. (1968, 70)

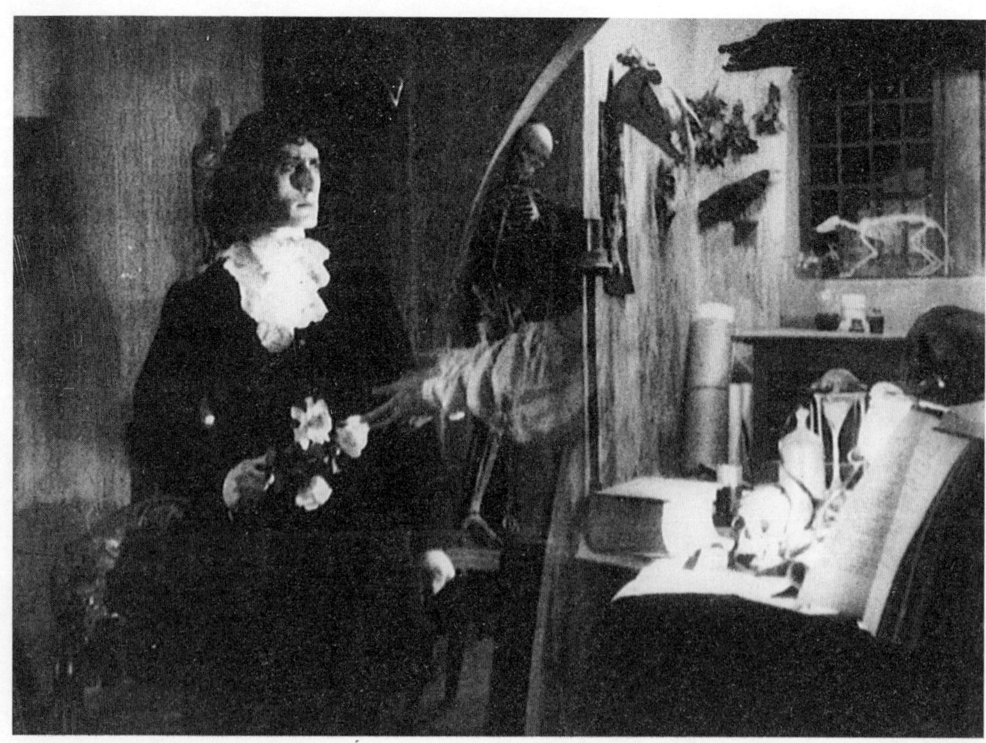

Калиостро

KALIOSTRO
CAGLIOSTRO

Titolo alternativo
LŽEMASONY / GLI PSEUDOMASSONI

Dramma. 5 bobine; metraggio ignoto; produzione: Rus'; data di release: ignota; regia/operatore: Wladyslaw Starewicz; scenografia: Vladimir Simov e Sergej Kozlovskij. Interpreti: M. Jaroš (Giuseppe Balsamo, il conte Cagliostro); V. Rutkovskaja (Lorenza), B. Dzenaevič (il suo fidanzato Leonardo), A. Fehner (Ljuzina Rothenstein), Arsenij Bibikov (Padre Antonio), G. Targonskij (il servo di Cagliostro), Ol'ga Čehova (Charlotta), Kozlovskaja (Elsa), Nikolaj Rimskij (il principe Heinrich Rothenstein), Aleksandr Višnevskij (Altas, l'alchimista), V. Satin. Tratto dal romanzo *Graf Kaliostro* (Il conte Cagliostro) di Evgenij Salias. Il film è conservato incompleto (4 bobine), senza didascalie.

S. Kozlovskij. Nel film *La giovinezza di Cagliostro* Starewicz fece una serie di riprese combinate. Avevamo a disposizione una sala di venti metri per dodici e a noi per le riprese serviva un ambiente enorme. Lo creammo usando il metodo dell'illusione prospettica. Sul primo piano costruimmo come al solito la scenografia: una sala con colonne, e sullo sfondo disegnammo la continuazione della sala a colonne, il parquet, il soffitto e i lampadari. Il risultato fu ottimo. In un'altra scenografia, allestita negli studi, quella della "Casa di Lorenza", sullo sfondo della città illuminata appare una seconda immagine: gli occhi di Cagliostro che ipnotizzano a distanza Lorenza. Questo effetto speciale fu realizzato con l'aiuto di una sfera di vetro, che rifletteva il plastico della città con le nuvole; venne quindi sovrapposta la seconda inquadratura con gli occhi di Cagliostro. (1968, 70)

KATASTROFA VLASTI
THE CATASTROPHE OF POWER

Катастрофа власти

Drama. 6 reels; length unknown; production: Neptune Ltd.; date: 1918; release: unknown; director/cameraman: Evgenii Slavinskii; script: Mikhail Narokov. Cast: Mikhail Narakov (Baron Raven), V. Vasil'ev (Max, son of Rudolf Brunnov), Yanina Mirato (Baroness von Garder), Margarita Kibal'chich (Gabrielle, her daughter). Based on the novel *Tsenoyu krovi/For the Price of Blood* by Elisabeth Werner. Partially preserved.

KONKURS KRASOTY
THE BEAUTY CONTEST

Конкурс красоты

Alternative titles
VO IMYA KRASOTY / IN THE NAME OF BEAUTY
DVADTSAT' MILLIONOV / TWENTY MILLION

Film novel. 5 reels; 1500 m; production: I. Ermol'ev (Yalta); release: unknown; director: Aleksandr Volkov (?); cameramen: Fedor Burgasov & Nikolai Rudakov, art director: Aleksandr Loshakov. Cast: Ol'ga Yuzhakova (Ellie Smith), Nikolai Rimskii (Jemmy Stark), Zoya Karabanova.

LOZH'
THE LIE

Ложь

Drama. 5 reels; length unknown; production: Biofilm Ltd.; release: unknown; director/script: Vyacheslav Viskovskii. Cast: Mariya Goricheva, Nikolai Malikov, Amo Bek-Nazarov, Ol'ga Gladkova, Gavriil Terekhov. Preserved without titles.

MALYUTKA ELLI
LITTLE ELLIE

Малютка Элли

Alternative title
BEZDNA ZHIZNI / THE ABYSS OF LIFE

Drama. 6 reels; 1700 m; production: I. Ermol'ev; release: 6.1.18; director/script: Yakov Protazanov; cameraman: Fedor Burgasov; art director: Vladimir Ballyuzek. Cast: Ivan Mosjoukine (Norton, the town mayor); Nataliya Lisenko (Clara Clarson), Kudrina (Ellie, her sister), Nikolai Panov (Erikson, an investigator), Polikarp Pavlov (Patalon), Iona Talanov (the doctor). Based on the novella *Little Rocque* by Guy de Maupassant. Four reels preserved.

The picture *Little Ellie*, which has been shown in some of Moscow's electric theatres over the past few days, is one of the most conventional dramas in the cinema repertoire. The plot is somewhat unnatural, and does not contain any of the interesting and vivid moments so essential for the screen. The unwitting murder of lit-

Катастрофа власти

KATASTROFA VLASTI
LA CATASTROFE DEL POTERE

Dramma. 6 bobine; metraggio ignoto; produzione: Neptun Spa (1918); data di release: ignota; regia/operatore: Evgenij Slavinskij; sceneggiatura: Mihail Narokov. Interpreti: Mihail Narokov (il barone Raven), V. Vasil'ev (Max, figlio di Rudolf Brunnov), Janina Mirato (la baronessa von Garder), Margarita Kibal'čič (Gabriella, sua figlia). Tratto dal romanzo *Cenoju krovi* (Al prezzo del sangue) di Elizabeth Werner. Il film è conservato incompleto.

Конкурс красоты

KONKURS KRASOTY
IL CONCORSO DI BELLEZZA

Titoli alternativi
VO IMJA KRASOTY / IN NOME DELLA BELLEZZA
DVADCAT' MILLIONOV / VENTI MILIONI

Film romanzo. 5 bobine; 1500 m; produzione: I. Ermol'ev (Jalta); data di release: ignota; regia: Aleksandr Volkov (?); operatori: Fedor Burgasov e Nikolaj Rudakov; scenografia: Aleksandr Lošakov. Interpreti: Ol'ga Južakova (Ellie Smith), Nikolaj Rimskij (Jemmy Stark), Zoja Karabanova.

Ложь

LOŽ'
LA MENZOGNA

Dramma. 5 bobine; metraggio ignoto; produzione: Biofil'm Spa; data di release: ignota; regia/sceneggiatura: Vjačeslav Viskovskij. Interpreti: Marija Goričeva, Nikolaj Malikov, Amo Bek-Nazarov, Ol'ga Gladkova, Gavril Terehov. Il film è conservato senza didascalie.

Малютка Элли

MALJUTKA ELLI
LA PICCOLA ELLI

Titolo alternativo
BEZDNA ZIŽNI / L'ABISSO DELLA VITA

Dramma. 6 bobine; 1700 m; produzione: I. Ermol'ev; data di release: 6.1.1918; regia/sceneggiatura: Jakov Protazanov; operatore: Fedor Burgasov; scenografia: Vladimir Balljuzek. Interpreti: Ivan Mozžuhin (Norton, il sindaco della città), Natalija Lisenko (Clara Clarson), Kudrina (sua sorella Elli), Nikolaj Panov (Ericson, un investigatore), Polikarp Pavlov (Patalon), Iona Talanov (dottore). Tratto dalla novella *La piccola Rocque* di Guy de Maupassant. Il film è conservato incompleto (4 bobine).

Il film *La piccola Elli*, in programmazione in questi giorni in alcuni elettroteatri di Mosca, si presenta come uno dei soliti drammi del repertorio cinematografico. Il soggetto del dramma, un po' forzato, non offre nemmeno un momento intenso e interessante, co-

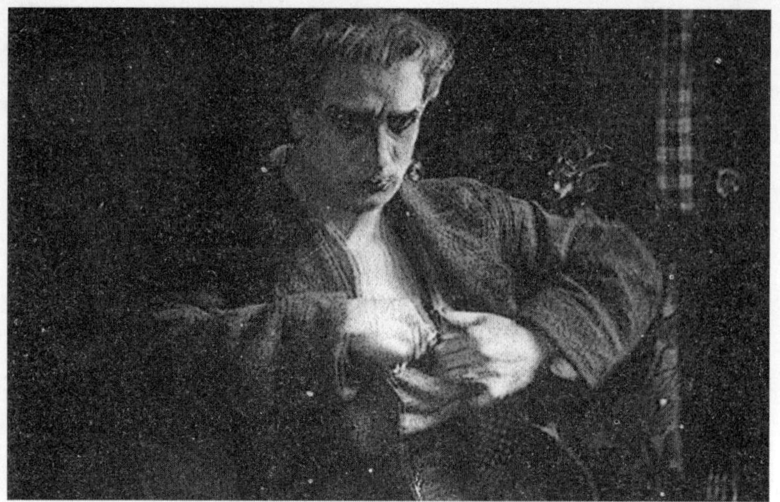

A psychological thriller in a winter setting. This is an actor's film, mainly because it is rather static, but also rightly obsessive in the long search for little Ellie's murderer. The reference to the anglo-saxon world perhaps defines the gap existing between the old and polluted social model and the one of proletarian renewal. But Protazanov sympathizes with Mr North-Mosjoukine and redeems him by making him choose – a romantic continuity with the recent past? – suicide. C.M.

tle "Baby Ellie" by the town mayor, Fred Norton – which is, in effect, hardly credible – leaves the viewer baffled, and even the explanatory titles at the end of the picture do little to clarify things. While being mediocre in its content, the picture's production fails to produce any outward impression of variety or beauty. The artist makes absolutely no use of the northern landscape, and it is only from the typical low windows with their fine net curtains in Clara Clarson's house – and perhaps from the characters' fur hats with ear-flaps – that the viewer is supposed to conclude that the action is taking place in a town in the north. The alternation between scenes set against the winter forest landscape and the room in Clara's house, plus the absence of crowd scenes, make the five-act picture too long and tedious. It is somewhat enlivened only by the mayor's reminiscenses of the little girl. Clara Clarson – the murdered girl's sister – is portrayed quite blandly by Mme Lisenko, though it is not her fault if the scenario provides her with no outstanding moments or vivid emotional experiences. Actually, there are two such moments. The first is when Clara hears her husband's confession and, burning with rage, goes off to tell everything to the investigator – a scene which is handled correctly by the actress. The second, however, in which her soul reaches a crisis point, in which love and forgiveness triumph, passes by totally unexploited and unnoticed. It simply does not exist in the drama: having gone off to the investigator filled with a desire for vengeance, Clara arrives at the door of his flat, then suddenly turns round and goes home. Her spiritual crisis passes unnoticed; the actress experiences no crisis at all, while the director – who made a mess of the filming anyway – did not deem it necessary to pause here and give her the opportunity to experience one. As for Mosjoukine, who plays Fred Norton – the mayor and murderer of the young girl – he has coped admirably, as always, with all the character's displays of nervous derangement. He is helped greatly in this by his own peculiar and severe stare. The only scene to produce an unpleasant impression is where Norton takes out a revolver to commit suicide, during a flood of reminiscences. The unnaturally prolonged preparations, the baring of his chest and the placing of the revolver against his heart produce mixed im-

Un giallo psicologico di ambientazione invernale. Film d'attori, soprattutto perché sostanzialmente statico, ma anche giustamente ossessivo nei tempi dilatati della ricerca dell'assassino della piccola Ellie. Il riferimento al mondo anglosassone forse tende a definire lo stacco che dovrebbe esistere tra il vecchio modello sociale inquinato e quello del rinnovamento proletario. Ma Protazanov tifa per Mr North-Mozžuhin e lo riscatta, facendogli scegliere – romantica continuità con il passato prossimo? – il suicidio. C.M.

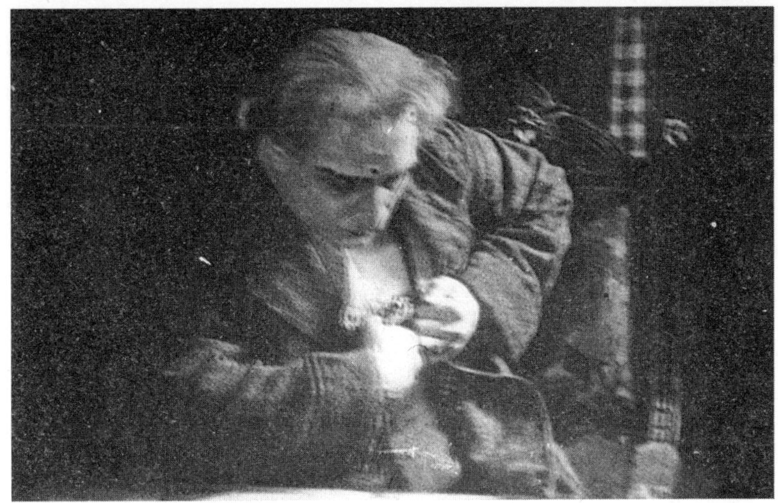

me sarebbe invece indispensabile per lo schermo. L'involontario omicidio della "piccola Elli" ad opera del sindaco della città, Fred Norton, di per sé poco credibile, lascia lo spettatore perplesso e anche le didascalie alla fine del film ben poco lo aiutano a chiarire la situazione. Il film non solo non brilla per il contenuto, ma non riesce nemmeno a lasciare nello spettatore l'impressione di un bello spettacolo. Lo scenografo non ha affatto sfruttato il paesaggio settentrionale e soltanto dalle caratteristiche finestre basse e piccole della casa di Clara Clarson e dai cappelli di pelliccia con i copriorecchie, lo spettatore può intuire che l'azione si svolge in una cittadina del nord. Le riprese che alternano lo sfondo di bosco d'inverno alle stanze della casa di Clara, la mancanza di scene di massa, rendono il film troppo lungo e noioso per cinque atti; lo ravvivano, di poco, solo le scene con la bambina, che si succedono nella memoria del sindaco. Il ruolo della sorella della bambina uccisa, Clara Clarson, è reso in modo scialbo dalla Lisenko. Ma non è colpa dell'attrice se la sceneggiatura non prevede per lei neanche un momento di intensa emozione, eccetto due casi: il primo, quando Clara sente la confessione del marito e in preda all'orrore e alla sete di vendetta si reca dal giudice istruttore pronta a raccontargli tutto, è correttamente interpretato dall'attrice. Il secondo, passato del tutto inosservato e non utilizzato, quando nell'anima vincono l'amore ed il perdono: giunta fino alla porta dell'appartamento del giudice istruttore all'improvviso si volta e torna a casa. La frattura spirituale passa inosservata, l'attrice non la prova completamente e il regista, che in genere abusa di primi piani, non ha ritenuto necessario soffermarsi e dare all'attrice la possibilità di esprimersi. Per quanto riguarda l'interprete del ruolo del sindaco omicida, Mozžuhin, è stato come sempre all'altezza di tutti i momenti di forte tensione nervosa, aiutato in ciò dal suo sguardo particolarmente profondo. Spiacevole solo la scena in cui, sotto l'influenza dei pesanti ricordi, Norton estrae il revolver e vuole uccidersi. Troppo artefatti e lunghi i preparativi, i colpi sul petto, il revolver puntato al cuore. Tutto questo suscita un'impressione mista di eccessiva freddezza e di tensione. Sembra che il regista non si decida a riprendere la scena del suicidio vero e proprio, lasciandola sfuggire nonostante le abitudini del cinema. Clara, tor-

pressions of excessive tension and intensity. The director must have sensed this, for he decided against depicting the second – and this time real – suicide, which is not shown to the viewer, despite cinema traditions: on returning with forgiveness and love Clara finds her husband already dead. On the whole, the picture cannot be described as a complete success. It is no better or worse than many other cinema products, but it leaves behind a bland impression, largely due to the plot, which contains nothing oustanding – whether for the director's imagination, or for the actors. (KG, 1918, No. 3, 5)

MASONY
MASONS

Масоны

Alternative title
VOL'NYE KAMENSHCHIKI / FREE MASONS

Film play. 7 reels; length unknown; production: Rus'; release. 27.3.18; director: Aleksandr Chargonin (begun by Wladyslaw Starewicz); cameraman: Yurii Zhelyabuzhskii; art directors: Vladimir Simov & Sergei Kozlovskii. Cast: Aleksandr Chargonin (Cagliostro), G. Kramov (Paul I), M. Petrova-Volina (Catherine II), Vera Pavlova (Liza, a reciter), Fedor Dunaev (Count Palen), A. Miloradovich (Bishop Platon), L. Protasov (Agatov), Andrei Ayarov, Bazhenov, Morozov, V. Ordynskii, E. Valevskaya, Kozyreva-Sokol'skaya, Egorova, Glinka, Razumov, Galin. Sequel to the film *Kaliostro/Cagliostro*. Plot borrowed from the novels *Masony/Masons* by Aleksei Pisemskii and *Sergei Gorbatov* by Vsevolod Solov'ev. Third, fifth and sixth reels preserved. Titles in English.

The exceptionally interesting nature of this picture leads me to digress from the conventional kind of review. From a certain point of view, the picture is a major event in cinema affairs. A number of questions regarding the production and content of the picture, however, arouse bewilderment amongst cultural and art historians, though, of course, their reactions cannot be decisive in assessing

nata col perdono e l'amore, trova il marito già morto. Non si può dire che il film sia un completo insuccesso: non è né peggio né meglio di molti altri; ma l'impressione che se ne ricava è insignificante a causa di un soggetto che non ha stimolato né la fantasia del regista né quella degli attori. (KG, 1918, n. 3, 5)

Масоны

MASONY
MASSONI

Titolo alternativo
VOL'NYE KAMENŠČIKI / LIBERI MURATORI

Dramma. 7 bobine; metraggio ignoto; produzione: Rus'; data di release: 27.3.1918; regia: Aleksandr Čargonin [il film fu iniziato da Wladyslaw Starewicz]; operatore: Jurij Željabužskij; scenografia: Vladimir Simov e Sergej Kozlovskij; sceneggiatura: Jurij Spasskij. Interpreti: Aleksandr Čargonin (Cagliostro), G. Kramov (Paolo I), M. Petrova-Volina (Caterina II), Vera Pavlova (Liza, una dicitrice), Fedor Dunaev (il conte Palen), A. Miloradovič (il vescovo Platon), L. Protasov (Agatov), Andrej Ajarov, Baženov, Morozov, V. Ordynskij, E. Valevskaja, Kozyreva-Sokol'skaja, Egorova, Glinka, Razumov, Galin. Continuazione del film *Cagliostro*. Il soggetto è tratto dal romanzo *Masony* (Massoni) di Aleskej Pisemskij e dal romanzo *Sergej Gorbatov* di Vsevolod Solov'ev. Il film è conservato incompleto (terza, quinta, sesta bobina). Le didascalie sono in inglese.

Questo film è un grosso avvenimento per il mondo cinematografico e, vista la sua particolarità, bisogna astenersi dal solito tipo di recensioni. Lo storico della cultura e dell'arte potrà avere delle perplessità in merito alla scenografia e al contenuto, anche se il suo giudizio non potrà essere determinante nella valutazione di un'opera cinematografica. Per quanto riguarda il contenuto, lo storico deve prima di tutto notare l'esatta illustrazione del carattere e del ruolo della massoneria in Russia. Bisogna riconoscere che il film non tratta in modo esauriente tutti gli aspetti dell'attività masso-

a work of art made for the screen. First of all, the historian should note that the picture gives a generally accurate representation of its subject – the most important part of which is, obviously, the nature and role of freemasonry in Russia. Admittedly, the mason's activities are by no means exhaustively covered: no attention is devoted, for instance, to their scientific, occult (links with the Rosenkreutzers) or revolutionary (links with the illuminati) activities. But the film's makers have at least produced a perfectly authentic introduction to a more complete and accurate analysis of freemasonry. One might have expected more and better from the film's presentation. Neither the masonic lodge setting, nor the mason's attributes, instruments and ceremonies are exploited to the full. Clearly, and unfortunately, the director was constrained by the production's purely superficial limitations. There is one historical discrepancy that should be pointed out. According to the picture's titles, it is supposed to depict the development of the masonic movement in Russia over a 30 year period (from the reign on Elizaveta up until 1785). Catherine II's accession to the throne is shown (1762), and the picture ends at a time of persecution of freemasonry. Yet there is no change either in the characters' appearances or in their ages. This is a regrettable blunder, which could easily be avoided by altering a few titles. The portrayal of other historical figures is also in need of certain corrections. Catherine II is a distinct failure, bearing no resemblance to any of the surviving portraits. Nor does the one-eyed Potemkin come across well as the most handsome man of his time. On the other hand though, Metropolitan Platon and Czarevich Paul are good. The relationship between Paul and Catherine is historically untrue: she did not love her son, but made fun of him. Particular attention should be drawn to the figure of Cagliostro, whose depiction has been based on works of literature (V. Solov'ev, A. Dumas). He was a real historical personality, whom the latest research clears of allegations of charlatanry. A number of portraits of Cagliostro survive, and the portrayal in the film of "Count Phoenix" has clearly no foundation in historical reality. One might also point out that the depiction of this rather romantic figure suffers from certain defects in the area of purely artistic credibility. If he is a charlatan, what is the point of "the mysteries of Osiris", where he apparently obtains certain "secrete knowledge". This fictionalized figure sits strangely alongside characters claiming to be historically authentic. In his reaction to the film, however, the historian should conclude that from his point of view, the most important thing is that the spirit and style of the period have been captured and faithfully conveyed. And this is not to mention the costumes and setting, including the titles, which have been nicely done in 18th century fashion. The romantic plot is reasonably interesting. On the whole, the picture grips the viewer's attention. The historians' doubts mentioned above arise mainly from the fact that as an outstanding work of cinema art, this picture forces one to judge it by high standards. (A.A. Sidorov, Teacher of the University and Free State Public Workshops, Secretary of the Art History Section. Kb, 1918, 30-32)

nica. Non è stata presa in considerazione la loro attività scientifica, quella occultistica (ispirata alla Rosacroce) e quella rivoluzionaria (legata all'illuminismo). Ciò nonostante gli autori del film hanno dato avvio ad uno studio della massoneria completo ed esatto. Per quanto riguarda la forma ci si potrebbe aspettare di meglio.Non sono abbastanza curati né gli arredi della loggia massonica – accessori e strumenti – né i riti d'iniziazione. Purtroppo il regista è rimasto troppo legato agli aspetti esteriori della scenografia. Bisogna notare un'incongruenza. Stando alle didascalie, il film dovrebbe illustrare lo sviluppo del movimento massonico russo in un arco di 30 anni (dal regno di Elisabetta al 1785). Vi è infatti rappresentata l'ascesa al trono di Caterina II (1762) e il film si conclude con l'epoca della persecuzione della massoneria; ma in tutto questo tempo né l'aspetto esteriore, né l'età dei personaggi cambiano. Si tratta di un errore increscioso che avrebbe potuto essere facilmente evitato, modificando alcune didascalie. Dovrebbero essere fatte delle correzioni anche nella rappresentazione dei personaggi storici. Affatto riuscita Caterina II, che non assomiglia a nessuno dei suoi ritratti. Anche Potemkin non ha l'aspetto del più bell'uomo del suo tempo, cieco da un occhio. Sono azzeccati in compenso il metropolita Platon e il principe ereditario Paolo. I rapporti tra Paolo e Caterina sono storicamente inesatti: quest'ultima non amava suo figlio e rideva di lui. Degna di attenzione la figura di Cagliostro. La sua immagine è stata tratta dalle opere letterarie di V. Solov'ev e A. Dumas. Cagliostro è un personaggio storico, recentemente assolto, tra l'altro, dalle accuse di ciarlataneria, di cui si sono conservati molti ritratti. Nel film però il "conte Fenix" non ha niente in comune con il Cagliostro storico. È da notare che la sua figura romantica soffre di alcune manchevolezze anche dal punto di vista della coerenza artistica. Se si tratta di un ciarlatano, a che pro allora i "misteri di Osiride", dove gli vengono chiaramente svelate delle "cognizioni segrete". Posta accanto a personaggi che vogliono essere storicamente autentici, questa figura inventata ha un ruolo abnorme. Il giudizio dello storico deve però, in fin dei conti, tenere presente ciò che, dal suo punto di vista, è di maggiore importanza: lo spirito e lo stile dell'epoca sono stati colti e resi con esattezza. Oltre ai costumi e agli scenari, anche le didascalie sono fatte secondo lo spirito del XVIII secolo. La fabula romantica è abbastanza interessante. Il film è interessante e rapisce lo spettatore; i nostri dubbi sono condizionati soprattutto dalla convinzione che un film di tale livello artistico poteva dare molto di più. (A.A. Sidorov, Docente universitario e dei Liberi laboratori artistici statali, Segretario della sezione di storia delle arti. Kb, 1918, 30-32)

MECHTA I ZHIZN'
FANTASY AND LIFE

Alternative title
YA POMNYU VAL'SA ZVUK PRELESTNYI
I REMEMBER THE DELIGHTFUL SOUND OF THE WALTZ

Drama. 6 reels; 1500 m; production: A. Khanzhonkov & Co. Ltd. (Moscow); release: 16.4.18; director: Aleksandr Ural'skii; cameraman: Boris Medzionis; art director: Tsezar' Lakka. Cast: Vera Karalli (Natasha Bobrova), Aleksei Popov (Aleksei, his brother), Praskov'ya Maksimova (their mother), Aleksandr Kheruvimov (Pospelov, their distant relative), Nikolai Radin (Count Valerii Radomskii), Vera Solov'eva (Zina, his sister), Georgii Svoboda (Michel, her fiancé), Arsenii Bibikov (the doctor), Eduard Kul'ganek (Lavrovskii), Elena Yuzhnaya (Klavdiya), K. Antokovksaya (Glikeriya, a Hanger-on). Screen version of the play *Volshebnaya skazka/The Magic Tale* by Ignatii Potapenko. Preserved without titles.

Natasha Bobrova graduated from school and went back to live with her family, but the petty family troubles, the never ending talks about money and pay all seemed so distant from the beautiful dreams she indulged in during school time. It seemed terrible to her to have to die in the thick of everyday life, but suddenly she was struck by a ray of hope. Unexpectedly, Count Radomskii came to their poor home... and promised to help Natasha through life's difficult journey... One evening Natasha, pale and worried, runs to the Count and explains to him that her soul longs for a bright and beautiful life just like in a fairy tale. That same evening the young girl reveals her love for him and Radomskii decides to make her fairy tale dream come true. Natasha soon has her

Мечта и жизнь

MEČTA I ŽIZN'
LE ASPIRAZIONI E LA VITA

Titolo alternativo
JA POMNJU VAL'SA ZVUK PRELESTNYJ
RICORDO IL RISUONARE MERAVIGLIOSO DEL VALZER

Dramma. 6 bobine; 1500 m; produzione: A. Hanžonkov i Co. Spa (Mosca); data di release: 16.4.1918; regia: Aleksandr Ural'skij; operatore: Boris Medzionis; scenografia: Cezar' Lakka. Interpreti: Vera Karalli (Nataša Bobrova), Aleksej Popov (suo fratello Aleksej), Praskov'ja Maksimova (la loro madre), Aleksandr Heruvimov (Pospelov, un loro lontano parente), Nikolaj Radin (il conte Valerij Radomskij), Vera Solov'eva (sua sorella Zina), Georgij Svoboda (Michel, il suo fidanzato), Arsenij Bibikov (il dottore), Eduard Kul'ganek (Lavrovskij), Elena Južnaja, (Klavdija), K. Antonovskaja (Glikerija, una parassita). Adattamento del dramma *Volšebnaja skazka* (La favola magica) di Ignatij Potapenko. Il film è conservato senza didascalie.

Nataša Bobrova si è diplomata ed è tornata a vivere in famiglia, ma le piccole noie familiari, gli eterni discorsi sui soldi e sulle paghe, le sembrano così estranei ai bei sogni che l'avevano cullata sui banchi di scuola. Le sembra terribile di dover morire nella palude della vita quotidiana, ma ecco che inaspettatamente, si accende un fuocherello di speranza. Il conte Radomskij all'improvviso si reca nel loro miserabile appartamento... e promette a Nataša di aiutarla nello spinoso cammino della vita... Una sera Nataša corre dal conte pallida ed agitata e gli spicga che non può più vivere in una situazione così volgare e banale, che la sua anima tende avidamente a una vita luminosa e bella come una fiaba fantastica. In quella stessa sera la giovane gli rivela il suo amore

own elegant flat and has everything she needs because the Count overwhelms her with luxury and riches, but he feels that something is not quite right... The Count becomes aware of Natasha's spiritual suffering but cannot really understand it, he doesn't know what to do to make her feel completely happy. One of his old friends advises him to marry her to put things right. The Count agrees but when he tells Natasha his decision he gets an unexpected rejection from her. "Love is proud, I don't need pity", she replies, and she goes back to her family. But her life doesn't end like that... (KG, 1918, No. 15, 6)

The scenario is somewhat drawn-out and suffers from an abundance of titles. The everyday-life aspect of the drama is conveyed thoughtfully and well. There is little life in the actual performance: one can sense that the actors, especially the heroine (Mme Karalli) are playing to a camera, rather than living out their roles. (NS, 1918, No. 3484, 6)

MISS MERI
MISS MARY

Мисс Мэри

Alternative title

CHELOVEK, KOTORYI UBIL / THE MAN WHO MURDERED

Drama. 9 reels; length unknown; production: A. Khanzhonkov & Co. Ltd.; release: 23.4.18; director/script: Boris Chaikovskii; cameraman: Boris Zavelev; art director: Lev Kuleshov. Cast: Zoya Barantsevich (Mary Falkland), Nikolai Radin (Archibald Falkland, her husband), N. Leshinskaya (Edith, his cousin and mistress), Wojciech Brydźiński (Count Sévigny), Georgii Svoboda (Count Stanislav Chernuvich), Eduard Kul'ganek (Makhmed-Pasha, chied of the secret police). Screen version of the novel *Chelovek, kotoryi ubil/The Man Who Murdered* by Claude Farrer. Three reels preserved without titles.

Exotica, in the broad sense of the word, always diverts the attention and is therefore pleasurable. But for this, it has to be moulded in perfect forms, which can only be arrived at by comprehensive study of the real-life situation to be depicted. Not everything can be attained through intuition, since the long centuries of creativity by nations and peoples is richer than the imagination of even the most talented and enlightened master of art. It is only the meek who can be fooled by half-baked knowledge in this area. The painter in the sphere of exotica must be at least a little Gauguin, or in the last resort, a Vereschagin. The fiction-writer must be a Pierre Loti. It is hard to reconcile oneself to any other approach to exotic or semi-exotic subjects in our enlightened age. It is therefore hard to accept the film *Miss Mary* as sincerely as it is presented. *Miss Mary* – themes from C. Farrer's novel *The Man Who Murdered*: this is the claim made by the picture's title, but alas, all that has remained of Claude Farrer is indeed "themes"... and not the actual substance of the novel. A great deal has disappeared, and much has been purposefully added to make the plot more credible. But anyway, enough of Farrer. It this is not an adaptation,

e Radomskij decide di far avverare il sogno della fiaba fantastica. Ben presto Nataša possiede un elegante appartamento, e non le manca nulla perché il conte la circonda di lusso e di ricchezza, ma sente che qualcosa non va... Il conte si accorge delle sofferenze spirituali di Nataša ma non le può capire, non sa cosa fare per farla sentire pienamente felice. Un suo vecchio amico gli consiglia di sposarla per rimediare all'errore, il conte è d'accordo ma quando comunica la sua decisione a Nataša riceve da lei un inatteso rifiuto... "L'amore è orgoglioso, non ho bisogno della pietà" risponde, e se ne torna dalla sua famiglia. Ma la sua vita non si conclude così... (KG, 1918, n. 15, 6)

La sceneggiatura è inutilmente prolissa e ha troppe didascalie. Lo spettatore rimane soddisfatto, gli aspetti di vita quotidiana del dramma sono resi con precisione. L'interpretazione è piatta e senza vita. Si ha l'impressione, che gli attori, specialmente l'interprete principale (la Karalli) eseguano i loro ruoli davanti ad una cinepresa, senza immedesimarsi nella propria parte. (NS, 1918, n. 3484, 6)

Мисс Мэри

MISS MERI
MISS MARY

Titolo alternativo
ČELOVEK, KOTORYJ UBIL / L'UOMO CHE UCCISE

Dramma. 9 bobine; metraggio ignoto; produzione: A. Hanžonkov i Co. Spa; data di release: 23.4.1918; regia/sceneggiatura: Boris Čajkovskij; operatore: Boris Zavelev; scenografia: Lev Kulešov. Interpreti: Zoja Barancevič (Mary Falkland), Nikolaj Radin (Archibald Falkland, suo marito), N. Lešinskaja (Edith, sua cugina e amante), Wojciech Brydźiński (il conte Sévigny), Georgij Svoboda (il conte Stanislav Černuvič), Eduard Kul'ganek (Mahmed-Paša, capo della polizia segreta). Riduzione del romanzo *L'uomo che uccise* di Claude Farrer. Il film è conservato incompleto (3 bobine), senza didascalie.

L'esotico, nel senso ampio del termine, attira sempre l'attenzione ed è molto piacevole. Esso deve essere però rivestito di una forma perfetta, che si può ottenere solo dopo uno studio particolareggiato del mondo che si vuole illustrare. L'intuizione non basta, giacché la secolare arte di un popolo è comunque più ricca della fantasia dell'artista più illuminato e di maggiore talento. In questo campo possono essere ingannate da una scarsa conoscenza solo le persone molto ingenue. Il pittore che rappresenta un mondo esotico, dev'essere almeno un piccolo Gauguin, o al limite un Versagin. O se è un narratore, Pierre Loti. Altrimenti è difficile, nel nostro secolo illuminato, affrontare dei temi esotici o semi-esotici. È difficile quindi sentire in *Miss Mary* la sincerità, con cui il film è stato realizzato. *Miss Mary* è stato girato ispirandosi al romanzo *L'uomo che uccise* di Claude Farrer (questo è il sottotitolo del film) ma di C. Farrer sono rimasti, ahimè, solo i motivi e non l'essenza del romanzo. Molto è stato eliminato e molto addirittura inventato, con lo scopo di rendere il soggetto più verosimile. Pazienza. Se

but merely themes, then we shall accept the picture as an independent cinema work. It has all been done with great effort, though the result is more lyrical than realistic. Even the dogs of Constantinople have been cleaned up and washed. And evidently they have been fed too, since they wag their tails very affectionately and fawn upon the filthy beggar-woman. The artist who stylized this Constantinople was obviously trying to achieve the desired effect by the simplest means. But this is not a task that can be resolved by the laws of arithmetic. The result is unconvincing and does not correspond to the scale of the artist's intentions. There is too much of everything; it would be better to have less, but better thought-out. The hall in the embassy makes no impact, and the winter garden is too empty. There are, however, some small and original bits that are good, such as the window in the winter garden, or the bookshelves. The final scene, by the way, is the most powerful and compact of all. The Mohammedan cemetery is not bad. The studio walls have been ingenuously used to represent a railway station. The subordination of all other production elements to the film-sets must be recognized as a very bold move. This predominance of the sets' visual impact should be considered undesirable. The sets must not divert the viewer's attention too much. The best set is one which instantly pleases the viewer's eye and is accepted by his taste, but then does not interfere in what is most important, organically merging with the action. The cast is good, and the play is acted quite well. Mme Barantsevich's interpretation of the title role is rather bland, while Mme Leschinskaya is demonstrative. Mr Brydźiński makes a wonderful impression. As for the director, he seems to have been too much subordinate to the artist throughout the picture, and this has affected the overall impact. The plot develops at a good pace. The picture is not a boring one to watch, and it contains some interesting situations. Well-timed and successful use is made of close-ups. The picture's finale is merely literary, and as a result, simply tedious. (KG, 1918, 12-13)

MOLCHI, GRUST'... MOLCHI...
STILL, SADNESS... STILL...

Молчи, грусть... молчи...

Alternative title
SKAZKA LYUBVI DOROGOI
A TALE OF PRECIOUS LOVE

Drama in two parts. 11 reels; length unknown; production: D. Kharitonov; distribution: Kerre; release: Part 1: 14.5.18; Part 2: 21.5.18; director/script: Petr Chardynin; co-director: Czeslaw Sabinski; cameraman: Vladimir Siversen; art director: Aleksei Utkin. Cast: Petr Chardynin (Lorio, a musical clown), Vera Kholodnaya (Paola, his partner), Ivan Khudoleev (Prakhov, a merchant), Osip Runich (Zaritskii, a barrister), Vitol'd Polonskii (Telepnev, a rich gentleman), Vladimir Maksimov (Volyntsev, an artist), Ol'ga Rakhmanova (his mother), Konstantin Khokhlov (Olekso Presvich, a hypnotist and illusionist), Yanina Mirato (a lady of the demi-monde), M. Masin (Innokentii, Prakhov's valet). First part of the film preserved.

questa non è la sceneggiatura secondo Farrer, allora consideriamo pure il film un'autonoma opera dello schermo. Tutto è reso con molto impegno, anche se ne risulta un film più lirico che reale. Addirittura i cani di Costantinopoli sono puliti e lavati ed evidentemente sazi; infatti scodinzolano affettuosamente e cercano di ingraziarsi la sporca mendicante. Lo scenografo, che ha realizzato lo scenario di Costantinopoli, ha voluto servirsi dei mezzi più semplici. Ma questo è un compito che non può essere assolto con delle leggi matematiche. Il risultato è poco convincente e non corrisponde alla molteplicità delle idee. Si è tentato di dare troppo, quando sarebbe stato meglio dare qualcosa di meno, ma con migliore elaborazione. Di scarso effetto la sala dell'ambasciata e il giardino d'inverno, troppo vuoto. Buoni sono solo alcuni particolari originali: la finestra nel giardino d'inverno, le mensole dei libri. L'ultima scena è tra l'altro la più efficace. Il cimitero mussulmano è costruito bene e le parti dello studio per la rappresentazione della stazione sono state utilizzate con ingegno. Molto azzardato il fatto di avere subordinato al fattore decorativo tutti gli altri elementi della messinscena. Una tale prevalenza dell'elemento puramente visivo è certo indesiderabile. Le scene non devono distrarre l'attenzione. Le decorazioni migliori sono quelle che, pur allietando momentaneamente la vista, procurano un piacere che subito si fonde in modo organico con l'azione. Il cast è buono e la pièce è interpretata bene. Un po' sfocata è la figura del personaggio principale interpretato dalla Barancevič, mentre è troppo ostentata la Lešinskaja. Fa un'ottima impressione Brydźiński. Per quanto riguarda il lavoro di regia l'impressione generale è che il regista, per tutto il film, resti troppo legato al lavoro dello scenografo. Il soggetto è sviluppato bene. Il film non è noioso e ci sono dei momenti interessanti. I primi piani sono riusciti. Il finale del film è strettamente letterario e perciò semplicemente noioso. (KG, 1918, n. 18, 12-13)

Молчи, грусть... молчи...

MOLČI, GRUST'... MOLČI...
TACI, TRISTEZZA... TACI...

Titolo alternativo
SKAZKA LJUBVI DOROGOJ
STORIA DI UN AMORE CARO

Dramma in due parti. 11 bobine; metraggio ignoto; produzione: D. Haritonov; distribuzione: Kerre; data di release: parte I: 14.5.1918, parte II: 21.5.1918; regia/sceneggiatura: Petr Čardynin; co-regia: Czeslaw Sabinski; operatore: Vladimir Siversen; scenografia: Aleksej Utkin. Interpreti: Petr Čardynin (Lorio, clown musicale), Vera Holodnaja (Paola, la sua partner), Ivan Hudoleev (Prahov, commerciante), Osip Runič (Zarickij, avvocato), Vitol'd Polonskij (Telepnev, un ricco signore), Vladimir Maksimov (Volyncev, artista), Ol'ga Rahmanova (sua madre), Konstantin Hohlov (Olekso Presvič, ipnotizzatore-illusionista), Janina Mirato (donna mondana), M. Massin (Innokentij, valletto di Prahov). È conservata la prima parte del film.

Film in due parti e undici quadri. È un film di prim'ordine. Vi partecipano V.V. Holodnaja e cinque altri grandi attori cinemato-

This is a big picture: two parts and eleven sections. It's a smash hit. The cast consists of V.V. Kholodnaya and five cinema debutants: Messrs. Maksimov, Polonskii, Runich, Khokhlov and Khudoleev. It's a festive anniversary picture, and it features the man of the day himself – that deserving and gifted cinema worker, P.I. Chardynin. The performers wear frock-coats and the servants are in livery. There's wine, flowers, valuable gifts, music and all the rest – both sufficient and essential for a celebration worthy of Russian cinema's jubilee. An original scenario was specially written for this anniversary production. Insofar as the gift of miraculous insight does not deceive me, the scenario's writer's main aim was to provide each of the film's five debutants with a role that suits his artistic temperament. And this aim has been successfully achieved, even though it has cost the reputation ot the play's heroine. In the final analysis, the scenario of *A Tale* is a skillful and diverting improvisation. The author himself would hardly lay claim to any other merits for his scenario. The picture's production should likewise be regarded as a skillful and diverting improvisation. In short *A Tale of Precious Love* is a good anniversary extemporisation, with no unnecessary philosophizing or artistic revelations. There is hardly any point in going into the details of this productions or the individual performances. It's all so familiar and ordinary by now; it adds nothing to the old notions about Russian productions – and the productions of P.I. Chardynin in particular – and about the accepted merits of the participating actors. It's interesting, however, to examine this ordinariness from a general point of view – as an assessment, perhaps, of a specific period in the development of Russian cinema, as a change in the direction in which it has travelled up until now, or as a test of the working formulae discovered through experience and used as

The graphic use of intertitles, later typical of Eisenstein's films, as well as of most post-revolutionary production, has a predecessor in this drama, taken from a well-known song of the period. The titles make use of typographic settings of different width, according to the emotional situation (as the American cinema of the earlier period was already doing). Intertitles used as a *leitmotiv*, e.g. one which gives the film its title, and others which use self-referential quotations: "in the movies, scenes such as this usually end with a closing iris".
P.Ch.Us.

L'impiego espressivo delle didascalie, più tardi tipico del cinema di Ejženstejn e della produzione rivoluzionaria, ha un precedente in questo dramma, tratto da una celebre canzone dell'epoca. Vi si trovano caratteri tipografici di grandezza diversa, a seconda della situazione emotiva (espediente del resto utilizzato nel cinema americano degli anni immediatamente precedenti), ma anche delle didascalie-*leitmotiv* – come quella che dà il titolo al film – e spunti autoreferenziali, quali "al cinema, scene del genere terminano con un'iride in chiusura". P.Ch.Us.

grafici: Maksimov, Polonskij, Runič, Hohlov e Hudoleev. Questo film vuole essere una celebrazione del cinema. Tra gli interpreti il festeggiato stesso: il grande professionista di talento P.I. Čardynin. Gli attori sono in frac, i camerieri in livrea. E poi vino, i fiori, i doni preziosi, la musica: c'è tutto l'occorrente per una degna celebrazione del cinema russo. Proprio per questa celebrazione fu scritta la sceneggiatura originale del film ... Se non m'inganno, lo scopo principale perseguito dallo sceneggiatore è stato quello di assegnare ad ognuno dei cinque attori una parte che fosse congeniale al temperamento artistico di ciascuno. Lo scopo è stato pienamente raggiunto, anche se a discapito del ruolo della protagonista. La sceneggiatura è quindi un'improvvisazione abile e piacevole, ed è poco probabile che lo sceneggiatore aspiri al riconoscimento di altri meriti. Improvvisazione abile e piacevole è pure da considerare la regia del film. In breve, *Storia di un amore caro* è una buona improvvisazione celebrativa, senza eccessive sofisticherie letterarie né eccessive rivelazioni artistiche. Ma non vale la pena soffermarsi sui dettagli della regia o sull'interpretazione individuale. Tutto è già noto, abituale. Il film non si discosta dalle prime regie russe, e in particolare da quelle di P.I. Čardynin, e non ostacola il riconoscimento dei meriti degli interpreti. Tuttavia, è interessante osservare questo film così comune, da un punto di vista globale, cioè dal punto di vista della valutazione di un determinato periodo nello sviluppo del cinema russo. Notarne i cambiamenti di percorso, avvenuti fino ad ora, la sperimentazione di metodi di lavorazione, trovati, lungo la sua personale esperienza, dal più anziano regista russo, e con i quali egli dirige i suoi lavori. Per questo tipo di excursus retrospettivo il film offre abbondanza di materiale. Vediamo alcune scene della *Storia* [dalla parte II, Ndc]: Volynceva entra nella sala da pranzo del figlio, seguita da un lac-

guide by Russia's most senior film director. *A Tale of Precious Love* provides a wealth of material for this kind of retrospective excursion. I shall chose a few scenes from *A Tale* [from part 2, Ed.]: Volyntseva enters her son's dining room. She is followed by a servant, who stands at the back and is present during the talk between the two women. Paola decides to move out of Volyntsev's house. She carries some blotting paper to the dinner table standing in the foreground and sits down to write a letter. Then she leaves. Volyntseva sits down backstage and waits. The scene is interrupted by Paola getting out of a train, and then the action continues. Volyntseva remains seated. Her son comes in but does not see her. He places some flowers he has brought for Paola in a vase, looks round for her (still not noticing his mother) and sees the letter. Slowly, anxiously, he tears open the envelope. He reads the letter and then, in tears, falls into the embrace of his mother, who has approached him silently from behind. It's enough to make one think that the cinema director, just like the theatre director, is restricted to a single fixed set, and is thereby compelled to use a multitude of unavoidable conventions. The final scene, in which Paola dies, is similarly theatrical. And incidentally, it includes a very precise reproduction of the extremely theatrical – even for the theatre – end of the immortal Trilby. The close-ups, which pick out specific elements of the overall scene – do absolutely nothing to help matters. Using close-ups in this way not only fails to mitigate the production's theatricality, but even underlines just how conventional and unconvincing it really is. It's as if they are saying "Well, we've released it, you may not have noticed anything, so now you can have it close up as well". Strange as it may sound at first, a director infected with theatricality can be spotted immediately from his lavish use of explanatory close-ups. I don't claim this as a fact, but it seems most likely from the point of view of harmonious composition, that explanatory back-up close shots should only be used very rarely, though this does not rule out the possibility of using the foreground in the lay-out of the scenes – and on the very broadest scale. The theatricality is mitigated by "out-of-sequence" editing, with wide use of close-ups as explanatory notes. Such is the final compromise formula in Chardynin's art, and it differs little in essence from the formula with which he began working ten years ago. But it is not only the production as such that makes one regard *A Tale* as a kind of concise reiteration of what has gone before. As if on purpose, this anniversary picture gives a run-down of the cinema's conventional literary taste, or rather, of the director's conventional literary taste, which is so terribly fond of tearful melodramas, salon dramas, detective plots, gimmicks, overdone settings and other childish scenes that agitate nerves unstrung by theatricality and arouse surprise over the "screen's capabilities in comparison with the stage". The actual characters in *A Tale* are all old acquaintances. There's Paola – "one of the many", "persecuted" and thrown into "the restless sea of passions". There's a long-familiar screen figure in a white worker's smock, standing by an easel with a brush in his hand. He's the artist who will reveal his heart's secret "through a painting within a painting". There's the violinist, who's probably playing something very moving, since his face is full of sweet-

chè che rimane poi in piedi sullo sfondo, assistendo così alla spiegazione tra le due donne. Paola ha deciso di andarsene dalla casa di Volyncev. Ella porta della carta da lettera sulla tavola da pranzo che si trova in primo piano, e lì si accinge a scrivere una lettera. Poi se ne va. Intanto Volynceva si siede sullo sfondo e aspetta. La scena s'interrompe, per mostrare la scena in cui Paola scende dal treno. Dopodiché si ritorna alla scena precedente. Volynceva continua ad aspettare. Entra il figlio e la madre non lo vede. Egli ripone in un vaso dei fiori portati apposta per Paola, la cerca (la madre intanto continua a non accorgersi della sua presenza) e trova la lettera. Con angoscia lentamente apre la busta. Legge la lettera, poi piangendo abbraccia la madre che gli si avvicina. Si può pensare che il regista di cinema come quello di teatro siano limitati dalla scenografia fissa. Infatti anche la scena finale della morte di Paola è strutturata in maniera teatrale, e riproduce la fine dell'immortale Trilby con una teatralità superiore a quella del teatro stesso. Non sono affatto d'aiuto i primi piani con cui vengono inquadrati i momenti particolari di alcune scene. Quest'uso delle inquadrature ravvicinate non solo non attenua la teatralità del film, ma anzi ne sottolinea la convenzionalità e la mancanza di forza di persuasione ... Potrà sembrare paradossale,ma si può riconoscere immediatamente un regista malato di teatralità, dall'abbondanza di primi piani esplicativi. Ritengo infatti più valido dal punto di vista dell'esatta composizione ritmica del film, ricorrere molto raramente alle inquadrature in primo piano di tipo esplicativo, piuttosto che escludere la possibilità di usare il primo piano in larga misura in tutta la composizione del film. Teatralità, attenuata in fase di montaggio, con largo uso di inquadrature in primo piano di tipo esplicativo: questa è l'ultima ricetta creativa di P.I. Čardynin che s'allontana di poco da quella con cui aveva iniziato a lavorare dieci anni prima. Ma questa è l'unica regia di P.I. Čardynin che bisogna considerare come una succinta ricapitolazione. Questo film celebrativo è caratterizzato da quel gusto letterario, tipico del cinema, anzi da quel gusto letterario registico così incline al melodramma lacrimevole, al dramma da salotto, ai soggetti polizieschi, agli effetti speciali, alla spettacolarità e ad altre scene puerili, toc-

ness and inspiration. There are several gentlemen in frock-coats with nothing particular to do, who devote their time to binges and all sorts of entertainments. There's the ill-starred penniless gambler, forging a check. All of them are familiar, we know them all. The settings are the usual ones too. There's the familiar circus arena, the stage, the theatre box with a mirror at the back in which one can see the stage, the cards-room in the club, the safe, the restaurant hall with a choir of gypsies, suites of furniture in vast rooms, and even the canary in its cage. One even remembers the special effects. In *Songs of Triumphant Love* a man is levitated in the air in just the same way, and we have frequently seen one character substituted for another. The only novelty is that, for what I think is the first time, Mme Kholodnaya has been turned into a skeleton, reminding us of the end that awaits us all and of the transitory nature of all beauty. It's all old, familiar and – perhaps – dear to the memory. This is what has gone before; it's the history of the cinema's birth and first conscious steps. A great deal has been achieved "by feeling one's way" in this past process of searching. Too much will be thrown away and forgotten, but the very mistakes and delusions of the past will serve as lessons for future creativity. The film directors' "theatrical school" will not lose its predominance for a while, because there is nothing to replace it. One continues to search by "feeling one's way", experience is accruing little by little, but we have yet to hear a new formula for screen art, a new sacred word that will free this young art form from its slavish dependence and schoolboyish imitation of the techniques of other arts. (Veronin [V. Turkin] KG, 1918, No. 23, 13-15)

OTETS SERGII FATHER SERGIUS

Отец Сергий

Alternative title
KNYAZ' KASATSKII / PRINCE KASATSKII

Drama. 7 reels; 1920 m; production: I. Ermol'ev (Moscow); release: 14.5.18; director: Yakov Protazanov; script: Aleksandr Volkov; cameramen: Nikolai Rudakov & Fedor Burgasov; art directors: Vladimir Ballyuzek & Aleksandr Loshakov; costumes: V. Vorob'ev; make-up: A. Shargalina; music: Eizens Buke. Cast: Ivan Mosjoukine (Prince Kasatskii/in the past, Father Sergius), Ol'ga Kondorova (Countess Korotkova), V. Dzheneeva (Mary, her daughter), Evgenii Gaidarov (Nicholas I), Nikolai Panov (Kasatskii's father), Nataliya Lisenko (the widow of the merchant Makovkin), Iona Talanov (a merchant), Vera Orlova (his daughter), Petr Baksheev (a young monk), Polikarp Pavlov (the monastery porter), Nikolai Rimskii (bishop). Screen version of the story by Lev Tolstoi.

To write music on the theme of *Father Sergius*, of course, one needs a different talent from that of Ei. Buke. One needs great creative depth, one needs to create in the style of S.V. Rachmaninov. But at least the fact that Ei. Buke is the first to begin this great undertaking is to his credit. The overture is not stylish enough for

canti per teatralità e che meravigliano per "le maggiori possibilità dello schermo rispetto alla scena". Gli stessi personaggi sono delle vecchie conoscenze. Ecco Paola: "una delle tante", "braccata", gettata nel "mare agitato delle passioni". Ecco un'altra figura nota ormai da tempo nel cinema, vestita con una tunica bianca, di fronte a un cavalletto, con un pennello in mano. Si tratta del pittore che "di film in film" parla del segreto del suo cuore. Ecco il violinista che suona qualcosa, probabilmente qualcosa di molto commovente perché il suo viso è dolce ed ispirato. Ecco alcuni proprietari in frac che, senza una precisa occupazione, passano il tempo a far bisboccia. Ecco il giocatore sfortunato e scialacquatore che stacca un assegno. Li conosciamo tutti. L'ambientazione è consueta. Ecco la nota arena del circo, il palcoscenico, i palchi con lo specchio sulla parete di fondo dal quale si vede il palcoscenico, la sala da gioco del club, la cassaforte, la saletta del ristorante con il coro di zingari, mobili di tutti i tipi in stanze immense, e persino la gabbia con i canarini. Si ricordino gli effetti speciali. Ne *La canzone dell'amore trionfante* viene sollevata in aria una figura umana, ma era già avvenuto che un personaggio fosse sostituito da un'altra figura. È forse nuovo invece il fatto che, per la prima volta, sembra, V.V. Holodnaja viene trasformata in uno scheletro per simulare la fine che spetta a ciascuno di noi e il dissolversi della bellezza. Tutto ciò è vecchio, ormai noto e, per carità, caro al ricordo. Tutto ciò fa ormai parte del cammino già percorso. È la storia della nascita e dei primi passi dell'arte cinematografica. Molto è stato raggiunto dalle esperienze "a tentoni" compiute durante il processo di ricerca. Molto verrà accantonato e dimenticato, ma gli errori serviranno di lezione per le future creazioni. "La scuola teatrale" dei registi cinematografici continuerà il suo predominio, anche perché non ce n'è un'altra capace di sostituirla. Continuano le ricerche "a tentoni", pian piano si raccolgono le esperienze, anche se non si è arrivati a una formula nuova che liberi la nascente creazione cinematografica dalla dipendenza servile e dall'imitazione scolastica dei procedimenti propri delle altre arti. (Veronin [V.Turkin] KG, 1918, n. 23, 13-15)

Отец Сергий

OTEC SERGIJ
PADRE SERGIO

Titolo alternativo
KNJAZ' KASATSKIJ / IL PRINCIPE KASATSKIJ

Dramma. 7 bobine; 1920 m; produzione: I. Ermol'ev (Mosca); data di release: 14.5.1918; regia: Jakov Protazanov; sceneggiatura: Aleksandr Volkov; operatori: Nikolaj Rudakov, Fedor Burgasov; scenografia: Vladimir Balljuzek, Aleksandr Losakov, costumi: V. Vorob'ev, trucco: A. Šargalina; musica: Eižens Buke. Interpreti: Ivan Mozžuhin (il principe Kasatskij, poi padre Sergio), Ol'ga Kondorova (la contessa Korotkova), V. Dženeeva (Mary, sua figlia), Evgenij Gajdarov (Nicola I), Nikolaj Panov (il padre di Kasatskij), Natalija Lisenko (la vedova del mercante Makovkin), Iona Talanov (mercante), Vera Orlova (sua figlia), Petr Bakšeev (giovane monaco), Polikarp Pavlov (portiere del monastero), Nikolaj Rimskij (vescovo). Adattamento del racconto omonimo di Lev Tolstoj.

the picture and a little lengthy, but it's good to have it. It prepares the viewer, it forces him to dismiss everything else and devote himself wholeheartedly to what is happening on the screen. I sincerely welcome this new development in Russian cinema – the creation of specially written music to replace all those vulgar gypsy romances, fashionable songs and musical illustrations by improvising pianists. (Vladimir Brender, ME, 1918, No. 3, 6)

This is not the first time that the Russian cinema industry has attempted to adapt one of the classics to the requirements and tastes of the market, nor is it the first time that the spirit of a work has perished for the sake of an entertaining plot. A picture must be entertaining – such is the harsh law of the marketplace, and this is destroying the last gleams of art in the cinema. Surely Tolstoi wasn't concerned with the period, its morals and customs, in *Father Sergius*? Why then has attention been focussed on the superficial aspects of the work and its spirit lost? If they wanted to produce a "dazzling" production, to show a "genuine" church or film a society club, they could have written an original scenario. *Father Sergius* should have been produced with reverence, without any flourishes or gimmicks – even against a backdrop of black velvet, as long as they managed to put across Tolstoi's ideas and soul. It's in this reflective immobility that they should have sought means of representing the inner struggle, and the performer could always have found them if he had not been carried away by his vulgar and trite manner of portraying emotions. And when Sergius again enters the cave, having found within himself the strength to cut off his finger, suppress his lust by physical pain and allow the spirit to triumph, the director gives us only the first half of Tolstoi's comment: "Dear sister, why did you wish to destroy your

Certamente, per scrivere una musica sul tema di *Padre Sergio*, c'è bisogno di un talento diverso da quello di E. Buke. In questo caso, ci sarebbe sato bisogno di una grande composizione, della levatura di S.V. Rachmaninov. Ma è buono il fatto che E. Buke abbia iniziato per primo a scrivere musica per i film. L'ouverture non ottempera lo stile del film ed è un po' lunga, ma è positivo che ci sia. L'ouverture prepara lo spettatore, lo costringe ad estraniarsi da tutto il resto e ad abbandonarsi completamente a ciò che accade sullo schermo. Mi rallegro con tutto il cuore per questa nuova iniziativa del cinema russo, che offre della musica scritta appositamente per lo schermo, al posto di quelle volgari romanze zigane, delle canzonette alla moda e di certe illustrazioni musicali affidate a pianisti improvvisatori. (Vladimir Brender, ME, 1918, n. 3, 6)

Non è la prima volta che l'industria cinematografica russa tenta di fare degli adattamenti dai classici, seguendo le esigenze e i gusti del mercato. E non è nemmeno la prima volta che, in nome di una trama avvincente, si svilisce lo spirito dell'opera. Il film deve essere avvincente: questa è la dura legge dell'acquirente, il quale spegne gli ultimi bagliori di arte nel cinema. Tolstoj in *Padre Sergio* s'è forse preoccupato degli usi e costumi dell'epoca? Perché allora l'attenzione principale è andata all'aspetto esteriore dell'opera e se n'è perduto lo spirito? Se si voleva "brillare" nella regia, mostrare una chiesa "vera" e filmare una nobile assemblea, bisognava scrivere una sceneggiatura originale. *Padre Sergio* doveva essere girato con devozione, senza ghirigori ed effetti speciali, a costo di rivestirlo di nero, mettendo però in evidenza il pensiero e l'anima di Tolstoj. L'immobilità contemplativa doveva suggerire il modo di rappresentare le varie tappe del travaglio interiore. E ciò è possibile per un attore, sempre che egli, nell'interpretare quell'agita-

immortal soul?", leaving out the more important second half: "Temptations must enter the world, but woe to he through whom temptations enter ..." Nor was there any need to give a foreground shot of the pool of blood on the floor. This would have been suitable for a detective drama, but not for Tolstoi. There was no need to show the sinner going down on her knees, for Tolstoi does it more powerfully: she goes into the passageway and sees the axe and the finger, while Sergius goes behind the partition and does not let her see him again. (V. Viskovsky. "One Cannot See the Wood for the Trees". ME, 1918, No. 3, 4-6)

POZOR DOMA ORLOVYKH
THE SHAME OF THE HOUSE OF ORLOV

Позор дома Орловых

Alternative title
BESCHESTIE DOMA ORLOVYKH
THE DISHONOUR OF THE HOUSE OF ORLOV

Drama. 4 reels; 1000 m; production: Biofilm Ltd.; release: 11.5.18; director: Vyacheslav Turzhanskii; script: Lev Nikulin; cameraman: Grigorii Giber; art director: Vladimir Rakovskii. Cast: Vladimir Alekseev-Meskhiev (General Orlov), Amo Bek-Nazarov & Elena Chaika (his children), Ivan Perestiani, Tat'yana Maksimova, G. Chernova, Nikolai Orlov. Preserved without titles.

This is not a title, but a cry. A dull life, a common story that happens a million times nowadays. The son seduces a maid, the daughter becomes intimate with her hero (who is already married) and fate brings everything down on the father at once. This would all have been a bit too hackneyed, of course, so the scenario writer has transferred his heroes to a strict caste where (as the libretto warns) the head of the family is the faithful guardian and jealous protector of the caste's traditions, the morality of his circle, his social class; where honour is the guiding motive of all action. The honour of the nobility, the honour of the artistocracy, the honour of noble and pure blood... and where the son has to end the drama with a pistol shot for the sake of family honour. So much for the picture's content. The acting was almost in harmony with the content... In parts – where he has it out with his father, at least – A.I. Nazarov is worthy of mention. The scene depicting the moment before the shot is well produced. (ME, 1918, No. 3, 10)

It's a competent though gloomily-hackneyed scenario, with a final scene that has already been used many times: the heroine rushes to her beloved, and is hit by the fateful bullet intended for him. The subject is almost a historic one, since the principal hero – Lebedev – is a member of the State Duma. The parts are given hopelessly poetic titles: *The Rubicon of Love, A Foolish Girl.* This probably sounds wonderful to those who read the poems in cinema journals. The production is competent, but totally uninteresting. Incidentally, the picture is one of the "Crimean" summer cycle, from which one expects nothing but cheap footage. The only good thing is the cast: Mmes Chaika and Maksimo-

zione, non sia un fautore di volgari stereotipi. E nella scena in cui Sergio ritorna nella caverna, dopo aver trovato la forza di tagliarsi un dito, reprimendo con il dolore fisico la libidine, facendo così trionfare lo spirito, il regista ritiene di citare solamente la prima metà della frase di Tolstoj: "Cara sorella, per quale ragione volevi uccidere la tua anima immortale?" ed elimina la seconda metà, la più significativa: "Le tentazioni devono entrare nel mondo, ma guai a colui attraverso il quale le tentazioni entrano..." Fuori luogo il primo piano della pozza di sangue sul pavimento, cosa che risulta opportuna in un giallo, ma non in Tolstoj. Da evitare anche l'immagine della peccatrice in ginocchio, giacché in Tolstoj è molto più forte: essa entra nel ricovero e vede la scure e il dito, mentre Sergio nello stesso momento se ne va dietro al tramezzo e non lascia entrare nessuno. (V. Viskovskij, *Za derev'jami ne vidno lesu*, ME, 1918, n. 3, 4-6)

Позор дома Орловых

POZOR DOMA ORLOVYH
LA VERGOGNA DELLA CASA DEGLI ORLOV

Titolo alternativo
BESČESTIE DOMA ORLOVYH
IL DISONORE DELLA CASA DEGLI ORLOV

Dramma. 4 bobine; 1000 m; produzione: Biofil'm Spa; data di release; 11.5.1918; regia: Vjačeslav Turžanskij; sceneggiatura: Lev Nikulin; operatore: Grigorij Giber; scenografia: Vladimir Rakovskij. Interpreti: Vladimir Alekseev-Meshiev (il generale Orlov), Amo Bek-Nazarov e Elena Čajka (i suoi figli), Ivan Perestiani, Tat'jana Maksimova, G. Černova, Nikolaj Orlov. Il film è conservato senza didascalie.

Non è un titolo, ma un grido. Giornate grigie, una storia comune, un caso dei nostri giorni. Il figlio seduce una cameriera, la figlia ha una relazione con l'eroe del giorno (già sposato), e tutto ciò ricade sul padre... Lo sceneggiatore colloca i suoi personaggi in una rigida casta, all'interno della quale (come avverte il libretto), il capo famiglia è un fedele e geloso custode delle tradizioni e della morale del ceto a cui appartiene, ceto in cui l'onore è il motivo che regola ogni azione. L'onore del ceto nobiliare, l'onore degli uomini di sangue blu e di razza superiore... in nome del quale il figlio deve concludere il dramma con uno sparo. Questo è il contenuto del film. Gli interpreti ne hanno reso armonico il contenuto con la loro recitazione. Si può menzionare A.B. Nazarov (il figlio), malgrado la scena della spiegazione con il padre. Ben riuscita la scena del momento che precede lo sparo. (ME, 1918, n. 3, 10)

La sceneggiatura è discreta, anche se il finale la rende lugubre e scontata: la protagonista si getta sull'amato e una pallottola fatale, destinata a quest'ultimo, la colpisce. La letteratura diventa quasi storia, visto che il protagonista del dramma, Lebedev, è un membro della Duma. I titoli dei quadri sono irrimediabilmente poetici: "Il Rubicone dell'amore", "La fanciulla irragionevole". Probabilmente piacerebbero al lettore delle poesie che si pubblicano sulle riviste cinematografiche. La regia è discreta,

va, and Mesrrs Perestiani, Alekseev-Meskhiev and Bek-Nazarov. The picture has been shot, printed, and sold – and that's that. The public are fools – they will gobble up anything. (KG, 1918, No. 24, 13)

POSLEDNEE TANGO
THE LAST TANGO

Последнее танго

Alternative title
POD ZNOINYM NEBOM ARGENTINY
BENEATH THE BURNING SKY OF ARGENTINA

Drama. 5 reels; length unknown; production: A. Kharitonov; release: 31.5.18; director: Vyacheslav Viskovskii; cameraman: Vladimir Siversen; art director: Aleksei Utkin. Cast: Vera Kholodnaya (Chloe), Osip Runich (Joe), Ivan Khudoleev (Sir Stone), A. Aleksandrov (a waiter). Based on a romance from the repertoire of Iza Kremer. Second reel preserved.

"In the far scorching Argentina / Where the southern sky is blue / Joe falls in love with Chloe...". And their happiness was serene and cloudless because they were young and no dark shadow threatened their love. In the evening, children of this hot country danced the tango in a tavern and lived on the money they got from customers. One day, a bored tourist, Sir Stone, arrived at the tavern. He was so struck by the young girl that he threw a handful of coins into her handbag. A few days later Sir Stone returned to the tavern and once again threw some golden coins into Chloe's pinafore. He asked her to sit next to him and offered her some wine. Joe was on the alert, and once when they were alone on the balcony, he tried to convince her to pretend to be in love with Sir so that she could extort money from him and start a new life without ever having to dance the tango again in a dirty tavern. "But if you fall in love with him I'll kill you...". The next day, in accordance with Joe's wish, Chloe was more compliant towards Sir Stone and agreed to go to his hotel. But she couldn't pretend any longer and began to cry, telling him why she had followed him. Sir Stone, moved by her tears, consoles her and assures her that if Joe could have advised to do such a thing then he wasn't worthy of her love... and takes her with him to Paris where he ladens her with luxury, kindness and devotion... And so the days go by until one evening in a restaurant, where they dance the tango, Chloe remembers the Argentinian tango and decides to show the people how good she was at it. As she goes to look for a dance partner she meets Joe, and as if in a dream, starts dancing with him. Whilst dancing in front of the curious audience, Joe whispers to her: "You ran away with Sir, you left me and I'm going to kill you for that". (ME, 1918, No. 1, 10)

The public like pictures of this nature. And the main reason is that they contain no creative input from that most deep-thinking and most cruel (to the public) of all cinema workers: the cinema dramatist. The picture has been made by the producer and the ac-

ma niente affatto interessante. Del resto il film appartiene al ciclo estivo "di Crimea". Da questo tipo di film ci si deve aspettare un'unica cosa: l'economia del metraggio. È buona unicamente la composizione del cast: Čajka e Maksimova, Perestiani, Alekseev-Meshiev, Bek-Nazarov. Il film è stato girato, sviluppato, venduto e non se ne parli più. Il pubblico è stupido. Divora di tutto. (KG, 1918, n. 24, 13)

Последнее танго

POSLEDNEE TANGO
L'ULTIMO TANGO

Titolo alternativo
POD ZNOJNYM NEBOM ARGENTINY
SOTTO IL TORRIDO CIELO ARGENTINO

Dramma. 5 bobine; metraggio ignoto; produzione: D. Haritonov; data di release: 31.5.1918; regia: Vjačeslav Viskovskij; operatore: Vladimir Siversen; scenografia: Aleksej Utkin. Interpreti: Vera Holodnaja (Chloe), Osip Runič (Joe), Ivan Hudoleev (Sir Stone), A. Aleksandrov (cameriere). Adattamento di una romanza del repertorio di Iza Kremer. Il film è conservato incompleto (seconda bobina).

"Nella lontana cocente Argentina / Dove blu è il cielo del sud... / Là di Chloe s'innamorò Joe..." ...E la loro felicità era serena e senza nuvole perché erano giovani e nessun'ombra minacciava il loro amore. La sera loro, figli del caldo paese, ballavano il tango in una bettola e vivevano delle offerte degli avventori. Un giorno arriva alla bettola un turista annoiato, Sir Stone, il quale, colpito dalla giovane, le getta nella borsetta una manciata di monete. Dopo alcuni giorni Sir Stone torna nella bettola e di nuovo getta alcune monete d'oro nel grembiule di Chloe, le chiede di sedersi vicino a lui e le offre del vino. Joe sta all'erta e una volta soli sul balcone, cerca di convincere Chloe a fingersi innamorata del Sir per estorcergli del denaro e iniziare così una nuova vita, senza più ballare il tango in una sporca bettola. "Ma se ti innamorerai di lui ti ucciderò" ...Il giorno seguente, secondo il volere di Joe, Chloe si dimostra più condiscendente nei confronti di Sir Stone ed accetta di andare nel suo albergo. Non riesce però a fingere e, messasi a piangere, gli racconta con quali intenzioni lo ha seguito. Sir Stone impietositosi, la consola e le assicura che se Joe ha potuto consigliarle una cosa del genere non è degno del suo amore... e la porta con sé a Parigi dove la circonda di lusso, di premure e della sua dedizione... Passano così i giorni finché in un ristorante, dove ballano il tango, Chloe si ricorda del tango argentino e decide di mostrare alla gente la sua bravura. Messasi a cercare un cavaliere si scontra con Joe... e come in sogno si mette a ballare con lui. Mentre ballano davanti al pubblico incuriosito Joe le sussurra: "Sei scappata con il Sir, mi hai lasciato e per questo ti ucciderò". (ME, 1918, n. 1, 10)

Al pubblico piacciono i film di questo genere, soprattutto perché in essi manca l'opera della figura più spietata nei confronti del pubblico , il più crudele fra gli ideatori di un film: il cinedrammaturgo... A creare il film sono stati il regista e gli interpreti; la

tors. V.V. Kholodnaya has come up with a wonderful comic tone and temperament. I.N. Khudoleev is graceful and straightforward. O.I. Runich is interesting. It's only in the dancing that Kholodnaya and Runich display little originality: they are competent, and even show good temperament, but they are beginners. The comedy scenes are more successful and interesting than the others. The Argentinian tavern is very lively, and the crowd scenes are picturesque. One feels that the scene with the note and the telephone in the hall of Sir Stone's flat is unnecessarily "logicalized". There are errors in the editing: the long shot and close-ups showing Chloe approaching Sir Stone do not correspond. The sets are too showy and overloaded. Best of all are the tavern, the final restaurant scene and Chloe's bedroom. (KG, 1918, No. 24, 14)

POSLEDNIE PRIKLYCHENIYA ARSENA LYUPENA
THE LAST ADVENTURES OF ARSÈNE LUPIN

Последние приключения арсена люпена

Alternative titles
BOR'BA S NEVIDIMYM
THE FIGHT WITH THE INVISIBLE
ARSEN LYUPEN / ARSÈNE LUPIN

Detective drama in two parts. 10 reels; length unknown; production: Neptune Ltd.; date 1918; release: unknown; director: Mikhail Doronin; script: Nikandr Turkin; cameraman: S. Zebel'; art director: Vladimir Egorov. Cast: V. Vasil'ev (Arsène Lupin), Oleg Frelikh, A. Saks, G. Kruchinin, Ol'ga Chekhova, I. Lavin, A. Aleksandrov. Screen version of the novel *813* by M. Leblanc. Partially preserved without titles.

"In accordance with our clients' wishes and the demand for detective pictures" – writes "Neptune Ltd." in its programme – "we are releasing an outstanding SMASH-HIT. And that smash-hit is *The Last Adventures of Arsène Lupin.*" Perhaps what makes it a "smash-hit" is that it is all totally incomprehensible, unless the viewer has read the actual adventures before. It's a shame for the firm. One can see how much energy and invention were put into it: those in the know say that picture cost over 50.000. But for what?... sixteen wearisome and even uninteresting parts – and nothing more. Mr Vasil'ev, who plays the central role, is very good in the first few scenes, but then somehow loses touch with the role and becomes simply fussy and deliberate, so that one loses interest. It is almost impossible to say exactly who gives the best performance in the picture: the actors come and go so quickly, rolling around the floor fighting and dying at the hand of some strange character every second scene, that it is quite impossible to keep track of them. The film's mistakes include such trifles as a motor vehicle bearing a Moscow pass, and the familiar horse and harness from the picture *Symphony of Grief*; the landscape chosen to represent France is inappropriate – it looks like our Petrovsky Park, etc. The lighting is a little weak, though the sets by artist V.S. Egorov are very good. (ME, 1918, No. 1, 6-7)

Holodnaja ha trovato un temperamento e un bellissimo tono da commedia, Hudoleev è elegante e semplice, interessante O.I. Runič. Un po' di creatività si riscontra nella Holodnaja e in Runič solo nella danza, ben eseguita, con buon temperamento, ma "consueta". Più riuscite ed interessanti delle altre le scene comiche. C'è molta vita nella bettola argentina, mentre le scene di massa sono pittoresche. Una eccessiva "lungaggine" si avverte nella scena con il biglietto e il telefono all'ingresso dell'appartamento di Sir Stone. Ci sono delle sviste nel montaggio: non coincidono i momenti dell'arrivo di Chloe da Sir Stone nella ripresa in campo lungo oltre la tenda e in primo piano. Nelle scenografie troppi orpelli e appesantimenti, migliori le scene della bettola, o quelle finali nella sala del ristorante e nella camera di Chloe. (KG, 1918, n. 24, 14)

Последние приключения арсена люпена

POSLEDNIE PRIKLJUČENIJA ARSENA LJUPENA
LE ULTIME AVVENTURE DI ARSENIO LUPIN

Titoli alternativi

BOR'BA S NEVIDIMYM / LOTTA CON L'INVISIBILE
ARSEN LJUPEN / ARSENIO LUPIN

Giallo in due parti. 10 bobine; metraggio ignoto; produzione: Neptun Spa (1918) ; data di release: ignota; regia: Mihail Doronin; sceneggiatura: Nikandr Turkin; operatore: S. Zebel'; scenografia: Vladimir Egorov. Interpreti: V. Vasil'ev (Arsenio Lupin), Oleg Frelih, A. Saks, G. Kručinin, Ol'ga Čehova, I. Lavin, A. Aleksandrov. Riduzione del romanzo *813* di M. Leblanc. Il film è conservato incompleto e senza didascalie.

"Volendo soddisfare i desideri e le esigenze dei nostri clienti riguardo i film gialli – scrive la casa produttrice Neptun Spa nel suo programma – stiamo per distribuire un singolare cavallo di battaglia. E questo cavallo di battaglia è *Le ultime avventure di Arsenio Lupin*". Forse la "battaglia" sta nel fatto che lo spettatore non capisce assolutamente niente, se prima non ha letto il libro. Ed è un peccato. Possiamo immaginare le energie spese per le varie trovate; la gente informata dice che per il film sono stati spesi più di cinquantamila rubli e che cosa ne è venuto fuori... nient'altro che una serie di sedici parti pesanti e anche poco interessanti. Vasil'ev, nel ruolo principale, dà una buona interpretazione del suo personaggio nelle prime avventure ma poi perde, in certo qual modo, lo spirito del suo ruolo e diventa poco interessante. Dire con precisione quali sono le interpretazioni buone o cattive è quasi impossibile, perché gli interpreti si muovono con una tale frequenza, lottando e cadendo sul pavimento, colpiti a morte sempre da qualche strano personaggio, che è impossibile seguire tutti i loro spostamenti. Tra i difetti della scenografia, rileviamo delle piccolezze come l'automobile con il "lasciapassare", rilasciato a Mosca, il cavallo con il finimento noto dal film *Simfonija gorja* (Sinfonia del dolore). Gli esterni sono stati scelti con poca cura e la natura più che sembrare quella di un luogo in Francia, ricorda il nostro Petrovskij, ecc. L'illuminazione è cattiva ma sono molto buoni in compenso, gli scenari, opera del pittore V.S. Egorov. (ME, 1918, n. 1, 6-7)

POSTOYALY DVOR
THE INN

Постоялый двор

Drama. 6 reels; 1100 m; production: I. Ermol'ev; release: 16.10.18; director: Czeslaw Sabinski. Cast: Petr Baksheev (Naum), Vera Orlova (Dunyasha), Nikolai Panov (Akim Semenov), Ol'ga Kondorova (the lady), Ol'ga Trofimova (Kirillovna). Screen version of the novel by Ivan Turgenev. Preserved without titles and minus the third reel.

POET I PADSHAYA DUSHA
THE POET AND THE FALLEN SOUL

Поэт и падшая душа

Alternative title
I DUSHU PADSHUYU POET IZVLEK
IZ MRAKA ZABLUZHDEN'YA
THE POET RESCUED THE FALLEN SOUL
FROM THE DARKNESS OF OBLIVION

Drama. 5 reels; length unknown; production: A. Khanzhonkov & Co. Ltd.; release: 23.6.18; director: Boris Chaikovskii; script: Boris Martov; cameramen: Fedor Bremer & Boris Medzionis; art director: Tsezar' Lakka. Cast: Zoya Barantsevich (Sonya Muratova), Ernesto Vagram (Krasov, a writer), Praskov'ya Maksimova (Madame Ditmar, the hostess of the den), A. Burkovskii (Merich, an opera singer), Aleksandr Kheruvimov (Sonya's father). Preserved without titles.

Sonya Muratova's tragedy is the same as Sonya Marmalodova's. The living soul within her is still alive, and feels her body's desecration painfully. "Remember my soul", she says to the poet, before he finds out about her disgrace. And she makes him vow never to forget her soul. The acting remains two-dimensional – on the plane of superficial movement, giving no sense of the tragic depths beyond that plane. It is only the heroine's face, with its sincere and tragic expression, that intrudes, rather unexpectedly, into the ritual conventionality of the action. Mme Barantsevich is perhaps the only living character in the film. She sets the tone of the picture. But at the same time, she removes the last drop of credibility from the author's ideas. She looks too dreamy and tranquil, rather than the way the author imagined her, or should have imagined her. The actress has remained herself, depicting isolated and powerful moments of feeling, without linking them to the basic component of her state of mind – the constant music of degradation. (KG, 1918, No. 29, 10)

PROEKT INZHENERA PRAITA
ENGINEER PRAIT'S PROJECT

Проект инженера Прайта

Drama. 4 reels; length unknown; production: A. Khanzhonkov & Co. Ltd.; release: unknown; director/art director: Lev Kuleshov; script: Boris Kuleshov; cameraman: Mark Naletnyi. Cast: Leonid Polevoi, Boris Kuleshov, N. Gardi, E. Komarova, Eduard Kul'ganek. Parts of two reels preserved without titles.

Постоялый двор

POSTOJALYJ DVOR
LA LOCANDA

Dramma. 6 bobine; 1100 m; produzione: I. Ermol'ev; data di release: 16.10.1918; regia: Czeslaw Sabinski. Interpreti: Petr Bakšeev (Naum), Vera Orlova (Dunjaša), Nikolaj Panov (Akim Semenov), Ol'ga Kondorova (la signora), Ol'ga Trofimova (Kirillovna). Adattamento del racconto omonimo di Ivan Turgenev. Il film è conservato incompleto, senza la terza bobina, senza didascalie.

Поэт и падшая душа

POET I PADŠAJA DUŠA
IL POETA E L'ANIMA PERDUTA

Titolo alternativo

I DUŠU PADŠUJU POET IZVLEK IZ MRAKA ZABLUŽDEN'JA
IL POETA SALVÒ L'ANIMA PERDUTA
DALLE TENEBRE DELLA PERDIZIONE

Dramma. 5 bobine; metraggio ignoto; produzione: A. Hanžonkov i Co. Spa; data di release: 23.6.1918; regia; Boris Čajkovskij; sceneggiatura: Boris Martov; operatori: Fedor Bremer e Boris Medzionis; scenografia: Cezar' Lakka. Interpreti: Zoja Barancevič (Sonja Muratova), Ernesto Vagram (Krasov, scrittore), Praskov'ja Maksimova (madame Ditmar, padrona del covo), A. Burkovskij (Merič, cantante lirico), Aleksandr Heruvimov (il padre di Sonja). Il film è conservato senza didascalie.

La tragicità della vita di Sonja Muratova è uguale a quella di Sonja Marmaladova. L'anima, che soffre per la profanazione del suo corpo, ancora vive in lei. – Si ricordi della mia anima – disse al poeta, quando questi non sapeva ancora della sua vergogna; ed egli giurò di non dimenticare la sua anima. Gli interpreti rimangono nei limiti delle due dimensioni. La piatta esteriorità dei movimenti e i loro piatti rilievi non fanno sentire quella profondità tragica. Nella rituale consuetudinarietà dell'azione fa irruzione, in certo qual modo, solo la figura dell'eroina, che offre un'interpretazione sinceramente tragica. La Barancevič è purtroppo l'unica a rendere il suo personaggio una figura viva. È lei a determinare il tono del film. Ma allo stesso tempo essa viola la veridicità del progetto dell'autore. Manca la figura, che era stata o avrebbe dovuto essere ideata dall'autore. L'attrice rimane isolata e crea dei singoli momenti di forti emozioni, senza legarli ai suoi stati d'animo: la musica continua della perdizione. (KG, 1918, n. 29, 10)

Проект инженера Прайта

PROEKT INŽENERA PRAJTA
IL PROGETTO DELL'INGEGNERE PRAIT

Dramma. 4 bobine; metraggio ignoto; produzione: A. Hanžonkov i Co. Spa; data di release: ignota; regia/scenografia: Lev Kulešov; sceneggiatura: Boris Kulešov; operatore: Mark Naletnyj. Interpreti: Leonid Polevoj, Boris Kulešov, N. Gardi, E. Komarova, Eduard Kul'ganek. Sono conservati frammenti di 2 bobine senza didascalie.

V. Khanzhonkova. At that time, associative montage and the filming of objects in short separate sequences – with the exception of details such as portraits, revolvers, letters, flowers, etc. – was not entirely common practice. There were few sequences shorter than 10 metres. So when L.V. Kuleshov embarked on his first experiment – the film *Engineer Prait's Project* – and sequences lasting only 5, 3, or 1 metre appeared on the montage desk, a murmur arose amongst our close-knit team. There was talk of the film being ruined, of it being turned into a "dog's dinner". On watching *Engineer Prait* some were bewildered, while others described it as a bold step towards montage art, as an attempt to establish a new law under which montage arrangements were to be thought out before shooting, rather than afterwards, as was normally the case. (1946, 16)

L. Kuleshov. The principal role in the picture was played by my brother. There were some new and little-known actors involved, as well as staff and workers at the cinema studio. I was not allowed to invite expensive actors, nor was this necessary. I was convinced that the spontaneous and fresh acting of unknown actors, combined with a caring attitude to the work, would produce the required result. One had to work in a particular way with such actors – short sequences and simple acting, which could only be made more sophisticated through montage. The picture was filmed quickly, and the montage work, which could not be carried out on the negative (the bits were too short), became a pleasure for me. I made one discovery after another. A "theory of montage" took shape and miracles occurred beneath my fingers. One of the discoveries made during *Prait* that particularly astonished me was the possibility of using montage to combine different pieces of action to make one single part ("And He Created the Earth!"). The picture was supposed to contain sequences in which people were walking across a field and looking at electrical wires on farms. For technical reasons (there was no transport) we had

V. Hanžonkova. Il montaggio per associazione o le riprese in singoli fotogrammi di qualche oggetto, tranne i dettagli (ritratti, pistole, lettere, fiori ecc.) allora praticamente non esistevano: le inquadrature avevano raramente meno di 10 metri. Ed ecco che, quando L.V. Kulešov intraprese il suo primo lavoro sperimentale, il film *Il progetto dell'ingegnere Prait,* allorché sul tavolo di montaggio iniziarono a comparire delle pellicole di 5, 3, 1 metro, ciò provocò malcontento nella nostra famiglia unita. Si diceva che la pellicola si sarebbe rovinata e che chissà che "minestra" ne sarebbe uscita. Esaminando *L'ingegnere Prait* alcuni rimasero perplessi, incapaci di dare una valutazione sul nuovo metodo, altri lo definivano un passo audace nell'ambito dell'arte del montaggio, un tentativo di definire le leggi di montaggio prima delle riprese e non dopo, come si faceva di solito. (1946, 16)

L. Kulešov. Il ruolo principale nel film fu interpretato da mio fratello. C'erano attori sconosciuti, alle prime armi anche i collaboratori e i tecnici dello stabilimento cinematografico. Non mi diedero il permesso di ingaggiare attori cari e ciò non fu nemmeno necessario. Io ero convinto che l'interpretazione spontanea e fresca di gente sconosciuta, insieme all'amore per il lavoro, avrebbe dato un buon risultato. Con attori di questo tipo si poteva lavorare in un modo particolare: inquadrature e parti semplici, che potevano diventare più complesse al momento del montaggio. Le riprese furono effettuate subito e il processo del montaggio, che non poteva venire eseguito dai negativi (i pezzi erano troppo corti),fu una festa per me. Facevo sempre nuove scoperte. Tra le mie mani si stava creando la "teoria del montaggio" e avvenivano dei miracoli. Una delle scoperte che più mi hanno colpito in *Prait,* fu la possibilità di unire in un unico quadro diverse scene ("il crearsi dello spazio"!). Nel film ci dovevano essere delle scene, in cui la gente camminava in un campo e osservava i cavi elettrici delle fattorie. Per ragioni tecniche (non c'erano mezzi di trasporto) dovemmo riprendere la gente in un posto e le fattorie in un altro

to film the people in one place and the farms in another (a few kilometres away). After the montage work, the farms, the wires and the people co-existed on the screen in a single geographical location. (1975, 34-35)

SKAZKA VESENNEGO VETRA
THE TALE OF THE SPRING BREEZE

Сказка весеннего ветра

Drama. 4 reels; length unknown; production: A. Khanzhonkov & Co. Ltd.; release: 9.10.18 (Moscow); director: Ol'ga Rakhmanova; script: Lev Ostroumov; cameraman: Boris Medzionis. Cast: Ivan Perestiani (Petr Nikolaevich Shelestov, a writer), Vanda Rogovskaya (Ol'ga Gorina, a young actress), Ernesto Vagram (Papazyan, a famous aviator). Preserved without titles.

L. Ostroumov. My second scenario was *The Tale of the Spring Breeze*, which was specially written for Zoya Barantsevich. It was a lyrical drama composed very simply and without any symbolic "audacities"; it's entire purpose was to allow Barantsevich to play the role of the young actress with maximum sincerity, enchanting the heart of the elderly writer like an intoxicating spring breeze. The role was organically suited to the young poetess who had conquered the screen. I definitely wanted to watch the film being shot, and since I had been called up for army service, I waited until I returned before handing over the scenario. The picture went into production much later, in 1918. (9-10)

I. Perestiani. One morning, on entering A. Khanzhonkov's studio – my former place of employment – I came across some unusual visitors in the office. Standing behind the grille which divided off the firm's administrative premises were two obvious foreigners, talking to our foreign correspondent – a man who knew every European language. The conversation alternated between French and Italian. One of the guests was very handsome. On seeing me, our correspondent exclaimed: "And here's our director. Let me introduce you. This is the actor Ernesto Vagram, and this is the actor and artist Tsesar' Lakka. They have arrived from the Crimea. A.A. Khanzhonkov has given instructions for a picture to be made with their participation. They have brought the scenario with them – it's an ancient Sicilian legend entitled *Bound By Oath*. It's been approved by Khanzhonkov. They are Italians." The Italians smiled at me welcomingly, and one of them held out a fairly slim notebook with some words written on it in Russian. The film was shot very quickly. Interestingly, it was only at the end of that "Sicilian legend" that I learned it was nothing other than a fairly careless re-telling of the novel *Namus* by the famous Armenian writer A. Shirvanzade, and that my "Italians" were also Armenians, born in Constantinople. Both of them were educated in the famous Armenian Catholic Mkhitarian monastery school on the island of St. Lazar in Venice. But anyway, the Sicilian legend did well on the hire circuit, and afterwards I filmed and acted in the picture *Spring Breeze*, together with Papazyan. In *Spring*

(alcuni chilometri più in là). Con il montaggio le fattorie, i cavi elettrici e la gente risultano, sullo schermo, nello stesso posto. (1975, 34-35)

Сказка весеннего ветра

SKAZKA VESENNEGO VETRA
LA FIABA DELLA BREZZA PRIMAVERILE

Dramma. 4 bobine; metraggio ignoto; produzione: A. Hanžonkov i Co. Spa; data di release: 9.10.1918 (Mosca); regia: Ol'ga Rahmanova; sceneggiatura: Lev Ostroumov; operatore: Boris Medzionis. Interpreti: Ivan Perestiani (Petr Nikolaevič Šelestov, scrittore), Vanda Rogovskaja (Ol'ga Gorina, giovane attrice), Ernesto Vagram (Papazjan, famoso pilota). Il film è conservato senza didascalie.

L. Ostroumov. *La brezza primaverile* era la mia seconda sceneggiatura, scritta appositamente per Zoja Barancevič. Era un dramma lirico, molto semplice, senza grossi "slanci" simbolici, il cui scopo principale era quello di fare recitare la Barancevič nel modo più spontaneo possibile. Il suo ruolo era quello di una giovane attrice, che seduce il cuore dell'anziano scrittore, come l'inebriante brezza primaverile. Questo ruolo era pienamente adatto alla giovane poetessa, che stava conquistando lo schermo. Io volli assolutamente assistere alle riprese del film e, essendo stato chiamato alle armi, ritardai la consegna della sceneggiatura alla casa produttrice. Il film andò in produzione molto più tardi, nel 1918. (9-10)

I. Perestiani. Un mattino, facendo un salto al vecchio posto di lavoro, gli studi di A. Hanžonkov, incontrai nell'ufficio degli strani visitatori. Fuori della cancelleria dell'agenzia c'erano due stranieri, che parlavano con il nostro corrispondente estero, il quale conosceva tutte le lingue europee. Il colloquio era parte in francese e parte in italiano. Uno degli ospiti era molto bello. Vedendomi, il nostro corrispondente esclamò: "Ecco il nostro regista. Questo è l'attore Ernesto Vagram. Questo è lo scenografo e attore Cezar' Lakka. Sono venuti dalla Crimea. A.A. Hanžonkov ha ordinato di fare un film con loro. Hanno portato con sé la sceneggiatura. Si tratta di un'antica leggenda siciliana *Legata dal giuramento*. È stata approvata da Hanžonkov. Loro sono italiani". Gli italiani mi guardavano gentilmente, sorridevano e uno dei due mi porse un quaderno piuttosto sottile con la leggenda, scritta in russo. Il film fu realizzato molto presto. Il bello è che, alla fine di questa "leggenda siciliana", venni a sapere che essa era nient'altro che una mediocre riduzione del romanzo *Namus*, opera del noto scrittore armeno A. Širvanzade e che i miei due italiani erano anch'essi armeni, nativi di Costantinopoli. Entrambi erano allievi della scuola del noto monastero cattolico armeno dell'ordine di Mhitarist, che si trova sull'isola di San Lazzaro a Venezia. Comunque la leggenda siciliana ebbe una buona distribuzione. Poi girai e recitai assieme a Papazjan nel film *La brezza primaverile*. Ne *La brezza primaverile* Vagram Papazjan interpretava un pilota, che era stato coinvolto in un incidente e io il marito di una giovane donna. In occasione di una breve sosta dopo un atterraggio di

Breeze Vagram Papazyan played the pilot who has an accident, while I was the young woman's husband. During his brief forced landing the pilot seduces the young woman and they fly off together in the repaired aircraft. The picture was filmed quickly and was a success with the audiences. (1962, 281-282)

STANTSIONNYI SMOTRITEL' THE STATIONMASTER

Станционный смотритель

Drama. 5 reels; 1200 m; production: I. Ermol'ev (Moscow); date: 1918; release: unknown; director/script: Aleksandr Ivanovskii; cameraman: Mikhail Vladimirskii; art director: Valerii Przybytniewski. Cast: Polikarp Pavlov (Simeon Vyrin), Vera Orlova (Dunyasha), Dmitrii Bukhovetskii (Minskii). Screen version of the story by Aleksandr Pushkin. Preserved without titles.

A novel by Pushkin often adapted for the screen. This is an important revision, mainly from a cinematographic point of view, which is beyond any historical contingent reference. It is remarkable, above all, for its narrative fluency which adopts rather innovative linguistic solutions, like the elliptic editing and the systematic use of shot reverse-shot; also for the actors' excellent performances. These are features that will remain in Aleksandr Ivanovskii's future career. C.M.

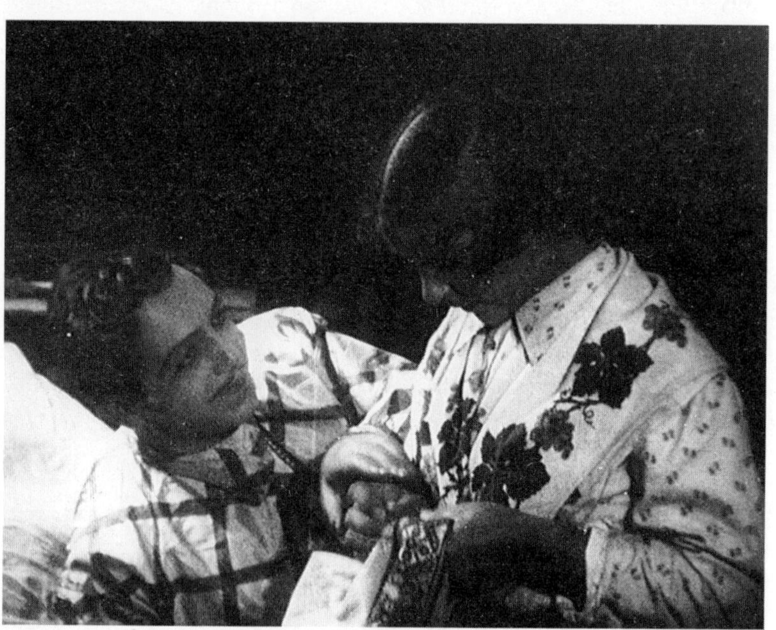

TRI VORA THREE THIEVES

Три вора

Comedy. 5 reels; length unknown; production: Biofilm Ltd.; release: unknown; cameraman: Aleksandr Levitskii; art directors: Vladimir Rakovskii & I. Suvorov. Cat: Boris Borisov (Ornano, a banker), P. Kozmovskaya (Noris, his wife), Amo Bek-Nazarov (Cascarilla), Nikolai Aleksandrov (Tapioca), A. Zarubin (Guido), Nikolai Orlov, S. Gudkov, Sof'ya Volkhovskaya, Elena Baksakova. Screen version of the novel and play by Umberto Notari. Four reels preserved without titles.

fortuna il pilota conquista la giovane donna e vola via con lei sull'aereo riparato. Il film fu realizzato in fretta ed ebbe successo tra gli spettatori. (1962, 281-282)

Станционный смотритель

STANCIONNYJ SMOTRITEL'
IL MAESTRO DI POSTA

Un racconto, quello di Puškin, più volte portato sullo schermo. In una edizione importante soprattutto dal punto di vista cinematografico, esulando da qualsiasi riferimento contingente sul piano storico. Ed è rimarchevole soprattutto per la sua fluidità narrativa che adotta soluzioni linguistiche innovative come il montaggio ellittico e l'uso sistematico del campo e controcampo. Oltre che per una ottima prestazione degli attori. Caratteristiche, queste, che rimarranno nella successiva carriera di Aleksandr Ivanovskij. C.M.

Dramma. 5 bobine; 1200 m; produzione: I. Ermol'ev (Mosca), 1918; data di release: ignota; regia/sceneggiatura: Aleksandr Ivanovskij; operatore: Mihail Vladimirovskij; scenografia: Valerij Przybytniewski. Interpreti: Polikarp Pavlov (Simeon Vyrin), Vera Orlova (Dunjaša), Dmitrij Buhoveckij (Minskij). Adattamento del racconto omonimo di Aleksandr Puškin. Il film è conservato senza didascalie.

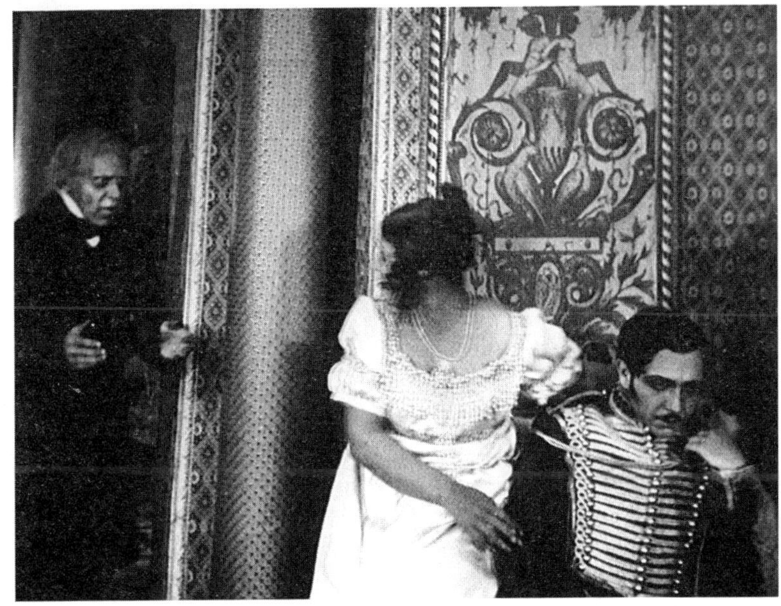

Три вора

TRI VORA
I TRE LADRI

Commedia. 5 bobine; metraggio ignoto; produzione: Biofil'm Spa; data di release: ignota; operatore: Aleksandr Levickij; scenografia: Vladimir Rakovskij e I. Suvorov. Interpreti: Boris Borisov (Ornano, banchiere), P. Kozmovskaja (Noris, sua moglie), Amo Bek-Nazarov (Cascariglia), Nikolaj Aleksandrov (Tapioca), A. Zarubin (Guido), Nikokaj Orlov, S. Gudkov, Sof'ja Volhovskaja, Elena Baksakova. Riduzione del romanzo omonimo e dell'opera di Umberto Notari. Sono conservate 4 bobine senza didascalie.

KHAMKA
THE SLUT

Хамка

Drama. 5 reels; 1275 m; production: I. Ermol'ev (Moscow); release: 17.10.18 (Kiev); director/script: Aleksandr Ivanovskii; cameraman: Mikhail Vladimirskii. Cast: Nikolai Rimskii (Vasilii Yablochkin, a waiter, later an artist), Elizaveta Porfir'eva (Annushka, a maid, his bride, later his wife, the 'slut'), Nikolai Panov (Kolokol'tsev, an artist), L. Gatova (Shumskaya, an artist), Dmitrii Bukhovetskii (Astrov), Ivan Arkanov, Mariya Kuznetsova-Benois. Screen version of the play by Konstantinov.

Vasilii Yablochkin and his wife Annushka work as a waiter and a dishwasher in a simple tavern. One day the owner catches Vasilii drawing at work and slaps him in the face. Vasilii quits his job and goes off to Moscow, where he shows his drawings to the director of an art academy. He is given a place in the academy as a man of undoubted talent. Annushka, meanwhile, remains in her home town. Vasilii makes rapid progress in the academy. He misses his wife a lot, and invites her to Moscow, but since neither of them has any income she takes a job as a servant to support him. Fate smiles on Yablochkin: with the academy director's help he receives a position as an architect's assistant and begins an architecture course. By this time, Annushka has left her job and is living with her husband. A few years later, Vasilii – by now a well-known architect – is living in a splendid flat and has assistants of his own. He is fully at ease in his new circumstances, but his wife finds it impossible to play the "lady" and remains the good simple Annushka she was before. Everyone likes her, and Yablochkin's companion Kolokoltsev even falls in love with her. Yablochkin himself, however, begins to be shocked by his wife. He feels her to be a burden and is gradually drawn into an affair with Natalya Shumskaya, who had studied with him at the academy. Annushka notices the change in his behaviour and one day happens across a love scene between the two of them. Her pent-

Хамка

HAMKA
LA VILLANA

Dramma. 5 bobine; 1275 m; produzione: I. Ermol'ev (Mosca); data di release: 17.10.1918 (Kiev); regia/sceneggiatura: Aleksandr Ivanovskij; operatore: Mihail Vladimirskij. Interpreti: Nikolaj Rimskij (Vasilij Jabločkin, cameriere, poi artista), Elizaveta Porfir'eva (Annuška, donna di servizio, sua fidanzata, poi moglie-villana), Nikolaj Panov (Kolokol'cev, artista), L. Gatova (Šumskaja, artista), Dmitrij Buhoveckij (Astrov), Ivan Arkanov, Marija Kuznecova-Benois. Versione cinematografica del dramma omonimo di Kostantinov.

In una trattoria del popolino lavorano il cameriere Vasilij Jabločkin e la lavapiatti Annuška. Un giorno il padrone sorprende Vasilij che aveva appena ricevuto un aumento, mentre disegna dietro il bancone e gli dà uno schiaffo. Vasilij, umiliato, lascia il posto di lavoro, se ne va a Mosca, mostra i suoi disegni al direttore di un'istituto d'arte, e a titolo di favore, essendo uomo di talento, viene accolto all'istituto, mentre Annuška rimane nella città natale. Vasilij all'istituto fa progressi strabilianti, ma poiché ha molta nostalgia della moglie, la fa venire a Mosca. Una volta arrivata, siccome né lei né il marito hanno di che vivere, va a servizio e con la paga che percepisce mantiene il marito. La fortuna sorride a Jabločkin: con l'appoggio del direttore dell'istituto, ottiene un posto come aiutante di un architetto e grazie a queste condizioni favorevoli termina il corso. La moglie intanto ha abbandonato il suo posto di lavoro e si stabilisce insieme al marito. Passano alcuni anni e Vasilij è un famoso architetto che vive in un appartamento molto chic. Ha degli aiutanti e si è del tutto abituato alla sua nuova posizione. La moglie non può in alcun modo fare la "signora". Lei è rimasta la buona, semplice, onesta Annuška d'un tempo. Tutti coloro che li circondano amano questa brava donna e un amico di Jabločkin, Kolokol'cev è persino innamorato di lei. Ma la moglie inizia a essere fastidiosa, Jabločkin è stufo di lei, il tran tran della vita quotidiana lo soffoca. Egli avvia così una relazione con un ex compagna di istituto, una certa Natal'ja Dimitrievna Šumskaja. La moglie s'accorge del suo nuovo atteggiamento verso di lei, ne soffre, si tormenta e un giorno assiste ad una scena d'amore tra il marito e la Šumskaja. Il colmo della sopportazione è stato raggiunto. La gelosia accumulata si scatena, Annuška si getta su colei che sta distruggendo la sua felicità e quella della sua famiglia. Jabločkin prende le difese della Šumskaja, la strappa alle mani della moglie impazzita, e accecato dall'odio e dal nuovo amore, offende pesantemente la moglie che gli aveva donato tutta la vita. "Becera, becera" le urla, "Maledetto il giorno in cui ti sposai"! Avviene così la rottura. Annuška se ne va in provincia, portando il proprio figlio con sé. Dopo un po' di tempo Annuška si risposa con colui che l'amava da tempo, Kolokol'cev, e trova in questo nuovo matrimonio pace e felicità. Anche Jabločkin si risposa con la colta, elegante, ma frivola Šumskaja. Anche Vasilij trova la felicità, ma non per molto. Natal'ja Dimitrievna lo tradisce con il suo aiutante Astrov. Jabločkin all'inizio aveva dei sospetti, ma poi se ne convince personalmente. Alla fine è

up jealously pours forth and she attacks the woman who has destroyed her family happiness. Yablochkin takes Shumskaja's side. He drags his wife away from her and insults her with the words "You lout. Curse the day when I married you." Annushka goes off to the provinces with their son, and eventually the couple divorce. Some time later, Annushka marries her long-time admirer Kolokoltsev and finds happiness and peace in her new life. Vasilii marries the educated, elegant but frivolous Shumskaya and is also happy with his marriage. But not for long – Natalya is unfaithful to him with his assistant Astrov. He throws her out and is left alone, weighed down by the questions: "Where is my happiness?" "Is it not perhaps with that loutish woman?" (Pr., 1918, No. 3-4, 13)

CHESTNOE SLOVO
WORD OF HONOUR

Честное слово

Drama. 5 reels; length unknown; production: A. Khanzhonkov & Co. Ltd. (Moscow); release: unknown; director/script: Ivan Perestiani; cameraman: Aleksandr Ryllo. Cast: Aleksandr Ashanin, Irina Shalyapina, Leonid Polevoi, Lidiya Shalyapina, Ivan Perestiani. Preserved without titles.

For centuries mankind has enslaved itself with conventions, obeying all sorts of codes and rules, most of which are nothing more than long-obsolete prejudices. Very few have the courage to be the master of their own fate. Deeply entrenched views of human society hold strong, and the isolated instances of people perishing due to the chains of copy-book ethics convince nobody of the need to review all of life's dust-covered laws. This picture tells the story of a man who, in a youthful outburst of generosity, binds himself to silence on a companion's misdeed. His companion goes on to become rich by profiteering, and later the two men compete for the love of the same woman. One life perishes... another is totally ruined... The old prejudices triumph once again. The man bound by his word remains true to the very end. Is it really necessary to act this way to be a "respectable" man in society? (KG, 1918, No. 36, 12)

EPIZOD LYUBVI
AN EPISODE OF LOVE

Эпизод любви

Drama. 5 reels; length unknown; production: A. Khanzhonkov & Co. Ltd.; release: 4.8.18 (Kostroma); director/script: Ol'ga Rakhmanova; cameraman: Boris Medzionis. Cast: Zoya Barantsevich (Irina), Ol'ga Rakhmanova (her mother), Mariya Boldyreva (Elena), Ivan Pelttser (her husband), K. Meranvil' (Zina), Aleksandr Ashanin (Vladimir, an artist), N. Sokolova (Irina's mother as a young woman), A. Burakovskii (her fiancé). First work of Ol'ga Rakhmanova as director. Preserved without titles.

stato ricompensato. Cacciata la moglie e rimasto solo, è oppresso dal dubbio: "Dov'è la felicità?", "È forse lì con la becera?". (Pr., 1918, n. 3-4, 13)

Честное слово

ČESTNOE SLOVO
PAROLA D'ONORE

Dramma. 5 bobine; metraggio ignoto; produzione: A. Hanžonkov i Co. Spa (Mosca); data di release: ignota; regia/sceneggiatura: Ivan Perestiani; operatore: Aleksandr Ryllo. Interpreti: Aleksandr Ašanin, Irina Šaljapina, Leonid Polevoj, Lidija Šaljapina, Ivan Perestiani. Il film è conservato senza didascalie.

Da secoli l'umanità è condizionata da una serie di leggi, si sottopone ai più svariati codici e regole, la maggioranza dei quali non sono altro che uno strascico dei pregiudizi già da tempo superati. Pochi hanno il coraggio di decidere della propria vita, di essere padroni di sé. La radicata mentalità della società continua a sopravvivere e i pochi casi, in cui le persone muoiono per gli impedimenti di questa morale volgare, non riescono a convincere nessuno, ma proprio nessuno, che sarebbe ora di rivedere queste leggi di convivenza, impolverate dal tempo. Per quanto questi singoli episodi di vita siano tragici. Il film narra la storia di un uomo, che in un momento di giovanile magnanimità, dà la parola di non svelare a nessuno l'atto meschino dell'amico. Nella vita, così piena di sorprese, il destino lo fa imbattere nell'uomo che una volta aveva salvato dalla punizione e che fece poi molta strada nella vita, e che ora è innamorato della stessa ragazza. Muore una vita... Ne viene totalmente distrutta un'altra... I vecchi pregiudizi trionfano ancora. L'uomo resta fedele alla parola data fino alla fine. Perché si deve agire così? Perché la società ci consideri delle persone "per bene"... Si deve...? (KG, 1918, n. 36, 12)

Эпизод любви

EPIZOD LJUBVI
UN EPISODIO DI AMORE

Dramma. 5 bobine; metraggio ignoto; produzione: A. Hanžonkov i Co. Spa; data di release: 4.8.1918 (Kostroma); regia/sceneggiatura: Ol'ga Rahmanova; operatore: Boris Medzionis. Interpreti: Zoja Barancevič (Irina), Ol'ga Rahmanova (sua madre), Marija Boldyreva (Elena), Ivan Peltcer (suo marito), K. Meranvil' (Zina), Aleksandr Ašanin (Vladimir, artista), N. Sokolova (la madre di Irina da giovane), A. Burakovskij (suo fidanzato). Prima esperienza registica di Ol'ga Rahmanova. Il film è conservato senza didascalie.

1919

GREKH I ISKUPLENIE
SIN AND REDEMPTION

Грех и искупление

Alternative title
KLAVDIYA MIKHAILOVNA

Drama, 6 reels; length unknown; production: N. Kozlovskii, S. Yur'ev & Co. (Yalta); distribution: (with additional material?) Rus'; release: 12.5.22; director: Vyacheslav Turzhanskii; cameraman: Nikolai Kozlovskii; art director: Vladimir Simov. Cast: P. Grigor'ev (Neklyudov, a general), A. Dmitrovskaya (Nina, his wife), Nataliya Kovan'ko (their daughter Klavdiya Mikhailovna/Yuliya), S. Khovanskii (Nina's son), Viktor Petipa (Kashnin, a businessman, later Klavdiya's husband), M. Il'inskaya (Mlle Laboiseau, formerly governess to Nina), U. Zorovich (Vladimir, a student), Nikolai Larin (a music teacher), Iona Talanov, Vyacheslav Turzhanskii. First four reels preserved.

DEV'I GORY
THE MAIDENS' HILLS

Девьи горы

Alternative title
LEGENDA OB ANTIKHRISTE
THE LEGEND OF THE ANTI-CHRIST

Film story. 9 reels; length unknown; production: Rus'; release: unknown; director: Aleksandr Sanin; script: Evgenii Chirikov; co-director & cameraman: Yurii Zhelyabuzhskii; cameramen: Samuil Benderskii & Wladyslaw Starewicz; art director: Vladimir Simov; make-up: N. Sorokin; choreography: V. Ryabtseva; music: Strakhov. Cast: Nikolai Podgornyi (Satan), Vladimir Aleksandrovskii (Judas), Sergei Aidarov (Simeon, the elder), N. Smirnova (an old warrior-maiden), Elena Sukhacheva (chieftain of the warrior-maidens), E. Naidenova (warrior-maiden), Evgeniya Raevskaya (Mother Superior of the nunnery), N. Solov'ev (Simeon's novitiate), D. Mikhailov (sexton), Dmitrii Gundurov (peasant), Lyubov' Dmitrievskaya (girl from the village), Sergei Popov (a merchant's son), Nadezhda Bazilevskaya (the beautiful coquette at the ball), I. Krasovskii (the Cartesian monk), E. Olenin (the guardian angel), V. Krechetov

Грех и искупление

GREH I ISKUPLENIE
IL PECCATO E L'ESPIAZIONE

Titolo alternativo
KLAVDIJA MIHAILOVNA

Dramma. 6 bobine; metraggio ignoto; produzione: N. Kozlovskij, S. Jur'ev i Co. (Jalta); distribuzione: [con materiale addizionale?] Rus'; data di release: 12.5.1922; regia: Vjačeslav Turžanskij; operatore: Nikolaj Kozlovskij; scenografia: Vladimir Simov. Interpreti: P. Grigor'ev (Nekljudov, generale), A. Dmitrovskaja (Nina, sua moglie), Natalija Kovan'ko (la loro figlia Klavdija Mihailovna-Julija), S. Hovanskij (il figlio di Nina), Viktor Petipa (il commerciante Kašnin, poi marito di Klavdija), M. Il'inskaja (mademoiselle Laboiseau, ex governante di Nina), U. Zorovič (Vladimir, studente), Nikolaj Larin (maestro di musica), Iona Talanov, Vjačeslav Turžanskij. Il film è conservato incompleto (prime quattro bobine)

Девьи горы

DEV'I GORY
LE COLLINE DELLE VERGINI

Titolo alternativo
LEGENDA OB ANTIHRISTE
LA LEGGENDA DELL'ANTICRISTO

Racconto cinematografico. 9 bobine; metraggio ignoto; produzione: Rus'; data di release: ignota; regia: Aleksandr Sanin; sceneggiatura: Evgenij Čirikov; co-regia/operatore: Jurij Željabužskij; operatori: Samuil Benderskij e Wladyslaw Starewicz; scenografia: Vladimir Simov; trucco: N. Sorokin; coreografia: V. Rjabceva; musica: Strahov. Interpreti: Nikolaj Podgornyj (Satana), Vladimir Aleksandrovskij (Giuda), Sergej Ajdarov (l'eremita Simeon), N. Smirnova (la vecchia guerriera), Elena Suhačeva (l'atamana delle vergini guerriere), E. Najdenova (vergine guerriera), Evgenija Raevskaja (Madre Superiora del monastero femminile), N. Solov'ev (novizio di Simeon), D. Mihajlov (sagrestano), Dmitrij Gundurov (un contadinello), Ljubov' Dmitrievskaja (ragazza del villaggio), Sergej Popov (figlio del mercante), Nadežda Bazilevskaja (la bella civettuola del

(the chastising angel), Vitalii Lazarenko (a little devil), Aleksandr Shakhalov, Yuliya Vasil'eva, Anna Dmokhovskaya, Georgii Burdzhalov, Vera Massalitinova, Boris Tamarin, Vladimir Mikhailov-Lopatin, Evgeniya Istomina, I. Lavin, Nikolai Batalov, Vladimir Ershov, O. Narobekova, Ivan Gorskii, Vladimir Popov, A. Nelidov, Vladimir Istrin. Screen version of *The Volga Legends* by Evgenii Chirikov. Four reels preserved with occasional titles.

Of all the directors of realistic theatre working in the field of cinema, A.A. Sanin is undoubtedly the best film director, and has the deepest understanding of all the screen's specific features. This should be stressed, if only because we know how tough it is for a director accustomed to the conventions of a limited stage area to produce cinema plays in conditions which are quite different from start to finish. Given the absolutely death of good cinema at the moment, the film *The Maidens' Hills*, which was shown the other day in the Parisiana theatre to a full house, deserves a few words. The fantastical style in some parts of the film (the outlaws' camp on the Maidens' Hills, the masked ball and the village round-dance) merely reinforces the impact and emphasizes the overall mystical tone of the whole production, which has been justly described as a mystery. One senses that the censors' scissors have been hard at work in this picture, but this is no cause for regret. On the other hand, some of the titles inserted by the cinema committee for the sake of explanation are a crying shame. These titles are so short and so badly printed, that they can hardly be read, even by a well-educated viewer. The musical compilation which has been so skillfully orchestrated by the conductor Comrade Shteyman serves as an excellent complement to this perfectly artistic and rare spectacle. Unfortunately, the same cannot be said of the lecturer, who restricted himself to just 5 minutes "due to a lack of time", though the plot is a highly suitable one for a serious and interesting lecture. (I.V., Vestnik Teatra i Iskusstva, 1921, No. 10)

LYUDI GIBNUT ZA METALL
PEOPLE DIE FOR METAL

Люди гибнут за металл

Alternative title
PRODANNAYA DUSHA
THE BARTERED SOUL

Drama. 6 reels; 1800 m; production: I. Ermol'ev (Yalta); release: 23.10.19 (Kharkov); director: Aleksandr Volkov. Cast: Mara Craig [Zoya Karabanova] (Ilona, a ballerina), Iona Talanov (Gornostaev, a millionaire), Yu. Yur'evskii (Velinskii, his friend), Nikolai Rimskii (Aleksei, a young worker), E. Valevskaya (Masha, his bride), Ol'ga Kondorova, N. Klein, Popov. This film was received from Denmark in 1963. Titles in German.

ballo), I. Krasovskij (monaco cartesiano), E. Olenin (l'angelo custode), V. Krečetov (l'angelo punitore), Vitalij Lazarenko (il diavoletto), Aleksandr Šahalov, Julija Vasil'eva, Anna Dmohovskaja, Georgij Burdžalov, Vera Massalitinova, Boris Tamarin, Vladimir Mihajlov-Lopatin, Evgenija Istomina, I. Lavin, Nikolaj Batalov, Vladimir Eršov, O. Narobekova, Ivan Gorskij, Vladimir Popov, A. Nelidov, Vladimir Istrin. Versione cinematografica delle *Volžskih legend* (Leggende del Volga) di Evgenij Čirikov. Il film è conservato incompleto (4 bobine), con didascalie frammentarie.

Tra tutti i registi del teatro realistico che lavorano nel campo cinematografico, Sanin è indubbiamente il più brillante, quello che capisce più profondamente la specificità di quest'arte. Lo sottolineamo se non altro perché è noto che il regista di cui ci occupiamo è abituato alle leggi di uno spazio scenico ristretto, riuscendo tuttavia a realizzare delle pièces cinematografiche dove tutto, dall'inizio alla fine, non è come sulla scena. Oggi, in un momento di totale impoverimento del cinema, il film *Le colline delle vergini*, proiettato in questi giorni al teatro di Parizian, dove registra il tutto esaurito, merita alcune considerazioni... Lo stile fantastico di alcune scene (l'accampamento dei briganti sulle colline delle vergini, il ballo in maschera e la danza popolare) rafforza l'effetto e intensifica il generale tono mistico della sceneggiatura, definita a ragione mistero. Il film risente di alcuni tagli della censura, ma ciò non è un fatto grave. In compenso disturbano molto alcune didascalie, fatte aggiungere dal comitato cinematografico come materiale esplicativo. Esse sono talmente brevi e stampate così male, che nemmeno una persona molto colta riesce a leggerle. Completa splendidamente quest'opera, di raro valore artistico, un'illustrazione musicale compilativa, eseguita magistralmente dal direttore d'orchestra Štejman. Lo stesso discorso non vale purtroppo per il lettore, che si limita a un intervento di 5 minuti "per mancanza di tempo". Il soggetto offre comunque un ricco materiale per una lezione seria e interessante. (I.V., "Vestnik teatra i iskusstva", 1921, n. 10)

Люди гибнут за металл

LJUDI GIBNUT ZA METALL
LA GENTE MUORE PER IL METALLO

Titolo alternativo
PRODANNAJA DUŠA
L'ANIMA VENDUTA

Dramma. 6 bobine; 1800 m; produzione: I. Ermol'ev (Jalta); data di release: 23.10.1919 (Har'kov); regia: Aleksandr Volkov. Interpreti: Mara Craig [Zoja Karabanova] (Ilona, ballerina), Iona Talanov (Gornostaev, milionario), Ju. Jur'evskij (Velinskij, suo amico), Nikolaj Rimskij (Aleksej, giovane operaio), E. Valevskaja (Maša, la sua fidanzata), Ol'ga Kondorova, N. Klejn, Popov. Il film è stato ottenuto nel 1963 dalla Danimarca. Le didascalie sono in tedesco.

Drama. 6 reels; 1366 m; production: Rus'; date: 1919; release: 31.10.22; director: Aleksandr Sanin; script: Fedor Otsep & Nikolai Efros; cameraman: Yurii Zhelyabuzhskii; art directors: Sergei Kozlovskii & S. Petrov; music: Aleksandr Arkhangel'skii. Cast: Ivan Moskvin (Polikei), Vera Pashennaya (Akulina, his wife), Evgenia Roevskaya (lady), Varvara Bulgakova (her niece), Sergei Aidarov (steward), Dmitrii Gundurov (gardener), Sergei Golovin (Dutlov), A. Istomin (Ilyukha), Nikolai Znamenskii (Alekha), Varvara Massalitinova (joiner's wife), N. Kostromskii (barkeeper). Screen version of the story by Lev Tolstoi.

The picture was made in 1919 and was hardly shown in the USSR, though it did manage to pass across cinema screens throughout the world. The scenario follows Lev Tolstoi's story precisely, which is why the picture failed to avoid the moralizing tendentiousness

Поликушка

POLIKUŠKA

Dramma. 6 bobine; 1366 m; produzione: Rus' (1919); data di release: 31.10.1922; regia: Aleksandr Sanin; sceneggiatura: Fedor Ocep e Nikolaj Efros; operatore: Jurij Željabužskij; scenografia: Sergej Kozlovskij e S. Petrov; musica: Aleksandr Arhangel'skij. Interpreti: Ivan Moskvin (Polikej), Vera Pašennaja (Akulina, sua moglie), Evgenija Raevskaja (la signora), Varvara Bulgakova (sua nipote), Sergej Ajdarov (commesso), Dmitrij Gundurov (giardiniere), Sergej Golovin (Dutlov), A. Istomin (Iljuha), Nikolaj Znamenskij (Aleha), Varvara Massalitinova (la moglie del falegname), N. Kostromskoj (padrone della locanda). Riduzione del racconto omonimo di Lev Tolstoj.

La pellicola, realizzata nel 1919, fu proiettata poco in Unione Sovietica, ma venne distribuita in tutto il mondo. La sceneggiatura rispetta fedelmente il racconto omonimo di Lev Tolstoj ed è per questo che nel film non si sono potute evitare certe tendenziosità moraleggianti, proprie della fonte. Non c'è perciò in *Polikuška* quello che noi pretendiamo da un film sovietico, cioè l'interesse sociale. Ed è proprio questo fatto a spiegare la sua comparsa e il successo sugli schermi di New York, Parigi, Berlino e di altre città fin dagli anni 1920-1921. La cosa più bella del film è l'interpretazione di Moskvin, che è ben lungi dalla solita trattazione cinematografica del personaggio. Moskvin interpreta *Polikuška* in una maniera esclusivamente teatrale. Ogni suo gesto, ogni movimento, la mimica facciale, anche se teatrali, aderiscono pienamente all'azione e la creano. Moskvin da solo dà allo spettatore più che tutto il film. Egli ha scisso la sua parte in decine di frammenti separati, di dettagli, ognuno stupefacente a modo proprio. Ed è difficile determinare che cosa colpisce di più: se i metodici preparativi per il suicidio, la scoperta della perdita del denaro, o il continuo pulirsi il naso con il lembo del pellicciotto, gesto così caratteristico per Polikuška. Moskvin attira a sé l'attenzione dello spettatore in ogni episodio, in ogni minuscola scena che passa sullo schermo per qualche

of its source. *Polikushka* is therefore devoid of the most important thing we seek in a Soviet picture – social meaning – and this explains, to a large extent, its appearance and success on the screens of New York, Paris, Berlin and other cities as early as 1920 and 1921. The most outstanding thing about the picture, however, is Moskvin's acting. It contains very little of what is generally understood as a cinematographic interpretation of a character. Moskvin "puts across" Polikushka by purely theatrical techniques. His every gesture, movement and facial mime, though admittedly theatrical, is perfectly suited to the action and determines that action. Moskvin alone speaks more and gives the viewer more than the film as a whole. He has split his role into dozens of individual pieces and components, each of which is staggering in its own way. And it's difficult to say what is more impressive: his methodical preparations for the murder, his discovery that the money has gone missing, or that constant characteristic gesture of Polikushka's – the wiping of his nose with the flap of his sheepskin coat. In each episode, each minute situation, lasting only a few seconds on the screen, Moskvin grips the viewer's attention, focusses it on himself and creates a vivid, convincing and authentic character. If the scenario had surrounded Moskvin with a different social setting and allowed him to interpret Polikushka as a more dramatic illustration of the true state of affairs during that period, the picture would have been impeccable, even by today's standards. (Vl. Nedobrovo ZhI, 1926, No. 29, 20)

TEREZA RAKEN
THÉRÈSE RAQUIN

Тереза Ракэн

Drama. 8 reels; length unknown; production: A. Khanzhonkov & Co.; release: not released; director/script: Boris Chaikovskii; cameraman: Aleksandr Ryllo. Cast: Zoya Barantsevich (Thérèse Raquin), Nikolai Radin (Laurent), M. Tokareva (mother), Azerskaya, Aleksandr Ashanin. Screen version of the novel by Emile Zola. One reel preserved without titles.

FAUST

Фауст

Alternative title
TURGENEVSKAYA DEVUSHKA
A TURGENEV GIRL

Film story in 9 letters. 5 reels; 1200 m; production: A. Khanzhonkov & Co.; release: not released; director/script: Ol'ga Rakhamanova; cameraman: Aleksandr Ryllo; art director: Tsezar' Lakka. Cast: Zoya Barantsevich, Ol'ga Rakhmanova, Aleksandr Ashanin, N. Sokolova, R. Rudin, L. Protasov, Ekaterina Bunchuk, Tsezar' Lakka. Screen version of a short story by Ivan Turgenev. Preserved without titles.

secondo e, concentrandosi sulla sua figura, crea un tipo brillante e vivo. E se la sceneggiatura offrisse a Moskvin un'altra atmosfera sociale e gli desse la possibilità di interpretare *Polikuška* nell'ambiente reale di quell'epoca, il film sarebbe impeccabile anche dal punto di vista della produzione attuale. (Vl. Nedobrovo, ŽI, 1926, n. 29, 20)

Тереза Ракэн

TEREZA RAKEN
THÉRÈSE RAQUIN

Dramma. 8 bobine; metraggio ignoto; produzione: A. Hanžonkov i Co. Spa; non distribuito; regia/sceneggiatura: Boris Čajkovskij; operatore: Aleksandr Ryllo. Interpreti: Zoja Barancevič (Thérèse Raquin), Nikolaj Radin (Laurent), M. Tokareva (la madre), Azerskaja, Aleksandr Ašanin. Riduzione del romanzo di Émile Zola. Del film è conservata una bobina senza didascalie.

Фауст

FAUST

Titolo alternativo
TURGENEVSKAJA DEVUŠKA
UNA RAGAZZA DI TURGENEV

Racconto cinematografico in 9 lettere. 5 bobine; 1200 m; produzione: A. Hanžonkov i Co. Spa; non distribuito; regia/sceneggiatura: Ol'ga Rahmanova; operatore: Aleksandr Ryllo; scenografia: Cezar' Lakka. Interpreti: Zoja Barancevič, Ol'ga Rahmanova, Aleksandr Ašanin, N. Sokolova, R. Rudin, L. Protasov, Ekaterina Bunčuk, Cezar' Lakka. Riduzione del racconto di Ivan Turgenev. Il film è conservato senza didascalie.

UNATTRIBUTED FILMS

Carmen, 1 reel.

Dom kuptsa Vorygina ili chasovshchik Rymsha (The House of Vorygin the Merchant, or Rymsha the Watchmaker), 3 reels.

Drama v Moskve (Drama in Moscow).

Iz evreiskogo byta (From Jewish Life), 2 reels.

Malyuta Skuratov, 2 reels.

Na kamennykh plitakh (On Slabes of Stone).

Pasynok Marsa (Stepson of Mars), *("Doloi nemetskoe igp")* ("Down with the German Yoke"), 1 reel.

Priklyuchenie so skeletom (An Adventure with a Skeleton), 1 reel.

S polevym (With the Field Hospital), 3 reels.

Tsarskie oprichniki (The Tsar's Oprichniks), 2 reels.

Vashi pal'tsy paknut ladanom (Your Fingers Smell of Incense), 2 reels.

Zamuzhnyaya nevesta (The Married Bride), 2 reels.

FILM NON ATTRIBUITI

Carmen, 1 bobina.

Carskie Opričniki (Gli opriciniki dello zar), 2 bobine.

Dom kupca Vorygina ili časovščik Rymša (La casa di Vorygin il mercante o Rymša l'orologiaio), 3 bobine.

Drama v Moskve (Dramma a Mosca).

Iz evrejskogo byta (Dalla vita ebrea), 2 bobine.

Maljuta Skuratov, 2 bobine.

Na kamennyh plitah (Su lastre di pietra).

Pasynok Marsa (Il figliastro di Marte), *("Doloj nemeckoe igo")*, ("Abbasso il giogo tedesco"), 1 bobina.

Priključenie so skeletom (Avventura con uno scheletro), 1 bobina.

S polevym (Con l'ospedale da campo), 3 bobine.

Vaši pal'cy pahnut ladanom (Le vostre dita sanno d'incenso), 2 bobine.

Zamužnjaja nevesta (La promessa maritata), 2 bobine.

1. The A. Khanzhonkov & Co. Ltd. Studio. **2.** Wladyslaw Starewicz (at the camera), Sergei Kozlovskii (behind him) and Aleksandr Khanzhonkov (right). **3.** Vladimir Egorov, set designer and Leopol'd Sulerzhitskii, director at the Moscow Art Theatre, shot in Paris probably in 1911. **4.** Caricature of A.A. Chargonin (1914). **5.** Caricature of P. Kas'yanov (1915).

1. La sede della A. Hanžonkov i Co. Spa. **2.** Wladyslaw Starewicz (alla macchina da presa), Sergej Kozlovskij (dietro di lui) e A. Hanžonkov (a destra). **3.** Vladimir Egorov, scenografo e Leopol'd Suleržickij, regista del Teatro d'Arte di Mosca, ripresi a Parigi intorno al 1911. **4.** Caricatura di A.A. Čargonin (1914). **5.** Caricatura di P. Kas'janov (1915).

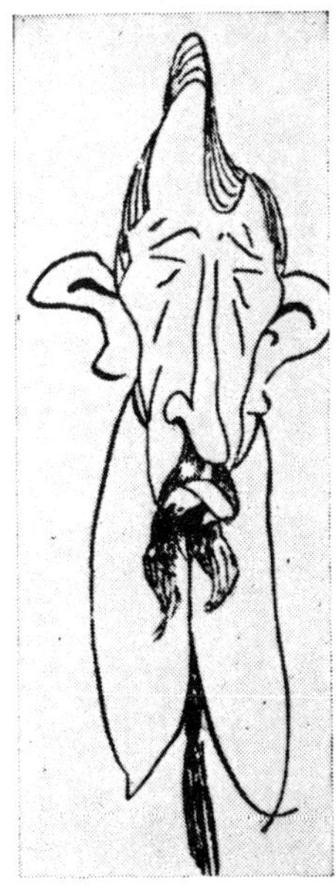

Pages 516-517: Petr Chardynin, director (right); Wladyslaw Starewicz, cameraman; actors Sof'ya Goslavskaya and Petr Biryukov on the set of *Jealousy* (1914).

Pagine 516-517: il regista Petr Čardynin (a destra), l'operatore Wladyslaw Starewicz e gli attori Sof'ja Goslavskaja e Petr Birjukov sul set di *Gelosia* (1914).

1. A. Khanzhonkov (right), Petr Chardynin (next to him) and Siversen (?) (left) on a set. **2.** Petr Chardynin (center) and A. Khanzhonkov (right). **3.** Evgenii Bauer (second from left) in Khanzhonkov studio, during the shooting of *The King of Paris.* **4.** A. Khanzhonkov.

1. Aleksandr Hanžonkov (a destra), Petr Čardynin (alla sua sinistra) e Siversen (?) (a sinistra) sul set di un film. **2.** Petr Čardynin (in mezzo) e Aleksandr Hanžonkov (a destra). **3.** Evgenij Bauer (secondo da sinistra) nello studio Hanžonkov durante le riprese di *Il re di Parigi*. **4.** Aleksandr Hanžonkov.

1. Evgenii Bauer on the set of *A Life for a Life.* **2-3.** Evgenii Bauer.

1. Evgenij Bauer sul set di *La vita per la vita.* **2-3.** Evgenij Bauer.

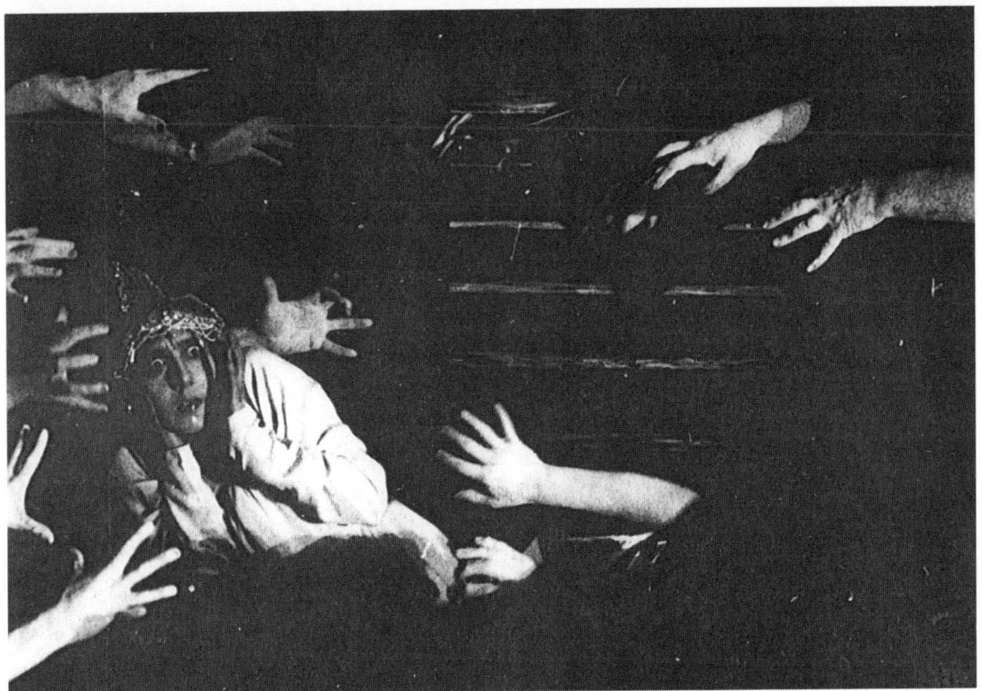

1. Vera Karalli in *Fantasy and Life.* **2.** Vera Karalli in *The Dying Swan.* **3-4.** Caricatures of Vera Karalli.

1. Vera Karalli in *Le aspirazioni e la vita.* **2.** Vera Karalli in *La morte del cigno.* **3-4.** Caricature di Vera Karalli.

1-2-3. Vera Kholodnaya. **4.** Vera Yureneva.

1-2-3. Vera Holodnaja. **4.** Vera Jureneva.

1. Photo of Ivan Mosjoukine with dedication to Vera Orlova (Paris, 1925). **2-3.** Ivan Mosjoukine. **4.** Vyacheslav Viskovskii, director. **5.** Caricature of V. Maksimov (1913). **6.** Caricature of A. N. Ural'skii (1915).

1. Ivan Mozžuhin con dedica autografa a Vera Orlova (Parigi, 1925). **2-3.** Ivan Mozžuhin. **4.** Vjačeslav Viskovskij, regista. **5.** Caricatura di V. Maksimov (1913). **6.** Caricatura di A. N. Ural'skij (1915).

1. Mariya Goricheva. **2.** Natal'ya Lisenko. **3.** Vera Orlova. **4.** Raisa Reyzen.

1. Marija Goričeva. **2.** Natal'ja Lisenko. **3.** Vera Orlova. **4.** Raisa Rejzen.

1. Vitol'd Polonskii. **2.** Aleksandr Voznesenskii, screenwriter. **3.** Yakov Protazanov. **4.** Self-caricature by Wladyslaw Starewicz (1913). **5.** Caricature of V. Viskovskii (1918).

1. Vitol'd Polonskij. **2.** Aleksandr Voznesenskij, sceneggiatore. **3.** Jakov Protazanov. **4.** Autocaricatura di Wladyslaw Starewicz (1913). **5.** Caricatura di V. Viskovsky (1918).

1. Kuleshov's and Belyi's miniature sets for *The Alarm*. **2.** A set. **3.** *Vestnik Kinematografii* review. **4.** A share of A. Khanzhonkov & Co.

1. Modellini di scena di Kulešov e di Beluj per *L'allarme.* **2.** Un set. **3.** La rivista "Vestnik Kinematografij". **4.** Un'azione della A. Hanžonkov i Co.

ЧЕТВЕРТЫЙ ВЫПУСКЪ — QUATRIÈME ÉMISSION.

Руб. 250 rbls. №4926

АКЦІОНЕРНОЕ ОБЩЕСТВО
„А. ХАНЖОНКОВЪ и К°"
Уставъ ВЫСОЧАЙШЕ утвержденъ 25 Февраля 1912 г.
ОСНОВНОЙ КАПИТАЛЪ 1.500.000 РУБЛЕЙ.

АКЦІЯ
ВЪ ДВѢСТИ ПЯТЬДЕСЯТЪ РУБЛЕЙ

выдана (délivrée)

SOCIÉTÉ ANONYME
„A. KHANJONKOW et Cie"
Capital social 1.500.000 roubles.
ACTION DE DEUX CENT CINQUANTE ROUBLES.

Le président de la Direction
Les Directeurs
Le comptable
Le caissier

TRADE MARKS

1. Pathé Frères (Moscow). **2.** Rus' (Moscow). **3.** Skobelev Committe. **4.** A. Drankov (Moscow and Petersburg). **5.** Taldykin, Kozlowskii, Yurev & Co. **6**. Gaumont (Moscow). **7.** Russkoe Kinematograficheskoe Tovarishchestvo. **8.** I.N. Ermol'ev (Moscow). **9.** G.I. Libken' (Moscow). **10.** A. Khanzhonkov & Co. Ltd.

1.

2.

3.

4.

5.

MARCHI

1. Pathé Frères (Mosca). **2.** Rus' (Mosca). **3.** Comitato Skobelev. **4.** A. Drankov (Mosca e Pietrogrado). **5.** Taldykin, Kozlowskij, Jurev i Co. **6.** Gaumont (Mosca). **7.** Russkoe Kinematograficeskoe Tovariščestvo. **8.** I.N. Ermol'ev (Mosca). **9.** G.I. Libken' (Mosca). **10.** A. Hanžonkov i Co.

6.

7.

8.

9.

10.

Life Is a Moment, Art Is Forever (Ermol'ev, 1916), by C. S.. Lost film (?). ■ *La vita è un attimo, l'arte è per sempre* (Ermol'ev, 1916), di Czeslaw Sabinski. Film perduto (?).

The Autumn of a Woman (Khanzhonkov, 1917), by Andrei Gromov. Lost film (?). ■ *L'autunno di una donna* (Hanžonkov, 1917), di Andrej Gromov. Film perduto (?).

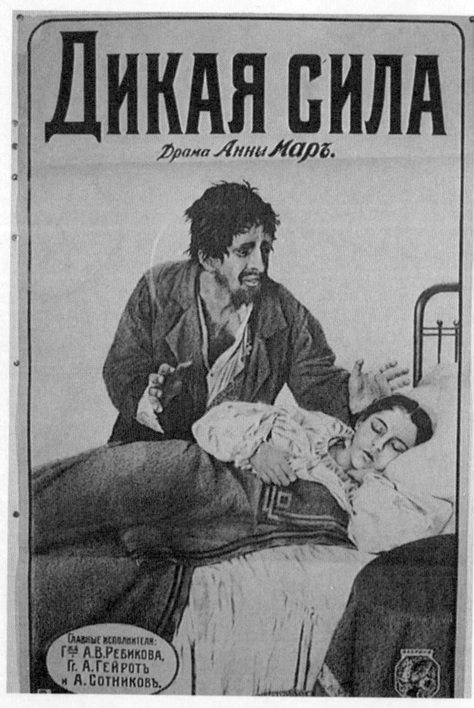

A Wild Force (Khanzhonkov, 1916), by Boris Chaikovskii. ■ *La forza selvaggia* (Hanžonkov, 1916), di Boris Čajkovskij.

We Are Not Guilty of Their Blood (Era Studio, 1917), by M. Bonch-Tomashevskii. ■ *Del loro sangue non siamo colpevoli* (Studio Era, 1917), di M. Bonč-Tomaševskij.

Sten'ka Razin (Drankov, 1908), by V. Romashkov. ■ *Sten'ka Razin* (Drankov, 1908), di V. Romaškov.

Married by Satan (Era Studio, 1917), by Vyacheslav Viskovskii. ■ *Sposati da Satana* (Studio Era, 1917), di Vjačeslav Viskovskij.

Tormented Souls (Kharitonov, 1917), by Vladimir Kas'yanov. ■ *Anime tormentate* (Haritonov, 1917), di Vladimir Kas'janov.

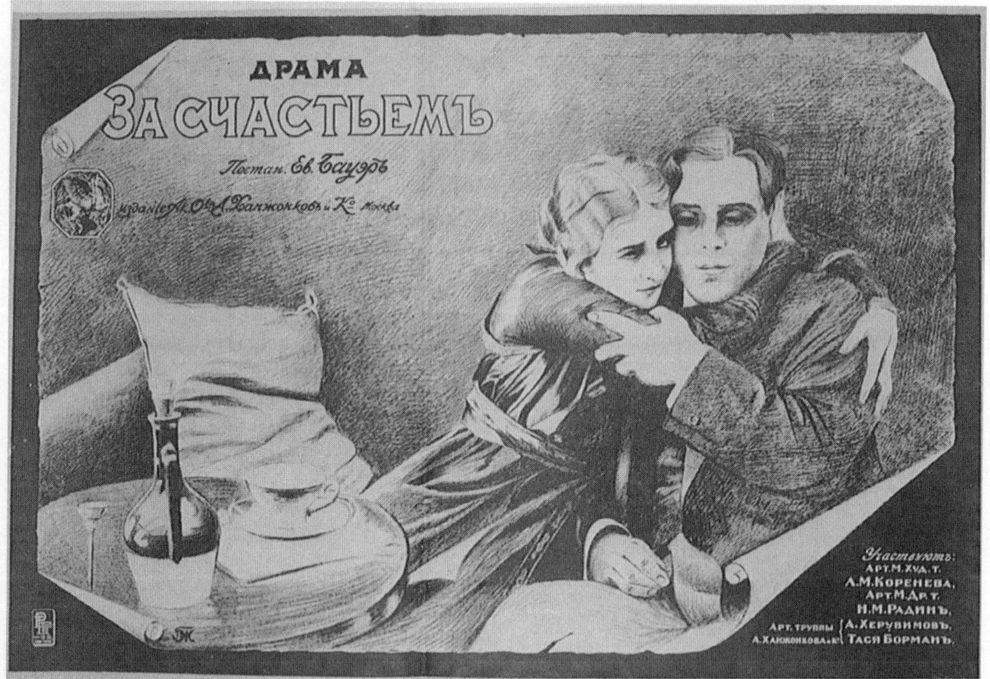

For Luck (Khanzhonkov, 1917), by Evgenii Bauer. ■ *Alla fortuna* (Hanžonkov, 1917), di Evgenij Bauer.

Abyss (Polonia, 1916), by Wladyslaw Lenczewski. Produced in Moscow by a company formed by Polish filmmakers. Lost film (?). ■ *Abisso* (Polonia, 1916), di Wladyslaw Lenczewski. Prodotto da una compagnia formata da cineasti polacchi. Film perduto (?).

SEVENTEEN FILMMAKERS
DICIASSETTE CINEASTI

CHARLES AUMONT

French theatre entrepreneur who conducted business in Russia. Aumont owned the Théâtre-concert Parisien café chantant which occupied the Lianozov house on Kamergerskii Pereulok. When Aumont liquidated his affairs in 1902 he let the Moscow Art Theatre have the building[1]. In the summer of 1896 Aumont bought Edison's kinetophone and Lumière's cinematograph (a provisional contract was signed with the projectionist at the Lumière show) and included a film show in the programme of his café chantant which went on tour to the traditional All-Russian Fair of Industry and Art in Nizhnii Novgorod, where the best society in Russian commerce and culture gathered every year. It was here that the educated section of the Russian public had its first conscious encounter with the cinematograph, an encounter which, in the light of the well-known features of Aumont's establishment, was associated with an atmosphere of scandal. The Théâtre-concert Parisien in Moscow had a long standing reputation as a brothel. By leasing Lumière's equipment Aumont achieved a very precise aim, which the press of the day had no difficulty in identifying. "Aumont has added Lumière's cinematograph to the chansonettes, the can-can and the convenience of meeting his unfortunate creatures... Without it many respectable visitors to the exhibition would be positively uneasy at going to Aumont's"[2]. The author Evgenii Chiricov, who was later to write the scripts for *Lyubov' statskogo sovetnika* (The Love of a Councillor of State, 1915) and *Dev'i gory* (The Maidens' Hills, 1918), wrote to his wife from Nizhnii Novgorod on 2 July 1896: "The cinematograph itself is excellent but it is surrounded by the worst debauchery and by a market in women's bodies... But, because of the cinematograph, even 'respectable' ladies come here with their husbands and many women seize the opportunity to come straight here out of curiosity to see what is going on..."[3].

1. V.I. Nemirovich-Danchenko, *Izbrannye pis'ma* (Selected Letters), Moscow, 1969, vol. 1, 149.
2. *Novoe slovo,* 1896, No. 11, 189.
3. Reported by Miron Petrovskii.

CHARLES AUMONT

Impresario teatrale francese, attivo in Russia. Proprietario del café chantant Théâtre-concert Parisien, con sede presso la casa Lianozov in vicolo Kamergerskij. L'edificio sarà poi ceduto al Teatro d'Arte di Mosca[1] quando, nel 1902, Aumont cesserà la propria attività. Nell'estate del 1896 Aumont acquistò il kinetofono di Edison e il cinematografo di Lumière (per le proiezioni di Lumière era stato concluso un contratto a termine con un cineoperatore della ditta) e incluse così nel programma del café chantant anche la proiezione di film, programma che venne portato in tournée alla Fiera Industriale e Artistica di Tutte le Russie, che si teneva a Nižnij Novgorod, dove ogni anno si radunavano i migliori esponenti della cultura e dell'imprenditoria russa. Fu proprio in quest'occasione che avvenne il primo incontro del pubblico colto russo con il cinematografo, incontro che, purtroppo, a causa delle note caratteristiche dell'impresa Aumont, si circondò di un'atmosfera di scandalo. Il Théâtre-concert Parisien era considerato a Mosca un luogo di perdizione. Affittando l'apparecchio di Lumière, Aumont conseguì uno scopo ben preciso, che la stampa di allora individuò senza difficoltà: "alle canzonettiste, al cancan, alla comodità di incontrare delle sventurate, Aumont ha aggiunto anche il cinematografo di Lumière... Senza di esso per molti rispettabili ospiti della mostra non sarebbe possibile frequentare il café"[2]. Lo scrittore Evgenij Cirikov (autore in seguito della sceneggiatura del film *Ljubov' statskogo sovietnika*, 1915 e di *Dev'i gory*, 1918), così scriveva alla moglie il 2 luglio 1986 da Nižnij Novgorod: "Il cinematografo di per sé è stupendo, ma è situato in quello stesso luogo in cui si svolgono orge colossali e dove si mercanteggia il corpo delle donne... Ad ogni modo, per via del cinematografo, ora ci vanno anche donne 'oneste' con i mariti e molte ci vanno proprio per curiosare e vedere cosa succede laggiù..."[3].

1. V.I. Nemirovič-Dančenko, *Izbrannye pis'ma* (Lettere scelte), Mosca, 1969, tomo I, 149.

2. *Novoe slovo*, 1896, n. 11, 189.

3. Riferito da Miron Petrovskij.

Lumière's cinematograph in Aumont's brothel – that semantic collision accentuated by the decorum of Lumière's pictures – was worked up into a literary topic by another visitor to the café chantant, the writer Maksim Gorkii. In his famous newspaper correspondence column "From the All-Russian Exhibition" on 6 July 1896 Gorkii expressed his sympathy for "the happy French girls from Aumont's", peering out of the darkness at their carefree compatriots leaving the factory gates in Lyons or at contented parents feeding a child[4]. The following day, when he heard that one of Aumont's singers, Lily Darteau, had tried to commit suicide, Gorkii wrote a story which linked the spiritual drama of a prostitute with the impression made on her by Lumière's film *Le Repas de bébé*: " 'The young couple... the husband and wife... such a healthy, fine pair, are eating their breakfast and feeding the baby... a beautiful boy! He eats and makes faces...,' the heroine tells her client. 'Why do you like that film in particular?,' he asks. 'Family life?,' she exclaimed, sounding sincere. 'My God, I am a woman after all!' "[5]. Gorky's story *Vengeance* is the first instance in Russian literature of film as a semantic element in the story. In 1898 Aumont leased the Chicago winter garden, re-named it the Aquarium and organised regular film shows there. In 1901 he gave up the business and left the Aquarium to the Poiret firm[6]. In 1907 the newspapers reported that Aumont had disappeared after selling all his property. The agreement was drawn up in the name of Bim-Bom the clown. Then it became known that Aumont was about to be prosecuted for embezzlement. Aumont did not attend the trial because he was abroad. The court decided that Aumont should be taken into custody. (TI, 1907, No. 15, 244). Yuri Tsivian

EVGENII FRANTSEVICH BAUER

Evgenii Frantsevich Bauer (1865-1917). Film director, artist, cameraman. His father was a famous zither-player (and evidently the composer of the music to the film *Slava nam, smert' vragam* (Glory to Us, Death to the Enemy, 1914). His sisters acted in the theatre and in operettas and Bauer filmed one of them in *Krovavaya slava* (Bloody Glory, 1913). He graduated from the Moscow College of Painting, Sculpture and Architecture. Before moving into cinema, he worked as an amateur actor, a magazine caricaturist, a newspaper satirist, and a theatre impresario. "He attended to artistic photos" (NS, 1917, No. 3427, 12/7). He became well known for the sets he designed for féerie, operetta, farcical and dramatic plays, for Lentovskii's and Aumont's winter garden theatre groups. There he met Lina Ancharova a dancer in Aumont's group and later to become Bauer's wife and permanent actress. He went into cinema in 1912 (designing the scenery for *Trekhsotletie tsarstvovaniya doma Romanovykh* (The Tercentenary of the Rule of the House of Romanov, 1913); he

4. *Odesskie novosti,* 1896, No. 3681, 2.
5. *Nizhegorodskii listok,* 1896, No. 182.
6. *Russkoe slovo,* 1901, 16 November, No. 316, 3.

Il cinematografo di Lumière nel bordello di Aumont, questa contraddizione in termini, messa ancora più in risalto dalla rispettabilità dei film di Lumière, servì da soggetto letterario a un altro frequentatore del café chantant, lo scrittore Maksim Gor'kij. Il 6 luglio 1896, nella sua famosa corrispondenza dalla Fiera di Tutte le Russie, Gor'kij provò compassione per le "allegre francesi di Aumont" che nell'oscurità scrutavano le loro spensierate connazionali di Lione all'uscita dalla fabbrica, o i genitori felici che nutrivano il loro bambino[4]. L'indomani, quando venne a sapere che una delle canzonettiste di Aumont, Lili Darteau, aveva tentato di suicidarsi, Gor'kij scrisse un racconto in cui mise in relazione il travaglio spirituale della prostituta con l'impressione suscitata dal film di Lumière *Le Repas de bébé*: "I giovani sposi... marito e moglie... così sani e belli... stanno facendo colazione e danno da mangiare al bebé, un bambino piccolo piccolo! Lui mangia e fa di quelle smorfie... – racconta l'eroina al suo cliente. – Perché vi piace proprio questo film? – chiese lui. – La vita di famiglia? – esclamò lei, con tono sincero – Dio mio, sono pure una donna!"[5]. Il racconto di Gor'kij *Otomstil* (Vendetta) è il primo caso nella letteratura russa in cui un film serve da traccia semantica per un racconto. Nel 1898 Aumont affittò il giardino Chicago, lo ribattezzò Aquarium e vi organizzò degli spettacoli cinematografici stabili. Nel 1901 abbandonò l'attività e cedette il giardino alla ditta Poiret[6]. Nel 1907 i giornali riportavano la notizia che Aumont era sparito dopo aver venduto tutti i suoi beni (l'affare fu concluso a nome del clown Bim-Bom). In seguito si seppe che contro di lui era stato istruito un processo per appropriazione indebita. Aumont non poté presenziare al processo, trovandosi all'estero. Il tribunale sentenziò la reclusione per l'imputato. (TI, 1907, n. 15, 244). Yuri Tsivian

EVGENIJ FRANCEVIČ BAUER

Evgenij Francevič Bauer (1865-1917). Regista, scenografo, operatore. Il padre era un citarista noto in tutta la Russia, compose anche la colonna sonora del film *Slava nam, smert' vragam* (Gloria a noi, morte al nemico, 1914); le sorelle erano attrici d'operetta e di teatro (una fu scelta da Bauer per *Krovavaja slava* (Gloria cruenta, 1913). Si diplomò presso l'Istituto di Pittura, Scultura e Architettura di Mosca. Prima di dedicarsi al cinema fu attore dilettante, caricaturista, zincografo di giornale, impresario teatrale. "Un periodo si occupò di fotografia artistica" (NS, 1917, n. 3427, 12/VII). Divenne noto come scenografo teatrale soprattutto di féerie, operette, farse, drammi e degli spettacoli in giardino organizzati da Lentovskij e Aumont. Fu da Aumont che conobbe la ballerina Lina Ančarova che colà si esibiva e che sarebbe divenuta in seguito sua moglie e interprete di tutti i suoi film. Al cinema approdò nel 1912 (curò le scenografie di

4. *Odesskie novosti*, 1896, n. 3681, 2.
5. *Nižegorodskij listok*, 1896, n. 182.
6. *Russkoe slovo*, 1901, n. 316, 16/XI, 3.

worked as director under Pathé, Drankov, and Taldykin. At the end of 1913 he joined Khanzhonkov's company where within three years he was earning the unheard-of salary of 40,000 roubles and, since the company presented him with 5,000 shares as a gift, he became one of the main shareholders. Out of the 82 films in which Bauer's authorship has been established 26 remain – enough to evaluate the artistic originality of this man. Bauer's style of cinematography has its origins in the aesthetics of Russian Liberty style. (The author of his obituary even named his friendship and joint work with Fedor Shekhtel, the future architect, as the source of influence: "Bauer took a lot from Shekhtel even in the early days when the young Shekhtel was writing sketches for Lentovskii's production of *Vesna-krasna* (Red Springs) at Khodynka" (NS, 1917, No. 3427, 12, 7). Bauer's scenery astonished his contemporaries by its conscious lack of ostentatious decoration, the abundance of furniture and props, which hitherto had, especially among the directors of the Russian Golden Series, been taken as a sign of good style. Apart from that, Bauer built unusually spacious interiors (reminiscent of the bedrooms and dining rooms of art nouveau houses, also to emphasise the perspective of volume), which intensified the feeling of the extraordinary and uninhabitable: "Bauer's school does not recognize realism on the screen; but, even if no one would live in such rooms, even if such lamps would not exist in real life, this still produces an effect, a feeling which is far better than the efforts of others who claim to be directors" (KUL, 1917, No. 8, 15). Distance and volume were also important to Bauer in camera work: "Bauer sharply cut down on clutter in the scenery, putting in its place wherever possible curtains, tulle, sheets. This enabled him to move the lights around, change the overhead for side lighting", Bauer's constant editor recalls (V. Khanzhonkova, 1962, 126). The columns over which the reviewers loved to amuse themselves were necessary to hide the equipment of the auxiliary lighting. Vera Yureneva recalls: "Bauer noticed that the overhead lighting was literally destroying me, and for my scenes he considerately and carefully placed white screens below that created more beneficial reflections" (V. Yureneva, 28). Another actor of his, Ivan Perestiani, leaves us this impression of him: "Bauer had a gift for using light. His scenery was alive, mixing the monumental with the intimate. Next to a massive and heavy column – a transparent web of tulle sheeting – the light plays over a brocade coverlet under the dark arches of a low flat, over flowers, furs, crystal. A beam of light in his hands was an artist's brush. As early as 1916 he illuminated the heads of Ryndina and Strizhevskii in the film *Sestry sopernitsy* (The Rival Sisters), [the author's mistake, the film should be *Vozmezdie* (Retribution), Ed.], by using the method that has since become standard. Placing two raised spotlights behind the actors, he shone specks of light on to their heads. This feat interested more than just the specialists" (Perestiani, 1937, II-a). Perestiani was right: even if portrait photographers knew of it, the use of double overhead backlights was new to the history of cinematography in 1916. The sense of architecture and volume in the distances filmed by Bauer and his cameraman Boris Zavelev were achieved by well-planned

Trehsotletje carstvovanija doma Romanovyh, 1913); fu regista presso le case cinematografiche Pathé, Drankov e Taldykin. Alla fine del 1913 lo troviamo regista da Hanžonkov, dove in capo a tre anni arriva a ricevere l'inaudito stipendio di 40.000 rubli. Grazie alle 5.000 azioni avute in regalo dalla società ne diviene uno dei principali azionisti. Degli 82 film da lui diretti se ne sono conservati 26, un numero sufficiente per giudicare l'assoluta singolarità di questo autore. L'origine dello stile cinematografico di Bauer va individuata nello stile liberty russo (l'autore del suo necrologio ne indicò addirittura la fonte ispiratrice nella familiarità e collaborazione con il futuro architetto Fedor Šehtel: "Bauer prese molto da Šehtel fin dall'epoca giovanile di questi, quando dipingeva bozzetti per la *Vesna-krasna* (Primavera rossa) messa in scena da Lentovskij al Hodynka" (NS, 1917, n. 3247, 12/VII). Ciò che colpì i contemporanei nelle scenografie di Bauer fu il rifiuto del decorativismo – l'eccesso di mobili e accessori – che in passato (e in particolare presso i registi della Serie d'oro russa) era stato ritenuto segno di stile. Inoltre egli creò interni inusitatamente ampi (che ricordavano le smisurate stanze da letto e da pranzo delle palazzine Art Nouveau, anch'esse destinate a dare l'idea dello spazio), che aumentavano la sensazione del non-quotidiano, dell'insolito: "La scuola di Bauer non riconosce il realismo sullo schermo: è pur vero che non si vive in simili stanze e che simili lampade non esistono nella vita reale, ma questo produce impressione, fa effetto ed è mille volte meglio degli sforzi creativi degli altri registi che aspirano alla fama" (KUL, 1917, n. 8, 15). Spazio e volume erano l'obiettivo principale di Bauer operatore. "Bauer diminuì drasticamente il numero degli arredi scenici, sostituendoli, dove possibile, con tende, tulle, tele. Ciò gli permise di dare una diversa disposizione alle fonti di luce, di sostituire qualsiasi illuminazione con lampade laterali", così ricordava Vera Hanžonkova che curò il montaggio di tutti i suoi film (V. Hanžonkova, 1962, 126). Le colonne di cui amavano farsi beffe i critici erano necessarie per mascherare le fonti di luce ausiliarie. Ricordava Vera Jureneva: "Bauer notò con molto acume che le luci provenienti dall'alto letteralmente mi ammazzavano e, nelle scene in cui recitavo io, si preoccupò di far disporre schermi bianchi che rimandavano felici riflessi" (V. Jureneva, 28). Un altro attore di Bauer, Ivan Perestiani, ci ha lasciato questa testimonianza: "Bauer era straordinario nell'uso della luce. Le sue scene vivevano dell'unione della monumentalità con l'intimità. Vicino ad una colonna imponente, pesante, c'era una ragnatela trasparente di drappi e di tulle, giochi di luce sul copriletto di broccato sotto le cupe volte della stanza dal soffitto basso, sui fiori, sulle pellicce, sui cristalli. Il raggio di luce nelle sue mani diveniva il pennello dell'artista. Nel 1916, per la prima volta nella storia del cinema, nel film *Sestry sopernicy* (Le sorelle rivali) [errore del memorialista: in realtà si tratta del film *Vozmezdje* (Nemesi), Ndc], egli illuminò le teste della Ryndina e di Striževskij con un sistema di luci ora divenuto d'uso comune. Per mezzo di due proiettori messi su di un piano rialzato dietro agli attori, dirigeva raggi di luce sulle capigliature. E questo attraeva l'attenzione non solo degli specialisti" (Perestiani, 1937, II-a). Perestiani sembra proprio avere ragione:

tracking shots [*Ditya bol'shogo goroda* (Child of the Big City, 1914); *Grezy* (Daydreams), *Posle smerti* (After Death, 1915); *Zhizn' za zhizn'* (A Life for a Life, 1916)]. The architectonics, the mise-en-scène, were treated like ornamental design in their orderliness. As Valentin Turkin wrote in 1918, "He always examined the general elements of the scene particularly carefully through the camera lens with the actors in their places, he was anxious in rehearsal that the artistic value of the scene as a whole should not be disturbed by the actors' movements to and fro. He did not approve of any superfluous movement" (KG, 1918, No. 31, 3). Bauer's experience as a portrait photographer showed in his style of posing the actors. The same Turkin wrote: "Everyone remembers the characters in Bauer's films, figures quietly slipping by or sitting, lost in thought, the tardy, passionate, first embrace of lovers, life quietly passing by, suddenly interrupted by a cry, a fall, death, which leaves in its wake peace and loneliness in empty halls and at the silent cemetery" (KG, 1918, No. 31, 4). Mariya Goricheva who was interested in Vera Kholodnaya's success, thought that Bauer treated her like a model: "For instance, the scene is on location – space, on a knoll stands a lonely bench without a back, on this sits Kholodnaya with a serious expression and slightly downcast head, the whole scene exudes such loneliness and such grief" (M. Goricheva, 13). Yureneva recalls that Bauer called for a pianist during filming "to intensify the mood". His contemporaries also valued Bauer's art of tinting: "If in the cinema one can use the term colour, then Bauer used colour to his own special effect. His pictures left one with definite impressions; a caressing eye of a silvery, mother-of-pearl tone, fits in to the harmonic entity as completely as the separate scenes sharply contrasting in their boundaries, do, into the whole sequence of scenes from the beginning to the end of the film" (KG, 1918, No. 31, 4). The producer, artist, scriptwriter and cameraman for most of his own films, Bauer never managed to appear on the screen as an actor (this was the only achievement of his rival Chardynin, another all round film maker, that Bauer did not match). Vera Khanzhonkova the editor, remembers: "Shortly before his death, in the early spring of 1917, while preparing for a trip to the Crimea, Bauer suggested that I write the script for a film on S. Przybyszewsky's novel *Sumerki* (Twilight). He wanted to act the role of the artist Skirmunt in the film. Bauer wanted to play Skirmunt lame. "To practise for the role he decided to limp a little. On the way to Yalta he stumbled and fell from the embankment onto shoreline rocks breaking his leg. The enforced lengthy idleness caused stagnant pneumonia which killed him on 9th June 1917" (V. Khanzhonkova, 1962, 127). The film *Sumerki* was produced by Andrei Gromov and the role of Skirmunt played by Mikhail Stal'skii.   Yuri Tsivian

se due fasci di luce posti in alto e posteriormente erano un effetto noto ai fotografi-ritrattisti, tale effetto era ancora sconosciuto alla storia del cinema del 1916. Il volume e lo spazio architettonico erano ottenuti da Bauer e dal suo fedele operatore Boris Zavelev con audaci movimenti di macchina (*Ditja bol'šogo goroda*, 1914; *Grezy*; *Posle smerti*, 1915; *Žizn' za žizn'*, 1916). La composizione architettonica delle sue regie era di una precisione che ricordava un disegno ornamentale. Come scriveva nel 1918 Valentin Turkin "egli studiava con particolare cura nell'obiettivo della macchina da presa le componenti generali del quadro con le figure umane in esso disposte, soprattutto preoccupandosi, nel provare la scena, che i movimenti e i passaggi degli attori non compromettessero l'integrità artistica del quadro. Non amava un eccessivo movimento delle persone" (KG, 1918, n. 31, 3). L'arte della posa tradiva in Bauer il fotografo ritrattista. Sempre Turkin scriveva: "Tutti ricordano i personaggi dei film di Bauer: figure scivolanti in silenzio o sedute in atteggiamento pensoso, il primo abbraccio esitante e appassionato degli amanti, la vita che scorre quieta mentre inaspettatamente irrompono un grido, un colpo di vento, la morte, per lasciare dietro a sé la calma e la solitudine nelle sale vuote e nel cimitero silenzioso" (KG, 1918, n. 31, 4). Interessandosi al successo di Vera Holodnaja, Marja Goričeva riteneva che Bauer trattasse la Holodnaja come la modella di un pittore: "Per esempio, un esterno in primo piano: una collinetta, una panchina solitaria senza schienale su cui siede la Holodnaja, il visino serio e il capo leggermente reclinato; un gran senso di angoscia spira da tutta la scena" (M. Goričeva, 13); la Jureneva ricorda che "per creare atmosfera" Bauer faceva venire un pianista durante le riprese. I contemporanei apprezzavano in Bauer anche l'arte del colore per imbibizione: "Nei colori dei suoi film, se si può parlare di colori nel cinema, Bauer raggiunse un effetto tutto suo. Essi lasciavano una sensazione carezzevole per l'occhio, il tono era argenteo, di perla e madreperla, legava in un tutto armonioso sia i forti contrasti all'interno delle singole scene che l'intera serie di queste, dall'inizio alla fine del film" (KG, 1918, n. 31, 4). Regista, scenografo, operatore, sceneggiatore di molti suoi film, Bauer tuttavia non si decideva ad esordire sullo schermo come attore (era questo l'unico punto in cui dovette cedere il primato al suo rivale Čardynin, protagonista cinematografico polivalente). Ricorda Vera Hanžonkova: "Non molto tempo prima che morisse, all'inizio della primavera del 1917, preparandosi ad un viaggio in Crimea, Bauer mi propose di scrivere la sceneggiatura del romanzo di S. Pšibyševskij *Sumerki*. In questo film egli voleva esordire come attore, nel ruolo del pittore Skirmunt. Lo voleva rappresentare zoppo. Per prepararsi alla parte egli decise di zoppicare leggermente. Sulla strada di Jalta inciampò, cadde dal lungomare sulle pietre della riva sottostante e si ruppe una gamba. L'immobilità prolungata ebbe come esito una polmonite cronica della quale morì il 9 giugno 1917". (V. Hanžonokova, 1962, 127). Il film *Sumerki* fu diretto da Andrej Gromov e il ruolo di Skirmunt fu interpretato da Mihail Stal'skij. Yuri Tsivian

PETR IVANOVICH CHARDYNIN

Petr Ivanovich Chardynin, his actual surname was Krasavchikov (1873/1877?-1934). Cinema actor, cameraman, scriptwriter and director. In 1891 he enrolled at the Moscow Philarmonic Society College of Music and Drama. He studied under Nemirovich-Danchenko with Ivan Moskvin. He acted in and directed private theatrical companies in the provinces. The first mention of him in the theatrical press came in 1899. In 1900 he achieved his first success. "Chardynin, who plays the role, it must be said, of two lovers (jeunes premiers), directed *Hamlet* in Gnedich's translation for his benefit performance. The few people who attended the theatre were pleasantly surprised". (TI, 1900, No. 8, 174). In 1908 he worked in the Vvedenskii People's House Theatre, he met the Khanzhonkov's, and acted in Vasilii Goncharov's film. In 1909 he began to direct films and started ten years work in private film production during which he made about 200 films; 34 have been preserved. While he worked with Khanzhonkov, Chardynin travelled the provinces with "cine-recitation" and in 1910 he started his own private company, the first floating theatre of Two Masks: "The theatre is situated in a large barge, the Sadko. It is fitted out quite comfortably, has its own electricity and the hall seats 320. The repertoire consists of one and two act horror style vaudevilles and plays" (TI, 1910, No. 22, 447). Shortly after however, Chardynin moved into purely cinema work and became a leading director of the Khanzhonkov company. Part of the troupe from the Vvedenskii People's House Theatre joined him in cinema work including Ivan Mosjoukine. "I remember how my husband literally took him by the hand and showed him where to sit, where to stand", Chardynin's first wife, K. Novitskaya recalled (The Central Museum of Cinema Archive). Chardynin's acting future was dashed by smallpox which scarred his face. A self-taught cameraman he had learnt enough by 1917 to make his own film: *U kamina* (By the Fireplace). As a scriptwriter he concentrated on the thematic evolution of Russian cinema from screenings of historic events to fashionable melodramas. For instance, Chardynin's style of directorship is not extravagant like those of Starewicz or Bauer, but it stands out for his consistent and convincing use of acting styles. In the middle of the decade he combined his interest in deep diagonal construction. 1910: *Idiot, Vadim,* with his favourite mise en scène; in the climax of the play the hero appears in the far background, slowly comes forward, as for instance Hamlet does before his monologue: *Obryv* (The Precipice, 1913); *Korol', zakon i svoboda* (The King, the Law and Freedom, 1914); *Mirazhi* (Mirages, 1915). In *Obryv* and *Brat'ya* (Brothers, 1913) Chardynin first tried out indirect filming: a shot in a frame was conveyed by a shaking person in close-up. The first cuts in to a closer shot had appeared in his work rather early, in 1911 *Svetit, da ne greet* (It Shines But Does Not Warm, 1911), although in contrast to Bauer, he would avoid reverse angles until the end of the decade. His contemporaries saw in this Chardynin's unavoidable theatricality. In *Obryv* the transfer from medium shot to long shot to give a feeling for the emptiness of the expanse surrounding the for-

PETR IVANOVIČ ČARDYNIN

Petr Ivanovič Čardynin, al secolo Krasavčikov (1873/1877?-1934). Regista di cinema, attore, operatore, sceneggiatore. Nel 1891 fu accolto nell'Istituto Musicale Drammatico della Società Filarmonica di Mosca, seguì i corsi di Vladimir Nemirovič-Dančenko, insieme con Ivan Moskvin. Attore e regista in compagnie teatrali di provincia. Menzionato per la prima volta sulla stampa teatrale nel 1899. Del 1900 è il primo successo: "Il sig. Čardynin che nella compagnia svolge i ruoli di due innamorati (jeunes premiers), nella sua serata d'onore ha messo in scena l'*Amleto* nella traduzione di Gnedič. I non numerosi spettatori presenti allo spettacolo hanno avuto una piacevole sorpresa" (TI, 1900, n. 8, 174). Al 1908 risalgono l'attività presso la Casa Nazionale Vvedenskij di Mosca, l'incontro con i Hanžonkov e una parte nel film di Vasilij Gončarov; al 1909, l'inizio del lavoro di regista cinematografico cui fecero seguito dieci anni d'attività nella produzione cinematografica privata, durante i quali egli girò circa 200 film. Di questi sono conservati 34. Contemporaneamente al lavoro che svolgeva presso la ditta Hanžonkov, Čardynin viaggiava per la provincia con "recitazioni cinematografiche", e nel 1910 avviò un'impresa in proprio, il primo teatro galleggiante delle Due Maschere: "Il teatro, posto sulla grande chiatta Sadko, arredato in modo confortevole, ha una sua centrale elettrica e 320 posti a sedere. Il repertorio è composto di vaudeville in uno o due atti, di farse e di pièces del repertorio del "teatro degli orrori" (TI, 1910, n. 22, 447). Ben presto, tuttavia, Čardynin si dedicò solo al cinema, e divenne uno dei maggiori registi dello studio Hanžonkov. Con lui passò al cinema una parte della compagnia della Casa Nazionale Vvedenskij, compreso Ivan Mozžuhin. "Ricordo come mio marito lo conduceva letteralmente per mano e gli mostrava dove sedere, dove alzarsi" – ricordava K. Novickaja, prima moglie di Čardynin (Archivio CMK – Museo Centrale del Cinema). Come attore Čardynin perse man mano il lavoro mentre si affermava l'uso del primo piano: aveva il viso butterato dal vaiolo. Operatore autodidatta, nel 1917 aveva conseguito sufficiente competenza per girare da sé il film *U kamina* (Presso il caminetto). Come sceneggiatore, seguì fedelmente l'evoluzione tematica del cinema russo dalla trasposizione sullo schermo di avvenimenti storici al melodramma da salotto. A differenza di Bauer o Starewicz, lo stile registico di Čardynin non è stravagante, ma si distingue per un uso coerente ed intelligente degli stili recitativi. L'interesse per la struttura diagonale profonda (*Idiot* e *Vadim* del 1910), acquista, verso la metà degli anni Dieci, la forma della messinscena "čardyniana" prediletta; nel punto culminante del dramma l'eroe appare in fondo alla prospettiva e, catturata l'attenzione dello spettatore, si avvicina lentamente, come Amleto prima del monologo: *Obryv* (1913), *Korol, zakon i svoboda* (1914), *Miraži* (1915). In *Obryv* e in *Brat'ja* (1913), Čardynin sperimenta il procedimento della visione indiretta: uno sparo fuori dall'inquadratura viene reso facendo sobbalzare il personaggio inquadrato. I primi passaggi ad un piano più ravvicinato appaiono abbastanza presto, nel 1911 (*Svetit, da ne greet*); però, a differenza di Bauer, fino alla fine degli anni Dieci Čardynin rifuggirà dai controipiani (e in questo i contemporanei ravvisano la "teatralità" di

gotten grandmother Tatyana Markovna, is striking. These examples show why Chardynin could not accept the aesthetics of "Bauer's School". To Chardynin the only interest such methods held was their psychological potential. Chardynin did his own editing straight from the negatives, as has been claimed. In 1916 Chardynin went over to Kharitonov: "On the appearance at Khanzhonkov's productions of E.F. Bauer Chardynin lost his pre-eminent position and considered himself insulted" (L. Forestier, 1945, 88). The stars of Russian cinema followed him to the new company. Here Chardynin filmed several melodramas. The returns from these films broke records. Shortly after the death of Vera Kholodnaya Chardynin tried out for himself the emerging genre of revolutionary agitational films. At the nationalised production studio in Odessa he started to film Leonid Andreev's *Rasskaz o semi poveshennykh* (The Tale of Seven Hanged Men). Mar'ya Chardynina, the director's last wife, tells the following anecdote: "Not far from the studio , near the sea there was a little square where their gallows stood. At the time an English or French vessel was passing. The ship opened fire thinking that the Bolsheviks were hanging people there. Everyone who could slid down from the gallows and ran, but they forgot Saltykov. Saltykov wailed: Get me down!" (in conversation with the author, May 1985). In that year 1920 Chardynin emigrated to Latvia. There he made four films. He returned in 1923, between then and 1930 he made films on the history of Ukraine. In 1934 he died of cancer of the liver. Yuri Tsivian

Note: The Riga Cinema Museum would be grateful for any information about the following films by Chardynin: *Laiku viesuli* (On the Forelock of Time), 1921; *Fricitis Furmala* (Frits at the Seaside), 1921; *Psihe* (The Crank), 1922; *Vilkiem mests laupijums* (Loot for Wolves), 1922.

ALEKSANDR OSIPOVICH DRANKOV

Aleksandr Osipovich Drankov (1880-?). Photographer, cameramen and owner of a cinema company. Aspiring with some justification to the title of a pioneer of Russian cinema, he went down in history rather as the originator of the "Drankovshchina", the symbol of low artistic taste and unscrupulous methods of film production. The memoirs of his not impartial contemporaries portray a repellent caricature of a plump but extraordinarily familiar and restless character with red hair, always dressed in pretentious lack of taste, a vainglorious man of considerable ambition always involved in various dubious schemes. In actual fact, Drankov's career was continually rocked by affairs and scandals and his lack of any moral or business scruples earned him not a few justified rebukes. Most of these were caused by his penchant for disrupting his rivals productions [speedily producing a film on an identical subject to that of a rival company. The surrogate, if released first, guaranteed that the original would flop and would not therefore be released]. They considered him an unscrupulous aggressor for such behaviour. Without a steady

cui il regista non riusciva a sbarazzarsi). In *Obryv* si può assistere ad una trovata sbalorditiva: si fa uso del passaggio dal piano medio al campo lungo per dare il senso dello spazio vuoto che circonda la nonna Tatjana Markovna, dimenticata da tutti. Questi esempi dimostrano perché Čardynin non abbia eseguito organicamente l'estetica della "scuola di Bauer": per Čardynin i procedimenti del linguaggio cinematografico erano interessanti solo in vista di un loro utilizzo psicologico. Si diceva che montasse i suoi film da solo, direttamente dal negativo. Nel 1916 il regista passa alla Haritonov: "Con la comparsa di Bauer alla ditta Hanžonkov egli era stato messo in secondo piano e si era offeso" (L. Forestier, 1945, 88). Dopo di lui, passarono al nuovo studio i principali cineasti russi. Qui Čardynin girò alcuni melodrammi dagli incassi record. Poco dopo la morte di Vera Holodnaja egli si cimentò nel genere nascente del film d'agitazione rivoluzionaria. Nella fabbrica nazionalizzata di Odessa intraprese la regia di *Rasskaz o semi povešennyh* (Racconto dei sette impiccati) tratto dall'opera omonima di Leonid Andreev. Mar'ja Čardynina, ultima moglie del regista, racconta questo episodio: "Non lontano dallo studio avevano issato una forca su di una piattaforma in riva al mare. A un certo punto passò una nave inglese o francese. Quelli dell'equipaggio credettero che i bolscevichi stessero impiccando degli uomini e apersero il fuoco. Chi poté saltò subito giù dalla forca e se la diede a gambe, dimenticandosi di Saltykov. Saltykov urlava: "Fatemi scendere!" (conversazione con l'autore, maggio 1985). Nello stesso anno 1920 Čardynin emigrò. Nel periodo trascorso come emigrato in Lettonia girò quattro film. Rimpatriò nel 1923 e fino al 1930 realizzò film sulla storia dell'Ucraina. Nel 1934 morì di cancro al fegato. Yuri Tsivian

Nota: il Museo del Cinema di Riga sarà grato per qualsiasi informazione sui seguenti film di Čardynin non conservati: *Laiku viesuli* (Nel vortice dei tempi), 1921; *Frietis Furmala* (Friz sul lido), 1921; *Psihe* (Psiche), 1922; *Vilkiem mests laupijums* (Preda per lupi), 1922.

ALEKSANDR OSIPOVIČ DRANKOV

Aleksandr Osipovič Drankov (1880-?). Fotografo, operatore, produttore cinematografico. Pur fregiandosi non senza motivo del titolo di pioniere del cinema russo, Drankov figura come il capostipite della "drankovščina", vale a dire di un gusto artistico deteriore che si avvale di ogni mezzo pur di raggiungere i propri scopi. I suoi contemporanei non ce ne tramandano un ritratto imparziale: una caricaturale figura repellente di omaccione corpulento, dalla capigliatura rossa, disinvolto fino alla sfacciataggine e lezioso, vestito sempre con falsa trascuratezza, estremamente vanesio e ambizioso, eternamente immerso in affari poco chiari. Effettivamente Drankov, la cui carriera cinematografica si sviluppò all'insegna di intrighi e scandali e fu contrassegnata dalla disonestà morale e professionale, si meritò non pochi dei rimproveri che gli vennero rivolti. Gran parte di questi erano causati dalla sua propensione al "sabotaggio" [con tale termine si intende l'immediata produzione di film con soggetto identico a quello della ditta concorrente.

source of finance for his projects Drankov needed immediate and sensational success from his on-going ones to be able to continue searching for new themes, subjects and financial backers. He was incredibly sensitive to the changes in the state of the market and always in essence remained his own master, outside the structure of Russian cinema-production, let alone distribution. Uneducated and without taste though he was, Drankov is nevertheless important in the history of Russian cinema; he made his mark opening it up to new genres and themes elaborated later by his steadier competitors. This man's complicated relationship with Russian cinema becomes even clearer when one adds that Drankov was the first to attract to it such personalities as: Vladimir Davydov, Ivan Pevtsov, Konstantin Mardzhanov, Aleksandr Tairov and Fedor Komissarzhevskii, from the theatre; the future leading Russian film makers: Vasilii Goncharov and Evgenii Bauer started work in his productions: it was due only to his energy and persistence that the living image of Lev Tolstoi and other best known masters of Russian culture were preserved on film. Towards the beginning of 1905 the Drankov brothers Aleksandr and Lev owned a small photographic studio in St Petersburg, they were still relatively unknown in the profession. In the same year the elder brother brought back from London electrical lighting equipment and a mirror camera – the first ever in the history of Russian photography. With the help of these technical innovations the Drankovs were able to put pressure on the traditional photographers and open several electric photographic studios in the capital. Drankov won fame for his skill at photographic journalism and became the Russian correspondent of the London *Times* and the Paris *Illustration*, and he achieved the prestigious status of "purveyor of the royal court". Now he interested himself in the cinema and opened a titling laboratory in his studio to serve a number of film makers in St Petersburg. In the summer of 1907, responding to the growing interest for patriotic subjects in the cinema, he made an experimental production "the first Russian film", a scene from Pushkin's *Boris Godunov* using actors from the Eden theatre and he did the camera work, but it did not achieve great success (later his younger brother Lev became a well known cameraman). He announced in the autumn of the same year the opening of the "first Russian cinematographic studio" for the "manufacture of film" (which did not in fact as yet exist) but Drankov was opening in essence a new epoch in the history of Russian cinematography. In February 1908 Drankov released a series of newsreels on Russian life; he had over many years established his reputation as an unsurpassed news reporter. "This man was truly omnipresent: at parades, funerals, the derby, fires, landslides, floods, meetings of crowned heads of state, somehow in the most incomprehensible way he always managed to get there in time. No one was buried without him, buildings did not burn, the elements would not rage and monarchs would not meet..." (ER, 1916, No. 1). To consolidate his supremacy in the world of cinema Drankov tried everything; he showed his films to Prime Minister Stolypin and to members of the Tsar's household, he represented Russia at the first international cinematographic exhibition in Germany. October 15th 1908 the

La messa in circolazione più veloce di un'imitazione assicura il fiasco dell'opera parallela, sabotandone la circolazione sugli schermi] delle pellicole dei suoi concorrenti, che lo consideravano per questo un avventuriero senza scrupoli. Non disponendo per i suoi progetti di entrate finanziarie costanti, Drankov si preoccupava soltanto di un successo immediato e sensazionale, che gli permettesse di procedere alla ricerca di nuovi temi, soggetti e... sponsor. Dotato di un fiuto fenomenale per tastare il mercato egli, in realtà, rimase sempre un "artigiano in proprio", incapace di integrarsi nella struttura della produzione cinematografica russa, per non parlare della distribuzione. Per quanto poco colto e privo di gusto egli lasciò la sua impronta inimitabile nella storia del cinema russo, scoprendo nuovi generi e temi, messi a punto in seguito da concorrenti più seri. La complessità di questa figura risulta più evidente se si considera che egli fu il primo ad attrarre verso il cinema personalità di teatro come Vladimir Davydov, Ivan Pevcov, Konstantin Mardžanov, Aleksandr Tajrov e Fedor Komissarževskij; fu alla Drankov che iniziarono la loro carriera i futuri maestri della cinematografia russa, Vasilij Gončarov e Evgenij Bauer; solo grazie alla sua energia e caparbietà sono state consegnate alla storia le immagini viventi di Lev Tolstoj e di altri famosissimi protagonisti della cultura russa. All'inizio del 1905 i fratelli Aleksandr e Lev Drankov possiedono un piccolo studio di fotografia a Pietroburgo e non sono molto noti nell'ambiente professionale. In quello stesso anno il più vecchio dei due porta da Londra un apparecchio d'illuminazione elettrica e una macchina fotografica a specchio, primi esemplari nella storia della fotografia russa. Con l'aiuto di queste novità essi riescono ad imporsi sui fotografi tradizionalisti e ad aprire nella capitale alcuni studi fotografici a elettricità. Ben presto Drankov, ormai famoso come esperto fotoreporter, diviene corrispondente russo del "Times" di Londra e dell'"Illustration" parigina e riceve il titolo prestigioso di "fornitore di corte di Sua Maestà". È allora che nasce in lui l'interesse per il cinema: apre nel proprio studio un piccolo laboratorio per fare le didascalie, servendo una serie di cinematografi di Pietroburgo. Nell'estate del 1907, avvertendo il crescente interesse per soggetti cinematografici di storia patria, tenta con poca fortuna la realizzazione del "primo film russo", scene del *Boris Godunov* di Puškin con attori del teatro Eden, per il quale funge anche da operatore (in seguito divenne famoso come operatore il fratello minore Lev). Per l'autunno di quello stesso anno annuncia l'apertura del "primo studio cinematografico russo" per la "lavorazione delle pellicole" (cosa ancora mitica a quell'epoca). Drankov inaugura, in sostanza, una nuova epoca nella storia della cinematografia russa. Nel febbraio del 1908 egli immette sul mercato una serie di documentari di vita russa, assicurandosi così per molti anni la reputazione di insuperato cinereporter. "Quest'uomo era veramente onnipresente: alle parate, ai funerali, ai derby, a incendi, frane, inondazioni, agli incontri di teste coronate, era un mistero come riuscisse ad arrivare sempre in tempo. Senza di lui non seppellivano nessuno, gli edifici non prendevano fuoco, gli elementi non si scatenavano e i monarchi non s'incontravano..." (ER, 1916, n. 1). Per consolidare il proprio primato nel mondo del cinema, Drankov si cautela in ogno modo: proietta i suoi film al primo ministro Stolypin e alla

premiere of the film: *Sten'ka Razin* by Drankov and Nikolai Kozlovskii was shot in the vicinity of St Petersburg. Riding the wave of his successes he gave the first ever public "scientific" lecture in Russia at the Imperial Russian Technical Society on "The arrangement of subjects and manufacture of cinema pictures" an odd combination of self advertising and exposition of the technical principles of cinematography, given in French. Drankov's career was caught up in a long standing rivalry for priority with Khanzhonkov's company fed by strong personal hostility. More than once but with varying success, they tried "disrupting": *Trekhsotletie tsarstvovaniya doma Romanovykh* (The Tercentenary of the Rule fo the House of Romanov, 1913), and *Votsarenie doma Romanovykh* (The Accession of the House of Romanov, 1913). Sometimes the rivalry took specific shape such as in Khanzhonkov's comedy *Khaim Kinematografshchik* (Khaim the Film-Maker, 1915) which in the form of a Jewish anecdote ridiculed Drankov's amateur family company. In 1912 Drankov set up a joint film company with A. Taldykin – the rich costumier – in an attempt to find a stable source of finance. He made a comic series about the character *Dyadya Pud* (Uncle Pud) and *Dyadya Pud v Luna-parke* (Uncle Pud in Luna-Park), imitating the popular Pockson (John Bunny), and cheap films on vulgar subjects shot in exteriors. At the end of 1913 the joint venture broke apart over financial disagreements and Drankov continued in business on his own. According to information in the handbook *Vsya kinematografiya* (All Cinematography) by 1914 Drankov had put out about 80 films (52,000 metres of negative). Having interested the industrialist Putilov, the "Russian Krupp", in his company Drankov organised a share holding society with 600,000 roubles capital, and earned the title: "Merchant of the first guild". The artistic value of his productions had not really changed – they remained vulgar. Drankov was responsible for the offensive serial *Son'ka, zolotaya ruchka* (Light-fingered Sonka, 6 films), based on the genuine biography of a bandit: Sophie Blyuvshtein. The success of this film on a subject borrowed from a foreign film caused a wave of imitations in Russian cinema, and other companies continued the series. The fall of the autocracy brought a wave of "exposé" films and Drankov was one of the first to respond with a film on the political state of affairs, *Georgii Gapon* (Georgii Gapon), *Babushka russkoi revolyutsii* (The Grandmother of the Russian Revolution). The revolutionary events coincided with a film crisis which destroyed Russian cinematography. One of its first sacrifices was Drankov – his film studio soon became a casualty. In the summer of 1918 he went to the south, to Crimea, with the writer Vlas Doroshevich who had agreed to screen *Sakhalin*. There Drankov made the last of his unfinished films. In 1920 Drankov went to Constantinople in a stream of Russian emigrants where, according to eyewitnesses he opened *Nikulin, tarakan'i bega, bloshinye skachki* (Nikulin, The Cockroach Races, The Flea Races). Drankov had not lost his energy and he soon reached the USA. He bought a caravan, reequipped it as a mobile cinema and travelled the roads of America. In the last years of his life he returned to his original livelihood: according to Leyda he tried

casa reale, rappresenta la Russia alla prima mostra internazionale di cinematografia in Germania. Il 15 ottobre ha luogo la prima del film *Sten'ka Razin*, girato da Drankov e Nikolaj Kozlovskij nei dintorni di Pietroburgo. Sull'onda del successo egli esordisce con un'assoluta novità per la Russia: la prima relazione "scientifica" pubblica presso la Società Tecnica Imperiale, dal titolo: "La composizione dei soggetti e la realizzazione dei film", un miscuglio fantasioso di autopropaganda ed esposizione di principi tecnici dell'arte cinematografica, redatto in francese. La carriera di Drankov è legata alla lunga rivalità con la ditta Hanžonkov, supportata da una tenace ostilità personale. Con alterno successo organizzavano senza posa "sabotaggi di film"; *Trehsotletje carstvovanja doma romanovyh* e *Vocarenje doma romanovyh* del 1913. Di tanto in tanto la rivalità tra i due assunse forme particolari: nel 1915 Hanžonkov mette in circolazione la commedia *Haim-kinematografščik* (Kam cineasta, 1915) in cui si fa beffe, parodiando la vicenda biblica, dell'impresa familiare-artigianale di Drankov. Nel 1912, nel tentativo di garantirsi una solida posizione economica Drankov crea una società cinematografica con A. Taldykin, ricco proprietario di un laboratorio di costumi. Accanto a soggetti dozzinali da romanzo d'appendice, girati in esterni, egli lancia una serie di film comici sul personaggio di Pud: *Djadja Pud v Luna-parke*, imitazione del popolare Pockson (John Bunny). Alla fine del 1913 la società si scioglie per questioni finanziarie e Drankov prosegue da solo nell'impresa. Secondo la guida *Vsja kinematografija* (Tutta la cinematografia), fino al 1914 Drankov aveva già realizzato circa 80 pellicole (52 mila metri di negativo). Riuscendo ad interessare alla sua impresa il "Krupp russo" – vale a dire l'industriale Putilov – Drankov mette in piedi una società per azioni con un capitale di 600.000 rubli e viene insignito del titolo di "Mercante della prima gilda". Il livello artistico delle opere di Drankov rimane lo stesso; esse mantengono generalmente un carattere da feuilleton. Fu responsabile dell'offensivo film in sei parti *Son'ka, zolotaja ručka*, basato su autentici episodi della biografia dell'avventuriera Sofija Bljuvštein. La fortunata scelta di modelli stranieri provocò un'ondata di imitazioni anche nel cinema russo e tra queste va pure annoverata la continuazione del serial da parte di altre case cinematografiche. Il rovesciamento dell'autocrazia dette luogo a una serie di film di "denuncia": Drankov fu tra i primi a registrare il nuovo momento politico con *Georgij Gapon* e *Babuška russkoj revoljucji*. Gli avvenimenti della rivoluzione coincisero con una acuta crisi di pellicola che colpì la cinematografia russa. Una delle vittime maggiori fu Drankov la cui produzione subì una drastica flessione. Nell'estate del 1918, insieme allo scrittore Vlas Doroševič, che ha accettato di trasporre in forma cinematografica *Sahalin*, egli si reca al Sud, in Crimea, dove gira gli ultimi film rimasti incompiuti. Nel 1920 insieme ad un gruppo di emigranti approda a Costantinopoli dove, a detta dei testimoni dà inizio a *Nikulin tarakan'i bega, blošinye skački* (Nikulin, corse di scarafaggi, salti delle pulci). L'energia non lo abbandona e ben presto lo ritroviamo negli Stati Uniti. Qui, comprato un furgone, lo attrezza con un cinema mobile e viaggia per le strade d'America. Negli ultimi anni della sua vita ritorna alla primitiva condizione. Secondo la testimonianza di Leyda, mentre cerca invano di pe-

unsuccessfully to get into Hollywood, opened a small café and ended his days as the owner of a photographic studio in San Francisco. Rashit Yangirov

VLADIMIR EVGEN'EVICH EGOROV

Vladimir Evgen'evich Egorov (1878-1960). Theatre and cinema designer. In 1900 he graduated from the Moscow Strogonov College. He began to work in the theatre from 1903, first in Zimin's private opera, then in the Moscow Art Theatre and the Malyi Theatre. The more productive period of his activity (1905-1912) was associated with the Moscow Art Theatre. He created interesting stagings of a number of productions, the most well known: *Sinyaya ptitsa* (The Blue Bird, 1908) by Maurice Maeterlinck which ran in Paris at the Rejane Theatre. It is worth noting that one of the critics, E. Beskin, likened the staging of the production to "cinematography". Egorov entered the cinema in 1915 at the invitation of the company Thiemann, Reinhardt, Osipov and Co., he staged the film *Portret Doriana Greya* (The Picture of Dorian Gray) produced by Vsevolod Meyerhold. The exact interrelationship of texture, style, light and shade, the perspectives in the scenery, the character details, all pointed to the outstanding style of an artist who clearly perceives the details of a new kind of art. Egorov describes the scenery of one of the films thus: "an armchair, in it with legs crossed a London dandy, the corner of a fireplace and that is all... We have made masses of cabinets over forty years but I think this one is the best for the cinema..." The camera operator Alexander Levitskii's knowledge of film production techniques strongly influenced the artist. Egorov was the first to introduce graphics into the design of cinema scenery which made it possible to portray artistic accents more accurately by light projection on to the two-dimensional plane of the screen. Making an outline design of the scenery for the whole film was also unprecedented at the time. Vladimir Gardin remembers that with the appearance of Egorov at the studio "everywhere people talked of a new direction in the company's productions, of the new pictorial styles that had been introduced, of the scenes designed on the principle of the beauty of the general set plan". The cinema press defined the graphic form of the film as the "highest achievement of Russian cinematography", and highly praised the artist's scenery. Egorov became a sought after participant in film production. Applying the art of staging to the cinema he resolved new problems of decor. Each of Egorov's films stands out for its artistic resolution. The advertising for the films of the Russian Golden Series placed the name of the artist straight after that of the director. In the film *Ivan Vasil'evich Groznyi* (Ivan Vasilevich the Terrible, 1915) the epoch is accurately and expressively reconstructed, in *Khvala bezumiyu* (In Praise of Madness, 1915), the scenery is designed in period detail, in *Lyubvi syurprizy tshchetnye* (Love's Unavailing Surprises, 1916) the trifling distance is resolved in a conventional way, in *Baryshnya i Khuligan* (The Lady and the Hooligan, 1918)

netrare a Hollywood, gestisce in proprio un piccolo caffè e finisce i suoi giorni, proprietario di un atelier fotografico a San Francisco. Rashit Yangirov

VLADIMIR EVGEN'EVIČ EGOROV

Vladimir Evgen'evič Egorov (1878-1960). Scenografo di teatro e cinema. Nell'anno 1900 portò a termine gli studi presso l'Istituto Strogonov di Mosca. Al 1903 risale l'inizio della sua attività teatrale, dapprima al teatro privato dell'opera Zimin, poi al teatro d'Arte di Mosca e al Malyj. Il periodo più fruttuoso del suo lavoro (1905-1912) è quello presso il Teatro d'Arte, dove cura delle interessanti scenografie per una serie di spettacoli tra i quali il più famoso è *Sinjaja ptica* (L'uccello azzurro, 1908) di Maurice Maeterlinck, replicato al teatro Rejane di Parigi. Fatto curioso: uno dei critici, E. Beskin, definì la scenografia dello spettacolo "cinematografica". Al cinema approdò nel 1915. Invitato dalla casa cinematografica Thiemann, Reinhardt, Osipov e Soci egli realizza la messinscena del film *Portret Dorjana Greja* (Il ritratto di Dorian Gray), diretto da Vsevolod Mejerhol'd. La precisione dei rapporti ritmici, gli scorci, i giochi di luce e d'ombra, la soluzione prospettica della scenografia, la presenza di squisiti dettagli evidenziarono il singolare stile di uno scenografo che aveva colto con fine intuito il carattere specifico della nuova arte. Così Egorov descrive un *décor* del film: "Una poltrona, un dandy londinese con le gambe stese sopra, l'angolo di un camino, nient'altro... in quarant'anni abbiamo creato una gran quantità di interni; ma questo mi sembra il più riuscito per il cinema..." L'operatore del film, Aleksandr Levickij diede un importante contributo alla formazione cinematografica dello scenografo. Egorov fu il primo ad introdurre la grafica nella progettazione della scenografia cinematografica. Ciò permise di mettere in risalto sul piano bidimensionale dello schermo i contrasti delle decorazioni rese in modo esatto e conciso. Insolito per quel tempo apparve anche il procedimento di realizzazione in bozzetti della scenografia complessiva del film. Vladimir Gardin ricordava che con la comparsa di Egorov nel mondo del cinema, "dovunque si cominciò a parlare di nuove tendenze di impostazione; di introduzione di metodi pittorici, di costruzione dell'inquadratura in base al principio della bellezza della composizione scenografica nel suo insieme". La critica cinematografica definì la forma grafica del film come "la maggior conquista della cinematografia russa", apprezzando profondamente l'opera dello scenografo. La partecipazione di Egorov alla messinscena dei film si fa molto richiesta. Introducendo la cultura della scenografia nel cinema egli risolve artisticamente i nuovi problemi del *décor*. Ogni film cui collabora si distingue per le soluzioni figurative adottate. Negli annunci pubblicitari della *Russkaja zolotaja serija* per la prima volta il nome dello scenografo figura accanto a quello del regista. Nel film *Car' Ivan Vasil'evič Groznyj* (1915), l'epoca storica è ricostruita con suggestiva precisione, in *Hvala Bezumiju* (Elogio della follia, 1915), il *décor* acquista un preciso carattere stilistico, in *Ljubvi sjurprizy tščetnye* (Vane sorprese d'amore, 1916) lo spazio dell'a-

real life episodes are mixed smoothly with studio scenes. The scene of volume and distance that the artist created conveyed to his mind, definition of image and cinematographic expression. From 1920 Egorov devoted himself entirely to the cinema only rarely turning to the theatre. The artistic emphasis of Egorov's contribution to many films of the thirties and forties could have been greater. The director's interpretation of some of his projects on the screen was unrecognisable in comparison with the original design, losing dramatism and expressive significance. This scornful attitude to the artist's contribution to the creation of a film is a detail in the manifestation of the repudiation of the significance of the cinema as one of the arts, typical of those years. Despite of the unpleasant circumstances Egorov's work never lost its irreplaceable originality nor the exactness of his cinematographic vision. Egorov's work defined the need for artistic direction of cinema decor. The artist's idea is synthetically expressed in the integral embodiment of the image in film. The first to develop the details of the new profession – the artist as the producer of the film – V. Egorov is justly considered the founder of the art of film decor in the Russian cinema. Viktor Voevodin

VASILII MIKHAILOVICH GONCHAROV

Vasilii Mikhailovich Goncharov (1861-1915). Screenwriter, cinema director. In the history of the arts there are several examples of people living ordinary lives who are suddenly seized by a fanatical belief in their own high destiny, abruptly breaking with their prosperous life and completely devoting themselves to their new artistic direction. To their number, one can certainly add the distinctive and partly caricatured figure of Goncharov – a man who was unmistakeably less talented than most but who with stubbornness and selflessness had his name written into the history of Russian cinema. Goncharov spent most of his life as an official in the ministry of highways in the provinces, where he was known among his colleagues for compiling a handbook of railway tariffs. For many years he combined service with a love of literature, and had a number of essays reconstructing the way of life of his professional environment, published in the press of the provinces and the capital. His career in service came to an abrupt end when, while an official running a railway junction, he suffered a very strong psychological shock at the tragic death of his wife. After his convalescence he did not return to the service but decided finally to devote himself to creative life. He plunged into the literary and theatrical life of Moscow and St Petersburg from 1905 and soon realised that his talent for writing was limited. Gradually he became interested in the still little-respected art of cinematography. He became its most ardent disciple and studied the principles of direction for the screen (according to Louis Forestier, Goncharov went to Paris specially and within two weeks had gone behind the scenes at both the Pathé and the Gaumont studios). Goncharov's main work in the cinema was script writing (all his later directing was based on his own scripts) – he wrote

zione viene risolto in chiave convenzionale, in *Baryšnja i huligan* (1918), gli esterni e gli interni sono organicamente coordinati. Lo scenografo costruisce un'inquadratura spaziale dotata di definizione ed espressività cinematografica. A partire dal 1920 Egorov si dedica interamente al cinema, ritornando al teatro solo raramente. Il risultato artistico di un numero non indifferente di film degli anni Trenta e Quaranta in cui egli prestò la sua opera avrebbe potuto essere più significativo, ma spesso i suoi progetti in bozzetto venivano modificati in modo irriconoscibile nella trasposizione cinematografica, perdendo di vigore drammatico e di forza espressiva. Quella che era una particolarità del cinema, considerato come un'arte figurativa, proprio in quegli anni viene del tutto disconosciuta e ciò si manifesta in parte nell'atteggiamento sprezzante nei confronti del lavoro dello scenografo di cinema. Nonostante questa situazione sfavorevole, la creazione artistica di Egorov non perse la sua impronta originale né la puntuale visione cinematografica. L'attività di Egorov portò alla definizione di scenografia cinematografica come regia artistica. L'idea dello scenografo incarna interamente l'immagine cinematografica nella sua espressione sintetica. Avendo messo in luce per primo la specificità della nuova professione di regista-scenografo, Egorov è ritenuto a ragione il fondatore dell'arte scenografica nel cinema russo. Viktor Voevodin

VASILIJ MIHAJLOVIČ GONČAROV

Vasilij Mihajlovič Gončarov (1861-1915). Sceneggiatore, regista. Nella storia dell'arte in genere capita d'imbattersi in persone dalla vita del tutto comune, le quali, prese improvvisamente da una fede fanatica nella propria vocazione, cambiano radicalmente il corso pur felice della propria vita per darsi interamente alla creazione artistica. Tra costoro possiamo annoverare la figura sui generis e parzialmente caricaturale di Gončarov, uomo, che pur non avendo un grosso talento, iscrisse il proprio nome nella storia del cinema russo, grazie al suo carattere ostinato ed al suo spirito di sacrificio. Buona parte della sua vita lo vide funzionario dell'ente delle vie di comunicazione, ma era conosciuto tra i colleghi per un tariffario ferroviario da lui compilato. Si occupava pure di letteratura ed aveva pubblicato sui giornali di provincia e della capitale una serie di articoli sul suo ambiente di lavoro. La sua carriera statale subì un'improvvisa interruzione mentre rivestiva la carica di capostazione di un grosso nodo ferroviario, per una grave crisi psichica dovuta alla tragica morte della moglie. Dopo la guarigione riprese servizio, ma decise fermamente di consacrarsi all'arte. Già dal 1905 venne in contatto con il mondo letterario-teatrale di Mosca e Pietroburgo, accorgendosi ben presto dei limiti del suo talento di scrittore. A poco a poco la sua immaginazione fu attratta dalla allora misconosciuta arte cinematografica. Ne divenne un ardente discepolo e si mise a studiarne i meccanismi (secondo la testimonianza di Louis Forestier, egli si recò appositamente a Parigi dove assistette per due settimane alle riprese negli studi Pathé e Gaumont). Iniziò a lavorare per il cinema dapprima come

the script for *Sten'ka Razin* which in the summer of 1908 Drankov used to shoot the first Russian artistic film. After the film had been finished, he left Drankov and joined Thiemann but the first historical genre that they chose was a failure: *Smert' Ioanna Groznogo* (The Death of Ivan the Terrible). He quarrelled with Thiemann and turned to Khanzhonkov with a proposal for production of a series of films on Russian history. According to Khanzhonkov the first attempts by Goncharov to direct that he saw during rehearsal looked like "a circus pantomime at a furiously speeded up pace". This was the particular "Film without film" style in which the actors came in, went out, kissed and even died without the slightest hesitation under the timekeeping of the director. Unburdened by general humanitarian culture, proud and externally self-confident Goncharov stood out for his extrordinary susceptibility to professional skills and, discarding his "visual-timekeeping" method literally while on the move, he turned to a comprehension of the importance of rhythm, set design and mise-en-scène, and acting style. In any case the first films that he made under Khanzhonkov – *Russkaya svad'ba XVI stoletiya* (A Sixteenth-Century Russian Wedding), *Vanka Klyuchnik* (Vanka the Steward), *Mazepa, Charodeika* (The Enchantress) etc – were more successful and showed the characteristic details of his director's touch – open imitation of the images of historical painting, emphasis on ethnographic detail combined with deliberate theatrical conventions. Work with actors was never subsequently a complete success. Goncharov had a stormy temperament which would show on the shoot, and this gave rise to the profession of director's assistant, unusual in those days. At first it was Chardynin who literally restrained his patron physically from emotional outbursts. Dissatisfied with the success of his films, Goncharov left Khanzhonkov to work from 1909-1910 in the Moscow sections of Pathé and Gaumont, perfecting his qualifications as a director. *Ukhar' – Kupets* (The Dashing Merchant) established Goncharov's reputation as the first Russian director of historical films. The final stage of his work in the cinema is associated with Khanzhonkov to whom he returned in 1911 with a project for a full length superfilm reconstructing the events of the Crimean War: *Oborona Sevastopolya* (The Defence of Sebastopol) became Goncharov's triumph as a film maker as it contained important innovations for Russian cinema. Filming from high points, the first use of model sets, parallel montage etc. The last superproductions – *1812 god* (The Year 1812), *Votsarenie doma Romanovykh* (The Accession of the House of Romanov) – are also associated with Goncharov's name and repeat the style and methods. Of the over 30 films produced by Goncharov more than a third remain, all great productions, which provides the material for an examination of the creative evolution of the self-taught director who had an important place in the Russian cinema until the middle of the second decade of this century. In his last years he left active directing and played a distinguished role in the management of Khanzhonkov's company. On August 23, 1915 Goncharov suddenly died. On his chest they found an open volume of Karamzin's *Poor Liza.* Rashit Yangirov

sceneggiatore (in seguito come regista scrisse sempre le proprie sceneggiature): è sua la sceneggiatura di *Sten'ka Razin*, acquistata nell'estate del 1908 da Drankov per la realizzazione del primo film russo a soggetto. Dopo aver girato questo film, Gončarov si separò da Drankov e passò alla Thiemann per esordire, con un clamoroso fiasco, nel genere storico da lui stesso scelto: *Smert' Joanna Groznogo*. Rotti i rapporti con Thiemann, egli propose a Hanžonkov di girare una serie di film tratti da episodi della storia russa. Quando, durante un provino, ebbe un saggio della regia di Gončarov, Hanžonkov ricevette l'impressione di "una pantomima da circo girata ad un ritmo pazzamente veloce". Era un film sui generis, "senza pellicola", nel quale gli attori cronometrati dal regista, svelti svelti, senza il minimo intoppo, arrivavano, partivano, si baciavano, piangevano e anche morivano. Senza il peso di una cultura umanistica, suscettibile ed apparentemente presuntuoso, Gončarov si distingueva per una straordinaria capacità di acquisire professionalità; e, letteralmente su due piedi, abbandonato il suo metodo "cronometrico", passò a studiare le particolarità del ritmo, la costruzione dell'inquadratura e della messinscena, i modi di recitazione degli attori. Sta di fatto che i primi film "hanžonkoviani" di Gončarov – *Russkaja svad'ba XVI stoletija, Van'ka - ključnik, Mazepa, Čarodejka* e altri – godettero di maggior successo, pur mettendo in evidenza le caratteristiche del suo stile registico: scoperta imitazione della pittura di soggetto storico e marcato carattere etnografico accompagnato da intenzionale teatralità. Per quel che riguarda il lavoro con gli attori, questo non gli riuscì mai completamente neanche in seguito. Il suo caratteristico temperamento tempestoso, che si manifestava interamente sul set, portò alla creazione della figura allora inusuale dell'aiuto-regista. Il primo fu Čardynin che doveva letteralmente fronteggiare con le mani gli attacchi emotivi del regista. Insoddisfatto del successo dei suoi film, Gončarov lascia Hanžonkov e dal 1909 al 1910 lavora nelle filiali moscovite della Pathé e della Gaumont, perfezionando la sua preparazione professionale. Il film *Uhar-Kupec* confermò la sua fama di "primo regista russo di film storici". Nell'ultima tappa della sua attività cinematografica lo troviamo presso la ditta Hanžonkov, alla quale era tornato nel 1911, impegnato nella realizzazione di un lungometraggio, un colossal che avrebbe rievocato gli avvenimenti della guerra di Crimea. *Oborona Sevastopolja* segnò il trionfo di Gončarov cineasta, poiché vi aveva introdotto importanti innovazioni registiche per il cinema russo (riprese dall'alto, primi esperimenti di "maquettes" scenografiche, tentativi di montaggio parallelo e altre). I successivi esperimenti di colossal – *1812 God, Vocarenje doma Romanovyh* – recano ugualmente la sua firma e ripetono in gran parte la passata esperienza. Degli oltre 30 film girati da Gončarov se ne è conservato più di un terzo, che comprende le regie più importanti. Ciò ci permette di studiare in modo conseguente l'evoluzione creativa del regista-autodidatta, che occupa un posto particolare nella storia del cinema russo. Negli ultimi anni della sua vita egli si ritirò dalla regia per assumere un importante ruolo direttivo nella ditta Hanžonkov. Morì inaspettatamente il 23 agosto 1915. Si racconta che gli trovarono aperto sul petto un volumetto: *Povera Lisa* di Karamzin. Rashit Yangirov

OL'GA VLADIMIROVNA GZOVSKAYA

Ol'ga Vladimirovna Gzovskaya (1889-1962). Theatre and cinema actress. From a landowner's family. She studied at the Imperial College of Theatre. In 1905 after finishing her studies she worked at the Malyi Theatre in Moscow where she starred in a shining performance of the role of Beatrice (Shakespeare's *Much Ado About Nothing*). From the beginning of 1910 Gzovskaya worked at the Moscow Art Theatre playing: Katerina Ivanovna in the dramatisation of *The Brothers Karamazov* and Ophelia in Gordon Craig's famous production. Stanislaviskii, understanding that characterisation was the basis of Gzovskaya's stage talents, produced Goldoni's *The Mistress of the Inn* specially for her: "In this production I want to give the theatre an actress, not a play". The play was performed more than 100 times. This announcement in the press: "Finally! Something long dreamed of, that many have striven hard for. Taken!! Ol'ga Vladimirovna Gzovskaya, the best Russian actress, the Moscow Art Theatre's star has signed a contract for three exceptionally bright artistic productions, for which she will receive 20,000 roubles" (Yuzh., No. 9-10, 1) describes sufficiently how well known she was before her cinema debut in the autumn of 1915. In the first of the three films *Mare Kramskoi* (To Maria Kramskaya, 1915), Gzovskaya not only played the main role, but wrote the scenario and virtually produced the film too. If Robert Perskii's advertising is to be believed, Aleksandr Stakhovich, Aleksandr Benois and Nikolai Drbuzhinkskii enthusiastically praised the film, the reviewer of the *Proektor* attacked the scenario, particularly the ending "in boulevard dramatic taste", but all the same he noted that: "... citizeness Gzovskaya was able to show that she understands the language of the cinema and the methods of creating it" (Pr., 1915, No. 4, 10). Aleksandr Blok describes almost "visibly" how she carried the scene that struck him: "In the den, this slightly swollen face, these unseeing eyes, the pitiful lowered eyelids; some kind of cynical phrase rudely tossed aside, just as she throws herself down and hides, as she falls on the table! This is an almost perfect creation of art". In 1916 Gzovskaya signed a contract with Ermol'ev's company which produced 11 films with her participation, over two and a half years. Every role that Gzovskaya played drew the attention of the press, although the reviews were sometimes contradictory: "the liveliness of the role", "a kind of exceptional intimacy and warmth", "...can be so different... within one part, even from a separate scene", "...so many finely tuned movements, tender nuances artistic details!" – "There is not enough inner strength to her style, tense concentration, and this shortcoming of a genuine dramatic temperament... can not be compensated for by her inclination to pose and only pose". "*Zhenshchina s Kinzhalom* (Woman with a Dagger) – this is not even a play. It is simply the caper of a good woman who wants to be in fashion in dress, in ancient costume and finally, as far as possible undressed." (Veronin, PEG., 1916, No. 6-7, 81-83). In 1918 Gzovskaya and Vladimir Gaidarov broke their contracts with Ermol'ev's company and went over to M.S. Trofimov's Rus' company. Of the three films that this company made with

OL'GA VLADIMIROVNA GZOVSKAJA

Ol'ga Vladimirovna Gzovskaja (1889-1962). Attrice teatrale e cinematografica. Proveniente da una famiglia di possidenti terrieri, studiò presso l'Istituto Teatrale Imperiale. Dopo essersi diplomata (1905) lavorò al teatro Malyj di Mosca dove divenne famosa per la sua brillante interpretazione del ruolo di Beatrice (*Molto rumore per nulla* di Shakespeare). All'inizio del 1910 la troviamo attrice al Teatro d'Arte di Mosca, dove interpreta Katerina Ivanovna nella messa in scena dei *Brat'ja Karamazovy* (Fratelli Karamazov) e Ofelia per la famosa regia di Gordon Craig. Stanislavskij, individuando nella caratterizzazione la base del talento scenico della Gzovskaja, allestisce espressamente per lei *La Locandiera* di Goldoni: "In questo spettacolo voglio dare al teatro non una pièce, ma un'attrice". Lo spettacolo ebbe più di cento repliche. Della fama di cui godeva la Gzovskaja al momento del suo debutto nel cinema si può giudicare dal seguente annuncio: "Finalmente quello che da tempo si sognava con fatica è stato raggiunto!!! Olga Vladimirovna Gzovskaja, la migliore attrice russa, prima donna del Teatro d'Arte di Mosca ha sottoscritto un contratto per tre interpretazioni artistiche assolutamente eccezionali, per le quali riceverà 20.000 rubli" (Juž., n. 9-10, 1). Nel primo di questi tre film, *Mare Kramskoj* (A Mara Kramskaja, 1915) la Gzovskaja non solo interpretò il ruolo di protagonista, ma esordì anche come autrice della sceneggiatura e collaborò alla regia. Se la pubblicità di Robert Perskij è affidabile, Aleksandr Stahovič, Aleksandr Benois e Nikolaj Drbužinskij hanno accolto entusiasticamente il film, per quanto il recensore del "Proektor", scagliandosi contro la sceneggiatura, in particolare contro il finale "da romanzo d'appendice", osservi: "... la Gzovskaja è riuscita a dimostrare che ha perfettamente compreso la lingua dello schermo e i suoi modi creativi" (Pr., 1915, n. 4, 10). Aleksandr Blok descrisse in modo "visivo" l'interpretazione dell'attrice, in una scena che lo colpì particolarmente: "Nella bisca, il suo viso gonfio, gli occhi che non guardano, le pietose palpebre abbassate; una frase cinica, buttata là rozzamente; come si è gettata e si è difesa, come è caduta sul tavolo! Ecco una quasi perfetta creazione artistica". Nel 1916 la Gzovskaja sottoscrive un contratto con la casa cinematografica di I. Ermol'ev, che produrrà in due anni e mezzo 11 film con la sua interpretazione. Ogni suo ruolo cinematografico attira l'attenzione della stampa, anche se gli apprezzamenti sono talvolta assolutamente opposti: "un'interpretazione piena di forza vitale", "una sincerità e un calore esclusivi", "...sa essere diversa nell'ambito di una parte, anche di una sola scena", "...quanti sottili passaggi, delicate sfumature, dettagli artistici!" – "La sua recitazione manca di forza interiore, di concentrazione nervosa, e questa carenza di temperamento drammatico non può essere compensata da quell'amore per la posa e soltanto per la posa che l'artista manifesta". "*Ženščina s kinžalom* (La donna con il pugnale) non è neanche una pièce. È soltanto il capriccio di una bella donna che desidera mostrarsi in una mise moderna, poi in un costume antico, infine, se è possibile, senza di questo" (Veronin, PEG., 1916, n. 6-7, 81-83). Nel 1918 la Gzovskaja insieme con Vladimir Gajdarov rompe il contratto con la ditta di Ermol'ev e passa alla ditta Rus' di M.S.

Gzovskaya – *Iola*, Pushkin's *Metel'* (The Snowstorm) and *Soroka-vorovka* (The Thief Magpie) – the last was the best by contemporary acclaim. Gzovskaya was lucky in this screening of the tale by Herzen (1920, dir. A. Sanin) to clearly and meaningfully embody the "tragic image of the serf actress, a talented and noble Russian woman" (M. Aleinikov). In 1920 Gzovskaya and Gaidarov travelled abroad, performed in plays, concerts, films in different countries of Europe, choosing to live in Berlin. Over three years (1922-1924) Gzovskaya acted in four films in Germany. On their return to their native country Gzovskaya and Gaidarov acted the main roles of the film *Stepnye pesni* (Songs of the Steppe, 1933), which (in the words of the annotation) "tells the story of the growth of revolutionary fervour among the working peasants in Ukrainian villages in the years of the First World War". Unfortunately of the 17 films in which Gzovskaya acted up until 1920 only one has been preserved in its entirety – *Gornichnaya Dzhenni* (Jenny the Maid) as well as part of the film *I tainu poglotili volny...* (And the Waves Devoured the Secret...). Viktoria Mylnikova

ALEKSANDR ALEKSEEVICH KHANZHONKOV

Aleksandr Alekseevich Khanzhonkov (1877-1945). Film producer. A retired cornet of the Don Soldiers Aleksandr Khanzhonkov began to work in the selling and hiring of foreign films by agreement with foreign film companies from 1906. Then from 1908 the trading house of A. Khanzhonkov & Co. (from 1912 - the shareholding association of A. Khanzhonkov & Co.) turned to production of its first films mainly specialising in the screening of Russian classics, national folktales, songs and romances. He created the greatest film production company in the shortest time span ever. In 1911 with the director Vasilii Goncharov he shot the first full length artistic film in the world: *Oborona Sevastopolya* (The Defence of Sebastopol), and working under Khanzhonkov a year later the scenarist, cameraman, artist and director Wladyslaw Starewicz had produced the first ever film made in the style of volume controlled animated cartoon: *Prekrasnaya Lyukanida ili Voina usachei i rogachei* (The Beautiful Leukanida or the War of the Capricorn and Stag Beetles). Always trying to improve the quality of the films he released he undertook to attract well known writers into the cinema as a result of which his studio was the first in Russia to open a specific department for script writing. At various times the greatest names in early Russian cinema worked for Khanzhonkov: Vasilii Goncharov, Evgenii Bauer, Petr Chardynin, Aleksandr Ural'skii, Boris Chaikovskii, Boris Zavelev, Boris Medzionis, Aleksei Utkin, Lev Kuleshov, Vera Kholodnaya, Ivan Mosjoukine, Vera Karalli, Zoya Barantsevich, Nikolai Radin, Witol'd Polonskii, Ivan Perestiani and many others. With their participation more than 300 films were shot at the studio. In 1911 the first and only one of the great film industrialists to do so Khanzhonkov opened a Scientific Department for the production of scientific, travel and ethno-

Trofimov, dove, dei tre film realizzati con l'attrice – *Jola, Metel'* (Tempesta) da Puškin, e *Soroka-vorovka* (La gazza ladra) – il migliore, secondo i contemporanei, fu l'ultimo. In questa trasposizione cinematografica del racconto di Herzen (1920, regia di A. Sanin) "l'attrice è riuscita ad incarnare con profondità e incisività la figura tragica di un'attrice serva della gleba, di una donna russa dal cuore nobile e ricca di talento" (M. Alejkinov). Nel 1920 insieme a Gajdarov, la Gzovskaja si reca all'estero. Fanno spettacoli, concerti, interpretano film in diversi paesi d'Europa, scegliendo Berlino come luogo di residenza. Nei tre anni (1922-1924) passati in Germania la Gzovskaja e Gajdarov girano 4 film. Quando ritornano in patria ricevono il ruolo principale in *Stepnye pesni* (Canzoni della steppa, 1933), che narra (stando alle annotazioni) "la crescita del sentimento rivoluzionario dei contadini della campagna ucraina durante la Prima guerra mondiale". Sfortunatamente, dei 17 film da lei girati fino al 1920, se ne è conservato interamente soltanto uno, *Gorničnaja Dženni*, più un frammento della pellicola *I tajnu poglotili volny...* Victoria Mylnikova.

ALEKSANDR ALEKSEEVIČ HANŽONKOV

Aleksandr Alekseevič Hanžonkov (1877-1945). Produttore cinematografico. Sottotenente a riposo dell'Armata del Don, nel 1906 Hanžonkov comincia a occuparsi di vendita e noleggio di pellicole stipulando contratti con ditte straniere, e nel 1908 la Casa commerciale Hanžonkov (dal 1912 Società per Azioni A. Hanžonkov i Co.) dà inizio alla produzione dei primi film, specializzandosi principalmente nella trasposizione cinematografica di classici russi, di favole popolari, di canzoni e romanze divenendo in breve tempo un'importantissima compagnia cinematografica. Nel 1911, con il regista Vasilij Gončarov, gira il film *Oborona Sevastopolija*, primo lungometraggio artistico della cinematografia mondiale e, un anno dopo, Wladyslaw Starewicz, sceneggiatore, operatore, scenografo e regista della ditta, realizza *Prekrasnaja Ljukanida ili Vojna usačei i rogačei* (La bella Ljukanida o la guerra dei cervi volanti e dei capricorni), primo film al mondo realizzato con la tecnica dell'animazione tridimensionale. Nell'intento di migliorare la qualità dei film che produce, Hanžonkov si adopera per attirare al cinematografo scrittori di fama, creando per primo in Russia uno speciale settore di sceneggiatura. In tempi diversi, collaborano alla Hanžonkov i maggiori specialisti del giovane cinema russo: Vasilij Gončarov, Evgenij Bauer, Petr Čardynin, Aleksandr Ural'skij, Boris Čajkovskij, Boris Zavelev, Boris Medzionis, Aleksej Utkin, Lev Kulešov, Vera Holodnaja, Ivan Mozžuhin, Vera Karalli, Zoja Barancevič, Nikolaj Radin, Vitol'd Polonskij, Ivan Perestiani e molti altri. Con la loro collaborazione la ditta produce più di trecento film. Nel 1911, primo e unico tra i grandi industriali del cinema, Hanžonkov apre presso la ditta un Dipartimento Scientifico per la realizzazione di film scientifici, di esplorazione ed etnografici: vengono girate molte pellicole riguardanti l'agricoltura e la geografia della Russia, la zoologia, la botanica, la medicina e una serie di altri temi. Per la realizzazione di questi film sono chiamati

graphic films, in his studio. Many films were made on agriculture, Russian geography, zoology, botany, medicine and a number of other subjects. To shoot these films employees were invited to work out the methodology of volume and the plane of animated cartoon making, microscopic shooting, they also worked out the principles of shooting films for schools and industrial production. Expert consultants mainly from Moscow University were invited in before filming. In spite of its considerable losses the Scientific Department remained in existence right until the end of 1916. Scientific films were shown at lower prices at special morning sessions in the Pegas cinema which belonged to the company. From the end of 1910 Khanzhonkov began to publish a journal *Vestnik Kinematografii* (The Cinematographic Herald) and from 1915 the *Pegas* arts journal, the only journal in Russia to devote its main space to cinema business (scripts but also writings on the theatre, literature, painting, ethnography etc). By publishing articles on Sergei Rakhmaninov's music, Petr Konchalovskii's paintings, the novels of Henrik Senkevich and on the works of other famous masters of contemporary art, the editors of *Pegas* sought to take this creativity to guide the young art of cinema. In co-authorship with his wife Antonina Nikolaevna, Khanzhonkov wrote several scenarios for the films: *Brat'ya Boris i Gleb* (The Brothers Boris and Gleb), *Iz mira tainstvennogo* (From the World of the Mysterious), *Zhizn', pobezhdennaya smert'yu* (Life, Conquered by Death) – all these film were directed by Evgenii Bauer – and others. In the spring of 1917 illness forced Khanzhonkov to leave Moscow. He moved to Yalta and began to construct a studio there planning to produce films there. After the Revolution he travelled abroad with other entrepreneurs of the cinema. He rented a villa in Baden and invited a group of engineers to start experimenting with sound recording. In 1923 he accepted an invitation from representatives of the shareholding society Rusfil'm and returned to his native country where he worked for a time as a consultant at Rusfil'm and directed the production at Proletkino. In 1926 he was arrested along with a group of managers and directors of Proletkino and brought to a sensational criminal trial of financial swindlers (the famous Kinodelo) which caused the downfall of that film organisation. Khanzhonkov was soon released for lack of evidence but he was forbidden to work in the cinema and his political rights were taken from him (a disenfranchised person). In 1930 his second wife Vera Popova who headed the editing section of the Vostokkino studio fell victim to a regular purge and was expelled from work as a member of the family of a "disenfranchised person". The change in social status and sharp deterioration in his health forced the Khanzhonkovs to leave Moscow and move to Yalta. In 1934 on the 15th anniversary of the Soviet cinema and for his great personal contribution to the history of the homebased art of the cinema Khanzhonkov was rehabilitated and received a personal state pension. In the last years of his life he wrote his memoirs which are remarkable for their volume, parts of them have been published in the book *Pervye gody russkoi kinematografii* (The First Years of Russian Cinematography, 1937), and in a number of other publications. Svetlana Skovorodnikova

degli specialisti i quali mettono a punto metodi di animazione tridimensionale e piana e di riprese al microscopio; vengono elaborati anche principi per i film di tipo scolastico e commerciale. Alle riprese dei film sono invitati i maggiori specialisti, in particolare professori dell'Università di Mosca. Nonostante il notevole deficit, il Dipartimento Scientifico rimase in funzione fino a tutto il 1916. I film scientifici venivano proiettati a prezzi ridotti in speciali spettacoli del mattino al cinema Pegaso, di proprietà della stessa Società per Azioni. Alla fine del 1910 Hanžonkov iniziò la pubblicazione della rivista "Vestnik Kinematografii", e nel 1915 quella della rivista d'arte "Pegas", unica pubblicazione in cui lo spazio maggiore era lasciato al cinema (in particolare sceneggiature di film), ma che raccoglieva costantemente anche materiali di teatro, letteratura, pittura, etnografia, e altri. Pubblicando articoli sulla musica di Sergej Rahmaninov, sulla pittura di Petr Končalovskij, sui romanzi di Genrik Senkevič e anche sull'opera di altri grandi maestri dell'arte contemporanea, gli editori di "Pegaso" cercavano di dare un orientamento alla giovane arte del cinema. In collaborazione con la moglie Antonina Nikolaevna, Hanžonkov, con lo pseudonimo di Antalek, compose una serie di sceneggiature, fra cui quelle per i film *Brat'ja Boris i Gleb* (I fratelli Boris e Gleb), *Iz mira tainstvennogo* (Dal mondo misterioso), *Žizn', pobeždennaja smert'ju* (La vita vinta dalla morte), tutti realizzati da Evgenij Bauer. Nella primavera del 1917 Hanžonkov fu costretto a lasciare Mosca per ragioni di salute. Si stabilì a Jalta dove iniziò la costruzione di uno studio, pensando col tempo di produrvi dei film. Dopo la rivoluzione, insieme ad altri industriali del cinema, egli si trasferì all'estero. Affittò una villa a Baden e chiamò un gruppo d'ingegneri per iniziare esperimenti di registrazione sonora. Nel 1923, accolse l'invito dei rappresentanti della società per azioni Rus'fil'm e tornò in patria dove, per un certo periodo, lavorò come consulente della Rus'fil'm e direttore di produzione della Proletkino. Nel 1926, insieme ad un gruppo di dirigenti e registi della Proletkino fu arrestato e sottoposto ad un clamoroso processo penale con l'accusa di malversazioni finanziarie (il famoso Kinodelo), che portò alla chiusura di questa impresa cinematografica. Per mancanza di prove Hanžonkov venne presto liberato, ma gli fu vietato di lavorare nel cinema e subì la privazione dei diritti politici. Nel 1930 la seconda moglie di Hanžonkov, Vera Popova, che dirigeva il reparto montaggio dello studio Vostokkino, incorse in una purga politica e fu allontanata dal servizio in quanto facente parte di una famiglia di uno "sfruttatore privato dei diritti". Il cambiamento di stato sociale, insieme ad un brusco peggioramento delle sue condizioni di salute, costrinsero Hanžonkov a lasciare Mosca insieme alla moglie e a stabilirsi a Jalta. Nel 1934, in occasione del quindicesimo anniversario del cinema sovietico, in virtù del suo notevole apporto alla storia della cinematografia nazionale, Hanžonkov fu riabilitato e ricevette una pensione dal governo. Negli ultimi anni di vita scrisse i suoi ricordi, notevoli per quantità, che furono parzialmente pubblicati nel libro *Pervye gody russkoj kinematografii* (I primi anni della cinematografia russa, 1937), e anche in una serie di altre pubblicazioni. Svetlana Skovorodnikova

VERA VASIL'EVNA KHOLODNAYA

Vera Vasil'evna Kholodnaya born Levchenko (1893-1919). Film actress. She took part in 35 films (the number is not exact). She was born in Poltava. After her family moved to Moscow she studied at the ballet school of the Bolshoi Theatre for a year. Having finished the secondary school she began to frequent the artists' café Alatr where her attractive figure brought her to the attention of Nikandr Turkin, the head of the literary section of "A. Khanzhonkov & Co.". On his recommendation the director Evgenii Bauer invited her to play the main role of Valeriya in the film *Pesn' torzhetvyushchei lyubvi* (A Song of Love Triumphant). After her successful debut Kholodnaya acted in five more films under this great director: *Deti veka* (Children of the Age) *V mire dolzhna tsarit' Krasota* (Beauty Should Rule the World), *Lunnaya Krasavitsa* (A Lunar Beauty), *Odna iz mnogikh* (One Woman of Many), *Zhizn' za zhizn'* (A Life for a Life). Although she also acted in films for other directors, notably Petr Chardynin, her time in Khanzhonkov's company is usually called the "Bauer" period. According to Valentin Turkin Bauer "aware of the debutante cinema actress's lack of experience, got around all the most complicated problems for her, simplified her roles, breaking them down into images of suffering through posing and primitive expression". On the other hand thanks to that method of working with the debutante Bauer "first openly approached that regular, rhythmic composition on the screen, that peaceful structure of the pictorial story, which are so characteristic of the blossoming of his talent". As a result of that "joint improvisation of director and actress" the actress also showed "noticeable artistic value". Their creative cooperation was crowned by the film *Life for a Life* which for Kholodnaya was rather a risky venture. The reason was that a well known actress from the Moscow Art Theatre Lidiya Koreneva was invited to partner her in the film. The critics soon realised the situation, they now had their first opportunity to watch two styles of acting on the screen and to choose the winner. "L.M. Koreneva's style – Veronin noted – is carefully worked out, she excites and moves, but one is reminded of another heroine, not one that she has played but that she lives on the screen, she is in her natural element... No matter how beautiful L.M. Koreneva was, her inclination for the screen was clear, the deliberate dramatism of expression, the constraints of her fixed style. Vera Kholodnaya did not create. She remained herself, she lived the life given to her, loved with the love that her heart knew; remained in the throws of the contradictory and dark forces that that fine dialectician the devil had endowed her with since birth". The film *Zhizn' za zhizn'* (A Life for a Life) finally set the actress on the throne as the "queen of the screen". However the reviewers also criticised her shortcomings. Voices cried that Kholodnaya was not capable of the strong dramatic and tragic suffering which in general was not part of her human temperament. This caused her to attempt to "create a style" by using methods which were contradictory to screen principles (for instance heavy breathing in the foreground, exaggerated gestures and mimicing movements). Which led to her behaviour losing its candour, the very essence of her success.

VERA VASIL'EVNA HOLODNAJA

Vera Vasil'evna Holodnaja nata Levčenko (1893-1919). Attrice cinematografica. Recitò in circa 35 film. Nacque a Poltava. Dopo il trasferimento della famiglia a Mosca studiò per un anno alla scuola di danza del teatro Bol'šoj. Dopo aver finito il ginnasio cominciò a frequentare il caffè degli artisti Alatr, dove la sua bellezza fu notata da Nikandr Turkin, direttore del settore letterario della Società per Azioni "A. Hanžonkov i Co." che nel 1915 suggerì al regista Evgenij Bauer di proporre alla futura attrice il ruolo principale di Valeria nel film *Pesn' toržestvujuščej liubvi* (Canto dell'amore trionfante). Dopo il primo felice debutto, la Holodnaja recitò in altri cinque film di questo grande regista: *Deti veka, V mire dolžna carit' krasota* (Nel mondo deve regnare la bellezza), *Lunnaja krasavica* (Bellezza lunare), *Odna iz mnogih* (Una delle tante), *Žizn' za žizn'*. E benché lavorasse contemporaneamente a film di altri registi – in particolare di Petr Čardynin – il periodo di ingaggio alla Hanžonkov viene comunemente chiamato "baueriano". Secondo la testimonianza di Valentin Turkin, Bauer, "per sopperire alla mancanza d'esperienza dell'attrice esordiente, evitò di affidarle parti troppo complesse, semplificò i suoi ruoli, frammentandoli in una serie di immagini costruite con la posa o l'espressione naturale". Fu grazie a questo metodo che Bauer, "si avvicinò per la prima volta a quel ritmo cadenzato, necessario alla composizione sullo schermo, a quel fluire della narrazione che sono la piena espressione del suo talento". La conseguenza di questa "improvvisazione combinata dell'attrice e del regista" fu la nascita di un'attrice di "notevole valore artistico". La loro collaborazione artistica si concluse con il film *Žizn' za žizn'*, le cui riprese furono per la Holodnaja un'esperienza abbastanza rischiosa, in quanto come sua partner fu chiamata una famosa attrice del Teatro d'Arte di Mosca, Lidija Koreneva. Questa circostanza attrasse l'attenzione dei critici ai quali per la prima volta si presentava l'occasione non solo di confrontare due diversi modi di recitazione, ma anche di scegliere la migliore. "La recitazione di L. M. Koreneva – osservò Veronin – è stata molto coerente, ha turbato e commosso, ma ha fatto pensare al personaggio di un'altra eroina, che non recitava, ma viveva sullo schermo, era nel suo ambiente naturale... Per quanto meravigliosa sia stata la Koreneva, si avvertiva la sua abitudine alla scena, la calcolata drammaticità dell'espressione, l'impaccio delle formule della recitazione studiata. Vera Holodnaja non ha recitato. È rimasta se stessa, vivendo della vita ricevuta, amando dell'amore che il suo cuore conosceva; è stata preda di quelle forze contraddittorie e oscure di cui un sottile demone dialettico l'aveva dotata dalla nascita". Il film *Žizn' za žizn'* l'aveva definitivamente innalzata al trono di "regina dello schermo". Del resto i recensori avevano notato anche i difetti. Si cominciava a dire che alla Holodnaja non riuscivano le emozioni fortemente drammatiche e i momenti tragici, in quanto estranei al suo temperamento. Di qui i tentativi di "costruire uno stile" ricorrendo a mezzi controindicati per lo schermo (per esempio una respirazione marcata in primo piano, gesti forzati e mimica eccessiva). E questo portò alla perdita di spontaneità nel suo modo di comportarsi, così preziosa in lei.

The consequences showed in the appearance of age, unsuccessful roles: *Zhivoi trup* (The Living Corpse), *Ternistyi put' slavy* (The Thorny Path of Glory). Critics pointed out in disappointment the monotony of style and repetitive roles. But repeating a repetitive subject could do well in the serial hit *Skazka lyubvi dorogoi* (The Tale of Love so Dear); the title of the first film – *Molchi, grust'... molchi...* (Still, Sadness... Still...) – was produced by Petr Chardynin to commemorate a decade of work in the cinema. He invited the most famous lover-heroes (Witold Polonski, Osip Runich, Vladimir Maksimov etc), opposite whom Vera Kholodnaya had played out several variations of the fate of woman, to take part in the film benefit. As expected the film drew record returns. In the summer of 1918 Vera Kholodnaya went to Odessa with her colleagues in Kharitonov's company to finish shooting some films. There while performing at a charity evening she caught a cold and died from so-called "spanish flu" – a type of pulmonary influenza. The whole city followed the "Queen of the Screen" on her last journey. The sudden death of the 26 year old "brilliant model of the cinema" – as the inscription on the film *Pokhorony Very Kholodnoi* (The Funeral of Vera Kholodnaya) read – gave rise to many rumours of violent death. Among the established legends the most popular ones claimed it was retribution for spying for either the reds or the whites. These were only refuted at the end of the 60's thanks to the efforts of her close friends. Svetlana Skovorodnikova

MAURICE ANDRÉ MAÎTRE

French director of Pathé. Up to 1907 he made films under Ferdinand Zecca, (*La Fiancée du Scaphandrier*, a new variation of *La Passion de Jésus Christ*)[1]. He was sent to Russia where in February 1908 he released *Donskie kazaki* (The Don Cossacks) the first travel film on Russian life. In 1909 Pathé began a regular film production in Moscow for the seller's market in Russia and abroad. Maître tried his hand at screenings of Russian prose – *Leitenant Ergunov* (Lieutenant Ergunov), *Poedinok* (The Duel), *Anna Karenina* – but he concentrated on dramas from ancient Russian history, for which Diagilev's performances in Paris were creating a rising demand. *Knyazhna Tarakanova* (Princess Tarakanova), was considered the Russian analogy to *l'Assassinat du Duc de Guise*. They looked for a similiar subject in Russian history (an empress destroys a rival princess); actors were invited from imperial theatres and even the positioning of the cameras imitated the style of the Film d'Art[2], but the artistic level was lower, which the grandiose historical characters chosen, emphasised all the more. *Knyazhna Tarakanova* (Princess Tarakanova), *Mara, Marfa posadnitsa* (Marfa the City Governor), *V dni getmanov* (In the Days of the Hetmans) formed the beginning of the series Films

1. Jean Mitry, *Filmographie universelle. Tome II*, Paris, IDHEC, 1964, 52.

2. Barry Salt, *Film Style and Technology: History and Analysis*, London, Starword, 1983, 106.

Si cominciava a notare qualche segno di stanchezza, ruoli che non le riuscivano: *Živoj trup, Ternistyj put'slavy* (Il cammino della gloria). Si indicava con stizza la monotonia dei modi, la ripetitività dei ruoli. Un esempio di soggetto reiterato monotonamente è il colossal in due parti *Skaska ljubvi dorogoj*; il titolo della prima parte era *Molči, grust'... molči...* realizzato da Petr Čardynin per celebrare il decimo anniversario della sua attività cinematografica. Alla serata d'onore il festeggiato invitò i più famosi "innamorati" del cinema (Vitol'd Polonskij, Osip Runič, Vladimir Maksimov ed altri), con i quali la Holodnaja aveva interpretato alcune variazioni sul destino femminile. Il film, com'era da aspettarsi, ebbe incassi record. Nell'estate del 1918 la Holodnaja con un gruppo di collaboratori della Haritonov a cui era passata nel 1916, andò ad Odessa per continuare le riprese delle pellicole iniziate. Lì partecipò ad una serata di beneficenza, prese un'infreddatura e morì vittima della "spagnola", una forma d'infezione polmonare. Tutta Odessa accompagnò "la regina dello schermo" nel suo ultimo viaggio. L'improvvisa scomparsa della ventiseienne "brillante modella del cinema" – così diceva una didascalia del film *Pohorny Very Holodnoj* (I funerali di Vera Holodnaja) – diede adito a molte voci: i più pensavano a una punizione per attività spionistica, altri a una sua adesione ai rossi o ai bianchi. Solo alla fine degli anni Sessanta tali voci furono smentite, grazie agli sforzi dei suoi amici più stretti. Svetlana Skovorodnikova.

MAURICE ANDRÉ MAÎTRE

Regista francese della Pathé. Fino al 1907 girò film con Ferdinand Zecca (*La Fiancée du Scaphandrier*, nuova versione di *La Passion de Jésus Christ*[1]. Poi fu trasferito in Russia dove nel febbraio del 1908 realizzò *Konskie kazaki* (I cosacchi del Don), primo film di viaggio sulla vita russa. Nel 1909 Pathé apre una filiale stabile a Mosca per essere presente sul mercato russo e all'estero. Maître si cimenta nell'adattamento cinematografico di opere letterarie russe – *Lejtenant Ergunov, Poedinok, Anna Karenina* – specializzandosi tuttavia nella rappresentazione di drammi tratti dall'antica storia russa, di cui è aumentata la richiesta in seguito al successo ottenuto a Parigi da Djagilev con i primi programmi russi. Il soggetto di *Knjažna Tarakanova* fu concepito come l'equivalente russo dell'*Assasinat du Duc de Guise*: l'imperatrice fa eliminare la principessa rivale. Furono invitati gli attori dei teatri imperiali ed addirittura la macchina da presa – a imitazione dello stile del Film d'Art[2] – fu posta più in basso del solito, ottenendo in tal modo un effetto di maggiore grandiosità dei personaggi storici. *Knjažna Tarakanova, Mara, Marfa Posadnica, V dni getmanov* aprirono la serie dei Films d'Art Russes. All'inizio del 1911 il nome di Maître sparisce improvvisamente dalle filmografie. Non è difficile supporre la ragione per cui egli sia stato frettolosamente rim-

1. Jean Mitry, *Filmographie universelle, Tome II*, Parigi, IDHEC, 1964, 52.

2. Barry Salt, *Film Style and Technology: History and Analysis*, Londra, Starword, 1983, 106.

d'Art Russes. At the beginning of 1911 Maître's name suddenly disappears from filmography. One can suggest why he was quickly called away from Moscow. In 1910 in *Cine-Phono* an article by Moisei Aleinikov appeared, predicting that in the coming season films on village subjects would be in great demand, because of the 50th anniversary of the emancipation of the serfs: "Write dramas on village life, or make use of the existing material inliterature and show the Russian peasant before and after the time of the Reforms" (SF, 1910, No. 23, 8). Evidently Maître did not understand the true political meaning of such messages and took it for a genuine commercial forecast. The Moscow section of Pathé took up the new theme, judging that it applied also to the French market. Preparing to film, Maître turned to the Russian actors of Pathé for help: "It is difficult, very difficult to make this kind of a film. I do not know what the Russian village is, I have never been there, I have never seen these Russian peasants. Who are they? How do they live?" (S. Goslavskaya, 1974, 86). It should be noted that Maître need not have worried about this aspect of the business: Pathé's Russian films were very successful in Russia precisely because of their emphasis on ethnographic detail, whether it was the Slavonic language in *Mara*, or the Jewish rites in the famous film *L'Khaim*, but the commercial reason for screening ethnographic films faithful to the realities of life in the hope of releasing them, never entered into it. What should have concerned Maître was not so much knowing Russian life but his misunderstanding of the conditions of all-Russian cinema-production. As the anniversary of the emancipation of the serfs drew nearer, the censor began to ban films on village themes everywhere. Now even *Cine-Phono* had to sadly note: "As a result of the banning of films prepared for the 50th anniversary of the emancipation of the serfs Pathé's losses are mounting to over 15,000 roubles" (SF, 1911, No. 11, 6). It seems that this cost Maître his place at the Moscow Section of Pathé. At any rate from February 1911 the company's productions in Russia were directed by Kai Hansen. In Ginsburg's and Leyda's histories of the cinema (in Leyda's he is mistakenly called Maurice), André Maître is portrayed as a superficial and ignorant director. Actors' memoirs are to blame: the technique of performance without scenario or rehearsal, which is normal in the cinema, as personified by Maître, horrified theatre actors. Few believed that "Maître" was his surname, they thought it was a vainglorious title. He seemed to the actors to be a purely Molière type of Frenchman, besides which Maître, at the cost of a conflict, got a separate remuneration from Pathé per rehearsal, even if at filming rates. When Czeslaw Sabinski, employed at Pathé as an artist, insisted on decor by volume, "Maître grudgingly signed the receipt" (Cz. Sabinski, 1936, 4). In a special article on the director *Cine-Phono* wrote: "We must say that to his honour M. Maître remained at his level of outstanding productions and never fell beneath it, often even raising it to unsurpassed heights (...) Regarding his mise-en-scène, they are exemplary for in them each moment is utilised, each step counted" (SF, 1910, No. 24, 8-9). Of the dozens of films made by Maître in Russia more than half have been preserved which gives us the right to confirm the opinion of his contemporary. Yuri Tsivian

patriato. Nel 1910, infatti, su "Sine-fono" apparve un articolo di Mojsej Alejnikov, in cui si prevedeva che, per il prossimo cinquantesimo anniversario dell'emancipazione dei servi della gleba, sarebbero stati particolarmente richiesti i soggetti di vita contadina: "Scrivete un dramma di costume oppure avvaletevi del materiale letterario già esistente e mostrate il contadino russo prima e dopo la riforma" (SF, 1910, n. 23, 8). Evidentemente Maître non valutò le implicazioni politiche di questo appello e lo prese per un'attendibile previsione commerciale. La filiale moscovita della Pathé si gettò sui nuovi temi considerandoli vantaggiosi anche per il mercato francese. Accingendosi ad iniziare le riprese, Maître chiese aiuto agli attori russi della Pathé: "Fare di questi film è difficile, molto difficile. Io non so cosa sia la campagna russa, non ci sono mai stato e non ho mai visto questi contadini. Chi sono? Come vivono?" (S. Goslavskaja, 1974, 86). Bisogna dire che le preoccupazioni di Maître a questo riguardo erano ingiustificate: i film russi della Pathé avevano successo in Russia soprattutto per il loro marcato carattere etnografico, si trattasse del paganesimo slavo di *Mara* o dei riti ebraici nel famoso film *L'Haim*; ma che l'etnografia vista sullo schermo corrispondesse ad autentici costumi di vita, non rientrava mai nelle aspettative del pubblico cinematografico. Fu qualcos'altro a mettere nei pasticci Maître: non tanto l'ignoranza della vita russa, quanto il non aver capito le regole della distribuzione dei film in Russia. Mentre si avvicinava il giorno della celebrazione della riforma contadina, la censura si mise a vietare dappertutto pellicole su questo argomento, e a "Sine-fono" non rimase che tirare delle tristi somme: "A causa della proibizione di proiettare i film realizzati in previsione dei festeggiamenti del 50° anniversario dell'emancipazione dei contadini, le perdite della Pathé ammontano a circa 15.000 rubli" (SF, 1911, n. 11, 6). È molto probabile dunque che fosse stato questo errore di calcolo a costare a Maître il posto nella filiale moscovita della ditta Pathé. Sta di fatto che a partire dal febbraio 1911, a dirigere quest'ultima troviamo Kaj Hansen. Nelle storie del cinema di Ginsburg e Leyda (in quest'ultima egli viene chiamato erroneamente Maurice), André Maître è ritratto come un regista superficiale e ignorante. Ciò va imputato alle memorie degli attori teatrali: di Maître li aveva inorriditi la tecnica, abituale per il cinema, di recitare senza sceneggiatura e senza prove. Pochi sapevano che Maître era un nome e non un titolo onorifico: agli attori egli appariva un vero e proprio francese molieriano. Egli invece – e ciò gli era costato un conflitto con la ditta – aveva strappato alla Pathé un finanziamento a parte per le prove, pagate alla stessa tariffa delle riprese. Quando Czeslaw Sabinski, che faceva lo scenografo alla Pathé, insistette per realizzare scenografie a tutto fondo, "Maître, a malincuore firmò l'assegno" (C. Sabinski, 1936, 4). Un articolo su "Sine-fono", dedicato al regista, recitava: "Bisogna dire ad onore di Maître che la sua sceneggiatura si mantiene sempre su un livello eccellente, senza cedimenti, anzi toccando spesso vette irraggiungibili (...). Nel senso di "mise en scène" le sue scenografie costituiscono dei modelli, in quanto ogni attimo viene sfruttato e ogni passo calcolato" (SF, 1910, n. 24, 8-9). Dei numerosi film girati da Maître in Russia, se ne sono conservati più della metà e ciò ci autorizza a condividere l'opinione del suo contemporaneo. Yuri Tsivian.

BORIS ALEKSANDROVICH MIKHIN

Boris Aleksandrovich Mikhin (1879/1881?-1963). Theatre and cinema artist, scriptwriter, director and organiser of film production. The fate of this outstanding, although relatively unknown, filmmaker turned out to be far from what he deserved and was full of the most unexpected and dramatic turning points. According to family tradition he entered the law faculty of the University of St Petersburg but he soon left and volunteered for the Russo-Japanese War. When he returned from the front Mikhin took up his studies again at Kharkov (or Kherson) University, where in 1909 he took his law degree. By this time he had become disillusioned with his chosen profession and left a well-provided for position as a barrister's assistant to devote himself to independent study of the history of art and to learning sculpture and painting. Thanks to his talents, he joined a circle of professional artists and worked on the sets of independent theatrical groups in Kharkov. By then, according to his own unconfirmed report, he was already turning to cinematography and had even tried his hand at production of two films (Autobiography, Central Museum of Cinema). In 1910 Mikhin moved to Moscow and joined the decor department of the Moscow Art Theatre as a sculptor and artist. However he soon left the theatre and joined Khanzhonkov's company where he began to experiment with the construction of pre-fabricated or detachable screens for sets. These were first tried out successfully in the film *Kreitserova sonata* (The Kreutzer Sonata, Autumn 1911). They have since entered into general use in the cinema, and the artist worked out new areas in which they could be used. In the autumn of 1913 he quarrelled with his employers over the filming of *Obryv* (The Precipice) and transferred to Taldykin's company where besides decor he tried his hand at scriptwriting. From the beginning of the First World War Mikhin was enlisted into active combat, he served in a medical detachment at one of the fronts and was awarded the St George's Cross for bravery. At the beginning of 1916 he ended up at the film studio of the Skobelev Committee, shortly after became their director and left his former professional activities. One of his early attempts at directing dates from his last years at the Skobelev Committee, made as part of a "revolutionary" series of films – *Tovarishch Elena* (Comrade Elena). Mikhin became one of the creators of Soviet cinema, he took part in its original structural organisation. In 1922 he became the director of the third film production studio of Goskino (previously Khanzhonkov's) combining administrative work with directorship. In 1923 he made one of the first Soviet full length films – the adventure film *Na kryl'yakh vvys'* (Sailing Upwards). At that time he considered the young Sergei Eisenstein's work vital and took personal responsibility for the fate of Eisenstein's first cinema production – *Stachka* (The Strike). During his final years of directing Mikhin spent his time at national studios where he made a number of historical ethnographical films. In 1926 he was arrested for financial abuses in film production ("The Kinodelo Affair") but was quickly pardoned. In 1934 while working at the Baku Studio he was arrested again and spent several months

BORIS ALEKSANDROVIČ MIHIN

Boris Aleksandrovič Mihin (1879/1881?-1963). Scenografo di teatro e cinema, sceneggiatore, regista e organizzatore di produzioni cinematografiche. Il destino di questo cineasta eccezionale quanto piuttosto misconosciuto non fu pari ai suoi meriti; fu infatti costellato di inaspettati e drammatici rovesci di fortuna. Nel 1903, seguendo la tradizione di famiglia, egli s'iscrive alla facoltà di giurisprudenza dell'Università di Pietroburgo, ma presto abbandona gli studi e parte volontario per la guerra russo-giapponese. Al ritorno dal fronte riprende a studiare all'Università di Harkov (o di Herson) dove, nel 1909, consegue la laurea in diritto. Subito deluso dalla professione scelta, lascia il vantaggioso posto di assistente-avvocato per dedicarsi da autodidatta allo studio della storia dell'arte, alla pittura e alla scultura. Grazie alle sue qualità entra a far parte di un circolo di scenografi professionisti e inizia quindi a lavorare come scenografo delle imprese teatrali di Harkov. Già da allora, secondo la sua stessa testimonianza non confermata s'interessa di cinematografia e si cimenta perfino nella regia di due film (Autobiografia, Central'nyj Muzej Kino). Nel 1910 Mihin si trasferisce a Mosca ed entra nel dipartimento di scenografia del Teatro d'Arte, in qualità di scenografo-scultore. Presto tuttavia lascia il teatro per la ditta Hanžonkov dove sperimenta la costruzione di scenari con una serie di pannelli smontabili prefabbricati, che vengono usati per la prima volta con successo durante le riprese del film *Krejcerova Sonata*, nell'autunno del 1911. Da allora questa tecnica scenografica viene adottata su larga scala nel cinema e lo stesso Mihin ne trova nuovi ambiti di applicazione. Nell'autunno del 1913, dopo aver rotto i rapporti con i proprietari della ditta Hanžonkov durante le riprese del film *Obryv*, Mihin passa alla società di A. Taldykin, dove oltre che lavorare come scenografo, si cimenta come sceneggiatore. All'inizio della Prima guerra mondiale si arruola nell'esercito e presta servizio in un distaccamento sanitario delle prime linee; per il coraggio dimostrato viene decorato al valore con la Croce di S. Giorgio. All'inzio del 1916 lo troviamo nello studio cinematografico del Comitato Skobelev e, divenutone ben presto il direttore, abbandona la passata attività professionale. All'ultimo periodo della sua attività presso il Comitato Skobelev si riferisce il film *Tovarišč Elena*, uno dei suoi primi rari esperimenti di regia, realizzati nell'ambito di una serie di film "rivoluzionari". Negli anni di consolidamento del cinema sovietico Mihin emerge nella schiera dei suoi responsabili e partecipa attivamente alla creazione di quelle strutture. Nel 1922 egli diviene direttore del terzo stabilimento Goskino (già Hanžonkov), coniugando il lavoro amministrativo e quello di regista. Nel 1923 realizza uno dei primi lungometraggi, il film d'avventura *Na kryl'jah vvys'* (In alto, sulle ali). È in questo periodo che egli dà un aiuto inestimabile al giovane Ejzenštejn, assumendosi la responsabilità del suo primo lavoro cinematografico, *Stačka* (Sciopero). Negli anni seguenti l'attività registica di Mihin si svolge negli studi nazionali dove gira una serie di pellicole storico-etnografiche. Nel 1926 viene implicato nell'affare Kinodelo, con l'accusa di abuso di potere e viene arrestato, ma presto assolto. Nel 1934, mentre lavora nello stabilimento di Baku è nuovamente arrestato e trascorre alcuni mesi in

in prison. Thanks to the intervention of leading Soviet film-makers he was released. After that Mikhin left active work in the cinema, only rarely taking part in productions as a decorator, he spent a lot of time on inventions. In the last years of his life he wrote his memoirs, leaving many interesting recollections most of which have not been published yet. Rashit Yangirov

IVAN IL'ICH MOSJOUKINE

Ivan Il'ich Mosjoukine [Mozzhukhin] (1890-1939). Actor and director. After finishing two courses at the law faculty of Moscow University he joined a provincial theatre. Shortly after he became an actor at the Moscow Vvedensk People's House Theatre, later he transferred to Korsh's theatre and to the Free Theatre. From 1911 he began to act mainly comic or character roles in the cinema. The films *Domik v Kolomne* (The House in Kolomna) and *Dyadyushkina Kvartira* (Uncle's Apartment), *Brat'ya* (Brothers) best illustrate his mastery of comic roles. On Evgenii Bauer's entry into the Khanzhonkov & Co. public limited company Mosjoukine began to play the lead roles in most of his films. In 1914 in the film *Zhizn' v smerti* (Life in Death) written by Valerii Bryusov; the hero of the film Dr René (played by I. Mosjoukine) to preserve the imperishable beauty of his beloved wife, kills her and keeps her embalmed body in a crypt. This was the first appearance on film of the "Mosjoukine tears" which were to become legendary. Leading dramatic and melodramatic roles followed in the films *Kumiry* (Idols), *Voina i mir* (War and Peace), *Khrizantemy* (Chrysanthemums), *Ty pomnish' li?* (Do You Remember?) etc. The public and Khanzhonkov's rival film producers showed an interest in Mosjoukine. Then Mosjoukine, offended that Bauer had offered another actor the lead role in the film *Leon Drey* left to join I. Ermol'ev's company where he met Yakov Protazanov. The majority of the roles that the actor played under Ermol'ev were those of neurasthenics, demonic characters, people with secret passions or facing spiritual discord, caught between duty and passion: *Ya i moya sovest'* (I and My Conscience), *V buinoi slepote strastei* (In the Turbulent Blindness of Passion), *Malyutka Elli* (Little Ellie), *Sud bozhii* (Divine Judgement), *Prokuror* (The State Procurator), *Satana likuyushchii* (Satan Triumphant) etc. This was no accident. The actor himself describes the films of those years in his book *How I Played Nikolai Stavrogin*: "The Slav soul, not clear cut, mystical, with sudden tremendous outbursts, sings its eternal song of grief and hope in such things... Such nervy, complicated dramas so open to cruelty, heavy with held back passion, mystical, are the crystal clear and pure form, ideal for a person with a sadistically refined sensitivity". Mosjoukine took his work in film very seriously. He was the first to talk about the film actor's responsibility to the viewers. He made the first attempts to work out the philosophy of cinematography and styles of acting: "The main technical principle in cinematography is absolute silence on the screen, and creation is built on the internal expression, on your partner's hypnosis, on the pause, on disturbing allusions, on psy-

prigione. Verrà rilasciato solo grazie all'intervento di autorevoli personalità del cinema sovietico. Da allora egli si allontana dal lavoro attivo del cinema e solo di tanto in tanto interviene alla lavorazione di film in qualità di scenografo, dedicando molto tempo agli esperimenti. Negli ultimi anni della sua vita scrive le sue memorie, molto interessanti e in gran parte ancora inedite. Rashit Yangirov

IVAN IL'IC MOZŽUHIN

Ivan Il'ic Mozžuhin [Mosjoukine] (1890-1939). Attore e regista. Dopo aver frequentato per due anni la facoltà di giurisprudenza dell'Università di Mosca, entra a far parte della troupe di un teatro di provincia. In breve è attore della Casa Nazionale Vvedenskij, in seguito del teatro di Korš e del Teatro Libero. Nel 1911 comincia a lavorare per il cinema, come interprete di ruoli comici e come caratterista. Offre una prova brillante della sua vis comica nei film *Domik v Kolomne, Djadjuškina Kvartira, Brat'ja*. Con l'arrivo alla Società per Azioni "A. Hanžonkov i Co." del regista Evgenij Bauer, inizia a interpretare ruoli di protagonista nella maggior parte dei suoi film. È del 1914 il film *Zizn' v smerti* (La vita nella morte) su sceneggiatura di Valerij Brjusov. Il dottore René (I. Mozžuhin), protagonista di questa storia, desiderando conservare inalterata la bellezza dell'adorata moglie, la uccide e ne conserva in una cripta il corpo imbalsamato. Compaiono in questo film, per la prima volta, "le lacrime mozžuhiniane", destinate a divenire leggendarie. In seguito, sempre come interprete principale, recita in ruoli da caratterista drammatico e melodrammatico nei film *Kumiry* (Gli idoli), *Vojna i mir* (Guerra e pace), *Chryzantemy, Ty pomniš li?* e altri. Ha molto successo presso il pubblico ed è guardato con interesse dalle case cinematografiche concorrenti. Offeso dal fatto che Bauer avesse scelto un altro interprete per il film *Leon Drey*, Mozžuhin passa alla Società I. Ermol'ev dove avviene il suo incontro con Jakov Protazanov. La maggior parte dei ruoli da lui interpretati presso Ermol'ev riguarda personaggi nevrastenici, demoniaci, posseduti da passioni misteriose oppure dilaniati dal conflitto tra passione e dovere: *Ja i moja sovest'* (Io e la mia coscienza), *V bujnoj slepote strastej* (Nella cieca furia delle passioni), *Maljutka Elli, Sud Božij* (Il giudizio di Dio), *Prokuror* (Il procuratore), *Satana Likujuščij* e altri. Non è un fenomeno casuale. Nel suo libro *Kak ja byl Nikolaem Stavroginym* (Come fui Nikolaj Stavrogyn) l'attore stesso così descrive la produzione cinematografica di quegli anni: "L'anima slava, indeterminata, mistica, con inattesi stupefacenti slanci, canta, in queste cose, la sua millenaria canzone di dolore e speranza... Drammi nervosi, sinceri fino alla crudeltà, complessi, gravidi di passione contenuta, mistici; una forma pura e affilata, ideale per un personaggio con una sensibilità sadicamente raffinata". Mozžuhin affrontava con molta serietà il lavoro cinematografico. Fu il primo a parlare della responsabilità dell'attore di cinema nei confronti dello spettatore. Suoi sono pure i primi tentativi di dare un'interpretazione dell'essenza dell'arte cinematografica e del metodo di recitazione dell'attore. "Il principio tecnico fondamentale del cinema è l'assoluto silenzio sullo schermo,

chological innuendos. The silence of a film-maker could foster classical severity, like the classical severity of the sculptor who avoids ornament... The time is near when scripts will be written on this principle without any inscription at all and the psychological drama of man will unfold through the body, the face and the eyes of the actor. Is this not the actor's true creative material?" he wrote in 1918. The term "Mosjoukine's style of screen acting" had already come into use by then. His greatest critical and popular successes were the roles he played in Protazanov's films: *Pikovaya dama* (The Queen of Spades, 1916, Hermann) and *Otets Sergii* (Father Sergius, 1918, Prince Kasatskii). In 1920 he emigrated to France. Up to 1926 he performed in nine films. In 1923 he directed his own film: *Le Brasier Ardent* and acted the main role of the detective. According to Pierre Leprohon, it was after seeing this particular film that Jean Renoir decided to "forget ceramics and try his hand at the cinema". In 1927 he went to Hollywood. There he acted in only one film, *Surrender* directed by Edward Sloman, abrogated the contract and went to Germany. But here too his work on several films was not as well received as expected. He returned to Paris and after several attempts to regain his lost glory Ivan Mosjoukine died from galloping consumption. The actor is buried in the St Geneviève des Bois cemetery. Svetlana Skovorodnikova

CZESLAW GENRIKHOVICH SABINSKI

Czeslaw Genrikhovich Sabinski (1885-1941). Cinema and theatre designer, film director and scenarist. From a peasant background, Sabinski received special secondary technical education. He was accepted in 1905 into the painting department of the Moscow College of Painting, Sculpture and Architecture where he studied, with intervals, until 1911. Forced to earn his living Sabinski began professional work in set decor rather early, for various private theatre companies. He worked at the Moscow Art Theatre as an artist and designer for the 1908-1909 season. In December 1909 Sabinski was invited to head the decor department of the Moscow section of Pathé which at that time had started its active production of films on Russian subjects. Under Maître's direction he was often called to shoots as a consultant on the national way of life and to direct the scenes on location. At the same time Sabinski had joined the group of leading script writers in the company (he wrote about 60 scenarios for the Russian cinema and directed some of them himself). Sabinski's set design was a high quality reproduction of the "ultrarealist" style of the Moscow Art Theatre but stood out for its highly progressive technological details. In a few films from 1911-1912 he used modelling and unmarked dummies, later almost simultaneously with the artist Boris Mikhin working for Khanzhonkov's company, he applied the arrangement of parquet and screens by the Fundus principle, as well as introducing the practice of papering the walls of the film studio with real wallpaper. As a designer Sabinski's greatest achievement was, in conjunction with Khanzhonkov, his

quello creativo si fonda sull'espressività interiore, sull'ipnosi del partner, sulla pausa, su allusioni emozionanti, su reticenze psicologiche. Il cinematografo con il suo silenzio può educare alla severità classica, così come in assenza di colori è classicamente severa una scultura... Non è lontano il tempo in cui si scriveranno sceneggiature in armonia con questo principio, scompariranno le didascalie e attraverso il corpo, attraverso il viso e gli occhi dell'attore si esprimerà il dramma psicologico dell'uomo. Non è forse questo il materiale per l'opera creativa dell'attore?" scriveva Mozžuhin nel 1918. Già allora si parlava correntemente di "scuola mozžuhiniana di recitazione sullo schermo". Un enorme successo di pubblico e critica gli procurarono i ruoli di German e del Principe Kasatskij nei film di Protazanov *Pikovaja Dama* (1916) e *Otec Sergij* (1918). Nel 1920 emigrò in Francia dove nell'arco di 6 anni, fino al 1926, interpretò con successo 9 film. Nel 1923 realizzò, su propria sceneggiatura, *Le Brasier Ardent*, in cui impersonò il ruolo principale di detective. Secondo quel che racconta Pierre Leprohon, proprio dopo aver visto questo film, Jean Renoir decise di "gettar via la ceramica e cimentarsi nel cinema". Nel 1927 Mozžuhin parte per Hollywood. Là egli gira un solo film (*Surrender*, con la regia di Edward Sloman) e, rotto il contratto, si reca in Germania. Ma neanche là ottiene dai film interpretati l'auspicato successo. Tornato a Parigi, dopo alcuni vani tentativi di rinnovare la gloria passata, muore di tisi galoppante. È sepolto nel cimitero di Sainte Geneviève des Bois. Svetlana Skovorodnikova

CZESLAW GENRIHOVIČ SABINSKI

Czeslaw Genrihovič Sabinski (1885-1941). Scenografo teatrale e cinematografico, regista di cinema e sceneggiatore. Di origine contadina, Sabinski si diplomò all'Istituto tecnico-professionale. Nel 1905 entrò nel dipartimento di pittura dell'Istituto di Pittura, Scultura e Architettura di Mosca dove, a intervalli, studiò fino al 1911. Costretto a guadagnarsi da vivere, iniziò abbastanza presto l'attività professionale di decoratore in varie imprese teatrali. Nella stagione 1908/1909 lavorò come scenografo al Teatro d'Arte di Mosca. Nel dicembre del 1909 fu invitato a dirigere la sezione di scenografia della filiale moscovita della Pathé, che dava inizio allora a una nutrita produzione di film su soggetti russi. Ben presto lo vediamo consulente del regista Maître nei film di vita popolare e allestitore delle scene in esterni. Contemporaneamente si distingue come uno dei migliori sceneggiatori della ditta (per il cinema russo scrisse circa 60 sceneggiature, di una parte delle quali fu anche regista). Lo stile scenografico di Sabinski era una riproduzione di ottima qualità dello stile "ultrarealistico" del Teatro d'Arte, ma si differenziava per risorse tecniche di assoluta avanguardia. Nella serie di film girati negli anni 1911/12 egli usa lo stucco e arredi veri, e in seguito, quasi contemporaneamente allo scenografo Boris Mihin, che lavora per Hanžonkov, adotta il parquet e i pannelli ("fundusnye") e riveste le pareti degli interni con autentiche carte da parati. Una grande innovazione di Sabinski-scenografo è quella introdotta in *1812 god*, film realizzato con la collaborazione di

work on the film *1812 god* (The Year 1812) during which with the help of the model that he constructed, they did mixed shoots of the fire of Moscow. After 1912 when the Pathé studio was taken over by P. Thiemann Sabinski continued to work on the sets of some productions in the Russian Golden Series (*Anna Karenina*). Sabinski designed the sets for about 60 films over his years in cinema, but by his own account he was involved in the production of almost 180 films. In 1914 he followed V. Gardin and Ya. Protazanov in leaving Thiemann to join I. Ermol'ev's company and opened a new chapter in his film work: directing. In this category Sabinski stood out for his voracious appetite for every kind of genre from comedy to melodrama; he was equally successful in each. But it was the films on variations in the themes of Russian airs and romances, his particular interest, that he became well known for. Sabinski's films under Ermol'ev were the backbone of the company's mass film production, they guaranteed its steady popularity with a wide range of viewers and strengthened the success of Protazanov's masterpieces. As a director Sabinski put the latest innovations percolating through Russian cinema to fruitful use. He resolutely avoided the formerly popular ethnographic films, and with some success tried to emphasise stylish acting ("on a velvet background"); the camera under his direction changed from being stationary, medium shots all the more often gave way to close-ups etc. At the end of 1917 the director left Ermol'ev's company for a few months for Kharitonov's but after a series of less successful productions he went back and continued there until the owner of the company and its leading members went to the south. Sabinski produced some films for the Moscow Cinema Committee (1918-1919) but after the destruction of film production he directed independent theatrical workshops for units of the Moscow Garrison until 1922. He began to teach and directed one of the training film studios (1923-1925). From 1924 for the next 10-12 years he returned to film direction and made a number of films in the studios of Moscow, Leningrad and the national republics. They were not particularly successful, the critics said that the "old master of the cinema" was applying methods from the melodramas of old to new subjects. In his last years of creative work Sabinski never regained his fame and he finished his days working in an unimportant capacity in the scenario section of the Lenfilm studio. Rashit Yangirov

WLADYSLAW ALEKSANDROWICZ STAREWICZ

Wladyslaw Aleksandrowicz Starewicz (1882-1965). Film and cartoon maker, scriptwriter, director, cameraman, artist, set and costume designer, photographer and actor, inventor. He was born in Moscow; his father was forced to move there after the failure of the Polish uprising in 1863. From 1887 he lived in the town of Kovno. He began to collect insects and study drawing. At the age of ten he made his own magic lantern. At secondary school he produced a satirical newspaper with his own verse, caricatures, riddles and drawings. Subsequently to paint the walls of a Roman

Hanžonkov, dove con l'aiuto del plastico da lui creato, effettuò le riprese dell'incendio di Mosca. Quando, nel 1912, lo studio Pathé passa nelle mani di Paul Thiemann, Sabinski continua il suo lavoro di scenografo per alcune produzioni della Serie d'Oro Russa (*Anna Karenina*). Come scenografo egli lavorò alla realizzazione di circa 60 pellicole (in tutta la sua carriera cinematografica, secondo il calcolo fatto da lui stesso, partecipò alla realizzazione di quasi 180 film). Nel 1914, al seguito di V. Gardin e Ja. Protazanov lascia Thiemann per I. Ermol'ev e inaugura un nuovo capitolo della sua attività cinematografica, quello della regia. Come regista lo si può definire assolutamente "onnivoro", poiché abbraccia con uguale successo vari generi, dalla commedia al melodramma. Ma particolare notorietà gli procurano i film del cosiddetto genere "canzonettistico", variazioni su temi di canzoni e romanze. I film girati da Sabinski per la Ermol'ev, costituiscono l'ossatura della produzione in serie della ditta. Essi gli procurano una duratura popolarità e assicurano successo ai capolavori di Protazanov. Come regista Sabinski utilizza felicemente le innovazioni introdotte nel cinema russo. Nei suoi film si allontana decisamente dall'etnografismo, già popolare, e cerca, non senza fortuna, di evidenziare la recitazione degli attori ("la recitazione su sfondo di velluto"); con lui la cinepresa perde la sua immobilità, il campo medio cede sempre più spesso il passo al primo piano ecc. Alle fine del 1917 il regista abbandona per alcuni mesi Ermol'ev e passa allo studio di D. Haritonov, ma dopo una serie di lavori poco fortunati torna sui suoi passi e continua a lavorare per Ermol'ev finché questi e i suoi principali collaboratori non sono costretti a trasferirsi a sud. Negli anni 1918-1919 Sabinski realizza una serie di film su commissione del Comitato Cinematografico Moscovita e, dopo il dissesto dell'industria cinematografica, lo vediamo dirigere alcuni studi teatrali di dilettanti nella sezione del presidio di Mosca. Negli anni 1923-1925 svolge la professione di insegnante ed è a capo di uno dei cinestudi-scuola. Nel 1924 ritorna alla regia cinematografica e nel corso dei successivi 10-12 anni gira una serie di film negli studi di Mosca, Leningrado e delle varie repubbliche. Questi non raccolgono particolari consensi e la critica osserva che "il vecchio maestro di cinema" riproduce nei nuovi soggetti i modi sorpassati del melodramma. L'ultimo periodo d'attività non restituì a Sabinski la passata notorietà ed egli concluse i suoi giorni con l'insignificante carica di collaboratore del reparto scenografico dello studio Lenfil'm. Rashit Yangirov

WLADYSLAW ALEKSANDROWICZ STAREWICZ

Wladyslaw Aleksandrowicz Starewicz (1882-1965). Creatore di film d'animazione, sceneggiatore, regista, operatore, scenografo e costumista, fotografo e attore, inventore. Nasce a Mosca dove il padre è costretto a trasferirsi dalla Polonia in seguito alla repressione della insurrezione polacca del 1863. Dal 1887 vive a Kovno. Comincia a far collezione d'insetti e impara a disegnare. All'età di dieci anni costruisce da solo una lanterna magica. Al ginnasio fonda un giornale satirico in cui stampa proprie poesie, caricature,

Catholic church, he began to work on drawings over his lifetime for postcards of paintings. Three years in a row he was awarded the first prize of the town of Kovno for his masked ball costumes. Interested in photography, he travelled around the local area while serving the government, shooting historical monuments, local folk ceremonies, views of the countryside. In 1909 he asked Khanzhonkov for support, the latter sold Starewicz a cine-camera and gave him some rolls of film on the condition that whatever Starewicz made would henceforth belong to Khanzhonkov's company. Starewicz's first film was a travelogue *Nad Nemanom* (Over the Nieman, 1909). By the following year he had already made two ethnographical films and was trying to film the amusing struggles of rogue stag beetles. After these unsuccessful attempts to force his unusual actors to do as he wished, he thought of making artificial beetles out of plasticine and pieces of wire. In 1912 his parody, using puppets, of the historical drama *Prekrasnaya Lyukanida ili Voina usachei i rogachei* (The Beautiful Leukanida Or the War of the Capricorn and the Stag Beetles) opened at cinemas in Moscow. "What is so amazing about this film is that the beetles portray the situation with such plausibility. When angry they shake their feelers and raise their horns, they march just like people... How is it all done? Not one of the viewers could explain it. If the beetles were performing then their trainer must be a man of magical endurance and patience. That the actors were indeed beetles is clear from careful examination of their appearance. However it was done we are face to face with the most startling phenomenon of our century, nothing like it has ever been seen in cinema before." (*Novosti vechera,* 1912). The VK described *Aviatsionnaya nedelya* (Aviation Week) thus: "One point in the film a performing dragonfly standing on a rose, without the slightest hesitation revolving the handle of the minute cinecamera and filming a butterfly flying around, literally strikes one. Of course everything is filmed life size, it amazes everyone and all praise the originality and innovation" (1912, No. 26). Long before the famous Canadian Norman McLaren, Starewicz showed his only graphic animated cartoon *Pegas i petukh* (Pegaus and the Cockerel) to celebrate the new year of 1913, he drew the finale straight on to the film frame by frame. He invented the technique of igniting film. The effect was such that at the first showing of the film *l'Arrivée d'un train* by the Lumière brothers all the people in the room ran for the exit. One of the first creators of animated cartoons he used the now popular technique of filming plasticine models, portraying the devil sliding out of a bottle of vodka in an anti-alcohol film *P'yanstvo i ego posledstviya* (Drunkenness and Its Consequences) in 1914. It is rare for a skilled cartoon maker – unprecedented in someone working with volume control – to achieve such a smooth combination of acting and puppeteering as Starewicz achieved in the romantic allegory *Liliya Bel'gii* (1915). From 1913 onwards Starewicz filmed mainly artistic films: *Strashnaya mest'* (The Terrifying Revenge, 1913), on the tale of the same title by N. Gogol', one of the first Russian films to gain worldwide recognition – it was awarded the Gold medal at the film competition during the international exhibition in Milan. In the film Starewicz mostly used techniques that were new to Russian

indovinelli e disegni. In seguito affresca le pareti della chiesa cattolica e si guadagna da vivere illustrando cartoline. Per tre anni di seguito riceve il premio della città di Kovno per le maschere da lui ideate. Si diletta di fotografia; durante i viaggi che compie per servizio nella provincia di Kovno, fotografa i monumenti storici, i riti folcloristici locali, i paesaggi. Nel 1909 chiede aiuto a Hanžonkov e questi gli vende una cinepresa e gli regala alcuni rulli di pellicola a condizione che tutto quello che realizzerà, diventerà da quel momento proprietà della ditta Hanžonkov. Il primo lavoro di Starewicz, è il film paesaggistico *Nad Nemanom* (Sul Niemen, 1909). Nell'anno seguente, dopo aver girato due film di genere entomologico, tenta di riprendere l'affascinante lotta dei cervi volanti. Dopo fallimentari tentativi di costringere all'azione questi insoliti attori, Starewicz arriva alla soluzione di creare degli insetti di plastilina e filo. Nel 1912 esce sugli schermi di Mosca la parodia marionettistica del dramma storico *Prekrasnaja Ljukanida ili vojna rogačej i usačej* (La bellissima Ljukanida ovvero la guerra dei cervi volanti e dei capricorni). "Ciò che è più degno di nota in questo film è che tutti i movimenti fatti dagli insetti hanno una sorprendente verosimiglianza. Quando sono irati scuotono le antenne e sollevano le corna e camminano proprio come esseri umani... Com'è ottenuto tutto questo? Nessuno di quelli che hanno visto il film è stato in grado di spiegarlo. Se i cervi volanti sono ammaestrati, allora l'ammaestratore deve essere una persona di una fermezza e di una pazienza magiche. Che i personaggi siano proprio cervi volanti, lo si vede chiaramente osservando con attenzione i particolari fisici. Ad ogni modo, noi assistiamo ad un importante evento del nostro secolo: finora mai niente di simile si era visto al cinema." ("Novosti večera", 1912). Su *Avjacjonnaja nedelja* (La settimana dell'aviazione) VK scriveva: "In un punto del film restiamo letteralmente sbalorditi nel vedere la libellula che, posata su di una rosa, senza por tempo in mezzo, gira la manovella di una cinepresa in miniatura e riprende una farfalla che vola lì vicino. Tutto è ripreso, s'intende, con la lente d'ingrandimento, tutto meraviglia e colpisce per originalità e novità (1912, n. 26)". Per la prima volta al mondo, molto tempo prima del famoso autore canadese Norman McLaren, la notte di capodanno del 1913 Starewicz mostra il suo unico film d'animazione grafica *Pegas i petuh* (Pegaso e il gallo), il cui finale è da lui disegnato direttamente sulla pellicola, un fotogramma dopo l'altro, e rappresenta l'incendio della medesima. L'effetto prodotto fu simile a quello suscitato dalla prima proiezione di *l'Arrivée d'un train* dei fratelli Lumière: i presenti si precipitarono verso l'uscita. Uno tra i primi autori di film d'animazione, egli ricorre all'uso della plastilina, ora divenuta popolare, per rappresentare nel film di propaganda contro l'alcolismo *P'janstvo i ego posledstvija* (L'ubriachezza e le sue conseguenze, 1914), un diavoletto che esce dalla bottiglia con la vodka. Raramente a uno dei maestri del cinema d'animazione (in quello tridimensionale, con tutta probabilità, non ci sono precedenti) riuscì di armonizzare in modo così organico la recitazione degli attori con quella dei pupazzi, come fece Starewicz nell'allegoria romantica *Lilija Bel'gi* (1915). Dal 1913 in poi Starewicz gira prevalentemente film a soggetto. *Strašnaja mest'* (La terribile vendetta,

cinema; tenfold exposure, rapid shooting and distorted optics. Another magical film on a Gogolian theme: *Noch pered Rozhdestvom* (Christmas Eve). Before the eyes of the viewers Ivan Mosjoukine playing the role of the devil suddenly starts to shrink and finally slips into Vakul's pocket, while flying through the night sky he grabs the brightly shining moon, and burning his paws hides it in his bosom. He had a varied range of subjects, from the political caricature of Wilhelm II – *Skazka pro nemetskogo groznogo voyaku Gogel' Mogelya i pro cherta Balbesku* (The Tale of the Terrible Warrior Hogel-Morel and the Devil Balbesk, 1914) – to the erotic farce *Zhenshchiny kurorta ne boyatsya dazhe charta* (The Ladies at the Spa Are Not Even Afraid of the Devil, 1916). Starewicz made many films from Russian literature on the themes of Gogol, Pushkin, Lermontov and Ostrovskii. In 1919 Wladyslaw Starewicz left his homeland for good. In Russia he made about 50 feature films. His last film made there was *Zvezda morya* on Locke's novel *Stella Maris*, where for the first time in the Russian cinema, he used dissolves, complex repeated expositions, camera rotated on its axis and superimpositions for the fantasy story of a lace palace standing on the waves of the sea, the palace orchestra was made up of child musicians 2-3 vershki (7 inches) high. This was the only film which Khanzhonkov took into emigration. He used the proceeds from its sale to work on the invention of sound films which occupied the Russian cinema entrepreneur in the 1920's. In the autumn of 1919 Starewicz with a group of Russian actors from the Moscow Art Theatre went to Italy at the invitation of the Icarus-Film company and from there on to France where he devoted himself solely to volume cartoons, making 30 films and about 20 advertising reels. Vladimir Antropov

PAVEL GUSTAVOVICH THIEMANN

Pavel [Paul] Gustavovich Thiemann [Timan] (1881-?). Cinema entrepreneur. From a well to do Baltic family, with a good education and speaking several European languages fluently, "an elegant young man" (KZh, 1912, No. 17, 33) Thiemann ended up in Paris in 1902 and being interested in the cinema he began working at Gaumont. His enthusiastic energy and drive brought him to the attention of the management and in 1904 he was sent to Russia to organise the Moscow distribution office. The growing competition with Pathé and the emerging Russian film companies led Thiemann to look for and find more varied business activities. So that it was undoubtedly due to his initiative that in 1907 the first "Russian" newsreels were distributed by Gaumont with great success both in Russia and abroad. In January 1909 Thiemann left Gaumont and, having secured the financial support of Moscow industrialists, opened the Trading House of P. Thiemann, F. Reinhardt and Osipov, he was the owner in all but name since he determined all the production and artistic programme. He started by hiring out foreign but mainly Italian (Ambrosio) films, but in the autumn of the same year he followed A. Drankov and A. Khanzhonkov into film production. Adding the Gloria distribu-

1913), dalla novella omonima di N. Gogol', fu uno dei primi film russi ad ottenere fama mondiale, vincendo la medaglia d'oro alla mostra mondiale del cinema a Milano. In questo film Starewicz adotta molte innovazioni per la cinematografia russa: l'esposizione decupla, la ripresa accelerata, l'ottica alterata. Un altro film fantastico tratto da Gogol', è *Noc' pered Roždestvom*. Davanti agli occhi degli spettatori il Diavolo, impersonato da Ivan Možuhin, incomincia inaspettatamente a rimpicciolire e infine s'insinua nella tasca di Vakule, volando nel cielo notturno afferra la luna e, bruciacchiandosi le zampe, se la nasconde in grembo. La gamma dei soggetti dei suoi film è molto vasta e va dalla caricatura politica su Guglielmo II *Skazka pro nemeckogo groznogo vojaky Gogel'mogel'ja i pro čerta Balbesky* (Favola del terribile guerriero tedesco Gogel'-Mogel' e del diavolo Citrullone, 1914), alla farsa erotica *Zenščiny kurorta ne bojatsja daže čerta* (Le donne delle stazioni termali non temono neanche il diavolo, 1916). Inoltre produce molti adattamenti di opere letterarie, di Gogol', Puškin, Lermontov, Ostrovskij. Nel 1919 abbandona la patria. In Russia ha realizzato circa 50 film a soggetto. L'ultimo film prodotto in patria è *Zvezda Morja* (Stella del mare) dal romanzo di Locke *Stella Maris* dove per la prima volta nel cinema russo egli usa le dissolvenze, le complesse esposizioni ripetute, la rotazione della macchina da presa intorno all'asse, le riprese combinate per il racconto fantastico del palazzo di merletto che si erge proprio sulle onde del mare, e dell'orchestra di palazzo, composta da musici in miniatura, alti 2-3 verscioki (una decina di centimetri). Fu l'unico film che Hanžonkov portò con sé quando emigrò. I soldi ricavati dalla vendita di questo film servirono al lavoro di messa a punto del cinema sonoro, di cui l'impresario russo si occupò negli anni Venti. Nel 1919, su invito della Icarus-Film, Starewicz si reca in Italia insieme ad un gruppo di attori del Teatro d'Arte di Mosca e di lì in Francia dove si occupa esclusivamente di animazione tridimensionale, e realizza 30 pellicole e circa 20 filmini pubblicitari. Vladimir Antropov

PAVEL GUSTAVOVIČ THIEMANN

Pavel [Paul] Gustavovič Thiemann [Timan] (1881-?). Produttore cinematografico. Di facoltosa famiglia tedesca, colto, perfetto conoscitore di alcune lingue europee, "giovane di belle speranze" (KŽ, 1912, n. 17, 33) nel 1902 lo troviamo a Parigi dove, interessandosi di cinema, entra nella ditta Gaumont. Il suo senso degli affari e il suo spirito d'iniziativa richiamano l'attenzione dei proprietari, che nel 1904 lo mandano in Russia per organizzare una filiale di distribuzione a Mosca. L'acuirsi della competizione con la ditta Pathé e la nascente cinematografia russa lo inducono a battere nuove strade. Così, senz'altro per sua iniziativa, nell'autunno del 1907 la Gaumont produce i primi documentari di attualità "russi" che riscuotono molto successo in patria e all'estero. Nel gennaio del 1909 Thiemann lascia la Gaumont e, assicuratosi l'appoggio finanziario di alcuni industriali moscoviti, apre

tion office to his company he released several not very successful films on subjects from Russian history *Smert' Ioanna Groznogo* (The Death of Ivan the Terrible) etc. In 1912 Thiemann took over the film studios of the Moscow offices of Pathé. Keeping its basic creative and technical structure he began from that September to release films for the Russian Golden Series (RZS) – designed to be analogous to the Film d'Art and the Serie d'Oro Ambrosio. The films were meant to be illustrations of popular fiction and drama to meet the taste of the general town viewer and over a number of years seriously competed with Khanzhonkov's films. This competition between Khanzhonkov and Thiemann for viewers was in the style of the time more than once marked by parallel productions and "disruptions" – *Voina i mir* (War and Peace) – poaching of creative skills etc. Apart from this the RZS films had such a strong market position that they were not even affected by the departure of the leading directors V. Gardin and Ya. Protazanov in 1915. They were replaced by Vs. Meyerhold, V. Viskovskii, M. Bonch-Tomashevskii, A. Ural'skii etc. Thiemann was fortunate to secure the support of the management of the Moscow Art Theatre and other leading Moscow theatres which had previously prevented their actors taking part in film production. The outbreak of the First World War put an end to Thiemann's success. By a miracle his film studio was completely untouched by an anti-German pogrom organised by the authorities. The summer of the following year Thiemann himself, considered politically unreliable as a German national, was expelled to the Urals (possibly, not without the concurrence of his competitors). However he continued to run the business from exile through his wife Elizabeth Thiemann who displayed exceptional commercial and organisational talents: *Ukhod velikogo startsa* (The Great Man Goes for a Walk). The war and constant loss of leading employees – on mobilisation the actor V. Shaternikov, and the camera man A. Levitskii, etc left – weakened Thiemann's company. At the same time I. Ermol'ev and D. Kharitonov were becoming established in the world of Russian cinema and overshadowing Khanzhonkov himself. This finally relegated the films of the RZS to provincial screens. However they continued to be released under the name of the Era studio until mid 1918, stopping because of the general crisis of Russian film-making. Paul Thiemann returned from exile in the spring of 1917 but, unable to regain his former position, he left Russia the following year. The rest of his life is unknown to us. Rashit Yangirov

la Casa di Commercio P. Thiemann, F. Reinhardt e Osipov, divenendone di fatto il proprietario in quanto responsabile della produzione e del programma artistico. Cominciando col noleggio di film esteri e soprattutto italiani (della Ambrosio), nell'autunno dello stesso anno egli si lancia nella produzione in proprio, seguendo l'esempio di A. Drankov e A. Hanžonkov. Così associando alla ditta l'ufficio di distribuzione Gloria, realizza una serie, invero non molto fortunata, di film su soggetti tratti dalla storia russa (*Smert' Joanna Groznogo* e altri). Nel 1912 Thiemann acquista gli studi di ripresa della filiale moscovita della Pathé e, mantenendone sostanzialmente la struttura artistica e tecnica, inizia, dal settembre dello stesso anno, la messa in circolazione dei film della *Russkaja Zolotaja Serija* (Serie d'Oro Russa), analoga per concezione alla Film D'Art e alla Serie d'Oro Ambrosio. I film della Serie d'Oro Russa, che sono trasposizioni cinematografiche di narrativa popolare e di drammaturgia, rispondono al gusto dello spettatore medio e per molti anni fanno seria concorrenza ai film di Hanžonkov. La lotta tra Thiemann e Hanžonkov per accaparrarsi lo spettatore è, secondo lo stile dell'epoca, caratterizzata da reiterate messe in scena parallele, da "sabotaggi" – *Vojna i mir* (Guerra e Pace) – da "adescamenti" reciproci di artisti ecc. Con tutto ciò la posizione della Serie d'Oro sul mercato cinematografico è così solida che non viene indebolita neanche in seguito all'abbandono dei suoi principali registi, Gardin e Protazanov, nell'aprile del 1915. A dare loro il cambio arrivano Meierhol'd, Viskovskij, Bonč-Tomaševskij, Ural'skij ed altri; Thiemann riesce ad assicurarsi l'appoggio dei direttori del Teatro d'Arte e di altri teatri moscoviti di primo piano, che fino ad allora avevano vietato ai propri attori di girare film. L'inizio della Prima guerra mondiale pose fine ai successi di Thiemann. Ai primi d'agosto del 1914 il suo studio cinematografico scampò miracolosamente ad un pogrom anti-tedesco, organizzato dal potere. L'estate successiva lo stesso Thiemann, considerato sospetto in quanto cittadino tedesco, viene deportato (forse non senza la complicità dei suoi concorrenti) da Mosca negli Urali. Comunque, anche dall'esilio egli continuò a dirigere gli affari della ditta attraverso la moglie Elizaveta Thiemann che dette prova di straordinarie capacità commerciali e organizzative (*Uhod velikogo starca*). La guerra indebolì non poco la ditta Thiemann anche per le continue chiamate al fronte dei suoi principali collaboratori: a causa della mobilitazione se ne andarono l'attore V. Šaternikov, l'operatore A. Levickij ed altri. Il contemporaneo affermarsi nel mondo cinematografico di I. Ermol'ev e D. Haritonov, che avevano ostacolato il potere dello stesso Hanžonkov, finì col ridurre agli schermi di provincia i film della Serie d'Oro. La produzione, tuttavia, continuò fino alla metà del 1918 con il marchio dello studio Era e s'interruppe al momento della crisi generale del cinema russo. E così Thiemann, tornato dall'esilio nella primavera del 1917, non fu in grado di recuperare la posizione perduta e l'anno successivo abbandonò la Russia. La sua vita da questo momento in poi ci è sconosciuta. Rashit Yangirov

VALENTIN KONSTANTINOVICH TURKIN

Valentin Konstantinovich Turkin (1887-1958). Film critic and theoretist, screenwriter and teacher. A graduate of the Moscow University law faculty in 1915 he began to work on the journals: *Vestuik Kinematografii* and *Pegas* published by A. Khanzhonkov & Co. under several pseudonyms: Veronin, Strigozhskii, T., Yanus, Duleb, Konstantinovich, Lel', Shmel' etc. Apart from many reviews and pamphlets, he also published theoretical works on the principles of writing scenarios. Opportunely at a time when the producer's assistant imagined superficial notes disappearing straight after the film was finished, Turkin saw the future in this emerging form of literature and tried in his articles to work out its structure. He called on film producers to utilise social psychological novels for the screen considering them "the only interesting literature for cultured people". "The art of screening – he underlined – is dramatic above all else... subjects whether they be a story, an anecdote are only valuable for how successfully they can create motifs for portraying the intimate history of the heroes". In his opinion the scriptwriter must learn the particular dramatic language of the screen while the director must develop literary taste. Apart from this it is always important to remember that the nature of the filmmaker is creative. Turning from the tasks of the scriptwriter to those of direction Turkin called on directors to "study each of your actors and show his face clearly only when he can contribute an interesting and significant image. At any other time you could and should stick to the symbolism of posing and not only move the actor out of the foreground but seat or stand him with his back to the camera". By the way Turkin wrote the first analysis of the films of the great director of early Russian cinema Evgenii Bauer to be published in the Russian press. In it he mentioned the director's penchant for complicated and splendid sets and his particular interest in staging action, Turkin also thought that Bauer did not always pay enough attention to his treatment of the psychological side of the subject. The problems of styles of acting did not escape Turkin's critique either. He was particularly interested in Vera Kholodnaya. What drew his interest was her portrayal of true suffering on the screen without any theatrical training or drawing upon stage techniques or skills. "Vera Kholodnaya should remain Vera Kholodnaya. Let her skill remain limited and unvaried. Let her a thousand times portray on the screen the same image of a woman, in whose charm you believe, the truth of which you accept is the most perfect lie of art". At the same time as his journalistic activities Turkin worked on film dramas. Among the productions of his scenarios are *Grezy* (Daydreams), *Venetsianskii chulok* (The Venetian Stocking, 1915), *Serdtse ishchet ego v odinokoi toske* (The Heart Seeks Him in Lonely Grief, 1917) and a number of well known titles of the 20's. Teacher, director of the drama department, head of the State Technical College of Cinematography (subsequently VGIK). The author of the books: *The Dramatic Theory of the Cinema* (1938), *The Art of the Cinema and its Dramatic Theory* (1958). Svetlana Skovorodnikova

VALENTIN KOSTANTINOVIČ TURKIN

Valentin Kostantinovič Turkin (1887-1958). Critico, teorico del cinema, sceneggiatore e insegnante. Dopo aver portato a termine gli studi di giurisprudenza presso la facoltà di diritto dell'Università di Mosca, nel 1915 comincia, con gli pseudonimi di Veronin, Strigožskij, T., Janus, Duleb, Konstantinovič, Lel', Šmel' ed altri, a collaborare attivamente alle riviste "Vestnik Kinematografii" e "Pegas" finanziate dalla Società per Azioni "A. Hanžonkov i Co.". Oltre ad innumerevoli pamphlet e recensioni, egli pubblicò scritti teorici, dedicati al problema della sceneggiatura. In un tempo in cui il copione era formato da pochi appunti destinati a sparire subito dopo aver girato la pellicola, Turkin intuì l'enorme futuro di questo genere letterario appena agli albori e cercò nei suoi articoli di studiarne le leggi. Egli invitò i cineasti a presentare sullo schermo romanzi di tipo psicologico-sociale, ritenendoli "l'unica letteratura interessante per persone istruite". "L'arte del cinema – affermava – è innanzitutto drammatica... trama o aneddoto, il soggetto ha valore solo in quanto offre, più o meno felicemente, il pretesto di portare alla luce il conflitto dei personaggi". Secondo la sua opinione gli autori di sceneggiature devono dominare la lingua drammatica propria dello schermo, e i registi sviluppare un gusto letterario. Ciò tenendo sempre ben presente la natura creativa del cinema. Passando dai compiti dello sceneggiatore a quelli del regista, Turkin invitava quest'ultimo a "studiare ogni proprio attore e mostrare in primo piano il suo volto solo quando esso offre un'immagine interessante e significativa. In tutti gli altri casi si può e si deve ricorrere al simbolismo della posa, non soltanto tenendo l'attore lontano dal primo piano, ma anche facendogli volgere la schiena alla macchina da presa". È Turkin – ricordiamo – che firma la prima analisi apparsa sulla stampa russa dei film del più grande regista di cinema russo, Evgenij Bauer. In essa, mettendo in rilievo la predilezione di Bauer per una scenografia complessa e sfarzosa, e il particolare interesse per la strutturazione dell'azione, Turkin riteneva, allo stesso tempo, che Bauer non sempre attribuisse sufficiente attenzione alla rielaborazione dei risvolti psicologici del soggetto. Né sfuggirono all'attenzione del critico i problemi della recitazione degli attori. Era particolarmente attratto da Vera Holodnaja, la quale, non provenendo da una scuola teatrale, riusciva a comunicare sullo schermo le emozioni in modo spontaneo, senza gli appesantimenti dei trucchi e dei procedimenti scenici: "Vera Holodnaja deve rimanere Vera Holodnaja. Che la sua finzione sia pure poco differenziata, ma che appaia pur anche per la millesima volta nella stessa immagine di donna, nel cui fascino credi, la cui sincerità si rivela la bugia più perfetta dell'arte". Parallelamente alla sua attività giornalistica, Turkin si occupò di drammaturgia. Tra le sceneggiature da lui composte ricordiamo *Grězy, Venecianskij čulok* (La calza veneziana, 1915), *Serdce iščet ego v odinokoj toske* (Il cuore lo cerca in solitaria tristezza, 1917) ed altri famosi titoli degli anni Venti. Fu insegnante, titolare della cattedra di drammaturgia e rettore dell'Istituto Statale di Drammaturgia, in seguito VGIK. Autore dei libri: *Dramaturgia kino* (La drammaturgia del cinema, 1938) e *Iskusstvo kino i ego dramaturgija* (L'arte del cinema e la sua drammaturgia, 1958). Svetlana Skovorodnikova

VYACHESLAV KAZIMIROVICH VISKOVSKII

Vyacheslav Kazimirovich Viskovskii (1881-1933). Theatre and cinema director and actor. On graduating from Odessa Grammar School he studied in the Moscow Imperial College of Theatre. From 1904 to 1914 he acted successfully in the provincial theatres of Russia: Odessa, Kiev, Ekaterinburg, Astrakhan etc. He spent the 1914-1915 season acting in F. Korsh's theatre group in Moscow. In Autumn 1915 Viskovskii entered the cinema and, changing his actor's cloak for that of director, he soon became one of a group of leading masters of Russian cinema. From 1915 to 1919 working with P. Thiemann, A. Drankov, D. Kharitonov etc he directed about 60 films, mainly screenings of classics from literature and the theatre (*Ottsy i deti* [Fathers and Sons, 1915]), contemporary fiction, (*Vanchal ikh Satana* [Married by Satan, 1917]), and not infrequently wrote the scripts for cinema productions of his own: *Alim, krymskii razboynik* (Alim, the Crimean Brigand, 1916), *Ego glaza* (His Eyes, 1916), *Poslednee tango* (The Last Tango, 1918). Viskovskii's films were very popular, they stood out for their first rate directorship, scenery and camera work, and the popular actors (V. Pavlova, M. Goricheva, V. Kholodnaya, V. Yanova, M. Doronin, O. Runich, O. Frolikh, I. Khudoleev) who acted in them. Viskovskii usually chose to direct psychological drawing-room dramas. These were popular in the Russian cinema from about the time of the outbreak of the first world war. Apart from that he successfully proved his skill in producing slapstick comedies, adventure films and made a few of the series of "exposé" films which appeared in abundance after the victory of the February Revolution in 1917: *Pod oblomkami samoderzhaviya* (Beneath the Fragments of the Autocracy). The last years of Russian cinematography were particularly productive for the director, establishing him as a master of psychological film-making. In 1920-21, after the destruction of film production, Viskovskii returned to the theatre, working with the travelling agitational theatre collectives. In 1922 he went to the USA, where he headed the Jewish Arts Theatre and at the same time tried unsuccessfully to be accepted into Hollywood. In 1924 he returned home and began to work in Soviet Cinema at the Sevzapkino Studio in Leningrad. His first attempts to create revolutionary cinema epics like *Krasnye partizany* (The Red Partisans), *Devyatoe yanvarya* (The Ninth of January), faithfully reconstructing historical events and using extravagant mass scenes (undoubtedly taken from American cinema), were unsuccessful. The old-fashioned methods of illustration and portrayal of ideas, the transparent theatricality of the mise-en-scène, the "psychology" of the acting style, as well as the "insufficient ideological emphases" drew sharp official criticism and little interest from the viewers. His attempts to continue making comedies were also unsuccessful – the film *Chai* (Tea) was banned from the screen by the censors for lack of ideological content. Viskovskii's search for a genre led him back to the historico-ethnographical material of the peoples of the Soviet East, and he made a number of films (*Minaret smerti* [The Minaret of Death], *Khabu, Tret'ya shena mully* [The Mull's Third Wife]), which though bearing his hallmark of quality deliberately followed

VJAČESLAV KAZIMIROVIČ VISKOVSKIJ

Vjačeslav Kazimirovič Viskovskij (1881-1933). Regista, attore di teatro e di cinema. Dopo essersi diplomato al ginnasio di Odessa, studiò presso l'Istituto Teatrale Imperiale di Mosca. Dal 1904 al 1914 fece con successo l'attore nei teatri provinciali russi (Odessa, Kiev, Ekaterinburg, Astrahan e altri). Nel 1914/15 fece parte della troupe del teatro moscovita di F. Korš. Nell'autunno del 1915 approdò al cinema e abbandonando i panni di attore per quelli di regista, divenne in breve uno dei principali maestri del cinema russo. Nel periodo 1915/19 lavorò per le ditte di P. Thiemann, A. Drankov, D. Haritonov ed altre, dove realizzò circa 60 film, principalmente adattamenti cinematografici di classici della letteratura e del teatro (*Otcy i deti,* 1915), di narrativa contemporanea (*Venčal ih Satana*, 1917), spesso occupandosi anche delle sceneggiature dei propri film (*Alim, krymskij razbojnik* e *Ego glaza*, 1916, *Poslednee tango*, 1918). Le pellicole di Viskovskij, contrassegnate da una regia di alta professionalità, dalla recitazione di attori popolari, quali V. Pavlova, M. Goričeva, V. Holodnaja, V. Janova, M. Doronin, O. Runič, O. Frelih, I. Hudoleev, da un eccellente lavoro di scenografi e operatori, godettero di un insolito successo di pubblico. La sua attività di regista fu caratterizzata da un costante interesse per il genere psicologico da salotto, genere che si affermò nel cinema russo all'inizio della Prima guerra mondiale. Viskovskij dimostrò tuttavia uguale maestria nella realizzazione di commedie buffe e di film di avventura e non trascurò neanche di cimentarsi in una serie di pellicole "di denuncia", che fecero la loro numerosa comparsa immediatamente dopo la vittoria della rivoluzione di febbraio del 1917: *Pod oblomkami samoderžavija*. Gli ultimi anni della cinematografia russa, particolarmente produttivi per il regista, confermarono definitivamente la sua fama come maestro del cinema di introspezione psicologica. Negli anni 1920/21, in seguito alla crisi dell'industria cinematografica, Viskovskij torna al teatro e lavora con i collettivi teatrali itineranti di propaganda. Nel 1922 va negli Stati Uniti dove dirige il Teatro d'Arte Ebraico, cercando contemporaneamente (in realtà senza riuscirvi) di affermarsi a Hollywood. Nel 1924 ritorna in patria e riprende a lavorare nel cinema sovietico presso lo studio Sevzapkino (Leningrado). I primi tentativi di creare epopee rivoluzionarie *Krasnye partizany* (I partigiani rossi), *Devjatoe Janvarja* (Nove Gennaio), che ritraevano autentici episodi storici ed erano costellate di scene di massa (la cui regia gli era senza dubbio stata suggerita dal cinema americano) non ebbero successo. Un linguaggio cinematografico datato (criterio illustrativo, eccessiva teatralità della messa in scena, "psicologismo" della recitazione), nonché "la carenza di incisività ideologica" suscitarono un serio risentimento da parte della critica e uno scarso interesse da parte degli spettatori. Sfortunato apparve anche il tentativo di rivolgersi al genere della commedia – il film *Čaj* (Tè) fu proibito dalla censura in quanto opera senza ideali. Alla ricerca di un nuovo genere Viskovskij si rivolse allora ai materiali storico-etnografici dei popoli dell'Oriente sovietico e realizzò una serie di film come *Minaret smerti* (Il minareto della morte), *Habu, tretja žena mully* (La terza moglie del mullah) che, conservando interamente la sua impronta creativa, erano intenzional-

the principles of revolutionary ideology. While pleasing the mass viewers Viskovskii's cinema exotica attracted sharp and negative criticism from the authorities. An unprecedented press campaign of persecution surrounded the director which led to all his films being withdrawn from the screen and he himself excluded from film production as a "supporter of reactionary groups" went through a serious psychological and creative crisis. In his last years he was forced to return to acting at intervals character roles: *Oblomov Imperii* (A Fragment of Empire) by F. Ermler and so on. Rashit Yangirov

mente intrisi di ideologia rivoluzionaria. Accolti favorevolmente dal pubblico, questi film esotici ricevettero una violenta valutazione negativa da parte della critica. Il regista divenne il bersaglio di una campagna di stampa denigratoria senza precedenti. Tutti i suoi film furono ritirati dalla distribuzione ed egli, allontanato dalla regia in quanto "lavoratore di formazione reazionaria", attraversò una profonda crisi psichica e creativa. Negli ultimi anni della sua vita fu costretto a ritornare all'attività di attore, recitando saltuariamente in ruoli di caratterista: *Oblomok imperij* (Un frammento dell'impero) di F. Ermler e altri. Rashit Yangirov

MEMOIR SOURCES

In quotations from memoir texts the dates shown next to the author's surname correspond either to the year of publication of the text of the quoted memoir or to the date of writing if unpublished. The absence of a date on memoir fragments indicates that the memoirs were not dated by the author. The presumed date is shown in square brackets in this list. The memoirs, which are cited, by the director Boris Vital'evich Chaikovskii (1884-1924) are likewise not dated and were presumably written in the last year of his life. Where there is no indication in this list of either publication details or archival sources, the memoirs are kept in the Manuscript Department of the Central Museum of Cinema.

M. Aleinikov, 1947. *Puti sovetskogo kino i MKhAT* (The Paths of Soviet Cinema and the Moscow Art Theatre), Moscow: 1947.

M. Aleinikov. *Zapiski kinematografista* (Notes of a Film-maker), TsGALI SSSR, 2734/1/19 [1950s].

V. Ballyuzek. *Vospominaniya* (Memoirs), TsGALI SSSR, 2637/1/22 [1950s].

V. Ballyuzek, 1968. *Na s'emkakh "Pikovoi damy"* (Shooting *The Queen of Spades*), *Iz istorii kino*, 7, Moscow: 1968.

Z. Barantsevich, 1965. *Lyudi i vstrechi v kino* (People and Encounters in Cinema), *Kino i vremya*, 4, Moscow: 1965.

A. Bek-Nazarov, 1965. *Zapiski aktera i kinorezhissera* (Notes of an Actor and a Film Director), Moscow: 1965.

N. Branitskii. *Vospominaniya o Stareviche* (Reminiscences of Starewicz), 1946.

V. Brender. *N. M. Radin na moskovskoi stsene: "Vospominaniya o N. M. Radine"* (N. M. Radin on the Moscow Stage: "Reminiscences of N. M. Radin"), no page numbers, Memoir Collection of the RSFSR Union of Theatre Workers [1950s].

B. Chaikovskii. *Zapiski rezhissera: iz dalekogo proshlogo* (Notes of a Director: From the Distant Past).

P. Chardynin, 1926. *Rozhdenie russkoi kinematografii* (The Birth of Russian Cinema), *Kinogazeta*, 1926, No. 35.

FONTI DELLE MEMORIE

Nelle citazioni di testi di memorie, la data posta accanto al cognome dell'autore corrisponde o all'anno di pubblicazione del testo delle memorie citate o, in caso di non edizione delle stesse, all'anno in cui sono state scritte. L'assenza di datazione dei frammenti delle memorie indica che queste non sono state datate dai loro autori. La datazione presunta è segnalata quindi entro parentesi quadre in questo elenco. Anche le memorie, citate, del regista Boris Vital'evič Čajkovskij (1884-1924) non sono datate e, presumibilmente, risalgono agli ultimi anni della sua vita. In assenza di altra indicazione nel presente elenco, per i dati di pubblicazione o le fonti di archivio, le memorie sono conservate nella sezione Manoscritti del Museo Centrale del Cinema.

M. Alejnikov, 1947. *Puti sovetskogo kino i MHAT* (Itinerari del cinema sovietico e del Teatro d'Arte di Mosca), Mosca 1947.

M. Alejnikov. *Zapiski kinematografista* (Appunti di un cineasta), CGALI SSSR, 2734/I/19, [anni '50].

V. Balljuzek. *Vospominanija* (Memorie) CGALI SSSR, 2637/I/22, [anni '50].

V. Balljuzek, 1968. *Na s'emkah "Pikovoj damy"* (Le riprese della *Donna di Picche*) in *Iz istorii kino*, 7., Mosca 1968.

Z. Barancevič, 1965. *Ljudi i vstreči v kino* (Gente e incontri nel cinema), in *Kino i vremja*, 4., Mosca 1965.

A. Bek-Nazarov, 1965. *Zapiski aktera i kinorežissera* (Appunti di un attore e di un regista), Mosca 1965.

N. Branickij. *Vospominanija o Stareviče* (Ricordi di Starewicz), [1946].

V. Brender. *N.M. Radin na moskovskoj scene: Vospominanija o N.M. Radine* (N.M. Radin sulla scena moscovita. Ricordi di N.M. Radin), s.p., Raccolta delle memorie dei membri dell'Unione teatrale dell'RSFSR, [anni '50].

B. Čajkovskij. *Zapiski režissera: iz dalekogo prošlogo* (Appunti di un regista, da un lontano passato).

P. Čardynin, 1926. *Roždenie russkoj kinematografii* (La nascita della cinematografia russa), in *Kinogazeta*, 1926, n. 35.

M. Chekhov, 1926. *Put' aktera,* Moscow: 1926, reprinted in: *Literaturnoe nasledie v 2-kh tomakh* (Literary Legacy in 2 vols.), vol. 1 Moscow: 1986. Quotations from this edition.

L. Forestier, 1945. *Velikii Nemoi. Vospominaniya kinooperatora* (The Great Silent. The Memoirs of a Cameraman).

V. Gaidarov, 1966. *V teatre i kino* (In Theatre and Cinema), Moscow: 1966.

V. Gardin, 1949. *Vospominaniya, tom I* (Memoirs, vol. 1), Moscow: 1949.

N. Gofman, 1946. *How I Was Son'ka with the Golden Hand.*

N. Gofman, 1965. *Proshloe* (The Past), *Kino i vremya,* Moscow: 1965.

M. Goricheva. *Shtrikhi i klochki vospominanii iz proshlogo kinematografii* (Bits and Pieces of Reminiscences About Cinema's Past), [1946].

S. Goslavskaya, 1974. *Zapiski kinoaktrisy* (Notes of a Film Actress), Moscow: 1974.

N. Insarova, 1958. *Moi put: 25 let na stsene periferiinogo teatra* (My Path: 25 Years on Stage in the Periphery), no page numbers, Memoir Collection of the RSFSR Union of Theatre Workers.

A. Ivanovskii, 1967. *Vospominaniya kinorezhissera* (The Memoirs of a Film Director), Moscow: 1967.

V. Kas'yanov, 1946. *Vblizi kinoiskusstva* (Close to Film Art).

A. Khanzhonkov, 1936. *Pervyi russkii kinorezhisser* (The First Russian Film Director).

A. Khanzhonkov, 1937-I. *Pervye gody russkoi kinematografii* (The First Years of Russian Cinema), Moscow: 1937.

A. Khanzhonkov, 1937-II. *Dorevolyutsionnye instsenirovki A. S. Pushkina, "Iskusstvo kino"*, 1937, No. 2.

A. Khanzhonkov, 1938. *Pervyi mul'tiplikator* (The First Animator), *Iz istorii kino*, 5, Moscow: 1968.

V. Khanzhonkova, 1946. *Stranitsy iz proshlogo: zapiski montazhnitsy* (Pages from the Past: An Editor's Notes).

V. Khanzhonkova, 1962. *Stranitsy proshlogo* (Pages from the Past) *Iz istorii kino*, Moscow: 1962.

A. Khokhlova, 1979. *Prikhod v kino* (Coming into Cinema), in *Kinematograficheskoe nasledie L. V. Kuleshova. Stat'i i materialy* (The Cinema Legacy of L. V. Kuleshov. Articles and Materials), Moscow: 1979.

L. Koreneva, 1965. Conversation between T. Ponomareva and L. M. Koreneva, 27 November 1965, Yuri Tsivian Collection.

S. Kozlovskii, 1968. *Smysl moei zhizni* (The Sense of My Life), *Iz istorii kino*, 7, Moscow: 1968.

G. Kruchinin. *Stupeni zhizni* (The Stages of Life), no page numbers, Memoir Collection of the RSFSR Union of Theatre Workers [1950s].

L. Kuleshov, 1975. *Pyat'desyat let v kino* (Fifty Years in Cinema), Moscow: 1975.

P. Leont'ev. *Otryvki vospominanii* (Memoir Fragments), [1946].

A. Levitskii, 1964. *Rasskazy o kinematografe* (Tales of Cinema), Moscow: 1964.

B. Mikhin, 1946. *Otryvki iz proshlogo* (Fragments of the Past).

M. Čehov, 1926. *Put' aktera* (La strada di un attore), Mosca 1926, ristampato in *Literaturnoe nasledie v 2-h tomah* (Eredità letteraria in 2 tomi), tomo I, Mosca 1986. Citazioni da questa edizione.

L. Forestier, 1945. *Velikij Nemoj. Vospominanija kinooperatora* (Il grande Muto. Mmemorie di un cameraman), Mosca 1945.

V. Gajdarov, 1966. *V teatre i kino* (Al teatro e al cinema), Mosca 1966.

V. Gardin, 1949. *Vospominanija* (Memorie), tomo I, Mosca 1949.

M. Goričeva. *Štrihi i kločki vospominanij iz prošlogo kinematografii* (Pezzi e frammenti di memorie sul cinema del passato), [1946].

S. Goslavskaja, 1974. *Zapiski kinoaktrisy* (Appunti di un'attrice del cinema), Mosca 1974.

N. Gofman, 1946. *Kak ja byla Son'koj Zolotoj ručkoj* (Come sono diventata Sonia manina d'oro).

N. Gofman, 1965. *Prošloe* (Il Passato), in *Kino i vremja*, 4., Mosca 1965.

A. Hanžonkov, 1936. *Pervyj russkij kinorežisser* (Il primo regista cinematografico russo).

A. Hanžonkov 1937-I. *Pervye gody russkoj kinematografii* (I primi anni della cinematografia russa), Mosca 1937.

A. Hanžonkov, 1937-II. *Dorevoljucionnye inscenirovki A.S. Puškina* (Gli adattamenti cinematografici pre-rivoluzionari delle opere di A.S. Puskin), in "Iskusstvo kino", n. 2, 1937.

A. Hanžonkov, 1938. *Pervyj mul'tiplikator* (Il primo animatore), in *Iz istorii kino*, 7., Mosca 1968.

V. Hanžonkova, 1946. *Stranicy iz prošlogo: zapiski montažnicy* (Pagine del passato: appunti di una addetta al montaggio).

V. Hanžonkova, 1962. *Stranicy prošlogo* (Pagine del passato), in *Iz istorii kino*, 5., Mosca 1962.

A. Hohlova, 1979. *Prihod v kino* (L'avvento del cinema), in *Kinematografičeskoe nasledie L.V. Kulešova. Stat'i i materialy* (L'eredità cinematografica di L.V. Kulešova. Articoli e materiali), Mosca 1979.

N. Insarova, 1958. *Moj put: 25 let na scene periferijnogo teatra* (La mia carriera: 25 anni sulla scena del teatro di periferia), s.pp., Raccolta delle memorie dei membri dell'Unione teatrale dell'RSFSR.

A. Ivanovskij, 1967. *Vospominanija kinorežissera* (Memorie di un regista del cinema), Mosca 1967.

V. Jureneva. *Vospominanija* (Memorie), [1946].

V. Kas'janov, 1946. *Vblizi kinoiskusstva* (Vicino all'arte del cinema).

L. Koreneva, 1965. Conversazione tra T. Ponomareva e L.M. Koreneva, 27 novembre 1965, Collezione Yuri Tsivian.

S. Kozlovskij, 1968. *Smysl moej žizni* (Il significato della mia vita), in *Iz istorii kino*, 7., Mosca 1968.

G. Kručinin. *Stupeni žizni* (Le fasi della vita), s.pp., Raccolta delle memorie dei membri dell'Unione teatrale dell'RSFSR, [anni '50].

L. Kulešov, 1975. *Pjat'desjat let v kino* (Cinquanta anni nel cinema), Mosca 1975.

A. Levickij, 1964. *Rasskazy o kinematografe* (Storie di cinema), Mosca 1964.

P. Leont'ev. *Otryvki vospominanij* (Frammenti di memorie), [1946].

B. Mihin, 1946. *Otryvki iz prošlogo* (Frammenti del passato).

B. Mikhin. *Khudozhnik-chudesnik. Ocherk. Iz memuarov kinorezhissera-Khudozhnika* (The Artist as Magician. An Essay. From the Memoirs of an Artist and Film Director). [1950s].

A. Miklashevskaya. *Zametki* (Observations), [1946].

I. Mozzhukhin/Mosjoukine, 1918. *Starye milye greshki* (Dear Old Peccadilloes), KG, 1918, No. 10.

L. Nikulin. *Vzglyad nazad* (A Glance Backwards), [1946].

V. Orlova. *Dalekoe proshloe* (The Distant Past), [1946].

L. Ostroumov. *Moya druzhba s Velikim Nemym* (My Friendship with the Great Silent), [1946].

V. Pavlova, 1946. *Zabytoe iskusstvo* (The Forgotten Art).

I. Perestiani, 1937. *Vospominaniya* (Reminiscences).

I. Perestiani, 1962. *75 let v iskusstve* (75 Years in Art), Moscow: 1962.

O. Preobrazhenskaya, 1965. *Vospominaniya* (Reminiscences), *Kino i vremya*, 4, Moscow: 1965.

Ya. Protazanov, 1945. *Na zare kinematografa* (At the Dawn of Cinema).

V. Pudovkin, 1947. *Predislovie* (Preface), in: M. Aleinikov, *Puti sovetskogo kino i MKhAT, cit.*, Moscow: 1947.

A. Rebikova. Reminiscence reproduced in the book: M. Polyanovskii, *Mayakovskii - kinoakter* (Mayakovskii the Film Actor), Moscow: 1940.

Cz. Sabinski, 1936. *Iz zapisok starogo kinomastera* (From the Notes of an Old Film Master).

E. Slavinskii. Reminiscence reproduced in the book: M. Polyanovskii, *Mayakovskii - kinoakter* (Mayakovskii the Film Actor), Moscow: 1940.

E. Slavinskii, 1940. *Nabroski vospominanii* (Draft Reminiscences).

V. Stepanov, 1977. *Kino v kineme* (Cinema in Cinema).

E. Shub, 1972. *Zhizn' moya-kinematograf* (My Life is Cinema), Moscow: 1972.

A. Verner. *Beglye zametki* (Notes in Passing), [1946].

V. Yureneva. *Vospominaniya* (Reminiscences), [1946].

M. Zharov, 1964. *Moya pervaya rol' v kino* (My First Role in Cinema), *Sovetskii ekran* 1964, No. 12.

Ya. Zhdanov, 1946-I. *Po Rossii s kinogovoryashchimi kartinami* (Through Russia with Talking Pictures).

Ya. Zhdanov, 1946-II. *Rabota s kinogovoryashchimi kartinami: vospominaniya kinodeklamatora* (Work with Talking Pictures: The Memoirs of a Film Barker).

A. Zhelyabuzhskii, 1946. *V minuvshie gody* (In Years Past), Yuri Tsivian Collection.

PERIODICAL PUBLICATIONS

AiS	*Artist i stsena* (The Artist and the Stage)
AiZ	*Artist i zritel'* (The Artist and the Spectator)
EiR	*Ekran i rampa* (Screen and Stage)
ER	*Ekran Rossii* (Russia's Screen)
GK	*Gazeta-kinematograf* (Cinematograph Gazette)

B. Mihin, [anni '50]. *Hudožnik-čudesnik. Očerk. Iz memuarov kinorežissera-hudožnika* (Un artista, un mago. Saggio. Dalle memorie di un regista-artista).

A. Miklaševskaja. *Zametki*, (Osservazioni), [1946].

I. Mozžuhin, 1918. *Starye, milye greški* (Cari, vecchi peccatucci), in *Kinogazeta*, 1918, n. 10.

L. Nikulin. *Vsgljad nazad* (Uno sguardo al passato), [1946].

V. Orlova. *Dalekoe prošloe* (Un lontano passato), [1946].

L. Ostroumov. *Moja družba s Velikim Nemym* (La mia amicizia con il Grande Muto), [1946].

V. Pavlova, 1946. *Zabytoe iskusstvo* (L'arte dimenticata).

I. Perestiani, 1937. *Vospominanija* (Memorie).

I. Perestiani, 1962. *75 let žizni v iskusstve* (75 anni di vita nell'arte), Mosca 1962.

O. Preobraženskaja, 1965. *Vospominanija* (Memorie), in *Kino i vremia*, 4., Mosca 1965.

Ja. Protazanov, 1945. *Na zare kinematografa* (All'alba del cinema).

V. Pudovkin, 1947. *Predislovie* (Prefazione), in M.N. Alejnikov, *Puti sovetskogo kino i MHAT*, cit. Mosca 1947.

A. Rebikova. Memoria, riprodotta nel libro: M. Poljanovskij, *Majakovskij - kinoakter*, (Majakovskij, attore del cinema), Mosca 1940.

Cz. Sabinski, 1936. *Iz zapisok starogo kinomastera* (Dagli appunti di un vecchio maestro del cinema).

E. Slavinskij. Memoria, riprodotta nel libro: M. Poljanovskij, *Majakovskij - kinoakter,* (Majakovskij, attore del cinema), Mosca 1940.

E. Slavinskij, 1940. *Nabroski vospominanij* (Abbozzi di memorie).

V. Stepanov, 1977. *Kino v Kineme* (Cinema nel cinema).

E. Šub, 1972. *Žizn' moja - kinematograf* (La mia vita è il cinema), Mosca 1972.

A. Verner. *Beglye zametki* (Note fugaci), [1946].

M. Žarov, 1964. *Moja pervaja rol' v kino* (La mia prima parte al cinema), in *Sovetskij ekran*, 1964, n. 12.

Ja. Ždanov, 1946-I. *Po Rossii s kinogovorjaščimi kartinami* (Attraverso la Russia con film sonori).

Ja. Ždanov, 1946-II. *Rabota s kinogovorjaščimi kartinami: vospominanija kinodeklamatoria* (Il lavoro con i film sonori: le memorie di un declamatore del cinema).

A. Željabužskij, 1946. *V minuvšie gody* (Negli anni passati). Collezione Yuri Tsivian.

PUBBLICAZIONI PERIODICHE

AiS	*Artist i zritel'* (L'artista e il palcoscenico)
AiZ	*Artist i scena* (L'artista e lo spettatore)
EiR	*Ekran i rampa* (Lo schermo e la ribalta)
ER	*Ekran Rossii* (Lo schermo della Russia)
GK	*Gazeta-kinematograf* (La gazzetta del cinematografo)

IK	*Iskusstvo kino* (The Art of Cinema)
K-A	*Kinema*
Kb	*Kinobyulleten'* (Cine-Bulletin), Moscow: 1918, No. 1/2
KG	*Kino-gazeta* (Cine-Gazette), Moscow: 1918
KiZh	*Kino i zhizn'* (Cinema and Life)
KK	*Kievskii kinematograf* (The Kiev Kinematograph)
K-O	*Kinemo*
KTZh	*Kinoteatr i zhizn'* (The Film Theatre and Life)
KUL	*Kulissy* (In the Wings)
KZh	*Kine-zhurnal* (Cine-Journal)
ME	*Mir ekrana* (Screen World)
NE	*Novosti ekrana* (Screen News)
NN	*Nasha nedelya* (Our Week)
NS	*Novosti sezona* (News of the Season), newspaper
OT	*Obozrenie teatrov* (Theatre Review), newspaper
PEG	*Pegas* (Pegasus)
Pr.	*Proektor* (The Projector)
RiZh	*Rampa i zhizn'* (The Stage and Life)
Savvin, 1914	*Kinematografiya na sluzhbe u istorii i istorii literatury* (Cinematography in the Service of History and the History of Literature), "*Vestnik vospitaniya*" (Education Herald), 1914, No. 18.
SF	*Sine-Fono* (Cine-Phono)
SP	*Sinema Pate* (Pathé Cinema)
T	*Teatr* (Theatre), newspaper
TG	*Teatral'naya gazeta* (Theatre Gazette)
TiI	*Teatr i iskusstvo* (Theatre and Art)
VK	*Vestnik kinematografii* (Cinema Herald)
V k-fov v SPB	*Vestnik kinematografov v Sankt-Peterburge* (St Petersburg Cinema Herald)
Yuzh	*Yuzhanin* (The Southerner)
ZhE	*Zhivoi ekran* (The Living Screen)
ZhI	*Zhizn' iskusstva* (The Life of Art)
ZhZh	*Zhurnal zhurnalov* (The Journal of Journals)

IK	*Iskusstvo kino* (L'arte del cinema)
JUž	*Južanin* (Il meridionale)
K-A	*Kinema*
Kb	*Kinobjulleten'* (Il bollettino del cinema), Mosca 1918, n. 1/2.
KG	*Kino-gazeta* (La gazzetta del cinema), Mosca 1918.
KiŽ	*Kino i žizn'* (Cinema e vita)
KK	*Kievskij kinematograf* (Il cinematografo di Kiev)
K-O	*Kinemo*
KTŽ	*Kinoteatr i žizn'* (Il cinema teatro e la vita)
KUL	*Kulisy* (Le quinte)
KŽ	*Kine-žurnal* (Cinegiornale)
ME	*Mir ekrana* (Il mondo dello schermo)
NE	*Novosti ekrana* (Novità dello schermo)
NN	*Naša nedelja* (La nostra settimana)
NS	*Novosti sezona* (Novità della stagione), giornale
OT	*Obozrenie teatrov* (Rassegna teatrale), giornale
PEG	*Pegas* (Pegaso)
Pr.	*Proektor* (Proiettore)
RiŽ	*Rampa i žizn'* (La ribalta e la vita)
Savvin, 1914	*Kinematografija na službe u istorii i istorii literatury* (La cinematografia al servizio della storia e della storia della letteratura), *Vestnik vospitanija* (Notiziario educativo), 1914, n. 18
SF	*Sine-Fono* (Cine-Fono)
SP	*Sinema Pate* (Cinema Pathé)
T	*Teatr* (Teatro), giornale
TG	*Teatral'naja gazeta* (La gazzetta teatrale)
TiI	*Teatr i iskusstvo* (Teatro e arte)
VK	*Vestnik kinematografii* (Notiziario della cinematografia)
V k-fov v SPb	*Vestnik kinematografov v Sankt-Peterburge* (Notiziario dei cinematografi di S. Pietroburgo)
ŽE	*Živoj ekran* (Schermo vivente)
ŽI	*Žizn' iskusstva* (La vita dell'arte)
ŽŽ	*Žurnal Žurnalov* (Il giornale dei giornali)

FONTI DELLE ILLUSTRAZIONI
ILLUSTRATION CREDITS

Collezione Paolo Cherchi Usai: pp. 48, 54, 57, 60, 63, 64, 70, 71, 74, 82, 86, 91, 94, 96, 98, 101, 102, 104, 107, 112, 113, 116, 119, 120, 128, 129, 130, 134, 137, 140, 141, 142, 143, 144, 147, 148, 150, 151, 156, 157, 162, 164, 165 (sopra/above), 173, 179, 183, 184, 187, 188, 204, 205, 216, 223, 232-233, 236, 247, 252, 258, 259, 260, 266, 268, 277, 288, 302, 308, 310, 326, 344, 358, 366-367, 402, 420.

Archivio Carlo Montanaro: pp. 85, 190, 192, 197, 224, 225, 226, 241, 248, 249, 251, 254, 267, 274, 275, 280, 287, 299, 300, 306, 307, 315, 325, 330, 331, 332, 339, 340, 341, 346, 347, 350, 351, 358, 359, 372, 375, 377, 378, 379, 380, 387, 388, 389, 401, 404, 405, 410, 418, 419, 426, 430, 431, 434, 435, 438, 439, 440, 441, 443, 444, 447, 450, 454, 457, 458, 460, 465, 468, 469, 470, 471, 474, 475, 496, 500, 501, 502, 510, 511, 513.

Tsentral'nyi Muzei Kino: pp. 51, 72, 73, 77, 78, 79, 87, 88, 95, 97, 111, 124, 125, 132, 133, 158, 159, 165 (sotto/bottom), 181, 202, 211, 220, 238, 261, 272, 305, 314, 318, 329, 355, 376, 400, 413, 425, 464, 480, 481, 483, 497, 516-517, 518, 519, 520, 521, 522, 523, 524, 525, 527 (sotto/bottom), 528, 529, 530, 531, 532, 533, 534, 535, 536, 537.

Kostantin Ede Giorgi: pp. 526, 527 (sopra/above).

Gosudarstvennaja Biblioteka SSSR imeni V.I. Lenina: pp. 538, 539, 540, 541.

National Film Archive (London): pp. 103, 110, 178, 486, 487, 528.

ALPHABETICAL LIST OF FILMS IN THIS CATALOGUE

ELENCO ALFABETICO DEI FILM IN CATALOGO

INDEX / INDICE

Silent Witnesses
Russian Films 1908-1919

Filmography

Seventeen filmmakers

Testimoni silenziosi
Film russi 1908-1919

Filmografia

Diciassette cineasti

SILENT WITNESSES. RUSSIAN FILMS 1908-1919
TESTIMONI SILENZIOSI. FILM RUSSI 1908-1919

Progetto grafico e impaginazione
Studio Rigoni

Fotolito
BI-DI

Fotocomposizione e stampa
Tipolitografia Sartor sas

Rilegatura
Legatoria Verrati

Finito di stampare in Pordenone nel mese di ottobre 1989
per conto delle Edizioni Biblioteca dell'Immagine sas